Das Buch

Millionen getöteter Indianer und versklavter Afrikaner, Vietnam- und Irak-Krieg, Unterstützung von Diktatoren in Chile und Nicaragua, atomares Wettrüsten, Hiroshima und Nagasaki, Bruch des Völkerrechts, Zerstörung der multilateralen Weltordnung, Menschenrechtsverletzungen in Guantánamo Bay: Das *Schwarzbuch USA* dokumentiert zum ersten Mal alle Sünden der amerikanischen Politik – nicht nur auf der Bühne der Weltwirtschaft und Weltpolitik, sondern auch gegen die Bürger im eigenen Land. Unterstützt und ergänzt von zahlreichen Einschätzungen renommierter amerikanischer Historiker und Politologen, zeigt Amerika-Experte Eric Frey in diesem Kompendium die dunkle Seite einer Nation, die sich selbst als gottgesandt, gerecht und moralisch überlegen empfindet.

Der Autor

Eric Frey, geboren 1963 in Wien, ist Mitglied der Chefredaktion der Wiener Tageszeitung *Der Standard* und Österreich-Korrespondent der *Financial Times*. Der promovierte Politikwissenschaftler und Master in Internationalen Beziehungen (Princeton University) blickt zurück auf langjährige USA-Aufenthalte und eine Gastprofessur an der University of New Orleans.

Eric Frey

Schwarzbuch
USA

Ullstein

Besuchen Sie uns im Internet:
www.ullstein-taschenbuch.de

Umwelthinweis:
Dieses Buch wurde auf chlor- und säurefreiem Papier gedruckt.

Aktualisierte Lizenzausgabe im Ullstein Taschenbuch
1. Auflage April 2008
2. Auflage 2008
© Eichborn AG, Frankfurt am Main, März 2004
Umschlaggestaltung: HildenDesign, München
Satz: Pinkuin Satz und Datentechnik, Berlin
Gesetzt aus der Aldus
Druck und Bindearbeiten: CPI – Ebner & Spiegel, Ulm
Printed in Germany
ISBN 978-3-548-36998-3

Inhalt

Teil III
Die USA heute: Sünden gegen die eigenen Bürger

Vorwort zur Taschenbuchausgabe

Als die erste Ausgabe dieses Buches im März 2004 erschien, befand sich Präsident George W. Bush im letzten Jahr seiner ersten Amtszeit und sah angesichts fallender Umfragewerte mit Sorge seiner Wiederwahl entgegen. Der 11. September 2001 lag zweieinhalb Jahre zurück und dominierte immer noch die amerikanische Außenpolitik ebenso wie alle innenpolitischen Debatten. Die Bush-Regierung feierte gerade den ersten Jahrestag des Sturzes von Saddam Hussein, musste aber immer öfter zugeben, dass im Irak nichts so lief, wie es die optimistischen Planer in Washington vorausgesagt hatten.

Vier Jahre später erscheint nun das *Schwarzbuch USA* in einer aktualisierten Taschenbuchfassung. Vieles ist seither gleich geblieben, anderes hat sich verschlimmert. Das Fiasko im Irak hat die ärgsten Befürchtungen übertroffen. Der Radikalismus in der islamischen Welt ist weiter gestiegen, der Nahe Osten dadurch noch instabiler und gefährlicher geworden. Der von Bush ausgerufene »Krieg gegen den Terror« hat den globalen Terrorismus weiter gestärkt und mit dazu beigetragen, dass auch europäische Städte Ziel blutiger Anschläge wurden. Die Verachtung der US-Regierung für Menschenrechte und das Völkerrecht hat neue Ausmaße angenommen und zu einem dramatischen Rückgang des Ansehens der USA in der Welt geführt. Die amerikanische Wirtschaft und der Finanzmarkt haben sich zwar von der Affäre um Bilanzfälschungen bei Konzernen wie Enron erholt, wurden dafür aber von einer noch gefährlicheren Krise erfasst: Millionen von Immobilienkrediten wurden viel zu leichtfertig vergeben, an Investoren weltweit verkauft und belasten nun, da viele Hauseigentümer überschuldet sind, das internationale Finanzsystem und die Weltkonjunktur.

Geändert aber hat sich die Einstellung der Amerikaner zu all diesen Missständen. Galt es vor vier Jahren noch als unpatriotisch, Präsident Bush zu kritisieren, so finden selbst viele Republikaner heute kaum noch ein gutes Wort über den Mann und die Mannschaft im Weißen Haus. Der katastrophale Umgang der Bundespolitik mit dem Hurrikan Katrina, der im August 2005 die Stadt New Orleans schwer beschädigte, und die verzweifelte Lage im Irak haben Bush und seine Leute nicht nur als ideologisch borniert, sondern auch als inkompetent erscheinen lassen. Die USA scheinen bereit für einen Neuanfang, bei dem zumindest die gröbsten Fehlentwicklungen der letzten Jahre korrigiert werden könnten.

Doch gerade in einer solchen Zeit ist es wichtig, auf die Wurzeln all jener Leiden zu schauen, die die einzige Supermacht der Welt heute plagen. Viele von ihnen liegen weit in der Geschichte zurück, andere sind erst in den letzten 30 Jahren entstanden. Eben weil es für die Vereinigten Staaten von Amerika in vielen Bereichen wieder Licht am Ende des Tunnels gibt, ist ein *Schwarzbuch USA* heute aktueller denn je.

Eric Frey

Einleitung

Die Vereinigten Staaten von Amerika könnten ein wunderbares Land sein. Sie wurden von Menschen gegründet, die religiöser Verfolgung, politischer Unterdrückung und der Armut in Europa entkommen wollten und sich bald von ihren britischen Kolonialherren lossagten. Die Politiker der ersten Stunde wie Thomas Jefferson und James Madison waren Kinder der Aufklärung, die in ihrer Unabhängigkeitserklärung feststellten: »Wir halten diese Wahrheiten für selbstverständlich, dass alle Menschen gleich geschaffen und von ihrem Schöpfer mit gewissen unveräußerlichen Rechten ausgestattet wurden – darunter Leben, Freiheit und das Streben nach Glück.« Zehn Jahre später schrieben sie eine Verfassung, die den Interessensausgleich verschiedener Gruppen zur Verhinderung jeder Tyrannei zum obersten Ziel erklärte, und schufen ein demokratisches System, das heute noch hält. Sie garantierten in den Zusatzartikeln zur Verfassung das Recht auf Religions-, Meinungs- und Pressefreiheit und verabschiedeten zahlreiche Gesetze, um die Bürger vor der Willkür des Staates zu bewahren. Dank des ausgeprägten Schutzes der Eigentumsrechte entwickelten die USA eine freie Marktwirtschaft, die sie zum reichsten Land der Welt machte.

Die Amerikaner übernahmen auch Verantwortung für die Welt: Im 20. Jahrhundert schüttelten die USA ihren Isolationismus ab und griffen an der Seite Großbritanniens, inzwischen der engste Verbündete, in die europäischen Kriege ein. Präsident Woodrow Wilson trat 1917 in den Ersten Weltkrieg ein mit den Zielen, »einen Krieg zum Ende aller Kriege« zu führen und »die Welt sicher für Demokratie zu machen«. Wilsons Liste der 14 Punkte, mit der er zur Konferenz von Versailles reiste, versprach den Völkern Europas das Recht auf Selbstbestimmung und signalisierte die Abkehr von der zynischen Realpolitik der europäischen Großmächte.

In der dunkelsten Stunde des alten Kontinents beteiligten

sich die USA 1941 am Kampf gegen Nationalsozialismus und Faschismus und nützten ihren militärischen Triumph zu einer neuen Politik, die auch den Verlierern Freiheit und Wohlstand schenkte. Sie finanzierten mit dem Marshall-Plan das erfolgreichste Hilfsprogramm aller Zeiten, arbeiteten bereitwillig an einer multilateralen Weltordnung unter Führung der UNO mit und hielten vierzig Jahre lang den Kommunismus in Schach, bis dieser zusammenbrach und Europa sich unter dem Banner von Demokratie und Marktwirtschaft wieder vereinen konnte. Wenn irgendwo in der Welt die Menschenrechte mit Füßen getreten und Völker massakriert werden, dann ruft niemand nach russischen Truppen oder der Europäischen Union, sondern nach der demokratischen Supermacht Amerika.

Für Menschen aus aller Welt bleiben die USA das Land der Hoffnung, und mehr als eine Million betreten jedes Jahr als legale oder illegale Einwanderer die USA, um am »amerikanischen Traum« teilzuhaben. Auch Besucher sind rasch von der Dynamik der Wirtschaft, dem hohen Niveau der Universitäten und Forschungseinrichtungen, der Vielfältigkeit der Gesellschaft, der Freiheit und Kritikfähigkeit der Presse und vor allem dem Optimismus und der Freundlichkeit der Amerikaner beeindruckt. Es ist ein Land, in dem Nachbarn einander kennen und jederzeit helfen, in dem Menschen den Glauben an Gott und dessen Gebote ernst nehmen, in dem die meisten überzeugt sind, dass auch sie es ganz nach oben schaffen können; ein Land, in dem ein junger Polizistensohn aus der Steiermark Weltstar, Millionär und schließlich Gouverneur des bevölkerungsreichsten Bundesstaats werden kann.

All das ist Teil der amerikanischen Realität – doch es ist eben nur ein Teil der Realität. Es gibt zahlreiche Schattenseiten, die den amerikanischen Traum vielen als Albtraum erscheinen lassen. Die USA sind ein Land, in dem ein Fünftel aller Kinder in Armut lebt, in dem die Kriminalität durch unbeschränkten Waffenbesitz gefördert wird, in dem Justizskandale zum Alltag gehören, in dem zwei Millionen Menschen im Gefängnis sitzen – oft nur wegen geringer Vergehen –, in dem jedes Jahr Häftlinge ohne ausreichende Schuldbeweise hingerichtet werden, in dem die Menschen immer übergewichtiger werden, die religiöse Intoleranz zunimmt, eine prachtvolle Stadt wie New Orleans ungeschützt versinkt und die Unternehmensbosse sich auf Kosten ihrer Mitarbeiter und Aktionäre bereichern. All das ist Amerika.

Durch ihre Außenpolitik sind die USA vor allem unter George W. Bush zu einer Bedrohung des Weltfriedens geworden. Sie verachten das Völkerrecht, zertrümmern die internationalen Institutionen und beanspruchen das Recht, als einzige Hegemonialmacht eine unipolare Welt zu beherrschen. Sie predigen den Freihandel und verfallen selbst bei jeder Gelegenheit dem Protektionismus, sie halten sich für großzügig und geizen bei der Entwicklungshilfe. Sie verwüsten die eigene Umwelt und sind durch ihren ungezügelten Ausstoß von Treibhausgasen die Hauptverantwortlichen für den Klimawandel. Sie glauben, Gott an ihrer Seite zu haben, und üben sich dabei in Scheinheiligkeit. Ein Volk, das so gerne bewundert und geliebt werden möchte, wird zunehmend zum Ziel von Ablehnung und Hass – selbst unter den eigenen Verbündeten.

Der Krieg gegen den Irak wurde zum deutlichsten Beispiel amerikanischer Heuchelei: Ein illegaler und unnötiger Krieg wird aufgrund falscher und gefälschter Beweise entfesselt und damit zwar ein grausamer Tyrann weggefegt, aber zugleich das Land in einen blutigen und ausweglosen Bürgerkrieg gestürzt. Die amerikanische Geschichte ist voller Beispiele, in denen die Ideale der eigenen Verfassung und das Streben nach einer besseren Welt mit Füßen getreten wurden und viele Menschen durch die Politik der Vereinigten Staaten ums Leben kamen – von der Vernichtung der Indianer und der Versklavung der Schwarzen bis zum Vietnam-Krieg und der Unterstützung zahlreicher Diktaturen in der Dritten Welt.

Amerika-Kritik und Antiamerikanismus

Dieses Buch ist nicht den lichten, sondern den dunklen Seiten der USA gewidmet und versucht, deren Ursprung und deren Auswirkungen darzustellen. Das Thema ist nicht neu: Seit es die Vereinigten Staaten gibt, haben sich Schriftsteller und Wissenschaftler höchst kritisch mit dem Land und den von ihm verkörperten Werten auseinandergesetzt. Vieles von dem, was in den letzten dreihundert Jahren geschrieben wurde, ist einseitig, polemisch, gehässig oder geradewegs unsinnig. Das scharfsinnig beobachtete und ausgewogene Buch *Über die Demokratie in Amerika* des französischen Denkers und Politikers Alexis de Tocqueville aus dem Jahr 1835, das in den USA sehr oft zitiert wird, ist eine Ausnahme.

Es begann mit der These eines französischen Naturforschers aus dem 18. Jahrhundert, Georges Louis Leclerc Graf von Buffon, wonach Amerika zu spät aus der Sintflut aufgetaucht sei und auf dem »feuchten Kontinent« alles Lebendige degenerierte – nicht nur die indigenen Bewohner, sondern auch die europäischen Siedler. Im 19. Jahrhundert wurden die USA von Europas reaktionärer Elite als Hort des Aufruhrs verleumdet, und selbst der revolutionäre Dichter Heinrich Heine spottete über dieses »ungeheure Freiheitsgefängnis, wo die unsichtbaren Ketten mich noch schmerzlicher drücken würden als zu Hause die sichtbaren, und wo der widerwärtigste aller Tyrannen, der Pöbel, seine rohe Herrschaft ausübt«. Europäische Intellektuelle verabscheuten den offensichtlichen Materialismus und die angebliche Kulturlosigkeit der Neuen Welt; im 20. Jahrhundert vermengte sich der europäische Antiamerikanismus mit Antisemitismus und Rassismus.

Das Leitmotiv der verachtenswerten Geld- und Konsumgier fand sich auch auf linker Seite wieder, wo die USA als Zentrum des menschenverachtenden Kapitalismus und Dollarimperialismus angefeindet wurden. Die von kommunistischer Seite gepflegte Demagogie ging nach dem Zusammenbruch der Sowjetunion nahtlos in eine radikale Globalisierungskritik über, welche die USA für alle Übel des weltweiten Wirtschaftssystems verantwortlich macht.

Die Verachtung für die kulturlosen USA verwandelte sich in den vergangenen Jahrzehnten in eine Angst vor einem amerikanischen Kulturimperialismus. Dieser zerstöre mit seinen kommerziellen Konsumgütern und Kulturprodukten, die den amerikanischen Lebensstil verkörpern, die Traditionen anderer Völker, lautet die gängige These. So begeistert Coca-Cola, McDonald's, Kinofilme aus Hollywood und TV-Serien wie *Baywatch* oder die *Simpsons* von Milliarden Menschen in aller Welt aufgenommen wurden, so sehr erkennen andere darin den Beweis für die gefährliche Rolle der USA in der Welt. Auch die Dominanz der englischen Sprache löste in manchen Ländern heftige Gegenreaktionen aus, beispielsweise in Frankreich, wo 1994 der

Gebrauch englischsprachiger Ausdrücke in der Öffentlichkeit durch ein eigenes Gesetz, das »Loi Toubon«, verboten wurde.

Angesichts dieser weit verbreiteten Ressentiments und manchmal heftigen Feindschaft gegenüber den Vereinigten Staaten fällt es manchen Verteidigern Amerikas leicht, auch berechtigte Kritik als »Antiamerikanismus« abzutun. Der deutsch-amerikanische Historiker Konrad Jarausch betont daher die »Notwendigkeit einer klaren Unterscheidung zwischen Kritik an und Feindschaft gegenüber Amerika«. Das eine sei eine punktuelle Opposition gegenüber einzelnen amerikanischen Maßnahmen oder Erscheinungen, das andere eine pauschale Verurteilung der Regierung, Lebensart oder Bevölkerung der USA, die auf jede Differenzierung verzichtet und die gewaltigen Unterschiede zwischen einzelnen Regionen, Bevölkerungsgruppen, politischen Einheiten und kulturell-gesellschaftlichen Strömungen im Land ignoriert. Wie es ihr Name schon ausdrückt, sind die Vereinigten Staaten eine höchst pluralistische Nation.

Allzu leicht lässt sich die Trennlinie zwischen Antiamerikanismus und Amerika-Kritik nicht ziehen. Offene und kritische Kommentare zur amerikanischen Politik erhalten in einem aufgeheizten Klima rasch antiamerikanische Züge, wie es der deutsche Kanzler Gerhard Schröder während seines Wahlkampfs 2002 erleben musste. Gleichzeitig greift eine ausschließlich punktuelle Kritik, zum Beispiel an George W. Bush oder der amerikanischen Politik gegenüber Lateinamerika, bei Ausschluss aller grundsätzlichen Fragen zu kurz. In diesem Buch geht es nicht um isolierte Politiker oder vereinzelte Fehlentscheidungen, sondern: Es ist etwas faul in den Vereinigten Staaten. Die Nation, die so hohe Ansprüche an sich selbst stellt, ist auf einem falschen und gefährlichen Weg, auf dem sie ihre eigenen Ideale immer mehr verrät. Dies zu erklären muss möglich sein, ohne in die Falle des Antiamerikanismus zu stolpern, der jede vernünftige Diskussion zum Erliegen bringt.

Eine paranoide Nation

Einen Weg dorthin weist die Lektüre der amerikanischen USA-Kritiker, und diese gibt es in großer Zahl. Was immer man den Vereinigten Staaten vorwerfen kann, das Recht auf Meinungsfreiheit ist real und wird energisch ausgeübt. Dieses Buch stützt sich hauptsächlich auf die Schriften amerikanischer Kritiker, die mit ihrer Heimat streng ins Gericht gehen, aber anders als ausländische Kritiker an die Ideale der USA glauben. Sie haben die Hoffnung nicht aufgegeben, dass die in der amerikanischen Verfassung verankerten Ziele doch noch verwirklicht werden können.

Eine besonders aufschlussreiche Analyse der amerikanischen Politik stammt von dem Historiker Richard Hofstadter aus den frühen sechziger Jahren. In einem Augenblick, in dem linksliberale Strömungen ihren Höhepunkt erreichten, verwies Hofstadter auf eine ganz andere politische Tradition in den USA: die der Verschwörungstheoretiker, die die Welt als Schlachtfeld zwischen guten und bösen Mächten betrachten und das Bild eines übermächtigen Feinds konstruieren, dem jedes Mittel zur Vernichtung der Tugendhaften recht ist. Wie die folgenden Kapitel zeigen, zieht sich dieses Motiv wie ein roter Faden durch die amerikanische Geschichte.

Hofstadter nennt das den »paranoiden Stil in der amerikanischen Politik« und verfolgt ihn bis in die Frühzeit der europäischen Besiedlung Nordamerikas zurück. Genährt wird er von der tiefen Religiosität der Amerikaner, von denen bis heute viele die Offenbarung des Johannes wörtlich nehmen und an die Apokalypse glauben. Aber auch viele säkulare Amerikaner hängen einem pseudo-religiösen Glauben an die Einmaligkeit und Auserwähltheit der USA an – dem »amerikanischen Exzeptionalismus«, wie ihn Tocqueville genannt hat, der die Welt erhellt und sich gegen die Kräfte der Dunkelheit durchsetzen muss. Diesem gefährlichen Idealismus hat Graham Greene in seinem Buch *Der stille Amerikaner* ein literarisches Denkmal gesetzt.

Für politische Paranoiker, die in den meisten Fällen geistig gesund sind, gibt es keine Zweifel an der eigenen Rechtschaffenheit und keinen Kompromiss mit dem Bösen. Ein Problem wird nicht durch Lösungen beseitigt, sondern durch einen »Krieg«, in dem alle Ressourcen mobilisiert werden, die von anderen aufgestellten Regeln ignoriert und selbst die eigenen Gesetze verletzt werden können. Im Kampf gegen das absolut Böse heiligt der Zweck die Mittel. Zwar sind die Amerikaner im Unterschied zu vielen Europäern nie den beiden extremsten Formen der politischen Paranoia verfallen – dem Faschismus und dem Kommunismus stalinistischer Prägung. In weniger radikaler Form ist er dafür aber bis heute präsent.

Die ersten Spuren dieses paranoiden Stils findet Hofstadter bereits Ende des 18. Jahrhunderts, als protestantische Prediger in Boston gegen die Illuminaten, eine in Bayern gegründete Bewegung der Aufklärung, wetterten und vor einer jakobinischen Verschwörung warnten. Einige Jahrzehnte später waren es die Freimaurer, die als Vertreter des Teufels angefeindet wurden, dann die Jesuiten und alle Katholiken, was sich vor allem gegen die Einwanderer aus Süd- und Osteuropa richtete. Der paranoide Stil war nicht auf rechte Kräfte beschränkt: Auch die Kämpfer gegen die Sklaverei vermuteten eine Verschwörung der Sklavenhalter und die Populisten des späten 19. Jahrhunderts betrachteten den Goldstandard und das gesamte Finanzwesen als Konspiration der Wall-Street-Banker zur Unterdrückung aufrechter und arbeitsamer Bürger. Im Antisemitismus, der bis vor kurzem in den USA noch weit verbreitet war, trafen sich linke und rechte Verschwörungsphantasien.

Seit Anfang des 20. Jahrhunderts war der paranoide Stil vor allem ein Phänomen der oft tiefgläubigen kleinstädtischen oder ländlichen Bevölkerung, die sich durch Einwanderung, Modernismus, Kommunismus und jede Art der wirtschaftlichen Veränderung bedroht fühlte und sowohl der Politik im fernen Washington als auch der Finanzwelt von New York als verrucht und korrupt misstraute.

Die Wirtschaftsbosse, die eigentlich Zielscheibe dieser populistischen Bewegungen waren, konnten diese später für ihre eigenen Zwecke nutzen. Im Namen des Antikommunismus, der nach der russischen Oktober-Revolution von 1917 zu einem zentralen Thema der amerikanischen Politik wurde, kämpften sie gegen Gewerkschaften und den Aufbau eines Sozialstaats. Kommunistenhatz, die Angst vor Einwanderung und die von protestantischen Moralisten erzwungene Alkohol-Prohibition schufen in den zwanziger Jahren eine besonders vergiftete Atmosphäre. Als Präsident Franklin D. Roosevelt den Kapitalismus in der Weltwirtschaftskrise vor sich selbst rettete, setzte sich unter seinen Gegnern die Vorstellung durch, dass Roosevelts New Deal ein Plan sei, den freien Markt zu unterjochen und über die Hintertür den Sozialismus einzuführen. Noch Jahrzehnte nach Roosevelts Tod im Jahr 1945 blieb der wahrscheinlich bedeutendste aller US-Präsidenten für diese Menschen ein Feindbild. Die tiefverwurzelte Abneigung gegen staatliche Beschränkungen oder gegen Steuern, die heute noch die Wirtschaftspolitik der USA beherrscht, lässt sich auf die Verteufelung des New Deals zurückführen.

Im Kalten Krieg wurde der paranoide Stil die offizielle Politik einer nuklearen Supermacht, der mit Josef Stalin ein noch größerer Paranoiker gegenüberstand. Das strategische Dokument NSC-68 von 1950, das Grundlage für die amerikanische Außenpolitik wurde, zeigt das Bild eines manichäischen Kampfs zwischen den Kräften der Diktatur und der Demokratie, in der es nur einen Sieger geben könne. Das Feindbild des Kommunismus lauerte in jedem Winkel der Welt genauso wie zu Hause. Die antikommunistische Hexenjagd der McCarthy-Ära hatte einen vernichtenden Einfluss auf das geistige Leben, aber auch auf die Außenpolitik. Ein zentrales Feindbild von McCarthy wurde der Außenminister von Präsident Harry S. Truman, George Marshall, der vernünftigerweise darauf verzichtet hatte, auf Seiten der korrupten Nationalisten von Chiang Kai-shek in den chinesischen Bürgerkrieg einzutreten. Die Kampagne gegen die Verräter, die China an die Kommunisten verkauft hatten, hatte Folgen, die McCarthy überdauerten. 1965 beschloss Präsident Lyndon B. Johnson die verhängnisvolle Eskalation des Vietnam-Kriegs, weil er sich nicht dem Vorwurf aussetzen wollte, noch ein Land an den Kommunismus zu verlieren.

Auch die Domino-Theorie, mit der der Vietnam-Krieg intellektuell gerechtfertigt wurde, war ein Stück politischer Paranoia: Wenn Vietnam fällt, wird ganz Asien kommunistisch. Ebenso war die fortwährende Unterdrückung der Schwarzen von einer rassistischen Paranoia geprägt, die in der Forderung nach Gleichstellung der Rassen eine Kampfansage an die weiße protestantische Kultur des amerikanischen Südens sah. Heute sind es nicht mehr Schwarze an sich, sondern der typische »männliche schwarze Verbrecher«, der von vielen Amerikanern zum Feindbild hochstilisiert und erschreckend häufig von einem unfairen Justizwesen eingesperrt wird. Richard Nixon machte den Verfolgungswahn zum Grundprinzip seiner Präsidentschaft, das direkt in die politischen und ethischen Abgründe des Watergate-Skandals führte. Und die Mentalität des amerikanischen Kleinbürgers, dessen heile Welt von Familie, Nachbarschaft und Kirche von bösen Mächten wie einer zentralistischen Staatsbürokratie und der kommunistischen Weltverschwörung bedroht wird, fand überraschenderweise ihr Sprachrohr im ehemaligen Hollywood-Schauspieler Ronald Reagan, der mit diesen Themen Präsident wurde. Die Publizistin Frances FitzGerald führt auch Reagans Begeisterung für das Raketenabwehrprogramm »Star Wars« auf diese kleinstädtische Bunkermentalität zurück.

Selbst Amerikaner, die sich nicht dem rechten Rand zurechnen, neigen zu einer moralisierenden Weltsicht, in der die USA immer auf Seiten des Guten stehen. Präsident Wilson war ein tiefreligiöser Presbyterianer, der von seiner Mission überzeugt war, die Welt nach dem Vorbild der amerikanischen Demokratie zu gestalten, die er als einzig richtige Regierungsform betrachtete. Wilsons Idealismus wurde dadurch gleichzeitig eine Form des Imperialismus, sein Streben nach einer gerechteren Welt eine Anleitung zur Missachtung anderer Kulturen und Unterdrückung abweichender Meinungen. Kein Wunder, dass sich die Neokonservativen rund um Bush auf Wilson berufen.

Sogar der nüchterne Harry S. Truman sah sich 1947 genötigt, die recht unbedeutende Unterstützung für die griechische Regierung gegen eine kommunistische Rebellion als großen Kampf gegen einen übermächtigen Erzfeind darzustellen und so den Kalten Krieg formell zu eröffnen. Ganze Generationen von liberal gesinnten Kalten Kriegern wie der Senator von Washington Henry »Scoop« Jackson oder Jimmy Carters Sicherheitsberater Zbigniew Brzezinski verknüpften eine soziale Motivation mit einem kompromisslosen Antikommunismus, der sie gegenüber den Zerfallserscheinungen im Ostblock blind machte.

Der Untergang des Kommunismus stürzte Amerikas paranoide Rechte einige Jahre lang in eine Orientierungskrise. Der optimistische Triumphalismus des amerikanischen Historikers Francis Fukuyama, der mit dem Sieg der liberalen Marktwirtschaft das »Ende der Geschichte« gekommen sah, war ihnen höchst suspekt. Die globalen Probleme wie grenzüberschreitende Kriminalität, Klimaveränderung oder Aids boten zwar genügend Material für apokalyptische Visionen, aber nicht für simple, entschlossene Lösungen.

Die Terroranschläge vom 11. September 2001 wirkten trotz allen Schreckens auch wie ein Befreiungsschlag: Mit dem radikal-islamischen Terrorismus gab es endlich wieder einen Feind, den man mit allen Mitteln bekämpfen konnte. Ein echter und perfider Feind legitimierte ein paranoides Weltbild, das George W. Bush wie kein anderer vertritt: der tiefe Glaube an eine göttliche Mission, die keinem Selbstzweifel unterworfen ist, die Ablehnung von Steuern und Sozialprogrammen und eine Denkweise, in der alles nur Schwarz oder Weiß ist. »Entweder seid ihr mit uns oder mit den Terroristen«, rief Bush nach den verheerenden Terroranschlägen am 11. September der Welt zu. Und als es nicht mehr um Osama bin Laden ging, sondern um Saddam Hussein und den Irak, ließ sich Bush in seinem Freund-Feind-Schema nicht erschüttern, für das er bereit ist, das Völkerrecht und fundamentale Bürgerrechte mit Füßen zu treten.

In einem paranoiden Weltbild ist jeder, der von außen Mäßigung oder die Einhaltung von Regeln einfordert, mit dem Feind im Bunde. Die intensive Ablehnung jedes Souveränitätsverzichts in den USA ist nicht nur auf den überzogenen Glauben an die Überlegenheit der eigenen Verfassung zurückzuführen, sondern auch auf die tiefe Angst vor einer Verschwörung, die den eigenen Widerstandsgeist bricht. Das Bild von Gulliver in Liliput, der von den Zwergen gefesselt wird, gehört nicht zufällig zum Standardrepertoire der rechten Rhetorik.

Der paranoide Stil hatte einen Rechtsruck der amerikanischen Politik zur Folge. Als Hofstadter seinen Essay vor vierzig Jahren verfasste, war der radikale Republikaner Barry Goldwater, der Stammvater der amerikanischen Konservativen, noch eine politische Randerscheinung. Er wurde zwar für die Präsidentschaftswahl 1964 nominiert, von Lyndon B. Johnson aber deutlich besiegt. Mit der Wahl Richard Nixons 1968, der ersten Amtszeit Reagans, dem Erfolg von Newt Gingrichs »Kontrakt mit Amerika« 1994 und schließlich mit dem Amtsantritt von George W. Bush hat sich das Spektrum der amerikanischen Politik Schritt für Schritt nach rechts verschoben. Frühere Liberale wurden zu Neokonservativen, deren radikale Utopien einer »amerikanisierten Welt« selbst traditionellen Konservativen zu weit gehen. Viele Demokraten im Kongress stehen heute rechts von der republikanischen Eisenhower-Regierung der fünfziger Jahre. Und die Regierung von George W. Bush wäre selbst dem 1998 verstorbenen Goldwater unheimlich gewesen. Dessen Politik war nicht religiös motiviert gewesen und er hatte an die Trennung von Kirche und Staat geglaubt.

Die Kultur der Angst

Die Bush-Regierung nahm die Terroranschläge vom 11. September 2001 zum Anlass für die bisher radikalste Umgestaltung der amerikanischen Gesellschaft, der Außenpolitik und der Demokratie. Ihre Reaktion auf den Terror fügte dem Land weiteren Schaden zu. Und der Satz »das Heilmittel ist schlimmer als die Krankheit« gilt für die Drogenpolitik der USA ebenso wie für die Verbrechensbekämpfung, die vor allem aus Einsperren besteht, beim freizügigen Waffenbesitz als Form des Selbstschutzes, ja sogar beim Kampf gegen das Rauchen. Stets werden für komplexe Probleme kurzfristige, radikale und oft militärische Lösungen gesucht, die dann eine Eigendynamik entwickeln und nicht mehr auf ihre Wirksamkeit geprüft werden. Die Nahrung für solche Fehlentscheidungen liefern Medien und Politik mit ständig neuen Angstszenarien.

Waren die USA einst von überschäumendem Optimismus geprägt, konnte Präsident Franklin D. Roosevelt verkünden, »wir müssen nichts fürchten als die Furcht selbst«, so sind heute nicht nur die Außen- und Gesellschaftspolitik, sondern auch das tägliche Leben von zahlreichen Ängsten geprägt – vor mörderischen Fremden, Drogenhändlern, Kinderschändern, Sektenführern und seit dem 11. September 2001 vor allem vor islamischen Terroristen. Gibt es ein besseres Symbol für die neue Kultur der Angst als die von der Bush-Regierung eingeführten grün bis rot gekennzeichneten Sicherheitsstufen, die den Amerikanern ständig mitteilen, wie sehr sie sich vor Terroranschlägen fürchten müssen? Diese Ängste sind oft überzogen, während andere gravierende Risiken – wachsende Ungleichheit, soziale Ausgrenzung ganzer Bevölkerungsgruppen, Verbreitung von Schusswaffen, Klimawandel, Fettsucht – viel zu wenig zur Kenntnis genommen werden.

Eine apokalyptisch gestimmte Supermacht ist gefährlich, besonders wenn ihre Führer überzeugt sind, auf der Seite des Guten zu stehen. Vieles von dem, was in diesem Buch beschrieben wird, lässt sich zurückführen auf die für die USA so typische Verbindung von militärisch-politischer Stärke, dem Glauben an die eigene Auserwähltheit und die grundsätzliche Überlegenheit des eigenen Systems, dem Vertrauen in die Möglichkeiten des eigenen Handelns und einem Weltbild, das hinter jeder Widrigkeit einen mächtigen Feind vermutet.

Ein letztes Wort: Ein Schwarzbuch über ein Land darf nicht dazu dienen, die Bilanz anderer Staaten zu beschönigen und ihre Fehler zu relativieren. Mancher Sünden, die man den USA vorwerfen kann, haben sich auch andere Staaten schuldig gemacht: Die Vernichtung von indigenen Völkern und die Sklaverei waren auch europäische Verbrechen. Die Ausbeutung der Arbeiter im viktorianischen England war mindestens so furchtbar wie in den Vereinigten Staaten, die europäischen Kolonialkriege genauso grausam wie die Interventionen der USA in der Dritten Welt. Und die Verbrechen des Nationalsozialismus muss man hier erst gar nicht erwähnen. Jedes Land hat seine Sündenregister. Das amerikanische ist besonders schmerzvoll, gerade weil die USA ein so wunderbares Land sein könnten.

Teil I
1776 bis 1945: Die Jugendsünden

1
Der große Landraub: Die Vernichtung der Indianer

Die Entstehung der USA war der größte Landraub der Geschichte. In nur dreihundert Jahren wurden zwischen 1600 und 1900 die Ureinwohner von ihrem Land vertrieben, durch eingeschleppte Krankheiten, Hunger und militärische Gewalt dezimiert sowie ihrer kulturellen Identität beraubt.

Als sich die ersten europäischen Siedler um 1600 an der Ostküste Nordamerikas niederließen, war das Gebiet der heutigen USA zwar relativ dünn besiedelt, aber nicht menschenleer: Zwischen einer und fünf Millionen Menschen lebten zwischen Atlantik und Pazifik, Rio Grande und den Großen Seen – die Schätzungen gehen unter den Experten weit auseinander. Die nordamerikanischen Indianer, wie die indigenen Völker von den Europäern genannt wurden, bauten keine prachtvollen Tempelanlagen wie die Hochkulturen in Mittelamerika und betrieben nur in wenigen Gebieten intensive Landwirtschaft oder Viehzucht. Gerade deshalb benötigten sie weite Jagdgründe zum Überleben. Die kulturellen und politischen Errungenschaften einiger Stämme waren überaus beeindruckend: Die Pueblo-Völker im Südwesten schufen einzigartige Töpferarbeiten und bauten sogar mehrstöckige Wohnhäuser. Im Nordosten verbündeten sich um 1570 fünf Stämme zum Bund der Irokesen, eine mächtige politische Allianz, die vierhundert Jahre lang hielt.

Ihre ersten Kontakte mit europäischen Siedlern verliefen meist friedlich. Die Ureinwohner übten sich in Gastfreundschaft, und die Siedler benötigten ihre Hilfe, um die ersten harten Winter zu überleben. In der ersten britischen Siedlung Jamestown, die 1607 im heutigen Virginia gegründet wurde, waren von 900 Kolonisten nach einem Jahr nur noch 150 am Leben. Statt Äcker zu bestellen, hatten die Neuankömmlinge Gold gesucht. Ein indianischer Häuptling gab ihnen Saatgut und rettete so die Kolonie vor dem Untergang. Anderswo kauften die Europäer den Indianern Pelze ab im Tausch gegen Werkzeuge und Textilien.

In den folgenden Jahren kam es immer öfter zu gewalttätigen Zusammenstößen. Je mehr Kolonisten aus Europa einwanderten, desto größer war ihre Gier nach Land. Vor allem die Briten rodeten in den Jagdgründen der Indianer die Wälder und legten Felder und Plantagen an. Auch die Franzosen im Norden, die Spanier im Süden und die Holländer im Gebiet des heutigen New York drangen in die Siedlungsgebiete ein und zwangen der Bevölkerung ihre Religion und ihren Lebensstil auf.

Indianerstämme, die sich gegen die Weißen wehren wollten, hatten mit Pfeil und Bogen kaum eine Chance. Noch mörderischer als die Gewehre der Europäer waren die Krankheiten, die aus Europa eingeschleppt wurden. Den Indianern fehlten die Abwehrkräfte gegen Malaria, Masern, Tuberkulose und Pocken. Ganze Dörfer wurden oft in wenigen Wochen dahingerafft; die Überlebenden waren zum Widerstand zu schwach. Bereits vor der Gründung der USA ging die indigene Bevölkerung Nordamerikas nach modernen Schätzungen um knapp 80 Prozent zurück.

Mit dem Verlust ihrer Jagdgründe im Nordosten wuchs der Hunger unter den Indianern. Manche zogen in Richtung Westen, wo sie mit anderen Stämmen in Konflikte verwickelt wurden. Westlich der Appalachen, im heutigen westlichen Pennsylvania, Ohio, Kentucky und Tennessee, gerieten viele Indianer zwischen die Fronten von Franzosen und Briten. Die Franzosen hatten zwischen den Großen Seen und der Mündung des Mississippi Handelsstützpunkte errichtet und pflegten als Pelzhändler meist freundliche Beziehungen zu den Ureinwohnern.

Im Siebenjährigen Krieg von 1756 bis 1763 zwischen den Kolonialmächten England und Frankreich, der in Nordamerika als »French and Indian War« in die Geschichtsbücher einging, schlug sich der Bund der Irokesen auf die Seite der Briten und verhalf ihnen so zum Sieg über Frankreich. Die *Lederstrumpf*-Romane von James Fenimore Cooper erzählen von diesen Ereignissen. Zwanzig Jahre später herrschte wieder Krieg in Nordamerika, diesmal zwischen den Briten und aufständischen Kolonisten. Indianische Stämme kämpften im Unabhängigkeitskrieg von 1776 bis 1783 auf beiden Seiten; auch der Bund der Irokesen spaltete sich. Damit verlor er einen Großteil seiner Macht und machte

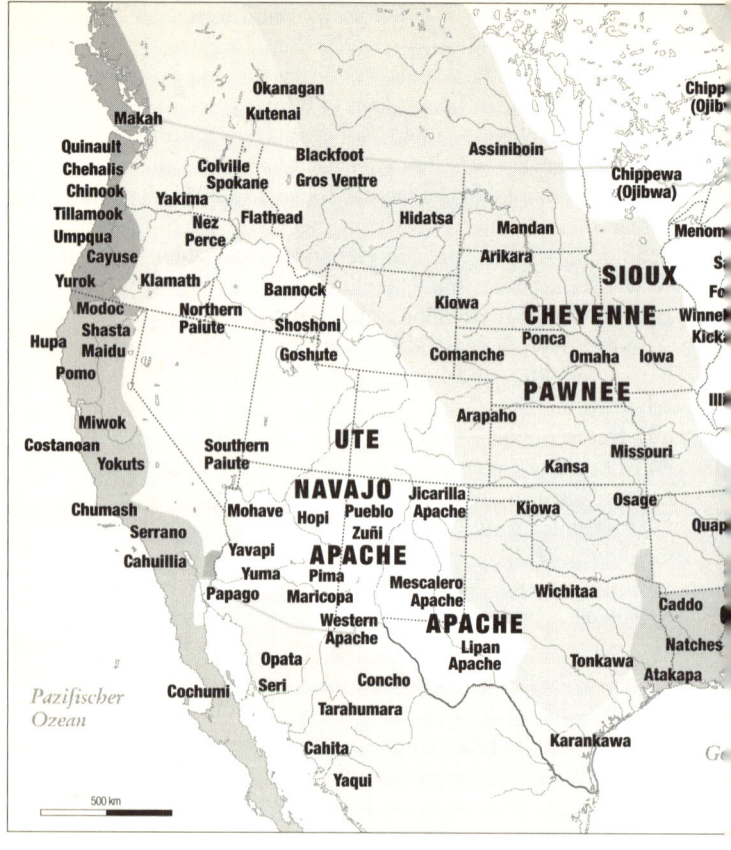

so den Weg für Siedler in das Gebiet rund um die Großen Seen frei.

Die Eroberung indianischen Territoriums

Der Sieg der Kolonisten über die Briten war gleichzeitig der Startschuss für die Expansion der jungen USA in Richtung Westen. 1803 erwarb Präsident Thomas Jefferson für 15 Millionen Dollar von Kaiser Napoleon das damals von Frankreich beanspruchte

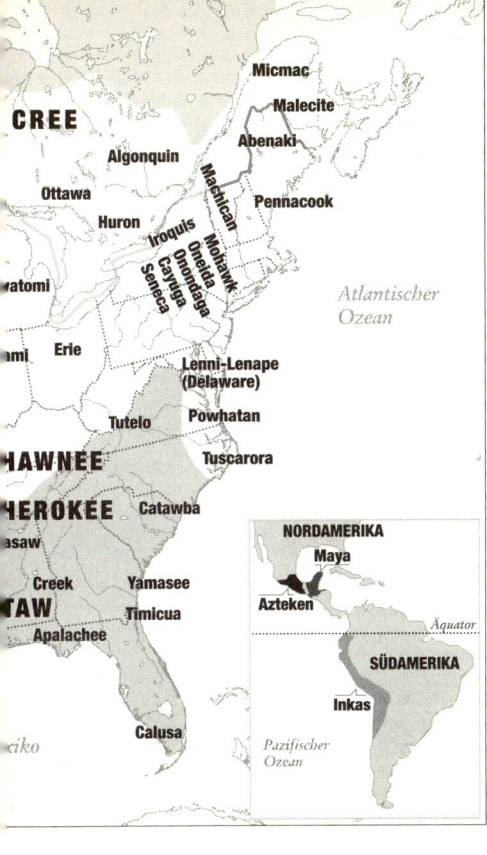

**Die ersten Amerikaner –
Indianerstämme in
Nordamerika um 1600**

Louisiana-Territorium, das von New Orleans bis Kanada reichte.
1812 brach, als Nebenschauplatz der Napoleonischen Kriege, ein
neuer Krieg gegen die Briten aus, der trotz seines unentschie-
denen Ausgangs den Amerikanern neues Selbstbewusstsein gab.
Bald war der Mississippi die neue Grenze der jungen Nation, und
Tausende Siedler drängten zur *Frontier*, dem neuen Grenzgebiet,
wo sie unter schwierigen Bedingungen Land rodeten und bestellten. Die weiße Bevölkerung wuchs von 1812 bis 1852 von sieben
auf mehr als 23 Millionen, das Siedlungsgebiet expandierte von
4,4 auf 7,8 Millionen Quadratkilometer. Die Opfer dieser Ex-

pansion waren die Indianer. Für die Anführer der neuen Nation waren sie lästige Hindernisse auf dem Weg zur Großmacht, für die Siedler unzivilisierte Wilde, die ihr Eigentum und ihr Leben bedrohten.

Immer wieder versuchten indianische Stämme, durch vertraglich vereinbarte Landabtretungen sich Frieden und Sicherheit zu kaufen, doch die Verträge wurden stets von den USA gebrochen. So wurde beispielsweise 1795 den Stämmen im ersten Vertrag von Greenville das Gebiet des heutigen Indiana zugesichert, doch in den Folgejahren wurde dieses Land opportunistischen Häuptlingen, die nur Teile ihres Stamms vertraten, gegen Gewehre, Werkzeuge und »Feuerwasser« abgekauft. Auch jene Stammesmitglieder, die sich daran nicht gebunden fühlten, mussten der staatlichen Gewalt weichen. 1811 rief der Shawnee-Häuptling Tecumseh die Stämme der Region mit einer bewegenden Rede zum Widerstand auf: »Brüder, die Weißen sind wie Giftschlangen. Ist ihnen kalt, sind sie schwach und harmlos, doch belebt sie mit Wärme, und sie beißen ihre Wohltäter tot …« Tecumseh stellte sich mit seinen Leuten auf die Seite der Briten, die von Kanada aus gegen die US-Armee kämpften, aber er fiel 1813 in der Schlacht am Thames River. Weiter im Süden in Alabama schlug General Andrew Jackson einen Aufstand der Creek-Indianer nieder und zwang sie, zwei Drittel ihres Landes an die USA abzutreten. Im zweiten Vertrag von Greenville unterzeichneten weitere Stämme den Verzicht auf große Teile ihrer Länder.

Jackson wurde dank seiner militärischen Erfolge bald ein populärer Kriegsheld. Als Kind einer armen Pionierfamilie aus Tennessee war er ein Symbol der demokratischen, egalitären Gesellschaft, die der alteingesessenen Aristokratie aus Virginia und Massachusetts den Kampf ansagte. Doch gleichzeitig war er ein Scharfmacher gegen die Indianer und trat für ihre Vertreibung aus dem Staatsgebiet der USA ein. 1818 marschierte er in die spanische Kolonie Florida ein, wo Seminolen-Indianer zahlreiche geflüchtete Sklaven aufgenommen hatten. Obwohl Spanien ein Jahr später Florida für 5 Millionen Dollar an die USA abtreten musste, setzten die Seminolen ihren Kampf um ihr Land für weitere vierzig Jahre fort.

Mit der Wahl Jacksons zum Präsidenten der USA begann 1829 eine der schlimmsten Zeiten für die Indianer. Jackson setzte sich im Kongress vehement für ein Umsiedlungsgesetz (Indian Removal Act) ein, das 1830 trotz der Skepsis vieler Abgeordneter verabschiedet wurde: Alle Stämme östlich des Mississippis, alles in allem 80 000 bis 100 000 Menschen, sollten demnach in ein Territorium im heutigen Oklahoma abgeschoben und ihr Gebiet sollte durch Zwangsverträge von Weißen übernommen werden. Ein Jahrzehnt lang bis 1840 dauerte die bis dahin größte Vertreibung von Indianern in Nordamerika. Widerstand gab es kaum, der Aufstand des Sac-Häuptlings Black Hawk wurde 1832 in der Schlacht am Bad Axe River niedergeschlagen.

Großes Unrecht geschah den Cherokee-Indianern in Georgia. Dort waren sie zum Christentum übergetreten und hatten sich an den Lebensstil der Weißen angepasst. 1791 war ihnen ihr Land vertraglich zugesichert worden, doch nachdem man 1829 auf ihrem Gebiet Gold fand, war dieser Vertrag nichts mehr wert. Georgia wollte sich der Indianer entledigen und Präsident Jackson unterstützte dieses Ansinnen. Selbst ein Urteil des Obersten Gerichtshofs, der die Vertreibung untersagte, konnte diese nicht verhindern. Im Winter 1839/40 zogen 16 000 Cherokee unter militärischer Aufsicht aus ihrer Heimat nach Oklahoma. Tausende starben an Hunger, Kälte und Cholera; wer ausbrechen wollte, wurde niedergemetzelt. »Es war ein Todesmarsch, am Ende säumten 4000 stumme Gräber unseren Weg«, schrieb der Soldat Jesse Burnett. Als »Pfad der Tränen« ist die Vertreibung der Cherokee in die Geschichtsbücher eingegangen. Ihr verlorenes Land wurde vom Staat Georgia per Lotterie an weiße Siedler verteilt.

Allein die Seminolen in Florida konnten sich erfolgreich wehren, indem sie sich unter Führung von Häuptling Osceola in die Sümpfe zurückzogen und von dort die US-Truppen attackierten. Im zweiten Seminolen-Krieg von 1835 bis 1842 konnten selbst 200 000 US-Soldaten ihren Widerstand nicht brechen und zogen sich schließlich zurück. 1855 brach unter Osceolas Nachfolger Billy Bowlegs der dritte Seminolen-Krieg aus, der schließlich in dessen Kapitulation und der Umsiedlung zahlreicher Stammesmitglieder nach Oklahoma mündete. Heute leben noch rund 14 000 Seminolen in Florida.

Aber auch in Oklahoma fanden die Stämme aus dem Osten vor dem Expansionsdrang der neuen Siedler keinen Schutz und die dort ansässigen Prärieindianer lernten bald die Gefährlichkeit des weißen Mannes kennen. 1848 wurde im Sacramento-Tal in Kalifornien Gold gefunden, in den folgenden Jahrzehnten auch in Colorado, Nevada, Montana und Wyoming. Tausende weißer Glücksritter zogen nun in den Westen. Als neue Grenze der USA galt der Pazifische Ozean und alles Land auf dem Weg dorthin wurde von weißen Siedlern beansprucht.

Ab 1850 errichtete die US-Armee immer mehr Forts im Westen, um die Siedler zu schützen. Diese verbrannten das kostbare Holz der Prärie, ihr Vieh graste die Weiden leer und trug unbekannte Krankheiten in die Region, die viele Büffel dahinrafften. Die Lebensgrundlagen der Indianer waren bedroht, und so nahm auch die Zahl der blutigen Zusammenstöße zwischen Indianern und Weißen zu. Statt für eine gerechte Entschädigung der Stämme zu sorgen, verstärkten die USA ihre Truppen und gingen immer brutaler gegen rebellierende Indianer vor.

Der Ausbruch des amerikanischen Bürgerkriegs zwischen den sklavenfreien Nordstaaten und den sklavenhaltenden Südstaaten 1861 verschlimmerte die Lage für die Ureinwohner. Rund 20 000 Indianer kämpften auf beiden Seiten, Stämme wurden auseinandergerissen und immer wieder kam es im sogenannten Indianerterritorium zu Plünderungen. Parallel zur Rückeroberung des Südens betrieb die Regierung von Präsident Abraham Lincoln zunehmend die Zivilisierung des immer noch unruhigen Westens. Man sprach von »Manifest Destiny«, vom vorbestimmten Schicksal des weißen Manns, den gesamten Kontinent zu erobern.

Der Homestead Act von 1862 versprach jeder weißen Siedlerfamilie, die der Union treu war, etwa 65 Hektar Boden aus öffentlichem Besitz. Anfangs war der Zulauf gering, aber nach Ende des Bürgerkriegs 1865 zogen Zehntausende in die Prärie. Gleichzeitig wurde der Bau der transkontinentalen Eisenbahn in Angriff genommen; im Mai 1869 wurden die beiden Linien aus West und Ost in Utah zusammengeführt. Für Millionen von Einwanderern aus Europa, die seit 1880 immer stärker in die Neue Welt drängten, wurde Platz benötigt – auf Kosten der ursprünglichen Präriebewohner.

Die Ebene wurde zunehmend von Viehzüchtern aus Texas in Beschlag genommen, deren Viehhüter, die legendären Cowboys, Jahr für Jahr ihre Rinder über die riesigen Weiden zu den Bahnlinien nach Kansas trieben. Immer wieder kam es dabei zu Zusammenstößen mit jagenden Indianern. Als deren größte Geißel erwiesen sich die weißen Büffeljäger, die in wenigen Jahren durch zügelloses und oft gezieltes Jagen die wichtigste Nahrungsquelle der Indianer praktisch ausrotteten. Der Büffelbestand fiel von einst 40 Millionen auf nur noch tausend Tiere im Jahr 1883. Erst viele Jahrzehnte später konnte er sich wieder erholen.

Die US-Regierung ergriff nun offen Partei für die weißen Siedler und entschloss sich, mit politischem Druck und militärischer Gewalt den Siedlungsraum der Indianer deutlich einzuschränken. 1871 beendete der Kongress seine Politik, mit einzelnen Stämmen Verträge zu schließen, die ohnehin nie lange hielten. Von nun an wurden die Indianer nicht mehr als eigene Nationen, sondern als Mündel des Staats behandelt. Statt von der Jagd sollten sie vom Ackerbau in eigens eingerichteten Reservaten leben. Aus freien Menschen sollten Abhängige werden, die – wenn überhaupt – nur durch Lebensmittelhilfe der Regierung überleben könnten.

Die selbstbewussten Stämme des Westens ließen sich jedoch nicht so leicht vertreiben wie ihre Brüder im Osten. Sie wussten, dass es für sie keine andere Heimat gab und dass es um ihr Überleben ging. Die drei Jahrzehnte von 1860 bis 1890, in denen der gesamte Westen zwischen dem Missouri-Fluss und Kalifornien besiedelt, erschlossen und schließlich in Form von neuen Bundesstaaten der Union angeschlossen wurde, waren auch die Zeit der Indianerkriege, in denen einige Stämme verzweifelt gegen ihre wirtschaftliche, kulturelle und physische Vernichtung kämpften.

Im August 1862 erhoben sich die hungernden Santee-Dakota in Minnesota, die bereits viel von ihrem Land verloren hatten, gegen Regierungsvertreter und betrügerische Händler. Hunderte Weiße wurden im »Großen Sioux Aufstand« getötet, den der Sioux-Häuptling Little Crow anführte, doch eine 1500 Mann starke Truppe der US-Armee schlug den Aufstand schließlich nieder. Von ursprünglich 307 Todesurteilen wurden nach Intervention von Präsident Abraham Lincoln »nur« 38 im Dezember 1862 vollstreckt. Etwa 1700 Männer, Frauen und Kinder wurden interniert und später in ein Reservat im heutigen South Dakota geschickt, wo viele an Krankheiten zugrunde gingen.

1862 eröffnete Oberst Kit Carson im Auftrag der Regierung eine Terrorkampagne gegen die Navajo in Arizona, um sie zur Übersiedlung nach New Mexiko zu zwingen. Seine Truppen töteten ihre Schafe und vergifteten die Brunnen, bis die Indianer schließlich aufgaben. Im März 1864 wurden 6000 Navajo in einem 563 Kilometer langen Gewaltmarsch ins Bosque-Redondo-Reservat in New Mexico getrieben, wo sie in der Wüste als Bauern überleben sollten. Zwei Jahre später ergab sich Häuptling Manuelito, der sich weiter in den Westen zurückgezogen hatte. Im Triumphzug wurde er als Gefangener durch Santa Fe geführt und mit seinen Männern nach Bosque Redondo gebracht. Durch Hunger und Epidemien kamen rund 2000 Navajo ums Leben. Erst nach vier Elendsjahren konnten die Überlebenden, nachdem ihre Anführer den Großteil ihres Landes abgetreten hatten, in ihre Heimat zurück.

Im November 1864 kam es schließlich zum schlimmsten Massaker dieser Jahre: US-Soldaten unter Führung des Indianerhassers Oberst John Chivington griffen 600 friedliche Southern Cheyenne und Arapaho, die sich in einem Lager am Sand Creek im Südosten von Colorado niedergelassen hatten, an und schlachteten 150 Menschen ab, zum Großteil Frauen und Kinder. Die Nachricht von Sand Creek verbreitete sich wie ein Lauffeuer in der Prärie und ließ viele Stämme zur Waffe greifen. Krieger der Lakota, Arapaho und Cheyenne vereinigten sich, um das Massaker zu rächen, griffen Ranchen und Postkutschenstationen an und töteten Dutzende von Weißen. Die Prärie stand in Flammen: Je härter die Armee gegen die Indianer vorging, desto heftiger wurde der Widerstand.

Im Herbst 1867 suchte die US-Regierung einen diplomatischen Ausweg aus dem Dauerkonflikt. Sie berief einen Friedensrat ein und rund 5000 Indianer folgten dem Aufruf zum Medicine Lodge Creek in Kansas. Die Häuptlinge der Cheyenne, Arapaho, Kiowa, Comanchen und Apachen unterzeichneten einen Vertrag, der zwei große Indianerreservate in der südlichen Prärie festlegte. Das Land lag auf dem Gebiet jener Stämme, die im amerikanischen Bürgerkrieg auf Seiten des Südens gekämpft hatten und nun dafür bestraft wurden, indem ihr Land an andere verteilt wurde. Doch nicht alle Mitglieder der Stämme, deren Häuptlinge unterschrieben hatten, fühlten sich an die Vereinbarung gebunden. In den folgenden Jahren nutzten manche die Reservate als Stützpunkt für neue Angriffe auf Farmen, Postkutschen und Eisenbahnen. Im Red-River-Krieg zwischen 1874 und 1875 ging die US-Armee unter General George Custer unbarmherzig gegen die militanten Indianer vor und brach ihren Widerstand.

Auch in der nördlichen Prärie von Wyoming, Montana und

dem Dakota-Territorium wuchsen die Spannungen. Ab 1866 griffen Sioux, Cheyenne und Arapaho-Krieger unter der Führung von Red Cloud Wagenkolonnen und Armeeverbände an, die durch ihr Stammesgebiet reisten. 1868 erklärte sich die US-Regierung bereit, die ungestörte Nutzung eines Teils des Indianerlands anzuerkennen, darunter auch das den Sioux heilige Land der Black Hills im Westen von South Dakota. Doch 1874 fand eine Expedition unter General Custer in diesem Gebiet Gold, und die Armee unternahm nichts, um die dorthin strömenden Goldgräber fernzuhalten. Die Indianer rächten sich durch Überfälle, worauf die Regierung den Befehl gab, sie mit Gewalt zur Rückkehr in ihre Reservate zu zwingen. Unter der Führung von Crazy Horse griffen die Indianer am 17. Juni 1876 das Lager von General George Crook am Rosebud Creek an und konnten den US-Truppen schwere Verluste zufügen. Acht Tage später kam es in Little Big Horn zu einer historischen Schlacht: Die Krieger des Sioux-Häuptlings Sitting Bull vernichteten die Truppen von General Custer, der mit seinen mehr als 200 Mann getötet wurde. Custers Schicksal bietet bis heute Stoff für zahlreiche Legenden.

Der Triumph der Sioux war von kurzer Dauer. Sie wurden in den folgenden Monaten unbarmherzig verfolgt und besiegt. Sitting Bull flüchtete mit seinen Leuten nach Kanada und kehrte erst 1881 zurück in die USA, wo er sich ergab. Die Regierung kaufte den Sioux die Black Hills für eine lächerliche Summe ab. 1877 führte Häuptling Joseph vom Stamm der Nez Percé nach mehreren Vertragsbrüchen durch die Weißen einen verzweifelten Kampf, der in einer monatelangen Verfolgungsjagd durch ganz Montana mündete. Weiter im Süden ging der Apachen-Häuptling Geronimo 1876 mit einigen Kriegern nach Mexiko und führte von dort aus einen zehnjährigen Guerillakrieg.

Ein letzter Aufstand fand 1890 statt, als die verzweifelte Lage in den nördlichen Lakota-Reservaten der mystischen Geistertanzbewegung des Paiute-Propheten Wovoka Auftrieb gab. Wovoka prophezeite seinen Anhängern, dass sie durch Tänze die Büffel wiederkehren und den weißen Mann verschwinden lassen könnten. Die Behörden waren besorgt und entsandten Tausende Soldaten in die Reservate, um die Rituale zu unterbinden. Ein erstes Opfer war Sitting Bull, der als Sieger von Little Big Horn großen Respekt unter den Indianern genoss. Er wurde am 15. Dezember 1890 von einem indianischen Polizisten, der ihn verhaften sollte, erschossen. Die Spannungen nahmen nun weiter zu. Am 29. Dezember kam es in einem Indianerlager am Wounded Knee schließlich zu einem Zusammenstoß und einem Massaker, bei dem die US-Truppen 300 Männer, Frauen und Kinder töteten. Es war der letzte bewaffnete Kampf der Indianer Nordamerikas.

Die Zerstörung der indigenen Kultur

Der Leidensweg der Ureinwohner war damit noch lange nicht zu Ende. Nun lautete das Ziel vieler US-Politiker, aus den Indianern gute Christen und gute Amerikaner zu machen. Angetrieben wurden sie dabei von einer Reformbewegung, die etwas gegen das Elend der Ureinwohner in den Reservaten unternehmen wollte. Doch statt zu erkennen, dass die Stämme mehr Land benötigten, wollten die Reformer die Reservate auflösen und die Bewohner assimilieren. Selbst die Aktivistin Helen Hunt Jackson, deren Buch *Ein Jahrhundert der Ehrlosigkeit* 1881 an das Gewissen der Amerikaner appellierte, sah darin die beste Lösung des Indianerproblems. Das Mittel dafür waren militärisch geführte Indianerinternate, wo die Kinder Sprache, Glauben und Rituale ihres Stamms vergessen sollten. Das erste Internat wurde 1879 in Carlisle in Pennsylvania gegründet. Im Namen der Zivilisierung wurden vierjährige Kinder ihren Eltern weggenommen und in die Internate gesteckt. Wer beim Gebrauch der Muttersprache erwischt wurde, musste mit strengen Strafen rechnen. Während der Schulferien wurden viele Schüler als Haushaltshilfen in weiße Familien abkommandiert. So kamen sie oft jahrelang nicht zu ihren Familien nach Hause.

Die Vernichtung der indigenen Kultur ging weiter und wurde nur durch den anhaltenden Rassismus der weißen Gesellschaft gebremst, der die Assimilation behinderte. Gleichzeitig entstand dank des Welterfolgs von William Codys Westernshow der Mythos des Wilden Westens und der kriegerischen Indianer. »Buffalo Bill«, wie Cody sich nannte, zog mit seinem Spektakel ab 1883 durch die ganze USA, später auch durch Europa, und legte so den Grundstein für das Western-Genre, das noch heute die Filmwelt fasziniert. Doch mit der tristen Realität des Indianerlebens hatten die johlenden Schauspieler auf ihren Pferden nichts zu tun.

Die Assimilierungsbestrebungen dienten auch den Interessen derjenigen, die das restliche Indianerland für die wirtschaftliche Ausbeutung öffnen wollten. Das wurde durch den 1887 verabschiedeten General Allotment Act (auch Dawes Act genannt) erreicht, der den verbliebenen Gemeinschaftsbesitz der Stämme in Privatbesitz der Mitglieder umwandeln sollte. Es wies jedem Familienoberhaupt innerhalb der Reservate Parzellen einer bestimmten Größe zu. Was übrig blieb – und das war meist der größte und wertvollste Teil des Landes –, wurde auf dem freien Markt an weiße Siedler verkauft und zum Teil sogar verschenkt. Das geschah etwa in dem 1830 für die Stämme des Ostens eingerichteten Indianerterritorium Oklahoma, wo sich unter anderem die einst so brutal vertriebenen Cherokee niedergelassen hatten. 1889 wurde das Gebiet Schauplatz des legendären »Landrennens von Oklahoma«: Tausende Siedler strömten in das nunmehr freigegebene Indianergebiet, um sich ihre Parzellen zu sichern. Auch in Kalifornien wurden immer mehr Indianer von ihrem Land verdrängt, um 1880 lebten weniger als 20 000 Indianer an der Westküste.

Der Dawes Act wurde auch von weißen und indianischen Reformern befürwortet, die den Indianern durch den privaten Landbesitz die Staatsbürgerschaft und Bürgerrechte sichern wollten. Aber er erwies sich letztlich als Betrug, denn durch ihn verloren die Ureinwohner nur noch mehr Land: Von insgesamt 55 Millionen Hektar Land wurden 19 Millionen Hektar an indianische Familien vergeben, oft auf unfruchtbarem Boden; 36 Millionen Hektar gingen hingegen an weiße Siedler. Die neuen privaten Besitzverhältnisse mit Grundbucheinträgen und strikten Regeln widersprachen den kommunalen Prinzipien des indianischen Stammeslebens. Manche Stämme umgingen das Gesetz, indem sie angrenzende Parzellen inoffiziell zusammenlegten, doch ein Großteil der Gemeinschaftsstrukturen ging unwiederbringlich verloren.

In den Reservaten waren die Menschen der Willkür der Regierungsvertreter ausgesetzt, die einerseits die Assimilation vorantrieben, sich andererseits oft an den vom Staat zur Verfügung gestellten Hilfsmitteln bereicherten. Traditionelle Heilmethoden, rituelle Tänze und andere Zeremonien waren unter

Androhung von Haftstrafen verboten. »Die Indianer müssen sich in die Lebensweise der Weißen einfügen – friedlich, wenn sie es wollen, gewaltsam, wenn es sein muss«, erklärte der Indianerkommissar Thomas Jefferson Morgan im Jahr 1889. Doch die Hoffnung, man könne aus freiheitsliebenden Indianern gute amerikanische Bauern machen, blieb eine Illusion. Die Indianer wussten wenig über Landwirtschaft – in den Stämmen galt sie als wenig angesehene Frauenarbeit – und besaßen kaum brauchbare Geräte, um im trockenen Prärieboden etwas Essbares anzupflanzen. Andere Arbeit gab es nicht.

Die Sterblichkeit in den Reservaten blieb erschreckend hoch. Um 1900 gab es auf dem Boden der USA nur noch 200 000 Indianer, weniger als ein Zehntel der ursprünglichen Bevölkerung. In dreihundert Jahren europäischer Besiedlung waren mehrere Millionen von amerikanischen Ureinwohnern vernichtet worden.

Mehr Rechte für die Indianer

Erst im 20. Jahrhundert besserte sich die Lage der Indianer. Bis 1924 wurde allen Indianern die US-Staatsbürgerschaft verliehen, was ihnen mehr Rechte gab. Langsam wurde man sich auch in Washington bewusst, welches Unheil die USA mit ihrer Indianerpolitik angerichtet hatten. 1928 schockierte der Bericht des US-Beamten Lewis Meriam über die elenden Lebensumstände und die Willkür des Bureau of Indian Affairs (BIA), der staatlichen Indianerbehörde, die Nation. Präsident Franklin D. Roosevelt verabschiedete 1934 den Indian Reorganization Act, der in Anlehnung an sein New Deal genanntes Sozialprogramm als Indian New Deal bekannt wurde. Erstmals wurden Maßnahmen getroffen, um die kulturelle und kommunale Identität der Stämme wieder aufzubauen. Die Indianer konnten Stammesräte wählen und erhielten nicht verteiltes Land zurück sowie deutlich mehr finanzielle Unterstützung für Landwirtschaft, Bildung, Kunsthandwerk und Gesundheit.

Nach dem Eintritt der USA in den Zweiten Weltkrieg schwand der Reformeifer wieder. In den fünfziger Jahren wurde im Westen die Elektrifizierung vorangetrieben, für den Bau von Talsperren und Wasserkraftwerken wurden zahlreiche Indianer erneut zwangsweise umgesiedelt, viele heilige Stätten wurden überflutet. In Washington wuchs indes die Kritik an den angeblich zu hohen Kosten des Bureau of Indian Affairs und die US-Regierung beschloss, die Verantwortung für die Stämme den Bundesstaaten zu übertragen. 1953 begann der Kongress seine Terminationspolitik, die den Stämmen die Unterstützung des Bunds entzog. In den folgenden zehn Jahren wurden weitere 13 Terminationsgesetze verabschiedet: Indianerland wurde verkauft, Stammesgesetze und -privilegien wurden aufgehoben, die Indianer zu gewöhnlichen US-Bürgern gemacht. Gleichzeitig setzte eine neue Assimilierungswelle ein: Tausende Familien wurden in die Städte umgesiedelt, wo man ihnen Arbeitsplätze und Unterstützung versprach. Doch schon nach kurzer Zeit waren sie auf sich allein gestellt und wurden Teil der sozialen Unterschicht in der weißen Gesellschaft, mit miserabler Bildung, schlechtbezahlten Jobs, hoher Kriminalität, Krankheiten und Alkoholismus.

Erst infolge der schwarzen Bürgerrechtsbewegung der sechziger Jahre wandelten sich das öffentliche Bewusstsein und die Politik gegenüber den Indianern. In den Städten erlebten junge Indianer die sozialen und politischen Umwälzungen mit und gründeten in Anlehnung an die Black-Power-Bewegung die Red-Power-Bewegung American Indian Movement (AIM). Sie forderten ihre Land-, Jagd- und Fischereirechte zurück und pochten dabei auf Verträge, die von der Regierung gebrochen worden waren. Die jungen Radikalen lehnten sich zum Teil gegen ihre eigenen Anführer auf, denen sie Korruption und Komplizenschaft mit den Behörden vorwarfen. 1969 erregten sie mit einer 14-monatigen Besetzung der ehemaligen Gefängnisinsel Alcatraz vor San Francisco nationales Aufsehen. 1972 zogen 200 Indianer von Alcatraz nach Washington, wo sie gegen die Politik der Indianerbehörden protestierten. 1973 kam es am Wounded Knee, dem Schauplatz des Massakers von 1890, zu blutigen Zusammenstößen mit der Polizei. Der junge Indianeraktivist Leonard Peltier, der 1977 aufgrund gefälschter Beweise wegen des Mordes an zwei FBI-Agenten zu lebenslanger Haft verurteilt wurde, sitzt trotz zahlreicher Gnadengesuche von Prominenten nach 25 Jahren immer noch in Haft. Amnesty International stuft ihn als politischen Gefangenen ein.

In den folgenden Jahren gewannen einige Stämme einen Teil ihres ehemaligen Landes zurück und erhielten von Gerichten

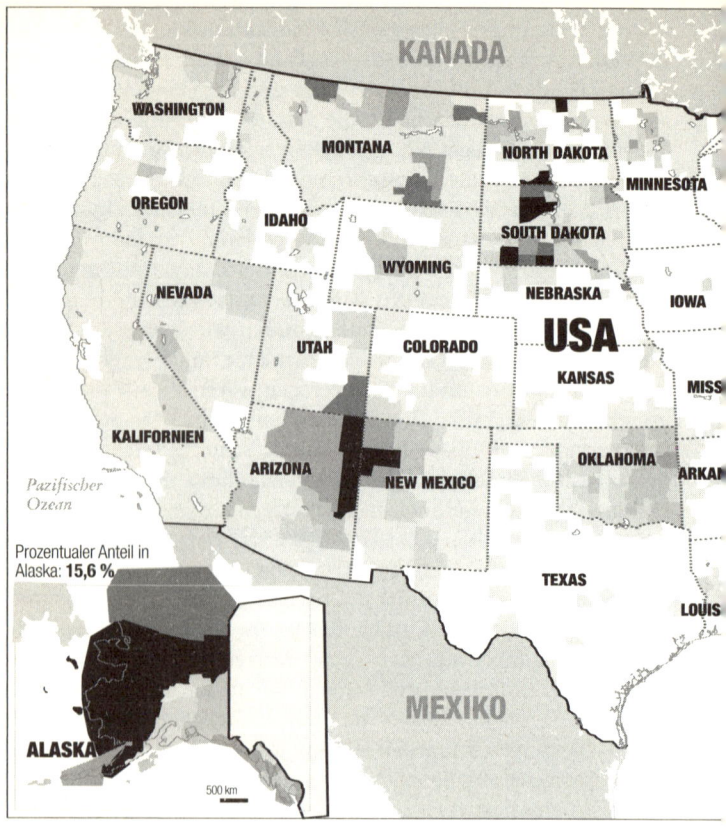

KANADA

WASHINGTON
MONTANA
NORTH DAKOTA
MINNESOTA
OREGON
IDAHO
SOUTH DAKOTA
WYOMING
NEVADA
NEBRASKA
IOWA
USA
UTAH
COLORADO
KANSAS
MISS
KALIFORNIEN
ARIZONA
NEW MEXICO
OKLAHOMA
ARKA
Pazifischer Ozean
TEXAS
LOUIS
Prozentualer Anteil in Alaska: **15,6 %**
MEXIKO
ALASKA

500 km

sogar einige Millionen Dollar an Schadenersatz zugesprochen. Ein Gesetz zum Schutz von Grabstätten gab ihnen das Recht, Gebeine aus Museen und Universitäten zurückzufordern. Doch dort, wo die Energie- und Bergwerksindustrie betroffen war, verweigerten Politiker und Richter meist die Unterstützung der indianischen Ansprüche. Kein Wunder: Eine vollständige Anerkennung würde den Staat Unsummen an Geld kosten.

Heute leben wieder 2,4 Millionen Menschen indianischer Abstammung in den USA – deutlich mehr als vor hundert Jahren und ungefähr so viele wie vor der Besiedlung Nordamerikas. Aber wenn man bedenkt, dass die einstigen Herren des Kontinents

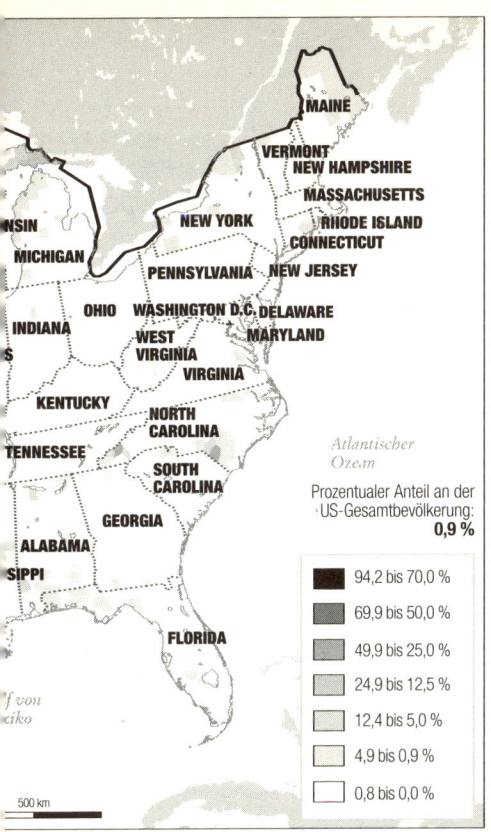

Prozentualer Anteil an der
US-Gesamtbevölkerung:
0,9 %

██	94,2 bis 70,0 %
██	69,9 bis 50,0 %
██	49,9 bis 25,0 %
░░	24,9 bis 12,5 %
░░	12,4 bis 5,0 %
░░	4,9 bis 0,9 %
☐	0,8 bis 0,0 %

**Lebensräume der Indianer
in den USA heute
(Bevölkerungsanteile in
Counties in Prozent, 2002)**

weniger als 1 Prozent der Gesamtbevölkerung ausmachen, wird
klar, welch hohe menschliche Verluste die Indianerpolitik der
USA verursacht hat.

Viele assimilierte Indianer haben ihre Wurzeln wiederentdeckt
und sich zu ihrem Stamm bekannt. Knapp die Hälfte der Indianer lebt in den Reservaten, wo sie Tradition mit modernem
Leben zu verbinden versuchen. Alte Zeremonien werden wiederbelebt und vom Aussterben bedrohte Sprachen mit großer
Mühe dokumentiert.

Als unter der Reagan-Regierung in den achtziger Jahren die
Sozialhilfe gekürzt wurde, von der viele Indianer abhängig sind,

nahm in vielen Reservaten die wirtschaftliche Not wieder zu. Einzelne Bewohner machten sich selbständig und schufen sich mit Kunsthandwerk, kleinen Läden oder Werkstätten eine unabhängige Existenz. Gleichzeitig aber entdeckten die Bundesstaaten einen neuen Weg, um den Stämmen zu helfen: Sie gaben ihnen das Recht, in ihren Reservaten die üblicherweise verbotenen Kasinos zu betreiben. Das indianische Geschäft mit dem Glücksspiel machte 1999 bereits 6 Milliarden Dollar aus – das sind etwa 2 Prozent jener 330 Milliarden Dollar, die Amerikaner jährlich für Glücksspiele ausgeben. Rund ein Drittel aller Bundesreservate verdienen ihr Geld mit Kasinos, fast 300 000 Arbeitsplätze hängen davon ab.

Doch die »neuen Büffelherden«, wie die Kasinolizenzen genannt werden, sind ungleich verteilt: Am stärksten profitieren kleine Stämme im Osten, die ihre Reservate nahe der großen Städte haben. Im dünn besiedelten Westen sind Kasinos kein Geschäft. In vielen Reservaten beträgt die Arbeitslosenrate über 50 Prozent und auch unter den Indianern in den Städten ist die Zahl von Schulabbrechern, Arbeitslosen, Drogensüchtigen und Kriminellen auffallend hoch.

Heute werden amerikanische Kinder in der Schule über die Verbrechen ihrer Vorfahren gegen die Ureinwohner des Kontinents unterrichtet; das Unrechtsbewusstsein ist deutlich gewachsen. Doch wird diese Schuld nicht mit den Völkermorden der jüngeren Geschichte wie der Vernichtung des europäischen Judentums oder dem Massaker an den Tutsis in Ruanda gleichgesetzt – und das zu Recht. Keine US-Regierung hat je einen systematischen Plan zur Ausrottung der Indianer beschlossen, gelegentlich ergriffen die Behörden sogar – wenn auch halbherzig – Partei für indianische Stämme. Die Einschränkung ihres Lebensraums war die Konsequenz der unaufhörlichen Expansion in den Westen, die von machtpolitischen Träumen der jeweiligen US-Regierung, privater Gier der Siedler und den stetigen Einwanderungsströmen aus Europa vorangetrieben wurde. Theoretisch wäre es möglich gewesen, in Teilen des riesigen Kontinents ausreichend große Territorien zu schaffen, um das Überleben der Indianer zu sichern, doch dafür war in der amerikanischen Gedankenwelt des 19. Jahrhunderts kein Platz. Die Politik der USA zwischen 1830 und 1890 setzte jenes Verbrechen fort, das die Besiedelungspolitik der europäischen Kolonialmächte begonnen hatte: die Massenvernichtung eines ganzen Volks – weniger durch Gewehrkugeln als vielmehr durch Krankheit und Hunger, wofür die Weißen die Verantwortung trugen. »Manifest Destiny« bedeutete, dass die USA vom Atlantik bis zum Pazifik eine große weiße Nation werden sollten, die zur Weltmacht würde aufsteigen können. Für Indianer gab es hier keinen Platz und ihr Tod war die logische Folge der amerikanischen Staatsideologie. Die Vernichtung ihrer Ureinwohner ist die Erbsünde der Supermacht.

2
Menschen als Ware:
Sklaverei und die Unterdrückung der Schwarzen

In keiner anderen modernen Demokratie wurde so lange Sklaverei betrieben wie in den USA. In den Südstaaten verdankte die weiße Oberschicht ihren Wohlstand der wirtschaftlichen Ausbeutung der Schwarzen. Auch nach Ende der Sklaverei blieben den Schwarzen ein Jahrhundert lang grundlegende Bürgerrechte verwehrt.

Sklaverei ist fast so alt wie die Menschheit und ist in manchen Teilen der Welt noch heute verbreitet. Neben den großen Sklavenreichen des Altertums waren die christlichen Europäer der Neuzeit die größten und oft grausamsten Sklavenhalter der Geschichte. Vor allem die europäischen Kolonien in Nord- und Südamerika sowie die Staaten, die daraus entstanden, waren bis weit ins 19. Jahrhundert hinein ein Hort der Sklaverei. In den USA erreichte die Institution der Sklaverei ein Höchstmaß an ökonomischer Effizienz, Menschenverachtung und Zynismus: Eine Nation, die in ihrer Verfassung die unantastbare Würde aller Menschen verkündete, behandelte einen Teil ihrer Bevölkerung wie Vieh.

Das schwarze Gold

Die Geschichte der nordamerikanischen Kolonien ist eng mit der Sklaverei verwoben. Schwarze Sklaven kamen bereits 1619 in Virginia an, nur zwölf Jahre nach Gründung der ersten europäischen Kolonie in Jamestown. Sie kamen aus der Karibik, wo Sklavenhandel und Sklavenarbeit bereits auf eine hundertjährige Tradition zurückblicken konnten. Die Siedler in Jamestown hatten nach den ersten schweren Jahren in der Neuen Welt endlich einen Weg gefunden, sich einen Lebensunterhalt zu verdienen: Tabakanbau. Eine spezielle Sorte aus Trinidad wuchs besonders gut in diesem Klima und wurde in England bald zum Verkaufsschlager. Die Arbeit auf den Tabakfeldern war schwer und wurde anfangs von armen englischen Schuldknechten (»indentured servants«) gemacht, die sich auf mehrere Jahre zur Fronarbeit verpflichteten. Die ersten Schwarzen, von einem holländischen Schiff gebracht, wurden ebenfalls als Knechte behandelt und konnten sich nach einigen Jahren ihre Freiheit erarbeiten oder durch die Taufe erwerben.

Als die Tabakwirtschaft wuchs und damit die Nachfrage nach billiger Arbeitskraft, trafen die weißen Siedler eine schicksalhafte Entscheidung: Nicht weiße Fronarbeiter, die später einmal Konkurrenten werden konnten, sondern schwarze Sklaven sollten die Grundlage für die wirtschaftliche Expansion bilden. Wer eignete sich besser für die Sklaverei als Afrikaner, die allein schon durch ihre Hautfarbe leicht zu erkennen, auszubeuten und zu unterdrücken waren?

1641 erklärte die erste britische Kolonie die Sklaverei für legal. Es war Massachusetts, ironischerweise jener Bundesstaat, der später einmal ein Zentrum der Bewegung zur Abschaffung der Sklaverei werden sollte. In zahlreichen Kolonien wurde die lebenslange Sklaverei eingeführt, in Virginia galt ab 1661 das Gesetz, dass Kinder schwarzer Sklaven selbst versklavt werden konnten. Selbst freie Schwarze liefen plötzlich Gefahr, zu Sklaven zu werden: 1705 verkündete Virginia, dass »alle Diener, die in dieses Land gebracht werden und in ihrer Heimat nicht als Christen lebten, von nun an Sklaven sind«. Sie gehörten bis zum Tod ihrem Herrn, konnten geschlagen, misshandelt, vergewaltigt, verkauft oder getötet werden. Die Tragödie der amerikanischen Sklaverei war im vollen Gange.

Die Nachfrage nach Sklaven in Nordamerika stimulierte den internationalen Sklavenhandel. Seit 1672 nahm England mit der Royal African Company daran teil und die Briten waren weltweit schon bald die größten Sklavenhändler. Hunderttausende Afrikaner wurden in Westafrika von einheimischen Sklavenhändlern gefangen, in qualvollen und oft tödlichen Fußmärschen bis zu 1500 Kilometer zur Küste getrieben und dort an Europäer verkauft, die sie eingepfercht und aneinandergekettet auf Schiffen nach Amerika brachten. Zehn bis zwölf Millionen Afrikaner kamen in rund 54 000 Überfahrten auf diese Weise in die Neue Welt.

In allen nordamerikanischen Kolonien und Städten gab es im 18. Jahrhundert Sklaven, auch in New York und Philadelphia. Die größte Nachfrage nach dem »schwarzen Gold« aber bestand im Süden, wo sich die Plantagenwirtschaft immer weiter ausbreitete. In South Carolina waren es Afrikaner, die einigen Weißen die Technik des Reisanbaus beibrachten. Ihre Brüder mussten bitter dafür büßen: Zehntausende schwarzer Sklaven wurden geholt, um unter härtesten Bedingungen die Sümpfe trockenzulegen und Reis zu pflanzen. Bald gab es mehr Schwarze als Weiße in South Carolina. Die Angst vor Sklavenaufständen ließ die Herren bei jeder Art des Ungehorsams zu unbarmherzigen Strafen greifen – bis hin zu Brandmarkung, Verstümmelung und Tod.

1750 waren von den 1,5 Millionen Einwohnern in den 13 britischen Kolonien 300 000 Sklaven. Knapp die Hälfte von ihnen arbeitete auf den Tabakplantagen in Virginia und Maryland; auf den Reisfeldern in South Carolina und Georgia waren es rund 40 000. Alle Kolonien profitierten von der Sklaverei, nur wenige Weiße stellten sie in Frage.

Um 1770 begannen sich einige amerikanische Kolonisten gegen die britische Regentschaft zu erheben und bezeichneten diese in Pamphleten und Reden als »Sklaverei«. Je intensiver der Freiheitskampf der Kolonien war, desto größer die Hoffnung der Schwarzen, dass auch ihnen die Freiheit geschenkt werden könnte. Doch sie irrten. Die Gründungsväter der USA wie George Washington und Thomas Jefferson forderten in ihren Reden zwar Freiheit und Menschenwürde, hielten aber selbst zu Hause Sklaven. Im Unabhängigkeitskrieg von 1776 bis 1783 kämpften befreite Sklaven auf Seiten der Briten oder der amerikanischen Rebellen – je nachdem, wer ihnen eher die Abschaffung der Sklaverei versprach.

Der Sieg der amerikanischen »Patrioten« über die Briten brachte manchen aus dem Sklavenheer tatsächlich die ersehnte Befreiung. In den folgenden Jahren nahmen einige der jungen Bundesstaaten wie Massachusetts, Pennsylvania und New York ihre eigene Verfassung beim Wort und beendeten die Sklaverei: In der Northwest Ordinance von 1787 wurde in allen Staaten nordwestlich des Ohio-Flusses die Sklaverei abgeschafft. Doch im Süden, wo die meisten Schwarzen lebten, dachte man gar nicht daran, die Grundlage des eigenen Wohlstands zu gefährden. Ganz im Gegenteil: Im Jahr 1790 gab es in den USA rund 800 000 Sklaven, aber nur 59 000 freie Schwarze. Zwar besaß nur etwa ein Viertel der weißen Bevölkerung im Süden Sklaven, doch auch ärmere Weiße profitierten von der Unterdrückung der Schwarzen. Sie hatten damit jemanden, der auf der sozialen Leiter noch unter ihnen stand und auf den sie herabschauen konnten.

Dennoch wäre die Sklaverei in den ersten Jahrzehnten des 19. Jahrhunderts wahrscheinlich zurückgegangen, hätten nicht neue landwirtschaftliche Methoden den ökonomischen Wert der Sklaverei deutlich gesteigert. 1793 wurde, nachdem zuvor schon neue Baumwollsaaten eingeführt worden waren, die Baumwollentkörnungsmaschine erfunden. Damit begann der Siegeszug der Baumwolle, für die sich in der feuchten Ebene rund um den Mississippi-Fluss ein ideales Anbaugebiet anbot. Hunderte Siedler zogen aus Virginia, South Carolina und Georgia ins heutige Alabama, Mississippi und Louisiana. Sie nahmen ihre Sklaven mit oder kauften sich welche auf den Sklavenmärkten von Charleston und New Orleans. Der anhaltende Rassismus mischte sich mit massiven wirtschaftlichen Interessen und erhielt die Sklaverei am Leben. Mehr als das – in den Jahrzehnten bis 1860, dem sogenannten Antebellum, erlebte die grausame Institution im amerikanischen Süden ihren Höhepunkt.

Bis 1808, als der Sklavenimport vom US-Kongress verboten wurde, strömten permanent neue Sklaven aus Westafrika ins Land. Aber auch danach sorgte eine hohe Geburtenrate unter den Schwarzen für ständigen Nachwuchs; Väter der Nachkommen waren nicht selten die Herren selbst. Von 1801 bis 1830 verdoppelte sich die Zahl der Sklaven auf zwei Millionen, ihr Anteil an der Gesamtbevölkerung blieb mit rund 16 Prozent nahezu konstant. Bei Abschaffung der Sklaverei im Jahr 1865 lebten knapp vier Millionen Sklaven in den USA.

Der Widerstand gegen die Sklaverei wurde allmählich stärker: Im Süden gab es gewalttätige Sklavenaufstände, im Norden die Bewegung zur Abschaffung der Sklaverei. 1791, mitten in der Französischen Revolution, brach in der französischen Kolonie St. Domingue, die vornehmlich von Schwarzen bewohnt war, ein Sklavenaufstand aus, der 1804 in der Gründung der freien Republik Haiti mündete. Das Beispiel inspirierte viele amerikanische

Schwarze und löste eine Reihe von Rebellionen in den Südstaaten aus, die von Männern wie Gabriel (1800), Denmark Vesey (1822) und Nat Turner (1831) angeführt wurden. Meist nahmen an diesen Aktionen nur wenige Dutzend Männer teil, die rasch gefasst, gefoltert und hingerichtet wurden. Dennoch versetzten diese Aufstände die weißen Plantagenbesitzer in Angst. Das hatte zur Folge, dass sie ihre Sklaven noch brutaler behandelten. Die meisten Sklavenhalter im Süden gaben nun nicht einmal mehr vor, sich um das Wohl ihrer Sklaven zu kümmern.

Die Ausbreitung der Sklaverei nach Westen führte dazu, dass immer mehr Sklavenfamilien auseinandergerissen wurden. Die Drohung, den Ehepartner oder die Kinder zu verkaufen, wurde zu einem wirksamen Druckmittel der Sklavenhalter. Angesichts des möglichen Verlusts scheuten Schwarze davor zurück, allzu viel in zwischenmenschliche Beziehungen zu investieren. Die Bande zwischen Männern und Frauen, Eltern und Kindern zerfielen – die Folgen für die schwarzen Familien wirken bis heute nach.

Die zunehmende Grausamkeit auf den Plantagen stärkte die Kritiker im Norden. Vor allem in Philadelphia, wo sich viele befreite Sklaven niedergelassen hatten und wo ein Zentrum schwarzer Kultur und Gesellschaft entstand, stärkten die friedliebende Religion der Quäker und andere spirituelle Bewegungen die Ablehnungsfront. Entlaufenen Sklaven wurde von der sogenannten »Untergrundbahn« die Flucht in den Norden ermöglicht, wo sie vor Verfolgung sicher sein sollten. Vor allem Frauen engagierten sich gegen die Sklaverei und appellierten an das Gewissen der männlichen Politiker und Geschäftsleute. So wurde John Quincy Adams, der sechste Präsident der USA, nach Ende seiner Amtszeit 1829 als Abgeordneter ein führender Kämpfer gegen die Sklaverei.

Doch die Gegner der Sklaverei blieben auch im Norden in der Minderheit, denn auch hier war der Rassismus allgegenwärtig: Die freien Schwarzen besaßen meist weder Wahl- noch Bürgerrechte und lebten in separaten Elendsvierteln in größter Armut. Schwarz und Weiß wurden im öffentlichen Leben getrennt – in Schulen ebenso wie in Gasthäusern. Wohlmeinende Stimmen unterstützten die Rückkehr von befreiten Schwarzen nach Afrika. Sie gründeten die American Colonization Society, die amerikanische Schwarze nach Westafrika brachte, wo diese später den Staat Liberia gründeten.

Der Kampf zwischen Nord- und Südstaaten

Das Zentrum des Sklavenhandels war die Hauptstadt Washington, das geographisch und kulturell zum Süden gehörte; auch Abgeordnete aus den Nordstaaten hielten sich dort gerne Sklaven. Hinzu kam, dass die großen Textilfabriken, in denen die von Sklaven gepflückte Baumwolle verarbeitet wurde, im Norden standen. Die Abschaffung der Sklaverei hätte daher auch den sklavenlosen Bundesstaaten wirtschaftlichen Schaden zugefügt. Dennoch stiegen um 1830 die Spannungen zwischen Nord- und Südstaaten. Ein Streitpunkt war die Außenhandelspolitik: Die Industrievertreter im Norden fürchteten die Konkurrenz billigerer und besserer, aus Großbritannien importierter Produkte und forderten deshalb hohe Außenzölle – meist mit Erfolg. Der Süden jedoch lebte vom Welthandel, wollte Baumwolle und Tabak möglichst problemlos nach England exportieren und für den Erlös Kleidung, Hausrat und Möbel aus Europa kaufen – nicht überteuerten Ramsch aus den Nordstaaten. Je höher die Zölle kletterten, desto wütender wurden die Bewohner der Südstaaten.

Der zweite Konflikt entbrannte über die Ausbreitung der Sklaverei. Die USA expandierten nach Westen: Die Gebiete rund um die Großen Seen (Ohio, Indiana, Illinois) und im Mississippital (Louisiana, Mississippi, Alabama und Missouri) fielen zwischen 1803 und 1821 den USA zu. Sollte dort die Sklaverei erlaubt sein oder nicht, war die entscheidende Frage. Die politische Stabilität der jungen Nation basierte auf dem Gleichgewicht zwischen Sklaven- und Nicht-Sklavenstaaten; die Beibehaltung dieser Balance wurde zur höchsten Maxime. Dank der Vertreibung der Indianer wurden immer neue Gebiete für die Landwirtschaft erschlossen. Dabei stießen Plantagenbesitzer aus dem Süden auf freie Siedler aus dem Norden, die die Konkurrenz der effizienteren Sklavenwirtschaft fürchteten. Im Missouri-Kompromiss von 1820 wurde beschlossen, dass im neuen Bundesstaat Missouri die Sklaverei erlaubt werde, nördlich davon aber nicht. Diese Sklavengrenze wurde entlang einer imaginären Linie nach Westen dorthin verlängert, wo es noch gar keine Bundesstaaten gab.

Jahr	Weiße	Freie Schwarze	Sklaven
1790	1 240 454	32 523	654 121
1800	1 691 892	61 575	851 532
1810	2 118 144	97 284	1 103 700
1820	2 867 454	130 487	1 509 904
1830	3 614 600	175 074	1 983 860
1840	4 601 873	207 214	2 481 390
1850	6 184 477	235 821	3 200 364
1860	8 036 700	253 082	3 950 511

Weiße und Schwarze in den amerikanischen Südstaaten
(*Quelle:* Historical Statistics of the U.S., 1970)

Als die USA sich bis an den Pazifik ausdehnten und um 1850 auch Texas und Kalifornien als Bundesstaaten aufgenommen wurden, flammten die alten Konflikte wieder auf. Das große Kalifornien blieb von der Sklaverei verschont, doch im Gegenzug zwangen die Südstaaten dem Norden den Fugitive Slave Act auf, der alle US-Bürger verpflichtete, entlaufene Sklaven ihren Herren zurückzugeben. Plötzlich lebten Tausende freie Schwarze im Norden in Angst. Dennoch brachten sie gemeinsam mit idealistischen Weißen weiterhin eine Vielzahl von Schwarzen über die sogenannte »Underground Railway« auf Schleichwegen in den Norden.

Der Fugitive Slave Act gab der Bewegung zur Abschaffung der Sklaverei neuen Auftrieb. So löste der Fall des geflüchteten Sklaven Anthony Burns, der 1854 per Gerichtsbeschluss aus Boston zu seinem früheren Eigentümer in Virginia zurückgebracht wurde, eine Welle der Empörung aus. Im neuen Bundesstaat Kansas führten Anhänger und Gegner der Sklaverei einen blutigen Kampf, auch nachdem Kansas 1854 für sklavenfrei erklärt worden war. Der Sklavenroman *Onkel Toms Hütte* von Harriet Beecher Stowe wurde zur gleichen Zeit ein Bestseller. Zuvor gab es zwar Lebenserinnerungen befreiter Sklaven, die viele Leser vom Übel der Sklaverei überzeugten. Doch erst dieser sentimentale Roman einer Weißen rüttelte das Gewissen der Nation auf.

Auf der politischen Ebene wurde die Republikanische Partei gegründet, die die Eindämmung der Sklaverei zu ihrem Hauptziel erklärte. In Abraham Lincoln, einem Anwalt aus Illinois, fand sie bald ein charismatisches Aushängeschild. Aber selbst die Republikaner forderten nicht die völlige Abschaffung der Sklaverei. Sie setzten vielmehr darauf, dass die Sklaverei bald von selbst verschwinden werde, wenn sie auf den Süden beschränkt bliebe. Diese Entwicklung fürchteten auch die Sklavenhalter, die eine Einschränkung der Sklaverei nicht akzeptieren wollten. Neue Hoffnung zogen sie aus einem Urteil des Obersten Gerichtshofs, der eigentlich aufgrund der Verfassung die Sklaverei hätte ablehnen müssen. Doch in einem höchst umstrittenen Urteil verweigerten die Richter 1858 dem Schwarzen Dred Scott, dessen Herr aus Missouri in ein Gebiet ohne Sklaverei gezogen war, das Recht auf Freiheit, mit dem Argument, dass kein Schwarzer ein Bürger der USA sein könne. Afroamerikaner seien »Geschöpfe einer so niedrigen Ordnung, dass sie keine Rechte haben, die ein Weißer respektieren müsse«, erklärte der Präsident des Gerichtshofs, Roger B. Taney. Das Urteil löste eine Welle der Empörung aus und verhalf im November 1860 Lincoln zum Sieg bei den Präsidentenwahlen gegen die Demokraten, die Partei der Sklaverei.

Für die misstrauischen Südstaatler war Lincolns Wahlerfolg eine Kampfansage. South Carolina trat sofort aus der Union aus, und bis zu Lincolns Amtseinführung im März 1861 schlossen sich sechs weitere Bundesstaaten an: Florida, Alabama, Georgia, Louisiana, Mississippi und Texas. Dabei trat der neue Präsident weder für das Ende der Sklaverei noch die Abschaffung des umstrittenen Fugitive Slave Act ein. Selbst im Norden galten solche eigentlich selbstverständlichen Forderungen als viel zu radikal, und Lincoln fürchtete, damit weitere Bundesstaaten in die Sezession zu treiben. Sein Ziel war die Erhaltung der Union. Zu diesem Zweck, und nicht für die Abschaffung der Sklaverei, führte er den amerikanischen Bürgerkrieg, der weit mehr als 600000 Amerikanern das Leben kostete.

Noch gab es zunächst eine Chance auf einen politischen Kompromiss, doch diese wurde im April 1861 durch den Angriff südlicher Milizen auf den Armeestützpunkt Fort Sumter zunichte gemacht. Lincoln rief zum Kampf gegen die Abtrünnigen auf und zwang damit auch die Staaten des oberen Südens, wo weniger Sklaven als im tiefen Süden lebten, einen klaren Standpunkt einzunehmen. Virginia schloss sich zögerlich der aufständischen Konföderation an, ebenso wie Arkansas, North Carolina

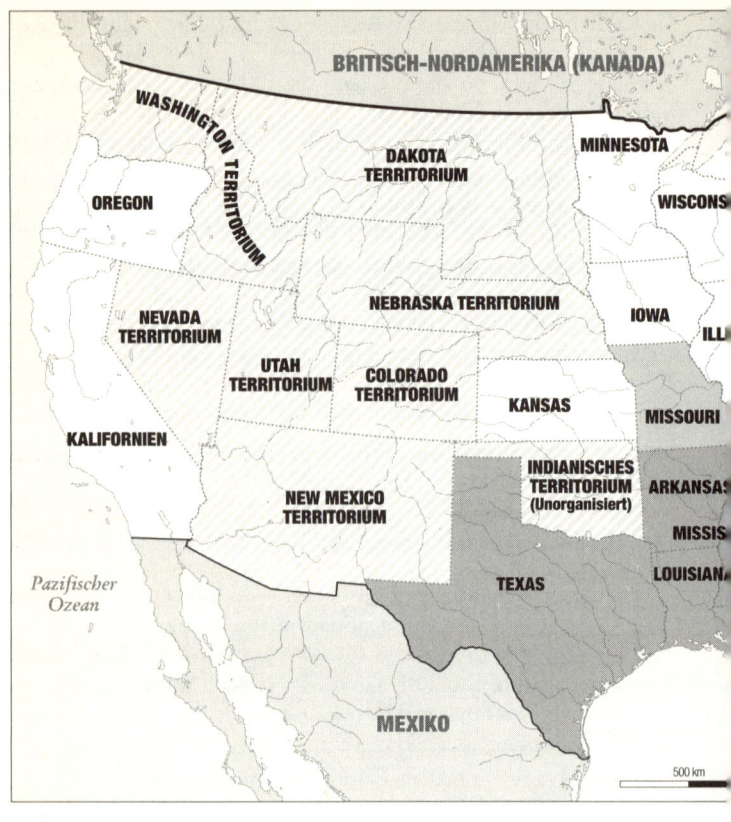

Pazifischer Ozean

BRITISCH-NORDAMERIKA (KANADA)

WASHINGTON TERRITORIUM

OREGON

DAKOTA TERRITORIUM

MINNESOTA

WISCONS

NEVADA TERRITORIUM

NEBRASKA TERRITORIUM

IOWA

ILL

UTAH TERRITORIUM

COLORADO TERRITORIUM

KANSAS

MISSOURI

KALIFORNIEN

NEW MEXICO TERRITORIUM

INDIANISCHES TERRITORIUM (Unorganisiert)

ARKANSAS

MISSIS

TEXAS

LOUISIAN

MEXIKO

500 km

und Tennessee. Die Sklavenstaaten Missouri, Kentucky, Maryland und Delaware blieben hingegen der Union der Nordstaaten treu.

Im ersten Kriegsjahr befand sich die hochmotivierte Südstaatenarmee unter Führung ihres Oberkommandierenden Robert E. Lee in der Offensive. Erst in der dunkelsten Stunde der drohenden Niederlage entschied sich Lincoln, gegen seine eigenen Versprechen und einen großen Teil der öffentlichen Meinung die Sklaverei offiziell zu beenden. Als Oberbefehlshaber der Armee schenkte er in seiner Emanzipationserklärung vom September 1862 allen Sklaven in den rebellierenden Südstaaten per Dekret die Freiheit.

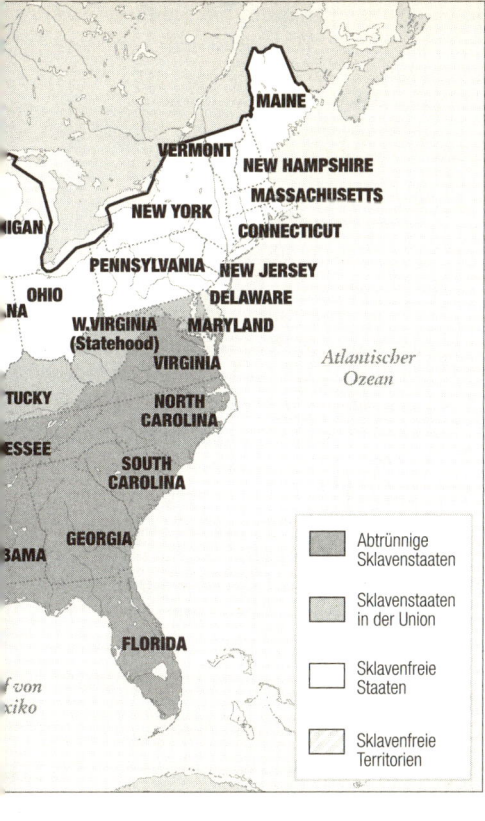

MAINE
VERMONT
NEW HAMPSHIRE
MASSACHUSETTS
NEW YORK
CONNECTICUT
PENNSYLVANIA NEW JERSEY
OHIO DELAWARE
W.VIRGINIA MARYLAND
(Statehood)
VIRGINIA
Atlantischer Ozean
TUCKY NORTH CAROLINA
ESSEE
SOUTH CAROLINA
GEORGIA
BAMA
FLORIDA
f von xiko

Abtrünnige Sklavenstaaten

Sklavenstaaten in der Union

Sklavenfreie Staaten

Sklavenfreie Territorien

Sklaverei in den USA 1861

Nun wurden erstmals freie Schwarze in die Unionsarmee eingezogen, damit sie für die Freiheit ihrer Brüder kämpften.

Erst in der Schlacht von Gettysburg am 1. Juli 1863 wendete sich das Kriegsglück zugunsten des materiell weit überlegenen Nordens. Knapp zwei Jahre später war die Konföderation der Südstaaten besiegt. Lincoln wurde im November 1864 wiedergewählt, fiel jedoch im April 1865 den Schüssen eines Attentäters zum Opfer. Im gleichen Jahr verabschiedete der Kongress den 13. und den 14. Zusatzartikel zur Verfassung, welche die Sklaverei in den USA endgültig beendeten und allen schwarzen Männern ihre Bürgerrechte sicherten. Es dauerte ein weiteres Jahr, bis alle

Bundesstaaten dieses Gesetz ratifiziert hatten. Ein weiterer Verfassungszusatz von 1869 untersagte Wahlrechtsbeschränkungen. Erstmals waren damit schwarze und weiße Männer – nicht jedoch Frauen und Indianer – vor dem Gesetz gleichgestellt.

»Getrennt, aber gleich«

Die Tragödie der amerikanischen Schwarzen war damit noch lange nicht überstanden. Zwar mussten die weißen Südstaatler das Ende der Sklaverei zähneknirschend hinnehmen, doch fanden sie andere Wege, ihre rassistische Weltsicht durchzusetzen und ihre Mitbürger anderer Hautfarbe auszubeuten. Die ersten zehn Jahre nach dem Bürgerkrieg begannen für die befreiten Sklaven vielversprechend: Der US-Kongress bemühte sich, ihre Bürgerrechte zu schützen, indem er die – zu rassistischen Übergriffen missbrauchten – demokratischen Freiheiten der Weißen in den Südstaaten einschränkte. Angesichts ständiger gewalttätiger Angriffe auf Schwarze schickte die Bundesregierung neue Truppen in den Süden und richtete 1866 eine Militärverwaltung ein. Unter der sogenannten Rekonstruktion übernahmen in vielen Staaten zugereiste Nordstaatler, die »carpetbaggers«, die Macht. In den neuen Parlamenten der Südstaaten saßen viele schwarze Abgeordnete; in South Carolina und Louisiana bildeten sie zeitweise sogar die Mehrheit. Eine Reihe von Bürgerrechtsgesetzen sicherte das Wahlrecht der Schwarzen und stellte Gewalt gegen Schwarze unter strenge Strafen. Es ist eine böse Ironie der Geschichte, dass die gleichen Gesetze hundert Jahre später noch einmal verabschiedet werden mussten.

Die Schwarzen wurden wirtschaftlich jedoch nicht gleichgestellt: Es gab keine Landreform, die ehemaligen Sklaven arbeiteten als Pächter (»sharecroppers«) weiter auf den Baumwoll- und Tabakfeldern der weißen Großgrundbesitzer. Durch Ausbeutung und Verschuldung gerieten sie rasch in eine massive Abhängigkeit, die der Sklaverei ähnlich war. Gegen Schwarze, die sich wehrten, gingen die Großgrundbesitzer in Selbstjustiz vor: Kurz nach Ende des Bürgerkriegs entstand der Ku-Klux-Klan, ein weißer Geheimbund, dessen Mitglieder nachts ausrückten, um Schwarze einzuschüchtern, zu foltern und zu ermorden. Anfangs schritten die Behörden gegen den Ku-Klux-Klan ein, doch je mehr Zeit seit dem Bürgerkrieg verstrich, desto schwächer wurde der Schutz der Schwarzen.

Die republikanischen Nachfolger Lincolns im Weißen Haus wie Andrew Johnson und Ulysses Grant bemühten sich allmählich um einen Ausgleich mit dem besiegten Süden – auf Kosten der Schwarzen. Immer mehr Anhänger und Funktionäre der Konföderation wurden in die Wählerlisten eingetragen und gewannen über die Demokratische Partei politischen Einfluss. Bei den Präsidentenwahlen von 1876 entstand im Wahlkollegium ein Patt. Der Republikaner Rutherford Hayes gab das Versprechen ab, die Bundestruppen aus dem Süden abzuziehen, und erhielt damit die Mehrheit der Wahlmänner. 1877 zogen die letzten Besatzungstruppen ab, die Rekonstruktion war beendet. Die Republikanische Partei hatte sich in diesem Jahrzehnt neben der ungeliebten Besatzungspolitik auch durch Misswirtschaft und Korruption diskreditiert, die Demokraten übernahmen überall im Süden die Macht und gingen sofort daran, die alten Zustände wiederherzustellen.

Auch ohne Rückkehr zur Sklaverei fanden die neuen Machthaber genug Möglichkeiten, die Ungleichheit von Weiß und Schwarz festzuschreiben. Systematisch wurde den Schwarzen in einem Bundesstaat nach dem anderen das Wahlrecht entzogen durch die Einführung von Kopfsteuern, die sich nur wenige leisten konnten, sowie durch Alphabetismus- und Wissensprüfungen. In Georgia und South Carolina war die Hälfte aller schwarzen Wähler von 1880 acht Jahre später aus den Wählerlisten verschwunden. Anderswo wurden die Stimmzettel aus schwarzen Vierteln gestohlen, gefälscht oder einfach nicht gezählt.

Ihres politischen Mitspracherechts beraubt, konnten sich Schwarze gegen die Diskriminierung durch das Gesetz nicht wehren. Die Rassentrennung in öffentlichen Einrichtungen wie Schulen, Zügen, Bussen, Restaurants und selbst auf Parkbänken wurde in »Schwarzen Codes« verankert. Jim-Crow-Gesetze nannte man diese erniedrigenden Vorschriften nach der volkstümlichen Spottfigur eines dummen und geschwätzigen Schwarzen. Im Namen einer obskuren Rassenlehre, die sich in den USA als ebenso populär erwies wie später in Deutschland, wurden Ehe und Geschlechtsverkehr zwischen Weißen und Schwarzen verboten. Auch im öffentlichen Schulwesen existierte die angebliche Gleichheit nur auf dem Papier: Die schwarzen Schulen waren in baufälligen Gebäuden untergebracht und hatten nur wenig Geld für Lehrerausbildung und Bücher zur Verfügung. Die Kinder lernten kaum Lesen und Schreiben, von einer beruflichen Ausbildung ganz zu schweigen.

Der Ku-Klux-Klan beherrschte das Leben in vielen Orten und ging mit hemmungsloser Gewalt gegen Schwarze vor – gelegentlich auch gegen Juden, Katholiken und andere Minderheiten. Polizisten und Staatsanwälte schauten tatenlos zu, denn viele von ihnen waren selbst Mitglieder des Klans. Geschah ein Verbrechen, wurden fast immer Schwarze verdächtigt und oft ohne Gerichtsverfahren gelyncht.

Vergeblich warteten die Schwarzen auf Hilfe aus Washington. Der Kongress griff nicht ein und der Oberste Gerichtshof gab in einem weitreichenden Urteil aus dem Jahr 1896 der Rassentrennung seinen Segen: In dem Fall Plessy gegen Ferguson erklärte er, dass das Prinzip »Getrennt, aber gleich« nicht gegen die Verfassung verstoße.

Angesichts der Gewaltbereitschaft der Weißen regte sich bei den Schwarzen kaum Widerstand. Der unterwürfige Schwarze wurde zum Stereotyp, der die rassistischen Vorurteile der Weißen noch verstärkte. Der einzige Ausweg war die Migration in die Großstädte des Nordens, wo Schwarze auf Jobs in den Fabriken und ein besseres Leben hofften. Doch auch dort lebten sie meist in ärmlichen Ghettos und spürten die Diskriminierung täglich. Die Mehrheit der Amerikaner hatte zwar wenig Sympathie für die offenen Rassisten im Süden, tat aber nichts, um dieses krasse Unrecht zu beenden. Es dauerte fast ein Jahrhundert, bis der ständige Bruch der eigenen Verfassung im Bewusstsein der Öffentlichkeit Niederschlag fand und Gerichte sowie Regierung begannen, den Schwarzen zu ihrem Recht zu verhelfen. Bis heute ist dieser Rassismus ein Krebsgeschwür der amerikanischen Gesellschaft, der immer wieder offen zutage tritt (→ Kapitel 19).

Inzwischen wird die Sklaverei in Schulbüchern, den Massenmedien sowie dem öffentlichen Bewusstsein als großes Unrecht betrachtet; auch die Ära der Rassentrennung, die bis in die sechziger Jahre des 20. Jahrhunderts andauerte, ist in Verruf geraten. Doch in weiten Teilen des Südens werden im privaten Kreis und gelegentlich auch in der Öffentlichkeit die Heldentaten des Bürgerkriegs immer noch gefeiert, an Feiertagen wird die Fahne der Konföderation gehisst und die rechtliche Gleichstellung der Schwarzen bedauert. In den Köpfen vieler Weißer ist die Sklaverei nie zu Ende gegangen.

Für viele Schwarze ist das Erbe der Sklaverei noch allgegenwärtig, obwohl es jahrzehntelang verschämt verschwiegen wurde. Erst der Erfolg der Fernsehserie *Roots*, welche die Geschichte einer Sklavenfamilie erzählt, ließ ab den siebziger Jahren viele junge Schwarze nach ihren eigenen Wurzeln suchen. Heute gehört der kulturelle Nachlass der Sklaverei zur Identität der schwarzen Amerikaner und wird mit Stolz in Schulen, Kirchen und Künstlerkreisen gepflegt.

Die Rassenschranke wird auch beim Umgang mit der Geschichte sichtbar. Viele Schwarze machen die Sklaverei für die anhaltenden Probleme der heutigen Generation verantwortlich – die schwachen Familienbande mit zahlreichen alleinerziehenden Müttern, das mangelnde Interesse an Bildung, das oft fehlende Arbeitsethos und die hohe Kriminalität. Manche Weiße werfen wiederum den Schwarzen vor, mit dem ständigen Hinweis auf Sklaverei und Rassismus die Schuld für alle Schwierigkeiten anderen zuzuweisen, anstatt – wie etwa die erfolgreichen Einwanderer aus Asien – selbst für eine Verbesserung ihrer Lebensumstände zu sorgen.

Die amerikanische Regierung hat sich nie ihrer Verantwortung für die Sünden der Vergangenheit gestellt. Erst in den vergangenen Jahren fanden amerikanische Präsidenten, vor allem Bill Clinton, Worte der Entschuldigung, ohne daraus jedoch praktische Konsequenzen zu ziehen. Eine finanzielle Entschädigung für die jahrhundertelange Ausbeutung, die nach Schätzung von Historikern bis zu 4 Billionen Dollar betragen müsste, ist jedoch ausgeblieben, auch wenn auf Sammelklagen spezialisierte Anwälte wie Ed Fagan versuchen, Unternehmen, die mit der Sklaverei Geschäfte machten, auf Schadenersatz zu verklagen. Eines der größten Verbrechen der US-Geschichte bleibt dadurch ungesühnt.

3
Die Ära der Räuberbarone:
Der ungezügelte Laisser-faire-Kapitalismus

Dank eines ungezügelten Laisser-faire-Kapitalismus konnten Amerikas Industriekapitäne ab 1870 ein enormes Vermögen anhäufen. Die einfachen Arbeiter hingegen lebten noch viel schlechter als in Europa. Ihr Kampf um mehr Lohn und bessere Arbeitsbedingungen wurde jahrzehntelang von der Politik brutal unterdrückt.

1848 betrat ein zwölfjähriger Schotte den Boden der USA. Für 1,20 Dollar die Woche fand Andrew Carnegie Arbeit in einer Baumwollfabrik in Pittsburgh und wechselte etwas später in ein Telegraphenbüro. Der tüchtige Jugendliche fiel Thomas Scott auf, einem Manager der Pennsylvania Railroad, der ihn zu seinem Assistenten machte. Gemeinsam stiegen die beiden in der großen Eisenbahngesellschaft auf; mit 24 Jahren war Carnegie bereits Abteilungsleiter. Seinen Verdienst investierte er in verschiedene Industriezweige, vor allem in die Eisen- und Stahlproduktion. 1874 wurde Scott Präsident von Pennsylvania Railroad, sein Protegé wurde selbst Unternehmer. Carnegie legte seine Investitionen zusammen und baute südlich von Pittsburgh das größte Stahlwerk des Landes. Eigene Konzernunternehmen förderten Kohle sowie Eisenerz und sorgten für den Transport von Rohstoffen und Gütern zu Wasser wie per Bahn. 1878 lieferte Carnegie den Stahl für die Brooklyn-Brücke in New York und in den folgenden Jahren den Stahl für den Bau der ersten Wolkenkratzer in New York und Chicago. Die Gewinne und Umsätze explodierten, im Jahr 1900 war Carnegie Steel der größte Industriekonzern der Welt.

Der Stahlkönig Carnegie wurde zum Symbol des neuen Amerika: reich, mächtig, innovativ und unnachgiebig gegenüber Geschäftspartnern sowie den eigenen Arbeitern. Diese arbeiteten bis zu 15 Stunden an sechs Tagen die Woche in seinen Stahlwerken unter lebensgefährlichen Bedingungen und verdienten kaum genug zum Überleben. Carnegie hasste Gewerkschaften und schlug einen Streik in seinem Homestead-Stahlwerk im Jahr 1892 brutal nieder. Für die meisten seiner Mitarbeiter – ebenfalls Einwanderer oder Kinder von Einwanderern, die aber weder sein Glück noch sein Geschick besaßen – war Carnegie Steel ein Albtraum.

Die Macht der Konzerne

In den 25 Jahren zwischen 1875 und 1900 entwickelte sich in den USA eines der großen Wirtschaftswunder der Neuzeit: Ein rückständiges Agrarland wuchs innerhalb weniger Jahre zur industriellen Weltmacht. Doch der neue Reichtum floss nur einer kleinen Oberschicht an eingesessenen Familien und Aufsteigern zu, während die große Masse – Bauern im Westen, Industriearbeiter im Osten, schwarze Landarbeiter im Süden – ein Leben in Armut und Elend verbrachte. In diesen Jahren, nach einem sozialkritischen Roman von Mark Twain auch *The Gilded Age* genannt, bekamen die amerikanische Wirtschaft und Gesellschaft ihren Stempel aufgedrückt und entstanden jene Muster, die bis heute wirken: Konzentration des Reichtums, Ungleichheit und ein äußerst mangelhaftes soziales Netz.

Die herrschende Ideologie der Nation hieß Laisser-faire und bedeutete die Nichteinmischung des Staats in Fragen der Wirtschaft. Steuern waren niedrig und es gab nur wenige gesetzliche Einschränkungen oder gar Schutzvorschriften für Arbeitnehmer. Viele kleine Handwerker, Geschäftsleute und Unternehmer konnten sich unter diesen Umständen eine Existenz aufbauen, doch wer wirklich reich werden wollte, musste mit allen Mitteln den Wettbewerb ausschalten, um echte Marktmacht zu erlangen. Cornelius Vanderbilt schuf so ein Eisenbahnimperium, das dank seiner Monopolstellung im Nordosten die Preise diktieren konnte. Vanderbilt nutzte dieses Monopol, um nicht nur seinen eigenen Reichtum, sondern auch den anderer Großkapitalisten auf Kosten der Allgemeinheit zu vermehren. Großen Konzernen räumte er großzügige Rabatte ein, die kleinen aber mussten hohe Frachtraten zahlen, die vielen von ihnen das Rückgrat brachen.

Andere Unternehmer legten ihre Investitionen in sogenannten Trusts zusammen, um den Wettbewerb untereinander zu beenden und die Preise hinaufzutreiben.

König dieser Trusts wurde der Bankier J. Pierpont Morgan, der von New York aus die Konsolidierung ganzer Industriezweige vorantrieb. Morgan verabscheute den Wettbewerb und liebte stabile Ordnung. 1885 arrangierte er ein Marktaufteilungsabkommen zwischen den beiden Eisenbahngesellschaften New York Central Railroad und Pennsylvania Railroad. Ab 1893 übernahm er nach und nach die Kontrolle über das gesamte Bahnwesen. 1901 kaufte er Carnegie Steel und fusionierte das Unternehmen mit anderen Stahlwerken zur U.S. Steel Corporation, die mit einer Produktion von 9 Millionen Tonnen im Jahr für drei Fünftel der US-Stahlerzeugung verantwortlich war.

Noch erfolgreicher bei der Schaffung eines Monopols war John D. Rockefeller, der 1870 die Standard Oil Company gründete, in den folgenden Jahren die meisten Mitbewerber übernahm oder in den Konkurs trieb und 1879 bereits fast 90 Prozent der Raffineriekapazität des Landes in den Händen hatte. 1897 setzte er sich mit einem Vermögen von 900 Millionen Dollar zur Ruhe – bevor das Zeitalter des Erdöls seine volle Blüte erlebte. 1900 beherrschte 1 Prozent der Konzerne mehr als ein Drittel der gesamten amerikanischen Industrieproduktion, 1909 war es bereits fast die Hälfte.

Die Macht dieser Räuberbarone, wie sie bald genannt wurden, und ihrer Trusts führte das Laisser-faire-Prinzip ad absurdum. Denn sie verhinderten den Wettbewerb, auf dem der Kapitalismus beruhte. Die Macht der großen Trusts und Konzerne behinderte die Entwicklung ganzer Regionen und sorgte in vielen Branchen für überhöhte Preise. Politiker und Kommentatoren prangerten die Trusts öffentlich an, doch unternommen wurde lange nichts. Zu stark war der Einfluss der Industriekapitäne, die sich ihre Politiker kauften. Auf einem Gebiet aber mischte sich der Staat in die Wirtschaft ein: Durch hohe Zölle wurden Importe verhindert und die heimische Wirtschaft geschützt. Das steigerte die Gewinne der Konzerne und sicherte Arbeitsplätze, hielt aber zugleich die Preise für zahlreiche Konsumgüter hoch. Der Protektionismus durch hohe Zölle war daher ein weiteres Instrument zur Umverteilung wirtschaftlicher Ressourcen von der breiten Masse zu den wenigen Reichen. Unter der Präsidentschaft des Demokraten Grover Cleveland (1893 bis 1897) wurden die Zölle etwas gesenkt, sein Nachfolger William McKinley (1897 bis 1901), ein radikaler Anhänger des Protektionismus, hob sie allerdings wieder an.

Langsam dämmerte auch den Politikern in Washington, dass Trusts und Kartelle mit freier Marktwirtschaft unvereinbar waren. 1887 beschloss der Kongress den Interstate Commerce Act, der die Eisenbahn regulieren und die Diskriminierung kleiner Unternehmen beenden sollte. 1890 trat der Sherman Anti-Trust Act in Kraft, dessen ursprüngliches Ziel es war, die Monopole zu zerschlagen. Doch angewandt wurde er im ersten Jahrzehnt hauptsächlich gegen die Gewerkschaften und ihren Kampf für bessere Arbeitsbedingungen.

Ein Leben in Armut

Die Arbeitsbedingungen waren für viele Menschen katastrophal. Die Einwanderung aus Europa sorgte für einen ständigen Nachschub von billigen Arbeitskräften, die nach Belieben ausgebeutet werden konnten. Von 1880 bis 1890 kamen 5,2 Millionen Einwanderer in die USA – Italiener, Polen, Russen und immer mehr Chinesen. Sie landeten in New York oder San Francisco und waren bereit, jede Arbeit anzunehmen. Die Arbeitgeber zahlten weder angemessene Löhne, noch sorgten sie für sichere Arbeitsbedingungen. Die Unfallrate am Arbeitsplatz lag in den USA weit höher als in Europa: Bei der Eisenbahn verletzte sich zum Beispiel einer von 26 Arbeitern im Jahr und einer von 400 starb während der Arbeit. Um die medizinische Versorgung mussten sich die Arbeiter selbst kümmern.

Die Durchschnittslöhne lagen mit etwa 20 Cent in der Stunde für Facharbeiter (bei heutigen Preisen entspräche das 4 Dollar) und 10 Cents (2 Dollar) für Hilfsarbeiter deutlich unter dem Existenzminimum, Frauen verdienten meist noch weniger. Das war zwar mehr als in vielen europäischen Staaten, doch lagen auch die Lebenshaltungskosten deutlich höher.

Immer mehr Kinder gingen arbeiten statt in die Schule, die Kinderarbeit stieg zwischen 1870 und 1900 um 130 Prozent. In der Textilindustrie des Südens stellten Kinder bald ein Drittel aller Arbeitskräfte. An der New Yorker East Side lebten Hunderttausende von Einwandererfamilien zusammengepfercht in dunklen, stinkenden und überfüllten Wohnungen, wo Kinder kaum je Tageslicht sahen. Kriminalität, Krankheiten und Alkoholismus waren Teil des Lebens in den Slums, eine hohe Selbstmordrate die Folge. Erst der Reportagenband *Wie die andere Hälfte lebt* des dänisch-amerikanischen Journalisten Jacob Riis machte die breite Öffentlichkeit auf die katastrophalen Wohnverhältnisse aufmerksam und führte zu einer Reform der Bauordnung.

Die Lage verschlimmerte sich für viele nach der Finanzkrise von 1893, als die amerikanische Wirtschaft in eine jahrelange Rezession schlitterte, Hunderttausende Männer ihren Job verloren und noch mehr Frauen und Kinder gezwungen waren, für geringen Lohn arbeiten zu gehen.

Die Politik mischte sich nicht in den Arbeitsmarkt ein. Selbst ein Verbot der Kinderarbeit wurde erst gegen Ende des Jahrhunderts zum Thema. Zum Vergleich: In Deutschland führte Otto von Bismarck zwischen 1883 und 1889 die Kranken-, Unfall-, Invaliditäts- und Altersversicherung für Arbeiter ein und schuf damit die Grundlagen des modernen Sozialstaats. In den USA geschah nichts dergleichen.

An den amerikanischen Universitäten war der Sozialdarwinismus populär: Jeder staatliche Eingriff zugunsten der Armen würde bloß den evolutionären Überlebenskampf der Spezies behindern und so die Weiterentwicklung der Menschheit zurückhalten, dozierte etwa der prominente Soziologe William Graham Sumner von der Yale University. Ökonomen lehrten unterdessen das »eiserne Gesetz der Löhne«, wonach das Gehalt eines Arbeiters nur von Angebot und Nachfrage abhänge und niemals von dem, was er zum Leben benötige.

Erst langsam setzte eine bürgerliche Reformbewegung ein, die private karitative Initiativen und eine neue Rolle für den Staat forderte. Unter dem Druck der öffentlichen Meinung und des eigenen Gewissens wandelten sich einige Räuberbarone wie etwa Carnegie zu sozialen Wohltätern und steckten ihr Vermögen in private Stiftungen, die Schulen, Krankenhäuser und zahlreiche andere gemeinschaftliche Einrichtungen finanzierten.

Anders als in Europa besaß die amerikanische Arbeiterklasse allerdings echte Aufstiegschancen. Einerseits handelte es sich meist um Migranten, die ihre Flexibilität allein schon durch den Akt der Auswanderung bewiesen hatten, andererseits fehlten in den USA die europäischen Standesdünkel. Einwanderer, die weiter nach Westen zogen, konnten sich oft etwas Wohlstand erarbeiten, viele ihrer Kinder waren bereits Teil des Mittelstands. Einige gingen auch den sprichwörtlichen Weg vom Tellerwäscher zum Millionär, doch die breite Masse blieb von der Erfüllung des amerikanischen Traums ausgeschlossen.

Gewerkschaften in der Defensive

Nach und nach setzte sich auch bei amerikanischen Arbeitern die Erkenntnis durch, dass sie nur durch gemeinsames Handeln ihr Leben verbessern werden. Wie in Europa wurde die Gewerkschaftsbewegung zu einer Kraft der Veränderung, die von den Konzernchefs und der Politik mit heftigem Misstrauen beobachtet wurde. 1869 gründete Uriah Stephens in Philadelphia den Noble and Holy Order of the Knights of Labor, den »vornehmen und heiligen Orden der Arbeitsritter«, einen Geheimbund, der sich für Würde und bessere Arbeitsbedingungen für Textilarbeiter einsetzte. Die Knights erhielten starken Zulauf, gaben schließlich ihre Geheimniskrämerei auf und begannen unter der Führung von Terence Powderly im ganzen Land Industriearbeiter zu organisieren. Die Knights nahmen auch Schwarze und Spanisch sprechende Mexikaner in ihre Reihen auf und sagten dem gesamten System des Laisser-faire-Kapitalismus den Kampf an.

Ihr radikaler Sozialismus wurde ihnen schließlich zum Verhängnis. Am 1. Mai 1886 streikten 350 000 Arbeiter im ganzen Land für den 8-Stunden-Tag. In Chicago, einem Zentrum von militanten Anarchisten, endeten die Streiks gewalttätig: Bei einer Protestversammlung gegen die Erschießung zweier Arbeiter durch die Polizei warf ein Unbekannter auf dem Haymarket von Chicago eine Bombe, die sieben Polizisten tötete und viele verletzte. Der Täter wurde nie gefasst, aber acht Anarchisten wurden in der Folge allein aufgrund ihrer aufrührerischen Reden verurteilt und vier von ihnen gehenkt.

Der blutige Vorfall diskreditierte die Gewerkschaftsbewegung in den Augen moderater Bürger und führte zum Niedergang der Knights. Ihren Platz nahm die pragmatische American Federation of Labor (AFL) ein, die keinen politischen Umsturz suchte, sondern höhere Löhne für ihre Mitglieder forderte – zumeist weiße

Männer. Andere Aktivisten der Knights gingen in den Untergrund. Anders als in Europa entstand keine landesweite sozialistische Partei, welche die Gewerkschaften politisch unterstützte.

Der Haymarket überlebte als Mythos der weltweiten Arbeiterbewegung. 1889 beschloss eine Versammlung sozialistischer Parteien in Paris, den 1. Mai zum Kampftag für den 8-Stunden-Tag, für Koalitionsfreiheit, Arbeitsschutzgesetze und allgemeines Wahlrecht zu erklären. Bis heute feiern Gewerkschaften und Arbeitnehmer in aller Welt an diesem Datum den Tag der Arbeit – allerdings nicht in den USA.

Nach dem gescheiterten Protest in Chicago kam es zu blutigen Zusammenstößen zwischen Gewerkschaften und Unternehmern, die mit Hilfe der Polizei, eingeschleusten Spionen und kleinen Privatarmeen gegen die streikenden Arbeiter vorgingen. 1892 brach Carnegie den Streik in seinem Homestead-Stahlwerk mit Hilfe von 300 Privatdetektiven und der Nationalgarde.

13 Menschen kamen dabei ums Leben. 1894, im schlimmsten Jahr der Wirtschaftskrise, wurde auch in zahlreichen Bergwerken im Westen gestreikt. Im Juni 1894 protestierten Arbeiter der Pullman-Schlafwagenfabrik bei Chicago gegen drastische Lohnkürzungen. Die Bahngewerkschaft schloss sich dem Streik an und legte den gesamten Bahnverkehr im Westen und damit die Versorgung mit Getreide, Vieh und Kohle lahm. Präsident Grover Cleveland, der erste Demokrat im Weißen Haus seit dem Bürgerkrieg, entsandte Truppen nach Chicago, um den Bahnverkehr wiederherzustellen, und untersagte per Gerichtsverfügung den Arbeitskampf. Die Arbeiter wehrten sich, aber Anfang Juli wurde der Streik gebrochen und Streikführer Eugene Debs verurteilt. Der Oberste Gerichtshof bestätigte 1895 das Urteil und legitimierte damit den Einsatz staatlicher Gewalt gegen streikende Arbeiter. Die Gewerkschaften waren mehr denn je in der Defensive.

Die stärkste Reformbewegung ging schließlich nicht von den industrialisierten Städten, sondern vom Land aus. Die Krise der neunziger Jahre ließ Agrarpreise purzeln und Tausende Bauern im Mittleren Westen verarmen. Bereits 1892 wurde die Populist Party gegründet, die sich gegen die Allmacht der Banken im Osten wandte. Sie forderte die Abkehr vom strikten Goldstandard, der die Geldmenge im Umlauf auf das Volumen beschränkte, das durch die Goldreserven des Staats gedeckt war. Da diese Reserven trotz zahlreicher Goldfunde langsamer wuchsen als Bevölkerung und Wirtschaft, war stets zu wenig Geld im Umlauf. Von Jahr zu Jahr fielen nicht nur die Erzeugerpreise, sondern auch die Löhne, und die Deflation bremste das Wirtschaftswachstum und die Schaffung neuer Arbeitsplätze. Doch die Bankiers unter Führung von Morgan waren zufrieden: Je schneller die Preise und Löhne sanken, desto mehr wurden ihre Anlagen in Gold und Anleihen wert.

»Freies Silber« wurde zum Schlachtruf der Populisten: Sie wollten, dass die Regierung das im Westen und Süden abgebaute Silber aufkaufte und dafür Dollar-Scheine druckte. Auch unter den Demokraten wuchs der Widerstand gegen Präsident Cleveland, der sich für den Goldstandard und gegen die Gewerkschaften stark machte. Beim Parteitag der Demokraten 1896 überzeugte der erst 36-jährige William Jennings Bryan mit einer fulminanten Rede die Delegierten. »Wir werden jenen, die den Goldstandard fordern, mit diesen Worten antworten: Du sollst nicht auf die Stirn der Arbeit diese Dornenkrone drücken, du sollst die Menschheit nicht auf ein Kreuz aus Gold schlagen.« Bryan wurde nicht nur Präsidentschaftskandidat der Demokraten, zu seinem Schaden ernannte ihn auch die Populist Party zu ihrem Kandidaten. Nun galt er in der Öffentlichkeit als Radikaler, und trotz eines enthusiastisch geführten Wahlkampfs verlor er die Wahl gegen den Republikaner William McKinley, den Vertreter des Establishments und des Goldstandards. In den folgenden Jahren konnten die Populisten einige ihrer Forderungen durchsetzen, die Partei aber löste sich auf.

Das Erbe des Populismus übernahmen die sogenannten Progressiven, als deren wichtigster Vorreiter sich überraschenderweise der Republikaner Theodore Roosevelt erwies, der 1901 nach McKinleys Ermordung ins Weiße Haus einzog. Sofort ging er gegen die Macht der Konzerne vor und profilierte sich als »Trust-Buster«, als Zerstörer der Monopole. Auf Basis des Sherman Anti-Trust-Gesetzes, das jahrzehntelang nicht zur Anwendung gekommen war, leitete er ein Wettbewerbsverfahren gegen die Northern Securities Company ein, die den Bahnverkehr im Nordosten der USA beherrschte. 1904 wurde sie per Gerichtsbeschluss zerschlagen. Es war das erste von insgesamt 44 Anti-Trust-Verfahren, die von der Roosevelt-Regierung geführt wurden. Der energische Präsident drohte den Bergbaugesellschaften in Pennsylvania mit der Entsendung von Truppen und zwang sie so, mit streikenden Bergarbeitern über höhere Löhne und kürzere Arbeitszeiten zu verhandeln. Und nachdem der Schriftsteller Upton Sinclair in seinem Buch *The Jungle* die schrecklichen Zustände in der Fleischverarbeitung von Chicago enthüllte, verabschiedete der Kongress mit dem Meat Inspection Act von 1906 das erste moderne Verbraucherschutzgesetz.

Auch unter Roosevelts Nachfolgern William Howard Taft (1909 bis 1913) und Woodrow Wilson (1913 bis 1921) konnten die Gewerkschaften weiterwachsen und für ihre Mitglieder bessere Lebensbedingungen erkämpfen. Während dieser progressiven Ära wurde das Frauenwahlrecht eingeführt und die Sozialgesetzgebung ausgeweitet. Die Zeit des radikalen Laisser-faire war vorbei, der Staat übernahm Verantwortung für das Wohlbefinden seiner Bürger. Einkommen und Lebensbedingungen der Arbeiterfamilien stiegen zwischen 1900 und 1920 deutlich, auch dank einer guten Konjunktur und dem Beginn der Massenproduktion von Industriegütern, zum Beispiel den Automobilen von Henry Ford. 1916 diktierte Wilson der Eisenbahnindustrie den 8-Stunden-Tag und endlich wurden die ersten vorsichtigen Gesetze gegen Kinderarbeit erlassen.

Doch die Konzerne setzten im Verbund mit lokalen Behörden den Kampf gegen die Gewerkschaften und streikende Arbeiter unvermindert fort. In der von Rockefeller kontrollierten Colorado Fuel and Iron Company in Ludlow in Colorado brach 1914 ein Arbeitskampf aus: Bergwerksarbeiter gingen nach jahrelangen Versuchen, eine Gewerkschaft zu gründen, in den Streik und wurden daraufhin mit ihren Familien aus den werkseigenen Wohnhäusern vertrieben. Auf staatlichem Land errichteten sie eine Zeltstadt, die am Ostersonntag 1914 von Bürgerwehren und vom Unternehmen angeheuerten Streikbrechern angegriffen und niedergebrannt wurde. Zwei Frauen und elf Kinder starben in den Flammen; insgesamt kamen 66 Streikende ums Leben, bis Bundessoldaten das Massaker beendeten.

Immer noch aber lagen die inzwischen wohlhabenderen USA bei der Sozialgesetzgebung weit hinter Deutschland oder Frankreich zurück. Es gab keine gesicherte Gesundheitsvorsorge, keine Altersvorsorge und kein Arbeitslosengeld. Arbeiter und Angestellte konnten jederzeit entlassen werden; wer keine Arbeit hatte, war auf private Hilfe und die Kirche angewiesen. Schwarze, Indianer und mexikanische Saisonarbeiter waren vom wirtschaftlichen Fortschritt praktisch ausgeschlossen. Die Macht der Großindustrie und Banken blieb trotz zahlreicher Wettbewerbsverfahren und neuer Regulierungsgesetze ungebrochen.

Nach dem Ende des Ersten Weltkriegs 1918 erlitt auch die Gewerkschaftsbewegung einen schweren Rückschlag. Die russische Revolution von 1917 und die Angst vor einer Ausbreitung des Kommunismus in den USA stärkten die reaktionären Kräfte. Im Frühjahr 1919 kam es im ganzen Land zu Massenstreiks; vier Millionen Arbeiter, das waren 20 Prozent, legten die Arbeit nieder, um für die Anerkennung von Gewerkschaften und höhere Löhne zu kämpfen. In den folgenden drei Jahren kam es wiederholt zu blutigen Zusammenstößen mit bezahlten Streikbrechern, der Polizei und im Fall von streikenden Bergarbeitern in West Virginia am 31. August 1921 sogar mit Einheiten der Armee. Die Unternehmer denunzierten die Streikführer als Bolschewiken und sicherten sich dadurch die Unterstützung der Politik.

Die »rote Panik« löste eine Kommunistenhatz gegen Gewerkschafter und osteuropäische Immigranten aus, die für die Radikalisierung der amerikanischen Arbeiter verantwortlich gemacht wurden. Tausende wurden verhaftet und 249 Arbeiter im Dezember 1919 auf dem Schiff Buford deportiert, darunter die bekannte Anarchistin und Feministin Emma Goldman. Als im April 1920 in Boston zwei Angestellte einer Schuhfabrik ausgeraubt und ermordet wurden, schob man die Tat den beiden italienischen Anarchisten Nicola Sacco und Bartolomeo Vanzetti in die Schuhe. Trotz weltweiter Proteste wurden die beiden Männer im August 1927 auf dem elektrischen Stuhl hingerichtet.

Die progressive Ära ging ab 1919 in einer Welle von Gewalt und Unterdrückung zu Ende, die nächsten zwölf Jahre brachten trotz starken Wirtschaftswachstums einen Rückfall in puncto sozialer Gerechtigkeit und Sicherheit. Als 1929 der Börsenkrach die Weltwirtschaftskrise auslöste, zeigte sich, dass das soziale Netz viel zu brüchig war, um die Amerikaner in schlechten Zeiten vor Hunger und Elend zu schützen. Selbst die Sozialgesetzgebung des New Deal, die Präsident Franklin D. Roosevelt (1933 bis 1945) in den dreißiger Jahren durchsetzte, änderte nichts an der grundlegenden Natur des amerikanischen Wirtschafts- und Gesellschaftssystems. Die USA sind bis heute ein Land gewaltiger Gegensätze zwischen Armen und Reichen, Starken und Schwachen, Insidern und Outsidern geblieben.

4
Lateinamerika als Hinterhof:
Imperialismus der neuen Großmacht

Die Nation, die als erste ein Kolonialregime abgeschüttelt hatte, wurde Ende des 19. Jahrhunderts selbst vom expansionistischen Fieber der europäischen Großmächte erfasst. In Lateinamerika und auf den Philippinen schufen sich die USA eine Einflusszone, in der sie rigoros ihre politischen und ökonomischen Interessen verfolgten.

Die amerikanische Revolution von 1776 war der erste erfolgreiche Aufstand gegen eine europäische Kolonialmacht. Sie wurde zwar von europäischen Kolonisten geführt, galt dennoch als wichtiges Freiheitssignal für unterdrückte Völker in anderen Teilen der Welt, vor allem in Lateinamerika. US-Politiker gebärdeten sich anfangs als Gegner jeder Art des Kolonialismus. Als sich die Eliten Lateinamerikas infolge der Napoleonischen Kriege gegen die spanische Herrschaft erhoben und bis 1822 ihre Unabhängigkeit gewannen, ergriff die amerikanische Regierung daher offen Partei für die neuen Länder. Washington erkannte Mexiko, Kolumbien, Chile, Argentinien, Brasilien, Peru und die mittelamerikanische Föderation offiziell an. Doch die reaktionären Staaten in Europa – Österreich, Preußen, Russland und Frankreich – wollten die Unabhängigkeit Lateinamerikas nicht dulden und unternahmen mit Hilfe der 1815 gegründeten Heiligen Allianz erste Schritte zur Rückeroberung. Am 2. Dezember 1823 sandte Präsident James Monroe (1817–1825) eine deutliche Botschaft nach Europa: Die USA würden sich jeder weiteren europäischen Kolonialisierung auf dem amerikanischen Kontinent widersetzen und sich im Gegenzug nicht in europäische Angelegenheiten einmischen. Die Monroe-Doktrin wurde für fast ein Jahrhundert zum Grundprinzip der amerikanischen Außenpolitik und etablierte die USA als eine wohlwollende Schutzmacht für die ganze westliche Hemisphäre.

1846	Mexiko	Krieg gegen Mexiko.
1850, 1853, 1854	Nicaragua	US-Interventionen in Nicaragua.
1855	Nicaragua	Der amerikanische Abenteurer William Walker erobert Nicaragua und führt dort die Sklaverei ein.
1856	Panama	Erste US-Intervention in Panama.
1898	Kuba, Puerto Rico, Guam, Philippinen	Spanisch-amerikanischer Krieg: Die USA besetzen Kuba, Puerto Rico, Guam und die Philippinen.
1903	Panama	Die USA erzwingen die Unabhängigkeit von Panama, um den Panamakanal zu bauen.
1904	Dominikanische Republik	Die USA übernehmen das Finanzsystem der Dominikanischen Republik.
1905	Honduras	US-Intervention in Honduras.
1906	Kuba	US-Marines besetzen Kuba.
1907	Honduras	US-Intervention in Honduras zur Beendigung eines Kriegs mit Nicaragua.
1908, 1912	Panama	US-Interventionen in Panama.
1909	Nicaragua	Die USA erzwingen den Rücktritt von Präsident Jósé Santos Zelaya in Nicaragua.

1910	Nicaragua	US-Marines besetzen Nicaragua und machen ihren Protegé Adolfo Diaz zum Präsidenten.
1912	Kuba	US-Marines intervenieren in Kuba, wo die Zuckerarbeiter rebellieren.
1912–1925	Nicaragua	US-Truppen besetzen erneut Nicaragua.
1914	Mexiko	Die USA besetzen die mexikanische Hafenstadt Veracruz.
1915–1934	Haiti	US-Marines besetzen Haiti.
1916–1924	Dominikanische Republik	US-Marines besetzen die Dominikanische Republik.
1916–1917	Mexiko	US-Truppen marschieren in Mexiko ein, um Rebellenführer Pancho Villa zu ergreifen, der die USA angegriffen hatte.
1917–1923	Kuba	US-Besatzungstruppen auf Kuba.
1918	Panama	US-Marines besetzen die Panamaische Provinz Chiriqui.
1921	Guatemala	Der Präsident Guatemalas, Carlos Herrera, wird auf Druck der USA gestürzt.
1925	Panama	US-Truppen besetzen Panama-Stadt.
1926	Nicaragua	US-Marines kehren wegen einer politischen Krise nach Nicaragua zurück.

1932	El Salvador	Die USA entsenden Kriegs-schiffe nach El Salvador, um einen kommunistischen Aufstand niederzuschlagen. Die Rebellion wird blutig unterdrückt.
1933	Kuba	Die USA entsenden Kriegs-schiffe nach Kuba, um ein Massaker gegen aufstän-dische Arbeiter zu stoppen. Mit Roosevelts Unterstüt-zung ergreift Fulgencio Batista die Macht.
1934	Nicaragua	Anastasio Somoza ermordet in Nicaragua Augusto Sandino und wird 1937 mit amerikanischer Unterstüt-zung Präsident.

Amerikanische Interventionen in Lateinamerika bis 1934

Der Traum vom Weltreich

Der freundliche Isolationismus hielt nicht lange an. Je mehr sich die USA nach Westen ausdehnten, desto größer wurden auch ihre globalen Ambitionen. Weißes Überlegenheitsdenken ge-paart mit wirtschaftlichem Expansionsdrang ließ viele Amerika-ner davon träumen, selbst ein Weltreich zu errichten, das sich mit den europäischen Mächten würde messen können. Der neue Interventionismus war von einer Mischung aus religiös-ras-sistischem Sendungsbewusstsein zur Verbreitung der westlichen Zivilisation und kommerziellen Interessen geprägt. Auch wenn einzelne Episoden der Einmischung möglicherweise berechtigt waren, so zeigten die USA insgesamt wenig Rücksicht gegenüber der jeweiligen nationalen Souveränität und den Sensibilitäten der lokalen Bevölkerung.

Das erste Opfer war der südliche Nachbar Mexiko, zu dessen

Staatsgebiet einst weite Teile der heutigen USA gehörten. Texas, wo sich viele europäische Siedler niederließen und Sklaven hielten, schüttelte bereits 1836 mit amerikanischer Unterstützung die mexikanische Herrschaft ab und bildete danach eine unabhängige Republik. 1844 beschlossen die USA die Annexion von Texas und der neugewählte Präsident James Polk (1845 bis 1849) verfolgte gezielt eine Politik der militärischen Expansion. 1846 provozierte er einen Krieg mit Mexiko, der sich als langwieriger und weitaus blutiger erwies als erwartet, aber mit einem amerikanischen Sieg endete. Mexiko musste das heutige Kalifornien, Utah, New Mexico, Nevada, Arizona sowie Teile von Kansas, Colorado und Wyoming an die USA abtreten, der Unterlauf des Rio Grande wurde zur neuen Grenze. Der Begriff von »Manifest Destiny«, des vorbestimmten Schicksals, das den USA die Herrschaft über ganz Nordamerika zusicherte, machte ab 1845 die Runde. Doch vor einer kolonialistischen Eroberung des dichtbesiedelten Mexikos scheuten die USA zurück: Man brauchte zwar zusätzliches Land für die eigenen Siedler, wollte aber keine Herrschaft über Millionen Spanisch sprechender Indios und Mestizen.

Der antikoloniale Reflex wurde im Lauf der Zeit schwächer. William Henry Seward, Außenminister von 1861 bis 1869, träumte von einem kolonialen Weltreich, das bis nach Asien reicht. Er wollte Mexiko und Kanada erobern sowie Stützpunkte auf karibischen und pazifischen Inseln einrichten. 1867 annektierten die USA die kleinen Midway-Inseln und kauften Alaska dem russischen Zarenreich ab, das bis dahin selbst expansionistische Absichten in Nordamerika verfolgt hatte. Vor allem auf das Königreich Hawaii, dank seiner strategischen Lage inmitten des Pazifiks das Tor zu Asien, hatte es Seward abgesehen.

1875 schloss Hawaii einen Vertrag mit den USA, der formell den Inseln den zollfreien Verkauf seines Zuckerrohrs ermöglichte. In Wirklichkeit war dies der erste Schritt zum amerikanischen Protektorat. Immer mehr Amerikaner ließen sich auf Hawaii nieder und übernahmen die Kontrolle der Wirtschaft. Das McKinley-Zollgesetz von 1890 entzog ihnen jedoch diese Handelsprivilegien wieder. Als die Zuckerproduktion daraufhin zusammenbrach, sagte sich die willensstarke Königin Liliuokalani von der amerikanischen Vorherrschaft los und schrieb eine neue Verfassung, die der indigenen Bevölkerung die politische Macht auf den Inseln zurückgab. Anfang 1893 revoltierten die amerikanischen Bewohner und riefen die USA zu Hilfe. 150 Marine-Soldaten reichten aus, um die Königin zu stürzen, und eine neue, von Amerikanern dominierte provisorische Regierung stimmte am 14. Februar 1893 der Annexion Hawaiis durch die USA zu. Dieser erste Schritt zum Kolonialreich stieß in Washington noch auf Widerstand: Der Senat verweigerte die Ratifizierung des Vertrags, der die Annexion besiegeln sollte, und Präsident Grover Cleveland, der gerade das Amt übernommen hatte, forderte die Wiedereinsetzung der Königin. Die Amerikaner, die in Hawaii regierten, weigerten sich und erklärten die Inselgruppe stattdessen zur Republik. Die Inseln blieben formell unabhängig. Erst während des spanisch-amerikanischen Kriegs 1898 wurde die interne Opposition gegen eine Annexion gebrochen. Hawaii wurde ein Teil der USA – der Weg zum Kolonialreich war beschritten.

Das Jahr 1898 war auch in anderer Hinsicht der Wendepunkt in der amerikanischen Außenpolitik. In den zehn Jahren zuvor war die wirtschaftliche Macht der USA enorm gestiegen. Die Exporte kletterten von 393 Millionen Dollar 1870 auf 858 Millionen Dollar im Jahr 1890 und 1,4 Milliarden Dollar im Jahr 1900. Die Eroberung des Westens war abgeschlossen, die »Frontier«, die ständig nach Westen verschobene Grenze, aus dem Leben der Amerikaner verschwunden. Unternehmer und Politiker suchten im Ausland nach neuen Absatzmärkten für die heimische Überproduktion und fürchteten, dass die Aufteilung der Welt durch die europäischen Kolonialmächte die USA vom Weltmarkt ausschließen würde, wenn sie sich nicht daran beteiligten. Zwar schloss Washington mit zahlreichen lateinamerikanischen Staaten bilaterale Handelsabkommen, die für US-Investoren sehr vorteilhaft waren, doch reichte dies vielen Amerikanern nicht. Der populäre Militärstratege Alfred Thayer Mahan forderte die Errichtung von Marinebasen in aller Welt, die seiner Ansicht nach für das wirtschaftliche Wohlergehen der Nation unverzichtbar waren. Rassismus und Sozialdarwinismus trugen zum Erwachen des Imperialismus bei: Wer, wenn nicht der weiße protestantische Amerikaner, war dazu berufen, den unterentwickelten Völkern Lateinamerikas und Asiens moderne Kultur, Wissenschaft und Technik näherzubringen?

Der Kampf gegen die Spanier

Das alte spanische Kolonialreich in der westlichen Hemisphäre bestand Ende des 19. Jahrhunderts nur noch aus Kuba und Puerto Rico. Auf Kuba brach 1895 eine Revolte aus, die in den folgenden Jahren von der spanischen Besatzungsarmee brutal bekämpft wurde. General Valeriano Weyler brannte im Kampf gegen die Rebellen ganze Dörfer nieder und zwang die Bewohner in Lager, wo sie zu Tausenden durch Krankheit starben. Die beiden New Yorker Zeitungsverleger Joseph Pulitzer und William Randolph Hearst berichteten in ihren Zeitungen ausführlich über die spanischen Grausamkeiten und erzeugten eine antispanische Stimmung.

Präsident McKinley stand diesem Kriegsfieber anfangs skeptisch gegenüber, und er zeigte nur wenig Interesse, den Kubanern zu helfen. Aber im Februar 1898 schickte er das Schlachtschiff Maine nach Havanna, um Flagge zu zeigen. Inzwischen veröffentlichte Hearsts *New York Journal* einen vertraulichen Brief des spanischen Botschafters in Washington, in dem dieser McKinley als »schwachen Möchtegern-Politiker« beschimpfte. Am 15. Februar kam es auf der Maine zu einer heftigen Explosion: Das Schiff sank und 266 Matrosen kamen ums Leben. Zwar ist fast sicher, dass es sich um einen Unfall handelte, doch in der aufgepeitschten Atmosphäre wurden die Spanier für die Versenkung der Maine verantwortlich gemacht.

McKinley wandelte sich nun zum Kriegsbefürworter. Er stellte ein Ultimatum, indem er entschiedene Schritte zur Unabhängigkeit forderte. Spanien lehnte wesentliche Teile des Ultimatums ab. Am 25. April 1898 erklärten die USA Spanien den Krieg und entsandten bis zum Sommer 17 000 Soldaten nach Kuba. Unter ihnen waren die Rough Riders von Theodore Roosevelt, der als Vizeminister der Marine zurückgetreten war, um beim Krieg dabei zu sein. Die US-Truppen waren schlecht ausgebildet und miserabel ausgerüstet, aber der Zustand der spanischen Armee war noch schlechter. Am 1. Juli kam es auf den Hügeln von San Juan außerhalb der südkubanischen Hafenstadt Santiago zur entscheidenden Schlacht: Roosevelts Rough Riders preschten voran und wären ohne die Schützendeckung von Regimentern mit großteils schwarzen US-Soldaten wohl aufgerieben worden. Doch die Spanier versuchten sich auf ihre Schiffe zurückzuziehen, die jedoch von der US-Marine zuvor zerstört worden waren. Der Krieg war für sie vorbei.

Eine weitere Seeschlacht fand Tausende Kilometer weiter westlich vor den Philippinen, der letzten spanischen Kolonie in Asien, statt und endete ebenfalls mit einem Sieg der US-Marine. Spanien erkannte die Unabhängigkeit Kubas an, trat Puerto Rico und die kleine Pazifik-Insel Guam an die USA ab ebenso wie die Philippinen. Erstmals in der Geschichte waren die USA selbst eine Kolonialmacht und zwangen Völkern in fremden Ländern ihren Willen auf.

Kuba blieb vier Jahre lang unter amerikanischer Militärbesatzung und wurde anschließend in die Unabhängigkeit unter amerikanischer Vorherrschaft entlassen. Der sogenannte Platt-Artikel in der kubanischen Verfassung, die von Washington diktiert worden war, gab den USA ein ständiges Recht auf Einmischung. Bis 1934 blieb die Zuckerinsel ein US-Protektorat. Puerto Rico wurde US-Staatsgebiet und die Einwohner erhielten die amerikanische Staatsbürgerschaft. Um die Philippinen entbrannte allerdings eine heftige politische Debatte, denn viele Amerikaner sahen nicht ein, warum sie am anderen Ende der Welt eine Kolonie errichten und beherrschen sollten. Prominente wie der Stahlmagnat Andrew Carnegie und der sozialkritische Schriftsteller Mark Twain gründeten die Anti-Imperialist League, um gegen die Besetzung der Philippinen zu protestieren. McKinley erwog zwar die Unabhängigkeit, verwarf diesen Plan aber wieder, da er die Filipinos für nicht ausreichend zivilisiert hielt. Doch auch anderen Mächten wollte er die Inseln nicht überlassen. Am 9. Februar 1899 ratifizierte der Senat den Friedensvertrag mit Spanien: Die Imperialisten hatten gewonnen.

Teddy Roosevelts neuer Imperialismus

Der erste Kolonialkrieg folgte unmittelbar: Unter der Führung von Emilio Aguinaldo erhoben sich die Filipinos, die mit ihrer Unabhängigkeit gerechnet hatten, und führten einen klassischen Guerillakrieg gegen die rund 100 000 Mann starken neuen Besatzer – ein Vorgeschmack auf den Vietnam-Krieg siebzig Jahre später. Die US-Armee verwendete nun ähnliche Terrortaktiken gegen die Zivilbevölkerung wie einst die Spanier auf Kuba: Wo

sie Widerstand vermutete, wurden Dörfer und Felder niedergebrannt, die Bevölkerung vertrieben. 4300 Amerikaner starben
im drei Jahre dauernden Krieg, die Zahl der Opfer unter den Filipinos war weit höher: Zwischen 20 000 und 57 000 starben durch
Kämpfe, bis zu 600 000 Zivilisten durch Hunger und Krankheit.
Erst als die Amerikaner 1901 Aguinaldo gefangen nahmen, endete der Widerstand. Die USA richteten eine Zivilverwaltung ein,
welche die wirtschaftliche und soziale Entwicklung der Inseln
vorantrieb und Einheimische in politische Entscheidungen ein-
bezog. Aber erst ein halbes Jahrhundert später, am 4. Juli 1946,
erhielten die Philippinen ihre volle Unabhängigkeit.

Der spanisch-amerikanische Krieg hatte Theodore Roosevelt
zum Nationalhelden gemacht. Er wurde 1898 zum Gouverneur
von New York gewählt und zwei Jahre später zum Vizepräsidenten von Präsident McKinley. Als im September 1901 McKinley
von einem Anarchisten ermordet wurde, war Theodore Roosevelt, der prominenteste Vertreter des neuen amerikanischen
Imperialismus, sein Nachfolger.

Roosevelt wollte die USA zur Weltmacht machen und suchte
zu diesem Zweck auch die amerikanische Staatsmacht im Inneren gegenüber der Wirtschaft und den Bundesstaaten zu
stärken. Unter seiner Präsidentschaft bauten die USA die fünft-
größte Kriegsflotte der Welt. Roosevelt war jederzeit bereit, die
neue militärische Macht auch politisch einzusetzen. 1904 erließen er und sein Außenminister Elihu Root eine Erklärung, die
als Roosevelt-Zusatz zur Monroe-Doktrin bekannt wurde: Die
USA würden für Ordnung in Lateinamerika sorgen und darauf
achten, dass die Länder der westlichen Hemisphäre ihre internationalen Verpflichtungen erfüllten. Im Falle von »offenen und
anhaltenden Verfehlungen« würden sich die USA in die inneren
Angelegenheiten eines lateinamerikanischen Staats einmischen.

Damit waren einer neuen Interventionspolitik Tür und Tor
geöffnet, denn ob ein Verstoß vorlag, entschied die amerikanische Regierung gemeinsam mit Bankdirektoren in London
und New York. Wenn sich die USA einmischten, war selten
die Unterdrückung der Bevölkerung oder die Verletzung von
Menschenrechten der Grund. Vielmehr ging es oft darum, dass
Staaten ihren internationalen Verpflichtungen nicht nachkamen
und ihre Schulden nicht bezahlten. Das war beispielsweise bei
der hochverschuldeten Dominikanischen Republik der Fall: Das

Land war mit seinen Zinszahlungen in Verzug geraten. Ohne den Kongress zu fragen, zwang Roosevelt die Regierung in Santo Domingo, einen amerikanischen Wirtschaftsberater einzusetzen, der die Finanz- und Wirtschaftspolitik des karibischen Landes übernahm. Ähnliches geschah in Kuba: Als das gerade erst in die Unabhängigkeit entlassene Land 1906 in finanzielle Schwierigkeiten geriet, ordnete Roosevelt die Wiederbesetzung Kubas an, die bis 1909 andauerte.

Besonderes Interesse zeigte Roosevelt an Panama, das ein Teil von Kolumbien war. Dort, an der engsten Stelle des amerikanischen Kontinents, wollten die USA einen Kanal bauen, der den Atlantischen und den Pazifischen Ozean miteinander verbinden und so den Schiffsweg von der Ostküste nach Kalifornien deutlich abkürzen sollte. Bei einer so großen Investition wollten die USA jedoch das Territorium kontrollieren. 1903 handelte der amerikanische Außenminister John Hay mit Kolumbien einen Vertrag zur Schaffung einer zehn Kilometer breiten Kanalzone aus, die für 99 Jahre an die USA verpachtet werden sollte. Washington wollte dafür Kolumbien einmalig 10 Millionen Dollar und anschließend jährlich 250 000 Dollar Pacht bezahlen. Doch der kolumbianische Senat lehnte den Vertrag ab. Roosevelt war wütend und wollte das Nein »dieser verachtenswerten kleinen Kreaturen«, wie er die Kolumbianer nannte, nicht hinnehmen. Er ließ den Bewohnern Panamas, von denen viele mit der kolumbianischen Herrschaft unzufrieden waren, ausrichten, dass er ihre Bestrebungen nach Unabhängigkeit unterstützen werde. Als es im November 1903 zur Revolte kam, sandte er den Kreuzer Nashville nach Panama und verhinderte damit den Einsatz kolumbianischer Truppen. Die neue Republik Panama wurde sofort von den USA anerkannt und zwei Wochen später war der neue Hay-Buneau-Varilla-Vertrag perfekt: Panama erhielt die gleichen finanziellen Konditionen wie Kolumbien, aber die Kanalzone war nunmehr 16 Kilometer breit. Im August 1914 wurde der 80 Kilometer lange Panamakanal eröffnet. Zwar erhielt Kolumbien 1921 eine finanzielle Abfindung von 25 Millionen Dollar für den Verlust seines Territoriums: Aber bis 1936 war Panama ein amerikanisches Protektorat mit eingeschränkter Souveränität und auch danach behandelte Washington das Land wie sein Eigentum. Erst 1977 vereinbarte Präsident Jimmy Carter die Rückgabe der Kanalzone an Panama für das Jahr 2000.

In Asien verfolgte Roosevelt eine weniger brutale Politik. Dort ging es den USA vor allem darum, den chinesischen Markt für alle Handelsmächte offen zu halten (»Open Door Policy«) und die Aufteilung Chinas unter den europäischen Mächten und Japan zu verhindern. Roosevelts Vermittlung zur Beendigung des russisch-japanischen Kriegs brachte ihm 1906 sogar den Friedensnobelpreis ein. Im wachsenden Konflikt zwischen dem Deutschen Reich einerseits sowie Großbritannien und Frankreich andererseits gab Roosevelt allmählich die traditionelle Neutralität in europäischen Angelegenheiten auf und stellte sich auf die Seite der Briten – eine Politik, die einige Jahre später die USA in den Ersten Weltkrieg hineinziehen würde.

Wilsons widersprüchliche Politik gegenüber Lateinamerika

Unter Roosevelts Nachfolgern William Howard Taft und Woodrow Wilson verstärkte sich die Interventionspolitik in Lateinamerika. Der Demokrat Wilson, ein hagerer Politologieprofessor mit einem Hang zur Selbstgerechtigkeit, der 1912 zum Präsidenten gewählt wurde, verkündete eine Wende in der US-Außenpolitik: Gemeinsam mit seinem Außenminister, dem Populisten William Jennings Bryan, wollte er vor allem in Lateinamerika keine materiellen Interessen mehr verfolgen, sondern Menschenrechte und nationale Souveränität fördern. Doch die Realität seiner Politik sah anders aus. Wann immer kommerzielle US-Interessen in Mittelamerika und der Karibik durch linksgerichtete oder nationalistische Kräfte in Gefahr gerieten, intervenierten die USA. In vielen Fällen war der Anlass für einen Militäreinsatz die verspätete Zahlung von Auslandsschulden, was als grober Verstoß gegen internationales Recht gewertet wurde.

Auf Kuba marschierten 1912 und 1917 bis 1919 wiederholt amerikanische Truppen ein, die Dominikanische Republik wurde von 1916 bis 1924 besetzt, das Land blieb bis 1940 ein US-Protektorat. Unter ihrer Schirmherrschaft ließen die USA zu, dass der kriminelle Politiker Rafael Trujillo dort die Macht ergriff. Trujillo etablierte eine grausame und korrupte Diktatur, die dank amerikanischer Unterstützung 31 Jahre dauerte. »Er ist ein Hundesohn, aber er ist unser Hundesohn«, soll Präsident Franklin D. Roosevelt über den Diktator gesagt haben – ein Spruch, der

Washingtons Lateinamerikapolitik auch noch Jahrzehnte später perfekt beschreibt.

In die Nachbarrepublik Haiti sandte Wilson 1915 Truppen, die bis 1934 im Land blieben. Der mittelamerikanische Staat Honduras war von 1912 bis 1919 sowie 1924/25 von den USA besetzt. In all diesen Staaten unterstützten die USA eigene Investoren, Großgrundbesitzer und die wirtschaftliche Oligarchie im Kampf gegen Reformer und Revolutionäre, die eine gerechtere Aufteilung der Ressourcen erreichen wollten.

In Guatemala erhielt ab 1901 die United Fruit Company aus Boston eine Lizenz für den Transport von Bananen in die USA. In den folgenden Jahren verkaufte ihr die guatemaltekische Regierung riesige Bananenplantagen zu günstigen Preisen, sodass sie die Wirtschaft des Landes immer stärker beherrschte. Auch ohne Militärpräsenz wurde Guatemala zu einem amerikanischen Protektorat.

Kein anderes mittelamerikanisches Land wurde von amerikanischen Interventionen so stark beeinflusst wie Nicaragua. 1909 landeten Marines bei Bluefields an der Atlantikküste, um eine Revolte konservativer Kräfte gegen den liberalen José Santos Zelaya zu unterstützen. Auf Druck der USA trat Zelaya 1910 zurück und machte den Weg frei für Adolfo Diaz, einen unbekannten Buchhalter, der alle amerikanischen Forderungen erfüllte.

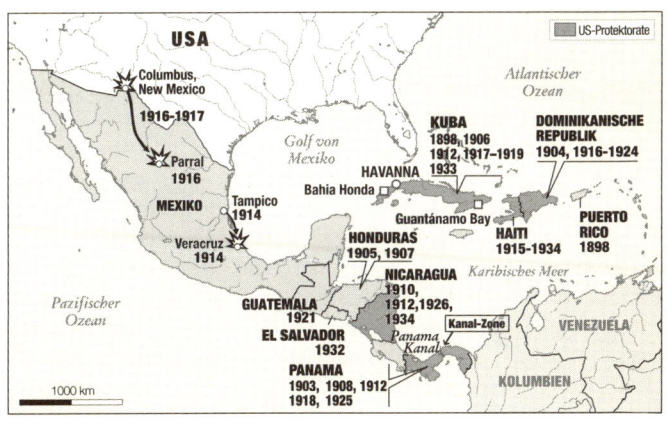

US-Interventionen in Mittelamerika (1898–1934)

Im Gegenzug für einen Großkredit erhielt die US-Bank Brown Brothers and Seligman die Kontrolle über die Einnahmen der Nationalbank, der staatlichen Eisenbahnen und der Zollbehörde. Ein weiterer Aufstand der Liberalen wurde 1912 mit Hilfe amerikanischer Truppen niedergeschlagen. Der liberale Anführer Benjamin Zeledón wurde mit Zustimmung der USA von den Konservativen hingerichtet. Die Marines zogen erst 1925 ab, doch als neue Kämpfe zwischen Konservativen und Liberalen ausbrachen, kehrten sie ein Jahr später wieder zurück. Ein politischer Kompromiss zwischen den beiden Parteien führte 1927 zu einem Friedensvertrag und schließlich zur Wahl des liberalen Politikers José Maria Moncada.

Über ihre Botschaft und ihre Verbündeten im Land blieben die USA weiterhin die dominierende Kraft in Nicaragua. Ein liberaler Offizier wehrte sich jedoch gegen diese Fremdherrschaft: Augusto César Sandino führte in den folgenden Jahren einen Guerillakrieg, der für ganze Generationen von Revolutionären zum Vorbild werden sollte. Er kämpfte mit großem Erfolg gegen die Marines und die von der USA trainierte Nationalgarde. Die hohen Verluste bewogen die US-Regierung 1933 zum Rückzug, kurz nach dem Wahlsieg des liberalen und US-kritischen Politikers Juan Sacasa. Doch der neue starke Mann Nicaraguas war General Anastasio Somoza Garcia, den die US-Truppen vor ihrem Abzug noch als Kommandanten der Nationalgarde installiert hatten. Sandino trat mit Präsident Sacasa in Verhandlungen über eine Beilegung des Konflikts ein, aber nach einem gemeinsamen Abendessen am 21. Februar 1934 in der Hauptstadt Managua wurden er und sein Bruder von Somoza verhaftet, abgeführt und auf einem Flugfeld erschossen. Drei Jahre später ließ sich Somoza selbst zum Präsidenten wählen. Er und sein Clan regierten das Land mit Unterstützung der USA mit unglaublicher Brutalität bis zum Triumph der nach Sandino genannten Befreiungsbewegung Ende der siebziger Jahre (→ Kapitel 16).

Der wichtigste Nachbarstaat der USA war Mexiko, das im 19. Jahrhundert große Teile seines Gebiets an die USA verloren hatte. 37 Jahre lang regierte dort der Diktator Porfirio Diaz mit eiserner Hand und pflegte enge Beziehungen zum mächtigen Nachbarn. Amerikanische Geschäftsleute investierten in mexikanische Minen, Eisenbahnen, Ölquellen und Ländereien. Um 1910 betrugen die amerikanischen Investitionen mehr als

1 Milliarde Dollar oder 43 Prozent des gesamten nationalen Vermögens.

Mit dem Sturz des Diktators 1911 begann eine turbulente Zeit, die auch die wirtschaftlichen und politischen Interessen der USA tangierte. Diaz' Nachfolger als Präsident war der liberale Reformer Francisco Madero, der jedoch bald die Kontrolle über das Land verlor. Die konservativen Kräfte erhoben sich gegen ihn – mit Unterstützung der USA. Madero wurde 1913 vom reaktionären General Victoriano Huerta gestürzt und ermordet.

In Washington hatte gerade jedoch ein Machtwechsel stattgefunden. Der neue Präsident Woodrow Wilson war über den gewalttätigen Huerta empört und verweigerte ihm – anders als die europäischen Staaten – die Anerkennung. Die USA stationierten Kriegsschiffe vor den großen mexikanischen Häfen, um Waffenlieferungen zu blockieren. Als im April 1914 einige US-Matrosen während eines Landaufenthalts von der mexikanischen Armee verhaftet wurden, ließ sich Wilson einen Militäreinsatz autorisieren. Allein aufgrund unbestätigter Nachrichten, wonach ein deutsches Schiff mit Waffen in Anfahrt auf Veracruz war, griffen US-Schiffe den Hafen an und besetzten die ostmexikanische Hafenstadt. Die Militäraktion wurde zum politischen Fiasko: Alle Fraktionen in Mexiko reagierten empört auf die Besetzung. Im Juli trat Huerta schließlich zurück und Wilson erkannte seinen Nachfolger Venustiano Carranza diplomatisch an.

Die Kämpfe zwischen den verschiedenen revolutionären Fraktionen gingen weiter. Vergeblich versuchte Wilson, die Richtung der Revolution von außen im Sinne amerikanischer Interessen zu steuern. Vor allem der revolutionäre General Francisco Pancho Villa war über die Annäherungsbestrebungen zwischen Carranza und den USA empört. Um sie zu behindern und die USA zu Militäraktionen zu provozieren, drang er mehrmals auf amerikanisches Gebiet vor. Am 9. März 1916 attackierte er den Ort Columbus in New Mexico. Die Rechnung ging auf: Wilson entsandte daraufhin General John Pershing mit 6000 Soldaten nach Mexiko, der Villa ein Jahr lang vergeblich jagte. Die Regierung Carranza war über die Verletzung der nationalen Souveränität empört und drohte den USA mit Krieg. 1917, kurz vor dem Eintritt der USA in den Ersten Weltkrieg, beorderte Wilson die Truppen nach Hause. Wenige Tage später verabschiedete Mexiko eine neue Verfassung, in der eine gerechtere Verteilung des Landes und die nationale Kontrolle der Ölvorkommen fest-geschrieben wurden. Aber erst 1920 kam das Land zur Ruhe.

In Wilsons Politik gegenüber den lateinamerikanischen Nach-barn finden sich bereits alle Widersprüche der späteren US-Außenpolitik: selbstgerechter Idealismus gekoppelt mit kühler Machtpolitik, Unterstützung moderater Reformen verbunden mit panischer Angst vor revolutionären Veränderungen, Ab-lehnung des Kolonialismus und gleichzeitig die Schaffung eines eigenen Systems von kolonialen und imperialistischen Abhän-gigkeiten. Die Interventionen in Mexiko, Mittelamerika und der Karibik wurden ohne Rücksicht auf die Souveränität und das nationale Ehrgefühl der Nachbarn betrieben. Diese Politik ver-giftete die Beziehungen zu vielen Ländern und schwächte das Ansehen der USA in weiten Teilen der Welt.

5
Die verratene Freiheitsstatue: Barrieren für Einwanderer

Die Offenheit der Amerikaner gegenüber Einwanderern galt nie gegenüber Asiaten: Sie wurden an der Westküste brutal diskriminiert. Nach dem Ersten Weltkrieg schlossen die USA ihre Pforten und ließen bis in die siebziger Jahre nur wenige Einwanderer ins Land. Selbst verfolgte Gruppen wie Europas Juden hatten fast keine Chance auf Einlass.

»Gebt mir eure müden, eure armen, eure kauernden Massen, die sich danach sehnen, frei zu atmen.« Diese Zeile eines Gedichts der jüdisch-amerikanischen Dichterin Emma Lazarus schmückt die Freiheitsstatue im Hafen von New York, ein Geschenk Frankreichs zum hundertsten Jahrestag der amerikanischen Revolution. Für Millionen europäischer Einwanderer war die riesige Frauenstatue das Erste, was sie vom »Land der unbegrenzten Möglichkeiten« sahen; den meisten blieb sie zeit ihres Lebens im Gedächtnis.

Bis 1870 kamen die meisten Einwanderer aus Großbritannien, Irland und vor allem aus Deutschland. Doch in den folgenden zwei Jahrzehnten änderte sich die Herkunft der neuen Amerikaner: Italiener, Polen und immer mehr Juden, die vor der Verfolgung im zaristischen Russland flüchteten, strömten in die USA. Nicht alle Neuankömmlinge waren willkommen: Katholiken und Juden spürten in der mehrheitlich protestantischen Nation Vorurteile und Diskriminierung. Einwanderer, die krank oder arbeitsunfähig waren, wurden als potenzielle Belastung für das öffentliche Wohl von den Einwanderungsbehörden auf Ellis Island zurückgewiesen. Dennoch waren bis 1920 die Grenzen der USA für die meisten Europäer offen.

Keine Chance für Chinesen

Anders erging es den Asiaten. Zwar wurden ab 1862 Zehntausende Chinesen als Arbeiter für die transkontinentale Eisenbahn ins Land geholt, doch hatten sie kaum Rechte. Besonders nach 1878 wurden Chinesen immer häufiger Opfer offener Diskriminierung und 1882 verabschiedete der Kongress den Chinese Exclusion Act, der jede chinesische Einwanderung untersagte. Damit konnten die zumeist männlichen chinesischen Einwanderer keine Frauen nachholen, sodass die Bevölkerungszahl bis 1920 fast um die Hälfte auf 61 000 sank. Das Immigrationsgesetz von 1924 erlaubte überhaupt keine Einwanderung aus Asien. Erst 1943 lockerten die USA das völlige Immigrationsverbot für Asiaten und erlaubten jährlich 105 Chinesen die Einwanderung.

In der Wirtschaftskrise, die 1893 begann, wurden zahlreiche Chinesen Opfer weißer Gewalt. Wohnviertel wurden niedergebrannt, chinesische Arbeiter massakriert. Einwanderern wurde die Staatsbürgerschaft verwehrt, ihre Kinder wurden vom Unterricht an öffentlichen Schulen ausgeschlossen. Chinesische Kaufleute und Kleinunternehmer zahlten höhere Steuern als ihre weißen Nachbarn und wurden immer wieder per Gesetz an der Ausübung ihres Gewerbes behindert.

Aufsehen erregte der Fall des Wäschereibesitzers Yick Wo, der 22 Jahre lang einen kleinen Betrieb in San Francisco leitete. 1885 führte die Stadt Lizenzen für Wäschereien ein, die aber praktisch allen Chinesen verwehrt wurden. Als Yick Wo seine Wäscherei dennoch weiterführte, wurde er verhaftet und verurteilt. Das Urteil wurde vom Obersten Gerichtshof von Kalifornien bestätigt, doch ein Jahr später vom Obersten Gerichtshof der USA als eindeutiger Fall von Diskriminierung aufgehoben. Dennoch besserte sich die Situation für Asiaten kaum.

Amerika schließt seine Pforten

Das Jahrzehnt von 1901 bis 1910 war der Höhepunkt der Einwanderung in die USA: 8,8 Millionen Immigranten kamen ins Land und 1910 waren 14,7 Prozent aller Bewohner Amerikas in einem anderen Land geboren. Bis 1920 kamen noch einmal fast 6 Millionen Menschen in die USA. Die meisten Neuankömmlinge ließen sich im Mittleren Westen und rund um die Großen Seen nieder, der Anteil von Einwanderern betrug in vielen Gegenden mehr als 30 Prozent. Nach Texas wiederum strömten vor allem nach Ausbruch der mexikanischen Revolution 1911 Millionen von Mexikanern, die nördlich des Rio Grande Arbeit und Sicherheit suchten. Sie waren für die Feldarbeit begehrt, bekamen jedoch nicht die Staatsbürgerschaft. Für alle Einwanderer aber galt das Prinzip, dass Kinder, die auf amerikanischem Boden geboren wurden, automatisch die US-Staatsbürgerschaft erhielten. Das erleichterte die Integration und machte spätestens in der dritten Generation aus den meisten Einwandererfamilien echte Amerikaner.

Zeitraum	Einwanderer	Zeitraum	Einwanderer
1821–1830	143 439	1911–1920	5 735 811
1831–1840	599 125	1921–1930	4 107 209
1841–1850	1 713 251	1931–1940	528 431
1851–1860	2 598 214	1941–1950	1 035 039
1861–1870	2 314 824	1951–1960	2 515 479
1871–1880	2 812 191	1961–1970	3 321 677
1881–1890	5 246 613	1971–1980	4 493 314
1891–1900	3 687 564	1981–1990	7 338 062
1901–1910	8 795 386	1991–2000	9 095 417

Einwanderung in die USA 1821 bis 2000
(*Quelle:* Statistical Yearbook of the Immigration and Naturalization Service)

Der Erste Weltkrieg bedeutete eine Zäsur in Amerikas Einwanderungspolitik. Die Hysterie nach dem Eintritt der USA in den europäischen Krieg 1917 ging vorerst auf Kosten der Deutschen: Sie wurden angepöbelt und geschlagen, viele änderten ihre Namen. Die Fremdenfeindlichkeit fand in einem strikten Einwanderungsgesetz seinen Niederschlag. Nach Ende des Weltkriegs gingen Gerüchte um, dass Millionen armer Flüchtlinge aus dem kriegszerstörten Europa auf dem Weg in die USA waren. Rassismus und religiöse Vorurteile vermischten sich mit der Angst vor einer kommunistischen Infiltration durch die europäischen

Einwanderer. In einem Notstandsgesetz wurde 1921 die Einwanderung aus jedem Land auf 3 Prozent der Nationalitätenkontingente von 1910 reduziert, mit einem Limit von 358 000 Menschen pro Jahr. Das ging vor allem auf Kosten von Italienern und Osteuropäern, die in großer Zahl nach 1910 eingewandert waren. Doch diese Maßnahme war den Einwanderungsgegnern nicht genug: Sie sahen immer noch zu viele »falsche« Einwanderer aus Süd- und Osteuropa ins Land strömen. Der Ku-Klux-Klan breitete sich mit seiner Botschaft der weißen, protestantischen Vorherrschaft, die ebenfalls gegen Katholiken und Juden gerichtet war, auch im Norden und Westen aus. Anfang der zwanziger Jahre besaß der Klan drei Millionen Mitglieder und übte vor allem in Texas, Oklahoma, Oregon und Indiana große Macht aus.

1924 beschloss der Kongress ein neues Einwanderungsgesetz, den National Origins Quota Act. Es reduzierte die jährliche Einwanderungsquote um mehr als die Hälfte auf 164 000 Personen, ab Juli 1927 gar auf nur 155 000. Noch wichtiger aber war die Aufteilung der Quoten: Die Einwanderung aus einem Land war auf 2 Prozent der Zahl der Landsleute begrenzt, die sich bereits 1890 in den USA befanden. Damit bezog man sich auf die Zeit, bevor die große Einwanderungswelle aus Ost- und Südeuropa angelaufen war, und dies bedeutete eine Diskriminierung für Menschen aus den entsprechenden Regionen. 70 Prozent der Quote waren für Einwanderer aus Nord- und Westeuropa reserviert, nur 30 Prozent für Immigranten aus Süd- und Osteuropa. Deren Quote sank um 87 Prozent auf 45 000 im Jahr. Die Zahl der möglichen Einwanderer aus Italien ging um 91 Prozent von 42 000 auf 3800 im Jahr zurück.

Endlich waren die Grenzen dicht und ab Ende der zwanziger Jahre ging die Einwanderung drastisch zurück. Die Wirtschaftskrise trug dazu bei, das Leben in den USA weniger attraktiv erscheinen zu lassen. Doch obwohl weit weniger Einwanderer ins Land kamen – zwischen 1931 und 1940 gerade eine halbe Million –, wuchs die Intoleranz gegenüber Fremden einschließlich Schwarzen, Katholiken und Juden.

Der ohnehin schon ausgeprägte Antisemitismus nahm zu, als die Kinder jüdischer Einwanderer allmählich die soziale Leiter hinaufkletterten und von eingesessenen Protestanten als Bedrohung empfunden wurden. Bis 1933 waren amerikanische Juden im Berufsleben, an den Universitäten und in der Gesellschaft stärkeren Diskriminierungen ausgesetzt als ihre Glaubensgenossen in Deutschland. Die großen Autokonzerne in Detroit stellten keine Juden ein, ebensowenig die Telefongesellschaften. Für jüdische Ingenieure gab es kaum Arbeitsmöglichkeiten. Auch die großen Universitäten wie Harvard und Princeton hatten Quoten, um die Zahl jüdischer Studenten klein zu halten, und an den meisten medizinischen Fakultäten waren Juden überhaupt nicht zugelassen. Nur an den jüdischen Krankenhäusern konnten sich Juden zu Ärzten ausbilden lassen. Vereine, Restaurants und sogar Strände waren für Juden geschlossen. »Hunde und Juden nicht zugelassen« – solche Schilder gab es in den USA seit Anfang des 20. Jahrhunderts.

Die Weltwirtschaftskrise verstärkte den Antisemitismus; viele Amerikaner machten jüdische Wall-Street-Banker für ihr Elend verantwortlich. Der katholische Priester Charles Coughlin erreichte mit seinen antisemitischen Radiotiraden jede Woche mehr als drei Millionen Menschen. In einer Meinungsumfrage im Jahr 1942 – damals befanden sich die USA bereits im Krieg gegen Hitler-Deutschland – gaben etwa 51 Prozent der Befragten an, dass Juden zu viel Macht besäßen. Sogar noch 1944 identifizierten 24 Prozent die Juden als größte Bedrohung der Nation, mehr noch als Deutsche, Japaner, Schwarze oder Ausländer. Dementsprechend verweigerten die USA Hunderttausenden von europäischen Juden, die vor der nationalsozialistischen Verfolgung fliehen wollten, die Aufnahme (→ Kapitel 7).

Im Kalten Krieg kam ein neues Kriterium für Einwanderung hinzu: die Ideologie. Der Internal Security Act von 1950 schloss Kommunisten von der Einwanderung aus, der McCarran-Walter Act von 1952 verschärfte die politischen Kriterien und bestätigte das System nationaler Quoten. Er machte jedoch Schluss mit Einwanderungskriterien, die offensichtlich rassistisch bedingt waren, und schuf eine eigene Quote für Facharbeiter und Menschen mit besonderen Qualifikationen. Die USA bekannten sich nun offen dazu, dass sie die besten Talente aus anderen Ländern für sich gewinnen wollten, selbst wenn diese in ihrer Heimat dringend benötigt wurden.

Eine Kehrtwende in der Einwanderungspolitik?

1965 unternahm die Regierung von Präsident Lyndon B. Johnson eine Kehrtwende bei der Einwanderungspolitik. Das neue Einwanderungsgesetz ging nicht mehr von nationalen Quoten aus, sondern gab Familienmitgliedern und Verwandten der jeweils zuletzt ins Land gekommenen Einwanderer den Vorzug. Dies war der Startschuss für die zweite große Einwanderungswelle. Die Immigration stieg von jährlich 250 000 in den fünfziger Jahren auf 1,3 Millionen in den neunziger Jahren, von denen sich rund eine Million Menschen dauerhaft in den USA niederließen. Das waren doppelt so viele wie im ersten Jahrzehnt des 20. Jahrhunderts. Der Großteil der neuen Einwanderer kam nun aus Lateinamerika und Asien. Vor allem in Kalifornien wurden Chinesen, Koreaner und Vietnamesen, denen jahrzehntelang der Eintritt verwehrt worden war, zu der am schnellsten wachsenden Bevölkerungsgruppe. Die ethnische Zusammensetzung der USA änderte sich dadurch deutlich: In Bundesstaaten wie Kalifornien, Texas oder Florida werden die Nachkommen der Europäer allmählich zur Minderheit.

Diese Entwicklung löste gelegentlich heftige politische Reaktionen aus. 1994 etwa stimmten die Wähler in Kalifornien in einem Referendum für eine Regelung, die die Gesundheitsversorgung illegaler Einwanderer verschlechtert und deren Kinder vom Besuch öffentlicher Schulen ausgeschlossen hätte; der Oberste Gerichtshof hob das Gesetz jedoch später auf. Die amerikanische Politik blieb grundsätzlich tolerant gegenüber Einwanderern, selbst wenn sie illegal ins Land gekommen waren oder ihre Papiere nicht in Ordnung waren. Die Hauptmotive waren wirtschaftlicher Natur: Die Einwanderer waren billige Arbeitskräfte, brave Steuerzahler und gute Konsumenten, die entscheidend zum starken Wirtschaftswachstum der neunziger Jahre beitrugen.

Nach den Terroranschlägen des 11. September 2001 auf das World Trade Center in New York änderte sich die Stimmung drastisch. Vor allem Einwanderer aus islamischen Ländern wurden von den Behörden bedrängt und wegen geringer Verstöße gegen die Visavorschriften eingesperrt und abgeschoben (→ Kapitel 37). Präsident George W. Bush stoppte schließlich sogar unvermittelt Verhandlungen mit dem mexikanischen Präsidenten über eine großangelegte Amnestie für Millionen von Mexikanern, die sich schon seit Jahren ohne reguläre Papiere in den USA aufhielten.

Vor allem Republikaner im Süden und Südwesten der USA haben seither die Fremdenfeindlichkeit zum Kernstück ihres politischen Programms erhoben. Sie betreiben den Bau eines unüberwindbaren Zaunes entlang der Grenze zu Mexiko und verlangen eine deutliche Verlangsamung der Einbürgerungsverfahren für Zuwanderer. Ein neues Einwanderungsgesetz, das der republikanische Senator John McCain und sein demokratischer Kollege Edward Kennedy mit Unterstützung von Präsident George W. Bush im Senat einbrachte, hätte die Grenzsicherung zwar verschärft, im Gegenzug allerdings illegalen Immigranten, die schon viele Jahre in den USA leben, den Zugang zu gesetzlichen Papieren erleichtert. Aber selbst dieser vorsichtige Reformvorstoß scheiterte am Widerstand dieser extremen republikanischen Clique.

6
Hitlers unfreiwillige Helfer:
Die USA und der Weg in den Zweiten Weltkrieg

*Am Ende des Ersten Weltkriegs waren die USA die wirtschaftlich
stärkste Macht der Welt, doch in den folgenden Jahren ließen sie
das vom Krieg verwüstete Europa im Stich. Der Isolationismus
der zwanziger Jahre und die gravierenden wirtschaftspolitischen
Fehler, die in der Weltwirtschaftskrise mündeten, trugen Mitschuld am Aufstieg des Nationalsozialismus in Deutschland.*

Am 4. März 1933, fünf Wochen nach der Machtergreifung Adolf
Hitlers in Deutschland, erklomm in Washington ein ganz anderer Politikertyp das höchste Amt im Staat. Der charismatische
Demokrat und Reformer Franklin D. Roosevelt (1933–1945)
wurde als Präsident der USA vereidigt. Trotz der schwersten Depression ihrer Geschichte waren die Amerikaner keiner radikalen oder totalitären Versuchung verfallen, sondern hatten einen
Mann gewählt, der das Land mit Vernunft und Augenmaß aus
der Krise führen würde. Bis heute ist das eine Quelle des Stolzes
für viele Amerikaner und ein Argument für die Überlegenheit
ihrer politischen Kultur gegenüber der Europas.

Allerdings können sich die USA nicht von dem Vorwurf frei-
machen, indirekt dem Aufstieg Hitlers in Deutschland Vorschub
geleistet zu haben. Zwar waren Faschismus und Nationalsozialismus europäische Phänomene, doch in den 15 Jahren von 1918 bis
1933 fielen in Washington und im Finanzzentrum New York eine
Reihe schwerwiegender Entscheidungen, die starken Einfluss auf
die Entwicklungen in Europa hatten. Der außenpolitische Aktivismus, den die USA in Lateinamerika an den Tag legten, wäre zu
dieser Zeit eher in Europa angebracht gewesen, wo Amerika viel
Positives hätte bewirken können. Der Rückfall in den außenpolitischen Isolationismus trug dagegen zur globalen Instabilität bei,

während die amerikanische Finanz-, Budget- und Handelspolitik ein entscheidender Faktor für die Weltwirtschaftskrise war, die Hitlers Aufstieg erst den Boden bereitete.

Der Erste Weltkrieg und die Folgen

Bereits bei Ausbruch des Ersten Weltkriegs im August 1914 waren die USA die größte Wirtschaftsmacht der Welt. Ihre militärische Rolle war bescheidener, aber nicht aufgrund fehlender Ressourcen; die amerikanische Regierung sah einfach keine Notwendigkeit, so viel Geld ins Militär zu stecken wie die europäischen Großmächte. Dennoch blickten Europas Politiker mit Spannung nach Washington. Sie wussten, dass die USA den Kriegsausgang entscheiden konnten, wenn sie für eine Seite Partei ergriffen.

Während der ersten drei Kriegsjahre blieb die Regierung von Präsident Woodrow Wilson neutral. Im Wahlkampf 1916 warb der Präsident sogar mit dem Slogan: »Er hat euch aus dem Krieg herausgehalten.« Doch zwei Entwicklungen beeinträchtigten die Neutralität: die engen wirtschaftlichen und kulturellen Beziehungen zu Großbritannien, das 1914 auf Seiten Frankreichs und Russland in den Krieg gegen Deutschland eingetreten war, und der deutsche U-Boot-Krieg gegen britische Schiffe, der immer wieder auch Amerikaner traf. Ein deutsches U-Boot versenkte im Mai 1915 das britische Passagierschiff Lusitania und tötete dabei auch 128 Amerikaner. 1917 bereiteten die Wiederaufnahme des U-Boot-Krieges durch die Deutschen und die Versenkung mehrerer US-Schiffe den Boden für die amerikanische Kriegsbeteiligung. Schließlich brachte ein Brief des deutschen Außenministers Arthur Zimmermann an die revolutionäre Regierung in Mexiko – der vom britischen Geheimdienst abgefangen worden war – das Fass zum Überlaufen. Darin bot Zimmermann den Mexikanern für den Fall des Kriegseintritts Hilfe bei der »Rückeroberung verlorener Gebiete in Texas, New Mexico und Arizona« an.

Im April 1917 erklärte Wilson Deutschland den Krieg. Die amerikanischen Truppen, die in den folgenden Monaten in Frankreich eintrafen, kamen für die Entente gerade zur rechten Zeit. Die US-Soldaten waren unverbraucht und hoben die Moral der Verbündeten, die gegen die deutsche Armee immer stärker in die Defensive gerieten. Im März 1918 blies das Deutsche Reich zur letzten Großoffensive gegen die Alliierten und drang wieder bis zur Marne 80 Kilometer vor Paris vor. Rund 1,2 Millionen amerikanische Soldaten kämpften im Sommer 1918 erfolgreich gegen die deutschen Truppen und beteiligten sich im Herbst an der großen alliierten Gegenoffensive. Es bleibt historische Spekulation, ob die Deutschen ohne amerikanische Beteiligung die seit Jahren festgefahrene Front durchbrochen und so den Krieg für sich entschieden hätten. Tatsache ist, dass die USA in der entscheidenden Phase des Kriegs eingriffen und damit wesentlich zur Niederlage des Deutschen Reichs beitrugen. Am 11. November 1918 unterschrieb Berlin den Waffenstillstand – der bis dahin blutigste Krieg der Geschichte war vorbei. Wilson hatte große Pläne für die Zeit danach. Ihm ging es nicht um Land oder Reparationen, er wollte das Wesen der Weltpolitik verändern. Seine 14 Punkte stellten einen Plan für ein demokratisches Europa mit freiem Handel und nationaler Selbstbestimmung dar. Sein wichtigster Punkt: die Gründung eines Völkerbunds als Garantie für die friedliche Beilegung von Konflikten. Anders als die Regierungen in Paris und London wollte Wilson Deutschland nicht entwaffnen und demütigen, sein Ziel war ein »Frieden ohne Sieg«. Doch damit setzte er sich gegen Frankreich und Großbritannien nicht durch. Deutschland musste im Vertrag von Versailles die Verantwortung für den Krieg übernehmen und vor allem an Frankreich gewaltige Reparationen zahlen. Einige besonders überzogene Forderungen an Berlin blockte Wilson jedoch ab und setzte seine Vision des Völkerbunds durch.

Nach seiner Rückkehr aus Europa unterschätzte Wilson den massiven Widerstand der isolationistisch gesinnten Republikaner im Kongress gegen den Vertrag von Versailles und gegen die Beteiligung der USA am Völkerbund. Er trug seine Botschaft in einer landesweiten Tour zu den Bürgern, erlitt jedoch im Oktober 1919 einen Schlaganfall. Schwer krank und handlungsunfähig konnte Wilson die Ratifizierung des Friedensvertrags nicht durchsetzen. Am 19. März 1920 wurde der Vertrag im Senat abgelehnt – und damit auch die Mitgliedschaft im Völkerbund. Die Amerikaner wollten von Europas Problemen nichts mehr hören, Wilsons Internationalismus war diskreditiert. Bei den Präsidentschaftswahlen im November 1920 siegte der Republikaner Warren Harding, der die Ära des Isolationismus einleitete.

Isolationismus und Weltwirtschaftskrise

Die europäischen Siegermächte mussten ohne Teilnahme der stärksten Macht für Stabilität auf dem Kontinent sorgen – und das fiel ihnen schwer. Deutschland war zwar besiegt, aber wirtschaftlich weniger geschwächt als etwa Frankreich, wo der Krieg die schlimmsten Zerstörungen verursacht hatte, oder Großbritannien, das finanziell die schwerste Last trug. Russland zog sich nach der kommunistischen Machtübernahme fast komplett aus der Außenpolitik zurück. Die französische Regierung versuchte, das Wiedererstarken Deutschlands zu verhindern, indem es einen Cordon sanitaire befreundeter Staaten östlich von Deutschland errichtete, auf die vollständige Zahlung der riesigen Reparationen durch die Regierung in Berlin pochte und die deutsche Wiederaufrüstung verhinderte. Doch zur vollständigen Umsetzung dieser Strategie fehlten Paris die wirtschaftlichen und politischen Mittel. Der Versuch des französischen Außenministers Aristide Briand, die USA zumindest für einen Nichtangriffspakt zu gewinnen, wurde in Washington abgewehrt. Der amerikanische Außenminister Frank Kellogg propagierte stattdessen einen Vertrag zur weltweiten Ächtung des Kriegs als Mittel der Politik. Der Briand-Kellogg-Pakt wurde am 27. August 1928 unter großem Pomp in Paris unterzeichnet, doch obwohl sich fast alle Staaten der Welt dem Vertrag anschlossen, blieb er ein wertloses Stück Papier.

Der Zorn über den »Diktatfrieden« von Versailles lastete indessen schwer auf der Weimarer Republik. Auch gemäßigte Politiker, die für die vollständige Erfüllung der Forderungen eintraten, wünschten sich eine Revision des Vertrags von Versailles, und eine wachsende Zahl rechtsextremer Parteien forderte blutige Revanche.

Angesichts der häufig geäußerten Vorwürfe an die USA, zu stark in anderen Weltteilen zu intervenieren, mag es seltsam wirken, ihnen für die zwanziger Jahre Untätigkeit vorzuwerfen. Doch bedeutende Historiker wie etwa E. H. Carr in seinem Klassiker *The Twenty Years' Crisis* aus dem Jahr 1939 sahen mit gutem Grund im politischen Isolationismus der USA eine der Hauptursachen für die Instabilität der Zwischenkriegszeit. Wären die USA in den Völkerbund eingetreten und hätten sich Präsidenten vom Schlage Wilsons in Europa engagiert, wäre die neue internationale Organisation weitaus stärker und wirkungsvoller gewesen. Die USA wären außerdem in der Lage gewesen, zwischen Paris und Berlin zu vermitteln. Doch Präsident Harding (1921 bis 1923) und sein Nachfolger Calvin Coolidge (1923 bis 1929) wollten vom alten Kontinent wenig wissen. Ihnen ging es vor allem um den Erhalt der finanziellen Stabilität zwischen den USA und Europa. Aus der internationalen Wirtschafts- und Finanzwelt zogen sich die USA in der Zwischenkriegszeit nämlich nicht zurück. Auch auf diesem Gebiet war die amerikanische Politik egoistisch, wenig vorausschauend und in den frühen dreißiger Jahren verhängnisvoll.

Die US-Regierung hatte während des Ersten Weltkriegs insgesamt 10 Milliarden Dollar an Krediten an ihre Verbündeten vergeben, davon allein 8 Milliarden Dollar an Großbritannien und Frankreich. Ende 1918 schuldete Großbritannien den USA 850 Millionen Pfund oder 3,2 Milliarden Dollar. Die Briten selbst hatten Milliardenkredite an Russland und andere Staaten vergeben, die nun uneinbringbar waren. Die Regierung in London schlug die Stornierung aller Kriegsschulden vor. Doch Washington lehnte das ab, obwohl dies zugleich den Anreiz für Frankreich verringert hätte, Reparationszahlungen von Deutschland zu fordern. Stattdessen entstand in den folgenden Jahren ein kompliziertes Geflecht von Finanzströmen, die eine gegenseitige Abhängigkeit schufen: Die USA vergaben Milliardenkredite an das Deutsche Reich, das damit seine Reparationen an Großbritannien, Italien und vor allem Frankreich bezahlte, die wiederum mit dem Geld ihre Kreditschulden an die USA beglichen. Gleichzeitig kehrte der republikanische US-Kongress zu seiner früheren Politik des Protektionismus zurück. Die Fordney-McCumber-Zölle von 1922 behinderten den Zugang für ausländische Produzenten zum amerikanischen Markt und erschwerten es den hochverschuldeten europäischen Staaten, die notwendigen Devisen für ihre Zinszahlungen zu erwirtschaften.

Die krisengeschüttelte europäische Wirtschaft erholte sich erst nach der Einführung des Dawes-Plans, den der US-Budgetdirektor und spätere Vizepräsident Charles Dawes – einer der wenigen US-Politiker, die Interesse an Europa zeigten – im Sommer 1924 präsentierte. Der Plan reduzierte die deutschen Reparationszahlungen auf ein vernünftigeres Maß und erlaubte es Deutschland, Frankreich und Großbritannien, ihre Währungspolitik zu stabilisieren und zum Goldstandard der Vorkriegszeit zurückzukehren, den die USA nie aufgegeben hatten. Damit herrschten wieder feste Wechselkurse zwischen den großen Volkswirtschaften. Voraussetzung war allerdings eine restriktive Zinspolitik aller Beteiligten, die das Wirtschaftswachstum begrenzte. Vor allem Großbritannien brachte große wirtschaftliche Opfer, weil es das Pfund unbedingt zum gleichen Dollar-Wechselkurs wie 1914 fixieren wollte, obwohl das britische Preisniveau inzwischen stärker gestiegen war als das amerikanische. Der neue Goldstandard und der internationale Finanzkreislauf hingen nun vom ungebremsten staatlichen und privaten Kapitalfluss aus den USA ab. Sobald dieser versiegte, war die wirtschaftliche Stabilität Europas gefährdet.

Die USA erlebten in den zwanziger Jahren, den »Roaring Twentics«, einen bisher einmaligen Wirtschaftsboom und die Ausbreitung einer Konsumgesellschaft, in der zum Beispiel Radios und Autos zu Symbolen des neuen Wohlstands wurden. Das gewinnträchtigste Geschäft aber war der illegale Verkauf von Alkohol, nachdem die USA 1919 in einem Verfassungsgesetz die völlige Prohibition beschlossen hatten.

Die zwanziger Jahre waren auch von einem wachsenden Spekulationsfieber an der Börse geprägt. Selbst als die Industrieproduktion im Laufe des Jahres 1927 zurückging, stiegen die Aktienkurse an der Wall Street weiter. Immer mehr Amerikaner kauften Aktien mit geborgtem Geld in der Erwartung, mit späteren Kursgewinnen die Kredite problemlos zurückzahlen zu können. Die US-Notenbank Federal Reserve beobachtete diese Entwicklung mit Sorge und erhöhte Mitte 1928 die Zinsen deutlich. Der Spekulation an der Wall Street tat dies keinen Abbruch. Stattdessen stoppten private Investoren ihre Ausleihungen an Europa, weil sie nun in den USA höhere Zinsen und damit auch bessere Gewinnchancen sahen. Das plötzliche Ausbleiben des amerikanischen Kapitals löste in Europa eine erste Finanzkrise aus.

Diese verschärfte sich nach dem Großen Börsenkrach in New York im Oktober 1929. In den folgenden Monaten schlitterten die USA in eine tiefe Rezession, die bald auf die ganze Welt übergriff. Zahlreiche Banken in den USA brachen zusammen, weil die Kredite nicht mehr bedient werden konnten. Tausende Unternehmen gingen in Konkurs und die Arbeitslosigkeit stieg rapide an. All das war die Folge der massiven Ungleichgewichte in der US-Wirtschaft, die durch die Spekulationsblase an der Wall

Street verursacht worden waren. Doch noch bestand die Chance auf eine rasche Erholung.

Es waren die Entscheidungsträger in der US-Regierung, im Kongress und in der Federal Reserve, die aus dieser tiefen Rezession erst die »Great Depression« machten, die schlimmste Wirtschaftskrise der Neuzeit. Ganz in der Tradition des Sozialdarwinismus betrachteten die Republikaner rund um Präsident Herbert Hoover (1929–1933) die vielen Firmenzusammenbrüche als reinigendes Gewitter, das die Regierung nicht behindern dürfe. Hoover war hauptsächlich über das steigende Budgetdefizit besorgt und begann mitten in der Krise, Steuern zu erhöhen und Staatsausgaben zu kürzen. Die Federal Reserve Bank sah tatenlos zu, wie die Geldmenge im Umlauf zusammenbrach, weil immer mehr Banken ihre Kredite fällig stellten. Sie hielt die Geldmenge knapp, die Zinsen hoch und trieb so weitere Firmen in den Ruin. Richtig wäre eine deutliche Senkung der Zinsen und eine Erhöhung des Budgetdefizits gewesen, was Präsident Franklin D. Roosevelt ab 1933 tat. Doch zu diesem Zeitpunkt befand sich Europa bereits auf dem Weg in die Katastrophe.

Für die Weltwirtschaft besonders schädlich war eine Entscheidung des Kongresses, der im Juni 1930 mit dem Smoot-Hawley Act die ohnehin schon hohen Außenhandelszölle weiter steigerte. Das erklärte Ziel war es, die eigene Industrie und Landwirtschaft zu schützen, doch beraubten die Zölle die US-Wirtschaft auch ihrer Auslandsmärkte. Denn die Handelspartner schlugen mit ähnlich hohen Zöllen zurück, sodass der gesamte Welthandel von 1929 bis 1933 um zwei Drittel auf weniger als 1 Milliarde Dollar schrumpfte. Der Goldstandard zwischen den wichtigen Währungen brach zusammen; durch konkurrierende Abwertungen versuchten die Länder, ihre Exportmärkte zu verteidigen. Doch weil das alle taten, waren die Maßnahmen vergeblich.

Der internationale Finanzkreislauf leitete die Krise nach Europa weiter. Ohne US-Kapital und US-Exportmärkte schlitterte ein Land nach dem anderen in die Rezession. Im Mai 1931 brach in Wien die Creditanstalt zusammen, die auf besonders vielen faulen Krediten von notleidenden Industriekunden saß. Zahlreiche deutsche Banken wurden ebenfalls in den Abgrund gezogen: Eine Konkurswelle erfasste die deutsche Wirtschaft und trieb die Arbeitslosigkeit in die Höhe. 1932 waren mehr als 25 Prozent aller deutschen Arbeitnehmer und 44 Prozent der Industriearbeiter ohne Anstellung. In dieser Atmosphäre gewannen extremistische Parteien immer mehr Zulauf, vor allem die Nationalsozialistische Deutsche Arbeiterpartei (NSDAP) von Adolf Hitler. In den beiden Reichstagswahlen von 1932 erhielt sie jeweils mehr als ein Drittel der Stimmen und wurde so zur stärksten Kraft der Republik. Während in den USA Franklin D. Roosevelt mit seinem Versprechen für eine bessere Wirtschaftspolitik im November 1932 die Präsidentenwahlen gewann, nahm in Deutschland das Unheil der nationalsozialistischen Machtübernahme ihren Lauf.

Roosevelt gelang es in den folgenden Jahren, die amerikanische Wirtschaft wieder anzukurbeln und die Arbeitslosigkeit zu bekämpfen, aber in seiner Außenpolitik fügte er sich der isolationistischen Mehrheit im Kongress und sah tatenlos zu, wie das nationalsozialistische Deutschland und das faschistische Italien die politische Ordnung zertrümmerten und immer mehr Macht gewannen. Um nicht in internationale Konflikte hineingezogen zu werden, verabschiedete der Kongress mehrere Neutralitätsgesetze. Frankreich und Großbritannien erhielten kaum Unterstützung aus den USA und schwenkten schließlich in eine Beschwichtigungspolitik gegenüber Hitler ein, die im Abkommen von München im September 1938, das zur Zerstörung der Tschechoslowakei führte, ihren tragischen Höhepunkt erreichte. Statt Hitler ruhigzustellen, ermutigte man ihn damit zu neuen Aggressionen.

Nach dem Ausbruch des Zweiten Weltkriegs am 1. September 1939 hielt Roosevelt formell an der Neutralitätspolitik fest, ergriff aber zunehmend Partei für Großbritannien und Frankreich. Im März 1941 brachte er im Kongress den Lend Lease Act durch, der Waffenlieferungen für Großbritannien auf Kredit ermöglichte. Erst der japanische Angriff auf die riesige US-Marinebasis Pearl Harbor am 7. Dezember 1941 beendete die Ära des Isolationismus. Nach Hitlers Kriegserklärung an die USA konnte Roosevelt die volle ökonomische, personelle und wirtschaftliche Macht in den Krieg gegen Deutschland werfen. Mit gewaltigen Kosten und unter enormen menschlichen Verlusten mussten die USA für die Fehler der Zwischenkriegszeit einstehen.

7
Unrecht im gerechten Krieg: Internierung von Japanern, Bomben gegen Zivilisten und unterlassene Hilfeleistung für Europas Juden

Nach dem japanischen Angriff auf Pearl Harbor wurden 120 000 Amerikaner japanischer Abstammung interniert und jahrelang in menschenunwürdigen Lagern festgehalten. Die Bombardierung deutscher und japanischer Städte kostete Hunderttausende Menschen das Leben und trug nur wenig zum Sieg bei. Die Bahnlinien in die Konzentrationslager blieben jedoch verschont und viel zu wenige der europäischen Juden wurden gerettet.

Am 7. Dezember 1941 um 7.55 Uhr griffen Hunderte japanischer Kampfflugzeuge den US-Militärhafen Pearl Harbor auf Hawaii an und zerstörten den Großteil der amerikanischen Pazifikflotte. Der Zweite Weltkrieg hatte die USA erreicht. Die japanische Offensive hätte die Regierung eigentlich nicht überraschen dürfen. Ein Jahrzehnt lang hatten die Spannungen zwischen den USA und Japan stetig zugenommen. Mit einer wachsenden Militärpräsenz im Pazifik versuchte US-Präsident Franklin D. Roosevelt die Eroberungspolitik der Japaner in China und Südostasien einzudämmen. Als dies nicht gelang, fror er ab Sommer 1941 alle japanischen Konten in den USA ein und verschärfte das Wirtschafts-, Handels- und Erdölembargo gegen Japan. Das Regime in Tokio stand damit vor der Alternative, auf die weitere Expansion zu verzichten oder zu versuchen, die USA mit militärischen Mitteln aus dem Pazifik zu vertreiben. Der japanische Regierungschef, General Hideki Tojo, entschied sich für die zweite Alternative.

Der Angriff auf Pearl Harbor traf die USA unvorbereitet und schien Tojo vorerst Recht zu geben. Doch er hatte nicht bedacht, wie schnell sich die politische Stimmung in den USA verändern sollte. Mit einem Schlag verstummten alle isolationistischen Stimmen. Die Roosevelt-Regierung mobilisierte die gewaltige wirtschaftliche und militärische Macht des Landes und richtete die gesamte Politik auf eine erfolgreiche Kriegsführung und einen Sieg aus.

Vier Tage nach Pearl Harbor erklärten auch das nationalsozialistische Deutschland und das faschistische Italien den USA den Krieg. Für Roosevelt war das ein Geschenk des Himmels. Einflussreiche politische Kreise in Washington hatten nämlich gefordert, den Krieg auf den Pazifik zu beschränken. Doch Roosevelt konnte nun wunschgemäß zuerst gegen Deutschland vorgehen und den britischen Verbündeten im Kampf gegen Hitler zur Seite stehen.

Der Zweite Weltkrieg gehört zu den lichtesten Momenten der amerikanischen Geschichte: Die US-Streitkräfte kämpften gegen drei Diktaturen – Japan, Deutschland und Italien –, sie behandelten Zivilisten und Kriegsgefangene in der Regel vorbildlich und wurden in Europa von Millionen Menschen als Befreier gefeiert. Die Kriegsziele der USA, die Roosevelt und Winston Churchill schon im August 1941 in der Atlantic Charter formulierten, waren demokratisch, liberal und moralisch. Trotzdem gibt es in der Kriegspolitik der USA auch dunkle Punkte, die in der affirmativen amerikanischen Geschichtsschreibung, etwa in den Büchern von Stephen Ambrose, wenig Beachtung finden. Einige Entscheidungen der Roosevelt-Regierung untergruben die unzweifelhafte moralische Überlegenheit der USA in diesem Konflikt und setzten sie dem Vorwurf aus, kaum besser als ihre Kriegsgegner zu sein. Zu diesen Punkten, die nicht im Entferntesten mit den Verbrechen des NS-Regimes oder der Japaner gleichzusetzen sind, zählen vor allem die menschenrechts- und verfassungswidrige Internierung von Amerikanern japanischer Abstammung, die Bombardierung deutscher und japanischer Städte, die viel zu späte und halbherzige Hilfe für Europas verfolgte Juden und schließlich der Abwurf von Atombomben über Hiroshima und Nagasaki. Dieses Kapitel widmet sich den ersten drei Episoden; der Abwurf der Atombomben ist Thema des nächsten Kapitels.

Die Internierung von Amerikas Japanern

Bei Kriegsausbruch lebten 127 000 Amerikaner japanischer Abstammung an der Westküste der USA, die meisten in Kalifornien, einige auch in Oregon und Washington. Obwohl sie vielen Repressionen ausgesetzt waren, empfanden sie sich als loyale Amerikaner. 70 000 waren sogenannte Nisei, auf dem Boden der USA geborene Einwandererkinder und damit automatisch amerikanische Staatsbürger. Die meisten Japaner in den USA waren Bauern, Fischer oder kleine Geschäftsleute und interessierten sich nicht für Politik.

Schon in den dreißiger Jahren hatte sich die Regierung mit der Frage auseinandergesetzt, wie sich diese Gruppe im Falle eines Kriegs mit Japan verhalten würde. Ein Regierungsbeauftragter kam 1941 zu folgendem Schluss: »Es gibt kein japanisches ›Problem‹ an der Küste; es wird keinen bewaffneten Aufstand von Japanern geben.« Dennoch ließ das FBI kurz nach Kriegsausbruch zweitausend Menschen unter Spionageverdacht verhaften, darunter Priester, Journalisten, Lehrer und andere Führungspersönlichkeiten der japanischen Minderheit. Doch dies war erst der Anfang. Besonders der Militärgouverneur für den Westen der USA, General John L. DeWitt, sprach sich vehement für eine Internierung aller Japaner auf amerikanischem Boden aus: »Die japanische Rasse ist eine Feindesrasse, und obwohl viele Japaner der zweiten und dritten Generation ›amerikanisiert‹ worden sind, bleibt die rassische Herkunft unverwässert. An der so kritischen Pazifikküste laufen daher 112 000 potenzielle Feinde japanischer Abstammung frei herum.«

DeWitts Forderung nach einer Internierung fand vor allem unter der mehrheitlich rassistisch gesinnten Bevölkerung an der Westküste großen Anklang. Patriotische Organisationen und die Presse schürten systematisch die Angst vor einer japanischen Verschwörung. Selbst Earl Warren, der spätere liberale Vorsitzende des Obersten Gerichts, ließ sich von der Hysterie anstecken. Trotz massiver Einwände seines Justizministers Francis Biddle und des FBI-Chefs J. Edgar Hoover gab Roosevelt der populistischen Stimmung nach. Am 19. Februar 1942 unterzeichnete er ein Dekret, das DeWitt den Auftrag zur Masseninternierung aller Japaner gab.

Schrittweise wurde Kalifornien von Japanern »gesäubert«.

Soldaten marschierten in Dörfer und Wohnviertel ein und gaben Familien nur 48 Stunden Zeit, ihre Häuser zu verlassen. Sie mussten ihr Hab und Gut meist zu Spottpreisen verkaufen und wurden in temporären Internierungslagern untergebracht, die auf Pferderennbahnen und Rodeoarenen errichtet wurden. Acht Personen steckte man in 40 Quadratmeter große Zimmer, wo sie auf Strohmatten schlafen mussten. Es gab keine Privatsphäre und es mangelte an sanitären Einrichtungen. Die Folge war, dass sich Krankheiten rasch ausbreiteten.

Zunächst wurde nur die Pazifikküste zum Sperrgebiet erklärt, und die Japaner wurden angehalten, freiwillig nach Ostkalifornien überzusiedeln. Doch im Juni 1942 ordnete DeWitt auch die Evakuierung dieser Gebiete an und ließ die gerade erst zugezogenen Japaner festnehmen. Währenddessen wurden alle Staatsangestellten mit japanischem Nachnamen entlassen. Im August 1942 waren 120 000 US-Japaner, davon fast 93 000 allein in Kalifornien, in Lagern untergebracht.

Die Maßnahme war unmenschlich, teuer und militärisch völlig sinnlos, da zugleich die 150 000 Japaner auf Hawaii unbehelligt blieben, die viel näher am tatsächlichen Kriegsgeschehen lebten. Der Militärgouverneur General Delos Emmons war der Meinung, dass die Japaner für die Wirtschaft der Inselgruppe unentbehrlich seien. Unter den Internierten waren Kinder, Alte und Behinderte – Menschen, die beim besten Willen dem Feind nicht hätten helfen können. Selbst die amerikanischen Geheimdienste hielten von Anfang an die Gefahr einer japanischen Invasion an der Westküste für höchst gering. In der Schlacht von Midway vom 3. bis 6. Juni 1942 zerstörte die US-Marine einen Großteil der japanischen Flotte. Eine Invasion war nun völlig ausgeschlossen, aber dennoch gingen die Deportationen weiter.

Im Spätsommer 1942 errichtete die von Roosevelt gegründete War Relocation Authority (WRA) zehn spartanisch eingerichtete Relocation Centers in abgeschiedenen Wüsten- und Sumpfgebieten, wo die japanischen Familien hingebracht wurden und jahrelang unter erniedrigenden Bedingungen leben mussten. So setzte man beispielsweise Ärzte und Ingenieure bei der Ernte und anderen einfachen Arbeiten ein. Die US-Behörden betrauten vor allem jüngere Nisei mit Führungsaufgaben und zerstörten dadurch die traditionelle Hierarchie der japanischen Gemeinde. 1944 wurde das WRA dem Innenministerium unterstellt und General Emmons zum Nachfolger DeWitts ernannt. Nach und nach durften immer mehr Japaner, die sich loyal zu den USA bekannten, die Lager verlassen und sich in Städten niederlassen. Manche traten in die Streitkräfte ein und kämpften aufopferungsreich für ihre Heimat. Insgesamt meldeten sich 33 000 junge Männer zum Dienst in der US-Armee und leisteten dank ihrer Sprachkenntnisse einen wichtigen Beitrag zum Sieg über Japan. Der Oberste Gerichtshof schränkte in einem Urteil 1944 zwar die Autorität der WRA etwas ein, bestätigte jedoch die Rechtmäßigkeit der Internierung. Erst bei Kriegsende wurden die Lager endgültig aufgelöst. Die Japaner hatten aber ihr Eigentum verloren und viele kehrten nicht mehr an die Westküste zurück. 5766 Nisei gaben ihre Staatsbürgerschaft ganz auf und wanderten nach Japan aus.

Die Internierung der US-Japaner war mit der Rassenverfolgung in Deutschland oder den Bluttaten der japanischen Armee nicht zu vergleichen. Die Menschen wurden weder gefoltert noch getötet. Doch es bleibt empörend und tragisch, dass die USA als erste Maßnahme eines Kriegs gegen rassistische Schreckensregime ihre eigenen Bürger allein aufgrund ihrer Abstammung der Grundrechte beraubten, misshandelten und ihnen rund 500 Millionen Dollar an Vermögen raubten. Auch 11 000 Deutsche und 3200 Italiener wurden zwischen 1941 und 1945 wegen Spionageverdachts unter fragwürdigen Umständen interniert. Anders als bei den Japanern befanden sich unter ihnen allerdings keine amerikanischen Staatsbürger.

Jahrzehntelang wurde dieses Unrecht verschwiegen. Die meisten US-Japaner wollten die Geschehnisse vergessen und sich in die amerikanische Gesellschaft integrieren. Erst 1968 erhielten die einst Internierten eine geringe Entschädigung. Anfang der achtziger Jahre schaltete eine Gruppe junger Anwälte japanischer Abstammung die Gerichte ein. Sie forderten eine Neuaufnahme mehrerer Prozesse gegen US-Japaner, die sich 1942 der Internierung widersetzt hatten. Obwohl sie Recht bekamen, hatte das Urteil keine Folgen. 1983 klagten 19 Amerikaner japanischer Abstammung auf Schadenersatz und forderten für jeden der 120 000 Überlebenden und ihrer Erben 220 000 Dollar, wurden aber von den US-Gerichten mit Hinweis auf die Verjährungsfristen abgewiesen.

Inzwischen wurde die US-Politik aktiv: Eine Sonderkommis-

sion räumte in ihrem Bericht ein, »rassistische Vorurteile, Kriegs-
hysterie und das Versagen der politischen Führung« hätten zu
großem Unrecht gegenüber den US-Japanern geführt. 1988 unterschrieb Präsident Ronald Reagan den Civil Liberties Act, der
jedem der noch 60 000 Überlebenden den symbolischen Betrag
von 20 000 Dollar als Schadenersatz zusprach. Aber erst 1990,
fast fünfzig Jahre nach dem Beginn der Internierung, wurden die
ersten Schecks ausgezahlt. In den folgenden Jahren wurde das
Schicksal der US-Japaner auch Thema von Romanen und Filmen.
Das Schweigen war endlich gebrochen.

Bomben gegen Zivilisten

Als die USA Ende 1941 in den europäischen Krieg eintraten,
stand Hitler am Höhepunkt seiner militärischen Macht. Von
Norwegen bis Griechenland kontrollierten das Deutsche Reich
und seine Verbündeten Europa, im Osten stand die Wehrmacht
vor Moskau. Großbritannien war vom Kontinent verdrängt und
politisch isoliert. Die Luftschlacht um England hatte die deutsche
Luftwaffe zwar nicht gewonnen, aber britische Städte, Industrieanlagen und Anlagen der Royal Air Force (RAF) stark zerstört.
Der britische Premier Winston Churchill ließ sich dadurch jedoch nicht entmutigen. Er rüstete die RAF mit neuen Flugzeugen und neuer Waffentechnik auf, ernannte im Februar 1942 den
erfahrenen Offizier Arthur Harris zum Oberkommandierenden
der Luftwaffe und begann die größte Bombenschlacht der Weltgeschichte. Der Bombenkrieg gegen deutsche Städte kostete zwischen 1942 und 1945 fast 600 000 Deutsche das Leben, darunter
fast 80 000 Kinder. Die Hauptverantwortung für diese Tragödie
trugen die Briten, doch die Amerikaner waren ihre Komplizen:
Sie unternahmen nichts gegen den Bombenkrieg des Verbündeten, machten in vielen Fällen mit und verwendeten schließlich
eine ähnliche Taktik im Krieg gegen Japan.

Seit Ende des Ersten Weltkriegs hatten sich Strategen mit
dem militärischen Potenzial von Flugzeugen beschäftigt. Der
Krieg hatte gezeigt, dass in einem langwierigen Stellungskrieg
die Wirtschaftskraft eines Landes wichtiger ist als eine noch so
geschickte Taktik auf dem Schlachtfeld. Also musste man, so die
Überlegung, mit der Luftwaffe weniger die gegnerischen Trup-

pen an der Front bombardieren als vielmehr Industrieanlagen und Bahnverbindungen im Hinterland. Der Vater dieses »strategischen Luftkriegs«, der Italiener Giulio Douhet, ging noch einen Schritt weiter: Durch gezielte Angriffe auf gegnerische Städte könne die Moral der Bevölkerung gebrochen und so der Gegner von innen zerstört werden. Douhets Doktrin stieß bei vielen Militärs auf Skepsis: Moralische Skrupel und Zweifel an der technischen Machbarkeit ergänzten sich dabei.

In britischen Militärkreisen fand Douhet hingegen Anklang. Die ersten Bombardierungen gingen allerdings von den faschistischen Achsenmächten aus: Am 26. April 1937 warfen im Spanischen Bürgerkrieg 21 deutsche und drei italienische Flugzeuge 30 Tonnen Bomben über der Kleinstadt Guernica ab und töteten dabei mehrere hundert Männer, Frauen und Kinder. Bis heute gilt der Angriff, den Pablo Picasso in einem seiner berühmtesten Gemälde verewigt hat, als Sinnbild der Barbarei. Im September 1939 legten deutsche Flugzeuge weite Teile der polnischen Hauptstadt Warschau in Schutt und Asche. Und am 14. Mai 1940 wurde das Stadtzentrum von Rotterdam, der letzten Bastion der niederländischen Armee, von der Luftwaffe in ein flammendes Inferno verwandelt, das 900 Menschen das Leben kostete und 25 000 Wohnungen zerstörte.

Als die Luftschlacht um England im Sommer 1940 begann, scheute Hitler vor Angriffen auf zivile Ziele zunächst zurück. Am 24. August jedoch ließ ein verirrter deutscher Luftwaffenpilot seine Bomben über der Londoner Innenstadt fallen und Churchill schlug mit einem Angriff auf Berlin zurück. Nun entfesselte Hitler den »Blitzkrieg«: Mit Luftangriffen auf britische Städte, die beispielsweise Coventry am 14. und 15. November 1940 fast völlig zerstörten, wollte er in den folgenden Monaten den Kriegswillen der Briten brechen und sie zum Frieden mit Deutschland zwingen.

Dieser Plan schlug fehl. Jeder deutsche Bombenangriff stärkte den Widerstandsgeist der Briten und erhöhte Churchills Popularität, der den Deutschen Vergeltung schwor. Das, was Hitler im »Blitz« misslang, glaubte Churchill mit seinen Flugzeugen erreichen zu können: Bombenangriffe auf deutsche Städte würden die Moral der Bevölkerung brechen und sie zum Aufstand gegen das NS-Regime verleiten. Deshalb konzentrierte sich die RAF auf Industriestädte mit hohem Arbeiteranteil, wo starker

Widerstand gegen die nationalsozialistische Herrschaft vermutet wurde.

Die britische Lufttaktik hatte nicht nur moralische, sondern auch technische Gründe: Die RAF verfügte über keinen effizienten Schutz für ihre Flugzeuge, weshalb sie nur in der Nacht flog. Wegen der ungenauen Navigationssysteme griffen ihre Staffeln hauptsächlich große Ziele an – also Städte statt Industrieanlagen. Nicht von ungefähr war in den ersten beiden Jahren des Luftkriegs die Bilanz der britischen Luftstreitkräfte katastrophal: Die RAF-Bomber verfehlten oft ihr Ziel und die deutsche Luftwaffe fügte ihr hohe Verluste zu. Erst Mitte 1942 stieg dank neuer Navigationssysteme und des Einsatzes der neuen spezialisierten Pathfinder-Staffeln die Treffsicherheit der RAF; die Abschussquote der Deutschen hingegen ging allmählich zurück.

Nun war der Weg frei für die systematische Zerstörung deutscher Städte durch strategische Luftangriffe, mit denen Churchill den Krieg zu gewinnen hoffte. Als erstes Opfer traf es die mittelalterliche Hansestadt Lübeck, die in der Nacht auf den 29. März 1942 in 20 Minuten durch Brand- und Sprengbomben in Schutt und Asche gelegt wurde. 320 Menschen starben, 784 wurden verletzt. Beim Angriff auf Köln am 31. Mai 1942 waren bereits tausend britische Flugzeuge im Einsatz, von denen nur 41 verloren gingen. Von nun an war jede deutsche Stadt Luftangriffen ausgesetzt. Höhepunkt des Bombenkriegs in dieser Phase war der vernichtende Angriff auf Hamburg Ende Juli 1943: 30 000 Menschen starben im Flammeninferno der britischen Bomben.

Inzwischen waren die Flugzeuge der 8. Luftwaffendivision der US-Armee in England eingetroffen. Die amerikanischen Strategen lehnten sowohl das Fliegen bei Nacht als auch Angriffe auf Städte ab. Ihre »fliegenden Festungen«, wie die B-17-Bomber genannt wurden, konnten sich auch tagsüber gegen die deutsche Fliegerabwehr verteidigen und besaßen Navigationssysteme, die präzise Angriffe auf Ziele wie Industrieanlagen, Bahnhöfe oder Hafenanlagen ermöglichten. Die USA wollten sich am grausamen Bombenkrieg gegen deutsche Zivilisten nicht beteiligen, sondern nur Angriffe gegen die deutsche Rüstungsindustrie fliegen, erklärte der US-Luftwaffengeneral Carl Spaatz. Aber seit der Konferenz von Casablanca im Januar 1943 arbeiteten die britische und die amerikanische Luftwaffe eng zusammen. Die kombinierte Bombenoffensive mit dem Codenamen »Point-blank«, die damals beschlossen wurde, bedeutete eine Arbeitsteilung: Briten bombten in der Nacht, die Amerikaner am Tag. Kein Wort der Kritik wurde an der britischen Taktik geäußert, kein Versuch unternommen, Churchill von seinem Kurs abzubringen. Seit Anfang 1944 zielten die Amerikaner immer öfter auf Bahnanlagen mitten in Wohngebieten und nahmen dabei den Tod von Zivilisten in Kauf. Auch für Roosevelt galt der Grundsatz, dass die Deutschen die Verantwortung für den Krieg trugen und damit auch für den eigenen Tod im Bombenhagel.

Konnte man 1942 und sogar noch 1943 den Briten zugestehen, dass sie um ihr Überleben kämpften, so war seit Mitte 1943 der Kriegsausgang entschieden. Dennoch wurden die Bombenangriffe sogar noch verstärkt, als die Luftabwehr der Deutschen zusammenbrach. Den Höhepunkt stellt der Angriff auf Dresden in der Nacht zum 14. Februar 1945 dar, das bis dahin verschont geblieben war, weil es militärisch keine Bedeutung besaß. Zwischen 35 000 und 40 000 Menschen, darunter viele Flüchtlinge aus dem Osten, kamen bei diesem Bombenangriff ums Leben. Auch diesmal brachten die Briten den nächtlichen Tod; doch schon am nächsten Tag griffen 311 US-Bomber die Stadt an und zerstörten viel von dem, was stehen geblieben war.

Deutschland	600 000 Tote
Japan	260 000 Tote (ohne Atombombenabwürfe)
Großbritannien	30 000 Tote

Opfer des Bombenkriegs

Trotz aller Grausamkeit wäre der alliierte Bombenkrieg berechtigt gewesen, wenn er entscheidend zum Sieg über die NS-Diktatur beigetragen hätte. In den ersten Jahrzehnten nach dem Zweiten Weltkrieg rechtfertigten Großbritannien und die USA so die vielen zivilen Opfer; aber auch in Deutschland wurde das Thema nur selten angesprochen. Je mehr sich Militärhistoriker mit dieser Frage beschäftigten, desto deutlicher wurde, wie gering die militärische Wirkung der Bombenangriffe war. Die von

US-Bombern zerstörten Fabrikanlagen wurden so rasch wieder aufgebaut, dass die deutsche Rüstungsproduktion selbst im Jahr 1944 nur um 6 Prozent gegenüber dem Vorjahr sank. Auch der Versuch, die deutsche Luftwaffe durch gezielte Angriffe auf Flugzeugfabriken zu zerstören, blieb bis Mitte 1944 erfolglos, denn die Deutschen verlegten die wichtigsten Anlagen tief unter die Erde. Zwar waren Hunderttausende deutscher Soldaten durch die Luftverteidigung gebunden, was die Truppen an der Front schwächte, doch stand dies in keinem Verhältnis zum Aufwand der Alliierten und dem Verlust an Menschenleben. Selbst die Moral der deutschen Bevölkerung blieb intakt; die Bomben führten sogar zu einer stärkeren Solidarisierung mit dem NS-Regime.

Nach Meinung des amerikanischen Militärhistorikers Russell Weigley war den Alliierten spätestens 1944 bekannt, dass die Bomben Hitler eher stärkten als schwächten. Dennoch machten sie weiter. Ein Grund hierfür lag im schwierigen Verhältnis zur Sowjetunion. Seit 1942 forderte Stalin immer vehementer die Eröffnung einer zweiten Front in Westeuropa, um die Rote Armee im Osten zu entlasten. Doch die Alliierten zögerten: Churchill wollte Deutschland durch Invasionen im Mittelmeerraum, »dem weichen Unterbauch« der Achsenmächte, in die Zange nehmen, was die US-Militärs als Verschwendung von Ressourcen betrachteten – zu Recht, wie sich vor allem bei der mühsamen und militärisch sinnlosen Eroberung Italiens 1943 zeigte. Die USA planten eine Landung in den Ebenen Nordwesteuropas, wo ihre Übermacht an Panzern und Kriegsausrüstung voll zur Wirkung kommen sollte. Roosevelt wollte dabei kein Risiko eingehen und wartete, bis die eigene Rüstungsmaschinerie auf Hochtouren lief und Deutschland militärisch ausreichend geschwächt war – vor allem durch den Krieg im Osten. Dies war erst Mitte 1944 der Fall, zum Zeitpunkt der Invasion in der Normandie. Bis dahin bot der Bombenkrieg den Briten und Amerikanern die Chance, Stalins Ruf nach Kriegshandlungen nachzukommen und so die Eröffnung der zweiten Front etwas herauszuzögern.

Die ambivalente Haltung zum kommunistischen Verbündeten erklärt vielleicht auch eines der größten Rätsel der US-Kriegsführung: Bis 1944 wurden zwar alle möglichen Industrieanlagen, aber nur selten die Raffinerien der Deutschen beschossen; den deutschen Panzern ging der Treibstoff nicht aus. Was in US-Büchern als eine Fehlkalkulation der Militärs dargestellt wird, sieht der DDR-Historiker Olaf Groehler als Kalkül, der Wehrmacht genügend Treibstoff zu lassen, damit sie die Rote Armee an der Ostfront festhalten und die Eroberung Westeuropas durch die Sowjets verhindern konnte. Als die amerikanischen Bomber schließlich ab März 1944 die Erdölanlagen ins Visier nahmen, sank der Ölausstoß in sechs Monaten um 95 Prozent. Ohne Sprit kam die deutsche Militärmaschinerie zum Stillstand, der Krieg war an beiden Fronten entschieden.

Der amerikanische Versuch, im Bombenkrieg eine moralisch möglichst unanfechtbare Haltung zu bewahren, wurde im Kampf gegen Japan völlig aufgegeben. Frustriert über den anhaltenden Widerstand der Japaner übernahm nun die amerikanische Luftwaffe die Methoden von »Bomber« Harris. Im August 1944 eroberten die US-Streitkräfte die Mariana-Inseln und ihre Hauptinsel Saipan, wodurch das japanische Festland erstmals in Reichweite der B-29-Bomber lag. Doch die ersten Angriffe auf industrielle Ziele schlugen fehl: Das wechselhafte japanische Wetter erschwerte ein präzises Bombardement und die Japaner hatten ihre Fabriken in viele kleinere Produktionsstätten aufgeteilt und in Wohngebieten verborgen.

Im Januar 1945 landete Luftwaffengeneral Curtis LeMay auf der Inselgruppe und gab den Befehl für eine neue Bombentaktik: Mit eigens entwickelten Brandbomben aus geliertem Erdöl sollten die japanischen Städte, die meist aus Holz gebaut waren, in Brand geschossen werden. Beim ersten Test dieser Waffen am 3. Februar 1945 gingen Teile der Stadt Kobe in Flammen auf. LeMay war zufrieden, er war bereit zum Massenmord. In den Morgenstunden des 9. März 1945 griffen 325 US-Flieger Tokio an und zerstörten innerhalb kurzer Zeit 40 Quadratkilometer der dichtbesiedelten Stadt. 267 000 niedergebrannte Häuser, 84 000 Todesopfer und doppelt so viele Verletzte waren die schreckliche Bilanz – der bis dahin höchste Blutzoll eines einzigen Bombentags. In den folgenden Wochen wurden die fünf anderen japanischen Großstädte – Nagoya, Kobe, Osaka, Yokohama und Kawasaki – auf gleiche Weise zerstört. Bis Juli 1945 hatte der Bombenterror 260 000 Menschenleben gefordert und zwei Millionen Häuser zerstört. 60 Prozent der Stadtfläche in den 60 größten Städten war niedergebrannt, rund zehn Millionen Japaner waren obdachlos. Zwei mittelgroße, aber militärisch bedeutende Städte im Süden blieben bis dahin zum Großteil verschont: Hiroshima und

Nagasaki. Sie standen damit weiterhin auf der Zielliste für die neue Geheimwaffe, die Washington noch zum Einsatz bringen wollte, wenn Japan nicht von sich aus kapitulierte (→ Kapitel 8).

Unterlassene Hilfeleistung

Die fragwürdige militärische Bilanz des alliierten Bombenkriegs lässt ein weiteres Kapitel der US-Kriegspolitik in einem besonders dunklen Licht erscheinen: Warum wurden die Gaskammern von Auschwitz nicht bombardiert, um so den Holocaust an Europas Juden zu stoppen oder zumindest einzudämmen? Schon seit Beginn der NS-Diktatur in Deutschland hatten die USA kaum etwas zur Rettung der verfolgten Juden unternommen. Dies war kein Zufall, denn die USA der zwanziger und dreißiger Jahre zeigten sowohl fremdenfeindliche als auch antisemitische Tendenzen. Präsident Roosevelt schwamm in dieser Hinsicht gegen den Strom, denn er rekrutierte viele jüdische Mitarbeiter für die neuen Regierungsbehörden des New Deal – einige seiner engsten Berater waren Juden. Doch aus wahltaktischen Gründen war er umso mehr darauf bedacht, in der Öffentlichkeit nicht den Anschein allzu großer Judenfreundlichkeit zu erwecken – vor allem, wenn es um verhasste jüdische Einwanderer ging.

Als die Judenverfolgung in Deutschland nach den Pogromen im November 1938 immer bedrohlichere Ausmaße annahm, forderten jüdische Organisationen und einige liberale Zeitungen wie die *New York Times* zwar eine Öffnung für jüdische Flüchtlinge, aber ebenso laut waren die Stimmen, die vor jeder Liberalisierung der Einwanderungsgesetze warnten. Laut Umfragen lehnten 82 Prozent der Amerikaner es ab, jüdischen Flüchtlingen Asyl zu gewähren. Die Einwanderungsquote für Deutschland betrug 27 370 für das Jahr 1939, doch wurde sie nicht »ausgeschöpft«. Einwanderer mussten beweisen, dass sie der Gesellschaft nicht zur Last fallen würden, was den enteigneten deutschen Juden meist schwerfiel. Die Unterstützungserklärungen von Verwandten oder Freunden, die sich bereits in den USA befanden, wurden von den Behörden penibel geprüft und oft zurückgewiesen. 1936 erhielten nur 7000 deutsche Flüchtlinge ein Visum. 1938 wurden etwas mehr als 20 000 Visa erteilt, während 300 000 Anträge gestellt worden waren.

1939 brachten einige Abgeordnete im Kongress die Wagner-Rogers Bill ein. In dieser Gesetzesvorlage war die zusätzliche Einwanderung von 20000 jüdischen Kindern aus Europa vorgesehen. Angesichts des breiten Widerstands verweigerte Roosevelt dem Gesetz seine Unterstützung und es kam nie zur Abstimmung im Parlament.

Im Mai 1939 reiste eine Gruppe von 900 deutsch-jüdischen Flüchtlingen, die auf US-Visa warteten, auf dem Schiff St. Louis nach Kuba. Alle besaßen kubanische Touristenvisa, die in Europa ausgestellt worden waren, aber als sie die Karibikinsel erreichten, verweigerten ihnen die Behörden die Einreise. Die St. Louis segelte in Richtung Florida und dann die US-Küste entlang, verfolgt von Schiffen der Küstenwache, die darauf achteten, dass niemand an Land zu schwimmen versuchte. Das Außenministerium verweigerte die Ausstellung von Visa ohne Auftrag des Präsidenten. Doch Roosevelt hüllte sich in Schweigen. Die St. Louis kehrte schließlich nach Europa zurück, wo mehrere westeuropäische Staaten den Flüchtlingen Asyl boten. Doch als die Wehrmacht ab 1940 fast den ganzen Kontinent eroberte, wurden die meisten Passagiere der St. Louis in Konzentrationslager deportiert und ermordet.

Im Frühjahr 1940 ernannte Roosevelt den Diplomaten Breckinridge Long zum Abteilungsleiter für Einwanderungsfragen im Außenministerium. Long war entschlossen, die jüdische Einwanderung in die USA zu unterbinden. In einem internen Aktenvermerk beschrieb er, wie er dies erreichen wollte: »Wir können die Zahl der Einwanderer in die USA verzögern oder sogar für einen begrenzten, aber undefinierten Zeitraum stoppen. Wir müssen nur unseren Konsuln empfehlen, jedes mögliche Hindernis zu schaffen, um die Ausgabe von Visa immer wieder zu verschieben.« Hunderttausende jüdische Flüchtlinge in Deutschland, Frankreich und anderen Gebieten unter nationalsozialistischer Herrschaft bekamen diese Politik zu spüren. Die Zahl jüdischer Einwanderer in die USA ging von 1940 bis 1941 um die Hälfte zurück. Mit dem Eintritt der USA in den Krieg Ende 1941 wurde die Einwanderung schließlich völlig unmöglich.

Seit Sommer 1942 gelangten die ersten Berichte über die Massenvernichtung der Juden in den von Deutschland besetzten Gebieten in die USA. Das Außenministerium tat die Meldungen zunächst als Panikmache jüdischer Organisationen ab, aber im

November konnten auch die US-Diplomaten das Unfassbare nicht mehr leugnen. Zu viele Berichte aus Europa stimmten miteinander überein. Der prominente Rabbiner Stephen Wise, der Roosevelt nahestand, brachte die Gräueltaten der Deutschen an die Öffentlichkeit, erregte damit allerdings wenig Aufmerksamkeit. Selbst in der *New York Times* wurde die Geschichte über den Genozid tief im Inneren der Zeitung versteckt. Roosevelt zeigte sich in privaten Gesprachen zwar bestürzt, betonte aber immer wieder, dass der einzige Weg zur Rettung der Juden der rasche Sieg über Hitler wäre. Jede andere Maßnahme würde davon nur ablenken. Das Außenministerium wies zugleich seine Diplomaten an, Meldungen über die Judenvernichtung zurückzuhalten.

Im Herbst 1943 stiegen die Spannungen innerhalb der amerikanischen Regierung. Rabbi Wise organisierte eine Spendenaktion, mit der 70 000 Juden aus Rumänien freigekauft werden sollten. Dies erforderte die Zustimmung des Außen- und des Finanzministeriums. Finanzminister war Henry Morgenthau, der prominenteste Jude in der Roosevelt-Regierung. Er forcierte die Rettungsaktion, musste aber nach einigen Monaten erkennen, dass das Außenministerium die notwendige Lizenz zum Transfer der Gelder zurückhielt. Der Grund: Man befürchtete, dass die geretteten Juden in die USA einreisen wollten.

Inzwischen wuchs auch im Kongress die Unterstützung für die Gründung einer eigenen Behörde zur Rettung der Juden. Während einer Anhörung im Repräsentantenhaus wies Breckinridge Long dieses Ansinnen zurück und betonte die vorgeblichen Verdienste des Außenministeriums in dieser Sache. Die von ihm präsentierten Fakten und Zahlen waren zum Großteil erfunden. Im Finanzministerium sammelten Beamte nun das gesamte Beweismaterial gegen das Außenamt und präsentierten Anfang 1944 Morgenthau einen Bericht über »die Einwilligung dieser Regierung zum Mord an den Juden«. Am 16. Januar ging Morgenthau damit zum Präsidenten, sechs Tage später unterzeichnete Roosevelt ein Dekret zur Gründung eines eigenen War Refugee Board (WRA) außerhalb des Außenministeriums.

Endlich gab es ernsthafte Anstalten zur Rettung der Juden. 15 000 wurden per Schiff aus Italien in Sicherheit gebracht, 48 000 aus Rumänien mit massivem politischen Druck herausgeholt. Und mit Hilfe der schwedischen Regierung entsandte der War Refugee Board den schwedischen Geschäftsmann Raoul Wallenberg nach Budapest, wo er mehr als 20 000 Juden mit Schutzpässen ausstattete und ihnen so das Leben rettete.

Das Schicksal der ungarischen Juden, die zu Hunderttausenden ins Vernichtungslager Auschwitz-Birkenau gebracht und dort ermordet wurden, war im Sommer 1944 in Washington bekannt. Seit Mai 1944 lag Auschwitz in Reichweite amerikanischer Bomber. Der War Refugee Board und zahlreiche jüdische Organisationen riefen die Roosevelt-Regierung dazu auf, die Bahnlinien nach Auschwitz und die Gaskammern im Konzentrationslager zu bombardieren und so den Massenmord zu verhindern. Die Antwort des Kriegsministeriums war eindeutig: »Der vorgeschlagene Einsatz wäre sinnlos, weil er nur durch eine Umlenkung von bedeutender Luftunterstützung durchgeführt werden könnte, die für den Erfolg unserer Streitkräfte in kritischen Operationen ganz entscheidend ist«, schrieb der stellvertretende Generalstabschef Thomas Handy am 26. Juni 1944. Der beste Weg, den Juden zu helfen, sei ein rascher Sieg über die Achsenmächte.

In den folgenden Monaten fand die Armeeführung immer neue Ausreden, warum sie Auschwitz nicht bombardieren könne. Das bevorzugte Argument lautete: Das Lager sei für amerikanische Kampfflugzeuge nicht erreichbar, sodass die Bomber nicht geschützt wären. Im Herbst und Winter 1944 flog die US-Luftwaffe jedoch zahlreiche Angriffe auf Industrieziele, die nur wenige Kilometer von Auschwitz entfernt lagen. Es war zwar richtig, dass die Deutschen beschädigte Bahnlinien schnell hätten reparieren können und dass Bomben auf Auschwitz auch Tausende Gefangene das Leben gekostet hätten, aber im Herbst 1944 wusste man in Washington, dass es sich bei Auschwitz um ein Todeslager ohne Entrinnen handelte. Es war also keine Rücksichtnahme gegenüber den Insassen der Konzentrationslager, die die Operation verhinderte. So war es möglich, dass in den Wochen zwischen den ersten amerikanischen Luftangriffen im Gebiet um Auschwitz und der Befreiung des Konzentrationslagers durch sowjetische Truppen im Januar 1945 noch 100 000 bis 150 000 Juden in den Gaskammern ermordet werden konnten.

Insgesamt retteten die Aktionen des War Refugee Board rund 200 000 Juden das Leben. Doch für sechs Millionen kam die Hilfe zu spät. Die USA allein hätten den Holocaust nicht verhindern können. Hätte aber die Roosevelt-Regierung mehr jüdische Flüchtlinge aufgenommen, den War Refugee Board früher gegründet und Auschwitz bereits im Frühsommer 1944 bombardiert, hätten noch Hunderttausende Juden mehr überlebt. Keine Frage: Der Judenmord wurde von den Schergen des NS-Regimes begangen, ebenso fraglos aber machte sich die US-Regierung dabei – wie viele andere Staaten – der unterlassenen Hilfeleistung schuldig. Soviel auch Roosevelt zur Beseitigung des Nationalsozialismus beitrug – das Verhalten seiner Regierung gegenüber Europas Juden bleibt für die USA ein Schandfleck.

8
Sekunden des Grauens:
Atombomben über Hiroshima und Nagasaki

Als erstes und einziges Land der Erde haben die USA Atombomben eingesetzt. Im August 1945 töteten sie damit in Hiroshima und Nagasaki über 300 000 Japaner. Noch Jahrzehnte später litten die Überlebenden unter den Folgen der radioaktiven Strahlung.

»Einer meiner Klassenkameraden hat etwas gemurmelt und zum Fenster gezeigt. ›Eine B-29 kommt‹, sagte er. Ich stand langsam auf und fragte ihn: ›Wo ist sie?‹ Ich stand noch nicht ganz aufrecht, als es passierte. Ich erinnere mich nur an einen trüben Lichtblitz, der zwei oder drei Sekunden andauerte. Dann brach ich zusammen, und ich weiß nicht, wie lange ich ohnmächtig war. Es war schrecklich, schrecklich. Überall Schutt und Rauch, Sand flog in der Luft herum. Ich war unter den Trümmern eingeklemmt und hatte furchtbare Schmerzen. Ich konnte mich keinen Zentimeter bewegen. Doch dann hörte ich etwa zehn meiner Klassenkameraden unser Schullied singen. Ich hörte Schluchzer, einer rief seine Mutter. Ich sang mit, denn wir hofften, dass uns jemand hören und helfen würde. Doch es kam niemand und nach und nach hörten alle auf zu singen. Ich war der Letzte. Dann aber wuchs die Angst in mir. Allmählich schob ich den Schutt beiseite und hob meinen Kopf. Jetzt erst sah ich das Ausmaß der Verwüstung. Der Himmel über Hiroshima war dunkel. Eine Art Tornado oder Feuerball jagte durch die Stadt.«

Yoshitaka Kawamoto, der spätere Direktor des Hiroshima Peace Memorial Museum, war 13 Jahre alt, als am 6. August 1945 um 8.15 Uhr der US-Bomber Enola Gay eine neuartige Bombe über der Stadt Hiroshima abwarf. Seine Schule war nur 800 Meter von der Abwurfstelle entfernt. Wie durch ein Wunder überlebte er die Explosion. Vergeblich suchte er andere lebende

Kinder. Dann irrte er allein durch die Stadt, trank verseuchtes Wasser aus einem Fluss, in dem Dutzende Leichen schwammen, und sah im Himmel die riesige Pilzwolke, die über Hiroshima schwebte. Er verlor sein Bewusstsein und wachte erst Stunden später in einer Lagerhalle auf, wo Überlebende hingebracht worden waren. In den folgenden Monaten verlor er seine Haare, sein Augenlicht und konnte nicht mehr alleine stehen. Doch sein Körper war jung genug, um sich zu regenerieren, und als Erwachsener machte es sich Kawamoto zu seiner Lebensaufgabe, die Erinnerung an den Horror von Hiroshima wachzuhalten.

Zehntausende hatten weniger Glück. Hiroshima war eine kompakte Stadt auf flachem Gelände, die Atombombe explodierte direkt im Zentrum. In einem Umkreis von 5 Kilometern wurden fast alle Gebäude zerstört. Wer zu Hause war, wurde von den Trümmern erschlagen oder kam in den Flammen um. Auf den Straßen wurden die Menschen durch Hitze und Strahlen getötet.

Über die genauen Opferzahlen gehen bis heute die Schätzungen auseinander. Die USA meldeten 1946 in ihrem offiziellen Bericht 66 000 Tote und 69 000 Verwundete in Hiroshima sowie 39 000 Tote und 25 000 Verwundete in Nagasaki, wo Hügel in der Stadt die Explosionswellen eindämmten. Aber in Japan geht man inzwischen von weit mehr Todesopfern aus, sowohl was die Zahl der am Tag der Explosion als auch in den folgenden Jahren durch Spätfolgen der radioaktiven Strahlung Gestorbenen betrifft. In Hiroshima wurden demnach 140 000 Menschen sofort getötet, rund 80 000 starben später. In Nagasaki betrug die Zahl der Opfer anfänglich 74 000 Tote und stieg bis heute auf 118 000. Insgesamt haben die beiden Atombombenabwürfe demnach mehr als 300 000 Japaner das Leben gekostet.

	Hiroshima	Nagasaki
Tote (sofort):	140 000	74 000
Tote (später):	80 000	44 000
Zerstörte Gebäude:	50 000	13 000
Schwer beschädigte Gebäude:	18 300	5 500
Unbeschädigte Gebäude:	21 700	30 400

Folgen der Atombombenabwürfe
(*Quelle:* Japanische Regierung, U.S. Strategic Bombing Survey)

Die Folgen der Atombomben werden heute von niemandem in Zweifel gezogen, die Fragen von Verantwortung und Schuld bleiben aber höchst umstritten. Bis heute lernen die meisten amerikanischen Schulkinder, dass der Atomwaffeneinsatz der einzige Weg war, um Japan zur raschen Kapitulation zu zwingen und eine blutige Invasion des Inselstaats zu vermeiden, und dass dadurch nicht nur amerikanische, sondern auch japanische Menschenleben gerettet worden seien. Jüngste Dokumente aus japanischen Archiven bekräftigen die These, dass ohne den Abwurf der Atombomben die Befürworter einer Kapitulation in der japanischen Regierung sich gegen die Kriegsfraktion nicht hätten durchsetzen können. »Die Atombombe war für Japan ein Geschenk des Himmels, um den Krieg zu beenden«, sagte nach dem Krieg Hisatsune Sakomizu, 1945 der Generalsekretär des japanischen Kabinetts. Als die Smithsonian Institution, der wichtigste Museumbetreiber in der US-Hauptstadt Washington, im Sommer 1995 zum 50. Jahrestag des Atombombeneinsatzes im National Air and Space Museum eine Ausstellung plante, in der auch kritischen Argumenten gegen den Atombombenabwurf Platz gegeben werden sollte, brach eine heftige politische Debatte aus. Die Ausstellung wurde auf Druck von Veteranenverbänden und konservativen Gruppen schließlich abgesagt, später aber als oberflächliche Erinnerungsfeier nachgeholt.

Auch in den USA neigt die Mehrheit der Historiker heute der These zu, dass der Zweite Weltkrieg ohne Einsatz von Atombomben hätte beendet werden können. Selbst wenn der Abwurf über Hiroshima zum Ende des Kriegs beigetragen haben sollte, war die zweite Atombombe auf Nagasaki jedenfalls ein sinnloses Gemetzel. Es gab andere Gründe für den Einsatz, die nichts mit Japan, aber viel mit dem Machtkalkül für die Nachkriegszeit zu tun hatten. Aus dieser Perspektive wurden die Bürger von Hiroshima und Nagasaki die ersten Opfer des Kalten Kriegs zwischen USA und Sowjetunion.

Der Weg zur ersten Atombombe

Seit Albert Einstein 1905 in seiner speziellen Relativitätstheorie die Formel $E = m \times c^2$ aufgestellt hatte, wussten Physiker, welche Kräfte in den Atomen schlummern, wenn deren Masse in Energie umgewandelt wird. Ende 1938 gelang dem deutschen Forscher Otto Hahn die erste Kernspaltung. Deutschland und seine Wissenschaftler hatten damit einen wichtigen Schritt auf dem Weg zu einem Atomwaffenprogramm gemacht. Einstein, der 1933 in die USA ausgewandert war, warnte Präsident Roosevelt 1939 vor einer deutschen Atombombe und empfahl die Entwicklung eines amerikanischen Bombenprogramms. Einstein war zwar Pazifist und bereute später diesen Brief an den Präsidenten, doch die Gefahr, dass Hitler tatsächlich Atomwaffen in die Hand bekommen könnte, schien ihm sehr groß. Roosevelt setzte ein »Uran-Komitee« ein, das im Juli 1941 erklärte, mit ausreichend großen Ressourcen sei die Entwicklung einer Atombombe möglich, die den Ausgang des Kriegs beeinflussen könne. Ein Jahr später gab Roosevelt den Befehl für das Manhattan Project. Unter der Leitung von J. Robert Oppenheimer wurde in Los Alamos in New Mexico ein geheimes Labor aufgebaut, in dem 1945 schließlich 145 000 Menschen beschäftigt waren. Die besten Wissenschaftler Amerikas arbeiteten daran, Uran-235 und das synthetische Plutonium zu isolieren und Zündermechanismen für eine Atombombe zu entwickeln.

Spätestens Ende 1944 war der US-Regierung klar, dass die Deutschen kaum Fortschritte bei der Entwicklung der Atombombe gemacht hatten. Die Vertreibung und Ermordung jüdischer Wissenschaftler hatten die deutsche Forschergemeinschaft um viel Expertise gebracht, und anders als in den USA wurden die verschiedenen Forschergruppen nie in ein Projekt integriert. Hitler interessierte sich mehr für die V-1- und V-2-Raketen Wernher von Brauns als für das Atomprogramm, das deshalb weit hinter dem Entwicklungsstand des Manhattan Projects zurückblieb.

Als im Frühjahr 1945 der Krieg in Europa zu Ende ging, wurde in Los Alamos fieberhaft weitergearbeitet. Es war allen Beteiligten klar, dass nicht Deutschland, sondern Japan das Ziel eines möglichen Atombombenangriffs werden sollte. Am 16. Juli 1945 gelang der erste Atombombentest in der Wüste von New Mexico. Präsident Harry S. Truman (1945–1953), der am 12. April dem verstorbenen Roosevelt nachgefolgt war, zeigte sich begeistert. Er wollte die neue Waffe sofort einsetzen.

Am 1. April 1945 waren US-Streitkräfte auf der Insel Okinawa gelandet und hatten damit erstmals japanischen Boden betreten.

Die Japaner leisteten auf der felsigen Insel erbitterten Widerstand, der bis Ende Juni andauerte. Die US-Streitkräfte verloren in diesem Kampf 7000 Soldaten und hatten mehr als 70000 Verletzte zu beklagen. Auf japanischer Seite kämpften 110000 Soldaten bis zum Tod, nur 7400 gingen in Gefangenschaft. Für die US-Regierung bot Okinawa einen Vorgeschmack auf die Eroberung des restlichen Landes. Militärische Planer sprachen von einem Kampf, der bis zum Herbst 1946 dauern und bis zu einer Million Amerikaner das Leben kosten würde – gar nicht zu sprechen von den Opfern unter japanischen Soldaten und Zivilisten. Wenn es aber gelingen würde, die japanische Militärführung von der Sinnlosigkeit eines Kampfs zu überzeugen, könnte der Krieg rasch vorbei sein. Aus Sicht der Truman-Regierung gab es nur zwei Alternativen: Atombombe oder Invasion.

Tatsächlich schaltete sich am 14. August 1945, sechs Tage nach dem zweiten Atombombenabwurf, der japanische Kaiser Hirohito in die Beratungen der Regierung ein und akzeptierte die Kapitulation. Am nächsten Tag wandte er sich erstmals in einer Radioansprache an seine Nation: Da sich der Krieg »nicht unbedingt zu Japans Vorteil entwickelt« und der Feind »eine neue und höchst grausame Bombe eingesetzt« habe, sollte das Land den Frieden akzeptieren. Am 2. September 1945 unterzeichnete die japanische Führung die Kapitulation. Der Zweite Weltkrieg war vorbei.

Bomben statt Verhandlungen

Wer immer die Atombomben als böses Mittel zum guten Zweck entschuldigt, muss sich die Frage stellen, ob es neben den mörderischen Atombombenabwürfen und einer blutigen Invasion nicht auch eine dritte Möglichkeit gegeben hätte, den Krieg zu beenden. Tatsächlich war die japanische Führung bis zum Schluss nicht bereit, die alliierte Forderung nach einer bedingungslosen Kapitulation anzunehmen, die am 26. Juli 1945 in der »Potsdamer Erklärung« den Japanern übermittelt worden war. Die Regierung in Tokio hoffte immer noch auf einen Verhandlungsfrieden, um die eigenen Forderungen durchzusetzen. Der für die japanische Seite wirklich einzigen unverzichtbaren Bedingung hätten die USA von Anfang an problemlos nachgeben können: die Beibehaltung der Monarchie als Symbol der japanischen Nation und der Verbleib des Kaisers, der göttliche Verehrung genoss.

Amerikanische Diplomaten wussten von diesem dringenden Anliegen aus abgefangenen Depeschen und dennoch erwähnten sie das Schicksal des Kaisers in ihren Botschaften an Japan nicht. Wann immer im Sommer 1945 das japanische Kabinett das weitere Vorgehen beriet, war der Hinweis auf das ungewisse Schicksal des Kaiserhauses das Schlüsselargument, mit dem die Kriegsbefürworter die Kriegsgegner wie Außenminister Shigenori Togo zum Schweigen brachten: Wer den Erhalt der Monarchie gefährde, begehe Verrat an der Gottheit. Erst nach dem Abwurf der Atombomben signalisierten die USA, dass Japan den Kaiser behalten und seine zukünftige Regierung selbst bestimmen könne. Wäre diese Botschaft früher gekommen, wären die Atombombenabwürfe wahrscheinlich überflüssig gewesen.

Selbst der damalige Kriegsminister Henry Stimson schrieb 1948 in seiner Autobiographie: »Es erscheint im Lichte der späteren Kapitulation als möglich, dass eine klarere und frühere Darstellung der amerikanischen Bereitschaft zum Verbleib des Kaisers zu einem früheren Kriegsende geführt hätte.« Die von Truman eingesetzte Untersuchungskommission stellte schon im Juli 1946 fest, dass der Krieg auch ohne den Einsatz von Atombomben spätestens Ende 1945 zu Ende gewesen wäre. Die US-Regierung aber wollte gegenüber Japan nicht von der Forderung der bedingungslosen Kapitulation abrücken, die gegenüber Deutschland durchgesetzt worden war. Dabei ignorierte sie die Unterschiede zwischen der völkervernichtenden Ideologie der Nationalsozialisten und dem brutalen Militarismus der Japaner.

Ebensowenig überzeugend ist das Argument, dass die Atombomben ja nicht todbringender als die Brandbombenangriffe auf japanische Städte waren: Erstens stellten Atombomben eine neue Waffe im Arsenal des Schreckens dar, die den Massenmord erleichterten und durch die radioaktive Strahlung furchtbare Langzeitschäden verursachten. Zweitens waren auch die amerikanischen Brandangriffe auf japanische Städte im Sommer 1945 militärisch nicht gerechtfertigt und forderten einen viel zu hohen Blutzoll.

Warum nahm Washington die diplomatische Alternative nicht wahr, die vielen Menschen das Leben gerettet hätte? Ein Grund lag in der amerikanischen Innenpolitik: Die Forderung der bedingungslosen Kapitulation war in den USA populär und der neue und unerfahrene Präsident Truman wollte sich nicht dem Vorwurf zu großer Nachgiebigkeit gegenüber dem Feind aussetzen. Deutschland und Japan wurden in der amerikanischen Öffentlichkeit gleichgesetzt und der Angriff auf Pearl Harbor sowie Berichte über die Misshandlung amerikanischer Kriegsgefangener ließen Japan für viele Amerikaner als Hauptfeind erscheinen. Hinzu kam der tiefsitzende Rassismus gegen Asiaten, dem die US-Japaner an der Westküste zum Opfer fielen.

Einige von Trumans Beratern plädierten zwar für den Einsatz der Atombombe, aber nur als Machtdemonstration auf einer unbewohnten Insel. Andere schlugen einen Angriff auf ein militärisches Ziel mit vorhergehender Warnung der Bevölkerung vor. Aber Truman war nicht nur davon überzeugt, dass nur ein möglichst hoher Blutzoll die Japaner zum Einlenken bringen würde. Wie vielen anderen Amerikanern ging es ihm auch um Vergeltung. »Nachdem wir die Bombe gefunden haben, haben wir sie auch eingesetzt. Wir haben sie gegen jene eingesetzt, die uns in Pearl Harbor attackierten, die unsere Kriegsgefangenen ausgehungert, geschlagen und hingerichtet haben, die jeden Anschein der Einhaltung der internationalen Regeln des Kriegs aufgegeben haben«, erklärte Truman in seiner Radioansprache am 9. August 1945, einen Tag nach Nagasaki – und setzte dabei die zivilen Einwohner der beiden Städte mit der japanischen Führung gleich.

Trumans Worte deuten auf ein weiteres Motiv: Waffen, die zur Verfügung stehen, werden im Krieg auch eingesetzt. Das erklärt den Abwurf der zweiten Atombombe über Nagasaki, der als Machtdemonstration nicht mehr notwendig war: Die USA besaßen genug Uran-235 und Plutonium, um daraus je eine Bombe zu bauen. Aus Sicht der Militärs war es logisch, beide Technologien auszuprobieren und das gesamte verfügbare spaltbare Material gegen Japan einzusetzen.

Der Entscheidung für den Atombombeneinsatz lag eine weitere Überlegung zugrunde. Noch waren die USA und die Sowjetunion Verbündete, doch die Spannungen mit Stalin im besetzten Europa hatten bereits deutlich zugenommen. Die Sowjetunion befand sich im Sommer 1945 nicht im Krieg gegen Japan, ein Neutralitätspakt war weiterhin in Kraft. Jahrelang hatte Roosevelt von Stalin eine Kriegserklärung gegen Japan gefordert, die dieser jedoch mit Hinweis auf die Last, die sein Land im Krieg gegen Deutschland zu tragen hatte, ablehnte. Nun war der Zeitpunkt für einen sowjetischen Kriegseintritt gekommen, der die sowjetische Machtposition in Ostasien auf Kosten der USA gestärkt hätte. Vor allem Trumans Berater und spätere Außenminister James Byrnes überzeugte den Präsidenten davon, dass es besser sei, den Krieg gegen Japan durch eine neue Wunderwaffe zu beenden und damit zugleich den neuen Rivalen Stalin zu beeindrucken, als die Hilfe einer Diktatur in Anspruch zu nehmen, behauptete der US-Historiker Gar Alperovitz in seinem Buch *The Decision to Use the Atomic Bomb*.

Im Juni und Juli 1945 versuchte Japan, die Sowjets als Vermittler für einen Verhandlungsfrieden zu gewinnen – ohne Erfolg. Japan blieb in der Frage der Kapitulationsbedingungen vage, und Stalin war in erster Linie daran interessiert, für den Kriegseintritt einen möglichst hohen Preis von den USA zu kassieren. Der Abwurf der Atombombe machte ihm deutlich, dass keine Zeit mehr zu verlieren war. Am 7. August erklärte die Sowjetunion Japan den Krieg und griff die japanischen Stellungen in der Mandschurei an. Innerhalb weniger Tage rückte die Rote Armee bis zur koreanischen Grenze vor und beschleunigte so die japanische Kapitulationsentscheidung vom 14. August. Unabhängig von moralischen Fragen erwies sich der Einsatz der Atombombe strategisch als Fehlschlag. Die USA konnten sie in den ersten Nachkriegsjahren politisch nicht verwerten und von 1949 an war die Sowjetunion ebenfalls im Besitz dieser Waffe. Aus der großen militärischen Übermacht der USA wurde das Gleichgewicht des Schreckens im Kalten Krieg. Zwar trugen die Bilder von Hiroshima und Nagasaki dazu bei, dass die Supermächte ihre Atomwaffen in der Folgezeit nie einsetzten, doch ist dies ein unzulässiger Rechtfertigungsversuch für die Tötung von Hunderttausenden Menschen.

Es bestehen kaum Zweifel, dass der Einsatz der Atombombe ein Kriegsverbrechen darstellte, das die Auftraggeber nach heutigen Maßstäben vor den Internationalen Strafgerichtshof gebracht hätte. Das Verbrechen wird nicht dadurch relativiert, dass der Krieg gegen Japan ein legitimer und notwendiger Verteidigungskrieg gegen ein verbrecherisches Regime mit aggressiven Ambitionen war. Vielleicht hätte auch ein ernsthaftes Verhandlungsangebot an Tokio den Krieg nicht beenden können, aber die

Truman-Regierung hatte dies nicht einmal in Erwägung gezogen. »Im Sommer 1945 schuldeten die siegreichen Amerikaner dem japanischen Volk ein Experiment der Verhandlung«, schrieb der prominente US-Philosoph Michael Walzer. »Der Einsatz der Atombombe, die Ermordung und Terrorisierung von Zivilisten ohne ein solches Experiment überhaupt zu versuchen, war ein doppeltes Verbrechen.«

Teil II
1945 bis 1991:
Die Sünden des Kalten Kriegs

9
Todfeind Sowjetunion:
Der Ausbruch des Kalten Kriegs

Nach dem Tod von Präsident Franklin D. Roosevelt im April 1945 brach die Kriegsallianz mit Stalin rasch zusammen. Roosevelts Nachfolger im Weißen Haus setzten auf Konfrontation mit der Sowjetunion. Sie trugen damit zur Eskalation des Kalten Kriegs und zur Teilung Europas in zwei feindliche Blöcke bei.

Im Juli 1945 trafen sich in der preußischen Königsstadt Potsdam die Vertreter der alliierten Siegermächte auf der letzten großen Konferenz des Zweiten Weltkriegs. Die Spannungen zwischen der Sowjetunion einerseits sowie Großbritannien und den USA andererseits waren zwar seit Jahresanfang deutlich gestiegen, doch noch hielt die Kriegsallianz zwischen Josef Stalin, Winston Churchill, der während der Konferenz von Clement Attlee abgelöst wurde, und Harry S. Truman, der drei Monate zuvor Nachfolger des verstorbenen Franklin D. Roosevelt geworden war. Nur drei Jahre später lag Potsdam direkt an der gefährlichsten Front in einem neuen Konflikt: Die Sowjetunion hatte West-Berlin von der Versorgung abgeschnitten, um die Kontrolle über die westliche Enklave zu erringen. Der Kalte Krieg steuerte seinem Höhepunkt entgegen.

Der Kalte Krieg zwischen USA und Sowjetunion dominierte die Weltpolitik bis Anfang der siebziger Jahre und dauerte bis zum Zusammenbruch der Sowjetunion Ende 1991. In den Debatten der Historiker wird er bis heute fortgeführt: Vor allem die Ziele und Motive der USA in diesem Konflikt, den die populäre amerikanische Geschichtsschreibung gerne als Kampf zwischen Gut und Böse darstellt, werden dabei in Frage gestellt. Die breite Kritik an dieser Deutung ist jedoch widersprüchlich: Besonders in Osteuropa sind viele Menschen überzeugt, dass die

USA diesen Teil der Welt nach 1945 kampflos der sowjetischen Herrschaft überließen; Jalta, wo Roosevelt, Stalin und Churchill im Februar 1945 über das Nachkriegseuropa konferierten, ist für diese Kritiker ein Symbol des Verrats an den Idealen der Freiheit und Demokratie. Das andere Extrem sind die neomarxistischen Thesen vom Kalten Krieg als kapitalistischem Komplott zur Konsolidierung des westlichen Blocks und zur Öffnung der Märkte, die aufgrund der sowjetischen Herrschaft unzugänglich waren. Offen ist auch die Frage, wer die Schuld am Kalten Krieg trägt: War er die logische Konsequenz der stalinistischen Expansion in Osteuropa oder die Folge des amerikanischen anti-kommunistischen Fanatismus sowie der Militarisierung der US-Außenpolitik?

Diesem Kapitel liegt eine gemäßigt-kritische Interpretation der Ereignisse zugrunde. Sie ignoriert ebensowenig die positiven Aspekte der US-Politik für Westeuropa und Japan – etwa die großzügige Wiederaufbauhilfe durch den Marshall-Plan und die Förderung von Demokratie, Rechtsstaatlichkeit und Wohlstand – wie den tyrannischen Charakter der Sowjetunion und die Schreckensherrschaft Stalins. Dennoch gehört die amerikanische Politik des Kalten Kriegs in ein Schwarzbuch über die USA, da sie auf einer grundlegenden Fehleinschätzung des sowjetischen Regimes beruhte und sowohl zu einer Verhärtung der sowjetischen Politik in Osteuropa als auch zu den weltpolitischen Spannungen mit der Sowjetunion beitrug. Zudem waren die finanziellen und psychologischen Kosten des Kalten Kriegs für die gesamten USA enorm – aufgrund der antikommunistischen Hexenjagd, gewaltiger Rüstungsausgaben und der ständigen Angst vor einem Atomkrieg.

Ein brüchiges Bündnis

Die weltpolitische Konfrontation zwischen den beiden großen Territorialstaaten USA und Russland war kein Zufall. »Es gibt heute zwei große Nationen auf der Welt, die von einem anderen Ausgangspunkt offenbar zum gleichen Ziel marschieren: die Russen und die Anglo-Amerikaner. Beide scheinen durch einen geheimen Plan der Vorsehung dazu bestimmt, einmal das Schicksal der halben Welt in ihren Händen zu halten«, schrieb der französische Politiker und Denker Alexis de Tocqueville schon 1835 in seinem Werk *Über die Demokratie in Amerika*.

Am Anfang des 20. Jahrhunderts nahm diese Vorsehung in zwei höchst unterschiedlichen Männern Gestalt an: Woodrow Wilson und Wladimir Iljitsch Lenin. Der amerikanische Politikprofessor und der russische Revolutionär waren beide überzeugte Universalisten, die, einmal an der Macht, nicht nur ihr jeweiliges Land regieren, sondern die Gesetze der Weltpolitik in ihrem Sinne verändern wollten. Wilson glaubte, durch die Selbstbestimmung der Völker, die Ausbreitung der Demokratie und die Schaffung eines Systems der kollektiven Sicherheit den Krieg als Mittel der Politik abschaffen zu können. Für Lenin führte der Weg dorthin über eine Weltrevolution, die den kriegslüsternen Kapitalismus durch eine Diktatur des Proletariats ersetzen würde. Wilsons und Lenins Visionen widersprachen einander vollkommen – damit hatte die geostrategische Rivalität zwischen den beiden Großmächten eine gefährliche ideologische Komponente gewonnen. Schon in den zwanziger Jahren war der Grundstein für die spätere Konfrontation gelegt: Den sowjetischen Kommunisten galt Amerika als Paradebeispiel der kapitalistischen Hölle, der man gleichzeitig Bewunderung zollte, während der Kommunismus das Feindbild der US-Eliten war.

Hinzu kam schon früh ein politischer Konflikt: Als Lenin nach der Revolution im November 1917 den Separatfrieden mit Deutschland wollte, versuchten die Westmächte, dies zu verhindern. Sie griffen direkt in den russischen Bürgerkrieg auf Seiten der Weißen Armee ein, die für das Zarenreich kämpfte. Auch Wilson beteiligte sich daran durch die Entsendung eines kleinen US-Expeditionskorps, das bis 1920 russischen Boden besetzte. Die Aktion war militärisch unbedeutend, trug aber zum Misstrauen zwischen beiden Ländern bei. Dieses wurde durch die antikommunistische Hysterie in den USA verstärkt, die sich auch darin zeigte, dass Washington anders als die europäischen Staaten bis 1933 der Sowjetunion die diplomatische Anerkennung verweigerte.

In den zwanziger und dreißiger Jahren zogen sich die USA und die Sowjetunion aus unterschiedlichen Gründen in einen selbstgewählten Isolationismus zurück und sahen dem Aufstieg des Nationalsozialismus tatenlos zu. Im Jahr 1941 wurden beide durch Überraschungsangriffe – der deutsche Überfall auf die Sowjetunion und der japanische Angriff auf Pearl Harbor – in den Zweiten Weltkrieg hineingezogen. Der Ausgang des Kriegs stand außer Zweifel, denn gegen die wirtschaftlichen, personellen und militärischen Ressourcen dieser beiden Staaten hatten Deutschland und Japan keine Chance. Roosevelt und Stalin schmiedeten ein Zweckbündnis, das trotz gegensätzlicher Weltanschauungen und Interessen überraschend gut funktionierte. Roosevelt wusste, dass ohne den vollen Einsatz der Sowjetunion, die im Kampf gegen Deutschland 25 bis 27 Millionen Menschen verlor, Hitler nicht zu besiegen war. Stalin wiederum war von der wirtschaftlichen und materiellen Stärke der USA abhängig. Er benötigte den Zugang zu Waffenlieferungen und Krediten, die von den USA im Rahmen ihrer Lend-Lease-Hilfe flossen. Davon ging zwar der Großteil an Großbritannien, doch rund 10 Milliarden Dollar, mehr als ein Fünftel, erhielt die Sowjetunion.

Militärisch aber fühlte sich Stalin bald im Stich gelassen. Er forderte schon 1942 die Eröffnung einer zweiten Front, die seine Truppen im Osten entlasten würde. Diese ließ jedoch auf sich warten, denn Churchill war mehr an den mediterranen Randgebieten in Nordafrika und Italien interessiert, wo die Alliierten 1942 und 1943 landeten. Roosevelt und seine Militärberater wiederum zögerten einen Landungsversuch in Frankreich lange genug hinaus, bis das Rückgrat der deutschen Wehrmacht an der Ostfront gebrochen und der Erfolg der Invasion damit gesichert war. Schon damals waren die USA bestrebt, Kriege ohne allzu hohe eigene Verluste zu führen. Das bedeutete, dass drei Jahre lang, zwischen Juni 1941 und Juni 1944, die Rote Armee bei ihrem Widerstand gegen die Wehrmacht allein gelassen wurde.

Spätestens seit der deutschen Niederlage in Stalingrad im Januar 1943 stand der Ausgang des Kriegs außer Zweifel. Nun mussten die »Großen Drei« – Churchill, Roosevelt und Stalin – daran denken, ihre Ziele für die Zeit danach festzulegen. Der traditionelle Kolonialpolitiker Churchill hatte klare Vorstellungen von regionalen Einflusssphären in Europa, die er mit Stalin direkt verhandelte. Dieser strebte nach möglichst großer Sicherheit vor neuen militärischen Bedrohungen: einem schwachen Deutschland und einem Ring befreundeter Regierungen an den westlichen Grenzen der Sowjetunion. Lenins internationalen Universalismus teilte Stalin nicht; Leo Trotzki, den wichtigsten

Verfechter der Weltrevolution, hatte er bereits 1940 im mexikanischen Exil ermorden lassen.

Roosevelt fühlte sich hingegen den Idealen Wilsons verpflichtet: eine internationale Staatengemeinschaft, in der sich jedes Land für die amerikanischen Prinzipien Demokratie und Marktwirtschaft entscheiden könne. Gleichzeitig ging er dem vorprogrammierten Konflikt aus dem Weg und ließ Stalin gewähren, als dieser in den von der Roten Armee besetzten Ländern moskautreue Regierungen einsetzte. Roosevelt sah das unter pragmatischen Gesichtspunkten: Die Rote Armee hatte einen entscheidenden Anteil zum Sieg über Hitler beigetragen und stand nun in Warschau, Berlin, Budapest und Prag. Nur eine militärische Konfrontation mit dem Verbündeten hätte Osteuropa aus den Fängen der Sowjets retten können – dazu war Roosevelt nicht bereit. Zwar forderte Churchill im Frühjahr 1945 von Roosevelt, er solle entgegen den Abmachungen mit Stalin nach Prag marschieren, um die Stadt vor den Sowjets einzunehmen, aber der Oberkommandierende der alliierten Streitkräfte Dwight D. Eisenhower winkte ab. Zugleich zogen sich die amerikanischen Truppen von der Elbe wieder zurück bis zu der Linie, die einige Monate zuvor mit den Sowjets vereinbart worden war. Damit war die sowjetische Hegemonie in Osteuropa unabwendbar – ebenso wie in ihrer Machtsphäre die der USA und Großbritannien, die den Sowjets jedes Mitspracherecht in den von ihnen besetzten Ländern, beispielsweise Italien, verweigerten.

Roosevelt setzte weiterhin auf Verhandlungen mit der Sowjetunion. Auf der Konferenz von Jalta im Februar 1945 schienen diese von Erfolg gekrönt zu sein: Stalin bekannte sich zu freien Wahlen in allen osteuropäischen Staaten. Hinsichtlich Polens kam es zu einem Kompromiss: Churchill und Roosevelt erkannten die von Moskau eingesetzte Lublin-Regierung an, Stalin versprach im Gegenzug, einige Vertreter der konservativen Londoner Exilregierung an der Macht teilhaben zu lassen. So gesehen war Jalta die letzte Chance auf eine demokratische Entwicklung in den osteuropäischen Staaten. Bald aber wurde deutlich, dass der totalitär regierende Stalin nicht bereit war, politischen Pluralismus in seinem Einflussbereich zuzulassen.

Der Beginn einer politischen Eiszeit

Nachdem Roosevelt am 12. April 1945 gestorben war, änderte sich unter seinem Nachfolger Harry S. Truman, einem außenpolitisch völlig unerfahrenen Politiker aus Missouri, zwar nicht die Substanz, aber der Ton der US-Politik. Als der sowjetische Außenminister Wjatscheslaw Molotow am 23. April 1945 zu einem Höflichkeitsbesuch ins Weiße Haus kam, bekam er von Truman statt diplomatischer Floskeln eine Standpauke über die Sünden der Sowjets zu hören. »Noch nie hat jemand mit mir so gesprochen«, beklagte sich Molotow danach.

Der Konflikt konzentrierte sich bald auf die sowjetische Besatzungspolitik in Deutschland, wo die Rote Armee ganze Wirtschaftszweige als Reparation für die erlittenen Kriegsschäden demontierte und in den Osten brachte. Die Westmächte fürchteten, dass sich dadurch das wirtschaftliche Elend der Bevölkerung verschärfen und die Kosten des Wiederaufbaus erhöhen würden. Doch Stalin fühlte sich im Recht: Schließlich hatten die Deutschen die sowjetische Wirtschaft fast völlig ruiniert und die USA jede Wirtschaftshilfe an die Sowjetunion eingestellt. Im Januar 1945 hatte Stalin die amerikanische Regierung um einen Wiederaufbaukredit über 6 Milliarden Dollar gebeten, über den in Washington nicht entschieden wurde. Im Mai überrumpelte Truman die Sowjets, indem er alle amerikanischen Lend-Lease-Lieferungen stoppte – selbst jene, die bereits auf hoher See unterwegs waren. Truman sah die Finanzhilfe als Druckmittel, das sowjetische Verhalten in Osteuropa zu beeinflussen. Doch seine Taktik ging nicht auf: Stalin fühlte sich verraten und war erst recht von der Feindseligkeit der USA überzeugt.

Zwischen Mitte 1945 und Ende 1946 verschlechterten sich die Beziehungen zwischen Moskau und Washington. Beide Seiten trugen kräftig dazu bei, indem sie auf jeden Druck mit Gegendruck reagierten und jede Provokation mit einer eigenen Provokation beantworteten. Moskau machte klar, dass die Sowjetunion nicht Teil der von Amerika dominierten Weltwirtschaftsordnung sein wolle, die 1944 in Bretton Woods mit der Gründung des Internationalen Währungsfonds und der Weltbank geschaffen wurde. Für jene Amerikaner, die an die segensreiche Wirkung von Freihandel und Wirtschaftsbeziehungen glaubten, war dies ebenso schockierend wie die Nachrichten über wachsende politische Repressionen im sowjetisch besetzten Osteuropa. In einem ausführlichen Telegramm an die amerikanische Regierung machte der in Moskau stationierte Diplomat George Kennan im Februar 1946 seinem Ärger über Stalins Herrschaft Luft und erklärte seinen Vorgesetzten in Washington, dass weder politisch noch wirtschaftlich eine Kooperation zwischen den USA und der Sowjetunion möglich sei.

Das Telegramm des sonst so nüchternen Diplomaten lieferte den Befürwortern eines harten Kurses neue Munition. In Washington wurden die Weichen in Richtung Konfrontation gestellt, die Befürworter eines Ausgleichs ins Abseits gedrängt. Ein Opfer des neuen Kurses war der frühere Vizepräsident und nunmehrige Handelsminister Henry A. Wallace, der für die Anerkennung der sowjetischen Einflusssphären in Osteuropa eintrat. Nach einer kritischen Rede zur US-Außenpolitik wurde er aus der Regierung gedrängt. Wallace trat als Kandidat der Progressive Party bei den Präsidentschaftswahlen von 1948 an – allerdings mit geringem Erfolg.

Nach dem Jahreswechsel 1946/47 war die letzte Chance vertan, den Kalten Krieg abzuwenden. In Osteuropa hatte Stalin seine Herrschaft konsolidiert und übte strategischen Druck auf die Türkei und den Iran aus. In Griechenland war ein Bürgerkrieg zwischen kommunistischen und konservativen Kräften im Gang, in dessen Verlauf die Konservativen trotz britischer Hilfe immer mehr in Bedrängnis gerieten. Der Konflikt in Griechenland wurde zum Katalysator der neuen US-Politik. Die Kommunisten genossen breite Unterstützung in der armen Landbevölkerung und konnten die kommunistischen Nachbarstaaten Bulgarien und Jugoslawien als Rückzugsgebiete nutzen. Die Sowjetunion selbst war in den Bürgerkrieg nicht direkt verwickelt, was man aber in Washington bezweifelte: Der Kommunismus sei schließlich eine weltweite Verschwörung, in der jeder nationale Kader seine Befehle aus Moskau erhielt. Wenn die griechischen Kommunisten militärische Erfolge feierten, so die amerikanische Logik, musste das Teil der weltweiten Expansionspolitik Stalins sein, der auch vor Westeuropa nicht haltmachen würde. Trumans außenpolitische Berater – Außenminister George Marshall, dessen Stellvertreter Dean Acheson und der nunmehrige Planungsdirektor Kennan – sahen die Sowjetunion als weiteres totalitäres Regime, das ebenso wie das nationalsozialistische Deutschland nach der Weltherrschaft strebte. Die Erinnerungen waren noch frisch: Gegenüber Hitler war die Beschwichtigungspolitik des Münchner Abkommens vom September 1938 gescheitert, als Großbritannien und Frankreich in der Hoffnung auf Frieden die Tschechoslowakei an Hitler auslieferten. Gegenüber Moskau dürfe es nun kein zweites »München« geben. Besonders Kennan warnte vor russischen Expansionsbestrebungen, denen nur durch eine »langfristige, geduldige, aber entschlossene Eindämmung« begegnet werden könne.

Im Februar 1947 erklärte die britische Regierung, sie könne Griechenland im Kampf gegen die kommunistische Rebellion nicht mehr unterstützen, und forderte Washington auf, finanzielle und militärische Hilfe zu leisten. Die Truman-Regierung war dazu bereit, fürchtete aber den Widerstand der republikanischen Mehrheit im Kongress, wo die Isolationisten immer noch sehr stark vertreten waren. Der mächtige republikanische Senator Arthur Vandenberg, der Vorsitzende des außenpolitischen Ausschusses, war sich dieses Problems bewusst, hatte er doch selbst jahrzehntelang den Isolationismus verfochten. Er empfahl Truman, die Gefahr in der Öffentlichkeit möglichst dramatisch darzustellen und die Amerikaner mit der kommunistischen Bedrohung »zu Tode zu schrecken«. Truman griff die Anregung auf: In einer Rede vor beiden Kammern des Kongresses vom 12. März 1947, die als »Truman-Doktrin« bekannt wurde, versprach er nicht nur Militärhilfe für Griechenland und die Türkei (die mit der Sowjetunion in einer militärischen Rivalität stand, aber mit keinem kommunistischen Aufstand zu kämpfen hatte), sondern erklärte auch: »Es muss die Politik der Vereinigten Staaten sein, freie Völker zu unterstützen, die sich der Unterwerfung durch bewaffnete Minderheiten oder durch Druck von außen widersetzen ... Wir müssen den freien Völkern helfen, ihr eigenes Geschick nach ihrer eigenen Art zu gestalten.«

Mit der Truman-Doktrin wurde nicht nur eine außenpolitische Bedrohung bewusst überbewertet – vergleichbar mit den irreführenden Warnungen von George W. Bush und Tony Blair vor dem Irak-Krieg im Jahr 2003 –, sie war auch die Verkündigung eines globalen Kriegs. Die USA würden die Sowjetunion mit allen Mitteln an allen Fronten bekämpfen – ein einmaliges Dokument in der Weltgeschichte. Für Stalin war sie eine klare Kampfansage. Er fühlte sich von den USA eingekreist und bedroht; als einziger

Staat der Welt besaßen sie Atombomben und lehnten die internationale Kontrolle dieser neuen Waffen ab (→ Kapitel 11).

Stalin reagierte so, wie es seiner Natur entsprach. Er verschärfte seine Gangart in den von der Roten Armee besetzten Staaten, zerschlug die demokratisch gewählte Regierung in Ungarn und zwang im Sommer 1947 auch alle anderen, die von den USA angebotene Wiederaufbauhilfe, den Marshall-Plan, abzulehnen. Der KP-Putsch in Prag im Februar 1948 beendete die letzte bürgerliche Insel in der sowjetischen Einflusssphäre. Die Vision des »Eisernen Vorhangs« in Europa, die Winston Churchill in seiner kämpferischen Rede in Fulton in Missouri im März 1946 beschworen hatte, war nun Wirklichkeit.

Die positive Seite der Truman-Doktrin und der von ihr beschworenen sowjetischen Bedrohung war der Marshall-Plan, den George Marshall in einer Rede in Harvard am 5. Juni 1947 erstmals vorstellte und der ein Jahr später in das größte wirtschaftliche Hilfsprogramm der Geschichte mündete. Von 1948 bis 1952 flossen mehr als 13 Milliarden Dollar nach Westeuropa und trugen dort entscheidend zum Wirtschaftsaufschwung und zur politischen Stabilisierung bei. Ohne die sowjetische Bedrohung hätte der Kongress diesem Akt der Großzügigkeit sicher nie zugestimmt.

Der Marshall-Plan verschärfte allerdings auch die politischen Spannungen. Auf Druck aus Moskau mussten alle Staaten im sowjetischen Machtbereich auf die US-Hilfe verzichten und fielen dadurch in den Folgejahren wirtschaftlich zurück. Von Juni 1948 bis Mai 1949 versuchte Stalin die Amerikaner und Briten aus West-Berlin, das mitten in der sowjetischen Einflusszone lag, durch eine Blockade der Stadt zu vertreiben. Eine Luftbrücke rettete dieses schwächste Glied des Westens. Die USA reagierten mit der Gründung des Nordatlantikpakts NATO im April 1949 und der Bundesrepublik Deutschland auf dem Gebiet der amerikanischen, britischen und französischen Besatzungszone im Mai 1949. Die Sowjets antworteten im Oktober 1949 mit der Gründung der Deutschen Demokratischen Republik (DDR). Deutschland war nun offiziell geteilt und sollte es 40 Jahre lang bleiben. Auch in Österreich, das in vier Besatzungszonen aufgeteilt war, stießen die Sowjetunion und die westlichen Verbündeten immer öfter zusammen. Allerdings blieb dem kleinen Land die endgültige Teilung erspart.

Kriege gegen die rote Gefahr

Der Schwerpunkt des Kalten Kriegs verlagerte sich nun nach Asien. In China errangen die Kommunisten unter Mao Zedong im Verlauf des Jahres 1949 große militärische Erfolge gegen die nationalistische Armee des korrupten US-Verbündeten Chiang Kai-shek. Die China-Experten im Außenministerium sprachen sich gegen eine massive US-Unterstützung für das hoffnungslose Regime von Chiang Kai-shek aus. Sie erkannten, dass Mao weit stärker als Chiang das Streben seines Volks nach nationaler Souveränität und Selbstbestimmung verkörperte. Bis auf die Insel Taiwan beherrschte Mao bald das ganze Land und rief am 1. Oktober 1949 die Volksrepublik China aus. Die außenpolitisch vernünftige Entscheidung der Truman-Regierung führte indessen zu einem innenpolitischen Fiasko. In den USA brach eine Welle der politischen Empörung über den angeblichen Verrat an den chinesischen Verbündeten aus, die von den Republikanern offen geschürt wurde. »Wer hat China verloren?« – diese Frage wurde zum Schlagwort der Kommunistenhasser, die nun auch im eigenen Land angebliche Verräter vermuteten (→ Kapitel 10).

Neun Monate später schienen all jene Recht zu bekommen, die vor dem weltweiten Vormarsch der Kommunisten gewarnt hatten, als das kommunistische Nordkorea im Juni 1950 den US-Verbündeten Südkorea attackierte. Dank der Ungeschicklichkeit der Sowjets, die den Sicherheitsrat der Vereinten Nationen (UNO) boykottierten, erhielten die USA ein UN-Mandat für eine Militärintervention und landeten auf der koreanischen Halbinsel. Diese anfängliche Hilfe für Südkorea war sicher berechtigt, auch wenn das Land von einem brutalen Militärdiktator regiert wurde und den Krieg durch eigene Angriffe provoziert hatte. Doch die von US-General Douglas MacArthur geführten UN-Streitkräfte begnügten sich nicht mit der Wiederherstellung des Status quo. Im Oktober 1950 überquerten sie die provisorische Grenze am 38. Breitengrad und drangen nun durch Nordkorea bis zur chinesischen Grenze vor. Aus dem Verteidigungskrieg war ein Angriffskrieg geworden, die Reputation der UNO als neutraler Weltpolizist schwer beschädigt. Die Offensive provozierte den Kriegseintritt Chinas, das damals nicht Mitglied der Vereinten Nationen war. 300 000 chinesische »Freiwillige« schlugen die UN-Armee wieder weit in den Süden zurück. Mehr als zwei Jahre lang tobte ein blutiger Stellungskrieg entlang dem 38. Breitengrad, der erst im Juli 1953 mit einem fragilen Waffenstillstand beendet wurde, der noch heute in Kraft ist.

Der Korea-Krieg war der Beginn neuer weltpolitischer Spannungen. Schon im April 1950 hatte der Nationale Sicherheitsrat (NSC) in Washington ein Dokument verfasst, das den Kommunismus als koordinierte weltweite Bewegung beschrieb, die überall auf der Welt bekämpft werden müsse. Zu diesem Zweck forderte der NSC eine Verdreifachung der Rüstungsausgaben. Der auf Konsolidierung bedachte Truman stand diesen Forderungen zunächst skeptisch gegenüber, doch der Korea-Krieg gab den Falken die Oberhand. Auch Europa wurde nun von der neuen Rüstungsspirale erfasst. Amerikanische Militäranalysten übertrieben die Militärkraft der Sowjets in Europa und schufen auf dieser Basis das Szenario eines möglichen sowjetischen Überraschungsangriffs, mit dem Westeuropa in wenigen Tagen überrollt werden könnte. Die Folge war die ständige Stationierung von 400 000 US-Soldaten in Deutschland, Belgien und den Niederlanden, die bis an die Zähne bewaffnet auf den sowjetischen Angriff warteten.

Ab September 1950 betrieben die USA außerdem die Wiederbewaffnung der Bundesrepublik Deutschland – eine höchst gefährliche Entwicklung aus Sicht der Sowjets. Stalin versuchte diese Bedrohung mit einem überraschenden Angebot abzuwehren: Am 10. März 1952 schlug er eine Konferenz zur Schaffung eines vereinigten, aber neutralen Deutschlands vor. Die Westmächte unter Führung der USA ignorierten das Angebot aus Moskau weitgehend, der deutsche Bundeskanzler Konrad Adenauer war strikt dagegen, und auch Stalin selbst verfolgte diese Idee nur halbherzig. Bis heute sind sich die Historiker nicht einig, ob bei den sogenannten Stalin-Noten eine historische Chance verpasst wurde oder ob der sowjetische Diktator bloß versuchte, mit einem Propagandamanöver die NATO zu spalten. Akten aus den Moskauer Archiven, die in den vergangenen Jahren freigegeben wurden, deuten darauf hin, dass Stalin das Angebot nicht ernst meinte.

Im November 1952 wurde Dwight D. Eisenhower, der Oberkommandierende der Alliierten im Zweiten Weltkrieg, zum neuen US-Präsidenten gewählt. Eisenhower (1953 bis 1961) war selbst kein Hitzkopf und suchte in vielen außenpolitischen Krisen einen konstruktiven Ausweg. Er beendete den Korea-Krieg ohne Sieg und ging auch anderen militärischen Konfrontationen mit der Sowjetunion aus dem Weg. Aber unter seinem missionarisch beseelten Außenminister John Foster Dulles erreichten die antikommunistische Rhetorik und die Bereitschaft zu verdeckten Interventionen in der Dritten Welt einen neuen Höhepunkt (→ Kapitel 12).

Die US-Politik wurde immer doppelzüngiger. Dulles sprach von Befreiung und Zurückdrängung des Kommunismus in Osteuropa, doch die USA halfen keinem einzigen Land, sich der kommunistischen Herrschaft zu entledigen. Im Gegenteil: Als im Juni 1953 sich die Arbeiter in Ost-Berlin erhoben, unternahmen die USA nichts, sondern verurteilten lediglich die blutige Niederschlagung des Aufstands durch sowjetische Panzer. Noch enttäuschender war die amerikanische Haltung während der ungarischen Revolution im Oktober 1956: Nachdem die US-Radiosender Radio Free Europe und Voice of America wochenlang zum Aufstand aufgerufen hatten, sahen die USA tatenlos zu, wie die Sowjets in Ungarn einmarschierten und das Land mit brutaler Gewalt besetzten. In Wirklichkeit hatten die USA die Einflusssphären in Europa anerkannt. Anderslautende Bekenntnisse waren pure Heuchelei.

Erste Annäherungen

Nach Stalins Tod im März 1953 wurden weitere Chancen vertan, den Kalten Krieg durch eine Politik der friedlichen Koexistenz abzulösen. Der neue sowjetische Führer Nikita Chruschtschow war zwar unberechenbar und jähzornig, aber er bewunderte die USA und wollte sein Land aus der internationalen Isolation führen. Doch vor allem Dulles missachtete die Entspannungssignale aus Moskau, die überhaupt nicht in sein christlich-missionarisches und antikommunistisches Weltbild passten. Ebenso ignorierte Washington die Signale einer Entfremdung zwischen der Sowjetunion und China, die Anfang der sechziger Jahre zu einer Spaltung der kommunistischen Welt führte. Ein Jahrzehnt lang hielt die US-Regierung an der Fiktion einer geschlossenen kommunistischen Front fest und verspielte damit einige diplomatische Chancen zur Beendigung des Kalten Kriegs.

Der Rücktritt des schwerkranken Dulles im April 1959 läutete eine kurze Ära der Entspannung zwischen Washington und Moskau ein. Chruschtschow besuchte im September die USA und zeigte sich vom Land des Kapitalismus höchst angetan. Doch der erhoffte Durchbruch in vielen Streitfragen bei einem Gipfeltreffen in Moskau wurde durch den Abschuss eines amerikanischen U-2-Spionageflugzeugs über der Sowjetunion im Mai 1960 zunichte gemacht. Eisenhower übernahm die persönliche Verantwortung für die Spionageflüge und ein verärgerter Chruschtschow machte eine Gegeneinladung an den US-Präsidenten wieder rückgängig.

Nach der Kuba-Krise kam es 1963 (→ Kapitel 11) zu einer weiteren Annäherung zwischen Chruschtschow und Präsident John F. Kennedy (1961 bis 1963), die 1963 in die Unterzeichnung des ersten Atomteststoppvertrags mündete. Die Ermordung Kennedys und die Eskalation des Vietnam-Kriegs beendeten aber auch diese Episode. Selbst nach der Unterzeichnung der Atomwaffenkontrollabkommen durch den amerikanischen Präsidenten Richard Nixon (1969 bis 1974) und den sowjetischen Führer Leonid Breschnew blieben die politischen Beziehungen zwischen Washington und Moskau gestört.

Der Kalte Krieg gilt rückblickend als wirtschaftliche und politische Glanzzeit der USA, als Höhepunkt des amerikanischen Imperiums. Das macht es verlockend, die kriegerische Haltung der US-Regierung und die ständige Eskalation als zynische Strategie zur Förderung der eigenen Interessen zu betrachten. Die Stationierung Hunderttausender US-Soldaten in allen Teilen der Welt erschien vielen als Beweis für die imperialen Ambitionen der USA. Doch es lässt sich genauso gut argumentieren, dass die USA die gleichen nationalen Ziele – die politische und wirtschaftliche Stabilisierung Westeuropas und Japans, die Förderung des freien Welthandels und der globalen Investitionen – auch ohne Hochrüstung und Kriegsangst hätten erreichen können. Die hohen Kosten der Truppenstationierungen in Europa und Asien und vor allem des Vietnam-Kriegs verursachten Ende der sechziger Jahre einen wirtschaftlichen Niedergang, den die USA bis heute spüren.

Die Sowjetunion unter Stalin führte zwar ein nach innen und außen grausames und rücksichtsloses Regime, stellte aber anders als das nationalsozialistische Deutschland keine akute Bedrohung des Weltfriedens dar. Weder Stalin noch seine Nachfolger planten die Eroberung Westeuropas, sondern sie verteidigten jene Eroberungen, die ihnen durch den Sieg über Hitler in den Schoß gefallen waren. Amerikas aggressive Militärpolitik trug kaum etwas zur Sicherheit Westeuropas bei und gab den Osteuropäern nicht ihre Freiheit zurück.

10
Spitzel und Schauprozesse: Die McCarthy-Ära

*Unter dem Eindruck des Kalten Kriegs begann Ende der vier-
ziger Jahre eine hysterische Hetze gegen echte und angebliche
Kommunisten, die bald das ganze Land erfasste. Senator Joseph
McCarthy, der einer ganzen Ära den Namen gab, war nicht
allein dafür verantwortlich, dass Tausende Amerikaner Arbeit
und Existenz verloren und die Bürgerrechte mit Füßen getreten
wurden.*

Die Weltwirtschaftskrise in den dreißiger Jahren erschütterte
den Glauben vieler Amerikaner an das kapitalistische Regime
und verschaffte sozialistischen Ideen ebenso wie der kleinen
Kommunistischen Partei der USA (CPUSA) mehr Zulauf. Viele
Künstler und Intellektuelle sahen im Kommunismus den ent-
schlossensten Gegenspieler des Faschismus und waren bereit,
die grausamen Seiten von Stalins Regime zu ignorieren. Selbst
unter den »New Dealern«, den wirtschaftspolitischen Beratern
von Präsident Franklin D. Roosevelt, wuchs die Toleranz und
Sympathie für die Sowjetunion und deren Ideologie. Aber nach
wie vor war die Ablehnung aller kommunistischen Ideen in der
US-Politik weit verbreitet, besonders unter republikanischen
Abgeordneten und Senatoren aus dem Mittleren Westen.
    Nach seiner Wiederwahl 1936 erlitt Roosevelt eine Reihe von
Niederlagen im Kongress, die sich infolge der kurzen, aber tiefen
Rezession von 1937/38 häuften. Der New Deal verlor an Glanz,
die Gegner jeder staatlichen Einmischung in die Wirtschaft
gewannen wieder die Oberhand. In dieser Atmosphäre setzten
einige konservative Abgeordnete 1938 das House Un-American
Activities Committee (HUAC) ein, das faschistische und kom-
munistische Umtriebe verfolgen sollte. 1940 kam der Smith Act
(Alien Registration Act) dazu, der das Eintreten in Wort und

Schrift für den Sturz der US-Regierung unter Strafe stellte und jeden Ausländer über 14 Jahren zwang, seine politischen Ansichten schriftlich darzulegen.

Der Kriegseintritt auf Seiten der Sowjetunion im Dezember 1941 dämpfte das antikommunistische Fieber und machte Stalin sowie die amerikanische Kommunistische Partei auch in höheren gesellschaftlichen, politischen und intellektuellen Kreisen salonfähig. Diese Stimmung änderte sich mit dem Beginn des Kalten Kriegs Anfang 1947 schlagartig. Die antisowjetische Hysterie, die von der Truman-Regierung angeheizt wurde, gab den Antikommunisten Auftrieb und legitimierte die Jagd auf Verräter und Spione in den eigenen Reihen. Die Truman-Regierung stand dennoch unter ständigem Beschuss durch die Republikaner, die ihr vorwarfen, zu nachgiebig gegenüber den inneren und äußeren Feinden des Landes zu sein. Immer wieder versuchte sie vergeblich, mit antikommunistischen Maßnahmen diesen Vorwürfen den Wind aus den Segeln zu nehmen, indem sie beispielsweise im März 1947 ein Loyalitätsprogramm unter Staatsbediensteten einführte, was zum Vorbild für viele andere Säuberungsprogramme wurde. Justizminister Tom Clark erstellte eine Liste von angeblich subversiven Organisationen, deren Mitglieder sich gegenüber dem FBI und verschiedenen Kongressausschüssen rechtfertigen mussten. Im Wahlkampf 1948 griff Truman seinen früheren Handelsminister Henry Wallace und weitere Kritiker als Kommunistenfreunde an. 1949 wurden die Führer der Kommunistischen Partei unter dem Smith Act angeklagt und zwei Jahre später zu Haftstrafen verurteilt. Allein ihre politische Gesinnung wurde vom Gericht als Beweis für umstürzlerische Pläne betrachtet.

Während sich der Kalte Krieg mit der Sowjetunion verschärfte, geriet Truman innenpolitisch immer stärker unter Druck. Die Republikaner hofften fest, bei den Präsidentschafts- und Kongresswahlen im November 1948 die 16-jährige Vorherrschaft der Demokraten zu brechen. Doch entgegen allen Prognosen siegte Truman über seinen farblosen Herausforderer Thomas Dewey. Von dieser Niederlage enttäuscht, stellten die Republikaner die Legitimität der Regierung in Frage, indem sie ihr kommunistische Unterwanderung vorwarfen. Statt sich dagegen zu wehren, unterstützte Truman diese Kampagne.

In den folgenden Jahren wurde die Jagd auf Kommunisten im

eigenen Land zu einem der zentralen Phänomene der US-Politik. Der Begriff McCarthyismus ist ein wenig irreführend, weil der republikanische Senator Joseph McCarthy zwar zur Symbolfigur dieser Bewegung wurde, aber viele andere namhafte Personen und Institutionen daran von Anfang an beteiligt waren – das FBI, die Gerichte, die Privatwirtschaft, die Medien und das Weiße Haus. Vor allem FBI-Direktor J. Edgar Hoover, ein fanatischer Kommunistenhasser, trug entscheidende Verantwortung für zahlreiche Exzesse. Fast ein Jahrzehnt lang wurden in den USA Tausende Menschen zu Unrecht beschuldigt, angeklagt und verurteilt, wurden Existenzen zerstört und wurde das Recht auf freie Meinungsäußerung mit den Füßen getreten – ein Schandfleck für die amerikanische Demokratie, der noch Jahrzehnte nachwirkte.

Die amerikanische Inquisition

McCarthy war als Senator aus Wisconsin eher für Alkoholexzesse als für seriöse politische Arbeit bekannt. Anfang 1950 gab ihm ein Bekannter den Rat, er solle doch die kommunistische Infiltration des Außenministeriums zum Wahlkampfthema machen. In einer Rede vor dem Damenclub der Republikaner in Wheeling in West Virginia verkündete McCarthy am 9. Februar 1950, er sei im Besitz einer Liste mit den Namen von 205 Kommunisten im Außenministerium. In den folgenden Monaten konnte McCarthy zwar keinen einzigen Namen nennen, da in den Jahren zuvor bereits alle Personen mit linken Sympathien aus dem Staatsdienst entfernt worden waren, aber die von ihm geführten Anhörungen wurden zum öffentlichen politischen Spektakel, das die ganze Nation in den Bann zog. McCarthys rabiate Ausfälle gegen Demokraten und liberale Intellektuelle und seine Verschwörungstheorien prägten die Atmosphäre jener Zeit.

Unterstützung erhielten die Inquisitoren von ehemaligen Kommunisten, die in den dreißiger und vierziger Jahren in Stalins Auftrag aus der Partei ausgeschlossen wurden oder ausgetreten waren. Sie kannten die verschwörerische Mentalität der Kommunisten und wussten auch, wer insgeheim der Partei beigetreten war oder Verbindungen zu ihr hatte. Einer von ihnen war der ehemalige Sowjetagent Whittaker Chambers, der 1948 den

Diplomaten und Roosevelt-Berater Alger Hiss vor dem HUAC beschuldigte, in den dreißiger Jahren Mitglied eines sowjetischen Spionagerings gewesen zu sein. Hiss wies alle Anschuldigungen zurück und verklagte Chambers wegen Verleumdung. Chambers präsentierte Dokumente, die ihm Hiss angeblich zur Weitergabe an die Sowjets überreicht hatte, und 1950 wurde der prominente Demokrat von einem Gericht wegen Meineids zu fünf Jahren Haft verurteilt.

Die Hiss-Affäre war ein Wendepunkt in der US-Nachkriegsgeschichte. Bis heute steht nicht zweifelsfrei fest, ob Hiss schuldig war; geheime Funksprüche von sowjetischen Agenten in den USA nach Moskau, die vom US-Geheimdienst abgefangen worden waren und im Jahr 1995 veröffentlicht wurden, die sogenannten »Venona Files«, lassen allerdings Zweifel an seiner Unschuld zu. Mit der Verurteilung von Hiss jedenfalls schien für die Öffentlichkeit der Beweis erbracht, dass die Kommunisten die amerikanische Regierung unterwandert hatten und folglich große Gefahr von innen drohte. Einer der Politiker, die sich in diesem Fall besonders profilierten, war der junge kalifornische Abgeordnete und Senator Richard Nixon. Als Kommunistenjäger wurde er so einflussreich, dass ihn der republikanische Präsidentschaftskandidat Dwight D. Eisenhower 1952 zu seinem Stellvertreter machte.

Eine Hauptzielscheibe der Kommunistenjäger war die Filmbranche, wo die Kommunistische Partei viel Sympathie genoss. Schon 1947 begann das HUAC mit der Vorladung von Filmschaffenden, um das Ausmaß der kommunistischen Unterwanderung festzustellen. 19 Personen wurden schließlich als Kommunisten denunziert. Einer von ihnen war Bertolt Brecht, der kurz nach seinem Verhör die USA verließ und in die DDR zog. Zehn Beschuldigte verweigerten mit Hinweis auf den 1. Zusatzartikel der amerikanischen Verfassung, der Meinungsfreiheit garantierte, die Aussage. Sie wurden im Frühjahr 1950 wegen Missachtung des Kongresses zu Freiheitsstrafen verurteilt. Vorgeladene in späteren Verfahren beriefen sich auf den 5. Zusatzartikel zur amerikanischen Verfassung, der Zeugen davor schützt, sich selbst zu belasten. Doch dies wurde vom Kongress und der Öffentlichkeit bereits als Schuldeingeständnis gewertet.

Die Anhörungen vor dem Kongress ähnelten auf verblüffende Weise Stalins Schauprozessen – mit dem Unterschied, dass es keine Folterungen oder Erschießungen gab. Aber die Verdächtigen wurden öffentlich gedemütigt und dazu gezwungen, Freunde und Kollegen zu denunzieren und sie damit der gleichen Tortur auszusetzen. Es reichte schon, sozialkritische Ansichten oder linksliberale Ideen zu vertreten, um als Kommunist und Landesverräter gebrandmarkt zu werden. Das belastende Material lieferten Hoovers FBI-Agenten – oft mit Hilfe illegaler Methoden.

Wer vor einen der Kongressausschüsse geladen wurde – zum HUAC kamen 1950 McCarthys Permanent Investigating Subcommittee of the Government Operations Committee und das Senate Internal Security Subcommittee (SISS) unter der Leitung von Pat McCarran dazu –, galt bereits als höchst verdächtig. Allein die Vorladung reichte oft aus, den Arbeitsplatz zu verlieren. Belastete Personen wurden aus dem Staatsdienst, aus großen Konzernen wie U.S. Steel oder General Electric, aus Anwaltskanzleien, Medienunternehmen, Schulen und Universitäten entfernt. Unter ihnen befanden sich tatsächlich auch einige Kommunisten, die sich allerdings nichts hatten zuschulden kommen lassen; die Mehrheit der Opfer hatte bestenfalls mit sozialistischen Ideen geliebäugelt.

In Hollywood erstellten die Studios eine Schwarze Liste, die für jeden, der des Kommunismus verdächtigt wurde, Berufsverbot bedeutete. Unter den 320 Namen befanden sich auch Persönlichkeiten wie der Komponist Leonard Bernstein, die Filmemacher Charlie Chaplin und Orson Welles, und Arthur Miller, der mit seinem Theaterstück *Hexenjagd* über die Hexenverbrennungen von Salem im 17. Jahrhundert eine Parabel über die McCarthy-Ära schuf. Bei Radio und Fernsehen erfüllten die »Red Channels« genannten Listen mit 151 Namen den gleichen Zweck. Wer auf diesen Listen stand, erhielt keine Aufträge mehr und konnte höchstens als Drehbuchschreiber über einen Strohmann arbeiten. Erfolgreiche Schauspieler verschwanden von der Leinwand und mussten ihre Karriere beenden. Ein Filmproduzent musste beispielsweise zusehen, wie ein Drittel der von ihm vorgeschlagenen Mitwirkenden vom Studio wegen politischer Unzuverlässigkeit abgelehnt wurden – einschließlich eines achtjährigen Mädchens.

Nach einer Schätzung der Historikerin Ellen Schrecker verloren ungefähr zehntausend Menschen zwischen 1947 und 1954 aufgrund der Anhörungen ihre Arbeit. Zerbrochene Ehen, Alkoholismus und Selbstmorde waren häufig die Folge. Wer sich auf den 5. Zusatzartikel der Verfassung berief, um sich oder Angehörige nicht zu belasten, wurde von den Inquisitoren und der Öffentlichkeit bereits als schuldig betrachtet. »Die Weigerung eines Zeugen zu sagen, ob man Kommunist sei, weil man sich sonst selbst belasten würde, ist der eindeutigste Beweis dafür, dass der Zeuge Kommunist ist«, behauptete McCarthy.

Wer noch an der Existenz einer Verschwörung zweifelte, wurde mit der Aufdeckung der sowjetischen Atomspionagetätigkeit in Großbritannien Lügen gestraft: Anfang 1950 gestand der deutsch-britische Physiker Klaus Fuchs, der am Manhattan Project zum Bau der ersten Atombombe in Los Alamos mitgearbeitet hatte, geheime Daten an die Sowjets weitergegeben zu haben. Fuchs begründete seine Spionagetätigkeit mit seiner Sympathie für die Sowjetunion.

Auch in den USA wurde in den folgenden Wochen ein sowjetfreundliches Spionagenetz aufgedeckt. Der New Yorker Unteroffizier David Greenglass war als Mechaniker in Los Alamos tätig gewesen und hatte über das Venona-Netzwerk geheime Daten über seinen Schwager Julius Rosenberg und dessen Kontaktmann Harry Gold an die Sowjets weitergeleitet. Nach der Verhaftung von Rosenberg und Gold stellte sich Greenglass, der Hauptschuldige, als Kronzeuge zur Verfügung und belastete seine Verwandten Ethel und Julius Rosenberg schwer. Während Greenglass zu 15 Jahren und Gold zu 30 Jahren Haft verurteilt wurden – Klaus Fuchs kam in Großbritannien nach nur neun Jahren frei –, verweigerten die Rosenbergs jede Kooperation. Das Paar wurde 1951 zum Tode verurteilt und als einzige Zivilisten in der US-Geschichte wegen Spionage am 19. Juni 1953 hingerichtet. Die Hinrichtung löste eine weltweite Protestwelle aus. Das Paar hatte kleine Kinder, und während Julius Rosenberg zumindest als Bote agiert hatte, war Ethel Rosenberg schlimmstenfalls der Mitwisserschaft schuldig. Doch amerikanischer Antisemitismus und Antikommunismus suchten nach Opfern und fanden sie in diesem Ehepaar.

Bei den Kongresswahlen 1950 erwies sich McCarthy als entscheidender Faktor: Fast alle Senatoren und Abgeordneten, die sich gegen ihn gestellt hatten, erlitten eine Niederlage. Rechte Republikaner übernahmen die Macht in beiden Kammern des Kongresses. Die Truman-Regierung sah hilflos zu, wie Tausende Menschen vor McCarthys Ausschuss gezerrt und dort ihrer grundlegenden Bürgerrechte beraubt wurden. Vor allem das Außenministerium wurde gnadenlos gesäubert. Alle China-Experten, die irgendwie mit dem Sieg Mao Zedongs in Verbindung gebracht werden konnten, wurden entlassen.

1952 war die demokratische Ära endgültig vorbei. Dwight D. Eisenhower siegte über Adlai Stevenson und zog ins Weiße Haus ein. McCarthy baute seine Position im Senat aus und setzte die Verfolgung angeblicher Kommunisten fort. Sein nächstes Ziel waren antiamerikanische Bücher in den Bibliotheken. Der Senats-Ausschuss veröffentlichte eine Liste mit 30 000 Titeln, die daraufhin aus den Bibliotheksregalen verschwanden. Eisenhowers Berater beschworen den Präsidenten, dem Treiben des raubeinigen Senators ein Ende zu setzen, doch dieser ließ ihn gewähren mit den Worten: »Ich werde mich nicht auf einen Pisswettbewerb mit diesem Stinktier einlassen.«

Bei seinem nächsten Angriff übernahm sich McCarthy: Im Oktober 1953 begann er eine angebliche kommunistische Unterwanderung der US-Armee zu untersuchen und zitierte in den folgenden Monaten Dutzende hochrangiger Offiziere vor seinen Ausschuss. Zielscheibe war Eisenhowers Verteidigungsminister Robert Stevens. Die Anhörungen wurden im Fernsehen übertragen und führten dem ganzen Land McCarthys grobe und unfaire Vernehmungstaktik vor Augen. Selbst Vizepräsident Nixon kritisierte McCarthys Methoden. Mit Hilfe des Weißen Hauses wurde im Senat eine Front gegen McCarthy aufgebaut und am 2. Dezember 1954 wurde er in einer Senatsresolution mit 67 zu 22 Stimmen wegen unwürdigen Verhaltens getadelt. Er verlor seinen Vorsitz im Ausschuss, damit auch seinen Einfluss, und starb unbeachtet von der Öffentlichkeit drei Jahre später.

McCarthy und die Folgen

Mit McCarthys Demontage verlor auch die antikommunistische Hexenjagd an Bedeutung. In den wichtigen Institutionen fanden sich kaum noch Linke, in Eisenhowers Amerika war der Antikommunismus zur offiziellen Ideologie geworden, jeder kritische Diskurs in der Öffentlichkeit zum Erliegen gekommen. Die kulturelle Sterilität der Eisenhower-Jahre mit ihrem kleinbürgerlichen Ideal von Familie, Haus und Hund war eine direkte Folge der McCarthy-Ära. Es dauerte bis in die sechziger Jahre, bevor sich wieder kritische Stimmen erhoben, die politische und gesellschaftliche Tabus in Frage stellten.

Das Erbe der McCarthy-Ära lastet noch heute auf der amerikanischen Gesellschaft. Im Moment der außenpolitischen Krise setzten die USA Bürger- und Menschenrechte außer Kraft, im Kampf gegen eine Diktatur verrieten sie ihre eigenen demokratischen Werte. Innenpolitisch wurden die Reformkräfte geschwächt und der Aufbau eines Sozialstaats nach europäischem Vorbild wurde abgewürgt; in der Außenpolitik wurde jede Kritik an der Politik des Kalten Kriegs unterbunden.

Demokratische Politiker zogen aus dieser Zeit eine Lehre: Nie wieder würden sie sich in Sachen Antikommunismus angreifbar machen, kein zweites Mal eine Kampagne zulassen nach dem Motto »Wer hat China verloren?«. Als Präsident Lyndon B. Johnson 1965 mit einem Sieg der Kommunisten in Vietnam konfrontiert war, entschloss er sich auch deshalb für die blutige Eskalation des Kriegs. Die Asienkenner im Außenministerium, die den Irrsinn dieser Politik begriffen, blieben mehrheitlich stumm; sie wollten nicht das Schicksal der China-Experten der fünfziger Jahre erleiden.

Das gefährlichste Relikt der McCarthy-Ära war der Ausbau des Sicherheitsstaats, in dem die nationale Sicherheit Vorrang vor den Rechten des Einzelnen und sogar vor dem Gesetz erhielt. Auf Basis dieses Prinzips hat das FBI in den sechziger und siebziger Jahren politische Kritiker verfolgt, hat Präsident Richard Nixon in der Watergate-Affäre zahlreiche Gesetze gebrochen, die Reagan-Regierung die Iran-Contra-Affäre ausgelöst und Präsident George W. Bush nach den New Yorker Terroranschlägen das Völkerrecht und die eigene Verfassung mit Füßen getreten.

11
Dr. Seltsam in Aktion:
Nukleares Wettrüsten und die Kuba-Krise

Im Wettrüsten mit der Sowjetunion bauten die USA in den vierziger und fünfziger Jahren immer mehr und immer gewaltigere Atomwaffen; amerikanische Militärplaner entwickelten konkrete Szenarien für ihren Einsatz. Während der Kuba-Krise im Oktober 1962 wurde aus dem theoretischen Spiel beinahe gefährlicher Ernst.

Im Herbst 1945 standen die USA am Gipfel ihrer Macht. Als einzige Industrienation waren sie von Verwüstungen verschont geblieben, ihre Armeen kontrollierten Japan und einen Großteil des europäischen Kontinents, und sie waren als Einzige im Besitz der neuen Superwaffe, welche die Kriegsführung revolutionierte wie einst die Erfindung des Schießpulvers. Manche Militärs betrachteten die Atombombe zwar lediglich als eine effizientere Ausführung konventioneller Bomben, wie sie über Deutschland und Japan millionenfach eingesetzt worden waren, aber den meisten Experten war klar, dass diese Waffe eine völlig andere Bedrohung darstellte, weil sie ganze Städte, Länder und Erdteile vernichten konnte. Endlich hatten sie eine strategische Waffe gefunden, die nicht nur den Feind auf dem Schlachtfeld besiegen, sondern dessen grundsätzliche Fähigkeit, einen Krieg zu führen, einschränken konnte. Das unermessliche Vernichtungspotenzial der Atombombe ließ jedoch manche schon früh an deren Einsetzbarkeit zweifeln. »Ich bin nicht sicher, dass wir sie je (wieder) verwenden können«, sagte Präsident Harry S. Truman, der im Übrigen keine Reue über den Einsatz der Atombombe in Hiroshima und Nagasaki zeigte, bereits im Oktober 1945.
Truman hatte Recht: Die USA konnten ihre nukleare Stärke nie in militärische oder politische Macht umsetzen, ihr riesiges

Atomwaffenarsenal war ein teurer und gefährlicher Ballast. Doch das ungebremste Wettrüsten mit der Sowjetunion erhielt vierzig Jahre lang das Schreckensszenario eines globalen Atomkriegs aufrecht und führte die Welt tatsächlich mehrfach an den Rand des Untergangs. Nach Ende des Kalten Kriegs sank zwar die Gefahr des nuklearen Weltkriegs, dafür wuchs die Angst, dass Atomwaffen in die Hand von Diktatoren und Terrorgruppen gerieten. Der Geist, den die Wissenschaftler in Los Alamos herausgelassen hatten, ließ sich nicht mehr in die Flasche zurückbringen.

Der Beginn des atomaren Wettrüstens

All das hätte vielleicht vermieden werden können, wenn die USA die Atombombe nicht entwickelt oder nach 1945 ihre sofortige Abschaffung bewirkt hätten. Aber es war zu verlockend, ein Monopol auf diese neuartige Waffe zu besitzen, um es in einem internationalen Abkommen einfach aufzugeben. Als 1949 die Sowjetunion mit ihrem ersten eigenen Atombombentest nachzog, war diese Chance vergeben, das Atomzeitalter hatte begonnen.

Tatsächlich gab es 1946 amerikanische Bestrebungen, die Entwicklung der Atombombe ungeschehen zu machen. Im März 1946 veröffentlichte die Truman-Regierung den Acheson-Lilienthal-Plan, der eine internationale Kontrolle der Atomtechnologie vorsah, doch der Vorschlag stand ganz im Zeichen amerikanischer Interessen: In einer Übergangsphase sollten die USA das Monopol über Atomwaffen behalten, während eine internationale Behörde die Atomtechnologie in allen anderen Staaten strikt kontrollieren würde. Jede Chance auf einen Verhandlungserfolg wurde zunichte gemacht, als Truman den prominenten Finanzier Bernard Baruch zu seinem Atomwaffenbeauftragten bei den Vereinten Nationen ernannte. Baruch misstraute den Sowjets noch mehr als die anderen Präsidentenberater und wollte Moskau das Vetorecht im neuen UN-Sicherheitsrat in Atomwaffenfragen aberkennen. In einer dramatischen Rede im Juni 1946 präsentierte er den Baruch-Plan, der unter anderem vorsah, dass die neue Atomenergiebehörde, in der die USA die Mehrheit und die Sowjetunion kein Vetorecht haben sollten, entscheiden könnte, wo Kernreaktoren gebaut würden. Das hätte Washington die Kontrolle über die sowjetische Atomenergie übertragen. Die Sowjets lehnten den Vorschlag ab und forderten stattdessen die sofortige Zerstörung aller Atomwaffen und das weltweite Verbot ihres Einsatzes. Stalin war dabei zu Verhandlungen bereit, aber Baruch erklärte, der amerikanische Plan müsse unverändert angenommen werden. Die Gespräche scheiterten, denn die Truman-Regierung war zu diesem Zeitpunkt fest entschlossen, die Atomwaffe nicht mehr aus der Hand zu geben. Die Beziehungen zu Moskau verschlechterten sich von Tag zu Tag und Truman erklärte: »Wir sollten keinesfalls unsere Waffe wegwerfen, solange wir nicht sicher sind, dass der Rest der Welt sich nicht gegen uns bewaffnen kann.« Die US-Strategen waren überzeugt, dass das nukleare Monopol ein Jahrzehnt lang halten würde. Zwar verzichtete Truman vernünftigerweise darauf, die Atombombe als diplomatisches Druckmittel einzusetzen, doch allein ihre Existenz suggerierte Stärke und Entschlossenheit.

Stalin aber ließ sich davon nicht beeindrucken. Er ignorierte die nukleare Drohung und nahm damit der amerikanischen Abschreckungspolitik ihre Spitze. Dank seiner Spione wusste er, dass den USA nur wenige Atombomben zur Verfügung standen – Ende 1947 waren es nur 32 Stück. Zugleich hatte die sowjetische Atombombenentwicklung durch Spionage an Fahrt gewonnen, sodass das Ende des amerikanischen Monopols absehbar war. Rückblickend sind Historiker zu dem Schluss gekommen, dass die amerikanische Atombombe zur Verhärtung der sowjetischen Politik in Osteuropa und im besetzten Deutschland beitrug.

Schon in diesen ersten Jahren erwies sich die Atombombe als stumpfe Waffe. Selbst ihr Einsatz über russischen Großstädten hätte einen notorischen Massenmörder wie Stalin kaum beeindruckt, in den USA und in Europa aber eine Welle der Empörung ausgelöst. Vielleicht hätte Stalin damit besser umgehen können, einer demokratischen Regierung fiel es jedoch schwer, die Vernichtung ganzer Länder zur Erreichung politischer Ziele glaubwürdig anzudrohen. Diese Glaubwürdigkeitslücke wurde zum wichtigsten Dilemma des gesamten Atomzeitalters und prägte auf gefährliche Weise nicht nur die Entwicklung der Nuklearwaffen, sondern die gesamte Diplomatie des Kalten Kriegs.

Mit dem ersten sowjetischen Atombombentest am 29. August 1949 verloren die USA ihr Monopol. Die Drohung mit einem

Atomschlag war nun noch unglaubwürdiger. Im Korea-Krieg dachte die Truman-Regierung zwar mehrmals daran, Atomwaffen einzusetzen, entschied sich aber dagegen – nicht aus moralischen Gründen, sondern aus machtpolitischem Kalkül: Weder in Nordkorea noch in China gab es strategische Ziele, deren Zerstörung den Kampfgeist des Gegners gebrochen hätte. Ein wirkungsloser Einsatz der Atombombe aber hätte den nuklearen Mythos zerstört und die USA geschwächt. Zur Verteidigung gegen die Gefahren des Kommunismus musste also wieder die konventionelle Rüstung herhalten. Das sicherheitspolitische Dokument NSC-68 forderte dementsprechend eine massive Steigerung der Militärausgaben, was während der beiden letzten Jahre der Truman-Regierung infolge des Korea-Kriegs in die Tat umgesetzt wurde.

Da die Sowjetunion nun ebenfalls im Besitz der Atombombe war, begann Truman eine neue Stufe des nuklearen Wettrüstens: Im Januar 1950 autorisierte er gegen den Widerstand zahlreicher Wissenschaftler, darunter auch des Leiters des Manhattan Projects, Robert Oppenheimer, die Entwicklung der Wasserstoffbombe mit einer weitaus höheren Zerstörungskraft. Eine treibende Kraft dahinter war der Atomphysiker Edward Teller, der sich später als »Vater der Wasserstoffbombe« feiern ließ. Entscheidend dafür war weniger seine wissenschaftliche Arbeit als vielmehr sein unermüdlicher Einsatz für eine ständige atomare Aufrüstung, den er bis zu seinem Tod im September 2003 fortsetzte.

Am 1. November 1952 gelang den USA auf einem pazifischen Atoll die erste thermonukleare Explosion, die von der Insel nichts übrig ließ. Neun Monate später, am 12. August 1953, zog die Sowjetunion mit einer eigenen Wasserstoffbombe nach. Das nukleare Rennen war eröffnet. Am 1. März 1954 detonierte auf dem Bikini-Atoll eine amerikanische Wasserstoffbombe mit einer Sprengkraft von 15 Megatonnen, dreimal mehr als erwartet. Die Explosion tötete alles Leben in einem Umkreis von Hunderten von Kilometern; der radioaktive Niederschlag verbreitete sich über die ganze Welt. Obwohl die Verseuchung durch die zahlreichen überirdischen Atomversuche zu einer globalen ökologischen Bedrohung wurde, waren die Militärs nicht bereit, auf sie zu verzichten. Stets waren die USA im atomaren Kräftemessen die treibende Kraft: Die Zahl der nuklearen Sprengköpfe in ihrem Arsenal stieg von 369 im Jahr 1950 auf 20 434 zehn Jahre später. Die Sowjetunion besaß 1960 nur 1605 Sprengköpfe, fast ausschließlich auf Raketen als Trägerwaffen. Die USA verteilten hingegen ihre Atomsprengköpfe auf Interkontinentalraketen, Raketen auf U-Booten (SLBM) sowie strategische Bomber und schufen damit die sogenannte Triade. Hinzu kamen taktische Nuklearwaffen in Mitteleuropa, die auch bei einem konventionellen Angriff zum Einsatz kommen sollten.

Jahr	USA	Russland	Groß-britan-nien	Frank-reich	China	Summe
1945	6					6
1947	32					32
1949	235	1				236
1950	369	5				374
1952	1005	50				1055
1953	1436	120	1			1557
1955	3057	200	10			3267
1957	6444	660	20			7124
1958	9822	869	22			10 713
1960	20 434	1605	30			22 069
1964	30 751	5221	310	4	1	36 287
1965	31 642	6129	310	32	5	38 118
1970	26 119	11 643	280	36	75	38 153
1975	27 052	19 055	350	188	185	46 830
1980	23 764	30 062	350	250	280	54 706
1984	23 228	37 431	270	280	415	61 624
1986	23 254	40 723	300	355	425	65 057
1988	23 077	37 333	300	410	430	61 550
1990	21 211	33 417	300	505	430	55 863
1993	11 536	22 101	300	525	435	34 897
1995	10 953	14 978	300	500	400	27 131
2000	10 615	10 201	185	470	400	21 871
2002	10 600	8600	200	350	400	20 150

Entwicklung der Atomarsenale: Zahl nuklearer Sprengköpfe 1945 bis 2002
(*Quelle:* Robert S. Norris, Hans M. Kristensen: Nuclear Notebook, Bulletin of the Atomic Scientists)

Die Regierung von Dwight D. Eisenhower fürchtete, dass die durch den Korea-Krieg beschleunigte Aufrüstung die USA in den finanziellen Ruin treiben würde. Eisenhower hielt es für kostensparender und effizienter, mit dem Einsatz von Atomwaffen zu drohen. Daraus entstand die Doktrin der massiven Vergeltung. In einer vielbeachteten Rede vor dem Council of Foreign Relations verkündete am 12. Januar 1954 Außenminister John Foster Dulles, seine Regierung würde sich von nun an auf ihre »Fähigkeit zur sofortigen Vergeltung mit Mitteln und an Plätzen unserer Wahl« stützen.

An den Universitäten und strategischen Instituten wie der RAND Corporation in Kalifornien wurden die theoretischen Grundlagen für die neue Strategie erarbeitet. Dabei stießen die Experten aber bald auf Probleme: Wie konnten die USA ihren Feinden glaubwürdig vermitteln, dass sie in einem regionalen Konflikt in Osteuropa oder irgendwo in der Dritten Welt Atomwaffen einsetzen, wenn ein sowjetischer Vergeltungsschlag gleichzeitig amerikanische Städte ausradieren würde? Eine Strategie, die zum Weltuntergang führte, war nicht realistisch. Der Physiker Herman Kahn von RAND versuchte das Problem in seinem Buch *On Thermonuclear War* zu lösen, indem er den totalen Atomkrieg für vorstellbar erklärte: Selbst bei Millionen von Toten und totaler Verwüstung könnten die USA den Krieg überleben und gewinnen, wenn sie genügend Bunker bauten und so zumindest einen Teil der Bevölkerung vor den tödlichen Strahlen schützten.

Das zynische Szenario wurde heftig kritisiert, aber in den USA wurden tatsächlich immer mehr Atombunker gebaut und Zivilschutzübungen in Schulen und Betrieben durchgeführt. Die Nation tat so, als könnte ein globaler Atomkrieg geführt und gewonnen werden. Die Botschaft an die Sowjetunion war klar: Die Drohung massiver Vergeltung war ernst gemeint und könnte jederzeit Wirklichkeit werden. Die Gefahr eines globalen Atomkriegs versetzte nicht nur Amerikaner in einen ständigen psychologischen Ausnahmezustand. In der ganzen Welt verursachte sie bis Ende der achtziger Jahre bei Millionen von Erwachsenen und Kindern Albträume.

Die gedankliche Beschäftigung mit dem Massentod inspirierte den Regisseur Stanley Kubrick 1964 zu seinem berühmten Film *Dr. Seltsam oder Wie ich lernte, die Bombe zu lieben*. Darin löst

ein paranoider US-General einen Atomschlag gegen die Sowjetunion aus, ohne zu wissen, dass diese eine »Doomsday Machine«
gebaut hat, einen Weltuntergangsapparat, der automatisch einen
massiven Vergeltungsschlag auslöst. Der ehemalige Nazi-Phy-
siker Dr. Seltsam überzeugt in der letzten Szene den amerikanischen Präsidenten vom Vorteil eines nuklearen Holocausts,
den nur die Besten des Landes im Bunker überleben würden.

Die »Doomsday Machine« beruhte tatsächlich auf Überlegungen der RAND-Experten und ihrer spieltheoretischen
Modelle. Angesichts der unvorstellbaren Zerstörungskraft von
Atomwaffen hing die Macht eines Landes weniger von der Zahl
der Sprengköpfe als der Bereitschaft zum Einsatz ab. Wer den
stärkeren Willen demonstrierte, konnte in diesem »game of chicken« die andere, zögerlichere Seite zum Einlenken zwingen.
Die beste Strategie war daher, die Entscheidung über den Einsatz
von Atomwaffen den Politikern aus der Hand zu nehmen und
an Computer ohne moralische Skrupel zu übertragen. Der Versuch, mit der atomaren Drohung politische Wirkung zu erzielen,
zwang die USA und die Sowjetunion daher zu irrationalem und
höchst gefährlichem Verhalten. Ein Auswuchs dieser Haltung
war der »single integrated operations plan«, der bis 1960 unter
Eisenhower erstellt wurde. Er sah für den Fall eines drohenden
sowjetischen Angriffs den Einsatz aller US-Sprengköpfe gegen
sämtliche marxistisch-leninistische Staaten vor: neben der Sowjetunion auch China, Nordkorea, Nordvietnam, Osteuropa einschließlich Albanien.

In der schärfsten außenpolitischen Krise der fünfziger Jahre
nutzte der Eisenhower-Regierung ihre Rhetorik von der massiven Vergeltung nichts. Im Oktober 1956 schlugen sowjetische
Truppen die antikommunistische Revolution in Ungarn nieder,
während Israel, Großbritannien und Frankreich den vom ägyp-
tischen Staatschef Gamal Abdel Nasser verstaatlichten Suezkanal
besetzten. Washington unternahm nichts, um die Ungarn vor den
sowjetischen Panzern zu schützen, und zwang nach einer sowjetischen Drohung Briten und Franzosen zum Abzug. Die hochgerüsteten USA erwiesen sich als vernünftiger, aber ungefähr-
licher Papiertiger; der sowjetische Führer Nikita Chruschtschow
trug aus dieser Situation der militärischen Unterlegenheit den
politischen Sieg davon.

Immer mehr Experten und Militärs forderten eine Abkehr von

der Doktrin der massiven Vergeltung. Henry Kissinger, ein junger Politologe in Harvard, empfahl stattdessen eine Strategie der flexiblen Antwort, die auf kleinere Herausforderungen begrenzte – wohl aber auch atomare – Gegenmaßnahmen erlaubte. Allerdings gab es hierbei ebenfalls ein kaum lösbares Dilemma, das die neue Denkschule nicht beachtete: Wie ließ sich im Ernstfall die Eskalation von einem lokal begrenzten zu einem weltweiten Atomkrieg verhindern? Wer immer atomare Kriegsszenarien entwickelte, musste das Risiko eines nuklearen Weltuntergangs akzeptieren.

Die Eisenhower-Regierung hatte bald andere Sorgen. Am 4. Oktober 1957 sandte die Sowjetunion mit einer Interkontinentalrakete den weltweit ersten Satelliten ins All. Der Sputnik-Schock löste in den USA eine panische Reaktion aus: Eisenhower steckte in den folgenden Jahren immer mehr Geld in die Rüstung, die Raumfahrt und die Naturwissenschaften. Sputnik konnte zwar nicht viel mehr als piepsen und die Sowjetunion war von funktionstüchtigen Interkontinentalraketen, mit denen sie die USA erreichen konnten, noch weit entfernt, aber Chruschtschow gelang es, den USA den Aufbau eines solchen Raketenarsenals vorzugaukeln, um so die Sowjetunion als ebenbürtige Supermacht erscheinen zu lassen.

Die Kuba-Krise

Eisenhower erfuhr dank der regelmäßigen Überwachung der Sowjetunion durch Spionageflüge bald, dass Chruschtschow nur bluffte. Zwar bauten die USA Mittelstreckenraketen, aber in der amerikanischen Öffentlichkeit machte die Legende von einer »Raketenlücke« die Runde. Eisenhower wehrte sich zwar gegen eine weitere Erhöhung des Rüstungshaushalts, bot den Verbündeten in Europa aber die Stationierung der nuklear bestückten Mittelstreckenraketen Thor und Jupiter an. Diese waren militärisch so gut wie unbrauchbar, sandten jedoch ein deutliches politisches Signal aus. Ihre Stationierung in Großbritannien, Italien und vor allem der Türkei wurde in Moskau als große Bedrohung gewertet. Von seinem Sommersitz am Schwarzen Meer blickte Chruschtschow nach Süden und erklärte: »Ich sehe US-Raketen in der Türkei auf meine Datscha gerichtet.« Der Sowjetführer suchte eine Antwort. Er fand sie auf Kuba, wo sich Fidel Castro als erster sowjetischer Verbündeter in der westlichen Hemisphäre anbot.

Die Kuba-Krise im Oktober 1962 wird meist als Erfolg für Präsident John F. Kennedy gewertet, der durch Vernunft und Härte den verantwortungslosen Pokerspieler Chruschtschow zum Nachgeben zwang. Tatsächlich trug Kennedy entscheidend dazu bei, dass die Krise nicht zu einer direkten Konfrontation der beiden Atommächte eskalierte: Er widerstand dem Druck seiner Berater, die einen Militärschlag gegen Kuba und die dort schon anwesenden Sowjets forderten. Aber selbst wenn Kennedy das Schlimmste verhinderte, so war die ganze Krise doch eine direkte Folge der US-Politik, die höchst fahrlässig mit der Möglichkeit spielte, einen Atomkrieg zu führen.

Chruschtschow hatte zwei legitime Gründe, Atomraketen auf Kuba zu stationieren. Einerseits wollte er das durch die US-Raketen in der Türkei geschaffene strategische Ungleichgewicht beseitigen, andererseits Castro vor einer weiteren Invasion schützen. Kennedy hatte kurz nach seinem Amtsantritt Anfang 1961 den Plänen für eine Invasion in der kubanischen Schweinebucht, die vom amerikanischen Geheimdienst CIA unterstützt wurde, grünes Licht gegeben (→ Kapitel 12). Die Aktion scheiterte kläglich. 1962 gab es zahlreiche Hinweise, dass ein ähnlicher Angriff bevorstand. Für die Sowjetunion, die gegenüber den kapitalistischen Staaten wirtschaftlich zunehmend ins Hintertreffen geriet, war die kubanische Revolution und die Hinwendung Castros zum Kommunismus ein Geschenk, das sie sich nicht wieder entwenden lassen wollte. Hätte Chruschtschow die Raketenstationierung offen vorgenommen, hätte Kennedy viel weniger dagegen unternehmen können. Die Geheimaktion, deren vorzeitige Enttarnung durch ein Spionageflugzeug am 14. Oktober 1962 und das Leugnen der sowjetischen Führung in den Tagen danach machten die Sowjets höchst verwundbar.

Rein strategisch machte die sowjetische Stationierung wenig Sinn. Die Sowjetunion besaß zu diesem Zeitpunkt bereits Interkontinentalraketen, mit denen sie amerikanische Städte und Militäreinrichtungen treffen konnte. Auch zur Verteidigung der Insel waren Atomraketen höchst ungeeignet, denn mit ihrem Einsatz hätte Chruschtschow einen amerikanischen Vergeltungsschlag gegen russische Städte riskiert. Deshalb hätte

Kennedy die Nachricht ruhigen Gewissens ignorieren können. Doch der Präsident stand nach der gescheiterten Aktion in der kubanischen Schweinebucht, dem missglückten ersten Gipfeltreffen mit Chruschtschow in Wien sowie dem Bau der Berliner Mauer unter starkem innenpolitischen Druck und konnte es sich nicht leisten, gegenüber dem Kommunismus Schwäche zu zeigen. Kennedy schlug in seiner Fernsehrede am 22. Oktober, in der die Welt erstmals von der Krise erfuhr, einen scheinbar moderaten Weg ein: eine Seeblockade von Kuba verbunden mit der Drohung, sich nähernde Schiffe zu stoppen oder zu versenken.

Diese Taktik war mit hohen Risiken behaftet: Ein Angriff auf russische Schiffe, die Raketenausrüstung nach Kuba brachten, war auf hoher See nicht nur völkerrechtswidrig, sondern wäre in Moskau als Kriegserklärung aufgefasst worden und vielleicht mit einem Angriff auf das höchst verwundbare West-Berlin beantwortet worden. Gemäßigte Politiker wie der demokratische Senator William Fulbright traten daher eher für eine Invasion Kubas als für Kennedys Vorgehen ein. Das zweite Risiko war ein ganz praktisches: Die gesamten amerikanischen Streitkräfte einschließlich der atomar bewaffneten Einheiten waren in höchste Alarmbereitschaft versetzt worden, sodass jeder Fehlalarm einen atomaren Erstschlag ausgelöst hätte. In den 13 Tagen der Kuba-Krise ereigneten sich in der Tat mehrere gefährliche Vorfälle, die leicht zur Katastrophe hätten führen können.

Die diplomatische Lösung des Konflikts war von Anfang an klar: Die Sowjetunion müsste ihre Raketen und das militärische Personal von Kuba abziehen und auf jede zukünftige Militärpräsenz verzichten, die USA würden öffentlich versprechen, Kuba nicht mehr anzugreifen und gleichzeitig ihre Raketen aus der Türkei abziehen. Kennedy war hierzu bereit, schließlich waren die Thor- und Jupiter-Mittelstreckenraketen in der Türkei zu diesem Zeitpunkt bereits veraltet. Doch aus psychologischen und politischen Gründen konnte er einem solchen Geschäft nicht öffentlich zustimmen, da er sich sonst dem Vorwurf ausgesetzt hätte, die nationale Sicherheit eines Verbündeten als Folge sowjetischer Erpressungspolitik aufs Spiel zu setzen.

Die größte Herausforderung war nun, den Sowjets inoffiziell den Rückzug aus der Türkei zu garantieren, dies aber gleichzeitig vor der Öffentlichkeit geheim zu halten. Mit Hilfe seines Bruders Robert, der am 27. Oktober die entscheidende Nachricht dem sowjetischen Botschafter in Washington Anatolij Dobrynin übermittelte, gelang dieses Wagnis. Chruschtschow akzeptierte die Zusage, dass die USA in etwa vier Monaten mit dem Abbau der Raketen in der Türkei beginnen würden, und zog sich aus Kuba zurück.

Es steht fest, dass Kennedys Bemühen, nach außen unnachgiebig zu wirken, die Suche nach einer Lösung deutlich erschwerte. Schuld daran war nicht nur die Persönlichkeit des charismatischen Machtpolitikers, sondern die Logik der atomaren Abschreckung, die der Glaubwürdigkeit eines Bedrohungsszenarios Vorrang vor militärischen Ressourcen einräumte.

Die Kuba-Krise ging als Erfolg Kennedys und schmachvolle Niederlage Chruschtschows, der zwei Jahre später entmachtet wurde, in die Geschichtsbücher ein. Doch auch eine andere Sichtweise ist angebracht: Castro war ab diesem Zeitpunkt vor amerikanischen Angriffen sicher und konnte so mehr als vierzig Jahre weiterregieren, die amerikanischen Raketen wurden aus der Türkei abgezogen, aber vor allem wurde mit der Kuba-Krise der Eindruck strategischer Parität zwischen den USA und der Sowjetunion gestärkt – so wie es sich Chruschtschow gewünscht hatte.

Der hochgerüstete Frieden

Die Rivalität der beiden Supermächte verlagerte sich von den Gebieten der Ideologie, der Meinung der Weltöffentlichkeit und der Wirtschaft, wo die USA die besseren Karten besaßen, auf das nukleare Wettrüsten, wo die Sowjetunion spätestens 1970 gleichgezogen war. Beide Supermächte hatten genug Sprengköpfe, um die Welt mehrfach zu verwüsten. Mutual Assured Destruction (passend MAD abgekürzt), die sichere gegenseitige Zerstörung, galt als Garant für den Frieden, der außerdem durch eine Reihe von Rüstungskontrollabkommen abgesichert werden sollte.

Neue Technologien und militärischer Tatendrang gefährdeten dieses Gleichgewicht jedoch bald. Die USA entwickelten in den sechziger Jahren Mehrfachsprengköpfe, mit denen es möglich schien, in einem nuklearen Überraschungsangriff das Atomarsenal des Gegners auszuschalten. Wieder setzten die Amerikaner durch eine waffentechnische Innovation nicht nur die

Sicherheit der Welt, sondern ihre eigene Sicherheit aufs Spiel: Die Sowjets zogen bald mit ihren eigenen Mehrfachsprengköpfen nach, sodass Anfang der achtziger Jahre immer mehr US-Militärs vor einem sowjetischen Erstschlag warnten, der die USA entwaffnen könnte.

Eine äußerst riskante Situation ergab sich in den letzten Tagen des Nahost-Kriegs im Oktober 1973, als die 3. ägyptische Armee von israelischen Truppen am Westufer des Suezkanals eingeschlossen wurde und vor der Kapitulation stand. Als die Sowjetunion drohte, auf Seiten Ägyptens militärisch einzugreifen, wenn die USA Israels Offensive nicht stoppten, versetzte die Nixon-Regierung ihre nuklearen Streitkräfte in Alarmbereitschaft. Dieser Schritt war weder politisch noch militärisch sinnvoll, da es nicht überzeugend schien, dass die USA wegen eines regionalen Konflikts einen globalen Atomkrieg riskieren würden. Die Krise wurde schließlich diplomatisch gelöst, aber sie zeigte erneut die Gefährlichkeit der Atomwaffenarsenale und strafte das Argument Lügen, dass das nukleare Patt für mehr Sicherheit sorgte.

Der amerikanische Historiker John Lewis Gaddis, einer der besten Kenner des Kalten Kriegs, ist heute davon überzeugt, dass das atomare Wettrüsten der Sowjetunion half, trotz ihres wirtschaftlichen Niedergangs den Status einer gleichwertigen Supermacht beizubehalten und so länger zu überleben, als es ihr angesichts ihres maroden Systems sonst möglich gewesen wäre. Die Atombombe mag zwar, wie viele behaupten, von 1945 bis 1989 einen direkten militärischen Konflikt zwischen USA und Sowjetunion verhindert haben, aber sie hat auf jeden Fall den Kalten Krieg um Jahre, vielleicht sogar um Jahrzehnte, verlängert – und damit auch die kommunistische Dominanz in Osteuropa. Mit Milliarden-Ausgaben für Rüstung und dem Bau der gefährlichsten Waffen der Weltgeschichte hatten die USA nichts erreicht, sondern nur den Gegner gestärkt – die traurige Bilanz einer Politik, die bis heute Anhänger in den höchsten Rängen der amerikanischen Regierung findet.

12
Geheimwaffe CIA:
Interventionen im Iran, in Guatemala,
Kuba und Chile

*Der amerikanische Geheimdienst CIA ging immer wieder unter
dem Vorwand des Antikommunismus gegen unbequeme linksgerichtete oder nationalistische Regierungen vor, selbst wenn
diese demokratisch gewählt waren. Iran, Guatemala, Kuba, die
Dominikanische Republik und Chile wurden Opfer einer gewalttätigen Interventionspolitik.*

Ende 1949 hatte sich Westeuropa dank des Marshall-Plans wirtschaftlich und politisch stabilisiert und zumindest in der Bundesrepublik Deutschland waren erste Anzeichen einer erfolgreichen
Entwicklung zu erkennen. Der Versuch Stalins, durch eine Blockade die Westmächte aus Berlin zu vertreiben, war gescheitert.
In Italien und Frankreich war die Gefahr eines Siegs der Kommunisten bei demokratischen Wahlen vorerst gebannt – nicht
zuletzt aufgrund einer Geheimoperation der CIA in Italien,
die 1948 den Sozialdemokraten zum Wahlsieg verhalf. In Japan
setzte allmählich ein Wirtschaftsaufschwung ein, aber in anderen Teilen Asiens war der Kommunismus auf dem Siegeszug: In
China übernahm Mao Zedong die Macht, in Vietnam leistete der
marxistische Nationalist Ho Chi Minh der französischen Kolonialmacht erfolgreich Widerstand.

Immer mehr Amerikaner befürchteten, dass der Kalte Krieg
in der Dritten Welt verloren gehen könnte. Der Eindruck war
fatal: Die Verbindung von Antikommunismus mit den Gewinn-
interessen großer Konzerne zwangen die USA in den Folgejahren zu einer Reihe von Interventionen, in der sich die amerikanische Außenpolitik von ihrer hässlichsten Seite zeigte. Die USA

wurden von Nicaragua über den Iran bis zu den Philippinen zur Schutzmacht korrupter Diktatoren, die das Aufbegehren ihrer Bevölkerung gegen Tyrannei und eine ungerechte Wirtschaftsordnung mit brutaler Gewalt und US-Unterstützung niederschlugen. Die Interventionspolitik führte Amerika schließlich direkt in die Katastrophe des Vietnam-Kriegs, in dem im Namen des Antikommunismus Hunderttausende Menschen sterben mussten.

Aus Washingtoner Perspektive erschien ab Anfang der fünfziger Jahre die Dritte Welt tatsächlich als Achillesferse des Westens. Viele Leitfiguren des antikolonialen Freiheitskampfs sahen in der Sowjetunion ein attraktives Modell: Erstens war sie in Südasien, Afrika und Lateinamerika nie als Kolonialmacht aufgetreten und zweitens bot der stalinistische Weg der raschen Industrialisierung ein Vorbild für die eigene wirtschaftliche Entwicklung.

Die USA verstanden nicht, warum ihre eigene Botschaft so viel schlechter ankam, hatte doch Präsident Franklin D. Roosevelt seit Mitte der dreißiger Jahre durch eine Politik guter Nachbarschaft in Lateinamerika gezeigt, dass sein Land auch partnerschaftlich mit schwächeren Staaten umgehen konnte. Außerdem hatte Roosevelt gegen den Widerstand des britischen Premiers und ehemaligen Kolonialpolitikers Winston Churchill in der Atlantic Charter von 1941 das Ende des Kolonialismus zum Ziel erklärt. Zudem entließen die USA ihre einzige größere Kolonie, die Philippinen, schon ein Jahr nach Ende des Zweiten Weltkriegs in die Unabhängigkeit. Dieser antikoloniale Reflex war ernst gemeint, wurde aber bald von antikommunistischen Ängsten verdrängt.

In vielen Teilen der Welt traten die USA als Verbündete der Kolonialmächte Großbritannien und Frankreich auf und pochten selbst dort auf die Einhaltung der Eigentumsrechte ausländischer Investoren, wo die Verträge ungerecht und ausbeuterisch waren. Unabhängigkeitsbewegungen, die für soziale Verbesserungen eintraten, wurden als von Kommunisten gesteuert diffamiert und von den USA geächtet.

Dies war besonders in Vietnam der Fall, wo sich Ho Chi Minh anfangs amerikanische Unterstützung im Kampf gegen die französischen Besatzer erhoffte. Aber spätestens seit Maos Machtergreifung in China betrachtete die Truman-Regierung Vietnam als Vorposten einer kommunistischen Weltverschwörung. Die

USA unterstützten den Krieg der Franzosen gegen Hos Freiheitskämpfer und lösten sie schließlich als Unterdrücker ab (→ Kapitel 13). Doch in den fünfziger Jahren war Vietnam noch ein Nebenschauplatz. Truman und auch Eisenhower engagierten sich in Südostasien nur wenig. Sie wussten, dass Interventionen in dieser Region schwierig waren.

1953	Iran	Die CIA betreibt den Sturz des iranischen Premiers Mohammed Mossadegh.
1954	Guatemala	Die CIA organisiert eine Invasionsarmee, die den Präsidenten von Guatemala Jacobo Arbenz Guzmán stürzt.
1958	Libanon	Die USA entsenden Marines in den Libanon, um die prowestliche Regierung im Bürgerkrieg zu unterstützen.
1961	Kuba	Von der CIA bewaffnete Exilkubaner landen in der Schweinebucht und werden von den Truppen Fidel Castros aufgerieben.
1964	Brasilien	Der Präsident Brasiliens João Goulart wird in einem Militärputsch, den die USA unterstützt, gestürzt.
1965/ 1966	Dominikanische Republik	US-Truppen landen in der Dominikanischen Republik, wo sie Joaquin Balaguer an die Macht verhelfen.
1970	Chile	Die CIA versucht vergebens, den linken Wahlsieger in Chile, Salvador Allende, von der Macht fernzuhalten.
1973	Chile	Allende wird in einem von den USA unterstützten Coup gestürzt und begeht Selbstmord.

Amerikanische Interventionen 1953–1973

Iran

Möglichkeiten zur Intervention boten sich in anderen Teilen der Welt, etwa im Iran. Dort hatten die Briten in den dreißiger und vierziger Jahren mit Hilfe des regierenden Shahs ein besonders extremes Beispiel von postkolonialer Ausbeutung geschaffen. Die Anglo-Iranian Oil Company, die Vorläuferin von British Petrolcum (BP), kontrollicrte die gesamte iranische Ölproduktion mit Verträgen, die dem Land nur einen sehr geringen Anteil an den Gewinnen zukommen ließ. Abadan, wo die Hauptraffinerie stand, wurde wie eine koloniale Enklave geführt. Die Briten besetzten alle Führungspositionen und transferierten die Gewinne ins Ausland, während die Einheimischen für Hungerlöhne auf den Ölfeldern und in den Raffinerien arbeiteten. Es gab keinerlei Bestrebungen, Iraner auszubilden und auf eine spätere Beteiligung am Management vorzubereiten.

Im Laufe der vierziger Jahre wuchs der Zorn der Bevölkerung über diese Ausbeutung und verschaffte den säkularen Nationalisten im Parlament immer mehr Auftrieb. 1941 trat der Shah zurück und übergab die Regentschaft seinem jungen und unerfahrenen Sohn Mohammed Reza Pahlevi. Führer der Nationalisten war der weltgewandte linke Demokrat Mohammed Mossadegh, der vehement die Verstaatlichung der Ölgesellschaft forderte. Im März 1951 ernannte ihn der Shah zum Premier, wenige Tage später beschloss das Parlament die Verstaatlichung der Anglo-Iranian Oil Company. Mossadegh wurde in der Dritten Welt zu einer Leitfigur, die mit großer rhetorischer Begabung für Unabhängigkeit und eine gerechtere Weltordnung eintrat. Im Dezember 1951 präsentierte ihn das einflussreiche US-Magazin *Time* auf seiner Titelseite als Mann des Jahres.

Die Briten waren nicht bereit, den Verlust ihrer ökonomischen Kronjuwelen hinzunehmen. Sie erließen ein Exportembargo gegen iranisches Öl und blockierten mit ihren Kriegsschiffen die iranischen Häfen. Als sie auch die Raffinerie in Abadan stilllegten, ging die Ölproduktion stark zurück. Eine schwere Wirtschaftskrise war die Folge. Doch Mossadegh blieb populär und baute seine Macht Zug um Zug aus. Vom Shah erhielt er die volle Kontrolle über das Militär und verabschiedete eine Reihe sozialistisch inspirierter Reformen, darunter eine Kollektivierung der bisher feudal geführten Landwirtschaft. Seine Verbündeten im

Parlament waren radikale Muslime sowie die kommunistische Tudeh-Partei. Der wachsende Einfluss der Kommunisten, die vom großen Nachbarn Sowjetunion Unterstützung erhielten, rief nun auch in Washington Besorgnis hervor.

Im Oktober 1952 brach Mossadegh alle Beziehungen zu Großbritannien ab. London bat Washington um Hilfe, um den unbequemen Premier loszuwerden, doch die Truman-Regierung lehnte ab. Bald darauf wurde der Republikaner Dwight D. Eisenhower zum Präsidenten gewählt, und dessen Berater zeigten weniger Skrupel, einen demokratisch gewählten Regierungschef zu stürzen. Im Zentrum der neuen Politik standen die beiden Dulles-Brüder: Außenminister John Foster Dulles und sein Bruder Allen, der die Leitung des Geheimdiensts CIA übernahm. Im April 1953 gab Allen Dulles 1 Million Dollar zur Destabilisierung der iranischen Regierung frei, und im Juni trafen sich britische und amerikanische Geheimagenten in Beirut, um den Putsch vorzubereiten. Der Leiter der Nahost-Abteilung der CIA, Kermit Roosevelt, ein Enkel des ehemaligen Präsidenten Theodore Roosevelt, ging selbst nach Teheran, um die Aktion zu leiten.

Als der Shah die amerikanische Forderung ablehnte, Mossadegh zu entlassen, mobilisierte Roosevelt die Gegner des Premiers. Die waren nicht schwer zu finden, denn Mossadegh hatte sich mit wichtigen Fraktionen in seiner Partei, der Nationalen Front, und in anderen Parteien überworfen. Unter dem Druck der Gegner wandte sich der Shah von seinem Premier ab, zog aber im Machtkampf mit Mossadegh den Kürzeren. Nach blutigen Ausschreitungen trat der Shah Mitte August die Flucht nach Rom an.

Die amerikanische Regierung gab Roosevelt den Auftrag, die Geheimaktion abzubrechen, aber dieser ignorierte den Befehl. Er schürte weiter Unruhen auf Teherans Straßen, bei denen rund dreihundert Menschen starben. Die Anhänger des Shahs stürmten schließlich die Residenz des Premiers und erzwangen am 19. August 1953 seinen Rücktritt. Der amerikafreundliche General Fazlollah Zahedi ernannte sich zum neuen Premier und holte den Shah aus dem Exil zurück. Dieser errichtete eine Gewaltherrschaft, während der das Land zwar modernisiert, aber jede politische Opposition brutal unterdrückt wurde. Mossadegh wurde wegen Landesverrats angeklagt und zu drei Jahren Haft verurteilt. Nach seiner Entlassung wurde er unter Hausarrest gestellt und starb 1967.

Die Eisenhower-Regierung feierte den Sturz Mossadeghs als Schlag gegen den Kommunismus und Kermit Roosevelt erhielt nach seiner Rückkehr nach Washington eine hohe Auszeichnung. Doch die Geheimaktion und die folgende bedingungslose Unterstützung des Shah sollten sich für die USA noch bitter rächen: Nach 25 Jahren wurde der Shah 1979 durch die islamische Revolution von Ayatollah Khomeini gestürzt. Statt mit einem demokratischen, säkularen Nationalisten wie Mossadegh waren die USA nun mit einem fanatischen islamischen Regime konfrontiert, das alle westlichen Werte verabscheute, Amerika verteufelte und sich als Sponsor islamischer Terroristen etablierte. Für diese Entwicklungen war im August 1953 durch das Eingreifen der CIA der Grundstein gelegt worden.

Der erfolgreiche Coup in Teheran zeigte schnell Folgen. Die USA hatten Gefallen gefunden an Staatsstreichen, die vom Geheimdienst CIA initiiert wurden. In seinen Erinnerungen beschrieb Kermit Roosevelt das Leuchten in den Augen von Allen und John Foster Dulles, als er ihnen berichtete, wie einfach die Aktion im Iran abgelaufen war. Keine Regierung der Welt war von nun an vor den Interventionen der USA sicher.

Guatemala

Das nächste Opfer war Guatemala. Dort war erst 1944 eine Militärdiktatur durch eine demokratische Regierung unter dem Philosophieprofessor Juan José Arévalo ersetzt worden. 1951 wurde sein Weggefährte Jacobo Arbenz Guzmán mit 65 Prozent der Stimmen zum Präsidenten gewählt. Arbenz wollte nicht nur die Demokratie stärken, er wollte auch das ungleiche Wirtschaftssystem und die ungerechte Landverteilung reformieren: Nur 2 Prozent der Bevölkerung besaßen 72 Prozent des Bodens. Der größte Landbesitzer war die amerikanische United Fruit Company (UFCO), die 220 000 Hektar an der Atlantikküste besaß, von denen 85 Prozent ungenutzt blieben, und die wichtigsten Bahnlinien Guatemalas kontrollierte.

Das Dekret 900 vom 27. Juni 1952 sah die Enteignung und Umverteilung des gesamten nicht genutzten Großgrundbesitzes vor. Die Entschädigungszahlungen wurden auf Basis des für die Finanzbehörden deklarierten Werts berechnet, der üblicherweise zu niedrig angesetzt war, um hohe Steuerzahlungen zu vermeiden. Insgesamt wurden mehr als 600 000 Hektar enteignet, darunter auch Ländereien der Präsidentenfamilie, und mit 8,3 Millionen Dollar entschädigt. Im März 1953 verlor die United Fruit Company 85 000 Hektar und erhielt als Ausgleich Staatsanleihen im Wert von 628 000 Dollar. Die Konzernleitung war empört und nutzte ihre engen Beziehungen zur amerikanischen Regierung. Mehrere hochrangige Regierungsbeamte waren Aktionäre von UFCO und kümmerten sich um das Anliegen des Unternehmens. Das Außenministerium in Washington forderte von Guatemala 15,9 Millionen Dollar als Entschädigung. Arbenz wies das Ansinnen zurück und setzte die Enteignung von UFCO-Land fort.

Die Eisenhower-Regierung setzte nun ihre Umsturzmaschinerie in Gang. Begründet wurde die Aktion weniger mit den finanziellen Verlusten von United Fruit als mit der Reformpolitik der Arbenz-Regierung, die aus US-Sicht einen gefährlichen Präzedenzfall schuf und dem Kommunismus ein Tor in Mittelamerika öffnete. Im August 1953 gab Eisenhower 2,7 Millionen Dollar frei für eine Geheimoperation zum Sturz von Arbenz. Washington startete eine Propagandakampagne, in der die Regierung Guatemalas als Verbündeter der Sowjetunion gebrandmarkt wurde. Auf Druck der USA wandten sich die Nachbarstaaten von Arbenz ab, aber auch im eigenen Land setzte er sich den Anfeindungen von Großgrundbesitzern und deren Verbündeten aus.

Einer der Hauptgegner von Arbenz war der Militär Carlos Castillo Armas, der nach Honduras ins Exil ging. Dort baute er mit Hilfe der CIA eine Exilarmee auf, die Arbenz immer stärker unter Druck setzte. Dieser versuchte verzweifelt das Land zu rüsten, doch ein amerikanisches Waffenembargo hinderte andere Staaten daran, Guatemala zu beliefern. Schließlich wandte er sich an die Tschechoslowakei, was in Washington als Beweis für die kommunistischen Sympathien der Arbenz-Regierung gebrandmarkt wurde. Im Juni 1954 überschritt die Exilarmee die Grenze nach Guatemala. Die CIA organisierte Aktionen gegen mehrere Radiosender und andere Regierungseinrichtungen; die Armee weigerte sich, für Arbenz zu kämpfen. Dieser trat am 27. Juni 1954 zurück und verließ das Land. Seine emotionale Abschiedsrede, in der er die USA und United Fruit für seinen Sturz verantwortlich machte, kam nicht mehr zur Ausstrahlung. Kurz darauf ergriff Castillo selbst die Macht und etablierte eine brutale Rechtsdiktatur, die alle sozialen Errungenschaften der Arbenz-Ära rückgängig machte. Aufstände der verarmten Landbevölkerung und linksgerichteter Rebellengruppen wurden in den folgenden 35 Jahren mit amerikanischer Hilfe brutal unterdrückt. Mehr als hunderttausend Menschen kamen dabei bis 1990 ums Leben.

Die Diktatoren in Lateinamerika konnten von nun an auf amerikanische Hilfe zählen, solange sie sich als gute Antikommunisten gebärdeten. 1957 schuf die Eisenhower-Regierung das Office of Public Safety zur besseren Ausbildung lateinamerikanischer Polizeikräfte. In den folgenden Jahren wurden Polizisten und Militärs in amerikanischen Akademien zum Krieg gegen die Guerilla ausgebildet. Dazu gehörten brutale Verhörmethoden ebenso wie Folter. Trotzdem nahmen die Rebellionen in Lateinamerika gegen rechte amerikafreundliche Diktaturen weiter zu.

Kuba

Am 1. Januar 1959 marschierte der Rebellenführer Fidel Castro in der kubanischen Hauptstadt Havanna ein, der korrupte und verhasste Diktator Fulgencio Batista floh ins Exil. Mehr als fünf Jahre hatte Castro einen Kampf gegen das Batista-Regime geführt und dabei auch in den USA Sympathie gewonnen. Doch die Beziehungen zwischen ihm und den USA verschlechterten sich nun rapide. Castro verfolgte eine weit radikalere Politik, als die USA erwartet hatten, führte eine Landreform durch und enteignete amerikanische Investoren, die die Wirtschaft der Zuckerinsel beherrschten. Er enttäuschte auch gemäßigte Kräfte, die sich vom Bürgersohn Castro eine Rückkehr des Landes zu einer kapitalistischen Demokratie erhofft hatten. Viele von ihnen gingen ins Exil nach Florida, wo sie eine mächtige Lobby gegen Castro aufbauten.

Die wachsende Kritik aus Washington trieb Castro in die Arme der Sowjetunion. Ein Handelsvertrag zwischen Havanna und Moskau im Februar 1960 und Castros zunehmende antiamerikanische Rhetorik überzeugte die US-Regierung vollends von der Gefährlichkeit des Revolutionsführers. Wahrscheinlich wäre eine freundschaftliche Beziehung zwischen den USA und Kuba

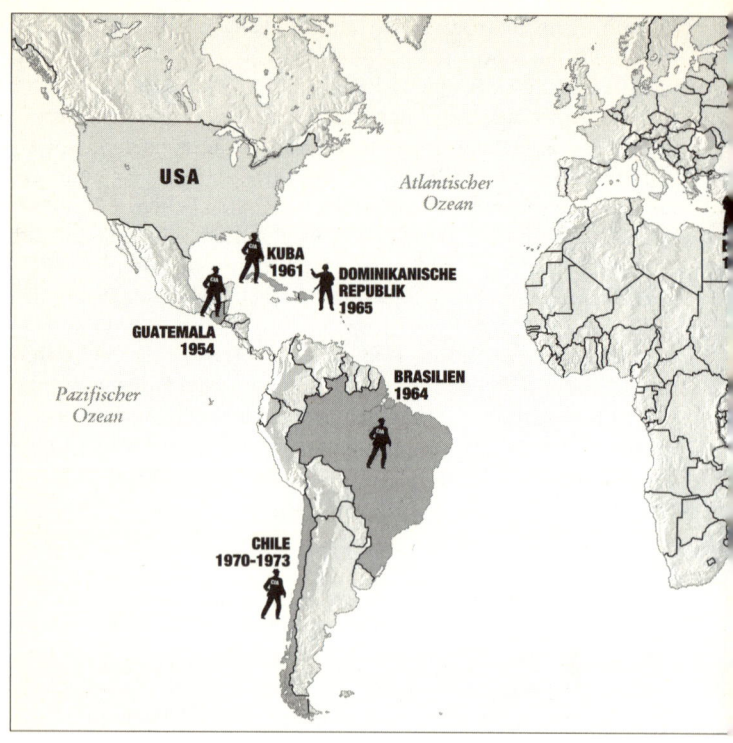

in der gespannten Atmosphäre des Kalten Kriegs gar nicht möglich gewesen. Castro war weit radikaler als Arbenz und tolerierte weder die Dominanz der USA noch die Macht des US-Kapitals in seinem Land. Sein Bündnis mit der Sowjetunion und seine Hinwendung zum Kommunismus wurden durch die Politik der USA jedoch zweifellos beschleunigt.

Die USA versuchten zunächst, Kuba mit wirtschaftlichem Druck in die Knie zu zwingen. Der Kongress verabschiedete im Juni eine Resolution, die der Regierung Vergeltungsmaßnahmen für die Enteignungen erlaubte. Eisenhower reduzierte alle Zuckerimporte aus Kuba auf ein Minimum und verbot alle Exporte nach Kuba außer Lebensmitteln und Medikamenten. Im Januar 1961 brachen die USA außerdem die diplomatischen Beziehungen ab.

Interventionen der
US-Streitkräfte und der CIA,
1953–1973

Als John F. Kennedy kurz darauf sein Amt als Präsident antrat, stellten CIA-Direktor Allen Dulles und die Spitzen des Militärs ihm einen Geheimplan zum Sturz des kubanischen Führers vor – ganz nach dem Vorbild der erfolgreichen Guatemala-Aktion von 1954. Die CIA hatte in Guatemala seit März 1960 mehrere tausend Exilkubaner ausgebildet und bewaffnet. Diese sollten mit amerikanischer Hilfe auf Kuba landen und dort einen Volksaufstand gegen Castro anfachen. Kennedy war skeptisch, ob dieser hanebüchene Plan funktionieren würde, doch Dulles konnte ihn überzeugen: Castro gewähren zu lassen würde die antikommunistische Glaubwürdigkeit der neuen Regierung untergraben. Kennedy willigte schließlich unter der Voraussetzung ein, dass die USA mit der Intervention offiziell nicht in Verbindung gebracht würden.

Dieses Täuschungsmanöver schlug ebenso fehl wie die gesamte Aktion. Am 15. April 1961 flogen amerikanische Bomber mit exilkubanischen Piloten Angriffe auf kubanische Luftwaffenstützpunkte. In der Nacht auf den 17. April landeten 1400 Kubaner, darunter viele Anhänger des gestürzten Batista-Regimes, mit amerikanischen Waffen und Schiffen in der südkubanischen Schweinebucht. Die erhoffte Volkserhebung blieb aus, die Invasoren waren bald von regierungstreuen Truppen eingekreist. Ein Hilferuf nach Washington verhallte ungehört: Kennedy verweigerte Luftunterstützung, weil er darauf beharrte, dass die USA nicht hineingezogen werden sollten. Nach zwei Tagen waren die Eindringlinge komplett aufgerieben, 1100 Mann wurden festgenommen.

Niemand nahm den USA ab, dass sie nicht in diese Aktion verwickelt waren, und Kennedy musste öffentlich die Verantwortung für das Fiasko übernehmen. Aber er zeigte keinerlei Reue, die Souveränität eines anderen Landes verletzt zu haben, sondern entschuldigte sich nur für den Fehlschlag. Kennedy beschuldigte später Allen Dulles und die CIA, ihn falsch über die Stimmung auf Kuba informiert zu haben. Doch das Prinzip, dass im Kampf gegen den Kommunismus jedes Mittel recht sei, stand auch für Kennedy außer Zweifel. So unterstützte die CIA 1963 in Südvietnam einen Militärputsch gegen den umstrittenen Staatschef Ngo Dinh Diem – ein Schritt, der die USA stärker in den Vietnam-Krieg hineinzog.

Castros Sturz und Ermordung verfolgte Kennedy weiter mit illegalen und oft auch absurden Mitteln, zum Beispiel mit vergifteten Zigarren. Der kubanische Führer hatte Grund, sich vor den USA zu fürchten, und stimmte schließlich der Stationierung russischer Atomraketen auf seiner Insel zu, was im Oktober 1962 zur gefährlichsten Konfrontation des Kalten Kriegs führte (→ Kapitel 11).

Allianz für den Fortschritt

Kennedy begriff, dass das Vordringen des Kommunismus in Lateinamerika nicht allein mit Waffen und Geheimdienstaktionen aufgehalten werden konnte, sondern dass die USA etwas gegen die wirtschaftliche Not und die extremen sozialen Ungleichheiten unternehmen mussten. Kennedy rief daher im August 1961 die »Allianz für den Fortschritt« ins Leben, die in Lateinamerika das leisten sollte, was dem Marshall-Plan in Europa gelungen war: durch gezielte amerikanische Finanzhilfe die wirtschaftliche Entwicklung beschleunigen, die sozialen Probleme lindern, ökonomische Reformen unterstützen und so zu politischer Stabilität beitragen. Die USA stellten ursprünglich 100 Milliarden Dollar in einem Zeitraum von zehn Jahren für die Region in Aussicht.

Die Allianz erwies sich trotz einiger kleinerer Erfolge als Fehlschlag. Der amerikanische Kongress war nie bereit, größere Geldsummen zur Verfügung zu stellen, und die konservativen Eliten der Empfängerländer wehrten sich gegen Landreformen und andere Einschränkungen ihrer Privilegien. Die USA wiederum zögerten, auf die Regimes allzu starken Druck auszuüben, weil sie sich deren Hilfe bei der Bekämpfung angeblich kommunistischer Volksaufstände sichern wollten. Der dritte Weg zwischen Rechtsdiktatur und linker Revolution blieb in den meisten Ländern eine Chimäre. Die amerikanische Entwicklungshilfe ging ab 1963 – dem Jahr der Ermordung Kennedys – zurück und versiegte schließlich Anfang der siebziger Jahre völlig. Wenn es hingegen um die Unterstützung von amerikafreundlichen Parteien und Kandidaten ging, stand der CIA stets genug Geld zur Verfügung: In Brasilien, Chile und vielen anderen Ländern flossen Millionen Dollar in die Geheimkassen jener Kandidaten, die amerikanische Interessen am besten zu vertreten schienen. Selbst freie Wahlen waren in Lateinamerika daher niemals fair.

Kennedys Nachfolger Lyndon B. Johnson (1963–1969) interessierte sich kaum für Lateinamerika. Sein Hauptaugenmerk galt den sozialen Reformen im eigenen Land und dem eskalierenden Krieg in Vietnam. Gerade wegen der militärischen Probleme in Vietnam war Johnson aber entschlossen, in anderen Ländern seine antikommunistische Entschlossenheit zu beweisen. Er werde in Lateinamerika kein zweites Kuba zulassen, stellte Johnson klar. Aus diesem Grund unterstützte 1964 der Geheimdienst CIA einen Militärputsch gegen den brasilianischen Linkspolitiker João Goulart, nachdem dieser eine Landreform und die Verstaatlichung der Ölindustrie in Angriff genommen hatte. Während der nächsten zwanzig Jahre regierte in Brasilien eine Militärdiktatur, welche die Kluft zwischen Arm und Reich vergrößerte und Tausende politische Gegner tötete.

Dominikanische Republik

In der Dominikanischen Republik kam es zur Krise, als im Mai 1961 der Diktator Rafael Leónidas Trujillo ermordet wurde. Trujillo hatte 31 Jahre mit Billigung der USA regiert, doch in den letzten Jahren versuchte Washington, sich von seinem gewalttätigen Regime zu distanzieren. Trujillos katastrophales wirtschaftliches und politisches Erbe trieb das Land an den Rand eines Bürgerkriegs. Trujillos Gefolgsmann Joaquin Balaguer konnte sich noch einige Zeit als Präsident halten, wurde aber schließlich von Offizieren gestürzt, als er demokratische Reformen verweigerte, und ging ins Exil in die USA. Im Dezember 1962 wurde der gemäßigte Linke Juan Bosch zum Präsidenten gewählt, im September 1963 aber bereits wieder bei einem Militärputsch abgesetzt, der von der CIA unterstützt wurde. In den folgenden Monaten gewann ein Volksaufstand von Bosch-Parteigängern gegen die Militärjunta an Fahrt. Die amerikanische Botschaft in Santo Domingo diffamierte Bosch als Kommunisten und warnte vor dessen Rückkehr zur Macht. Unter dem Vorwand, er müsse das Leben von Amerikanern schützen, entsandte Johnson am 28. April 1965 eine Streitmacht von 20 000 Marines in den Inselstaat. Sie wurde später durch eine Friedenstruppe der Organisation der Amerikanischen Staaten (OAS) abgelöst, die der US-Intervention völlig zu Unrecht einen Anschein von Legitimität verlieh.

Balaguer und Bosch kehrten in ihre Heimat zurück und traten bei den Präsidentenwahlen im Juni 1966 gegeneinander an. Der von den USA favorisierte Balaguer gewann dank der amerikanischen Militärpräsenz die Wahl mit großer Mehrheit, wobei sofort Vorwürfe der Wahlmanipulation laut wurden. Die amerikanischen Truppen konnten sich nun aus dem Land zurückziehen. Balaguer war ein Herrscher, wie ihn die US-Regierung gerne in Lateinamerika sah: autoritär, antikommunistisch, wirtschaftsfreundlich und bereit, mit Gewalt jede linke Guerillaaktivität zu unterdrücken. Seiner Privatarmee La Banda fielen Tausende politische Gegner zum Opfer. Die Wahlen, in denen er sich 1970 und 1974 ohne Gegenkandidaten bestätigen ließ, waren eine Farce. Doch nach und nach ließ er die Entwicklung demokratischer und rechtsstaatlicher Strukturen zu. 1978 unterlag Balaguer überraschend seinem Konkurrenten Antonio Guzmán Fernández.

Die Regierung des amerikanischen Präsidenten Jimmy Carter, die sich einer neuen Menschenrechtspolitik verschrieben hatte, zwang ihn und seine Parteigänger, das Ergebnis zu akzeptieren. Erst 1986 kehrte Balaguer unter fragwürdigen Umständen an die Macht zurück und besiegte 1990 und 1994 seinen alten Gegenspieler Juan Bosch. 1996 trat der nunmehr 90-jährige und erblindete Balaguer zurück, blieb aber bis zu seinem Tod 2002 die graue Eminenz der dominikanischen Politik.

Unter Balaguer erlebte die Dominikanische Republik mehrere Jahrzehnte politischer Stabilität sowie ein starkes wirtschaftliches Wachstum, sodass in der Bevölkerung eine breite Mittelschicht entstehen konnte. Deshalb wird die US-Intervention von 1965 von vielen Amerikanern immer noch als Erfolg angesehen. Die Militäraktion war jedoch ein klarer Bruch der Souveränität eines kleinen Landes und verstärkte die antiamerikanische Stimmung in Lateinamerika. Ob Bosch ein besserer Präsident als Balaguer gewesen wäre, ist fraglich. Die Bürger des Inselstaats hatten jedenfalls nie Gelegenheit, sich frei zu entscheiden.

Chile

Unter Johnsons Nachfolger Richard Nixon (1969 bis 1974) verlagerte sich der Kampf gegen echte und angebliche Kommunisten weiter nach Süden. 1970 wurde in Chile, dem wahrscheinlich demokratischsten Staat Lateinamerikas, der linke Politiker Salvador Allende Gossens zum Präsidenten gewählt. Allende war Marxist und Gründer der Sozialistischen Partei, aber Gegner der sowjetisch dominierten kommunistischen Partei. Er hatte sich zwischen 1952 und 1964 dreimal vergeblich um die Präsidentschaft beworben. 1970 trat er als Kandidat der Sozialisten, der Kommunisten und anderer Linksparteien an. Weil sich die Konservativen nicht auf einen Kandidaten einigen konnten, gewann Allende die Wahl im September 1970 mit 37 Prozent der Stimmen.

Ebenso wie die in Chile tätigen US-Konzerne ITT und Chase Manhattan Bank betrachtete Nixons Sicherheitsberater Henry Kissinger den demokratischen Wahlsieg eines Marxisten in einem lateinamerikanischen Land als gefährlichen Präzedenzfall. Weil Allende keine absolute Mehrheit erhalten hatte, musste er vor Amtsantritt noch vom chilenischen Kongress bestätigt werden, was Kissinger zu verhindern suchte. Bei einem Treffen am 15. Oktober 1970 forderte Kissinger die CIA auf, dafür zu sorgen, dass das chilenische Militär die Bestätigung Allendes durch den Kongress verhindert. Dieses Vorhaben scheiterte aber am Widerstand des verfassungstreuen Armeechefs René Schneider. Am 22. Oktober 1970 wurde Schneider auf dem Weg zur Arbeit bei einem gescheiterten Entführungsversuch ermordet; Dokumente, deren Geheimhaltung vor kurzem aufgehoben wurde, deuten auf eine direkte Beteiligung Kissingers hin. Dieser behauptete in seinen Memoiren, er habe die Putschpläne kurz vor der Ermordung Schneiders abwenden wollen und mit der Tat nichts zu tun gehabt, was jedoch später von anderen CIA-Beamten wie dem stellvertretenden Planungsdirektor Thomas Karamessines bestritten wurde. Die freigegebenen Dokumente machen außerdem deutlich, dass die CIA zwischen 1970 und 1973 8 Millionen Dollar zur Destabilisierung der Allende-Regierung aufgewendet hatte. Die Mörder Schneiders erhielten dabei 35 000 Dollar als »humanitäre Hilfe«.

Allende trat am 3. November 1970 das Amt an und leitete sofort eine Nationalisierungs- und Umverteilungspolitik ein, die Amerikas ärgste Befürchtungen zu bestätigen schienen. Er verstaatlichte die von US-Konzernen dominierte Kupferindustrie ohne Entschädigung, beschleunigte die Landreform, ordnete Lohnerhöhungen an und führte Preiskontrollen ein, die angesichts einer rapide steigenden Inflation zu Versorgungsengpässen führten. Die dadurch ausgelöste Wirtschaftskrise wurde durch amerikanische Sanktionen verschärft. Ausländische Investitionen und Kredite versiegten und der Außenhandel ging dramatisch zurück.

Den Kommunisten und vielen Sozialisten waren diese Reformen noch nicht weitgehend genug. Sie forderten mit Streiks und Demonstrationen einen kompletten Umbau der chilenischen Wirtschaft nach sowjetischem Modell, was die Krisenstimmung im Land verstärkte. So radikal Allende in seinem ökonomischen Denken war, er blieb bis zuletzt ein überzeugter Demokrat. Doch für die Militärs und viele bürgerliche Chilenen war der Präsident zu einem Feind geworden, der mit allen Mitteln bekämpft werden musste.

Die CIA war an der Vorbereitung des Militärputschs nicht direkt beteiligt, aber genauestens in die Pläne eingeweiht: Washington signalisierte Armeechef Augusto Pinochet seine bedingungslose Unterstützung. In den Morgenstunden des 11. September 1973 ließ Pinochet mit seinen Panzern den Präsidentenpalast umstellen und forderte Allende zum Rücktritt auf. Dieser beging in seinem Büro Selbstmord.

Die Nixon-Regierung reagierte begeistert. »Ein fast perfekter Staatsstreich«, kabelte der amerikanische Marineattaché in Santiago, Patrick Ryan, nach Washington. Die USA griffen dem neuen Regime sofort mit großzügiger Wirtschaftshilfe unter die Arme. 48 Millionen Dollar an Krediten für Getreidelieferungen, die Allende verweigert worden waren, wurden sofort freigegeben. Washington half der Junta beim Verfassen eines »Weißbuchs«, das den Putsch rechtfertigte, und finanzierte die Auslandsreisen chilenischer Militärvertreter, die für das neue Regime warben. Die blutige Verfolgung aller politischen Gegner, die in Chile bereits am Tag des Putschs begann, wurde in Washington selbst dann noch ignoriert, als die CIA Massenverhaftungen, Folter und Exekutionen präzise dokumentierte und dem Außenministerium meldete. Die amerikanische Regierung schwieg auch, als die beiden Amerikaner Charles Horman und Frank Terruggi im Nationalstadion von Santiago hingerichtet wurden. Hormans Fall wurde später durch den Film *Missing* von Constantin Costa-Gavras mit Jack Lemmon weltweit bekannt. Dies sei eine »schwierige PR-Situation«, hieß es dazu lapidar in einer diplomatischen Depesche der US-Botschaft in Santiago.

CIA und FBI waren auch am Aufbau der Operation Condor beteiligt, einem Geheimdienstnetzwerk zwischen Chile, Argentinien und Paraguay, das die Ermordung linker Dissidenten betrieb. Die wachsende Kritik an der amerikanischen Unterstützung für Pinochet zwang Nixons Amtsnachfolger Präsident Gerald Ford (1974–1977), sich immer stärker vom Regime zu distanzieren. Gleichzeitig aber sicherte Kissinger Pinochet in Gesprächen seine Unterstützung zu. Unangenehm wurden diese Verwicklungen für die amerikanische Regierung erst, als Agenten des chilenischen Geheimdiensts DINA im September 1976 mitten in Washington eine Autobombe zündeten, die den chilenischen Ex-Diplomaten und Oppositionsführer Orlando Letelier sowie einen US-Bürger töteten.

Bis zu Pinochets Rücktritt 1990 hielten sich die USA jedoch weiterhin mit Kritik an der chilenischen Menschenrechtspolitik zurück und strichen die positiven Seiten seines Regimes heraus, beispielsweise die neoliberale Wirtschaftspolitik, die Chile in der Tat zu mehr Wachstum und Wohlstand verhalf als den Nachbarländern. 3000 Menschenleben, die Pinochets Diktatur auf dem Gewissen hat, sowie die Inhaftierung und Folter von Hunderttausenden werden dadurch nicht ungeschehen gemacht. Für diese Schreckensherrschaft waren die USA mitverantwortlich.

13
Blut, Lügen und Domino: Der Vietnam-Krieg

Mehr als ein Jahrzehnt lang versuchten die USA, die Übernahme von Südvietnam durch den kommunistischen Norden und verbündete Rebellen zu verhindern. Die Kämpfe und die Bombardements kosteten bis zu vier Millionen Menschen das Leben und verwüsteten das Land. Die Ausweitung des Kriegs auf Kambodscha bereitete dem Schreckensregime der Roten Khmer den Boden. Der Vietnam-Krieg wurde für die USA zum moralischen und militärischen Fiasko.

Die Torheit der Regierenden heißt das bekannteste Buch der amerikanischen Historikerin Barbara Tuchman, das mit dem Trojanischen Pferd beginnt und mit dem Vietnam-Krieg endet. Tatsächlich kann die Intervention Amerikas in Indochina als eine der größten Fehlentscheidungen der Neuzeit gewertet werden: Eine Supermacht verstrickt sich aufgrund eines falschen Denkmodells, der Domino-Theorie, in einen sinnlosen Krieg in einer Weltgegend ohne jede strategische Bedeutung.

Vietnam stellt bis heute das größte Verbrechen der amerikanischen Politik dar: Nirgendwo sonst haben die USA so lange so viel Blut vergossen und menschliches Elend verursacht. Dass die Vietnamesen den Amerikanern heute mit großer Freundlichkeit entgegentreten, spricht für dieses Volk, das im 20. Jahrhundert hauptsächlich durch die Schuld anderer durch die Hölle gegangen ist.

1945	Französische Truppen kehren nach Vietnam zurück.
1950	Erste US-Berater unterstützen die Franzosen in Vietnam.

1954	Niederlage der Franzosen in Dien Bien Phu. Die Genfer Konferenz beschließt die Teilung Vietnams.
1955	Ngo Dinh Diem wird mit amerikanischer Unterstützung Präsident Südvietnams, Verfolgung politischer Gegner.
1961	Präsident Kennedy stockt die Zahl der US-Berater von 900 auf 32 000 auf. 1963 sind es bereits 16 000.
1963	Mit amerikanischer Zustimmung wird Präsident Diem gestürzt.
1964	Der Kongress autorisiert in der Tonkin-Bucht-Resolution den amerikanischen Militäreinsatz in Vietnam.
1965	Präsident Johnson befiehlt die Bombardierung Nordvietnams und entsendet erste Bodentruppen nach Vietnam.
1967	Massive Demonstrationen gegen den Vietnam-Krieg in den USA.
1968	Tet-Offensive der Nationalen Befreiungsfront wird zur psychologischen Niederlage für die USA. Mehr als 500 000 US-Soldaten sind in Vietnam stationiert. Massaker von My Lai.
1969	Nixon beginnt mit dem Abzug der amerikanischen Truppen.
1970	Amerikanische Invasion von Kambodscha und Ausweitung des Krieges auf Laos.
1971	Veröffentlichung der »Pentagon Papers«.
1972	»Weihnachtsbombardement« von Hanoi.
1973	Pariser Friedensvertrag, Abzug aller amerikanischen Truppen.
1975	Fall von Saigon, Wiedervereinigung Vietnams. Die Roten Khmer übernehmen in Kambodscha die Macht.

Chronologie des Vietnam-Kriegs

Mit der Domino-Theorie in den Krieg

Der Vietnam-Krieg begann als klassischer antikolonialer Unabhängigkeitskrieg. Indochina war seit Ende des 19. Jahrhunderts eine französische Kolonie, die von den Besatzern ausgebeutet, aber wirtschaftlich und sozial kaum entwickelt wurde. Eine kleine Gruppe von Vietnamesen, darunter viele Katholiken, wurde in die Kolonialverwaltung eingebunden und von der breiten Bevölkerung als Unterdrücker angesehen. Zugleich gab es immer mehr gebildete Vietnamesen, die die französische Herrschaft ablehnten. Einer von ihnen trug den Decknamen Nguyen Ai Quoc und nannte sich später Ho Chi Minh. Als junger Matrose kam er nach Frankreich und wurde Kommunist. Später reiste er in die Sowjetunion und gründete 1930 die Kommunistische Partei Vietnams, kurz Vietminh genannt.

Während des Zweiten Weltkriegs arrangierte sich die französische Kolonialregierung in Vietnam mit den vordringenden Japanern und bot ihnen das Land als militärische Basis für Operationen in Südostasien an. Allein die Vietminh kämpften im Norden Vietnams gegen Japaner und Franzosen und erwiesen sich damit als wichtiger Verbündeter der USA. 1945 sah Ho den Augenblick für die Unabhängigkeit gekommen und rief in Hanoi die Demokratische Republik Vietnam aus. Frankreich aber wollte auf seine Kolonie nicht verzichten, landete mit einer Armee im Süden und stellte dort seine Herrschaft wieder her. Ein Kompromissabkommen zwischen Ho Chi Minh und den Franzosen hielt nicht lange und 1946 brach der erste Indochina-Krieg aus, in der die Vietminh einen erfolgreichen Guerillakampf gegen die Besatzer führten.

Der Sieg Mao Zedongs in China 1949 gab Ho, der auf seinen Reisen einige Zeit mit Mao verbracht hatte, einen starken neuen Verbündeten. Dadurch wurden die USA alarmiert, die den vietnamesischen Guerillaführer nicht mehr als antikolonialen Kämpfer betrachteten, sondern als Teil der globalen kommunistischen Aggression. In dieser Situation bot Präsident Truman der Pariser Regierung großzügige Militärhilfe an, die den Kampf der Kolonialmacht gegen die Freiheitsbestrebungen der Vietnamesen verlängerte. Dies konnte die Niederlage der Franzosen jedoch nicht aufhalten. Am 7. Mai 1954 fiel die angeblich uneinnehmbare Bergfestung Dien Bien Phu im Norden Vietnams, zu deren Verteidigung die USA kurz sogar den Einsatz taktischer Atomwaffen erwogen hatten. Frankreich war nun endlich zum Abzug aus Vietnam bereit, nicht aber zur Übergabe der Macht an die Vietminh.

Bei den Genfer Verhandlungen im Juli 1954 zeigten sich Ho Chi Minhs Abgesandte überraschend kompromissbereit. Statt darauf zu bestehen, dass Vietnam vereinigt bleibt und dadurch wahrscheinlich unter ihre Herrschaft fallen würde, akzeptierten sie die vorübergehende Teilung des Landes entlang dem 17. Breitengrad; die Vietminh würden sich mit dem Norden zufriedengeben. Ho setzte auf die in der Schlusserklärung des Genfer Abkommens vorgesehenen freien Wahlen, die bis Juli 1956 im ganzen Land stattfinden und Vietnam die Einheit wiedergeben sollten. Nicht nur er war sich sicher, diese Wahlen zu gewinnen, auch Präsident Eisenhower schrieb in seinen Memoiren: »Ich habe nie einen Menschen gefunden, der sich in Indochina auskannte und nicht überzeugt war, dass bei Wahlen zum Zeitpunkt der Kämpfe möglicherweise 80 Prozent der Bevölkerung für den Kommunisten Ho Chi Minh gestimmt hätten.«

Die französische Armee zog sich auf eine Linie südlich des 17. Breitengrads zurück und übergab die Regierungsgeschäfte an ihre lokalen vietnamesischen Verbündeten. Nördlich davon errichtete Ho Chi Minh die Volksrepublik Vietnam. Hunderttausende Vietnamesen zogen vom Norden in den Süden oder vom Süden in den Norden, abhängig von ihren jeweiligen politischen Sympathien. Als Präsident Südvietnams wurde der ehemalige Kaiser Bao Dal bestätigt. Bei der Ernennung des Premiers bestanden die USA auf dem überzeugten Antikommunisten und Katholiken Ngo Dinh Diem. Die Franzosen warnten die USA zwar, dass Diem »nicht nur inkompetent, sondern auch verrückt« sei, aber sie hatten ihren Einfluss auf Vietnam bereits verloren. Die USA bestimmten nun allein die Geschicke des Teilstaats und erkannten nicht, dass sie mit der Unterstützung für die westlich orientierte Oberschicht nicht die Kräfte der Demokratie stützten, sondern das koloniale System am Leben erhielten. In den Augen der einheimischen Bevölkerung galt Amerika als neue Kolonialmacht – und als besonders brutale.

Die Warnungen der Franzosen erwiesen sich als berechtigt. Diem war ein rücksichtsloser Diktator, der rasch weite Teile der Bevölkerung gegen sich aufbrachte. 1955 setzte er Bao Dal nach manipulierten Wahlen ab und machte sich selbst zum Staatschef. Er stützte seine Macht auf Verwandte und Mitglieder der katholischen Oberschicht, die lediglich 10 Prozent der Bevölkerung repräsentierte, und brüskierte damit die buddhistische Mehrheit im Land. Entgegen dem Genfer Abkommen weigerte sich Diem, freie Wahlen abzuhalten. In dieser Haltung wurde er von den USA bestärkt, die ebenso wie die Südvietnamesen von einem kommunistischen Wahlsieg ausgingen.

Es war eine der folgenschwersten Entscheidungen der Eisenhower-Regierung, der es nicht um Demokratie in einem armen Entwicklungsland ging, sondern um die weltweite Eindämmung des Kommunismus. Die sogenannte Domino-Theorie setzte sich damals in den Köpfen führender amerikanischer Politiker und ihrer Berater fest: Bei einer kommunistischen Machtübernahme in Südvietnam würde die gesamte Region verloren gehen. Laos, Kambodscha, Thailand, Burma, Malaysia, Indonesien, die Philippinen, sogar Australien und Neuseeland würden nacheinander wie Dominosteinchen umfallen. Fast 20 Jahre beherrschte diese Vorstellung die politischen Entscheidungen in Washington und hielt allen rationalen Gegenargumenten stand. Washington ging dabei fälschlicherweise von einem engen Bündnis zwischen Nordvietnam und dem maoistischen China aus, obwohl sich die beiden Völker über mehrere Jahrhunderte feind gewesen waren. Von Eisenhower bis Nixon gab es keinen Präsidenten, der nicht der Domino-Logik folgte und die bedingungslose Verteidigung von Südvietnam zur weltpolitischen Maxime der USA erklärte.

Kurz nach Ende des Korea-Kriegs war Eisenhower noch nicht zu einem militärischen Engagement bereit. Er schickte nur eine Handvoll Militärberater und etwa 250 Millionen Dollar Wirtschaftshilfe im Jahr. Mit einer vernünftigen und populären Regierungspolitik wäre Südvietnam vielleicht tatsächlich zur Ruhe gekommen, doch tat Diem alles, damit dies nicht geschah. Er verfolgte politische Gegner und steckte rund hunderttausend Menschen ins Gefängnis, darunter Journalisten, Gewerkschafter und sogar Kinder. Bauern, die während des Indochina-Kriegs von den Vietminh kostenlos Land erhalten hatten, wurden gezwungen, dafür zu bezahlen oder es zurückzugeben.

Die Schwäche des Regimes blieb Nordvietnam nicht verborgen. Immer mehr Menschen, die nach der Teilung nach Norden gewandert waren, kehrten in ihre Heimatdörfer zurück, um

Widerstand gegen das Diem-Regime zu leisten. Nordvietnam unterstützte kleine Guerillagruppen und drängte sie zur Bildung einer geschlossenen Bewegung. Im Dezember 1960 gründeten sie die Nationale Front zur Befreiung Vietnams (FNL), zumeist als Vietcong bekannt. Ihr Anführer war ein nicht-marxistischer Anwalt aus Saigon, aber die meisten Mitglieder waren Kommunisten. Bald kontrollierten die Vietcong weite Teile des Mekong-Deltas und anderer ländlicher Gebiete.

Präsident John F. Kennedy war entschlossen, Eisenhowers Politik fortzusetzen. Die Botschaft in seiner Antrittsrede war auch an die Adresse der Vietnamesen gerichtet: Die USA würden »jeden Preis bezahlen, jede Last ertragen, jede Härte auf sich nehmen, jeden Freund unterstützen und jeden Feind bekämpfen, um das Überleben und den Erfolg der Freiheit zu garantieren«. Zwar warnte der französische Staatspräsident Charles de Gaulle, die USA würden in Vietnam in einem »bodenlosen Sumpf« versinken, doch Kennedys Berater wie Verteidigungsminister Robert McNamara und Sicherheitsberater McGeorge Bundy zeigten sich überzeugt, dass die Vietcong besiegt werden könnten. Ähnlich wie die Neokonservativen um George W. Bush, die vierzig Jahre später die USA in den Irak-Krieg trieben, glaubten diese Männer fest daran, dass sie mit Hilfe der militärischen und technologischen Vormacht der USA die politischen Entwicklungen in fernen Regionen durch einen begrenzten Krieg steuern könnten.

Im Kampf gegen die FNL setzte das Diem-Regime auf das »strategic hamlet program«. In Gebieten mit starker Guerillaaktivität wurden die Bewohner in neue befestigte und bewachte Dörfer, sogenannte »strategic hamlets«, umgesiedelt, wo sie vor Angriffen sicher sein sollten. Der Plan war nicht durchdacht und wurde ungeschickt umgesetzt. Die Bauern wurden mit Gewalt gezwungen, ihre Häuser aufzugeben, wo ihre Ahnen begraben waren, und mussten ohne Bezahlung die neuen Dörfer und Wehranlagen errichten, von denen aus sie einen weiteren Weg zu ihren Feldern hatten. Der Zorn über diese Politik verschaffte den Guerillas neuen Zulauf. Die Mitgliederzahl der Vietcong verdreifachte sich in nur zwei Jahren auf 17 000 und sie kontrollierten ein Fünftel aller Dörfer. Die Kennedy-Regierung reagierte mit der Entsendung von noch mehr Militärberatern. Ihre Zahl stieg in zwei Jahren von 900 auf 16 000 und immer öfter waren sie direkt an den Militäreinsätzen der schlecht ausgebildeten und inkompetent geführten südvietnamesischen Truppen beteiligt.

Diem wurde für die USA immer unberechenbarer. Vor allem die Verfolgung der buddhistischen Mehrheit, der Diem kommunistische Sympathien vorwarf, erwies sich als ein schwerer Fehler. Eine religiöse Feier in Hue im Mai 1963 wurde mit Gewalt aufgelöst – eine Frau und acht Kinder starben im Kugelhagel. Im ganzen Land brachen Proteste aus, die ihren Höhepunkt in der Selbstverbrennung buddhistischer Mönche fand.

Die Kennedy-Regierung gelangte zu der Überzeugung, dass Südvietnam mit Diem verloren gehen würde. Die amerikanischen Vertreter in Saigon signalisierten den Militärs, dass man einen Sturz des Präsidenten begrüßen würde. Die Armee schlug am 1. November 1963 los und tötete Diem und seinen Bruder Ngo Dinh Nhu. Nun hatten die USA die volle Verantwortung für ihren Vasallenstaat übernommen, ein Rückzug war praktisch ausgeschlossen. Drei Wochen später wurde Kennedy in Dallas ermordet. Sein Nachfolger Lyndon B. Johnson sah sich mit einer hochexplosiven Situation in Südvietnam konfrontiert, die noch gefährlicher war als bei Kennedys Amtsantritt.

Sinnloses Blutvergießen

Johnson wäre prädestiniert gewesen, das unglückliche Engagement in Südostasien zu beenden. Der ehemalige Senator aus Texas interessierte sich wenig für Außenpolitik; sein wichtigstes Ziel war die Umgestaltung der Innenpolitik. Johnson wollte mit der »Great Society« die Armut in den USA besiegen, ein dichtes Sozialnetz aufbauen und die Rassendiskriminierung beenden. Doch auch Johnson glaubte an die Domino-Theorie und war entschlossen, keine Schwäche gegenüber dem Kommunismus zu zeigen. Wenige Tage nach seinem Amtsantritt traf Johnson mit dem amerikanischen Botschafter in Saigon, Henry Cabot Lodge, zusammen, der ihn zur Härte ermunterte. »Ich werde Vietnam nicht verlieren. Ich werde nicht der Präsident sein, der Südostasien den Weg von China gehen lässt«, lautete Johnsons Antwort.

Die Mehrheit der Amerikaner befürworteten zwar die politische und militärische Unterstützung des südvietnamesischen

Regimes, dessen ausweglose Lage ihnen kaum bewusst war, lehnten aber einen echten Kriegseinsatz ab. In die Präsidentschaftswahlen 1964 ging Johnson deshalb als Friedenskandidat, der die USA aus einem Krieg heraushalten würde. »Wir werden nicht neun- oder zehntausend Meilen von zu Hause entfernt amerikanische Burschen das machen lassen, was asiatische Burschen für sich selbst tun sollten«, erklärte er und prangerte seinen erzkonservativen republikanischen Gegenkandidaten Barry Goldwater, der ein militärisches Eingreifen in Vietnam forderte, als Kriegstreiber an. Mit großer Mehrheit wurde Johnson im November 1964 als Präsident wiedergewählt.

Doch Johnson hatte die Wähler bewusst hintergangen, denn die Eskalation des Kriegs war bereits beschlossene Sache. »Lasst mich die Wahlen gewinnen, dann könnt ihr euren Krieg haben«, hatte er seinen Militärs gesagt, die auf die Bombardierung von Nordvietnam und die Entsendung von Bodentruppen drängten. Die gesetzlichen Voraussetzungen für den Krieg hatte Johnson im August 1964 mit Hilfe eines weiteren Täuschungsmanövers geschaffen. Am 2. August wurde der amerikanische Zerstörer Maddox auf einer Spionagemission im Golf von Tonkin vor der Küste Nordvietnams von Torpedobooten beschossen. Da sich die Maddox in nordvietnamesischen Gewässern befand und eine Militäraktion der Südvietnamesen unterstützte, war Nordvietnam zum Angriff berechtigt. Das US-Schiff wurde dabei kaum beschädigt, versenkte aber selbst eines der nordvietnamesischen Torpedoboote und zog sich in internationale Gewässer zurück. Der Kapitän erhielt daraufhin den Befehl, in den Golf von Tonkin zurückzukehren, wo er zuerst einen weiteren Angriff meldete, diese Meldung aber später wieder zurückzog: Ein übereifriger Offizier hatte einen Fehlalarm ausgelöst.

Dennoch ordnete Johnson einen Vergeltungsangriff auf nordvietnamesische Ziele an, den er in einer Fernsehansprache am 4. August mit unprovozierten Angriffen der Nordvietnamesen auf amerikanische Ziele begründete. Doch der Präsident sprach die Unwahrheit. »Soweit ich weiß, hat unsere Marine damals auf Wale geschossen«, räumte er ein Jahr später ein. Johnson wollte alle Hindernisse für eine Militäraktion aus dem Weg räumen und die Gelegenheit war zu günstig. Am 7. August verabschiedete der Kongress mit überwältigender Mehrheit eine Resolution, die den Präsidenten berechtigte, »alle notwendigen Schritte zu unternehmen, um bewaffnete Angriffe gegen die Streitkräfte der USA abzuwehren und weitere Aggression zu verhindern«. Die Tonkin-Bucht-Resolution war der Blankoscheck, den Johnson für den Vietnam-Krieg brauchte.

Die Johnson-Regierung ging davon aus, dass die Vietcong nur Befehlen aus Hanoi folgten. Wenn Nordvietnam also dazu bewegt werden könnte, seine Hilfe einzustellen, wäre der Guerillakrieg rasch beendet. In Washington betrachtete man Nordvietnam als ausländischen Aggressor. Dabei ließ man außer Acht, dass es sich um ein Volk handelte, das nur durch westliche Intervention geteilt worden war. Dass für viele Südvietnamesen die Amerikaner und nicht ihre Brüder aus dem Norden die Aggressoren waren, wurde einfach nicht verstanden oder schlicht ignoriert. Hinzu kam die chaotische politische Situation in Südvietnam, wo seit dem Sturz von Diem eine unfähige Militärregierung auf die andere folgte. Erst 1967 stabilisierten sich die Verhältnisse mit der Wahl von Nguyen Van Thieu zum Präsidenten.

Im Februar 1965 befahl Johnson die Operation »Rolling Thunder«, die zum Ziel hatte, mit Luftangriffen die Wirtschaft Nordvietnams zu zerstören und so die Unterstützung für die Rebellen im Süden zu beenden. Ein achtwöchiges Bombardement war geplant – es dauerte schließlich drei Jahre, in denen eine Million Tonnen an Bomben über Nordvietnam niedergingen. Die Vietcong reagierten auf die Eskalation mit immer bedrohlicheren Angriffen auf Militärstützpunkte der USA. 23 000 amerikanische Militärberater, darunter auch zahlreiche Helikopterpiloten, befanden sich inzwischen in Südvietnam, und ihr Oberkommandierender General William Westmoreland forderte Verstärkung. Am 8. März 1965 entsandte Johnson 3500 Marines nach Südvietnam – die ersten amerikanischen Kampftruppen. Am Jahresende waren bereits 184 300 US-Soldaten in Vietnam stationiert, die immer mehr anstelle der schwachen südvietnamesischen Armee in den Kampf gegen die Vietcong eintraten. Dieser Kampf erwies sich als weit schwieriger, als die Strategen in Washington erwartet hatten.

Die Guerillakämpfer waren in kleinen Einheiten unterwegs, suchten und fanden die Unterstützung der verarmten Landbevölkerung. Diese verpflegte und versteckte sie und schloss sich ihnen in wachsender Zahl an. Die Vietcong gingen offenen Kämpfen mit US-Soldaten aus dem Weg und griffen meist im

Schutz der Nacht verwundbare Außenposten und Patrouillen an. Ihre Waffen holten sie sich zum Großteil vom Gegner. Eine Untersuchung im Jahr 1964 zeigte, dass 90 Prozent aller Waffen der Vietcong einst der südvietnamesischen oder der amerikanischen Armee gehört hatten. Auch das Material für die tödlichen Sprengfallen, welche die Guerillakämpfer bauten, lieferten die USA. Amerikanische Flugzeuge warfen Tausende Tonnen von Bomben ab, von denen ein großer Teil nicht explodierte und von den Vietcong verwendet wurde.

Die USA waren auf einen Guerillakampf weder psychologisch noch militärisch vorbereitet. Die Folge war eine Kriegsführung, die sich gegen Zivilisten richtete und damit den Vietcong weiteren Zulauf verschaffte. Die USA töteten die Menschen, die sie zu schützen vorgaben. General Westmoreland verstand, dass die stärkste Waffe der Rebellen ihre hochmotivierten Kämpfer waren. Das Ziel seiner Strategie von »search and destroy« war es daher, möglichst viele Rebellen zu töten. Doch die amerikanischen Truppen konnten nicht zwischen Freund und Feind unterscheiden, schon gar nicht bei der Bombardierung von Dörfern, in denen Guerillakämpfer vermutet wurden. Im Zweifelsfall galt jeder als Feind; getötete Zivilisten wurden der Einfachheit halber zu Vietcong-Kämpfern erklärt. »Wenn er tot ist und Vietnamese, dann war er VC«, lautete eine inoffizielle Regel.

Im Pentagon wurde indessen die wachsende Zahl der getöteten Vietnamesen mit Befriedigung zur Kenntnis genommen. Je höher der »Body Count«, so die zynische Rechnung von Verteidigungsminister McNamara, desto schneller wären die Vietcong besiegt. Den früheren Spitzenmanager der Ford Motor Company faszinierten Statistiken und er hielt hohe Opferzahlen für militärische Erfolgsmeldungen. Er wusste aber nicht, dass diese Zahlen vor Ort oft manipuliert wurden und nichts über die Stärke der Vietcong aussagten. Diese konnten nämlich dank der brutalen Taktik der Amerikaner immer mehr Kämpfer rekrutieren. Hinzu kam, dass Nordvietnam immer mehr eigene Soldaten in den Süden entsandte. Aus ihrer Sicht war Südvietnam Teil der Heimat, militärische Operationen dort stellten also keine Aggression dar. Die USA gingen hingegen von zwei souveränen Staaten aus, die kein Recht auf gegenseitige Einmischung hatten.

Ein weiteres Ziel der US-Armee bestand darin, die Hilfe aus Nordvietnam zu unterbinden. Diese gelangte über den Ho-Chi-

Minh-Pfad in den Süden – ein System aus Dschungelwegen, auf denen Waffen und Proviant von Trägern mehr als tausend Kilometer von Nordvietnam bis in die Gegend von Saigon geschleppt wurden. Auch Truppen sickerten auf diese Weise in den Süden ein und verstärkten dort die Vietcong. Aus der Luft war der Pfad nicht zu erkennen, weshalb Bombenangriffe wenig nutzten. Um das dichte Laubwerk zu beseitigen, unter dem die Guerilla Schutz suchte, setzte die amerikanische Luftwaffe Chemikalien wie Agent Orange ein, die nicht nur den Wald zerstörten, sondern auch schwere genetische Schäden bei den Vietnamesen verursachten. Zu den Waffen, deren Einsatz ebenfalls gegen das Völkerrecht verstieß, gehörten Napalm-Brandbomben, durch die die Opfer qualvoll verbrannten, Streubomben wie die berüchtigte Ananas-Bombe, die aus 250 kleinen Sprengsätzen bestand, und Gifte wie Agent Blue, das in weiten Teilen Südvietnams die Reisernte zerstörte.

Hauptziel der amerikanischen B-52-Bomber war Nordvietnam, über dem zwischen 1965 und 1973 bis zu 8 Millionen Tonnen Bomben abgeworfen wurden – dreimal so viel wie alle Bomben im Zweiten Weltkrieg oder 300 Tonnen Sprengstoff für jeden einzelnen Vietnamesen. Mit der Zerstörung der Wirtschaft wollten die USA Nordvietnam in die Knie zwingen. Eine besonders grausame Taktik war der Einsatz von Anti-Personen-Bomben, die ihre Opfer verstümmelten, aber nicht töteten. Dies sei für eine arme Volkswirtschaft viel schlimmer, so die zynische Überlegung des Pentagons, weil die Familien lange mit der Versorgung der Verletzten beschäftigt wären.

All diese Überlegungen gingen nicht auf. Nordvietnam war so arm, dass die Bomben nicht viel zerstören konnten. Von 1965 bis 1968 fügte die amerikanische Luftwaffe Nordvietnam einen Schaden von rund 300 Millionen Dollar zu. Doch die 700 Flugzeuge, die von den Vietcong abgeschossen wurden, stellten einen Wert von 900 Millionen Dollar dar. 1968 kostete der Krieg die USA 66 Millionen Dollar am Tag, trotzdem intensivierte die Johnson-Regierung die Kampfhandlungen weiter.

Die Zahl der stationierten US-Soldaten stieg auf 385 300 Ende 1966, auf 485 600 im Jahr 1967 und auf einen Höchststand von 536 100 Ende 1968. Sie rekrutierten sich vor allem aus Männern der Unterschicht und aus Schwarzen, da sich die Kinder besser gestellter Familien der Wehrpflicht oft entziehen konnten. Das

Durchschnittsalter der Rekruten betrug 19 Jahre und war damit weit niedriger als noch im Zweiten Weltkrieg oder im Korea-Krieg. Die Soldaten blieben bloß ein Jahr im Einsatz und waren daher vor allem daran interessiert, diese Zeit möglichst unversehrt zu überstehen. Ihre Motivation war gering, die Qualifikation der Offiziere sank von Jahr zu Jahr, dafür stieg der Drogenkonsum. Verbittert, unerfahren und verängstigt erwiesen sich die US-Truppen in Vietnam als weit weniger effektiv, dafür aber rücksichtsloser als in früheren Kriegen.

Jahr	Soldaten	Jahr	Soldaten
1959	760	1966	385 300
1960	900	1967	485 600
1961	3205	1968	536 100
1962	11 300	1969	475 200
1963	16 300	1970	334 600
1964	23 300	1971	156 800
1965	184 300	1972	24 200

Zahl amerikanischer Soldaten in Vietnam (*Quelle:* Pentagon)

Die meisten Kriegsverbrechen amerikanischer Soldaten blieben trotz der Bemühungen eines Internationalen Kriegsverbrechertribunals, das unter der Führung des Philosophen Bertrand Russell 1967 eingesetzt wurde, undokumentiert und daher ungesühnt. Zu den wenigen Ausnahmen zählte das Massaker von My Lai, wo am 16. März 1968 eine Brigade unter der Führung von Leutnant William Calley rund 300 unbewaffnete Zivilisten tötete. Der Journalist Seymour Hersh berichtete im November 1969 als Erster über das Massaker und rüttelte damit die Amerikaner auf. Im März 1971 wurde Calley wegen Mordes zu lebenslanger Haft verurteilt, aber bereits 1974 begnadigt. Der Schulabbrecher hätte, darin waren sich alle Beobachter einig, nie Befehlshaber werden dürfen. Wie viele andere war er Opfer eines menschenverachtenden Systems und diente am Ende seinen Vorgesetzten als Sündenbock.

Ende 1967 wuchs bei den US-Militärs die Zuversicht, den

Krieg bald zu gewinnen. General Westmoreland meldete nach Washington, dass die Rebellen 90 000 Mann verloren hätten und kaum mehr in der Lage seien zu kämpfen. Doch am 31. Januar 1968, dem vietnamesischen Neujahrsfest Tet, begann ein Großangriff von 70 000 Vietcong auf Hunderte Städte in ganz Vietnam. Die Guerillakämpfer besetzten für mehrere Stunden die wichtigste Radiostation in Saigon und griffen sogar die amerikanische Botschaft an. Die blutigsten Kämpfe fanden in der alten Kaiserstadt Hue statt, die von den Rebellen und nordvietnamesischen Truppen 26 Tage lang gehalten wurde. Militärisch stellte die Tet-Offensive eine Niederlage für die Vietcong dar – sie verloren 37 000 Soldaten gegenüber 2500 getöteten Amerikanern –, psychologisch aber ihren größten Triumph. Die Fernsehbilder der Kämpfe erschütterten die amerikanische Öffentlichkeit, die mit einem baldigen Kriegsende gerechnet hatte. Die wachsende Friedensbewegung gewann weiter an Zulauf.

Verteidigungsminister McNamara kam zu dem Schluss, dass der Krieg doch nicht zu gewinnen sei, und empfahl Johnson, mit Nordvietnam einen Rückzug auszuhandeln. Johnson stimmte zu und verkündete den Beginn von Verhandlungen mit Hanoi, die im Mai in Paris aufgenommen wurden. Am 31. März gab er bekannt, dass er nicht für die Wiederwahl kandidieren würde. Vietnam hatte seiner vielversprechenden Präsidentschaft ein Ende bereitet.

Eigentlich hätten Krieg und Morden nun rasch ein Ende finden können. Johnson und sein Vizepräsident Hubert Humphrey, der demokratische Präsidentschaftskandidat, zeigten Bereitschaft, ihre Truppen abzuziehen. Anfang November 1968 stellten die USA ihre Bombenangriffe auf Nordvietnam ein, aber die Pariser Verhandlungen gerieten aufgrund der Unnachgiebigkeit der Südvietnamesen ins Stocken. Wie man heute weiß, war das kein Zufall: Der republikanische Kandidat Richard Nixon verhandelte hinter dem Rücken Johnsons mit der südvietnamesischen Regierung und forderte sie auf, vor den Wahlen keinem Friedensabkommen zuzustimmen, weil er ihnen als Präsident zu besseren Bedingungen verhelfen werde. Wahrscheinlich erhielt das Nixon-Team die notwendigen Informationen vom einflussreichen Harvard-Politikwissenschaftler Henry Kissinger, der die Johnson-Regierung beriet. Mit diesem Verrat sicherte sich Kissinger einen Platz in Nixons künftiger Regierung.

Während des Wahlkampfs versprach Nixon indessen den Wählern, die USA mit Hilfe eines Geheimplans aus Vietnam herauszuführen und dabei zugleich einen Sieg der Kommunisten zu verhindern. Die Rechnung ging auf: Nixon gewann die Wahl und führte gemeinsam mit seinem Sicherheitsberater Henry Kissinger den Krieg vier Jahre lang weiter, nur um die internationale Glaubwürdigkeit der USA nicht zu untergraben. Zu diesem Zweck weiteten sie den Krieg auf Kambodscha und Laos aus. Mehr als 20 000 US-Soldaten und unzählige Vietnamesen kamen in diesen vier Jahren ums Leben, bloß weil Nixon und Kissinger nicht ihr Gesicht verlieren wollten.

Gleichzeitig zog die Nixon-Regierung unter dem Schlagwort »Vietnamisierung« ihre Bodentruppen schrittweise ab und ersetzte sie durch frisch ausgebildete südvietnamesische Soldaten. Die CIA trainierte südvietnamesische Agenten, die Vietcong-Aktivisten gezielt töten sollten. Mehr als 40 000 Rebellen wurden im Rahmen der »Operation Phönix« getötet, doch auch dieser Aderlass konnte durch die Rekrutierung und Entsendung von Soldaten aus dem Norden kompensiert werden.

Laos und Kambodscha

Als Schlüssel zum militärischen Erfolg sahen Nixon und Kissinger die Zerstörung des Ho-Chi-Minh-Pfads, der über weite Strecken im Grenzgebiet der Nachbarländer Laos und Kambodscha verlief. Ab 1969 flogen B-52-Bomber massive Angriffe auf Ziele in Kambodscha, die in Washington geheim gehalten wurden, weil sie das Völkerrecht verletzten. Da der Pfad aus der Luft nicht zu erkennen war, trafen die Bomben oft kambodschanische Dörfer.

Als deutlich wurde, dass diese Aktionen militärisch nichts nützten, arrangierten die USA und Südvietnam im März 1970 den Sturz der Regierung von Prinz Sihanouk, dem es durch geschickte Diplomatie gelungen war, sein Land bis dahin aus dem Konflikt herauszuhalten. Der neue Regierungschef Lon Nol verfolgte eine eindeutig pro-amerikanische Politik. Im April 1970 entsandte Nixon Truppen nach Kambodscha.

Keine andere Entscheidung der USA löste eine so große Welle der Empörung aus. In amerikanischen Universitäten kam es zu Massendemonstrationen, in der Kent State University in Ohio

wurden dabei vier Studenten durch Schüsse von Nationalgardisten getötet. Der Krieg hatte nun auch das Territorium der USA
erreicht.

Selbst der Einmarsch nach Kambodscha konnte den Ho-Chi-
Minh-Pfad nicht unterbrechen; die Spätfolgen der Invasion
waren katastrophal. Die kommunistische Rebellenbewegung der
Roten Khmer, die bis dahin kaum Unterstützung unter der Landbevölkerung gefunden hatte, konnte sich nun als die einzigen
wahren Patrioten präsentieren und erhielt massiven Zulauf. Als
die USA 1973 ihre letzten Bodentruppen aus Indochina zurückzogen, kontrollierten die Roten Khmer einen Großteil des Landes,
und im April 1975 marschierten sie – zeitgleich mit dem Fall von
Saigon – in der Hauptstadt Phnom Penh ein. In den folgenden
vier Jahren versuchten die Roten Khmer unter ihrem Führer Pol
Pot, mit allen Mitteln die maoistische Utopie eines totalen Kommunismus zu verwirklichen. Auf den *Killing Fields* der Roten
Khmer – so der Titel eines bekannten Spielfilms – starben bis
zum Sturz des Regimes Anfang 1979 durch Überanstrengung,
Hunger, Krankheit und Hinrichtungen mehr als eine Million
Kambodschaner – 15 Prozent der Bevölkerung. Ein einst blühen-
des Land wurde durch die rücksichtslose Politik der Amerikaner
in eine Katastrophe gestürzt, von der es sich bis heute nicht
erholt hat. Auch die gezielte Ausweitung des Krieges auf Laos
hatte verheerende Folgen: Sie stärkte die kommunistische Partei
Pathet Lao und führte 1975 zu deren Machtübernahme.

Die Kapitulation der USA

Ende 1971 befanden sich nur noch 156 800 amerikanische Soldaten in Vietnam – die südvietnamesische Armee war auf dem
Schlachtfeld fast auf sich allein gestellt. Damit standen die USA
vor dem gleichen Problem wie zehn Jahre zuvor: Ohne massive
Hilfe von außen konnte Südvietnam nicht überleben. Richard
Nixon und Henry Kissinger, der nun sein Außenminister war,
wollten den drohenden Kollaps des Verbündeten durch den Abzug aller nordvietnamesischen Truppen verhindern. Doch die
Erben Ho Chi Minhs, der 1969 gestorben war, wehrten sich dagegen und schickten im März 1972 neue Truppen in den Süden.
Die Nixon-Regierung antwortete mit der Verminung wichtiger

Häfen in Nordvietnam und nahm die Bombenangriffe wieder auf. Ein erneuter Stillstand bei den Pariser Verhandlungen führte im Dezember 1972 zum heftigsten Bombardement der Geschichte. In elf Tagen warfen amerikanische Flugzeuge hunderttausend Bomben über Hanoi und Haiphong ab. Deren Sprengkraft war insgesamt fünfmal so hoch wie die der Atombombe von Hiroshima. Dieses »Weihnachtsbombardement« war die letzte Barbarei des Vietnam-Kriegs und erwies sich als ebenso wirkungslos wie frühere Aktionen. Nordvietnam verweigerte weiterhin alle Zugeständnisse, und im Januar 1973 stimmten die USA einem Friedensplan zu, gemäß dem Nordvietnam seine Truppen in Südvietnam belassen konnte.

Das Abkommen war eine versteckte Kapitulationserklärung der USA; Nixon gab Südvietnam damit seinem Schicksal preis. Als der amerikanische Kongress 1974 im Zuge der Watergate-Affäre die Wirtschaftshilfe für Südvietnam reduzierte, hatte die dortige Regierung große Mühe, ihre Soldaten zu entlohnen. Als im Frühjahr 1975 Truppen der Vietcong und Nordvietnams weite Teile Südvietnams einnahmen, brach der Widerstand innerhalb weniger Wochen zusammen. Am 30. April eroberten die Kommunisten fast kampflos die Hauptstadt Saigon, die sie in Ho-Chi-Minh-Stadt umbenannten. Nach zwanzig Jahren Krieg geschah das, was die USA unter allen Umständen hatten verhindern wollen: Vietnam war unter kommunistischer Führung vereint.

In Kambodscha und Laos kamen zwar ebenfalls Kommunisten an die Macht, sonst aber erwies sich die Domino-Theorie als haltlos. Weder Thailand noch Malaysia wurden Opfer kommunistischer Aggression, und der Verlust an Einfluss und Prestige, den die USA weltweit erlitten, hatte mehr mit dem verlorenen Krieg und der Brutalität ihrer Kriegsführung als mit der Präsenz von Kommunisten in Saigon zu tun.

Der Preis für Amerikas fatale Irrfahrt nach Südostasien war hoch – für die USA und noch mehr für die Vietnamesen und Kambodschaner. 57 000 US-Soldaten starben in Vietnam und über 300 000 wurden verletzt, die Hälfte davon schwer. Diese Opferzahlen sind geringer als die im Zweiten Weltkrieg oder im Korea-Krieg, aber viele von den drei Millionen Amerikanern, die von 1960 bis 1975 in Vietnam stationiert gewesen waren, trugen dauerhafte psychische Schäden davon: Zehntausende Vietnam-Veteranen begingen nach ihrer Rückkehr Selbstmord. Die Veteranen kehrten nicht als Helden zurück und erhielten kaum Unterstützung. Sie wurden von der amerikanischen Bevölkerung, die dem Vietnam-Krieg immer skeptischer gegenüberstand, gemieden und oft sogar beschimpft. Bis heute ist vielen ehemaligen Vietnam-Veteranen die Rückkehr ins bürgerliche Leben nicht gelungen. Auch dies ist ein schwarzer Fleck in Amerikas Vietnam-Kapitel.

Die amerikanische Wirtschaft war in der Lage, die Kriegskosten von rund 200 Milliarden Dollar zu bezahlen, aber der Preis waren ein Verzicht auf viele Sozialprogramme, mit denen Johnson die Gesellschaft reformieren wollte, höhere Steuern und der Beginn einer Inflation, die das Land während der siebziger Jahre quälte. Schwerer noch wog der Vertrauensverlust der Amerikaner in ihre Regierung, von der sie sich getäuscht und betrogen fühlten. Auch die Watergate-Affäre war eine direkte Folge der Pervertierung der politischen Moral durch den Vietnam-Krieg (→ Kapitel 14).

All das ist jedoch wenig im Vergleich zu dem Leid, das die USA den Einwohnern Indochinas zufügten. Die Schätzungen über die Zahl der Kriegsopfer gehen weit auseinander. Von den südvietnamesischen Soldaten sind 185 000 bis 225 000 gestorben, 500 000 bis 570 000 wurden verwundet. Nordvietnam und Vietcong verloren nach eigenen Angaben 1,1 Millionen Soldaten im Krieg, die Zahl der Verwundeten lässt sich überhaupt nicht abschätzen. Die Zahl der zivilen Opfer reicht von einer Million in offiziellen US-Quellen, die sich auch auf Angaben aus Hanoi stützen, bis zu vier Millionen, die Vietnams Regierung im April 1995 nannte – jeweils zwei Millionen im Norden und im Süden.

Wenn diese Zahlen stimmen, sind mehr als 12 Prozent der Gesamtbevölkerung in den Kriegsjahren ums Leben gekommen. Wie viele von ihnen durch Kampfhandlungen oder Bomben und wie viele durch Hunger oder Krankheit starben, lässt sich kaum noch feststellen. Jedenfalls ist die Zahl der Todesopfer für die Zeit nach 1945 unvorstellbar hoch und stellt allein schon durch ihr Ausmaß ein Kriegsverbrechen dar. Hinzu kommt, dass weite Landstriche entwaldet und verwüstet wurden, viele Städte zerstört. Die Wirtschaft in Nord- und Südvietnam lag danieder, das Land wurde in seiner Entwicklung um mehr als ein Jahrzehnt zurückgeworfen.

Nicht alle Opfer in Vietnam sind auf die amerikanische Intervention zurückzuführen, schließlich tobte in Vietnam ebenso wie in anderen Ländern ein Bürgerkrieg. Sowohl die Vietcong als auch die nordvietnamesischen Truppen gingen mit großer Brutalität gegen echte oder vermeintliche Feinde vor, auch unter der Zivilbevölkerung. Doch der Krieg wäre ohne Einmischung der USA erst gar nicht ausgebrochen oder viel früher mit einem Sieg der Kommunisten zu Ende gegangen. Für den enormen Blutzoll des Vietnam-Kriegs sind daher die USA ebenso verantwortlich wie für die Verbrechen der Roten Khmer, die erst aufgrund des amerikanischen Einmarschs in Kambodscha stark genug wurden und die Macht ergreifen konnten. Was immer auch seither geschah – Vietnam bleibt das finsterste Kapitel der amerikanischen Weltpolitik.

14
Die große Vertrauenskrise: Von Nixon zu Carter

Die Lügen des Vietnam-Kriegs führten direkt zur Watergate-Affäre, die Präsident Richard Nixon 1974 zum Rücktritt zwang. Das erschütterte Vertrauen der Amerikaner in ihr politisches System konnte Präsident Jimmy Carter trotz bester Vorsätze nicht wiederherstellen. Seine moralisierende Rhetorik, ungeschickte Außenpolitik und sein Versagen im Kampf gegen die Wirtschaftskrise schadeten dem Ansehen der USA und führten 1980 zu seiner Niederlage gegen Ronald Reagan.

Am Morgen des 13. Juni 1971 nahm Präsident Richard Nixon die *New York Times* in die Hand. Auf der Titelseite prangte ein Hochzeitsbild seiner Tochter Tricia. Daneben stand ein Artikel von *New York Times*-Reporter Neil Sheehan über Geheimdokumente aus dem Pentagon, welche die wahre Geschichte des Vietnam-Kriegs enthüllen würden. Nixon und seine Berater schäumten vor Wut. Am nächsten Tag rief Justizminister John Mitchell die *New York Times* an und warnte sie davor, weitere Artikel zu veröffentlichen. Ein Gericht erließ eine einstweilige Verfügung gegen die *New York Times* und kurz darauf auch gegen die *Washington Post*, die am 18. Juni ebenfalls Auszüge aus den »Pentagon Papers« druckte. In den folgenden Monaten tobte ein Justizkonflikt zwischen der Regierung und den beiden Zeitungen, den die Medien schließlich für sich entschieden. Die Niederlage der Nixon-Regierung vor dem Obersten Gerichtshof am 30. Juni 1971 war nicht nur ein Meilenstein für die Pressefreiheit in den USA. Er motivierte das Weiße Haus zu jenem massiven Angriff auf den Rechtsstaat, der schließlich in die Watergate-Affäre und den ersten Rücktritt eines amerikanischen Präsidenten mündete.

Die Watergate-Affäre

Die »Pentagon Papers« waren das Werk von US-Verteidigungs-
minister Robert McNamara, der von 1961 bis 1967 mehr als jeder
andere Politiker zur Eskalation des Vietnam-Kriegs beigetragen
hatte. Spätestens Anfang 1968 erkannte McNamara, dass er mit
seiner Politik gescheitert war, und trat ohne großes Aufsehen
zurück. Zuvor gab er allerdings noch einer kleinen Gruppe von
Pentagon-Experten unter Leitung von Leslie Gelb den Auftrag,
eine geheime Studie über die amerikanische Politik in Vietnam
seit 1945 zu erstellen. Die Studie wuchs bis Mitte 1969 auf 7000
Seiten in 47 Bänden. Sie zeigte die Verwicklung der USA in den
französischen Krieg in Indochina, die fatale Unterstützung für
Diem, die Lügen hinter der Tonkin-Bucht-Resolution, die den
amerikanischen Militäreinsatz legitimierte, und die darauffolgende Eskalation des Kriegs. Nur 15 Kopien des Berichts wurden
an ausgewählte Personen und Institutionen verteilt. Einer der
Männer, die den Bericht zwei Jahre später zu Gesicht bekamen,
war der Pentagon-Analyst Daniel Ellsberg, den seine Arbeit in
Vietnam zu einem überzeugten Gegner der US-Politik gemacht
hatte. Ellsberg kopierte den Bericht und gab ihn an Sheehan
weiter.

Obwohl die »Pentagon Papers« sich mit der Politik von Nixons
Vorgängern beschäftigten, betrachtete das Weiße Haus die Enthüllungen als direkten Angriff auf die Autorität des Präsidenten.
Nixon, von seinen Gegnern »Tricky Dick« genannt, besaß einen
paranoiden Zug: Der soziale Aufsteiger aus Kalifornien sah sich
stets von den wirtschaftlichen und intellektuellen Eliten der Ostküste missachtet und verfolgt. Die massiven Proteste der Anti-
Vietnam-Bewegung, die sich nach der Invasion von Kambodscha
im April 1970 immer stärker gegen seine Person richteten, bestärkten ihn in seinem Gefühl und ließen ihn überall Verräter
wittern, auch innerhalb seiner Regierung.

Angesichts der vielen undichten Stellen, aus denen geheime
Informationen an die Presse flossen, richteten seine beiden engsten Berater John Ehrlichman und Harry R. Haldeman eine sogenannte »Klempnereinheit« ein – eine Gruppe von ehemaligen
CIA- und FBI-Agenten, welche die Quelle der Indiskretionen
finden sollte. Ellsberg wurde bald zu ihrer wichtigsten Zielscheibe. Im September 1971 brachen die Klempner auf der Suche nach

belastenden Informationen in das Büro von Ellsbergs Psychiater ein. Sie fanden zwar nichts, doch Einbrüche und andere illegale Methoden gehörten von nun an zum Standardrepertoire des Weißen Hauses. So erteilte Nixon zum Beispiel mehrmals die Anweisung, in die linksliberale Brookings Institution einzubrechen, um Informanten ausfindig zu machen. Das Weiße Haus erstellte eine Liste, auf der prominente Gegner des Vietnam-Kriegs wie die Schauspieler Jane Fonda und Paul Newman, kritische Journalisten, der Präsident der Yale University und zwölf schwarze Kongressabgeordnete standen. Sie sollten von Finanzämtern und anderen Regierungsbehörden systematisch schikaniert werden.

Treibende Kraft hinter der Jagd auf Verräter war Sicherheitsberater Henry Kissinger. Für Kritiker wie den Historiker und Publizisten Christopher Hitchens ist Kissinger eine der dunkelsten Gestalten der amerikanischen Geschichte. Er macht ihn neben seiner Rolle in Vietnam, Kambodscha (→ Kapitel 13) und Chile (→ Kapitel 12) auch verantwortlich für die brutale Unterdrückung des Aufstands in Ostpakistan – dem späteren Bangladesh – durch das pakistanische Regime 1971, den Sturz des zypriotischen Staatschefs Erzbischof Makarios durch griechische Nationalisten 1974 sowie die darauffolgende türkische Invasion und für den blutigen Einmarsch Indonesiens in Osttimor 1975, dem rund 100 000 Timoresen zum Opfer fielen.

Im November 1972 stand Nixons Wiederwahl an und das von Mitchell geleitete »Committee for the Re-Election of the President« (CREEP, was auch »Widerling« bedeutet) machte ebenfalls Gebrauch von Nixons Klempnern. 1968 hatte Nixon ohne Stimmenmehrheit gewonnen – wahlentscheidend war die Kandidatur des rassistischen Südstaaten-Demokraten George Wallace, dessen Stimmenanteil von 14 Prozent vor allem auf Kosten Hubert Humphreys ging. Diese Schmach wollte Nixon mit allen Mitteln tilgen. Die Pläne von Wallace zu einer neuerlichen Kandidatur wurden zwar zunichte gemacht, als ihn ein Attentäter im Mai 1972 anschoss und schwer verletzte, aber das reichte dem machthungrigen Präsidenten nicht: Die Geheimagenten des Weißen Hauses bemühten sich, den Ausgang der demokratischen Vorwahlen zu beeinflussen, indem sie beispielsweise den Wahlkampf des populären Senators Edmund Muskie aus Maine sabotierten. Die Taktik ging auf, ein verunsicherter Muskie brach in einem öffentlichen Auftritt in Tränen aus und zog sich aus dem

Rennen zurück. Demokratischer Präsidentschaftskandidat wurde der linksliberale Senator George McGovern aus South Dakota, der viele bürgerliche Amerikaner weniger mit seiner Ablehnung des Vietnam-Kriegs erschreckte als mit radikalen Reformplänen für die Wirtschaft, etwa der Einführung einer hohen Erbschaftssteuer oder der Forderung nach mehr Toleranz gegenüber der neuen Jugendkultur. Nixon spielte auch mit dem wachsenden Rassenkonflikt im Land. Viele seiner politischen Slogans waren kaum verhüllt an jene weißen Wähler gerichtet, die jede rechtliche und finanzielle Hilfestellung für Schwarze ablehnten. Inzwischen sammelte CREEP höchst erfolgreich Spenden von Unternehmern und Konzernen, sodass bereits im Frühsommer 1972 Nixons Wiederwahl gesichert schien.

Der von Minderwertigkeitskomplexen geplagte Präsident war aber von seinen Siegeschancen noch nicht völlig überzeugt und ließ die Klempner weiterarbeiten. Diese planten einen Einbruch in der Wahlkampfzentrale der Demokraten im luxuriösen Washingtoner Watergate-Hotel. Unter Leitung des ehemaligen FBI-Agenten G. Gordon Liddy und des CIA-Veteranen E. Howard Hunt brachen sie im Mai 1972 ein und bauten Abhörvorrichtungen ein, die sich allerdings als unbrauchbar erwiesen. Am Morgen des 17. Juni 1972 kehrten die Männer zurück und ließen dabei unvorsichtigerweise Klebeband an mehreren Türen zurück. Ein Wachmann fand die Klebebänder und alarmierte die Polizei. Die nahm im Büro der Demokraten fünf Männer fest, darunter James McCord, den Sicherheitsdirektor von CREEP. Liddy und Hunt, die draußen in einem Wagen warteten, konnten fliehen, wurden aber später festgenommen.

Schon bald verdichteten sich erste Hinweise darauf, dass enge Nixon-Vertraute in den Einbruch verwickelt waren; sie wurden aber in einer vom Präsidenten und seinem Rechtsberater John Dean angeordneten Vertuschungsaktion unterdrückt. Am 23. Juni befahl Nixon der Bundespolizei FBI, die Untersuchung des Watergate-Einbruchs aus Gründen der nationalen Sicherheit dem Geheimdienst CIA zu überlassen, der jedoch keine Kompetenz für Untersuchungen im eigenen Land besaß. Das Täuschungsmanöver gelang: Die amerikanische Öffentlichkeit nahm die Affäre kaum wahr, die beiden jungen Reporter der *Washington Post* Bob Woodward und Carl Bernstein blieben mit ihren Artikeln über die Spuren ins Weiße Haus vorerst allein. Am

11. November 1972 wurde Nixon mit mehr als 60 Prozent der Stimmen wiedergewählt.

Kurz nach dem Wahltriumph brach die mühsam aufgebaute Fassade zusammen. Vor dem Bezirksrichter John Sirica begann am 8. Januar 1973 der Prozess gegen die Watergate-Einbrecher, die abstritten, irgendwelche Verbindungen zum Weißen Haus zu besitzen. Der Richter nahm ihnen diese Aussage nicht ab und verurteilte die Männer zu hohen Haftstrafen, sodass sie schließlich ihre Vorgesetzten belasteten – vor allem Rechtsberater Dean, der wiederum die Schuld nicht allein auf sich nehmen wollte und den Behörden die Zusammenarbeit versprach.

Gleichzeitig begann der Senat sich des Falls anzunehmen und setzte unter Senator Sam Erwin eine Untersuchungskommission ein. In den folgenden Monaten wurde das Ausmaß der Vertuschungsaktion bekannt. Insbesondere Dean belastete mit seinen Aussagen den Präsidenten. Nixon trennte sich daraufhin von seinen engsten Beratern Ehrlichman und Haldeman, um seine eigene Haut zu retten. Doch im Juli 1973 wurde bekannt, dass der Präsident in seinem Büro alle Gespräche auf Tonband aufzeichnen ließ, um Material für seine späteren Memoiren zu sammeln. Richter Sirica verlangte nun die Herausgabe der Tonbänder, was Nixon mit Hinweis auf seine Immunität als Staatschef ablehnte. Auf Druck der Justiz und der öffentlichen Meinung wurden schließlich einige Bänder freigegeben, auf denen allerdings wichtige Passagen gelöscht waren. »Ich bin kein Gauner«, sagte Nixon in einer Pressekonferenz am 17. November, doch niemand schenkte ihm zu diesem Zeitpunkt noch Glauben.

Ein weiterer Skandal in der Nixon-Regierung führte inzwischen zu Konsequenzen: Der als korrupt geltende Vizepräsident Spiro Agnew, der sich mit Hetzreden gegen seine politischen Widersacher einen Namen gemacht hatte, trat wegen einer Steuerhinterziehungsaffäre zurück. Als neuen Vizepräsidenten nominierte Nixon den angesehenen Kongressabgeordneten Gerald Ford, der damit der designierte Nachfolger im Falle eines Rücktritts wurde. Anfang 1974 wurden die Rufe in Washington immer lauter, Nixon müsse gehen, und im Kongress begannen die Vorbereitungen für ein formelles Absetzungsverfahren, das sogenannte »Impeachment«, das im Juli eingeleitet wurde. Nixon wusste, dass er politisch erledigt war: Am 8. August 1974 kündigte er in einer nationalen Fernsehansprache seinen Rücktritt an – der erste Rücktritt eines amerikanischen Präsidenten in fast zweihundert Jahren.

Die Watergate-Affäre löste in den USA eine politische Kulturrevolution aus. Die »imperiale Präsidentschaft«, die seit Ausbruch des Kalten Kriegs immer mehr Macht an sich gerissen hatte, war gebrochen. Der Kongress nahm seine Kontrollfunktionen, die er vor allem im Zuge des Vietnam-Kriegs aufgegeben hatte, wieder wahr. Ein von Senator Frank Church geleiteter Ausschuss überprüfte die Arbeit der CIA und schränkte die Freiheit der Geheimdienstler ein, in aller Welt Gesetze zu brechen. So wurden Attentate auf ausländische Politiker, wie sie etwa bei Fidel Castro mehrfach versucht wurden, für illegal erklärt. In den Medien entwickelte sich eine neue Kultur des investigativen Journalismus. Woodwards und Bernsteins Buch *All the President's Men,* in dem sie die Aufdeckung des Watergate-Skandals aus ihrer Sicht erzählten, wurde zum Bestseller, die Verfilmung mit Robert Redford und Dustin Hoffmann zum Kassenschlager in den Kinos. Tausende junger Leute suchten eine Anstellung als Journalist und hofften, ebenso erfolgreich wie Woodward und Bernstein die Missstände der Mächtigen und Regierenden aufzudecken.

Die Erfahrungen der Watergate-Jahre prägten auch die beiden jungen Jura-Absolventen der Yale University Bill Clinton und Hillary Rodham. Rodham arbeitete als Juristin bei den Untersuchungen im Senat mit, Clinton ging zurück in seinen Heimatstaat Arkansas und bewarb sich erfolgreich um verschiedene politische Ämter. 1978 wurde er als Demokrat zum jüngsten Gouverneur der amerikanischen Geschichte gewählt – seine weitere Laufbahn führte ihn 1993 schließlich gemeinsam mit seiner Ehefrau Hillary ins Weiße Haus.

Auch im Rest des Landes profitierten die Demokraten von der Misere der Republikaner; in der vom Watergate-Skandal dominierten Kongresswahl 1974 gewannen sie eine überwältigende Mehrheit in beiden Kammern. Der Ruf von Präsident Ford als integrer Staatsmann nahm Schaden, als er in einer seiner ersten Amtshandlungen Nixon im Voraus begnadigte und damit vor jeder Strafverfolgung schützte. In den demokratischen Vorwahlen für den Präsidentschaftswahlkampf 1976 setzte sich ein wenig bekannter und tief religiöser Gouverneur aus Georgia durch, der vor allem Ehrlichkeit und Offenheit versprach. »Ich werde euch nie belügen«, war der wichtigste Satz von Jimmy Carter, der trotz geringer politischer Erfahrung und einiger Wahlkampfpannen in den Wahlen im November 1976 Ford knapp besiegte.

Watergate hätte zur Sternstunde der amerikanischen Demokratie werden können. Das Parlament, die Justiz und die Medien entledigten sich eines korrupten und verbrecherischen Präsidenten und kehrten zum System der »checks and balances« zurück, der Kontrolle der Macht durch eine klare Gewaltenteilung. Diese Hoffnung vieler liberaler Amerikaner erfüllte sich allerdings nicht. Auch wenn kein Präsident mehr eine so uneingeschränkte Macht wie Johnson und Nixon innehaben würde, war Watergate nur ein Vorbote für viele weitere Fälle von Machtmissbrauch und Täuschungsmanövern durch die US-Regierung, zum Beispiel im Iran-Contra-Skandal während der Reagan-Präsidentschaft oder bei den Vorbereitungen des Irak-Kriegs unter George W. Bush.

Der Geist und die Instrumente der Watergate-Untersuchungen wurden wiederum während der Präsidentschaft von Bill Clinton ad absurdum geführt, als die Republikaner Clinton wegen einer Liebesaffäre mit der Praktikantin Monica Lewinsky als Präsidenten abzusetzen versuchten. Indem der Watergate-Skandal das Vertrauen der Amerikaner in ihre Regierung untergrub, trug er entscheidend zu einer radikalen staats- und politikfeindlichen Stimmung bei, die Amerikas politisches Spektrum in den achtziger Jahren weit nach rechts rutschen ließ.

Nixon selbst konnte seinen durch die Watergate-Affäre zerstörten Ruf überraschend schnell reparieren. Seine Memoiren, in denen er keinerlei Reue zeigte, wurden 1978 zum Bestseller und in den folgenden Jahren suchten auch Präsidenten seinen Rat in außenpolitischen Fragen. Viele Beobachter sehnten sich in den von Emotionen und Ideologie getriebenen Carter- und Reagan-Jahren nach der nüchternen Realpolitik zurück, die Nixon mit Hilfe seines Beraters und späteren Außenministers Henry Kissinger betrieben hatte – vor allem in Bezug auf die Annäherung an die Volksrepublik China und die Entspannungspolitik mit der Sowjetunion. Die katastrophale wirtschaftliche Bilanz seiner Präsidentschaft, die von steigender Inflation und dem Zusammenbruch der festen Währungskurse gezeichnet war, wurde dabei geflissentlich übersehen.

Die Politik von Jimmy Carter

Wäre die Präsidentschaft von Jimmy Carter erfolgreicher gewesen, hätte der Watergate-Skandal vielleicht mehr positive Spuren in der amerikanischen Politik hinterlassen. Aber Carter erbte die wirtschaftlichen Probleme, die durch die Ölkrise von 1973/74 ausgelöst wurden, und verfügte weder über die Erfahrung noch über den Mitarbeiterstab, um diese schwierige Situation kompetent zu meistern. Trotz guter Vorsätze und einiger außenpolitischer Erfolge wie dem Abschluss eines Vertrags über die Rückgabe des Panamakanals oder dem Friedensabkommen von Camp David zwischen Israel und Ägypten scheiterte Carter an der Komplexität des Regierens und an seiner eigenen Zerrissenheit. Denn in seinem Herzen war der Erdnussfarmer aus Georgia ein Konservativer.

In der Wirtschaftspolitik gelang es Carter weder die Inflation in den Griff zu bekommen noch durch eine neue Energiepolitik die Abhängigkeit der USA von Erdöl aus dem Nahen Osten zu verringern. Der zweite Ölschock von 1979/80 erzeugte einen neuerlichen Preisschub. Die Inflationsrate stieg auf 11,3 Prozent 1979 und 13,5 Prozent 1980. Erstmals seit dem Zweiten Weltkrieg überschritt der sogenannte Elendsindex (Inflation plus Arbeitslosenrate) die 20-Prozent-Marke.

In dieser Situation gab Carter grünes Licht für eine finanzpolitische Radikallösung. Der von ihm eingesetzte Notenbankpräsident Paul Volcker folgte ab Oktober 1979 in seiner Geldpolitik den Empfehlungen des Monetaristen Milton Friedman und schränkte das Wachstum der Geldmenge ein. Die Zinsen stiegen dramatisch, und die Wirtschaft stürzte in eine tiefe Rezession, aus der sie sich erst 1982 wieder erholte. Die Inflation war zwar besiegt, aber um den Preis hoher Arbeitslosigkeit und einer Verringerung der Wirtschaftsleistung um etwa 1 Billion Dollar. Noch schlimmer waren die Folgen für viele Entwicklungsländer: Die hohen Zinsen stürzten Mexiko und Brasilien, aber auch viele afrikanische und asiatische Staaten in eine Schuldenkrise, die ihre wirtschaftliche Entwicklung um ein Jahrzehnt zurückwarf.

Außenpolitisch versuchte Carter einerseits die Anfang der siebziger Jahre eingeschlagene Entspannung und atomare Rüstungskontrolle fortzusetzen, andererseits sich von Kissingers Realpolitik zu verabschieden und stattdessen die Durchsetzung der Menschenrechte zum Hauptziel amerikanischer Politik zu machen. Durch eine Mischung von politischem Druck und wirtschaftlichen Anreizen wollte Carter die Demokratisierung der Dritten Welt fördern und die kommunistischen Staaten zu einer stärkeren Öffnung bewegen.

Tatsächlich aber wurde diese Politik nie ernsthaft verfolgt. So prangerte Carter die autoritären Regime in Argentinien, Uruguay, Chile, Guatemala, El Salvador und Nicaragua an, die bis dahin von den USA unterstützt worden waren, und stärkte damit die Oppositionskräfte. Als das Somoza-Regime in Nicaragua vor dem Sturz stand, verweigerte Carter ihm jede Unterstützung. Doch er versuchte auch, den Sieg der revolutionären Sandinisten zu verhindern. Als die Sandinisten dennoch an die Macht gelangten, änderte Carter seinen Kurs und gewährte dem Regime in El Salvador, das einen ähnlichen Volksaufstand mit großer Brutalität unterdrückte, Wirtschafts- und Militärhilfe – selbst dann noch, als der angesehene und regimekritische Erzbischof von San Salvador, Oscar Romero, auf Befehl eines Generals während einer Messe ermordet wurde.

Aus militärisch-strategischen Gründen unterstützte Carter die autoritären Diktaturen in der Türkei, in Südkorea, auf den Philippinen, in Indonesien, Zaire sowie im Iran und sah tatenlos zu, wenn mit amerikanischen Waffen Proteste niedergeschlagen und Oppositionelle inhaftiert wurden. In einer fragwürdigen Entscheidung stimmte Carter im Mai 1980 der Bitte des südkoreanischen Diktators Chun Doo Hwan zu, südkoreanische Truppen, die unter amerikanischem Oberkommando standen, für die Niederschlagung eines Aufstands in der Stadt Kwangju einzusetzen. Sogar Eisenhower hatte in den fünfziger Jahren ein ähnliches Ansuchen abgelehnt.

Die Beziehungen zur Sowjetunion waren sehr wechselhaft. Carter konnte sich nie zwischen der auf Ausgleich und Diplomatie zielenden Politik seines Außenministers Cyrus Vance und dem strammen Antikommunismus seines in Polen geborenen Sicherheitsberaters Zbigniew Brzezinski entscheiden. Carters Eintreten für sowjetische Dissidenten irritierte den Kreml, der dies als Einmischung in innere Angelegenheiten betrachtete. Zwar senkte Carter weiterhin die Rüstungsausgaben, stimmte aber der Weiterentwicklung des amerikanischen Atomwaffenarsenals zu. Die nukleare Aufrüstung der Sowjetunion wurde auch von demokratischen Sicherheitsexperten in Washington als Verrat an der Entspannungspolitik und als Gefahr für die USA empfunden. Militärs und Geheimdienste übertrieben systematisch die militärischen Ressourcen der Roten Armee, setzten die technische Einsatzfähigkeit ihrer Panzer und Geschütze mit jener der westlichen Streitkräfte gleich, ignorierten die fragwürdige Motivation der Soldaten aus den osteuropäischen Satellitenstaaten und schufen so ein Bedrohungsszenario, das jede rationale Diskussion über die Zukunft der Ost-West-Beziehungen verhinderte.

So forderten die amerikanischen Generäle die Entwicklung der Neutronenbombe, deren hohe Strahlung Menschen tötete, Gebäude und Infrastruktur aber intakt ließ. Mit dieser Waffe wollten sie einen konventionellen Angriff der angeblich weit überlegenen sowjetischen Streitkräfte in Europa stoppen. Nicht nur das zynische Prinzip dieser Waffe rief Empörung hervor, sondern auch die strategischen Implikationen: Mit dem Einsatz der Neutronenbombe auf einem Schlachtfeld wäre nämlich die Hemmschwelle gesunken, einen Atomkrieg zu führen.

Die Neutronenbombe erwies sich zudem als diplomatisches Fiasko in den Beziehungen zu Europa. Zuerst drängte Carter den sozialdemokratischen Bundeskanzler Helmut Schmidt gegen den massiven Widerstand in seiner eigenen Partei und der Bevölkerung, die Stationierung dieser Waffe auf deutschem Boden zu akzeptieren. Als Schmidt schließlich zustimmte, gab Carter Anfang 1978 dem Druck seiner Gegner nach und stoppte die Entwicklung der Bombe. Schmidt fühlte sich getäuscht und seine Beziehungen zu Carter blieben bis zum Schluss eisig.

Carters moralisierende und oft religiöse Rhetorik stieß auch andere Europäer vor den Kopf, die mit seiner Politik grundsätzlich sympathisierten. Aber auch viele Amerikaner waren erstaunt, als ihr Präsident auf den zweiten Ölschock und eine akute Treibstoffknappheit im Juli 1979 mit einer predigthaften Fernsehrede reagierte, in der er die Energieprobleme als Teil einer breiteren Vertrauenskrise beschrieb und vehement gegen »Maßlosigkeit und Konsum« wetterte.

Trotz der Entspannungspolitik beschäftigte sich das militärische Establishment der USA fast schon obsessiv mit den Szenarien eines Atomkriegs. Das »Gleichgewicht des Schreckens« beruhte auf dem Prinzip der »Mutual Assured Destruction«, wonach jeder atomare Angriff einen entsprechenden Gegenschlag ausgelöst hätte, sodass keine Seite einen Atomkrieg überleben würde. Entscheidend dafür war, dass ein ausreichendes Atomwaffenarsenal einen Erstschlag überstehen würde. Die USA setzten dabei vor allem auf ihre strategische Bomberflotte, von der sich ein Teil ständig in der Luft befand, sowie auf die Nuklearraketen in ihren atombetriebenen U-Booten, die für den Gegner nicht zu orten waren. Die dritte Säule der sogenannten nuklearen Triade waren bodengestützte Interkontinentalraketen. Das Atomarsenal der Sowjetunion bestand vor allem aus Interkontinentalraketen, doch die zuerst von den USA vorangetriebene Technologie der Mehrfachsprengköpfe (MIRV) machte diese verwundbar und untergrub so das atomare Gleichgewicht. Wenn eine Rakete zahlreiche unabhängige Sprengköpfe besaß, war es möglich, bei einem Erstschlag alle Raketensilos des Gegners zu zerstören und so einen massiven Gegenangriff zu verhindern.

Als die Sowjetunion in den siebziger Jahren ihre eigene MIRV-Technologie verbesserte und Interkontinentalraketen vom Typ SS-18 mit jeweils zehn Sprengköpfen aufstellte, schlugen amerikanische Militärs und Sicherheitsexperten Alarm. Statt darauf hinzuweisen, dass die USA mit ihren U-Booten und Bombern selbst im schlimmsten Fall zum Gegenschlag ausholen konnten, warnten sie vor einem »Fenster der Verwundbarkeit«, in dem die Sowjetunion die amerikanischen Raketensilos zerstören und so einen Atomkrieg gewinnen konnte. Ein angeblich umfangreiches russisches Zivilschutzprogramm wurde in amerikanischen Expertenkreisen als Beweis angesehen, dass die Sowjets einen Atomkrieg für führbar hielten. Als Antwort wurden neue Raketen vom Typ MX (Missile Experimental) mit jeweils zehn Atomsprengköpfen entwickelt, von denen die Carter-Regierung zweihundert Stück aufstellen wollte. Um sie vor einem sowjetischen Angriff zu schützen, sollten sie in der Wüste von Nevada und Utah in einer Art von Hütchenspiel über Tausende von Kilometern neugebauter Straßen auf Lastern zwischen 4600 Silos hin- und hergeschoben werden. Das Projekt hätte 33 Milliarden Dollar gekostet und wurde zum Glück nie verwirklicht. Aus sowjetischer Sicht stellte die MX eine gefährliche Erstschlagwaffe dar, die dank ihrer hohen Präzision in der Lage war, die sowjetischen Raketensilos zu zerstören. Sie schuf dadurch nicht mehr, sondern weniger Sicherheit vor einem Atomkrieg.

Gleichzeitig mit dem MX-Programm entwickelte die Carter-Regierung eine neue »ausgleichende« nukleare Strategie, die sich auf die Zerstörung sowjetischer Raketensilos konzentrierte und auch begrenzte Atomwaffeneinsätze im Falle eines Angriffs der Sowjetunion mit konventionellen Waffen nicht ausschloss. Wieder einmal sank wegen einer angeblichen militärischen Überlegenheit der Sowjets die Hemmschwelle für einen Atomkrieg.

Trotz dieser Rüstungsprogramme unterschrieben Carter und der sowjetische Führer Leonid Breschnew im Juni 1979 den SALT-II-Vertrag, der eine Beschränkung von strategischen Atomwaffen vorsah. Doch zu diesem Zeitpunkt hatten viele Demokraten bereits den Glauben an Rüstungskontrolle verloren. Der Vertrag stieß im Senat auf heftigen Widerstand beider Parteien, und als im Dezember 1979 die Sowjetunion in Afghanistan einmarschierte, stoppte Carter dessen Ratifizierung. Er verständigte sich allerdings mit Moskau informell, die Bestimmungen weiter einzuhalten.

Die sowjetische Invasion von Afghanistan war ein Wendepunkt in den Ost-West-Beziehungen. Amerikanische Experten zeigten sich überzeugt, dass Moskau damit das strategische Ziel verfolgte, näher an den Indischen Ozean und zum ölreichen Mittleren Osten zu gelangen. Im Januar 1980 erklärte der Präsident in der sogenannten »Carter-Doktrin« den Persischen Golf für die USA zu einer lebenswichtigen Region und kündigte militärischen Widerstand gegen jede Aggression von außen an.

Es gibt allerdings deutliche Hinweise darauf, dass die USA die sowjetische Invasion bewusst provoziert hatten, indem sie seit Sommer 1979 die islamischen Mudschaheddin, die den Kampf gegen das sozialistische Regime in Kabul aufgenommen hatten, mit Waffenlieferungen unterstützten. »Wir haben die Sowjets nicht zum Intervenieren gedrängt, aber wir haben wissentlich die Wahrscheinlichkeit erhöht, dass sie es tun«, räumte Brzezinski 1998 in einem Interview ein. Das Ziel war, den Sowjets ein eigenes Vietnam zuzufügen, ihre militärischen Ressourcen in einem kostspieligen Guerillakrieg zu binden und den Widerstand der islamischen Bevölkerungsgruppen in der Sowjetunion gegen die kommunistische Herrschaft anzustacheln. Die Falle schnappte tatsächlich zu – mit weitreichenden Folgen: Der Afghanistan-Feldzug trug entscheidend zum Zusammenbruch der Sowjetunion bei und nährte auch den islamischen Terrorismus, der sich später in Gestalt von Osama bin Laden und Al-Kaida gegen die USA richtete (→ Kapitel 37).

Die amerikanischen Reaktionen auf die Afghanistan-Invasion waren der Boykott der Olympischen Spiele in Moskau 1980, was den Sport für die Politik vereinnahmte und 1984 zu einem russischen Gegenboykott bei den Spielen in Los Angeles führte, sowie ein Getreideembargo gegen die Sowjetunion, das anderen Staaten auf Kosten amerikanischer Bauern zu besseren Absatzchancen verhalf. Die Verteidigungsausgaben stiegen deutlich: von 105 Milliarden Dollar 1978 auf 158 Milliarden Dollar 1981, dem ersten Jahr der Reagan-Präsidentschaft.

Im Januar 1979 hatten die USA mit dem Sturz des Shahs von Persien durch Ayatollah Khomeini den wichtigsten Verbündeten im Mittleren Osten verloren. Carter hatte dem Shah zwar bis zuletzt die Stange gehalten, konnte aber den Kollaps von dessen Regime nicht aufhalten. Der krebskranke Shah ging nach Lateinamerika ins Exil, doch die Carter-Regierung gab ihm im Oktober 1979 ein Visum zur Einreise in die USA, damit er sich in New York ärztlich behandeln lassen konnte. Die Iraner forderten seine Auslieferung, und als Washington dies ablehnte, stürmten vom Regime aufgestachelte Studenten am 4. November 1979 die amerikanische Botschaft in Teheran und nahmen 52 Amerikaner als Geiseln. Das Drama wurde von den amerikanischen Medien hochgespielt: Jeden Abend sendeten die Hauptnachrichten Bilder über die nationale Schmach. Die Stimmung in den USA schwenkte um; das Trauma von Vietnam war vergessen, die öffentliche Meinung forderte ein hartes Vorgehen gegen alle Feinde der USA. Der Versuch, die Geiseln mit einem Militäreinsatz zu befreien, scheiterte im April 1980 kläglich. Außenminister Vance, der die riskante Aktion abgelehnt hatte, trat daraufhin zurück.

Carters neue Politik der Härte brachte ihm nicht das Vertrauen der amerikanischen Bürger zurück. Er konnte sich zwar in den Vorwahlen gegen seinen innerparteilichen Herausforderer Edward Kennedy durchsetzen, in den Präsidentschaftswahlen aber hatte er gegen Ronald Reagan keine Chance: Reagan siegte über Carter mit 51 zu 41 Prozent. Die Mehrheit der Amerikaner wünschte sich eine starke Führung und glaubte den Versprechungen des ehemaligen Schauspielers, dass er mit Steuersenkungen die Wirtschaft sanieren und mit Aufrüstung das Ansehen der USA in der Welt wiederherstellen könne.

In den Jahren nach seiner Niederlage gründete der gescheiterte Ex-Präsident das Carter Center in Atlanta und wurde zu einem Vorkämpfer für Demokratie und friedliche Konfliktlösung in der Welt. 2002 wurden seine Leistungen sowie sein entscheidender Beitrag für den Friedensschluss zwischen Israel und Ägypten mit dem Friedensnobelpreis gewürdigt. Seine Präsidentschaft selbst aber war eine verschenkte Chance, die Außenpolitik der USA moralischer, menschlicher und rationaler zu gestalten. Mit Ronald Reagan kehrte die Logik des Kalten Kriegs, die das Land in den Vietnam-Krieg geführt hatte, ins Weiße Haus zurück.

15
Schulden und Schulgebet:
Reagans Wirtschafts- und Innenpolitik

Im ersten Jahr von Ronald Reagans Präsidentschaft wurden die Steuern drastisch gesenkt, Militärausgaben erhöht und Sozialprogramme beschnitten. Die Folgen waren ein gewaltiges Wirtschaftsdefizit, das die Zinsen in die Höhe trieb, ein überbewerteter Dollar und eine wachsende Kluft zwischen Arm und Reich. Zur Rettung von Arbeitsplätzen verfiel die Reagan-Regierung zunehmend dem Protektionismus, vor allem gegenüber Japan. Gesellschaftspolitisch gewannen Religion und Bigotterie an Boden.

Im Dezember 1974 saßen der junge Ökonom Arthur Laffer und der konservative Journalist Jude Wanniski vom *Wall Street Journal* gemeinsam in einem Restaurant und sprachen über die wirtschaftlichen Probleme der USA. Laffer hatte eine einfache Lösung, die er der Tischgesellschaft auf einer Serviette aufzeichnete: Die Höhe der Steuersätze und die Steuereinnahmen eines Staats ergeben keine gerade Linie, sondern eine glockenförmige Kurve. Wenn ein Staat die Steuern erhöht, dann steigen anfangs seine Einnahmen, überschreitet der Steuersatz einen gewissen Wert, dann nimmt er immer weniger ein, weil die Menschen keinen Anreiz mehr zum Arbeiten haben. Bei einem Steuersatz von 100 Prozent geht der Staat leer aus.

Es war eine alte ökonomische Weisheit, die Laffer hier präsentierte. Schon seit Jahrtausenden versuchen Staaten die optimale Zollhöhe zu finden, die ihnen die höchsten Einnahmen bringt, ohne den Schmuggel allzu sehr zu fördern. Aber der Ökonom sah dies auch als Grundproblem der amerikanischen Wirtschaft: Mit Spitzensteuersätzen von 70 Prozent waren die USA bereits im Bereich angelangt, wo Steuern Leistung, Wachstum und damit auch Budgeteinnahmen bremsten. Eine radikale Steuersenkung würde so viel zusätzliches Wachstum bringen, dass der Staat am Ende nicht weniger, sondern mehr Einnahmen hätte.

Laffers Vorbild waren die Steuersenkungen, die noch unter John F. Kennedy beschlossen und 1964 von Lyndon B. Johnson umgesetzt wurden. Der Spitzensteuersatz sank damals von wahnwitzigen 91 auf 70 Prozent, die gesamte Steuerentlastung betrug 13,5 Milliarden Dollar und die USA erlebten daraufhin den längsten Aufschwung der Nachkriegsära. Der gleiche Effekt würde eintreten, so Laffer, wenn man den Spitzensteuersatz weiter auf 50 oder gar nur 25 Prozent senken würde.

Wanniski war von diesem einfachen Modell begeistert und verbreitete die Botschaft von der »Laffer-Kurve« in Kolumnen, Vorträgen und Büchern. Er schuf die Bezeichnung »supply-side economics«, um sie von der allgemein anerkannten Lehre des britischen Ökonomen John Maynard Keynes abzugrenzen, der sich mit der Steuerung der Nachfrage beschäftigte, also mit den Konsum- und Investitionsausgaben in der Wirtschaft, nicht aber mit der Verbesserung des Angebots. Laffers Ideen drangen auch zu Ronald Reagan vor, der gerade eine konservative Revolte in der Republikanischen Partei anführte.

Die Republikaner hatten zwar Franklin D. Roosevelts New Deal jahrelang bekämpft, aber seit den fünfziger Jahren die Schaffung eines sozialen Sicherungssystems und die Zunahme staatlichen Einflusses auf die Wirtschaft sukzessive hingenommen. Die Eisenhower-Jahre waren innenpolitisch von pragmatischer Kontinuität geprägt. Nixon und Ford setzten später die progressiven Reformen von Johnsons »Great Society« fort und dehnten sie beispielsweise auf den Umweltschutz aus. Doch nicht alle Republikaner wollten diese Entwicklung akzeptieren. 1964 führte der Senator Barry Goldwater aus Arizona eine Revolte gegen das republikanische Establishment an und wurde zum Präsidentschaftskandidaten seiner Partei gekürt. Dieser neue konservative Flügel der Partei wurde zwar durch Goldwaters vernichtende Niederlage gegen Johnson geschwächt, aber nicht aufgelöst.

Goldwaters Botschaft gegen die Übermacht des Staats begeisterte einen politisch engagierten Schauspieler in Kalifornien: Ronald Reagan unterstützte Goldwater im Wahlkampf und wurde mit Hilfe konservativer Unternehmer 1966 zum Gouverneur von Kalifornien gewählt, wo er sich mit einer Politik des Augenmaßes einen guten Ruf erwarb. 1974 schied er aus dem Amt und bemühte sich um eine Präsidentschaftskandidatur. Mit massiver Kritik an der Entspannungspolitik, der teuren Sozialpolitik und den hohen Staatsausgaben forderte er 1976 innerhalb der Partei Gerald Ford heraus, der sich nur knapp durchsetzen konnte. »Die Regierung ist nicht die Lösung, sondern das Problem«, appellierte Reagan an die konservativen Instinkte vieler Republikaner. Diese Angriffe schwächten Präsident Ford und trugen zu seiner Niederlage gegen Jimmy Carter bei.

Die Wirksamkeit von Reagans Botschaft gegen Staat und Steuern zeigte sich 1978 in Kalifornien, als ein Volksbegehren zur Senkung der Grundsteuern mit großer Mehrheit angenommen wurde. Kaliforniens Wirtschaft leidet bis heute unter diesen Steuerausfällen, aber die politische Attraktivität von Steuersenkungen ist über die Jahre noch größer geworden. Hinter dieser Bewegung steckte auch eine rassistische Komponente: Die meisten Amerikaner waren davon überzeugt, dass die Schwarzen, die sich dank der Bürgerrechtsbewegung der sechziger Jahre politisch emanzipieren konnten, die Hauptnutznießer der neuen Sozialprogramme der Great Society waren. In Wahrheit floss das meiste Geld dem weißen Mittelstand zu, aber die Kritik am Wohlfahrtsstaat war oft auch ein verdeckter Angriff auf die Schwarzen.

In den Carter-Jahren profilierte sich Reagan als Favorit für die nächsten Präsidentschaftswahlen. Er forderte mehr Härte gegenüber der Sowjetunion, kritisierte alle Rüstungskontrollabkommen und versprach, die Steuern um 30 Prozent zu senken, die Rüstungsausgaben anzukurbeln und dennoch einen ausgeglichenen Haushalt vorzulegen. Möglich sei das, so Reagan, dank des Zaubers der Laffer-Kurve, der Abschaffung verschwenderischer Sozialprogramme und der Befreiung der Unternehmen von lästigen Auflagen und Regeln. Sein Hauptrivale in den republikanischen Vorwahlen, der ehemalige Diplomat und CIA-Chef George Bush, nannte dies »Voodoo-Ökonomie«. Doch der charismatische Reagan, der sich im Medium Fernsehen besonders wohlfühlte, deklassierte Bush und die anderen Republikaner: »Seid ihr heute besser dran als vor vier Jahren?«, fragte er die Amerikaner im Wahlkampf gegen Carter. Die Antwort fiel nach den wirtschaftlich schwierigen und außenpolitisch erniedrigenden Carter-Jahren eindeutig aus.

In einem erdrutschartigen Sieg wurde Reagan im November

1980 zum Präsidenten gewählt – sogar von demokratischen Stammwählern wie den Industriearbeitern im Mittleren Westen. Es war weniger sein konservatives Programm als die Hoffnung auf eine starke Führung und einfache Lösungen, die viele Wähler überzeugte. Der Kern seiner Ideologie war eine antimoderne Nostalgie für ein idyllisches, einfaches Kleinstadt-Amerika mit traditionellen Werten, deren Verlust viele US-Bürger mit den Turbulenzen der sechziger Jahre verbanden. Seine Botschaft umschrieb er deshalb mit »fünf einfachen, vertrauten Worten: Familie, Arbeit, Nachbarschaft, Freiheit, Frieden«. Reagan kümmerte sich nicht um politische Details, sondern überließ fast alle Entscheidungen seinen Mitarbeitern und zeigte oft erschreckende Wissenslücken. Für ihn war Politik die Fortsetzung seiner Schauspielerei. Seine öffentlichen Auftritte waren perfekt inszeniert und meist auch sehr wirkungsvoll.

Wirtschafts- und Finanzpolitik

Sofort nach seiner Vereidigung nahm Reagan den radikalen Umbau der amerikanischen Wirtschaft in Angriff. Der Kemp-Roth Act sah die drastische Senkung von Einkommens- und Unternehmenssteuern in drei Stufen vor – der Spitzensteuersatz sollte dabei von 70 auf 50 Prozent sinken. Gleichzeitig sollten die Rüstungsausgaben massiv erhöht und die übrigen Staatsausgaben gesenkt werden. Das betraf alle Sozialprogramme, doch die meisten Ausgaben waren im Pensionssystem (Social Security) und in der Krankenversicherung für Rentner (Medicare) fest gebunden. Diese Programme nützten dem breiten Mittelstand und waren viel zu populär, als dass Reagan sie hätte antasten können. Die Kürzungen betrafen daher besonders solche Sozialprogramme, die von den ärmeren Schichten genutzt wurden wie Essensmarken, Wohnbeihilfen, kostenlose Schulspeisungen oder Umschulungen. Frauen, die Sozialhilfe bezogen, wurden von Reagans Leuten als »Welfare Queens« verunglimpft, die sich auf Kosten der Steuerzahler ein schönes Leben machten. Obwohl die Mehrheit der Sozialhilfeempfänger weiße Familien vom Land waren, sprach Reagan immer wieder von den »Schwarzen in den Städten«.

Die Steuer- und Budgetgesetze passierten im Juni 1981 mit

sehr geringen Abstrichen den Kongress, doch statt des versprochenen Wirtschaftsaufschwungs versanken die USA in der tiefsten Rezession seit den dreißiger Jahren. Die Arbeitslosigkeit stieg auf 10,8 Prozent, die Industrieproduktion sank um fast ein Zehntel. Schuld daran war weniger Reagans Budgetpolitik als vielmehr die Geldpolitik der Federal Reserve, die im Kampf gegen die Inflation die Zinsen immer weiter anhob. Die drastischen Kürzungen sozialer Leistungen jedoch verschlimmerten die Auswirkungen auf die Bevölkerung: Arbeitslose konnten ihre Familien kaum noch ernähren, die Obdachlosigkeit nahm stark zu, Familien verloren ihre Wohnungen und mussten in Notunterkünften Zuflucht suchen. Eine Million Amerikaner etwa lebten 1986 auf der Straße, ein Fünftel von ihnen war trotz eines Arbeitsplatzes obdachlos.

Reagan machte die Steuern, die seiner Meinung nach immer noch zu hoch waren, für die Rezession verantwortlich und versprach rasche Besserung. Tatsächlich setzte Anfang 1983 ein Aufschwung ein, der zuerst die Börse beflügelte und später zu einer Senkung der Arbeitslosigkeit führte. Die Inflation, die während der Rezession deutlich zurückgegangen war, stieg nicht wieder an. 1984 war die amerikanische Wirtschaft wieder so stark, dass Reagan mit dem optimistischen Wahlslogan »Es ist Morgen in Amerika« mit überwältigender Mehrheit die Wiederwahl gegen Carters ehemaligen Vizepräsidenten Walter Mondale schaffte.

Die langfristigen Probleme, die durch die »Reaganomics« verursacht wurden, waren nicht zu übersehen. Entgegen seinen Versprechungen konnte Reagan keinen ausgeglichenen Haushalt vorlegen. Nicht-militärische Staatsausgaben wurden bei weitem nicht so stark gekürzt, wie es einige von Reagans Beratern, zum Beispiel der Budgetdirektor David Stockman, erhofft hatten. Wer immer eine starke Lobby in Washington besaß, konnte sich vor Einschnitten schützen und selbst die unnötigsten Subventionen vor den scharfen Messern der Budgetplaner retten. Nur die Armen, für die niemand sprach, trugen die volle Last des Sparkurses, doch das schlug sich in den Budgetzahlen nicht ausreichend nieder.

Rezession und Steuersenkungen drückten inzwischen die Staatseinnahmen, sodass das Haushaltsdefizit auf immer neue Rekordhöhen kletterte. Es stieg von 40 Milliarden Dollar im Jahr 1979 auf 208 Milliarden Dollar 1983 oder 6,2 Prozent des Bruttoinlandsprodukts. Die Staatsschulden kletterten von 900 Milliarden Dollar unter Carter auf mehr als 2 Billionen Dollar bis 1986 und machten bereits 50 Prozent des Bruttoinlandprodukts aus. Aufgrund der Größe der amerikanischen Wirtschaft war diese Entwicklung in der ganzen Welt zu spüren. Da die Sparquote der Amerikaner nicht stieg, mussten die USA Milliarden an ausländischem Kapital ins Land locken. Das trieb Zinsen in aller Welt in die Höhe und stärkte die Aufwärtsbewegung des Dollars, der sich von seinen Tiefständen Ende der siebziger Jahre rasch erholte. Der starke Dollar war ein Glück für viele europäische Unternehmen, die ihre Exporte in die USA steigern konnten, doch er schadete amerikanischen Konzernen und verursachte ein Außenhandelsdefizit, das vor allem gegenüber Japan immer bedrohlichere Ausmaße annahm.

Jahr	Defizit	BIP	Schulden	BIP
1979	−40 183 Mio. $	1,6 %	−828 923 Mio. $	34 %
1980	−73 835 Mio. $	2,7 %	−908 503 Mio. $	34 %
1981	−78 976 Mio. $	2,7 %	−994 298 Mio. $	34 %
1982	−127 989 Mio. $	4,0 %	−1 136 798 Mio. $	36 %
1983	−207 818 Mio. $	6,2 %	−1 371 164 Mio. $	41 %
1984	−185 388 Mio. $	5,0 %	−1 564 110 Mio. $	42 %
1985	−212 334 Mio. $	5,4 %	−1 816 974 Mio. $	46 %
1986	−221 245 Mio. $	5,2 %	−2 120 082 Mio. $	50 %
1987	−149 769 Mio. $	3,4 %	−2 345 578 Mio. $	53 %
1988	−155 187 Mio. $	3,2 %	−2 600 760 Mio. $	54 %
1989	−152 481 Mio. $	2,9 %	−2 867 538 Mio. $	55 %
1990	−221 384 Mio. $	4,0 %	−3 206 207 Mio. $	59 %
1991	−269 521 Mio. $	4,7 %	−3 598 303 Mio. $	63 %
1992	−290 403 Mio. $	4,8 %	−4 001 941 Mio. $	67 %

Bundesdefizit. Staatsschulden und Bruttoinlandsprodukt
(*Quelle:* U.S. Office of Management and Budget)

Anfangs versuchte die Reagan-Regierung diese Doppeldefizite zu ignorieren, doch auch im Kongress wuchs der Druck, etwas gegen das Haushaltsloch zu unternehmen. Reagan musste Steuererhöhungen akzeptieren, die ab 1987 zu einem Rückgang des Defizits führten. Aber sie blieben viel zu hoch und die Rezession vergrößerte die Budgetlücke bis 1992, dem letzten Regierungsjahr von George Bush, auf 290 Milliarden Dollar – ein Wert, den erst sein Sohn wieder erreichte. Der Schuldenstand wuchs bis 1992 auf 4 Billionen Dollar, was 67 Prozent des Bruttoinlandsprodukts entsprach.

Die Reagan-Regierung ignorierte den Höhenflug des Dollars; Finanzminister Donald Regan feierte ihn sogar als Beweis für die wiedererrungene nationale Stärke. Doch nach der Wiederwahl 1984 tauschte Regan mit Stabschef James Baker das Amt und Baker reagierte auf die zunehmenden Alarmrufe der Exportindustrie. In einem Geheimtreffen im New Yorker Plaza Hotel vereinbarte Baker im September 1985 mit den Finanzministern anderer führender Industriestaaten, dass die nationalen Zentralbanken gemeinsam zur Abwertung des Dollars intervenieren sollten. Die Devisenmärkte verstanden die Botschaft, der Wert des Dollars sank in den folgenden Jahren deutlich, ohne allerdings das Außenhandelsdefizit zu tilgen.

Der Rückgang des Dollars ging zu Lasten der Europäer, vor allem der deutschen Exportindustrie. Die Unsicherheit hinsichtlich der Staatsfinanzen und die Spannungen mit der Deutschen Bundesbank über die richtige Zinspolitik lösten im Oktober 1987 einen Börsenkrach aus. Am 19. Oktober, dem sogenannten Schwarzen Montag, verlor der Dow-Jones-Index 508 Punkte oder fast ein Viertel seines Werts – der größte Tagesverlust der Geschichte. Die Federal Reserve unter ihrem neuen Vorsitzenden Alan Greenspan senkte die Zinsen rasch und vermied damit eine Entwicklung wie 1929, als der Börsenkrach die Weltwirtschaftskrise auslöste.

Angesichts des zunehmenden Arbeitsplatzabbaus in der amerikanischen Industrie und des Drucks im Kongress gab die Reagan-Regierung den traditionellen Freihandelskurs in der Außenhandelspolitik auf. Sie reagierte auf die Herausforderung der japanischen Konkurrenz mit protektionistischen Maßnahmen. Die Regierung in Tokio wurde zu Exportbeschränkungen genötigt. Wenn ausländische Konkurrenten ihren Marktanteil in den USA dank besserer Qualität und niedrigerer Preise steigerten, wurde dies in Washington als unfaire Handelstaktik verurteilt und mit restriktiven Einfuhrquoten bestraft. Dass das Außenhandelsdefizit vor allem auf die Finanzpolitik der USA und die Innovationsschwäche vieler Industrien zurückzuführen war, wollte man in Washington nicht wahrhaben.

Reagans Defizite schwächten die amerikanische Wirtschaft bis in die späten neunziger Jahre. Dass gerade Republikaner, die immer für eine solide Budgetpolitik gestanden waren, eine solche Schuldenpolitik verfolgten, erstaunte viele Ökonomen. Aber dahinter stand politisches Kalkül: Nur mit der Drohung hoher Defizite konnte genug Druck erzeugt werden, um die Staatsausgaben, besonders die Sozialprogramme, radikal zu kürzen und die Rolle des Staats in der Gesellschaft zurückzudrängen. »Starve the beast«, lautete die Devise, wobei mit dem auszuhungernden Biest der Staat gemeint war. Die Defizite waren ein letztlich erfolgreiches Instrument zur konservativen Umgestaltung der amerikanischen Gesellschaft.

Die sichtbarste Folge war eine Zunahme des Ungleichgewichts zwischen Arm und Reich. Die amerikanische Wirtschaft war ab 1983 von einem raschen Wachstum der Dienstleistungen, vor allem im Finanzsektor, und einem Boom an den Börsen gekennzeichnet, während die Industrie sich gegen die wachsende Konkurrenz aus Fernost schwer durchsetzen konnte und weiter schrumpfte. Angespornt von der Anti-Gewerkschaftspolitik der Reagan-Regierung, die beispielsweise einen Streik der Fluglotsen brach, indem sie 12 000 Streikende feuerte, verlegten viele Konzerne ihre Produktionsstätten aus stark gewerkschaftlich organisierten Bundesstaaten wie Michigan und Illinois in den Süden, wo die Gewerkschaften traditionell wenig Einfluss besaßen.

Auch Schwarze fanden immer schwerer gutbezahlte Tätigkeiten in den Fabriken und mussten Billigjobs zu Mindestlöhnen wie bei McDonald's annehmen, um überleben zu können. Die Mehrzahl der 20 Millionen Jobs, die in den achtziger Jahren entstanden, waren solche sogenannten McJobs. Während die Arbeitslosigkeit langsam sank, stieg die Zahl der »working poor«, die trotz Vollzeitarbeit deutlich unter der Armutsgrenze lebten. Das ärmste Zehntel der Bevölkerung musste zusehen, wie sein ohnehin schon niedriges Einkommen um weitere 10 Prozent sank. Kinder waren die größten Opfer der Reagan-Politik: Mitte der achtziger Jahre lebte ein Fünftel aller Kinder – und die Hälfte aller schwarzen Kinder – in Armut.

Jahr	Vermögen	Jahr	Vermögen
1979	23 %	1986	35 %
1981	27 %	1989	39 %
1983	34 %	1992	42 %

Reichtum in den Händen von 1 Prozent der Bevölkerung (Quelle: Jones, Created Equal)

Dafür ging ein beispielloser Geldregen nieder auf die kleine Schicht von bereits reichen Familien, Spitzenmanagern und Freiberuflern wie Anwälten oder Aktienhändlern, die vom Börsenboom und von Firmenzusammenschlüssen profitierten. Verdiente im Jahr 1979 ein Unternehmenschef 40-mal so viel wie ein Arbeiter, so war es 1989 schon 93-mal so viel. Der Anteil des reichsten Hundertstels der Bevölkerung am Volksvermögen stieg von 23 Prozent im Jahr 1979 auf 39 Prozent im Jahr 1989. 37 Prozent des Einkommensgewinns und 63 Prozent des gesamten Vermögenszuwachses in dieser Zeit gingen an diese kleine Schicht. Die große Masse, die 80 Prozent der Bevölkerung ausmachte, erhielt bloß 24 Prozent des Mehreinkommens und nur 1 Prozent des Vermögensgewinns. »Trickle-down economics« wurde die Behauptung der Reagan-Anhänger genannt, wonach das Geld in den Händen der Reichen durch deren Arbeit und Investitionen langfristig der gesamten Bevölkerung zugutekommt. Die Reagan-Ära war stattdessen von »trickle-up economics« geprägt – eine gewaltige Umverteilung von Arm zu Reich.

Die großen Konzerne profitierten zudem von der Abschaffung zahlreicher staatlicher Auflagen. War die Deregulierungspolitik der Carter-Regierung noch vom Bestreben geprägt, durch mehr Wettbewerb die Preise für die Verbraucher zu senken, so kamen die Reformen der Reagan-Regierung allein den großen Unternehmen zugute. So wurden in vielen Branchen Arbeitnehmerschutz und Umweltauflagen gelockert; Firmenzusammenschlüsse, die eine strikte Wettbewerbspolitik in früheren Jahrzehnten verhindert hatte, wurden unter Reagan rasch bewilligt. Die Unternehmensgewinne stiegen und damit die Aktienkurse, zugleich sanken Löhne und Produktqualität.

Innenpolitik

Reagans erster Innenminister, in dessen Ressort auch die Umweltpolitik fiel, war James Watt. Der christlich-konservative Anwalt aus Wyoming lehnte im Glauben an das Jüngste Gericht, das bald kommen werde, jede Art des Umweltschutzes ab. Er gab Millionen Hektar an staatlichem Land für eine kommerzielle Nutzung frei, ließ die Rodung von bisher geschützten Wäldern zu und verkaufte Weide- und Bergbaurechte zu viel zu niedrigen Preisen. Watts Politik verschreckte selbst Konservative. Er wurde nach rassistischen Ausfällen schon 1983 zum Rücktritt gezwungen, aber der Raubbau an der amerikanischen Umwelt ging weiter.

Watt war nicht der einzige konservative Christ in der Reagan-Regierung. Auch der Präsidentenberater und spätere Justizminister Edwin Meese zählte zur sogenannten Christian Right, die unter Reagan immer stärkeren Einfluss gewann. Rund 45 Millionen Amerikaner bezeichneten sich als fundamentalistische Protestanten, eine große Zahl von Katholiken stand politisch ebenfalls eher rechts. Die sexuelle Revolution, die Frauenemanzipation und vor allem die Legalisierung der Abtreibung durch eine umstrittene Entscheidung des Obersten Gerichtshofs 1973 hatten diese Gruppen politisch mobilisiert (→ Kapitel 28). 1979 gründete der Baptisten-Prediger Jerry Falwell die Moral Majority als Lobbygruppe gegen Abtreibung und Homosexuellenrechte sowie für die Einführung von Schulgebeten in öffentlichen Schulen, was aufgrund der in der Verfassung festgeschriebenen Trennung von Religion und Staat untersagt war. Mehr als 60 Millionen Menschen sahen jede Woche die Fernsehpredigten der »Televangelists« wie Jerry Falwell, Pat Robertson oder Jim Bakker, die diese Botschaft wirkungsvoll verbreiteten. Als 1983 der HIV-Virus als Verursacher der neuen bedrohlichen Krankheit Aids, die in der ersten Phase fast ausschließlich Schwule befiel, identifiziert wurde, erhielt die Gegenrevolution gegen die toleranten sechziger Jahre neuen Schwung. Die USA rückten geistig, kulturell und gesellschaftlich immer weiter nach rechts.

Hauptziel der Konservativen war, die liberale Mehrheit im Obersten Gerichtshof zu brechen, der seit den sechziger Jahren viel zur Festigung der Bürgerrechte und individuellen Freiheit beigetragen hatte. 1981 nominierte Reagan Sandra O'Connor als

Richterin, eine gemäßigte konservative Juristin. Erst während Reagans zweiter Amtszeit begann die eigentliche Umbesetzung dieses mächtigen Gremiums. 1986 ging der gemäßigte Gerichtshofvorsitzende Warren Burger in Rente und wurde vom konservativen William Rehnquist abgelöst. Dessen Platz füllte Reagan mit Antonin Scalia, einem rechtsgerichteten Ideologen. Als der Präsident ein Jahr später den als besonders reaktionär geltenden Juristen Robert Bork in den Gerichtshof hieven wollte, ging ein Aufschrei durch das Land: Schwarze, Frauen und liberale Gruppen protestierten, und seine Ernennung scheiterte schließlich im Senat, der jede Richterernennung bestätigen muss. Für die erfolgreiche Kampagne gegen Bork schwor die Rechte den Demokraten Rache, was Bill Clinton später zu spüren bekam.

Der Gerichtshof erlaubte in einer Abkehr von seinem früheren Urteil zum Schwangerschaftsabbruch den Bundesstaaten, das Recht auf Abtreibung einzuengen, schränkte die Förderung von Schwarzen und Minderheiten (»affirmative action«) ein und stärkte die Rechte von Polizei und Staatsanwaltschaft. Doch als Kollektiv verzichteten die Richter auf eine echte konservative Revolution, die viele Liberale befürchtet hatten. Ihr Respekt vor den Entscheidungen ihrer Vorgänger und ihr Interesse an gesellschaftlicher Harmonie war zu groß.

Bilanz

Reagan war der erste Präsident seit Eisenhower, der zwei volle Amtszeiten überstand, und blieb bis zuletzt außergewöhnlich populär. Zweifellos gehört er zusammen mit Margaret Thatcher zu den einflussreichsten Politikern des späten 20. Jahrhunderts; die von ihnen geprägte konservative Wende dauert bis heute an. Doch bei genauerem Hinsehen ist Reagans wirtschaftspolitische Bilanz ernüchternd: Der Sieg gegen die Inflation ist vor allem der Rosskur von Notenbankchef Paul Volcker zu verdanken, der noch von Carter eingesetzt worden war. Auch sinnvolle Maßnahmen zur Deregulierung, etwa in der Luftfahrt, der Telekommunikation und auf dem Energiesektor, hatte Carter eingeleitet. Dafür opferte Reagan die Fortschritte in der Umweltpolitik, die in den siebziger Jahren erreicht worden waren. »Supply-side economics« erwies sich, wie seriöse Ökonomen schon immer behauptet hatten, als Illusion. Das Wirtschaftswachstum von 1982 bis 1989 war nicht stärker als in anderen Erholungsphasen nach einer Rezession und wurde mit der Aufnahme von Schulden erzielt. Die Senkung des Spitzensteuersatzes auf 28 Prozent nützte den Spitzenverdienern, aber nicht der Wirtschaft. Als Bill Clinton den Steuersatz 1993 kräftig erhöhte, führte das zu einem Wachstum, das jenes der Reagan-Jahre in den Schatten stellte.

Das gravierendste Problem, das Reagan seinem Nachfolger Bush hinterließ, war die Krise des Sparkassen- und Hypothekenbankensektors. Die Banken hatten nach einer missglückten Deregulierung Anfang der achtziger Jahre faule Kredite in Milliardenhöhe angehäuft und übertrugen die Kosten der staatlich finanzierten Einlagenversicherung. Statt die maroden Institute möglichst rasch zu sanieren oder zu schließen, zögerten Kongress und Weißes Haus die Lösung des Problems hinaus und ließen zu, dass sich viele Bankiers weiter bereicherten. Diese bedankten sich mit großzügigen Spenden an Kongressabgeordnete und Senatoren beider Parteien.

Unter den Beteiligten befand sich auch Neil Bush, der Sohn des damaligen Vizepräsidenten George Bush. Er war Miteigentümer der Silverado Saving and Loans in Denver, die 1988 zusammenbrach. Für die Steuerzahler entstand dabei ein Schaden von rund 1,3 Milliarden Dollar. Neil Bush hatte Millionen-Kredite an Geschäftspartner vermittelt, die sich mit großzügigen Gegenleistungen bei ihm bedankten – und ihre Kredite nie zurückzahlten. Der Bush-Sohn wurde später angeklagt, kam aber 1990 mit einem außergerichtlichen Vergleich und einer Strafe von 50 000 Dollar davon. Auch ein anderer Bush-Sohn, John Ellis, genannt »Jeb«, der spätere Gouverneur von Florida, trug mit einem 4,5-Millionen-Kredit, den er nicht zurückzahlte, zum Kollaps einer Bank in Florida bei.

1988, im letzten Jahr der Reagan-Regierung, wurde der Skandal bereits ruchbar, aber gezielt heruntergespielt, um die Wahlchancen von George Bush nicht zu gefährden. Erst nach seiner Vereidigung räumte Bush im Februar 1989 das Ausmaß der Krise ein und kündigte ein Programm zur Rettung des Sektors an. Die damals genannten Kosten von 30 bis 50 Milliarden Dollar erschütterten die amerikanische Öffentlichkeit, doch heute weiß man, dass die gesamte Rettungsaktion die Steuerzahler – je nach Berechnungsmethode – tatsächlich zwischen 150 und 200

Milliarden Dollar gekostet hat. Es war der wohl teuerste Finanzskandal der Geschichte.

Reagans Vermächtnis waren mehr soziale Ungerechtigkeit, riesige Budget- und Außenhandelsdefizite sowie die Förderung einer ambivalenten Haltung vieler Amerikaner zum Staat, der ihnen einerseits möglichst wenig Steuern abnehmen darf, andererseits aber eine Vielzahl von Leistungen erbringen muss. Zum Glück für die USA war Reagans Politik in Wirklichkeit viel pragmatischer als seine Rhetorik. Viele seiner Anhänger stellten nach Ende seiner Präsidentschaft 1988 fest, dass der konservativste Präsident, den Amerika seit 50 Jahren gesehen hatte, das Land weit weniger verändert hatte als erhofft. Ihren Zorn bekam George Bush zu spüren, als er im Interesse der Budgetkonsolidierung einer Steuererhöhung zustimmte, nachdem er im Wahlkampf neue Steuern ausgeschlossen hatte. In den acht Jahren der Clinton-Präsidentschaft wurde in konservativen Kreisen diskutiert, wie man das nächste Mal verhindern könne, dass eine republikanische Regierung ihre Ideale verrät. Als besten Vertreter ihrer Ziele identifizierten sie den Sohn des von ihnen verachteten Ex-Präsidenten George Bush, den sie zum Gouverneur von Texas machten. Als George W. Bush 2000 aufgrund einer Mischung von Manipulation und Glück die Präsidentschaftswahlen gewann, war die alte Reagan-Truppe entschlossen, die konservative Revolution diesmal ohne größere Abstriche durchzuziehen.

16
Kalter Krieg und Interventionen:
Reagans Außenpolitik

Unter Ronald Reagan kam es zur militärischen Aufrüstung und zu neuen Spannungen mit der Sowjetunion. Das Raketenabwehrprogramm SDI erwies sich als teuer, gefährlich und undurchführbar. Lateinamerika wurde wieder zum Hinterhof der USA: In Nicaragua, Guatemala, El Salvador und Grenada wurde mit brutalen und illegalen Methoden der Kommunismus bekämpft. Mit dem Kampf gegen den Drogenhandel als Vorwand marschierte Reagans Nachfolger George Bush in Panama ein.

Als am 9. November 1989 die Berliner Mauer fiel und die 45-jährige kommunistische Herrschaft in Osteuropa zu Ende ging, glaubten viele Amerikaner zu wissen, wem sie das zu verdanken hatten: Ronald Reagan, der mit seiner entschlossenen Außenpolitik und seinem Rüstungsprogramm der sowjetischen Führung ihre Schwäche vor Augen geführt und sie damit zur Aufgabe gedrängt hatte. Ohne das Raketenabwehrprogramm SDI hätte es keine Perestroika gegeben und ohne Reagans Appell am 12. Juni 1987 vor dem Brandenburger Tor – »Mr. Gorbatschow, reißen Sie diese Mauer nieder« – nicht das Ende der kommunistischen Herrschaft in Osteuropa.

Nicht nur in den USA, auch in den Reformstaaten Osteuropas besitzt diese Interpretation der jüngeren Geschichte viele Anhänger. Selbst in den Akten des Kremls finden sich Anzeichen, dass Reagans Politik der militärischen Stärke tatsächlich ein Katalysator für Reformen war. Dieser einseitige Blick auf die Geschichte ignoriert jedoch die entscheidende Rolle, welche die Verfechter einer Entspannung zwischen Ost und West, die von Reagan-Leuten als Schwächlinge und Tölpel hingestellt wurden, bei der Unterwanderung des kommunistischen Herrschaftssystems spielten. Wie schon die amerikanische Politik der fünfziger und sechziger Jahre beruhte der sogenannte zweite Kalte Krieg auf einer maßlosen Überschätzung sowjetischer Macht. Die Konfrontation zwischen Ost und West war weltpolitisch gefährlich und nützte niemandem. Zudem förderte der Kampf der Reagan-Regierung gegen die angebliche kommunistische Bedrohung in Mittelamerika die Unterdrückungspolitik einiger Diktatoren und brachte neues Elend über die Region.

Der Ost-West-Konflikt

Reagan stand in der Tradition der frühen Kalten Krieger wie John Foster Dulles, für den der Kommunismus ein Werk des Teufels war, das ein guter Christ bekämpfen müsse. Differenzen und Flügelkämpfe innerhalb der kommunistischen Welt, beispielsweise die Spaltung zwischen Moskau und Peking, existierten für den Präsidenten nicht. »Er lebte in der Welt von 1952, er sah alles in Schwarz und Weiß«, berichtete sein Berater John Sears. In einer Rede im März 1983 bezeichnete Reagan die Sowjetunion als »Reich des Bösen«, ganz in der Diktion der Filmeserie *Krieg der Sterne*, die damals Amerikas Jugend begeisterte.

Der stärkste Ausdruck dieser Ideologie war Reagans Aufrüstungsprogramm. Schon Jimmy Carter hatte die Rüstungsausgaben, die nach Ende des Vietnam-Kriegs stark gesunken waren, wieder angehoben, aber unter Reagan wurde zwischen 1980 und 1986 das Budget des Pentagons mehr als verdoppelt. 1986 flossen mit 273 Milliarden Dollar 6,2 Prozent des amerikanischen Bruttoinlandsprodukts in die Rüstung. Mit den zusätzlichen Milliarden wurden neue Flugzeugträger, Kriegsschiffe, Bomber, Panzer und elektronische Systeme angeschafft. Verteidigungsminister Caspar Weinberger hatte in manchen Jahren mehr Geld zur Verfügung, als er sinnvoll ausgeben konnte. Die Folgen waren die massive Verschwendung von Steuergeldern einerseits und Millionengewinne bei den Rüstungskonzernen andererseits. Auf der diplomatischen Ebene lehnte die Reagan-Regierung offiziell den SALT-II-Vertrag ab, auch wenn sie sich weiter an dessen Verpflichtungen hielt. Sie blockierte außerdem weitere Abrüstungsverhandlungen mit dem alternden sowjetischen Regime, wo der Tod der Staats- und Parteichefs Leonid Breschnew, Juri Andropow und Konstantin Tschernenko innerhalb von zweieinhalb Jahren drei Führungswechsel erzwang.

Jahr	Militärausgaben	Jahr	Militärausgaben
1980	134	1985	253
1981	158	1986	273
1982	185	1987	282
1983	210	1988	290
1984	227	1989	304

Amerikanische Militärausgaben in Milliarden Dollar (*Quelle:* Congressional Research Service)

Das teuerste und umstrittenste Projekt war die Strategic Defense Initiative (SDI), mit der Reagan die USA vor Angriffen mit Atomwaffen schützen wollte. SDI wurde zu Recht als »Krieg der Sterne« verspottet: Die Vision, sowjetische Raketen vor dem Einschlag vom Himmel zu holen, ähnelte den Spezialeffekten im gleichnamigen Film von George Lucas. Für den Präsidenten und seine engsten Berater war SDI hingegen tödlicher Ernst. Reagan stellte es in einer Fernsehansprache am 23. März 1983 vor – zwei Wochen nach seiner Rede vom »Reich des Bösen« –, indem er das Programm als einen Beitrag zur Friedenssicherung und zur Verteidigung amerikanischer Menschenleben darstellte. 1985 präsentierte er die Details seines Programms, für das der Kongress in den folgenden Jahren 9,3 Milliarden Dollar zur Verfügung stellte.

SDI war nicht nur teuer, es gab in all diesen Jahren auch keine Hinweise, dass das Projekt je funktionieren würde. Die Hoffnung der Planer, eines Tages alle feindlichen Raketen rechtzeitig abfangen zu können, ohne sich durch einfache Attrappen irreführen zu lassen, war illusionär. SDI stellte eine grobe Verletzung des ABM-Vertrags von 1972 dar, in dem sich die USA und die Sowjetunion verpflichteten, keine neuen Raketenabwehrsysteme zu bauen, um die Rüstungsspirale nicht weiter anzutreiben. Der Hauptgrund für die weltweite Kritik war, dass selbst ein schlecht funktionierendes Abwehrsystem das Prinzip der gegenseitigen Abschreckung untergraben und daher die Chancen eines Atomkriegs deutlich erhöhen würde. Denn ein solches System böte zwar wenig Schutz vor einem atomaren Erstschlag, deutlich mehr Sicherheit aber vor einem Gegenschlag, der wegen der bereits zerstörten Atomraketen deutlich schwächer ausfallen würde. So wären die USA in die Lage versetzt, einen von ihnen angezettelten Atomkrieg zu gewinnen. Der einzige Ausweg für die Sowjetunion wäre ein vorbeugender Nuklearangriff, um das Abwehrsystem zu überwältigen.

Die amerikanischen Strategen kannten diese Überlegungen genau – und hielten dennoch an SDI fest. Zum Teil lag dies an den naiven Vorstellungen eines Präsidenten, der nicht begreifen wollte, dass der Schutz vor einem Atomangriff gefährlich für den Weltfrieden sein konnte, und der das Prinzip der gegenseitigen Abschreckung durch Mutual Assured Destruction als unmoralisch ablehnte. Darüber hinaus kam SDI den Rüstungskonzernen gelegen, weil dadurch nicht nur neue Technologien entwickelt wurden, sondern auch Milliarden-Aufträge winkten. Die Außenpolitiker hingegen wollten mit SDI vor allem die Sowjetunion beeindrucken und sie zwingen, die Überlegenheit der USA anzuerkennen. Heute weiß man, dass SDI tatsächlich den Reformern im Kreml nützte, weil dadurch die Mängel der russischen Verteidigungssysteme offenbar wurden. Doch das war nie die Absicht der Reagan-Regierung, denn sie glaubte nicht, dass das kommunistische Regime reformierbar war.

Nach Reagans Amtsantritt 1981 erreichten die Spannungen zwischen Ost und West ein Ausmaß, wie man es seit der Kuba-Krise nicht mehr kannte. Der erste Streitpunkt war die Umsetzung des sogenannten NATO-Doppelbeschlusses. Diesen hatte das westliche Bündnis im Dezember 1979 gefällt als Reaktion auf die Stationierung moderner sowjetischer Mittelstreckenraketen vom Typ SS-20, die auf Westeuropa zielten. Der Beschluss sah Verhandlungen zum Abbau aller nuklearen Mittelstreckenraketen (INF) vor und im Falle des Scheiterns den Austausch veralteter US-Raketen vom Typ Pershing I in Westeuropa durch moderne Pershing-II-Raketen und Marschflugkörper (Cruise Missiles), die ab Dezember 1983 stationiert werden sollten. Das Ziel des Beschlusses, auf den vor allem der deutsche Bundeskanzler Helmut Schmidt gedrängt hatte, war nicht, neue US-Raketen aufzustellen, sondern vor allem die Sowjets zur Abrüstung zu zwingen. Doch unter Reagan gewannen viele Europäer den Eindruck, dass die amerikanische Regierung überhaupt nicht an Verhandlungen interessiert war. Der Widerstand gegen den Doppelbeschluss nahm innerhalb der deutschen SPD und in der breiten Öffentlichkeit zu, die Friedensbewegung gewann an Zulauf.

In der NATO wuchs die Sorge, dass eine Verschiebung des Doppelbeschluss-Ultimatums eine Spaltung des Bündnisses hervorrufen würde, die als politischer Sieg der Sowjets gewertet werden könnte. Umso wichtiger war es, bei den INF-Verhandlungen in Genf, die Ende 1981 eröffnet wurden, ernsthaft nach Lösungen zu suchen. Keine Seite war jedoch an einem Kompromiss interessiert. Die Sowjets hofften, mit Hilfe der Friedensbewegung die Raketenstationierung ohne eigene Zugeständnisse zu stoppen, die Amerikaner misstrauten Abrüstungsverhandlungen grundsätzlich. Im Sommer 1982 handelten die beiden Chefunterhändler Paul Nitze, ein Veteran des Kalten Kriegs, und Julij Kwizinski bei einem Waldspaziergang einen informellen Kompromiss aus, der die Zahl aller Mittelstreckenraketen deutlich eingeschränkt hätte. Es war Moskau, das den Vorschlag zuerst zurückwies, doch auch die Signale aus Washington waren zweideutig. Die Chance für eine Verhandlungslösung war damit vertan. Die Sowjetunion lehnte alle Abrüstungsangebote der USA ab und setzte ganz auf die Verhinderung des Stationierungsbeschlusses im deutschen Bundestag. Im Oktober 1982 stürzte die sozialliberale Regierungskoalition unter Helmut Schmidt unter anderem über die Raketenfrage. Trotz massiver Friedensdemonstrationen in ganz Europa brachte die neue Mitte-Rechts-Regierung von Helmut Kohl am 22. November 1983 den Stationierungsbeschluss im Bundestag durch. Die ersten Pershing-II-Raketen trafen am nächsten Tag in Deutschland ein.

Die Stationierung wurde im Osten wie im Westen als Erfolg für die NATO gewertet, auch wenn die Raketen militärisch nur geringe Bedeutung besaßen. Die Reagan-Regierung hatte zwar ernsthafter verhandelt als die Sowjets, die bis zuletzt auf die Friedensbewegung gehofft hatten. Doch gerade diese Friedensbewegung wäre ohne Reagans kriegerische Rhetorik nie stark genug geworden, die Einheit der NATO zu gefährden. Angesichts der kommenden Ereignisse war der ganze Konflikt ein Sturm im Wasserglas, aber einer, der viel Kraft und politisches Kapital kostete.

Der Höhepunkt der Spannungen wurde am 1. September

1983 erreicht, als die russische Luftabwehr ein südkoreanisches Passagierflugzeug im sowjetischen Luftraum abschoss und dabei alle 269 Insassen tötete, darunter auch Dutzende Amerikaner. Moskau sprach von einer Spionagemission, Südkorea von einem Versagen der Navigationssysteme, die Welt schien am Rande eines Kriegs.

Ein Jahr später war es Reagan, der törichterweise neue Spannungen hervorrief. Bei einer Mikrophonprobe vor seiner wöchentlichen Radioansprache machte er einen Scherz: »Ich freue mich, Ihnen mitteilen zu können, dass ich soeben ein Gesetz unterschrieben habe, das Russland für immer für vogelfrei erklärt. Wir beginnen mit der Bombardierung in fünf Minuten.« Er wusste nicht, dass die Übertragung bereits lief, das Lachen blieb den Zuhörern im Halse stecken.

Die Konfrontationspolitik der USA führte zu massiven Handelskonflikten mit Europa. Deutschland, Frankreich und Italien hatten in den späten siebziger Jahren vereinbart, den Sowjets mit Technologieexporten beim Bau einer 5000 Kilometer langen Pipeline zu helfen, die Westeuropa mit Erdgas versorgen sollte. Die Reagan-Regierung warnte Westeuropa und vor allem Deutschland davor, ihre Energieversorgung von den Sowjets abhängig zu machen, und drängte vergeblich auf eine Stornierung des Deals. Im August 1982 verhängte sie Wirtschaftssanktionen gegen alle beteiligten Unternehmen. Die Europäer waren empört, schließlich hatte Reagan gerade das von Carter verhängte Getreideembargo gegen die Sowjets unter dem Druck der eigenen Bauernlobby aufgehoben und Getreide an die Sowjetunion geliefert. Die Entschlossenheit der Deutschen, das Projekt durchzuziehen, und ihre Proteste ließen Washington im November 1982 einlenken; die Sanktionen wurden zurückgenommen.

In einer langfristig besonders folgenschweren Entscheidung intensivierte die Reagan-Regierung die unter Carter begonnene Militärhilfe für die Mudschaheddin in Afghanistan, die gegen die sowjetische Besatzungsarmee kämpften. Die CIA organisierte finanzielle Hilfe von arabischen Staaten, Waffenlieferungen aus aller Welt und die Ausbildung von Guerillakämpfern in Flüchtlingslagern in Pakistan. Als im März 1985 Michail Gorbatschow in Moskau an die Macht kam, verstärkte Reagan das amerikanische Engagement: Den Mudschaheddin wurden Satellitenbilder von sowjetischen Einrichtungen, Protokolle abgehörter

Funkgespräche und hochmoderne militärische Ausrüstung zur Verfügung gestellt. Von 1986 bis 1989 lieferten die USA den Widerstandskämpfern mehr als tausend Stinger-Raketen, die es ermöglichten, von der Schulter aus gezielt Helikopter und Flugzeuge abzuschießen. Die Luftüberlegenheit der Sowjetunion – bis dahin ihre größte Stärke – ging damit verloren. Bis 1987 gingen 65 000 Tonnen an militärischem Material an die Rebellengruppen. Das war nicht genug, um die Rote Armee zu besiegen, doch die hohen Verluste bewegten Gorbatschow 1988, das wahnsinnige Abenteuer abzubrechen. Die USA hatten ihr Ziel erreicht, doch der Preis, den sie später dafür zahlen mussten, war hoch (→ Kapitel 37).

Die ständigen Spannungen mit der Sowjetunion ängstigten viele Amerikaner und schadeten Reagans Popularität. Im Vorfeld seiner Wiederwahl im November 1984 mäßigte der Präsident seine kriegerische Rhetorik und versprach neue Anstrengungen bei der Rüstungskontrolle. An seinem Lieblingsprojekt SDI hielt Reagan aber unbeirrt fest. Die Beziehungen zur Sowjetunion verbesserten sich erst, als Gorbatschow im März 1985 die Macht übernahm. Um die eigene Wirtschaft zu retten, war Gorbatschow entschlossen, die hohen Rüstungsausgaben und das militärische Engagement in anderen Weltteilen zu reduzieren. Washington aber tat Gorbatschows großzügige Abrüstungsvorschläge als Propaganda ab. Auch nachdem sich Reagan und Gorbatschow im November 1985 in Genf zum ersten amerikanisch-sowjetischen Gipfel seit sechs Jahren getroffen und auf die Halbierung ihrer Atomarsenale geeinigt hatten, stockten die Abrüstungsverhandlungen. Die Wende kam erst nach einem turbulenten 14-stündigen Gipfeltreffen in der isländischen Hauptstadt Reykjavik im Oktober 1986, wo Reagan und Gorbatschow nicht nur eine weltweite Begrenzung aller Mittelstreckenraketen vereinbarten, sondern beinahe auch in der Frage der Abschaffung aller atomaren Langstreckenraketen übereingekommen wären, dem Kernstück der militärischen Stärke beider Seiten. Reagan vergab diese historische Chance allerdings, als er sich weigerte, im Gegenzug auf sein Raketenabwehrprogramm SDI zu verzichten. Dennoch wurden in den folgenden Jahren die Atomarsenale in beiden Ländern rasch reduziert. Mit der sowjetischen Wirtschaft ging es weiter bergab, in Osteuropa brachen die kommunistischen Regime 1989 und 1990 zusammen, ohne dass Moskau etwas dagegen unternahm, und im Dezember 1991 löste sich auch das Reich Lenins und Stalins endgültig auf.

Reagans Aufrüstungsprogramm trug gewiss zum Untergang der Sowjetunion bei, aber der entscheidende Anstoß für die Perestroika kam von innen. Die sowjetische Wirtschaft war marode, die Gesellschaft demoralisiert. Die Entspannungspolitik der siebziger Jahre hatte die Isolation des Ostblocks unterwandert und vielen Bürgern in Ungarn, Polen, aber auch der Sowjetunion, einen ersten Geschmack von den Vorteilen des Westens geboten. Das Helsinki-Abkommen von 1975 hatte die Einhaltung der Menschenrechte zu einem gemeinsamen Ziel erklärt und damit dem politischen Widerstand im Osten Auftrieb gegeben. Insgesamt hatten weder die USA noch die Westeuropäer viel zum Kollaps des Kommunismus beigetragen; außer mit ihren eigenen erfolgreichen und wohlhabenden Demokratien eine attraktive Alternative zur Parteiendiktatur und Planwirtschaft zu bieten. Die konservativen Republikaner, die mit Reagan an die Macht kamen, strebten zwar den Fall des Kommunismus offen an, erkannten aber nicht dessen wirtschaftliche, politische und letztlich auch militärische Schwäche. Sie überschätzten die sowjetische Gefahr maßlos. Reagans Konfrontationspolitik war der letzte große, teure und risikoreiche Irrtum des Kalten Kriegs.

Lateinamerika

Die wahren Tragödien der amerikanischen Außenpolitik unter Reagan spielten sich in der Dritten Welt ab, vor allem in Lateinamerika. Für Reagans engste Berater lag diese Region im Zentrum ihres Interesses, hier wollten sie ihre außenpolitischen Konzepte verwirklichen, die ganz in der Tradition des amerikanischen Imperialismus und des Antikommunismus standen. Sie verwarfen die Menschenrechtspolitik der Carter-Regierung und betrachteten alle sozialen Konflikte nur unter dem Blickwinkel des Ost-West-Konflikts. Selbst gewalttätige Diktaturen fanden Unterstützung, solange sie im Kampf gegen linke Kräfte nützlich waren. Reagans UNO-Botschafterin Jeanne Kirkpatrick unterschied in einem viel beachteten Aufsatz zwischen amerikafreundlichen »autoritären« Regierungen, die zu Reformen fähig waren, und kommunistischen »totalitären« Regimen, die kompromisslos bekämpft werden mussten. Reagan wiederum war von der Mission überzeugt, Demokratie und Marktwirtschaft in der ganzen Welt zu verbreiten. In der 1985 formulierten »Reagan-Doktrin« erklärte er, die USA müssten ihren Freunden »auf jedem Kontinent von Afghanistan bis Nicaragua helfen, sich gegen Aggressionen der Sowjetunion zu wehren und die Rechte zu sichern, mit denen wir geboren wurden. ... Unterstützung für Freiheitskämpfer ist Selbstverteidigung.«

Reagan kehrte damit zur Mentalität der Vietnam-Ära zurück. In Mittelamerika lebte die alte Domino-Theorie wieder auf: Angeführt von Fidel Castros Kuba würden sich die sozialistischen Revolutionen von Nicaragua, El Salvador und Guatemala bis nach Mexiko ausbreiten und eine Flüchtlingsflut nach Texas auslösen. Doch Reagans Berater wussten auch, dass die amerikanische Bevölkerung nicht zu großen und verlustreichen Militäreinsätzen bereit war. Sie setzten daher auf verdeckte CIA-Operationen und spezielle Einsatzkommandos.

Das Vertrauen in die Unverwundbarkeit der eigenen Soldaten wurde allerdings bald im Nahen Osten erschüttert. Im Sommer 1982 erteilte Washington der Rechtsregierung in Israel grünes Licht für den Einmarsch im Libanon, die nicht nur Yassir Arafats palästinensische Befreiungsorganisation PLO, sondern auch den sowjetischen Verbündeten Syrien aus dem vom Bürgerkrieg zerrütteten Land vertreiben wollte. Nach dem Massaker an palästinensischen Flüchtlingen in den Lagern Sabra und Shatila wuchs der Druck auf Israel, sich aus Beirut zurückzuziehen. Die USA entsandten dafür 2000 Marines als Friedenstruppen, die allerdings von den muslimischen Fraktionen als Verbündete der christlichen Regierung betrachtet wurden. Am 23. Oktober 1983 starben bei einem Selbstmordanschlag 241 US-Soldaten; die USA zogen sich bald darauf aus dem Libanon zurück.

Das Hauptaugenmerk der US-Regierung galt Mittelamerika – vor allem Nicaragua. Schon unter Carter hatten sich die Beziehungen zu den Sandinisten abgekühlt. Reagan sah das linksrevolutionäre Regime als Verbündeten Fidel Castros und Teil der weltweiten kommunistischen Bedrohung. Er warf den Sandinisten Unterstützung für die Guerillabewegung in El Salvador vor, die die dortige Regierung von Präsident José Napoleon Duarte in Bedrängnis brachte. Die USA stoppten Anfang 1981 ihre Wirtschaftshilfe für Nicaragua und die CIA begann mit der Ausbildung und Bewaffnung antisandinistischer Gruppen in Honduras und Costa Rica, den sogenannten Contras. Sandinistenführer Daniel Ortega verstärkte seine antiamerikanische Rhetorik und suchte Unterstützung von Kuba, das finanzielle und militärische Hilfe angeboten hatte. Die Contras konnten unter der Führung von Anhängern des gestürzten Somoza-Regimes den Sandinisten zwar nicht gefährlich werden, fügten dem ohnehin bettelarmen Land aber enormen wirtschaftlichen Schaden zu.

1984 verminte die US-Marine Nicaraguas Häfen, um die angeblichen Waffenlieferungen an El Salvador zu stoppen. Angesichts des eklatanten Bruchs des Völkerrechts zog Nicaragua vor den Internationalen Gerichtshof in Den Haag, der die USA zu Schadenersatz verurteilte. Washington ignorierte das Urteil und verhängte im Mai 1985 ein Handelsembargo, das die wirtschaftlichen Probleme Nicaraguas weiter verschärfte. Ein Wahlsieg der Sandinisten im November 1984 wurde von internationalen Beobachtern als fair gewertet, vom Weißen Haus aber als typische kommunistische Farce abgetan.

Im amerikanischen Kongress gab es wenig Unterstützung für Reagans Nicaragua-Politik. Eine Gesetzesklausel, das Boland Amendment, untersagte ab 1982 jede finanzielle Unterstützung für die Contras durch amerikanische Behörden. Die Reagan-Berater sammelten daraufhin Spenden von rechtsgerichteten Unternehmern, um den erfolglosen Contra-Krieg zu finanzieren. CIA-Mitarbeiter beteiligten sich sogar an Drogengeschäften, um Gelder aufzutreiben, doch selbst das war nicht genug. Auf der Suche nach Finanzierungsquellen verfielen die Reagan-Berater schließlich auf einen Plan, der sich bald zum größten Skandal seit Watergate auswuchs. Den Ursprung nahm er im Libanon, wo Mitte der achtziger Jahre mehrere Amerikaner von radikal-islamischen Gruppen, die dem Iran nahestanden, als Geiseln genommen wurden. In einer Geheimaktion begann die Reagan-Regierung, unter Verletzung ihres eigenen Waffenembargos Raketen an den Iran zu liefern, der einen blutigen Krieg gegen den Irak führte, um so die Geiseln freizukaufen. Einen Teil der Erlöse aus dem Geschäft zweigte Oliver North, ein Mitarbeiter von Reagans Sicherheitsberater John Poindexter, zur Finanzierung der Contras ab.

Die Details dieser verbotenen Transaktionen gelangten im November 1986 an die Presse und wurden vom Weißen Haus bestätigt. Poindexter und North wurden angeklagt und verurteilt, entgingen einer Haftstrafe aber dank eines Verfahrensfehlers. Ein Untersuchungsausschuss im Senat gelangte in der Frage, ob Reagan selbst von der Sache gewusst oder sie gar angeordnet hatte, zu keinem Ergebnis. Die Popularität des Präsidenten litt nur vorübergehend unter dem Vorfall. In den folgenden Jahren wurde nach und nach bekannt, wie viele seiner Berater den Kongress belogen hatten – sogar Reagans Verteidigungsminister Caspar Weinberger wurde schließlich wegen Meineids angeklagt. Doch wenige Tage vor dem Ende seiner Amtszeit amnestierte Präsident George Bush alle Beteiligten. Geschwächt durch Wirtschaftskrise und Contra-Krieg verloren die Sandinisten 1990 die Wahlen und übergaben die Macht widerspruchslos an die bürgerliche Opposition.

Weitaus blutiger waren die Kämpfe in Guatemala und El Salvador, wo die US-gestützten Regierungen linksgerichtete Guerillagruppen brutal unterdrückten. In Guatemala forderte der Krieg der Armee und rechtsextremer paramilitärischer Todesschwadronen gegen die Rebellen Tausende von Menschenleben. Die meisten Opfer waren Maya-Indianer in den Bergregionen, wo ganze Dörfer ausgelöscht wurden. Erst 1990 stoppten die USA wegen anhaltender Menschenrechtsverletzungen ihre Finanz- und Militärhilfe an Guatemala und unterstützten einen nur teilweise erfolgreichen Friedensprozess.

Verdeckte Operationen der CIA waren der Reagan-Regierung nicht genug. Sie wollte beweisen, dass die USA das Vietnam-Trauma überwunden hatten, sich durch den Tod der 241 Marines in Beirut nicht entmutigen ließen und wieder zu Militärinterventionen bereit waren. Eine Gelegenheit dafür bot sich auf der kleinen Karibikinsel Grenada, die seit 1979 von der gemäßigt marxistischen New Jewel Movement unter Maurice Bishop regiert wurde. Bishop entwickelte enge Beziehungen zu Kuba und wurde so bald zur Zielscheibe der USA. Vor allem der Bau eines neuen Flughafens mit kubanischer Hilfe überzeugte die Reagan-Regierung, dass Grenada ein Militärstützpunkt für Castro werden sollte. Im Oktober 1983 putschte der radikale Vizepremier Bernard Coard mit Unterstützung der Armee und ließ Bishop hinrichten. Das war für die USA der Anlass zum Eingreifen. Der offizielle Grund war der Schutz von 800 Amerikanern, die auf der Insel Medizin studierten. Am 25. Oktober landeten 5000 US-

Marines auf Grenada und brachen in zwei Tagen den Widerstand der lokalen Truppen und einer Handvoll kubanischer Soldaten – die meisten der 800 Kubaner waren Bauarbeiter. Nach offiziellen Angaben der USA starben in dem »schönen kleinen Krieg«, wie ihn ein Korrespondent nannte, 19 Amerikaner, 49 Grenader und 59 Kubaner; 337 Grenader wurden verletzt. Die amerikanischen Medizinstudenten aber befanden sich zu keiner Zeit in Gefahr.

Die Reagan-Regierung feierte Grenada als großen Erfolg: Endlich war ein Land aus der Hand von Marxisten befreit worden. Dass es keinerlei Bedrohung gab, welche die Verletzung der Souveränität eines kleinen Staats gerechtfertigt hätte, war in Washington kein Thema. Mittelamerika und die Karibik waren wieder der Hinterhof der USA, wo hemmungslos interveniert werden konnte. Doch der Kalte Krieg neigte sich dem Ende zu – selbst Hardlinern fiel es schwer, kommunistische Gefahren auszumachen.

Als Präsident George Bush 1989 in Panama einmarschierte, um dessen Präsidenten Manuel Noriega zu stürzen, hatte sich die weltpolitische Lage schon vollkommen geändert: Nicht Kommunismus, sondern Drogenhandel war nun die Gefahr, gegen die Amerika vorging. Der Gegner der USA war Militärmachthaber Manuel Noriega, der seit 1981 in Panama regierte. General Noriega war den USA gut bekannt: Seit Anfang der siebziger Jahre stand er auf der Gehaltsliste der CIA, die seine antikommunistische Einstellung schätzte und seine Beteiligung am Drogenhandel diskret übersah. Die Reagan-Regierung betrachtete Noriega anfangs als wichtiges Bollwerk gegen Kuba und Nicaragua und erklärte die manipulierten Präsidentenwahlen im Mai 1984, die ein Noriega-Vertrauter gewann, für frei und fair.

Doch ab 1985 verschlechterten sich die Beziehungen. Noriega suchte eine Annäherung zu Kuba und Nicaragua; er verwandelte Panama in eine Drehscheibe des Kokainhandels zwischen Kolumbien und den USA. Auf zunehmende Proteste gegen seine Herrschaft reagierte der immer unberechenbarere Noriega im Oktober 1987 mit der Ausrufung des Notstands. Die USA versuchten, ihn zum Rückzug aus der Politik zu drängen, aber der General stellte sich stattdessen offen gegen Washington und forderte die Auflösung der US-Militärbasen in seinem Land. Als Antwort erließ die Reagan-Regierung Wirtschaftssanktionen und stoppte die Zahlung der Kanalnutzungsgebühren, die laut

Vertrag Panama zustanden. In Florida wurde Noriega zugleich vor zwei Gerichten wegen Drogenhandels angeklagt. Mit Unterstützung der USA gewann der Oppositionskandidat Guillermo Endara im Mai 1989 die Präsidentschaftswahlen, aber Noriega ließ das Ergebnis annullieren.

Gerade weil Noriega so lange ein Verbündeter der USA gewesen war, wurde er in Washington als besonders schwere Belastung empfunden. Frisch im Amt, verstärkte Präsident Bush die US-Truppen in Panama und unterstützte mehrere Putschversuche, die fehlschlugen. Am 15. Dezember 1989 ließ sich Noriega schließlich selbst zum Staatschef ausrufen und erklärte den USA den Krieg. Das war der Vorwand, auf den Bush gewartet hatte. Am 20. Dezember 1989 begann die Invasion unter dem Namen »Operation Just Cause«, an der bis zu 25 000 amerikanische Soldaten teilnahmen. Die Truppen hatten das Land rasch unter Kontrolle. Noriega floh in die vatikanische Botschaft, wo er von US-Truppen eingekreist und tagelang mit lauter Popmusik belästigt wurde, bis er sich am 3. Januar 1990 ergab. Noriega wurde nach Florida ausgeflogen und dort wegen Drogenhandels zu 40 Jahren Haft verurteilt. In Panama wurde Endara zum Präsidenten ernannt.

Nach offiziellen amerikanischen Angaben kamen bei der Invasion 314 panamesische Soldaten und 202 Zivilisten ums Leben. Doch unabhängige Beobachter berichteten von weit mehr Opfern, die vor allem durch den Beschuss von Armenvierteln in Panama-Stadt verursacht wurden. Die Central American Human Rights Defense Commission und die UNO sprachen von 2500 Toten, die panamesische Menschenrechtskommission und eine unabhängige Untersuchung des früheren amerikanischen Justizministers Ramsey Clark kamen auf mehr als 4000 Tote.

Das Vorgehen der USA stieß weltweit auf deutliche Kritik, die allerdings durch die Revolutionen in Osteuropa rasch wieder aus den Schlagzeilen verschwand. Kaum jemand in Panama weinte Noriega eine Träne nach, auch wenn seine Herrschaft im Vergleich zu anderen Diktaturen in Mittelamerika nicht besonders gewalttätig war. Dass die amerikanische Regierung auf der Jagd nach einem einzigen mutmaßlichen Drogenhändler, den sie selbst jahrzehntelang unterstützt hatte, das Völkerrecht mit Füßen trat und ein ganzes Land besetzte, zeigte eine neue Arroganz der USA, der durch den Zusammenbruch des sowjetischen Weltreichs nunmehr einzigen Supermacht. Während Bush in Europa von kollektiver Sicherheit und einer neuen Ära der Kooperation sprach, machte er klar, dass in Mittelamerika auch nach Ende des Kalten Kriegs die militärische Überlegenheit der USA die Regeln bestimmen würde.

Teil III
Die USA heute:
Sünden gegen die eigenen Bürger

17
Privat statt Staat:
Ungezügelte Konsumgesellschaft und der Verfall des öffentlichen Raums

Rücksichtsloser Konsum und ungebremste Verschwendungssucht – das ist das Land der unbegrenzten Möglichkeiten. Die Wohnhäuser der Wohlhabenden werden immer größer, Stadtbewohner benutzen auch für kurze Wege benzinfressende Kleinlaster und Energiesparen ist für die meisten Menschen ein Fremdwort. Dagegen verkommen öffentliche Infrastruktur und Stromnetz.

Als am 14. August 2003 in Manhattan der Strom ausfiel, saß Peter Freeman in seiner 2-Millionen-Dollar-Wohnung und konnte weder Telefon noch Computer, Fernseher oder Videorecorder benutzen. Die Klimaanlage, die seine Wohnung immer auf angenehme 21 Grad abgekühlt hatte, stand still und der große Kühlschrank mit eingebauter Eiswürfelmaschine wurde warm. Selbst das Wasser fiel aus, und um auf die Straße zu gelangen, musste er 15 Stockwerke im Dunkeln zu Fuß hinabsteigen. All der Wohlstand, den sich der Investment-Banker erarbeitet hatte, war plötzlich wertlos, weil die amerikanische Gesellschaft zu wenig in ihr Stromnetz investiert hatte.

Dritte-Welt-Land USA

Neben New York blieben auch Cleveland, Detroit und das kanadische Toronto 24 Stunden oder länger ohne Strom. Die Ursache war ein Schaden an einer Hochspannungsleitung im Süden von Ohio, der zu einer Überlastung des lokalen Stromnetzes führte.

Weil keine Reserven und keine Ersatzleitungen vorhanden waren, brachen im ganzen Nordosten die Stromnetze zusammen. Selten war der Nation der Kontrast zwischen privatem Überfluss und öffentlichem Mangel so bewusst geworden.

Einen Monat später legte der Wirbelsturm Isabel das Stromnetz der Hauptstadt Washington lahm. Manche Bewohner mussten eine Woche ohne Elektrizität auskommen, weil die regionale Energiegesellschaft mit dem Reparieren der Leitungen nicht nachkam. Der Hauptstadt der größten Wirtschaftsmacht der Welt ging es genauso wie den Einwohnern von Lagos, Bombay oder Bagdad, wo Stromausfälle zum Alltag gehören. »Wir sind eine Supermacht mit einem Stromnetz aus der Dritten Welt«, sagte der Gouverneur von New Mexico und Energieminister der Clinton-Regierung Bill Richardson.

Für viele Experten kamen beide Ereignisse nicht überraschend. Das amerikanische Elektrizitätsnetz ist berüchtigt für seinen miserablen Zustand. Grund ist eine gescheiterte Deregulierungspolitik, die es weder dem Staat noch den Marktkräften ermöglicht, für geordnete Verhältnisse zu sorgen. Aber es fehlt auch an Geld: Ohne finanzielle Anreize und strikte Auflagen verschleppten die amerikanischen Energiekonzerne notwendige Investitionen jahrelang oder reduzierten sie auf das Notwendigste. Die amerikanische Gesellschaft und Wirtschaft sind mehr denn je vom Strom abhängig, aber niemand sorgt dafür, dass dieser fließt.

Das Stromnetz ist kein Einzelfall. Die American Society of Civil Engineers (ASCE) überprüfte 2001 den Zustand der amerikanischen Infrastruktur und bewertete ihn mit einem D+ nach der amerikanischen Notenskala, auf der A die beste und D die zweitschlechteste Note darstellt. Ihr Zwischenbericht zwei Jahre später: »Es gibt kaum Verbesserungen und in manchen Bereichen geht es weiter bergab.« Und diese Beurteilung kam noch *vor* dem katastrophalen Kollaps der Dämme und Deiche rund um New Orleans nach dem Hurrikan Katrina im August 2005 (→ Kapitel 30).

Am schlechtesten schnitten die Gebäude der öffentlichen Schulen mit einem D– ab, gefolgt vom Flugverkehr, der Trinkwasserversorgung sowie Abwasser- und Staudammanlagen, die mit D benotet wurden. Sonderabfälle, Kanäle und das Energiesystem erhielten ein D+; nur die Kategorien öffentlicher Nahverkehr, Abfallverwertung und Brücken erreichten mit einem C eine gerade noch akzeptable Note. Den gesamten Investitionsbedarf berechneten die amerikanischen Ingenieure auf 1,6 Billionen Dollar über fünf Jahre – eine gewaltige Summe selbst für die USA.

Der Verfall der öffentlichen Infrastruktur und der Dienstleistungen ist eine der Hauptursachen für die wachsende Ungleichheit und anhaltende Armut in weiten Teilen der Bevölkerung. Weil der Staat viele grundlegende Bedürfnisse nicht ausreichend abdeckt, sind die Amerikaner stärker auf sich allein gestellt als die Europäer. Die öffentlichen Verkehrsmittel sind in den meisten Großstädten überfüllt und langsam, außerhalb der Ballungszentren ist man auf das eigene Auto angewiesen. In vielen Städten und manchen Landregionen sind die öffentlichen Schulen so schlecht, dass selbst Mittelstandsfamilien ihre Kinder in Privatschulen schicken, die oft 10 000 Dollar Schulgeld pro Jahr kosten. Wer sich das nicht leisten kann, bietet seinem Nachwuchs eine deutlich schlechtere Zukunftsperspektive. Weil die Spielplätze schmutzig und gefährlich sind, besuchen Eltern mit ihren Kindern McDonald's und andere private Unterhaltungseinrichtungen. Weil man der Polizei nicht zutraut, für Sicherheit zu sorgen, verbarrikadieren sich immer mehr Familien in sogenannten »gated communities« mit eigenen Wachdiensten. Und sogar in den besten Wohnvierteln sind viele Straßen so voller Schlaglöcher, dass selbst robuste Autos eine kurze Lebensdauer haben.

American Way of Life

Der Niedergang des öffentlichen Raums ist eine der treibenden Kräfte für die Konsumkultur, die den amerikanischen Lebensstil seit nun gut einem Jahrhundert prägt. Waren es einst das Automobil, das Fernsehgerät und das Eigenheim, so hat der Konsum seit Anfang der achtziger Jahre deutlich an Dynamik gewonnen. Der typische Amerikaner befindet sich in einem permanenten Kaufrausch, der von aggressiver Werbung und einer ständigen Jagd nach Schnäppchen gespeist wird.

Immer mehr Luxusgüter werden als Selbstverständlichkeit angesehen: In einer Umfrage des Roper Center der University of Connecticut aus dem Jahr 1996 bezeichneten 93 Prozent das Auto, 86 Prozent die Waschmaschine, 62 Prozent den Wäschetrockner, 59 Prozent das Fernsehgerät, 51 Prozent die heimische Klimaanlage, 41 Prozent die Klimaanlage im Auto und 37 Prozent den Zweitwagen als Grundbedürfnis. Aus subjektiver Sicht scheint diese Einschätzung sinnvoll: Ohne Auto können die wenigsten zur Arbeit kommen oder Einkäufe erledigen und das Leben im Süden der USA ist im Sommer ohne Klimaanlage unerträglich.

Der Konsumdruck ist seit dieser Umfrage weiter gewachsen: Computer, DVD-Spieler, Mobiltelefone und andere elektronische Neuerungen gehören inzwischen zur Standardausrüstung eines amerikanischen Haushalts; alle paar Monate kommen neue Geräte ins Haus und die alten auf die Müllhalde. Zwar steigt die Zahl der Autos nicht weiter, dafür aber deren Größe: Eine gewöhnliche viertürige Limousine gilt bereits als Armutszeichen. Wer ein Statussymbol sucht, kauft ein Sports Utility Vehicle (SUV), das doppelt so viel kostet und doppelt so viel Treibstoff verbraucht. Zudem fahren Amerikaner durchschnittlich ein Drittel mehr an Kilometern als die ohnehin autoverliebten Deutschen.

Häuser und Wohnungen werden immer größer, besitzen immer mehr Badezimmer und Abstellkammern. Von 1970 bis 2000 stieg die Wohnfläche eines Durchschnittsheims von 140 Quadratmetern auf 205 Quadratmeter. Gleichzeitig sank die durchschnittliche Haushaltsgröße von 3,1 auf 2,6 Personen. Die Amerikaner leben also heute auf weit mehr Raum als noch vor dreißig Jahren und müssen dafür höhere Strom- und Heizkosten begleichen – auch weil nur wenig Geld in eine gute Wärmeisolierung gesteckt wird (→ Kapitel 26). Die Portionen in amerikanischen Restaurants sind viel größer als in Europa; und riesige Mengen an Essen werden jeden Tag in Lokalen und privaten Haushalten weggeworfen. Die Amerikaner essen auch mehr Fleisch, dessen Produktion landwirtschaftliche Ressourcen stärker bindet als der Anbau von Getreide, Gemüse oder Obst. Sie besitzen mehr Fernsehgeräte, Radios und Computer, halten den Weltrekord beim Papierverbrauch, lesen aber weniger Zeitungen als die meisten Europäer. Die Müllberge sind die weltweit größten und mit Ausnahme der Ostküste und Kaliforniens gibt es kaum funktionierende Recycling-Systeme.

Land	Fahrzeuge pro 100 Einwohner	gefahrene Strecke pro 1000 $ BIP*	Kohlen-dioxid-Aus-stoß pro Kopf
USA	57	524 km	4,9 t
Kanada	46	452 km	3,6 t
Mexiko	9	99 km	1,0 t
Japan	37	270 km	1,7 t
Großbritannien	42	422 km	1,9 t
Österreich	46	376 km	2,1 t
Belgien	42	507 km	2,2 t
Frankreich	44	422 km	2,0 t
Deutschland	51	389 km	2,0 t
Italien	53	441 km	1,8 t
Niederlande	57	389 km	1,8 t
Schweden	41	451 km	2,2 t
Schweiz	46	336 km	2,0 t
OECD	37	411 km	2,4 t

Straßenverkehr und Abgase (*Quellen:* OECD, Federal Highway Administration, 1995)

* Bruttoinlandsprodukt

Land	Fleisch	Papier	Abfall
USA	119 kg	331 kg	720 kg
Kanada	94 kg	220 kg	630 kg
Mexiko	45 kg	36 kg	330 kg
Japan	44 kg	243 kg	400 kg
Großbritannien	73 kg	191 kg	490 kg
Österreich	106 kg	226 kg	480 kg
Belgien	90 kg	192 kg	470 kg
Frankreich	98 kg	156 kg	560 kg
Deutschland	82 kg	191 kg	400 kg
Italien	85 kg	142 kg	470 kg
Niederlande	89 kg	210 kg	580 kg
Schweden	64 kg	225 kg	440 kg
Schweiz	73 kg	209 kg	610 kg

Verbrauch pro Kopf (*Quelle:* OECD, 1995)

Land	PC	Fernseh-geräte	Radio-geräte	Zeitungen
USA	450	817	2122	228
Kanada	364	685	1051	189
Mexiko	41	163	256	113
Japan	228	681	912	576
Großbritannien	283	439	1429	351
Österreich	246	480	619	472
Belgien	249	453	774	321
Frankreich	234	591	891	237
Deutschland	231	560	935	317
Italien	158	437	802	105
Niederlande	292	494	909	334
Schweden	353	475	879	483
Schweiz	299	416	841	409

Konsum pro 1000 Einwohner (*Quelle:* OECD, 1995)

Viele dieser neuen Bedürfnisse entstehen durch sozialen Druck, dem die meisten Amerikaner ausgesetzt sind. Die Soziologin Juliet Shor beschreibt in ihrem Buch *The Overspent American*, wie stark sich das Bestreben amerikanischer Familien, mit den Nachbarn mitzuhalten, seit den achtziger Jahren verändert hat. Maßstab sind nun die Arbeitskollegen, die vielleicht viel mehr verdienen, oder sogar fiktive Figuren aus Fernsehserien, die unbeschränkt über Geld zum Ausgeben verfügen. Auch in den Schulen ist der materielle Druck enorm. Kinder, die nicht die gleiche Designer-Kleidung und die gleichen Spielzeuge wie ihre Kameraden besitzen, fühlen sich schnell ausgeschlossen. Eltern, die den Konsumwünschen ihrer Sprösslinge nicht nachkommen, wird eingeredet, sie würden der Psyche und der Entwicklung ihrer Kinder schaden.

Der wachsende Konsumdruck führt dazu, dass die Amerikaner von Jahr zu Jahr mehr arbeiten. Die Jahresarbeitszeit des durchschnittlichen Beschäftigten in den USA ist zwischen 1973 und 2000 um 199 Stunden oder 11 Prozent gestiegen, wobei sich zugleich die Produktivität jedes Arbeiters fast verdoppelte. Amerikaner arbeiten jährlich 350 Stunden – oder neun

Wochen – mehr als der durchschnittliche Westeuropäer und haben inzwischen auch die Japaner an Arbeitseifer übertroffen. Der Durchschnittsurlaub beträgt weiterhin zwei Wochen pro Jahr und für Millionen von Arbeitnehmern ist auch der Sonntag ein normaler Arbeitstag. Die längere Arbeitszeit erklärt auch, warum die USA im Vergleich mit Europa beim Pro-Kopf-Einkommen besser abschneiden: Wenn die Europäer gleich viel arbeiteten, wären die meisten mindestens genauso reich wie die Amerikaner. Doch diese bezahlen für ihre Arbeitswut einen hohen Preis in Form von geringerer Freizeit, weniger Zeit für Tätigkeiten in der Gemeinschaft und weniger Zeit für die Familie. Da in den meisten Familien beide Eltern berufstätig sind, werden Millionen von Kindern nach der Schule sich selbst überlassen. Viele soziale und psychische Probleme amerikanischer Jugendlicher – vom Drogenkonsum bis zur Kriminalität – lassen sich auf die Zunahme der Arbeitszeit zurückführen.

Korea	2354
Griechenland	2053
Tschechien	2002
Polen	1994
USA	**1804**
Italien	1801
Japan	1775
Spanien	1769
Kanada	1734
Australien	1730
Großbritannien	1672
Schweiz	1659
Österreich	1656
Schweden	1587
Frankreich	1546
Belgien	1534
Deutschland	1437
Niederlande	1367
Norwegen	1360

Durchschnittliche Arbeitsstunden im Jahr 2005 (*Quelle:* OECD)

Das ist ein Teufelskreis, der die meisten Amerikaner am Ende unglücklich macht. Selbst unter jenen Familien, deren Einkommen in den letzten zwanzig Jahren gestiegen ist, fühlen sich viele ärmer als früher. 42 Prozent aller Amerikaner mit einem Haushaltseinkommen zwischen 50 000 und 75 000 Dollar im Jahr gaben in einer Umfrage 1995 an, dass sie sich nicht alles leisten könnten, was sie zum Leben bräuchten. Selbst unter denen, die mehr als 100 000 Dollar im Jahr verdienten, erklärten 27 Prozent, das sei nicht genug. Auf die Frage, welches Jahreseinkommen man benötigte, um sich alle Träume zu erfüllen, lautete die Antwort im Jahr 1987 noch 50 000 Dollar; 1994 waren bereits 102 000 Dollar für ein angenehmes Leben erforderlich. Um in den USA als wohlhabend zu gelten, muss man heute mindestens 100 000 Dollar pro Jahr verdienen. In einer Umfrage im Frühjahr 2003 erklärten 85 Prozent eine Familie mit 50 000 Dollar Jahreseinkommen für nicht wohlhabend und für 32 Prozent waren auch 150 000 Dollar nicht genug, um als wohlhabend klassifiziert zu werden.

Die Lücke zwischen Einkommen und Bedürfnissen wird mit Schulden gefüllt. Überziehungskredite sind in den USA unüblich und oft unmöglich. Dafür bieten Kreditkarten die Möglichkeit, auf Pump einzukaufen. Viele Amerikaner häufen Schulden an mit einem halben Dutzend Kreditkarten, für die zweistellige Zinssätze fällig sind; solange die Karteninhaber nicht mit ihren Zahlungen in Rückstand geraten, setzt ihnen niemand eine Grenze. Autos werden üblicherweise auf Kredit gekauft, was die Autoproduzenten in wirtschaftlich schlechten Zeiten großzügig unterstützen.

Der hohe Schuldenstand vieler Familien erklärt auch die sinkende Sparquote in den USA. Diese ist seit Anfang der achtziger Jahre von rund 10 Prozent des verfügbaren Einkommens auf weniger als 4 Prozent gefallen. Den Tiefstand erreichte sie mit 0,1 Prozent im Jahr 2005, dem Höhepunkt der Blase im amerikanischen Immobilienmarkt. In Europa sind Sparquoten von 15 Prozent nicht ungewöhnlich. Diese geringe Sparquote ist kaum zu erklären, da Amerikaner viel schlechter gegen die Risiken des Lebens abgesichert sind als Europäer: Sie können jederzeit ihren Arbeitsplatz verlieren und haben dann nur kurze Zeit Anspruch auf Arbeitslosengeld. Auch eine schwere Krankheit, deren Behandlung die Krankenversicherung nicht deckt, kann amerikanische Familien vor enorme finanzielle Probleme stellen. In den neunziger Jahren dachten viele, steigende Aktienkurse allein würden ihre finanziellen Polster füllen – eine Illusion, wie sich mit dem deutlichen Rückgang der Kurse nach dem Platzen der New-Economy-Blase im Frühjahr 2000 und dem Preisverfall bei Einfamilienhäusern seit 2007 zeigte. Trotz wachsender wirtschaftlicher Unsicherheit fiel die Sparquote im vergangenen Jahrzehnt stetig.

Jahr	Sparquote	Jahr	Sparquote
1981	10,5 %	1997	4,1 %
1983	9,7 %	1999	4,4 %
1985	10,4 %	2001	2,2 %
1987	8,8 %	2003	3,5 %
1989	8,0 %	2004	2,1 %
1991	8,7 %	2005	0,1 %
1993	7,1 %	2006	0,4 %
1995	6,4 %	2007	0,2 %

Sparquote amerikanischer Haushalte
(*Quelle:* Bureau of Economic Analysis. Department of Commerce)

Die hohen Konsumausgaben sind der wichtigste Motor für die amerikanische Konjunktur und kommen insofern auch dem Wachstum der übrigen Welt zugute. Aber die niedrige Sparquote belastet die Volkswirtschaften anderer Länder. Seit 30 Jahren müssen die USA nämlich Milliarden an Kapital importieren, weil sie selbst nicht genug für ihren eigenen Investitionsbedarf aufbringen können. Diese Mittel fehlen dann außerhalb der Vereinigten Staaten (→ Kapitel 31). Auch die Verschwendung an knappen Ressourcen und die Belastungen für das Weltklima durch den übermäßig hohen Ausstoß an Treibhausgasen bekommt der Rest der Menschheit zu spüren.

Wie Umfragen zeigen, macht der Konsumrausch die Amerikaner weder besonders glücklich noch so reich, wie es die Statistiken vermuten lassen. Offiziell liegt das durchschnittliche Pro-Kopf-Einkommen deutlich über dem europäischen Niveau:

2002 betrug es bei gleicher Kaufkraft in den USA 37 600 Dollar, in Deutschland nur 26 600 Dollar. Doch nach Meinung führender Ökonomen wie Richard Freeman von der Harvard University oder Robert Gordon von der Northwestern University ist dieser Unterschied trügerisch. Einerseits müssen die Amerikaner für ihr Einkommen weit mehr arbeiten als Europäer, andererseits sind manche Ausgaben und Anschaffungen, die man in den USA braucht, in Europa nicht erforderlich: ein zweites oder drittes Auto, eine Klimaanlage, die fast das ganze Jahr läuft, oder die hohen Ausgaben für Universitäten, die bis zu 30 000 Dollar im Jahr an Studiengebühren kosten. Der Wert einer höheren sozialen Sicherheit und eines etwas weniger ausgeprägten Konsumdrucks in Europa lässt sich in Zahlen überhaupt nicht fassen. Für einen befriedigenden Lebensstandard müssen Amerikaner viel Geld aufwenden. Wer sich das nicht leisten kann, wird von einer Art der Armut bedroht, die man in Europa so nicht kennt.

18
Arm und Reich:
Ungleichheit und fehlende soziale Sicherheit

Unter allen Industriestaaten weisen die USA die größte Un-
gleichheit zwischen Arm und Reich auf – und die Kluft wächst
weiter. Selbst mit einem Vollzeitjob verdienen viele Menschen zu
wenig, um der Armut zu entrinnen. Ein funktionierendes sozia-
les Netz existiert kaum, Millionen von Amerikanern sind nicht
krankenversichert und immer mehr alleinerziehenden Müttern
wird die Sozialhilfe gestrichen.

In den letzten Jahren des 20. Jahrhunderts wurden einige hunderttausend Amerikaner unermesslich reich. Der Aktienboom –
vor allem von Internet- und Telekommunikationswerten – schuf
ein gewaltiges Vermögen. Inmitten dieser euphorischen Zeit
entschied sich 1998 eine sozialkritische Autorin, die andere
Seite der amerikanischen Gesellschaft am eigenen Leib kennen
zu lernen: Barbara Ehrenreich zog zwei Jahre durchs Land und
versuchte, mit Billigjobs als Serviererin, Altenpflegerin, Zim-
mermädchen oder Fabrikarbeiterin über die Runden zu kommen.
In dem Buch *Arbeit poor* beschrieb sie ihre Erfahrungen – Alltag
von Millionen Amerikanern. Das Buch wurde ein Bestseller in
den USA. Armut in Amerika bedeutet nach Ehrenreichs Schilderungen nicht unbedingt Hunger oder Obdachlosigkeit, aber
ein Leben mit stundenlangen Anfahrtswegen, miserablen Arbeitsbedingungen, Erniedrigungen wie sexistischen Uniformen
oder regelmäßigen Drogentests, häufigem Jobwechsel und hoher
finanzieller Unsicherheit.
    Amerikanische Stundenlöhne liegen für unqualifizierte Tätig-
keiten oft sogar höher als in Europa. Die politischen und gesellschaftlichen Rahmenbedingungen – gewaltige Einkommensunterschiede, fehlendes Sozialnetz und miserable öffentliche

Infrastruktur – gestalten das Überleben mit einem geringen Lohn in den USA jedoch weitaus schwieriger als in Ländern mit niedrigerem Einkommensniveau. Wie Ehrenreich zeigt, kommt man in den meisten Orten der USA mit einem Stundenlohn von 7 Dollar – dem Durchschnittsverdienst für unqualifizierte Arbeit – auch als Alleinstehender kaum über die Runden, wenn die günstigste Monatsmiete 500 Dollar beträgt, der Arbeitgeber keine Krankenversicherung anbietet oder man den Arbeitsplatz nicht ohne eigenes Auto erreichen kann. Wer gar mit dem gesetzlichen Mindestlohn von 5,15 Dollar auskommen muss, erzielt auch bei einem Vollzeitjob nur ein Wocheneinkommen von 200 Dollar, was ein Leben in großer Armut bedeutet.

Armut

Die USA waren immer schon ein Land mit großen Einkommens- und Vermögensunterschieden, doch diese haben in den vergangenen Jahrzehnten unvorstellbare Ausmaße angenommen. Seit 1929 hatte es keine so großen Unterschiede im Einkommen der Amerikaner gegeben. Zwischen 1980 und 1990 wurden die Armen etwas ärmer und die Reichen deutlich reicher. Von 1990 bis 2000 konnten sich auch die Armen ein wenig vom wachsenden Kuchen abschneiden, aber die Reichen noch viel mehr.

Unter der Präsidentschaft von George W. Bush ist die Schere noch weiter aufgegangen. Der Einbruch in den Vermögen der Superreichen nach dem Platzen der Börsenblase 2000/2001 wurde bald darauf durch die dramatische Senkung der Steuersätze wieder wettgemacht.

Das Nettoeinkommen der Familien im untersten Fünftel der Einkommensskala stieg in 25 Jahren um 6 Prozent, das des Mittelstands um etwa 20 Prozent und das Einkommen des obersten Fünftels um 69 Prozent. Doch auch innerhalb dieser letzten Kategorie gab es gewaltige Unterschiede: Beim obersten 1 Prozent verdreifachte sich das Einkommen beinahe. Diese kleine Schicht der Superreichen verdiente im Jahr 2004 14 Prozent des gesamten Volkseinkommens, fast doppelt so viel wie 1979.

Auch in Europa hat die Ungleichheit zugenommen. Schuld daran ist zu einem großen Teil die Globalisierung, die gutausgebildeten Fachkräften und Managern neue Chancen bietet, die einfache Arbeiter aber verstärkt dem Wettbewerb mit ärmeren Ländern aussetzt. Neue Technologien, neue Managementsysteme und der Druck der Medien haben eine Gesellschaft geschaffen, in welcher der Beste fast unbegrenzt verdient, doch schon der Zweitbeste deutlich zurückfällt. Das trifft für Michael Schumacher, Robbie Williams und Joanne K. Rowling genauso zu wie für die Vorstandschefs der Konzerne und die Spitzenverdiener in manchen Investmentbanken (→ Kapitel 25).

Bevölkerungs-schicht	1979	2004	Zuwachs-rate	Gesamt-zuwachs
Unterstes Fünftel (1 bis 20 %)	13 900 $	14 700 $	6 %	800 $
Zweites Fünftel (21 bis 40 %)	28 000 $	32 700 $	17 %	4700 $
Mittleres Fünftel (41 bis 60 %)	39 900 $	48 400 $	21 %	8500 $
Viertes Fünftel (61 bis 80 %)	52 300 $	67 600 $	29 %	15 300 $
Oberstes Fünftel (81 bis 100 %)	92 100 $	155 200 $	69 %	63 100 $
Oberstes 1 %	314 000 $	867 800 $	176 %	553 800 $

Wachstum des Nettojahreseinkommens
(*Quelle:* Center on Budget and Policy Priorities, Congressional Budget Office)

Doch nirgendwo ist die Ungleichheit so ausgeprägt wie in den USA. Das lässt sich am sogenannten Gini-Koeffizienten ablesen, mit dem Einkommensunterschiede gemessen werden. Beträgt dieser Koeffizient 0, dann verdient jeder gleich viel; beträgt er 100, dann besitzt einer alles und der Rest gar nichts. Mitte der neunziger Jahre lag demnach das Ungleichgewicht zwischen Armen und Reichen in den USA um ein Viertel höher als in Deutschland und sogar um zwei Drittel höher als in Schweden.

Zwischen 1940 und 1980 hielten sich diese Einkommens- und Vermögensunterschiede noch in Grenzen und wurden durch ein progressives Steuersystem ausgeglichen. Das seither zunehmende Ungleichgewicht stellt nicht nur für die Menschen am unteren Rand der Gesellschaft eine katastrophale Fehlentwicklung dar. Es gefährdet den Zusammenhalt der Gesellschaft, verringert die Lebensqualität aller Amerikaner und strahlt durch die Vorbildwirkung des amerikanischen Beispiels auch auf Europa aus.

Land	Gini-Koeffizient*
Brasilien	56,7
USA	45,0
Großbritannien	36,8
Schweiz	33,1
Kanada	33,1
Österreich	31,0
Niederlande	30,9
Deutschland	28,3
Schweden	25,0

* Gini-Koeffizient:
0 = perfekte Gleichheit
100 = totale Ungleichheit

Ungleichheit im internationalen Vergleich 1998 bis 2005
(*Quelle:* CIA, The World Factbook 2007)

Armut hat im Land der unbegrenzten Möglichkeiten viele Gesichter: alleinerziehende Mütter in den schwarzen Ghettos der Innenstädte, illegal beschäftigte mexikanische Feldarbeiter in Texas und Kalifornien, arbeitslose Stahlarbeiter in West Virginia, Indianer in entlegenen Reservaten, Mittelstandsfamilien mit schweren Krankheitsfällen. Armut geht meist einher mit mangelhafter Ausbildung, unterdurchschnittlicher Intelligenz, desolaten Familienverhältnissen, unsicheren Arbeitsmöglichkeiten, ungesunder Ernährung (→ Kapitel 27), Krankheit oder Drogenabhängigkeit. Altersarmut ist seit den sechziger Jahren dank der staatlichen Rentenkasse Social Security und der Alterskrankenversicherung Medicare eine Ausnahmeerscheinung. Armut ist heute eher ein Phänomen kinderreicher Jungfamilien, Alleinerziehender und ethnischer Minderheiten. Zwölf Millionen Kinder, eines von sechs, leben heute in Armut, fünf Millionen von ihnen sogar in extremer Armut.

Laut offizieller Statistik galt 2007 eine vierköpfige Familie dann als arm, wenn sie weniger als 20 650 Dollar im Jahr verdient. Für zwei Personen lag diese Grenze bei 13 690 Dollar. Doch auch über diesen willkürlich gezogenen Grenzen herrscht das, was im allgemeinen Sprachgebrauch mit Armut verbunden wird. Mit einem Jahreseinkommen von unter 30 000 Dollar kann sich kaum eine Familie jenen Lebensstandard leisten, den man mit dem amerikanischen Mittelstand assoziiert.

Von den späten fünfziger bis in die späten siebziger Jahre ging die Armutsrate in den USA dank eines kräftigen Wirtschaftswachstums und einer für amerikanische Verhältnisse ehrgeizigen Sozialgesetzgebung von 22 Prozent auf etwa 12 Prozent zurück. Die Politik verfolgte das Ziel einer Vollbeschäftigung, stärkte die Kaufkraft des Mittelstands und betrieb durch progressive Steuersätze eine Umverteilung zugunsten der Ärmeren. Doch in der Rezession von 1979 stieg die Zahl der Armen wieder auf etwa 15 Prozent und blieb auf diesem Niveau bis Anfang der neunziger Jahre. Schlecht ausgebildete Arbeiter verloren ihre Jobs in der Industrie und mussten im Dienstleistungssektor unterkommen, wo sie weniger verdienten und nicht krankenversichert waren. Die staatliche Sozialhilfe wurde nicht mehr an die Inflation angepasst; gemessen an der Kaufkraft sank sie zwischen 1970 und 1994 insgesamt um 47 Prozent. Erst seit 1994 brachten der Wirtschaftsaufschwung und die Schaffung vieler neuer Arbeitsplätze Besserung. Doch 2002 lebten immer noch 35 Millionen Amerikaner in Armut – das sind 12 Prozent der Bevölkerung. Der Anteil betrug bei Weißen 8 Prozent, bei Asiaten 10 Prozent, bei Latinos 22 Prozent und bei Schwarzen 24 Prozent. Von schwarzen oder Spanisch sprechenden Alleinerziehenden galten mehr als ein Drittel offiziell als arm.

Seit der von Republikanern und Demokraten gefeierten Sozialreform im Jahr 1996, die auch für alleinerziehende Mütter die Sozialhilfe auf maximal fünf Jahre begrenzte, kann es sich ohne ausreichendes Vermögen niemand leisten, längere Zeit nicht zu arbeiten. Anders als in Europa gibt es weder Sozialhilfe noch Invaliditätsrenten, die das Überleben auf Staatskosten ermöglichen. Obwohl die Arbeitslosenraten in den USA niedriger sind als beispielsweise in Deutschland, findet nicht jeder Arbeit. Wer gezwungen ist, sich mit Gelegenheitsjobs durchzuschlagen, hat kaum eine Chance, der Armut zu entkommen.

Das amerikanische Sozialsystem hilft diesen »arbeitenden Armen«. Sie haben Anrecht auf steuerliche Zuschüsse und sind über das Medicaid-Programm automatisch krankenversichert. Es gibt Wohn- und Mietzuschüsse, Gratisessen für arme Schüler und andere Programme, welche die Armut ein wenig lindern. Diese Hilfe wird durch die katastrophalen Lebensumstände allerdings oft wieder zunichte gemacht: schlechte Schulen, eine hohe Kriminalitätsrate und fehlende Betreuungsmöglichkeiten für Kinder. Vor allem mangelt es in den Innenstädten und vielen ländlichen Gebieten an halbwegs sicheren und fair bezahlten Arbeitsplätzen, wo auch Menschen mit geringer Schulbildung unterkommen können. Wer arbeitslos wird, hat meist nur sechs Monate Anspruch auf staatliche Unterstützung. Sobald diese Zahlungen auslaufen, beginnt der Wettlauf mit der Armut – oder der Weg in die Kriminalität.

Eine besonders triste Seite von Armut ist Obdachlosigkeit, die in den letzten Jahrzehnten deutlich zunahm. Seit 1973 gingen durch Renovierungen, Zusammenlegungen und Abriss Millionen günstiger Wohnungen verloren, sodass derzeit rund 4,4 Millionen solcher Wohnungen am Markt fehlen. In vielen Städten stiegen während des Wirtschaftsbooms der neunziger Jahre die Immobilienpreise dramatisch an und brachten auch Normalverdiener in die Gefahr, obdachlos zu werden. Gleichzeitig wurden öffentliche Wohnbeihilfen gekürzt: Nur ein Drittel aller armen Haushalte erhalten heute eine solche Förderung, die durchschnittliche Wartezeit beträgt rund 28 Monate.

Waren es anfangs vor allem psychisch kranke Patienten, die ohne gesicherte Pflegemöglichkeiten auf die Straße entlassen wurden, so stieg rasch die Zahl von gesunden Erwachsenen oder Familien mit Kindern, die keine bezahlbare Wohnung fanden und deshalb in desolaten Notquartieren Unterschlupf suchen mussten. 3,5 Millionen Amerikaner werden nach einer Schätzung des Urban Institute im Lauf eines Jahres obdachlos, darunter 1,35 Millionen Kinder. Obwohl nur ein geringer Teil dieser Menschen auf der Straße schlafen muss, hat Obdachlosigkeit für Familien verheerende Folgen: Der häufige Unterkunftswechsel zerstört soziale Bindungen, der Schulbesuch der Kinder ist nicht mehr sichergestellt und das Risiko, Opfer von Kriminalität zu werden, nimmt deutlich zu.

Krankheit

Selbst viele Amerikaner mit höherem Einkommen fühlen sich angesichts des fehlenden sozialen Sicherheitsnetzes arm. Von Jahr zu Jahr steigt der Anteil der Bevölkerung, der über keine Krankenversicherung verfügt.

Unter Präsident Lyndon B. Johnson wurden 1965 Krankenversicherungsprogramme für ältere Menschen ab 65 (Medicare) und für Arme (Medicaid) eingeführt, und in den siebziger Jahren gab es ernsthafte Bemühungen, ein nationales Krankenkassensystem für alle Amerikaner einzuführen. Doch das Vorhaben scheiterte an Differenzen zwischen Wirtschaft, Ärztelobby und Gewerkschaften sowie an der Frage, wer welche Kosten tragen sollte. Gesundheitsversorgung blieb damit weiterhin Privatsache.

In den siebziger Jahren waren die meisten Amerikaner noch über ihre Arbeitgeber versichert. Doch je höher die Gesundheitskosten – und damit die Versicherungsprämien – stiegen und je unsicherer die Arbeitsverhältnisse wurden, desto mehr Amerikaner arbeiteten in Firmen, die keine Krankenversicherung anboten oder ihre Arbeitnehmer dafür zur Kasse baten. Vor allem Kleinbetriebe konnten sich die immer höheren Versicherungsprämien nicht mehr leisten. Die Zahl der Bürger ohne Versicherungsschutz wuchs von 25 Millionen Anfang der achtziger Jahre auf 47 Millionen im Jahr 2007. Rund 17 Prozent aller Amerikaner – und trotz der Existenz von Medicaid 30 Prozent aller Armen – sind nicht versichert; rund ein Viertel besitzt zumindest zeitweise keinen Versicherungsschutz. Wenn diese Menschen medizinische Hilfe benötigen, gehen sie entweder in die Ambulanzen der öffentlichen Krankenhäuser, wo sie zu hohen Kosten kurzfristig versorgt werden, oder sie müssen die Ärzterechnungen aus der eigenen Tasche begleichen. Eine schwere oder chronische Erkrankung kann unter diesen Umständen die Existenzgrundlage vernichten.

Jahr	Amerikaner	Anteil
1984	29,8 Mio.	14,3 %
1989	33,4 Mio.	15,3 %
1995	37,1 Mio.	15,9 %
1998	39,0 Mio.	16,5 %
1999	38,3 Mio.	16,0 %
2000	40,8 Mio.	16,8 %
2001	39,8 Mio.	16,2 %
2002	41,1 Mio.	16,5 %
2003	43,2 Mio.	17,2 %
2004	42,0 Mio.	16,6 %
2005	40,8 Mio.	16,0 %
2006	43,3 Mio.	16,8 %
2007	42,2 Mio.	16,2 %

Amerikaner unter 65 ohne Krankenversicherung
(*Quelle:* Center for Disease Control and Prevention)

Präsident Bill Clinton trat 1993 mit dem Versprechen an, diesen Missstand zu beheben. Er übertrug diese Aufgabe seiner Frau Hillary, die nach Monaten der Beratung mit Experten und Interessensgruppen einen komplizierten Plan ausarbeitete, der den privaten Charakter der Gesundheitsindustrie beibehalten und dennoch jedem Amerikaner Versicherungsschutz garantieren würde. Der Plan wurde von den Republikanern im Kongress und von der Versicherungsbranche heftig attackiert. Umfragen unter der Bevölkerung signalisierten massive Ablehnung; und selbst die demokratische Mehrheit im Kongress distanzierte sich von dem Vorhaben. Darauf erlitten die Demokraten in den Kongresswahlen eine heftige Niederlage. Auch wenn in der US-Politik viel über Gesundheitsreformen diskutiert wird, steht die Einführung eines nationalen Gesundheitssystems nach europäischem Vorbild, wie es viele Experten fordern, in den nächsten Jahrzehnten nicht mehr zur Debatte.

Das Fehlen einer Krankenversicherung ist nicht immer Zeichen von völliger Armut. Oft sind es junge Aufsteiger oder Selbständige, die Versicherungsprämien sparen wollen. Eine fehlende Krankenversicherung ist hingegen häufig die Ursache dafür, dass

Amerikaner aus dem Mittelstand in die Armut abrutschen: Wer einmal krank ist, hat nämlich keine Chance mehr, zu einem akzeptablen Tarif in eine Versicherung aufgenommen zu werden. Die privaten Gesellschaften sortieren rücksichtslos alle Fälle aus, die ihnen überdurchschnittliche Kosten verursachen könnten. Dieses Schicksal erleben auch viele Versicherte bei einer schweren und teuren Krankheit.

Der geringe Einfluss des Staats auf das Gesundheitswesen hat zu einer Zwei-Klassen-Medizin geführt, in der Wohlhabende und gut Versicherte die beste Versorgung der Welt genießen, während Millionen von Amerikanern auf Leistungen verzichten müssen, die in anderen Ländern selbstverständlich sind. Das zeigt sich beispielsweise in den Kindersterblichkeitsraten, die 60 Prozent über dem westeuropäischen Niveau liegen. Diese dunklen Seiten des amerikanischen Traums hat 2007 der Filmemacher Michael Moore in seinem Film *Sicko* auf beeindruckende Weise dargestellt.

Die Krankheitsgefährdung armer amerikanischer Kinder war der Bush-Regierung nie ein Anliegen. Als der Kongress im September 2007 ein Gesetz verabschiedete, das 6 Millionen unversicherten Kindern einen Versicherungsschutz geben würde, legte George W. Bush eines der ersten Vetos seiner Amtszeit ein. Er argumentierte mit den hohen Ausgaben dieses Programms, obwohl diese nur einen Bruchteil der Kosten des Irak-Krieges betragen hätten.

Land	Sterblichkeit	Land	Sterblichkeit
Japan	2,8	Niederlande	4,9
Schweden	2,8	Großbritannien	5,1
Frankreich	3,4	Italien	5,7
Tschechien	3,9	Südkorea	6,1
Deutschland	4,1	**USA**	**6,4**
Schweiz	4,3	Polen	7,1
Österreich	4,5	Mexiko	19,6
Kanada	4,7	Türkei	38,3

Kindersterblichkeit pro 1000 Lebendgeburten im Jahr 2007
(*Quelle:* CIA. The World Factbook 2007)

Da Ärzte und Krankenhäuser ihre Preise lange Zeit ungehemmt diktieren konnten, die Versicherungsbranche die Kosten auf die Arbeitgeber abwälzte und Schadenersatzzahlungen nach Kunstfehlerprozessen ständig stiegen (→ Kapitel 21), entstand außerdem eine Dynamik, die dazu führte, dass die Gesundheitskosten Jahr für Jahr in die Höhe schnellten. Die USA geben derzeit mehr als 1,4 Billionen Dollar oder 14 Prozent des Bruttoinlandsprodukts für Gesundheit aus; das ist der höchste Anteil weltweit – Tendenz steigend.

Land	Anteil 2004	jährlicher Zuwachs (1980–2003)
USA	15,3 %	6,4 %
Schweiz	11,6 %	4,1 %
Deutschland	10,9 %	2,7 %
Frankreich	10,5 %	3,4 %
Österreich	9,6 %	2,1 %
Niederlande	9,2 %	1,9 %
Italien	8,4 %	1,9 % *
Großbritannien	8,3 %	2,2 %

Gesundheitsausgaben als Anteil am Bruttoinlandsprodukt (*Quelle:* OECD)   *seit 1990

Ein Hauptgrund für diesen Anstieg sind die hohen Arzneikosten, die weder von Medicare noch von vielen privaten Versicherungsgesellschaften gedeckt werden. Wer in einer Apotheke rezeptpflichtige Medikamente kauft, muss zwei- bis dreimal so viel zahlen wie in Europa. Während die Pharmakonzerne in den meisten Industriestaaten von staatlich gelenkten bzw. gesetzlichen Krankenkassen in ihren Preisforderungen gebremst werden, können sie am freien amerikanischen Markt so viel verlangen, wie sie wollen – und holen so ihre Kosten für Forschung und Entwicklung wieder zurück. Die Opfer sind ältere Menschen mit hohem Arzneimittelverbrauch, für den sie bei längeren Krankheiten einen großen Teil ihrer Ersparnisse opfern müssen. Andere verzichten auf Medikamente und riskieren, mit weitaus schwereren Krankheiten beim Arzt oder im Krankenhaus zu landen.

Selbst George W. Bush wurde sich des Problems bewusst, das ihn viele Stimmen älterer Wähler für seine Wiederwahl im November 2004 kosten konnte. Deshalb verabschiedeten seine Republikaner ein Jahr davor im Kongress ein Gesetz, wonach Medicare in Zukunft auch für Medikamente für Bürger über 65 aufkommen sollte. Der »Medicare Modernization Act« entpuppte sich rasch als eines der teuersten Sozialprogramme in der Geschichte der USA. Während der Debatte im Kongress hatten Regierungsvertreter versprochen, dass die Kosten über einem 10-Jahres-Zeitraum hinweg unter 400 Milliarden Dollar liegen würden. Doch kaum trat das Gesetz in Kraft, schnellte die Schätzung auf gigantische 1,2 Billionen Dollar empor. Das lag vor allem daran, dass das Gesetz den Medicare-Managern ausdrücklich verbietet, mit der Pharmaindustrie über Preisnachlässe zu verhandeln.

Gleichzeitig hat es seinen Zweck verfehlt, älteren Menschen ein Gefühl der Sicherheit zu geben. Die Auszahlungsmodalitäten sind nämlich so kompliziert, dass ein Patient nie genau weiß, ob seine Arzneikosten nun gedeckt sind oder nicht. Viele private Versicherer nützen diese Unsicherheit, um Leistungen, die ihren Kunden eigentlich zustehen würden, zu streichen. Die Hauptnutznießer der kostspieligen Reform waren daher weniger die Rentner als die großen Pharma- und Versicherungskonzerne. Mit intensiver Lobbytätigkeit war es ihnen gelungen, die Details des Gesetzes so zu gestalten, dass dieses nun vor allem ihren finanziellen Interessen diente.

Sozialhilfe

Präsident Bush tritt auch dafür ein, dass private und religiöse karitative Initiativen mit Suppenküchen und Notquartieren den Staat entlasten. Diese Initiativen wurden durch eines der größten sozialen Experimente der vergangenen Jahrzehnte weiter in die Pflicht genommen: Die Sozialreform von 1996 ging von der Annahme aus, dass länger dauernde Sozialhilfe zu Abhängigkeit, schwindenden Qualifikationen und damit langfristig wachsender Armut führt. Die Armen in den Arbeitsmarkt zu zwingen war die Absicht eines Gesetzes, das Sozialhilfe für jede Empfängerin – und es sind in den USA tatsächlich überwiegend Frauen, da Sozialhilfe nur Alleinerziehenden gewährt wird – auf zwei Jahre in Folge und fünf Jahre insgesamt beschränkt. Millionen von Müttern mit kleinen Kindern mussten nun für geringe Stundenlöhne von 5 bis 8 Dollar arbeiten, während der jeweilige Bundesstaat für Weiterbildung und Kinderbetreuung aufkam. Für viele bedeutete das stundenlange Anfahrtswege, da die Jobs von den Armenvierteln meist weit entfernt waren, sodass sie weniger Zeit mit ihren Kindern verbringen konnten. Eine Untersuchung in Chicago, Boston und San Antonio von Kindern in Familien, denen die Sozialhilfe gestrichen wurde, zeigte bereits 1999, dass diese unter starken Verhaltens- und Entwicklungsproblemen leiden.

Die gute wirtschaftliche Lage der späten neunziger Jahre erleichterte die Jobsuche, ließ die Zahl der Empfängerinnen dramatisch schrumpfen und führte dieses Programm in den Augen vieler Experten zunächst zum Erfolg. Doch als die Konjunktur 2001 einbrach, wurden viele dieser Wohlfahrtsmütter wieder gekündigt und sie mussten erneut um staatliche Hilfe bitten. Noch ist unklar, was geschieht, wenn die Fünfjahresfrist endgültig abläuft. Eine Armut ungeheuren Ausmaßes, wie sie seit der Weltwirtschaftskrise nicht mehr gesehen wurde, könnte in den kommenden Jahren auf Millionen amerikanischer Frauen und Kinder zukommen. Das amerikanische Sozialsystem ist dafür in keiner Weise gerüstet.

Vom Millionär zum Tellerwäscher

Es stellt sich die Frage, warum die Amerikaner diese Ungleichheiten nicht nur akzeptieren, sondern durch ihre politischen Wahlentscheidungen sogar unterstützen. Denn in vielen Wahlbezirken werden konservative Abgeordnete wiedergewählt, die sich für Steuersenkungen für die Reichen einsetzen, und Umfragen zeigen breiten Widerstand gegen Umverteilung und Sozialprogramme. Klassenkampf ist in den USA kein Thema. Gründe hierfür sind das durch finanzielle Interessen korrumpierte politische System und die geringe Wählermobilisierung, besonders in den unteren Schichten. Wenn bei typischen Kongresswahlen nur ein Drittel aller Wahlberechtigten zur Urne geht, bedeutet das, dass die Mehrheit der Bevölkerung gar nicht gehört wird (→ Kapitel 23).

Ein weiterer Faktor ist der Rassismus: Seit den sechziger Jahren werden Sozialprogramme in der öffentlichen Meinung mit Privilegien für Schwarze und Latinos assoziiert. Der Zorn vieler Weißer auf die reiche Oberschicht, der in früheren Zeiten populistische Bewegungen nährte, wurde seit 1968 vor allem von den Republikanern sehr geschickt auf die Schwarzen umgelenkt. Arme Weiße verzichten lieber ganz auf staatliche Gelder, als zusehen zu müssen, dass die ungeliebten Schwarzen etwas davon bekämen (→ Kapitel 19).

Soziale Mobilität ist schließlich ein letzter entscheidender Faktor, der vielen Amerikanern hilft, Ungleichheiten hinzunehmen. In den USA war die soziale Mobilität lange Zeit höher als in den meisten europäischen Staaten – in beide Richtungen: Während Mittelstandsfamilien häufig vom Abgleiten in die Armut bedroht waren, konnten sich auch Kinder aus ärmsten Verhältnissen mit Intelligenz, Geschick und Glück weit nach oben arbeiten. Laut einer Studie des Weißen Hauses schaffen es immer noch zwischen 50 und 80 Prozent der Menschen im niedrigsten Einkommensfünftel, innerhalb von zehn Jahren in eine höhere Schicht aufzusteigen, während eine vergleichbare Zahl von Menschen in dieser Zeit absteigt.

Die Aufstiegschancen insgesamt werden aber überschätzt, und dies auf allen Ebenen der Gesellschaft. In einer Meinungsumfrage von Time-CNN im Oktober 2000 behaupteten 19 Prozent der Amerikaner von sich, zum reichsten Prozent des Landes zu gehören. Weitere 20 Prozent zeigten sich davon überzeugt, dass sie in ihrem Leben dorthin gelangen würden. Die soziale Stabilität der amerikanischen Gesellschaft beruht daher auf einem irrationalen Glauben an die eigenen Aufstiegschancen.

Zahlreiche neuere Studien zeigen, dass die soziale Mobilität in den USA seit dem Ende der siebziger Jahre dramatisch abgenommen hat. Kinder aus wohlhabenden Häusern gehen in gute Schulen, besuchen Elite-Universitäten und kommen später in den Genuss hochbezahlter Jobs, während Kinder aus ärmeren Familien kaum eine Chance haben, in die höheren Etagen der Leistungsgesellschaft aufzusteigen. Selbst im klassenbewussten Großbritannien ist die soziale Mobilität heute höher als in den USA, ganz zu schweigen von den nordischen Staaten, wo der Wohlfahrtsstaat als effektive Aufstiegshilfe dient.

19
Weiße haben es besser: Der anhaltende Rassismus

Bis in die sechziger Jahre wurden Schwarze in den Südstaaten offen diskriminiert. Aber auch nach dem Erfolg der Bürgerrechtsbewegung und zahlreichen Maßnahmen zur Verbesserung ihrer Lebensumstände ist der Rassismus allgegenwärtig – in den Schulen, am Arbeitsplatz und im Justizsystem.

Seit 1986 wird in den USA am dritten Montag im Januar der Geburtstag von Martin Luther King jr. als nationaler Feiertag begangen. Der schwarze Bürgerrechtskämpfer ist neben dem Amerika-Entdecker Christoph Kolumbus und Gründungsvater George Washington die einzige Persönlichkeit, die auf diese Weise von den Amerikanern geehrt wird. Zu seinen Lebzeiten war King politisch umstritten und wurde von J. Edgar Hoovers Bundespolizei FBI verfolgt. Nach der Verleihung des Friedensnobelpreises 1964 und seiner Ermordung vier Jahre später wurde der Prediger des gewaltfreien Widerstands für weiße und schwarze Amerikaner zu einer Ikone.

Mit dem Kult um Martin Luther King würdigt das weiße Amerika nicht nur seine lang gequälte schwarze Minderheit, es feiert auch eine Entwicklung, die allgemein als ein Triumph in der jüngeren amerikanischen Geschichte gilt: das Ende der Rassendiskriminierung und die rechtliche Gleichstellung der Schwarzen. In nur einem Jahrzehnt wurde demnach dank des Engagements liberaler Weißer das ein Jahrhundert alte Apartheid-System in den Südstaaten zerstört, der Rassismus überwunden und der demokratische Geist der amerikanischen Verfassung verwirklicht.

Für Schwarze ist die Ära der Bürgerrechtsbewegung hingegen eine Geschichte von Rückschlägen und Enttäuschungen, die bis heute anhält. Weder Diskriminierung noch Rassismus sind überwunden, sondern lediglich auf andere Gebiete verlagert, so die Sicht der meisten Schwarzen. Martin Luther Kings Geburtstag ist für sie deshalb kein Tag zum Feiern, sondern eine Gelegenheit, an all die Missstände zu erinnern, unter denen Amerikas Schwarze noch immer leiden. Die USA sind immer noch eine gespaltene Nation.

Der Kampf um die Bürgerrechte

Die Bürgerrechtsbewegung ist weit älter, als es den meisten Weißen bewusst ist. Ihre wichtigste Organisation, die National Association for the Advancement of Colored People (NAACP) nahm schon 1909 den Kampf gegen das nach der Show-Figur Jim Crow benannte System menschenverachtender Rassendiskriminierung auf. In den Südstaaten besaßen Schwarze kein Wahlrecht, waren der Gewalt von Polizei, Justiz und des weißen Mobs schutzlos ausgeliefert und lebten zumeist in tiefster Armut. Sie besuchten eigene, schlechtere Schulen als die Weißen, mussten in Bussen und Eisenbahnen getrennt von den Weißen sitzen, durften nicht die gleichen Lokale wie die Weißen besuchen und nicht einmal aus den gleichen Brunnen trinken. Ehen zwischen Schwarzen und Weißen waren in zahlreichen Bundesstaaten verboten. Der Oberste Gerichtshof hatte 1896 in einem Urteil das rassistische Prinzip »Getrennt, aber gleich« für rechtmäßig erklärt.

Bis in die vierziger Jahre machte die NAACP wenig Fortschritte, doch der Zweite Weltkrieg brachte einen Umschwung: Schwarze Soldaten kämpften Seite an Seite mit ihren weißen Kameraden in Europa und im Pazifik, und an der Heimatfront bot ihnen der Arbeitskräftemangel auf einmal viele Stellen, die bis dahin Weißen vorbehalten waren. Doch nach Kriegsende kehrte vor allem im Süden die alte Ordnung zurück: Schwarze wurden entlassen und sollten sich den Weißen unterordnen. Als sich die schwarzen Veteranen wehrten und den Kampf um das Wahlrecht aufnahmen, wurde 1946 und 1947 der Süden von einer neuen Welle rassistischer Gewalt erfasst. Viele Menschen im Norden blickten mit Verachtung auf die anachronistischen Südstaatler; aber auch in Großstädten wie Chicago und Detroit versuchten Weiße, mit Drohungen und Brandstiftung schwarze Familien davon abzuhalten, in ihre Wohnviertel zu ziehen. Eine geschlossene Front von Südstaaten-Demokraten verhinderte im Kongress jeden Versuch, durch Gesetze die schreiende Ungerechtigkeit zu beenden.

Die NAACP wandte sich an die Gerichte und erzielte dort erste Erfolge. Zwischen 1944 und 1950 hob der Oberste Gerichtshof die Rassentrennung bei den politischen Vorwahlen, im Verkehr zwischen den Bundesstaaten, bei Immobiliengeschäften und beim Besuch von Universitäten auf; 1948 wurden in Kalifornien erstmals Ehen zwischen Schwarzen und Weißen zugelassen. Auch im Alltag schwanden die Rassenschranken: Rock 'n' Roll war eine Mischung aus weißer und schwarzer Musik und mit Jackie Robinson trat 1947 der erste schwarze Baseballspieler in ein Team der Nationalliga, die Brooklyn Dodgers, ein.

Der große Durchbruch gelang 1954, als der Oberste Gerichtshof unter seinem neuen Vorsitzenden Earl Warren in der Entscheidung Brown vs. Board of Education die Rassentrennung im Schulwesen und damit das gesamte Prinzip »Getrennt, aber gleich« für verfassungswidrig erklärte. Warren hatte den gesamten Gerichtshof überzeugt, dass ein Schulsystem, in dem weißen Kindern das Vierfache von dem zur Verfügung stand, was schwarze Kinder an öffentlichen Mitteln bekamen, nicht dem Gleichheitsgrundsatz der Verfassung entsprach. Die politische Führung des Landes war davon jedoch nicht überzeugt: Präsident Dwight D. Eisenhower war über die Entscheidung empört und unternahm nichts, um sie durchzusetzen und die getrennten Schulsysteme zusammenzuführen. Seine Passivität ermutigte die weißen Eliten der Südstaaten, das Urteil zu ignorieren und die Rassentrennung mit rechtlichen Tricks zu verschärfen. 1957 kam es in Little Rock in Arkansas zum Eklat, als der rassistische Gouverneur Orville Faubus die von der Bundesregierung verordnete Integration der Central High School mit Hilfe der Nationalgarde blockierte. Eisenhower betrachtete dies als Angriff auf seine Autorität und entsandte tausend Fallschirmspringer nach Little Rock, die neun schwarzen Studenten den Zugang zur Schule sicherten. Als Reaktion schloss Faubus die Schule für den Rest des Jahres. Die meisten der 712 Schulbezirke, die nach der Brown-Entscheidung die Rassentrennung aufgehoben hatten, führten sie wieder ein; 1960 verfügten nur noch 49 Bezirke über integrierte Schulen.

Enttäuscht von der Hilflosigkeit der Gerichte, wandte sich die Bürgerrechtsbewegung neuen Formen des Widerstands zu. Am 1. Dezember 1955 weigerte sich in Montgomery in Alabama die schwarze Näherin Rosa Parks in einem öffentlichen Bus, ihren Sitzplatz einem Weißen zu überlassen. Sie wurde daraufhin verhaftet. Über Nacht organisierten schwarze Organisationen und Kirchen in Montgomery einen Bus-Boykott, der 381 Tage dauerte. Als Sprecher der Bewegung profilierte sich der junge Pastor Martin Luther King jr., der gemeinsam mit anderen Geistlichen die Southern Christian Leadership Conference (SCLC) gegründet hatte. Im ganzen Süden verbreiteten sie ihre von Mahatma Gandhi inspirierte Botschaft des gewaltlosen Widerstands.

Trotz zunehmender Solidarisierung in großen Teilen der weißen Gesellschaft dauerte es noch viele Jahre, bis die USA die rechtliche Gleichstellung aller Rassen durchsetzten. Präsident John F. Kennedy war zwar ein Gegner der Rassentrennung, wollte aber nichts unternehmen, was ihn die Unterstützung der Wähler im Süden gekostet hätte. FBI und Justizministerium taten wenig, um die Gewalt des wieder zum Leben erwachten Ku-Klux-Klans gegen schwarze Bürgerrechtsaktivisten zu stoppen. Erst als im sogenannten Freiheitssommer von 1964 in Mississippi zwei weiße Aktivisten gemeinsam mit einem schwarzen Kollegen ermordet wurden, wurden die Behörden aktiv, wie der Film *Mississippi Burning* eindrucksvoll zeigt.

Die weltpolitische Rivalität mit der Sowjetunion im Ringen um die Sympathie der Dritten Welt machte der politischen Elite in Washington die hohen Kosten der verfehlten Rassenpolitik bewusst. Die Wähler des Südens waren wichtig, aber noch wichtiger war der Kalte Krieg. Kennedys Nachfolger Lyndon B. Johnson hatte sich als Abgeordneter und Senator aus Texas nie in Bürgerrechtsfragen engagiert. Trotzdem setzte er 1964 im Civil Rights Act die Prinzipien der Brown-Entscheidung des Obersten Gerichtshofs von 1954 durch und verbot die Rassentrennung im ganzen Land. Nach seinem gewaltigen Wahlsieg nutzte er im März 1965 die Empörung über eine brutale Polizeiaktion gegen friedliche schwarze Demonstranten in Selma im Bundesstaat Alabama und brachte den Voting Rights Act durch den Kongress: Endlich war das Wahlrecht für Schwarze garantiert, was enormen Einfluss auf die politischen Verhältnisse hatte. In Mississippi stieg der Anteil der registrierten schwarzen Wähler innerhalb von zwei Jahren von 7 auf 60 Prozent. Schwarze wurden erstmals zu einem wichtigen politischen Faktor.

Doch die Schwarzen hatten wenig Grund zum Jubeln. Die neuen Gesetze brachten nur jene Gleichberechtigung, die ihnen bereits 1865 zugesichert, später aber wieder genommen worden war. Das Jahrhundert der Diskriminierung, das auf zwei Jahrhunderte der Sklaverei folgte, ging an den Schwarzen nicht spurlos vorbei und trägt bis heute entscheidend zu ihren Problemen bei. Sie waren verarmt, verbittert und hatten den Glauben an eine gemeinsame Nation verloren. Viele wandten sich der radikalen Botschaft von Malcolm X zu, der die schwarze, auf einer eigenen Form von Rassentrennung basierende Autonomie als einziger Weg zur Befreiung sah; sie ließen ihrem Zorn freien Lauf. Gewaltsame Einsätze der weißen Polizei lösten zwischen 1964 und 1968 in Städten wie Los Angeles, Detroit und Newark zahlreiche Rassenunruhen aus, die das Land an den Rand eines Bürgerkriegs brachten. Die Weißen waren entsetzt und flohen aus den Städten in die ruhigen Vororte. Die Schwarzen erlitten gewaltigen wirtschaftlichen Schaden und mussten zusehen, wie ihre finanzielle Situation sich gerade im Moment der politischen Emanzipation noch weiter verschlechterte. »Was hast du davon, in einem Restaurant essen zu dürfen, wenn du dir keinen Hamburger leisten kannst?«, fasste King wenige Wochen vor seiner Ermordung durch einen weißen Rassisten am 4. April 1968 das neue Dilemma seiner schwarzen Brüder zusammen.

Die gespaltene Gesellschaft

Mehr als eine Generation später hat sich die Situation nicht verändert: Rassismus ist offiziell abgeschafft und durch eine Kultur der »political correctness« ersetzt, in der jeder Anschein diskriminierender Sprache oder Handlungen von der Gesellschaft geächtet wird. In vielen Bereichen wird das Ideal einer multikulturellen Gesellschaft tatsächlich gelebt. Menschen mit dunkler Hautfarbe haben in den USA weit bessere Chancen als in Europa oder Japan. Theoretisch stehen Schwarzen heute alle Türen offen. Sie machen nicht nur im Sport oder im Showgeschäft Karriere, sondern auch in der Politik, wie die Beispiele von Außenminister Colin Powell und Bushs Sicherheitsberaterin Condoleezza Rice zeigen, oder in der Unternehmenswelt: Der Vorstandschef des Medienriesen Time Warner Richard Parsons ist schwarz.

Diese Beispiele bleiben allerdings Ausnahmen, die wenig über die Chancen der großen Mehrheit der Schwarzen aussagen. Noch immer sind sie in puncto Einkommen, Vermögen, Bildung, Karriere und sogar Gesundheit schlechter gestellt als der US-Durchschnitt – in manchen Bereichen haben sie in den letzten zwanzig Jahren sogar deutlich an Boden verloren. In der Wirtschaft ist ein verdeckter Rassismus allgegenwärtig und auch in Justiz und Politik sind die Schwarzen dem Ziel einer echten Gleichstellung nur unwesentlich näher gekommen.

Die meisten Weißen sind sich dieser tristen Realität kaum bewusst und halten Rassendiskriminierung für ein Problem der Vergangenheit. Nach einer Umfrage 2001 sind zwischen 40 und 60 Prozent aller Weißen davon überzeugt, dass Schwarze in der Gesellschaft ebenso gut oder gar besser gestellt sind als sie. 59 Prozent aller Weißen, aber nur 39 Prozent aller Schwarzen glaubten, dass die Beziehungen zwischen Schwarzen und Weißen in ihrer Gemeinde gut funktionieren. Wenn Schwarze in großer Zahl in Armut lebten oder im Gefängnis landeten, so hatte das nach Meinung der Weißen nichts mit der Hautfarbe zu tun.

Schwarze haben gleiche oder bessere Bedingungen:	
– bei der Gesundheitsversorgung:	61 %
– am Arbeitsplatz:	50 %
– bei der Bildung:	49 %
– beim Einkommen:	42 %

Fehleinschätzungen der Weißen
(*Quelle:* Umfrage der Washington Post mit der Henry J. Kaiser Family Foundation und Harvard University. 2001)

Dabei stellen die Schwarzen inzwischen gar nicht mehr die größte Minderheit – Ende des 20. Jahrhunderts wurden sie von den Latinos abgelöst. Auch diese sind Opfer von Diskriminierung, Armut und Kriminalität; als Immigranten kämpfen sie meist mit Sprachschwierigkeiten und müssen um ihre Anerkennung fürchten. Doch in der Regel besitzen Latinos günstigere Aufstiegschancen, zeigen einen größeren Familienzusammenhalt und sind sozioökonomisch besser gestellt als die Schwarzen. Am untersten Rand der Gesellschaft stehen die Indianer, doch ist ihre Misere aufgrund ihrer geringen Zahl weniger offensichtlich. Das zahlenmäßig größte Opfer von Amerikas Ungleichheit stellt somit die schwarze Bevölkerung dar.

Einkommen und Vermögen

Das Einkommen einer durchschnittlichen schwarzen Familie liegt 37 Prozent unter dem einer weißen Familie. Der Unterschied ist nur zum Teil auf schlechtere Bildungschancen zurückzuführen: Bei Männern mit Schulabschluss, aber ohne Studium beträgt er immer noch 27 Prozent. Diese Situation hat sich in den vergangenen Jahrzehnten kaum verändert. Für das ärmste Segment der Schwarzen ist das Realeinkommen zwischen 1968 und 1995 sogar leicht gesunken. Das wohlhabendste Segment konnte zwar in dieser Zeit einen Anstieg um 40 Prozent verzeichnen, allerdings legte die weiße Oberschicht noch mehr zu. Die schwarze Mittelschicht ist kaum gewachsen, nur am oberen Ende der Einkommensskala konnten viele Schwarze mit den Weißen gleichziehen. Am Arbeitsmarkt sind Schwarze eher in Billigjobs im Dienstleistungssektor tätig. Der Anteil von Führungskräften ist zwar seit 1964 deutlich gestiegen, der Abstand zu Weißen aber unverändert geblieben.

	Jahr	Weiße	Schwarze
Bevölkerung	2007	246 Mio.	39 Mio.
Bevölkerungsanteil	2007	82 %	13 %
Geringes Familieneinkommen*	1968*** 1995	20212 $ 20916 $	10624 $ 10200 $
Hohes Familieneinkommen**	1968 1995	84892 $ 125196 $	60782 $ 84744 $
Median-Einkommen	1999	44360 $	27910 $

	Jahr	Weiße	Schwarze
Median-Einkommen Mann mit High-School-Abschluss	1997	26 028 $	18 898 $
Bevölkerungsanteil mit Billigjobs	1997	12 %	23 %
Bevölkerungsanteil mit Führungsjobs	1964 1997	25 % 31 %	9 % 16 %
Vermögen bei einem Einkommen über 75 000 $	1999	308 000 $	114 600 $
Vermögen bei einem Einkommen unter 15 000 $	1999	10 000 $	0 $

*unterstes Fünftel **oberstes Fünftel ***Preisniveau von 1995

Einkommensvergleich (*Quellen:* Bureau of Justice, U.S. Census. Children Defense Fund)

Schwerer als die Einkommensunterschiede wiegt nach Einschätzung des Soziologen Dalton Conley die Kluft beim Vermögen. In einem Land ohne soziales Sicherheitsnetz ist es in vielen Lebenssituationen entscheidend, über ein finanzielles Polster zu verfügen. Die Ersparnisse weißer Familien sind durchschnittlich siebenmal so hoch wie jene schwarzer Familien. Selbst in den gleichen Einkommensgruppen klafft eine riesige Lücke: Weiße Haushalte mit einem Jahreseinkommen unter 15 000 Dollar haben zirka 10 000 Dollar an Vermögenswerten, vergleichbare schwarze Haushalte indes sind meistens verschuldet. Bei Einkommen über 75 000 Dollar besitzen Weiße durchschnittlich 308 000 Dollar, Schwarze nur 114 600 Dollar. Weiße wohnen in der Regel im eigenen Heim, was ihnen große steuerliche Vorteile bringt, Schwarze müssen häufig mieten. Bei Arbeitslosigkeit oder Krankheit fallen sie rasch die soziale Leiter hinab, während Weiße länger ihren Status halten können. Hinzu kommt, dass Weiße von ihren Eltern oder Großeltern eher finanziell unterstützt werden oder Vermögen erben. Erfolgreiche Schwarze müssen sich ihr Vermögen hingegen meist selbst erarbeiten. Durch die Abschaffung der Erbschaftssteuer unter George W. Bush wird der Vermögensunterschied zwischen Schwarz und Weiß weiter wachsen.

Wohnen und Gesundheit

Dieses Ungleichgewicht wird durch strukturelle Faktoren weiter verschärft. So sind schwarze Wohnviertel grundsätzlich schlechter als weiße. Wenn sich mehrere Schwarze in einer bestimmten Gegend niederlassen, beginnt unmittelbar ein Exodus der Weißen. Diese fürchten einerseits eine Verschlechterung der Lebensqualität und der Sicherheit, andererseits einen Verfall der Immobilienpreise – häufig leider zu Recht.

De facto betreiben Immobilienmakler Rassentrennung auf dem Wohnungsmarkt; sie dafür sorgen, dass Schwarze nicht in weiße Wohnviertel eindringen, indem sie ihnen dort keine Häuser anbieten. Tests haben darüber hinaus gezeigt, dass Schwarzen beim Hauskauf seltener eine günstige Kreditfinanzierung angeboten wird als Weißen mit dem gleichen beruflichen Hintergrund. Die Folge ist, dass Schwarze wenig Gelegenheit haben, über Hauseigentum Vermögen aufzubauen.

Die Banken hegen ebenfalls massive Vorurteile gegenüber ihren schwarzen Kunden. »Red lining« heißt die Methode, mit der Banken Kreditanträge von Bewohnern schwarzer Ghettos grundsätzlich abweisen, weil sie ein höheres Kreditrisiko vermuten. Darüber hinaus müssen Schwarze in der Regel höhere Preise für Lebensmittel und andere Waren des täglichen Gebrauchs bezahlen, weil die Geschäfte in ihren Gegenden teurer sind. Die günstigen Supermärkte und Einkaufszentren mit regelmäßigen Sonderangeboten lassen sich in den weißen Vororten nieder, wo sie sich höhere Umsätze versprechen.

Immer wieder werden Fälle bekannt, dass Geschäftsketten in schwarzen Vierteln keine Schecks akzeptieren, schwarze Hotelgäste schlechtere Zimmer zum gleichen Preis zugewiesen bekommen oder Taxiunternehmen sich weigern, Fahrgäste aus schwarzen Vierteln abzuholen. Rund die Hälfte aller Schwarzen geben in Umfragen an, dass sie diese Art Diskriminierung fast täglich zu spüren bekommen.

Der Wohnort bestimmt in Amerika maßgeblich die Qualität von Jobs und Schulen, die persönliche Sicherheit und Gesundheit. Studien haben gezeigt, dass Schwarze häufiger in der Nähe von Giftmülldeponien und anderen gesundheitsgefährdenden Industrieanlagen leben als Weiße. Werden sie krank, haben sie oft keine Aussicht auf eine ausreichende medizinische Versorgung.

24 Prozent der Schwarzen waren 1997 nicht krankenversichert, aber nur 14 Prozent der Weißen; unter Latinos betrug der Anteil der Nichtversicherten sogar 43 Prozent, wobei vor allem illegale Einwanderer betroffen waren. Schwarze sterben früher: Die Todesrate durch Herzerkrankungen liegt bei Schwarzen 40 Prozent höher als bei Weißen und die Kindersterblichkeit ist mehr als doppelt so hoch.

Schwarze Kinder sind am stärksten vom amerikanischen Rassismus betroffen. Am Höhepunkt des Wirtschaftsbooms im Jahr 2001 lebten 30 Prozent von ihnen in Armut. 69 Prozent aller schwarzen Babys wurden im Jahr 1999 unehelich geboren, 49 Prozent aller schwarzen Jugendlichen wachsen ohne Vater auf – bei ihren weißen Altersgenossen sind es nur 13 Prozent.

	Jahr	Weiße	Schwarze
Menschen in Armut	2006	16 Mio.	9,5 Mio.
Bevölkerungsanteil in Armut	2006	8 %	24 %
Kinder in Armut	2005	14 %	34 %
Kinder in Haushalten von Alleinerziehenden	1998	13 %	49 %
Unehelich geborene Kinder	1999	27 %	69 %
Wöchentlicher Fernsehkonsum	1995	50 Std.	73 Std.

Kinder in Armut (*Quellen:* Bureau of Justice, U.S. Census, Children Defense Fund)

Bildung

Das amerikanische Schulsystem und die Justiz sind heute die Hauptquellen für die Benachteiligung Schwarzer. Trotz zahlreicher Gerichtsurteile wurde die Rassentrennung in den Schulen nie überwunden. Anfang der siebziger Jahre ordneten viele Gerichte die zwangsweise Integration der Schulen innerhalb der Großstädte an: Weiße Schulkinder wurden mit dem Bus in schwarze Schulen gebracht, schwarze Kinder in weiße Schulen. Als Reaktion flohen die Weißen, die es sich leisten konnten, in Vororte, wo sie mit ihren Steuern ihr eigenes Schulsystem finanzierten. Die wenigen weißen Familien, die in den Städten blieben, schickten ihre Kinder auf Privatschulen. Die Folgen sind, dass die innerstädtischen Schulen heute fast ausschließlich von Schwarzen und Latinos besucht werden und die räumliche Trennung von Menschen verschiedener Hautfarbe zugenommen hat.

Der desolate Zustand der meisten innerstädtischen Schulen stellt ebenfalls eine massive Form der Diskriminierung dar: Schulgebäude sind einsturzgefährdet, Heizung und Klimaanlagen funktionieren nicht, Schulbibliotheken bestehen oft nur aus einigen zerfledderten Büchern, Computer und anderes Unterrichtsmaterial fehlen, Lehrpläne sind veraltet, Lehrer erweisen sich als unterqualifiziert und überfordert, Gewalt und Disziplinprobleme dominieren den Schulalltag und viele Schüler können nach zwölf Jahren Schulbesuch kaum lesen und schreiben. Schuld sind Geldmangel und schlechtes Management, aber auch die mächtige Lehrergewerkschaft, die verhindert, dass unfähige Lehrer entlassen und schlechte Schulen geschlossen werden. Das Land mit den besten Eliteuniversitäten der Welt leistet sich Schulen, für die sich jedes Entwicklungsland schämen müsste. Während konservative Ideologen wie die beiden Psychologen Richard Herrnstein und Charles Murray in ihrem umstrittenen Buch *The Bell Curve* von 1994 versuchten, die schlechten Schulleistungen von vielen Schwarzen mit genetischen Faktoren zu begründen, reicht ein Besuch in einer typischen innerstädtischen Schule, um den Wissensrückstand erklären zu können.

Paradoxerweise sind es weiße Liberale, die eine grundlegende Verbesserung des Schulsystems blockieren. Konservative Gruppen drängen seit Jahren auf die Einführung von Schulgutscheinen, sogenannten »school vouchers«, mit denen sich Eltern frei zwischen öffentlichen und privaten Schulen entscheiden können. Da von einem solchen Finanzierungsprogramm in der Regel aber nur die Ausbildungskosten in kirchlichen Schulen gedeckt werden können, sehen Kritiker darin eine indirekte Subvention von religiösen Einrichtungen, die laut Verfassung verboten ist. Mehrere Male hatte der Oberste Gerichtshof gegen solche Programme entschieden, bevor er 2002 eine Kehrtwendung vollzog und Schulgutscheine unter bestimmten Bedingungen akzeptierte.

Weiterhin lehnen die meisten Demokraten Schulgutscheine mit dem Argument ab, dass die krisengeschüttelten öffentlichen Schulen auf diese Weise finanziell weiter geschwächt und die dort verbleibenden Schüler noch schlechter gestellt würden. Beobachter vermuten dahinter den Einfluss der Lehrergewerkschaften, einer der stärksten Lobbys innerhalb der Demokratischen Partei. Unter jüngeren schwarzen Politikern, Aktivisten und religiösen Führern treten die meisten allerdings für Schulgutscheine ein, weil sie darin die einzige Chance sehen, das katastrophale Schulsystem zu Reformen zu zwingen.

Für weiterführende Bildungseinrichtungen gilt Ähnliches wie für das Schulsystem: Colleges und Universitäten, die mehrheitlich von Schwarzen besucht werden, sind mit den Bildungseinrichtungen für den weißen Mittelstand nicht zu vergleichen. Außerdem schaffen deutlich weniger schwarze als weiße Jugendliche den College-Abschluss, obwohl fast genauso viele ein College besuchen. Die nackten Zahlen über den Bildungserfolg unter Schwarzen erzählen daher nicht die ganze Geschichte.

	Weiße	Schwarze
Bevölkerungsanteil mit High-School-Abschluss	88 %	79 %
Bevölkerungsanteil mit College-Abschluss	28 %	17 %

Schulabschlüsse (*Quelle:* Bureau of Justice, U.S. Census, Children Defense Fund)

Nur am oberen Ende des Bildungssystems haben Schwarze viel erreicht – dank des Systems der positiven Diskriminierung, das euphemistisch »affirmative action« genannt wird. In Universitäten, in der Armee und in vielen Unternehmen werden Schwarze trotz schlechterer Noten, Testergebnisse und Qualifikationen weißen Kandidaten vorgezogen. Seit einer Entscheidung des Obersten Gerichtshofs von 1978, die 2003 bekräftigt wurde, dürfen zu diesem Zweck keine strikten Rassenquoten mehr angewandt werden, da dies dem Gleichheitsgrundsatz widersprechen würde. Trotzdem halten die meisten Schwarzen und viele Weiße an diesem System fest, weil es einen der wenigen Lichtblicke in der tristen Lage dieser Minderheit darstellt.

Kriminalität

Die größten Rückschläge haben Amerikas Schwarze in den vergangenen Jahrzehnten in den Bereichen Kriminalität und Verbrechensbekämpfung erlitten. Ein bedeutender Teil der Gewalt in den USA richtet sich von Schwarzen gegen Schwarze. Das heißt, sie sind Täter und Opfer zugleich. Die lockeren Bestimmungen für Waffenbesitz führen dazu, dass Bandenkriege ebenso wie private Fehden mit Schusswaffen ausgetragen werden und dadurch sehr oft tödlich enden (→ Kapitel 20). Mitte der achtziger Jahre nahm die Kriminalität in den schwarzen Ghettos aufgrund der Verbreitung der neuen Droge Crack deutlich zu. Ganze Stadtteile verwandelten sich in Todeszonen, in denen ein normales Leben kaum noch möglich war.

Die Reagan-Regierung rief den »Krieg gegen Drogen« aus und führte drakonische Strafen ein, die sich vor allem gegen Schwarze richteten (→ Kapitel 33). Der Besitz von Crack, das meist von Schwarzen konsumiert wurde, wurde mit zehnmal längeren Haftstrafen belegt als der Besitz von Kokain, der Modedroge der Weißen. So marschierte die Mehrheit der verhafteten und verurteilten Schwarzen nicht wegen eines Gewaltverbrechens, sondern wegen Drogenbesitzes ins Gefängnis. Die Folgen für die schwarze Gesellschaft waren verheerend: Millionen junger Männer wanderten für geringe Vergehen hinter Gitter und blieben auch nach der Entlassung auf Jahre von der Gesellschaft geächtet.

1999 befanden sich 7,5 Prozent aller 18- bis 65-jährigen Schwarzen und 11,7 Prozent aller 22- bis 30-jährigen in Haft, unter jungen Schwarzen ohne High-School-Abschluss waren es sogar 41 Prozent. 22 Prozent aller schwarzen Männer und 52 Prozent aller schwarzen Schulabbrecher wiesen in ihrem Lebenslauf einen Gefängnisaufenthalt auf. Für einen Schulabbrecher ist die Chance, im Gefängnis zu landen, höher als die Chance, einen neuen Job zu finden. Mit 13 Prozent der Bevölkerung stellen Schwarze heute 44 Prozent aller Häftlinge, die Inhaftierungsrate ist achtmal so hoch wie bei Weißen – teils aufgrund der höheren Verbrechensrate, teils aufgrund der besonders harten Urteile gegen Schwarze (→ Kapitel 21). Vor allem Todesurteile werden in Mordprozessen viel häufiger gegen Schwarze als gegen Weiße verhängt (→ Kapitel 22). Amerikas Justizsystem hat das Gefängnis zum zentralen Bestandteil der schwarzen Gesellschaft gemacht.

Mit Verzweiflung beobachten Amerikas Schwarze diese Entwicklung – im Bewusstsein der eigenen Mitschuld, aber auch der Ungerechtigkeit des Systems. Der Zorn über die Brutalität weißer Polizisten führte in mehreren Städten in den letzten Jahren immer wieder zu Gewaltausbrüchen. Im März 1991 hielt in Los Angeles eine Polizeistreife den schwarzen Autofahrer Rodney King auf der Straße an und prügelte ihn krankenhausreif. Obwohl diese Szene zufällig gefilmt und daher genau dokumentiert wurde, sprach ein Jahr später ein weißes Geschworenengericht die Polizisten frei. Die Folge waren die schlimmsten Rassenunruhen seit den sechziger Jahren: 50 Tote, 4000 Verletzte, 12 000 Verhaftungen und mindestens 1 Milliarde Dollar an Sachschäden.

	Jahr	Weiße	Schwarze
Bevölkerung	2007	246 Mio.	39 Mio.
Bevölkerungsanteil	2007	82 %	13 %
Anteil an allen Häftlingen	2002	35 %	44 %
Anteil Drogenkrimineller an allen Häftlingen	1996	24 %	38 %
Risiko eines Gefängnisaufenthalts	2000		
– Männer		2,5 %	28,5 %
– Frauen		0,5 %	3,6 %
Opfer von Gewaltverbrechen	2000	2,7 %	3,4 %

Kriminalität (*Quellen:* Bureau of Justice, U.S. Census, Children Defense Fund)

Selbst als die Verbrechensrate in den neunziger Jahren zurückging, wanderten immer mehr Schwarze ins Gefängnis. Die »Null-Toleranz« genannte neue Strategie der Polizei in New York und anderen Städten beruhte darauf, möglichst viele verdächtige Menschen anzuhalten, zu durchsuchen und bei geringen Gesetzesverstößen einzusperren. Wieder waren es vor allem schwarze Männer, die den eifrigen Polizisten ins Netz gingen. Politiker wie der New Yorker Bürgermeister Rudolph Giuliani ließen sich feiern, weil sie mit dem Wegsperren so vieler Menschen die Stadt sicherer machten. Aber langfristig vergrößert diese Politik die soziale und finanzielle Kluft zwischen Schwarz und Weiß.

Politik

Die Stellung der Schwarzen in der Politik bietet ein gemischtes Bild. Einerseits wurden durch die Bürgerrechtsgesetze die formalen Hindernisse für die Ausübung des Wahlrechts abgebaut, andererseits findet die weiße Mehrheit weiterhin häufig Möglichkeiten, um den politischen Einfluss der Schwarzen einzudämmen. Einen entscheidenden Beitrag dazu liefert – möglicherweise sogar beabsichtigt – die Inhaftierungswelle, denn je nach Bundesstaat sind Häftlinge und Vorbestrafte für zehn Jahre oder gar auf Lebenszeit von Wahlen ausgeschlossen (→ Kapitel 20). Vier bis sechs Millionen Amerikaner haben auf diese Weise ihr Wahlrecht verloren; bei den Präsidentschaftswahlen 2000 waren beispielsweise in Florida 31 Prozent aller schwarzen Männer nicht wahlberechtigt. Ein Großteil von ihnen hätte Al Gore gewählt und den Demokraten so zum Präsidenten gemacht.

Andere Faktoren für die durchschnittlich deutlich niedrigere Wahlbeteiligung Schwarzer sind veraltete Wählerlisten und die geringe politische Mobilisierung unter armen und gering gebildeten Minderheiten. Dazu kommt, dass gerade in armen Bezirken die Wahlmaschinen, welche die Wähler bei der Wahl zu bedienen haben, oft jahrzehntealt sind und so schlecht funktionieren, dass viele Stimmen ungültig werden. Schwarze Wähler haben allerdings in allen Großstädten, in denen sie die Bevölkerungsmehrheit stellen, die politische Macht übernommen und stellen auch in einigen anderen Städten den Bürgermeister.

Seit 2007 sind im Abgeordnetenhaus in Washington 41 der 435 Abgeordneten Schwarze. Sie profitieren oft von den Anweisungen der Gerichte, möglichst viele schwarze Wähler in einem Wahlbezirk zu konzentrieren, um damit in einem Mehrheitswahlsystem auch Minderheitenvertretern eine Chance zu geben. Unter den 100 Senatoren und den 50 Gouverneuren, die jeweils von einem ganzen Bundesstaat gewählt werden, gibt es nur einen einzigen Schwarzen: Barack Obama in Illinois. Einen schwarzen Gouverneur sucht man vergebens.

Auch wenn einzelne Schwarze zu Multimillionären wurden und die Zahl der Anwälte, Ärzte, Ingenieure und Manager allmählich steigt, sind für viele Schwarze die Zukunftsaussichten heute schlechter als vor vierzig Jahren, als Martin Luther King vor dem Lincoln Memorial in Washington Millionen Anhängern seine Vision verkündete: »Ich habe einen Traum, dass meine vier Kinder eines Tages in einem Land leben, in dem sie nicht nach ihrer Hautfarbe, sondern nach ihrem Charakter beurteilt werden.« Kings Traum ist noch lange nicht in Erfüllung gegangen.

20
Das alltägliche Morden:
Kriminalität und Waffenbesitz

Die USA haben die höchste Mordrate unter allen Industriestaaten. Die Opfer sind meist arme Schwarze und Latinos. Ursache ist das beinahe uneingeschränkte Recht auf Waffenbesitz, das von rechten Lobbys energisch verteidigt wird. Statt die Verbreitung tödlicher Schusswaffen einzudämmen, werden Millionen von Amerikanern ins Gefängnis gesteckt.

Pine Bluff war einst eine friedliche Stadt in Arkansas, doch seit Ende der neunziger Jahre leben die 55 000 Bewohner in Angst. Nach Einbruch der Dunkelheit gehen viele von ihnen nicht mehr auf die Straße und meiden vor allem Pines Shopping Mall, das größte Einkaufszentrum des Orts. Der Grund: Pine Bluff ist die Gemeinde mit der zweithöchsten Verbrechensrate der USA. Im Jahr 2000 führte sie die Statistik des FBI hinsichtlich der Zahl von Gewaltverbrechen, Körperverletzungen und Einbrüchen an und stand an dritter Stelle bei Morden und Eigentumsdelikten. Pine Bluff wurde nur noch von Tuscaloosa in Alabama übertroffen. Während in den neunziger Jahren die Kriminalität in den für ihre Gewalt bekannten Großstädten wie New York, Boston, Washington und Chicago deutlich zurückging, stieg sie in vielen ländlichen Gebieten an.

Amerika bleibt trotz aller Erfolge bei der Verbrechensbekämpfung ein gefährliches Pflaster. Täglich berichten die Medien über grausige Morde, es wird vergewaltigt, geraubt und gestohlen. Wenn man jedoch alle Gewalt und Eigentumsdelikte zusammenrechnet, erweisen sich die USA plötzlich als gar nicht so gesetzlos: Der Anteil der Bürger, die in einem Jahr Opfer eines Verbrechens werden, ist nach einer niederländischen Studie in den USA niedriger als in den Niederlanden, Schweden, Dänemark oder Kanada. Die Zahl der Verbrechensopfer sank nach Angaben des amerikanischen Justizministeriums von 44 Millionen im Jahr 1973 auf 23 Millionen 2002. Bei den meisten Eigentumsdelikten und bei Kleinkriminalität stehen die USA derzeit besser da als die meisten europäischen Staaten. Aber bei Mord und Totschlag bleiben sie unangefochten an der Spitze der westlichen Industrieländer.

Rund 17 000 Menschen wurden allein im Jahr 2006 in den USA umgebracht. Das war zwar etwas weniger als noch Mitte der neunziger Jahre, reicht aber immer noch für den Weltrekord. So kamen in den USA zwischen 1998 und 2000 auf hunderttausend Einwohner pro Jahr 5,8 Tötungsdelikte, in Kanada aber nur 1,8 Getötete, in Deutschland 1,2 und in Österreich nur 0,9. Zwei Drittel der amerikanischen Todesopfer starben durch den Gebrauch einer Schusswaffe – ein größerer Anteil als in Europa oder Kanada.

Die USA weisen schon immer eine höhere Rate an Gewaltverbrechen auf als Europa, was vor allem durch ein größeres Ungleichgewicht zwischen Arm und Reich und das Fehlen eines funktionierenden sozialen Netzes bedingt ist. Das Chicago der zwanziger Jahre wurde zwar zum Synonym für die allgegenwärtige Unterwelt, aber für die meisten Mittelstandsangehörigen war bis Anfang der sechziger Jahre Kriminalität kein Thema. Erst danach explodierte die Zahl der Gewaltdelikte. Die Bürgerrechtsbewegung wurde von sozialen Umwälzungen begleitet, die besonders unter Amerikas Schwarzen zu einem massiven Kriminalitätsanstieg führte. Die Ausbreitung der Droge Crack löste in den achtziger Jahren blutige Bandenkriege aus, die viele schwarze Stadtviertel in Schlachtfelder verwandelten.

Auch wenn die Kriminalitätsrate seit Anfang der neunziger Jahre deutlich gesunken ist, herrscht in schwarzen Stadtvierteln immer noch mehr Gewalt als in weißen, eine Gewalt, die sich vornehmlich gegen Schwarze und andere Minderheiten richtet. Das Risiko eines Schwarzen männlichen Geschlechts, an einer Schussverletzung zu sterben, ist achtmal höher als das seines weißen Landsmanns. Bei schwarzen Frauen beträgt das Verhältnis vier zu eins. Ein Weißer, der in einem gutsituierten Vorort lebt, ist genauso wenig gefährdet wie ein Westeuropäer. Dennoch lebt der amerikanische Mittelstand in einem ständigen Belagerungszustand, schotten sich Millionen von Bürgern mit immer ausgeklügelteren Alarmanlagen, Wachdiensten und abgeriegelten Wohnvierteln von der angeblich gefährlichen Umwelt ab. Viele Wahlkämpfe auf Gemeinde-, Landes- und Bundesebene werden vom Thema Kriminalität dominiert und der Kandidat, der die größte Strenge im Umgang mit Verbrechern verspricht, wird nicht selten mit dem Wahlsieg belohnt.

Eine Nation im Waffenwahn

Eine Maßnahme, welche die Zahl der Tötungsdelikte sofort deutlich senken könnte, bleibt ein politisches Tabu: »Gun control«, also die Einschränkung des Waffenbesitzes, wird von der Mehrheit der Bevölkerung als Eingriff in ihre Bürgerrechte betrachtet. Die National Rifle Association (NRA) ist eine der mächtigsten politischen Lobbys, die großen Einfluss auf den Ausgang von Präsidentschaftswahlen genommen haben: 1980 und 1984 trug sie zu den Erfolgen von Ronald Reagan bei, und im Jahr 2000 verlor Al Gore das Rennen um das Weiße Haus nicht allein in Florida, sondern auch im traditionell demokratischen West Virginia, in seinem Heimatstaat Tennessee und in Bill Clintons Heimat Arkansas. Dort war das dominierende Thema des Wahlkampfs die Verschärfung der Waffengesetze, für die sich Gore ebenso wie Clinton vorsichtig einsetzte. Seither wagen es immer weniger Demokraten, dieses heiße Eisen anzufassen.

Die NRA beruft sich auf den 2. Zusatzartikel der Verfassung aus dem Jahr 1789, in dem es heißt, dass das Recht auf den Besitz und das Tragen von Waffen im Rahmen einer »gutregulierten Miliz« nicht behindert werden dürfe. Sie leitet daraus ab, dass jedes Hindernis für den Waffenkauf, selbst eine Wartefrist, während der der Leumund des Käufers überprüft wird, bereits einen Verfassungsbruch darstellt. In vielen ländlichen Gebieten ist es genauso leicht, eine Waffe zu kaufen wie einen Sack Kartoffeln. Landesweit haben 38 Prozent aller Haushalte eine Schusswaffe im Haus, in manchen Staaten sind es sogar mehr als die Hälfte.

Die Waffenlobby ignoriert oder diskreditiert alle wissenschaftlichen Arbeiten, die belegen, dass der weitverbreitete Waffenbesitz jedes Jahr Tausende Menschenleben fordert, und sponsert stattdessen höchst fragwürdige Studien, die den privaten Waffenbesitz als beste Verteidigung gegen Kriminelle darstellen.

»Schusswaffen töten nicht, Menschen tun es«, lautet einer ihrer Slogans. Doch Zahlen und Schicksale sprechen eine eindeutige Sprache: Schusswaffen sind eine der häufigsten Todesursachen in den USA. Immer wenn der Waffenkauf reguliert und der Waffenbesitz eingeschränkt wird, sinkt die Zahl der Tötungsdelikte. In Bundesstaaten mit besonders laxen Waffengesetzen, wie Alabama, Arkansas, Louisiana, Mississippi oder Wyoming, werden dreimal mehr Menschen umgebracht als in Staaten mit strikten Auflagen. Zwar gibt es Länder mit hoher Waffenverbreitung und niedriger Verbrechensrate wie etwa die Schweiz, doch weisen diese andere soziale und kulturelle Bedingungen auf als die USA. Nach Aussage der Kriminologen Frank Zimring und Gordon Hawkins von der University of California lässt sich der Unterschied zwischen amerikanischen und europäischen Mordraten zur Hälfte auf den weitverbreiteten Waffenbesitz zurückführen. »Alles in allem gefährden Schusswaffen die Amerikaner weit mehr, als diese sie schützen«, sagt der Gesundheitsexperte Matthew Miller von der Harvard School of Public Health.

Dabei geht es nicht immer um Mord: Mehr als die Hälfte aller Todesfälle sind Selbstmörder oder Familienmitglieder, die versehentlich getroffen werden. Immer wieder geraten schlechtverwahrte Pistolen oder Gewehre in die Hand von Kindern, die damit auf andere Kinder zielen und sie töten. Die Zahl der Fälle, in denen ein Bürger mit seiner Waffe ein Verbrechen verhindern kann, ist gering. Immer wieder kommt es vor, dass Einbrecher die Waffe des verängstigten Hausherrn an sich reißen und sie gegen ihn richten.

Regelmäßig werden Kinder Opfer von Schusswaffen. Sie werden von Gleichaltrigen angeschossen oder geraten zufällig in den Kugelhagel einer Straßenschießerei. 1999 starben auf diese Weise 3365 Kinder und Jugendliche – beinahe zehn Kinder jeden Tag. 38 Prozent von ihnen waren schwarz. »Das ist jeden zweiten Tag eine ganze Schulklasse«, sagt Sarah Brady, eine der führenden Anti-Schusswaffenaktivistinnen des Landes. Ihr Mann Jim Brady war einst Pressesprecher von Ronald Reagan und wurde beim Attentat auf den Präsidenten 1981 schwer verletzt; seither ist er an den Rollstuhl gefesselt. Brady startete eine landesweite Bewegung zur Eindämmung von Schusswaffen und setzte das Brady-Gesetz durch, das eine siebentägige Wartefrist beim Waffenkauf vorschreibt.

Das Massaker an der Columbine High School am 20. April 1999, bei dem die beiden Schüler Eric Harris und Dylan Klebold zwölf Mitschüler und einen Lehrer erschossen, war das lange Zeit schlimmste Blutbad in einer Schule und wurde durch Michael Moores Film *Bowling for Columbine* zum Symbol des amerikanischen Waffenwahns. Im April 2007 dann richtete der aus Südkorea stammende Student Seung-Hui Cho ein Blutbad an, das selbst Columbine in den Schatten stellte: An einem Vormittag tötete er insgesamt 32 Studenten und Professoren, bevor er sich selbst erschoss. Cho war psychisch schwer krank und hätte in jedem anderen Land zum Mörder werden können. Aber dass er in den Wochen davor problemlos zwei halbautomatische Handfeuerwaffen erwerben konnte, ohne dass sein psychischer Zustand auf irgendeine Weise überprüft werden musste, war ein eklatantes Beispiel für die Gefahr, die in den USA vom unbehinderten Zugang zu Waffen ausgeht.

Es gab und gibt zahlreiche Fälle, in denen Schüler die Pistolen ihrer Eltern oder selbstgekaufte Waffen in die Schule bringen und dort Amok laufen. Viele amerikanische Schulen sind daher wie Flughäfen mit Metalldetektoren ausgerüstet. Doch selbst wenn die Schule geschützt werden kann, sind viele Kinder nach Schulschluss gefährdet. Unter männlichen Schwarzen zwischen 15 und 34 sind Schusswaffen die Todesursache Nummer eins, noch vor Verkehrsunfällen oder Krankheiten.

Zwar sind dank der Arbeit von Sarah Brady und anderen die Waffengesetze seit Anfang der neunziger Jahre strikter geworden und einige Städte, die besonders stark unter einer hohen Kriminalitätsrate leiden, haben begonnen, Waffenproduzenten auf Schadenersatz zu verklagen. Während auf dem Land die Liebe zum Gewehr ungebrochen bleibt und die Einwohner der Großstädte sich an die Allgegenwart von Schusswaffen gewöhnen, wächst in den politisch besonders wichtigen Vororten der Zorn über die lockeren Waffengesetze.

Aber in der Politik hat immer noch die Waffenlobby das Sagen. Im Frühjahr 2004 ließ der Kongress ein zehn Jahre zuvor verabschiedetes, zeitlich befristetes Gesetz auslaufen, das den Verkauf besonders gefährlicher halbautomatischer Schusswaffen an Privatpersonen verbot (Federal Assault Weapons Ban). Ein Antrag auf Verlängerung wurde im Senat mit einer Mehrheit von 90 zu 8 Stimmen abgelehnt. Selbst unter den Demokraten sind

Einschränkungen des Waffenbesitzes umstritten. Bei den Kongresswahlen im November 2006, bei denen die Demokratische Partei in beiden Kammern die Mehrheit errang, waren viele der erfolgreichen Kandidaten strikte Gegner von Waffenkontrollen. Eine Mehrheit für eine Verschärfung der Waffengesetze ist nicht in Sicht.

Auch die zunehmend konservative Justiz steht solchen Bestrebungen im Weg. Die US-Hauptstadt Washington, D.C., die unter einer besonders hohen Verbrechensrate leidet, hat seit 1975 den privaten Waffenbesitz strikt reglementiert. Dieses Gesetz wurde im Frühjahr 2007 zum Entsetzen der Stadtregierung und der Polizei von einem Bundesberufungsgericht für verfassungswidrig erklärt. Der Fall könnte vom Obersten Gerichtshof entschieden werden, wo freilich der konservative Flügel durch die Richterernennungen der Bush-Regierung eine klare Mehrheit hat. Hingegen gibt es in einigen Bundesstaaten Bestrebungen, zur Abschreckung potenzieller Gewalttäter das Verbot von offen getragenen Waffen aufzuheben. Die Debatte um den Besitz von Waffen polarisiert die USA weiter – ein Kurswechsel in Richtung einer allgemeinen Entwaffnung ist kaum vorstellbar.

Der Kampf gegen das Verbrechen

Die strengeren Waffengesetze, die in den neunziger Jahren unter der Präsidentschaft von Bill Clinton verabschiedet wurden, machen einige Experten für den Rückgang der Verbrechensrate verantwortlich. Entscheidender scheinen aber demografische Faktoren zu sein: Seit 1993 sank die Zahl der 15- bis 21-Jährigen, der für Verbrechen anfälligsten Altersgruppe. Dazu kamen das Abflauen der Crack-Epidemie sowie ein Wirtschaftsaufschwung, der auch ärmeren Jugendlichen eine berufliche Perspektive bot und den Anreiz verringerte, ein Verbrechen zu begehen.

Wenn heute amerikanische Kommunal- und Landespolitiker über Kriminalität sprechen, ist von diesen Entwicklungen wenig zu hören. Stets machen sie ihre eigene Verbrechensbekämpfungspolitik für den Rückgang der Kriminalität verantwortlich, so etwa Rudolph Giuliani, der frühere Bürgermeister von New York City, der mit »Null-Toleranz« gegen das Verbrechen in der Millionenstadt kämpfte. Selbst für kleinste Vergehen – Graffiti-Malerei,

öffentliches Urinieren oder das Überqueren der Straße bei Rot –
wurden Menschen festgenommen und oft zu hohen Strafen verurteilt. Die Idee dahinter war die »Theorie der zerbrochenen
Fenster«: Wenn einmal ein solches Fenster in einem Stadtteil
nicht gleich ersetzt wird, gehen bald schon andere Scheiben zu
Bruch und eine gesetzlose Zone entsteht, in der weitere Verbrechen gedeihen. Wer aber gegen kleinste Verstöße entschlossen
vorgeht, so die Devise, gibt dem Verbrechen keine Chance.

Anderswo greift man zu weniger brachialen Methoden. In
Boston suchte die Polizei verstärkt den Kontakt zur Bevölkerung,
insbesondere zur Jugend, beteiligte sich an der Arbeit in Ge-
meindezentren oder trainierte Sportmannschaften. So erkannte
sie kriminelle Aktivitäten schon im Anfangsstadium und konnte sie erfolgreich bekämpfen. In Stadtvierteln mit hoher Verbrechensrate erließ die Polizei ein abendliches Ausgangsverbot
für Jugendliche – eine verfassungsrechtlich höchst fragwürdige
Maßnahme, die dazu führte, dass immer mehr Kinder nur deshalb verhaftet wurden, weil sie nach Einbruch der Dunkelheit
nicht zu Hause waren. In vielen Städten wurden außerdem die
Polizeibehörden umorganisiert und von Korruption befreit. Zugleich stieg überall die Zahl der Polizisten, auch dank höherer
Zuwendungen des Bunds. Angesichts von mehr Polizei und verstärkten Sicherheitsmaßnahmen der Bürger erwiesen sich Verbrechen in den Städten als immer weniger lohnend. Das erklärt
zum Teil den Kriminalitätsanstieg in vielen ländlichen Gebieten,
wohin viele Drogenbanden geflüchtet waren, nachdem sie sich in
den Städten nicht mehr ausbreiten konnten.

Jahr	Häftlinge	Bevölkerungsanteil
1992	1 295 150	0,505 %
1995	1 585 586	0,600 %
1998	1 816 931	0,669 %
2002	2 033 331	0,701 %
2006	2 245 189	0,750 %

Entwicklung der Häftlingszahlen in den USA
(*Quelle:* International Centre for Prison Studies. King's College. London)

Jahr	Häftlinge	Bevölkerungsanteil
USA	2 245 189	0,750 %
China	1 565 771	0,119 %
Russland	889 528	0,628 %
Großbritannien	89 360	0,147 %
Deutschland	76 629	0,093 %

Häftlingszahlen im internationalen Vergleich 2006/7
(*Quelle:* International Centre for Prison Studies. King's College. London)

All diese Maßnahmen hatten einen Effekt: Immer mehr Amerikaner landeten im Gefängnis. Die USA überholten nach der Jahrtausendwende sogar Russland als Land mit dem weltweit höchsten Häftlingsanteil unter der Bevölkerung. Ende 2002 saßen erstmals mehr als zwei Millionen Menschen in amerikanischen Gefängnissen, dies entspricht einem Anstieg von 56 Prozent in zehn Jahren. 1992 war einer von 198 Amerikanern in Haft, 2002 war es bereits einer von 142. Keine Diktatur der Welt steckt so viele seiner Bürger ins Gefängnis wie die demokratischen USA – und das trotz sinkender Verbrechensrate.

Schon 1831 reiste der Franzose Alexis de Tocqueville über den Atlantik, um die amerikanischen Gefängnisse zu studieren. Dort versuchten ehrgeizige Sozialreformer, verurteilte Verbrecher durch lange Einzelhaft, Redeverbot und harte Arbeit moralisch und sozial zu rehabilitieren. Tocqueville zeigte sich nicht beeindruckt: Die USA seien von einer »Monomanie« erfasst und sähen Gefängnisse als »Heilmittel für alles Böse in der Gesellschaft«, schrieb er in *Über die Demokratie in Amerika.*

Die Bedeutung von Gefängnissen ist seither noch gewachsen. In den achtziger Jahren nahm die Reagan-Regierung den Krieg gegen Drogen auf – eingeleitet durch eine massive Inhaftierungskampagne, die Hunderttausende gelegentliche Drogenbenutzer, vor allem arme Schwarze, hinter Gitter brachte (→ Kapitel 33). Neue Gesetze schrieben den Richtern hohe Mindesthaftstrafen vor, gleichzeitig wurde die Möglichkeit der vorzeitigen Entlassung eingeschränkt. Die Null-Toleranz-Strategie der neunziger Jahre löste die nächste Häftlingswelle aus; in Kalifornien ging das Parlament so weit, Wiederholungstäter durch ein absurdes Gesetz nach dem dritten Vergehen selbst wegen geringfügiger Delikte zu lebenslanger Haft zu verdonnern: »Three strikes and you are out«, lautete die Devise. Selbst Pizza-Diebe landeten so für den Rest ihres Lebens im Gefängnis. Die Inhaftierungspolitik richtete sich besonders gegen Schwarze, die zehnmal häufiger im Gefängnis sitzen als Weiße, und ist Ausdruck einer rassistischen Gesellschaft (→ Kapitel 19). Die typischen Delikte des weißen Mittelstands wie Betrug werden dagegen weniger streng und weniger konsequent verfolgt.

Die amerikanische Wirtschaft zahlt für diese Politik einen enormen Preis. Zwar ließ sich in den neunziger Jahren ein Teil des Rückgangs der Arbeitslosigkeit darauf zurückführen, dass immer mehr Menschen im Gefängnis saßen, doch kostet jeder Häftling durchschnittlich 20 000 Dollar im Jahr – fast so viel wie ein Studienplatz an einer Eliteuniversität. Insgesamt geben die USA 40 Milliarden Dollar pro Jahr für ihre Gefängnisse aus – Geld, das im Sozial- und Bildungswesen fehlt.

Eines hat sich seit der Zeit, als Tocqueville die amerikanischen Haftanstalten besuchte, grundsätzlich geändert: Das amerikanische Justizsystem versucht erst gar nicht mehr, die Insassen zu rehabilitieren. Die meisten Amerikaner lehnen Drogenprogramme, Weiterbildungskurse oder psychologische Betreuung als ungerechtfertigte Privilegien für böse Menschen ab; stattdessen befürworten sie strenge Strafen und Erniedrigungen wie rosa Haftuniformen oder die berüchtigten »chain gangs«, bei denen Häftlinge aneinandergekettet arbeiten müssen. Rehabilitationsprogrammen werden die Finanzmittel hingegen stark gekürzt. Fehlt irgendwo das Geld für neue Gefängnisse, werden private Firmen mit deren Bau und Betrieb beauftragt; da diese gewinnorientiert arbeiten, tun sie noch weniger für die Häftlinge.

Besonders schlimm ergeht es nach einer Studie der Menschenrechtsorganisation Human Rights Watch den 200 000 bis 300 000 psychisch Kranken, die in amerikanischen Gefängnissen sitzen, obwohl sie eigentlich in ärztliche Behandlung gehörten. Da in vielen Bundesstaaten die Mittel für psychiatrische Kliniken gekürzt wurden, mutierten Gefängnisse zu Auffangeinrichtungen für mental Kranke. Hier verschlimmert sich ihr Zustand meist noch, denn sie erhalten keine angemessene Betreuung und werden oft von Wärtern oder Mitgefangenen brutal misshandelt.

Wird ein Häftling dann eines Tages entlassen, ist er auf ein Leben in Freiheit nicht vorbereitet. Ausgestattet mit frischer Kleidung, 10 Dollar und einer Buskarte zu einem Ort seiner Wahl steht er auf der Straße und erhält keinerlei Hilfe. Viele haben sich in der Haft mit Aids, Tuberkulose oder Hepatitis C angesteckt, wurden von ihrer Familie verstoßen und haben kaum eine Chance, einen Arbeitsplatz zu finden. Immer mehr Berufe nämlich sind Menschen mit Vorstrafen verschlossen. Bei einer Umfrage in fünf Großstädten erklärten 65 Prozent aller Arbeitgeber, sie würden keinen entlassenen Strafgefangenen einstellen. Ehemalige Häftlinge erhalten keine Sozialwohnung und verlieren in 13 Bundesstaaten auf Lebenszeit ihr Wahlrecht, was demokratischen Prinzipien widerspricht und besonders der Demokratischen Partei Wähler raubt. In Florida durften aus diesem Grund bei den Präsidentschaftswahlen im Jahr 2000 fast 7 Prozent der Wähler nicht zur Urne gehen.

Viele Politiker sind überzeugt, dass sie mit der Inhaftierung von Millionen Menschen die Kriminalität effizient bekämpfen. Doch Amerikas riesige Häftlingsbevölkerung ist in Wirklichkeit eine tickende Zeitbombe, welche die Verbrechenszahlen nach Expertenprognosen bald wieder in die Höhe schnellen lassen wird. Unter den jetzigen Bedingungen gibt es für viele Ex-Häftlinge kaum eine Alternative als eine Rückkehr zu einem kriminellen Lebenswandel. Das gilt besonders für die Menschen, die seit den achtziger Jahren wegen geringfügiger Delikte wie Drogenkonsum hinter Gittern gelandet sind, dort von ihren Mithäftlingen erst richtig in die Welt des Verbrechens eingeführt werden und nach ihrer Entlassung eine größere Gewaltbereitschaft als zuvor zeigen. Wurden die auf Bewährung Entlassenen früher noch persönlich betreut und beaufsichtigt, so sind die Bewährungshelfer heute heillos überlastet. Deshalb sind die Rückfallquoten in den vergangenen Jahren deutlich gestiegen.

Was werden die USA tun, wenn die Verbrechensrate wieder steigt? Noch strengere Gesetze mit noch längeren Haftstrafen erlassen, noch mehr Menschen einsperren und damit erst recht noch mehr Schwerverbrecher züchten? Eine Nation wird im Namen der Verbrechensbekämpfung kriminalisiert – mit katastrophalen sozialen, humanitären und wirtschaftlichen Folgen.

21
Recht als Lotterie:
Das unberechenbare Justizsystem

In amerikanischen Gerichten kann es vorkommen, dass ein Star wie O. J. Simpson trotz erdrückender Mordbeweise freikommt, während ein Ladendieb zu lebenslanger Haft verurteilt wird. Die Flut von Schadenersatzklagen und Sammelklagen führt zu absurden Prozessen und Millionenurteilen, die schwer auf der Wirtschaft lasten und letztlich von den Bürgern bezahlt werden.

Am 3. Oktober 1995 wurde der ehemalige Footballspieler O. J. Simpson von einem Geschworenengericht in Los Angeles von der Anklage freigesprochen, seine Frau Nicole Brown Simpson und ihren Bekannten Ron Goldman aus Eifersucht brutal ermordet zu haben. Die Staatsanwaltschaft präsentierte zwar überwältigende Beweise für seine Schuld, doch in einem von den Medien und der Öffentlichkeit hysterisch verfolgten Prozess war es Simpsons 15-köpfigem Verteidigungsteam gelungen, bei den Geschworenen so viele Zweifel an der Zuverlässigkeit der Polizeiarbeit zu säen, dass diese nach nur vier Stunden Beratung auf nicht schuldig plädierten. Die mehrheitlich schwarzen Geschworenen zeigten sich überzeugt, dass rassistische weiße Polizeibeamte dem berühmten schwarzen Star mit gefälschten Beweisen und Falschaussagen schaden wollten. Der Medienzirkus rund um den Prozess machte ein faires Urteil kaum möglich, und Simpsons juristisches »dream team«, das den Angeklagten angeblich mehr als 3 Millionen Dollar kostete, bewies, dass es sein Geld wert war.

Laut amerikanischer Verfassung kann ein einmal Freigesprochener kein zweites Mal für das gleiche Vergehen strafrechtlich verfolgt werden, selbst wenn neue Beweise auftauchen. Simpson wurde deshalb von den Familien der Opfer vor einem Zivilgericht angeklagt und im Februar 1997 von einer mehrheitlich weißen Geschworenenkammer zu 8,5 Millionen Dollar Schadenersatz verurteilt, weil er den Tod von Nicole Brown Simpson und Ron Goldman verursacht habe. Das absurde Ergebnis der amerikanischen Justiz in einem der spektakulärsten Prozesse des späten 20. Jahrhunderts: O. J. Simpson ist schuldig, bleibt aber sein Leben lang vor Strafverfolgung geschützt.

Nicht weit von Simpsons Haus entfernt hatte Leandro Andrade zur gleichen Zeit weniger Glück. Der heroinsüchtige Armeeveteran wurde im November 1995 zweimal von Wachleuten ertappt, als er in Kalifornien versuchte, in Supermärkten Kindervideos im Wert von 152 Dollar zu stehlen – seiner Aussage nach als Weihnachtsgeschenke für seine Nichten, nach Meinung des Gerichts aber zur Finanzierung seiner Heroinsucht. Andrade gab die Kassetten mit *Schneewittchen* und *Free Willie 2* bereitwillig wieder her, wurde aber angezeigt.

Ein Gericht verurteilte ihn dafür zu 50 Jahren Haft aufgrund eines neuen kalifornischen Gesetzes, das beim dritten schweren Delikt eine Mindeststrafe von 25 Jahren vorsieht. Weil der mehrfach vorbestrafte Andrade diesmal in zwei Supermärkten gestohlen hatte, wurden die beiden Strafen einfach addiert. Dieses umstrittene Gesetz »Three strikes and you are out« war 1994 per Wählerinitiative nach einem grausamen Mord an einem jungen Mädchen verabschiedet worden, das Opfer eines gewalttätigen Wiederholungstäters geworden war. Kaliforniens Wähler wollten damit sicherstellen, dass besonders brutale und unverbesserliche Kriminelle auf lange Zeit hinter Gittern verschwinden. Doch Andrade hatte nie ein Gewaltverbrechen begangen; in den frühen achtziger Jahren hatte er einige Einbrüche verübt, die nach amerikanischem Rechtsverständnis nicht verjähren.

Das für Kalifornien zuständige Berufungsgericht hob das Urteil als »grausame und ungewöhnliche Strafe« auf, doch im März 2003 revidierte der Oberste Gerichtshof in Washington mit einer Mehrheit von 5 zu 4 Stimmen diese Entscheidung: Das ursprüngliche Urteil entspreche dem Willen der kalifornischen Wähler, die mit mehr als 70 Prozent für das Gesetz gestimmt hatten. Das Strafmaß beziehe sich nicht nur auf ein einzelnes Delikt, sondern auch auf Andrades kriminellen Lebenswandel.

Die beiden Fälle von Simpson und Andrade mögen zwar extrem erscheinen, sind aber symptomatisch für vieles, woran die amerikanische Justiz krankt. Ein Rechtssystem, das von sich behauptet, das fairste und effizienteste der Welt zu sein und dem Rest der Welt dienen will als Vorbild, ist in Wirklichkeit ein Schreckenskabinett sozialer, rassistischer und moralischer Ungerechtigkeiten.

Kein gleiches Recht für alle

Das amerikanische Rechtswesen ist auf anderen Grundsätzen aufgebaut als das kontinental-europäische. Es ist nicht kodifiziert, beruht also nicht auf schriftlich niedergelegten Gesetzestexten; die Gerichte beziehen sich vielmehr auf frühere richterliche Entscheidungen, sogenannte Präzedenzfälle. Das bedeutet, dass sich die Rechtslage auch ohne Eingriff des Gesetzgebers verändern kann. Die amerikanische Justiz geht im wahrsten Sinne des Worts vom Volke aus: Staatsanwälte werden ebenso gewählt wie Sheriffs und sogar Richter, die daher bei allen Entscheidungen die öffentliche Meinung berücksichtigen. Aber Urteile zu fällen ist ohnehin nicht ihre Aufgabe: Das dürfen nur Geschworene, die einen Querschnitt der Bevölkerung repräsentieren sollen. Selbst die Anklageerhebung darf nur von Vertretern des Volks, einer sogenannten Grand Jury, beschlossen werden.

Anders als in Europa, wo Staatsanwaltschaft und Gericht gemeinsam nach der Wahrheit suchen sollten, stellt ein amerikanisches Strafverfahren einen Wettkampf zwischen Anklage und Verteidigung dar, der nach strikten Regeln abläuft. Der Verdächtige verfügt über präzise definierte Rechte, die umfangreicher sind als in Europa. Das beginnt schon bei der Verhaftung, bei der die Polizei verpflichtet ist, dem Verdächtigen seine Rechte vorzulesen, die ihm laut Verfassung zustehen: »Sie haben das Recht zu schweigen. Alles was Sie sagen, kann gegen Sie verwendet werden.« Diese sogenannte Miranda-Formel ist Fernsehzuschauern aus der ganzen Welt bekannt. Ohne richterliche Anordnung darf die Polizei kein Haus betreten und ohne eindeutigen Verdacht nicht einmal ein Auto durchsuchen. Macht sie dabei einen Fehler, dürfen die dabei gewonnenen Beweise im Prozess nicht mehr verwendet werden.

In einem Gerichtsverfahren sind Verteidigung und Anklage

dazu verpflichtet, alle Unterlagen auch der Gegenseite zur Verfügung zu stellen und sie nicht mit Zeugen oder neuen Beweisstücken zu überrumpeln. Der Prozess gleicht einem verbalen Ringkampf, in dem beide Seiten das Ziel haben, die Zeugen für ihren Standpunkt zu gewinnen; der Richter spielt dabei die Rolle des Schiedsrichters. Ein Schuldspruch darf nur dann gefällt werden, wenn alle Geschworenen von der Schuld des Angeklagten zweifelsfrei überzeugt sind – ein hoher Maßstab, der eigentlich dafür sorgen sollte, dass Unschuldige nicht verurteilt werden. Hat die Jury allerdings ihr Urteil gefällt, gibt es kaum noch Berufungsmöglichkeiten: Ein Freispruch ist endgültig, ein Schuldspruch kann höchstens aufgrund von gravierenden Verfahrensfehlern aufgehoben werden. Wer einmal von Geschworenen für schuldig gesprochen wurde, bekommt die volle Härte des Gesetzes zu spüren.

Das amerikanische Gerichtssystem wurde einst für kleine, homogene Gemeinden gleichgesinnter Bürger konzipiert und würde in einer solchen Umgebung möglicherweise auch funktionieren. In einer Nation mit großen sozialen, ideologischen und ökonomischen Gegensätzen ist ein fairer Wettkampf mit Argumenten und Beweisen, wie er den Gründervätern vorgeschwebt hat, hingegen eine Utopie. Hautfarbe, sozialer Status und Einkommen entscheiden weit mehr über Schuld und Strafausmaß als alle Indizien und Beweise. Der Gerichtssaal, der in Spielfilmen wie *Die zwölf Geschworenen* und Fernsehserien wie *Ally McBeal* verherrlicht wird, ist in Wirklichkeit eine Lotterie mit höchst unterschiedlichen Gewinnchancen.

Bei den Bundesgerichten spielt wiederum die Politik eine zentrale Rolle. Bundesrichter werden vom Präsidenten ernannt, oft nach strikt ideologischen Kriterien. Die Bundesstaatsanwälte arbeiten im Einflussbereich des Justizministeriums und müssen den politischen Wünschen der jeweiligen Regierung nachkommen. Allerdings darf die Einmischung der Politik in die Justiz nicht zu offensichtlich werden. Als Justizminister Alberto Gonzales 2006 aus rein parteipolitischen Gründen neun Bundesstaatsanwälte entließ – einer von ihnen hatte sich geweigert, demokratische Kandidaten wegen einer angeblichen Wahlmanipulation zu verfolgen –, führte dies zu einem Aufschrei in Washington. Gonzales verwickelte sich in seinen Aussagen vor dem Kongress in Widersprüche und musste schließlich im August 2007 zurücktreten.

Die amerikanischen Gesetze sind streng und sie wurden in den vergangenen zwei Jahrzehnten noch verschärft. Der dramatische Anstieg an Kapitalverbrechen in den achtziger Jahren ließ Kongress und Bundesstaaten eine Reihe von Gesetzen erlassen, die schon geringfügige Vergehen mit langjährigen Haftstrafen belegen. Auf diese Weise konnten Politiker beweisen, dass sie entschieden dem Verbrechen entgegenträten und alles für den Schutz der Bürger täten. Das kalifornische Three-Strikes-Gesetz, dessen Namen aus dem Baseball stammt, ist kein Einzelfall. Die Hälfte aller Bundesstaaten kennen inzwischen ähnliche Gesetze, auch wenn sie diese nicht ganz so erbarmungslos umsetzen wie Kalifornien. Dort wurden seit 1994 rund 7000 Menschen zu mindestens 25 Jahren Haft verurteilt, von denen sich 300 ebenso wie Andrade keines Gewaltverbrechens schuldig gemacht hatten. Kein kalifornischer Politiker kann es wagen, an dem populären Gesetz zu rütteln.

Die erschreckend hohen Strafen in amerikanischen Gerichtsverfahren liegen einerseits in den Gesetzen selbst begründet, andererseits in der Praxis der Staatsanwälte, eine kriminelle Tat in mehrere Delikte aufzuteilen und einzeln zur Anklage zu bringen. So werden bei einem Einbruch beispielsweise ein halbes Dutzend Gesetze gebrochen – vom unerlaubten Betreten eines Privatgrundstücks bis zum Tragen einer versteckten Waffe. Auch ein Geschäftsmann, der mehrere Jahre hintereinander Steuern hinterzieht, kann in Dutzenden von Einzelpunkten angeklagt werden, die jeweils mit drei Jahren Haft bedroht werden; kommt es zur Verurteilung, muss er sie nacheinander absitzen.

Die Frage ist also weniger, ob jemand schuldig oder unschuldig ist, sondern wie die Justiz mit dem Delikt umgeht. Hier zeigt sich eine große Ungleichheit: Arme Schwarze, die viel Zeit auf der Straße verbringen und dort etwa Drogen kaufen, laufen viel eher Gefahr, von der Polizei festgehalten und angezeigt zu werden, als wohlhabende Weiße, die sich zu Hause eine Hasch-Zigarette anzünden. Auch bei der Verteidigung sind die Chancen ungleich verteilt: Zwar hat jeder Bürger das Recht auf einen Anwalt, aber die wenigsten Verdächtigen können sich einen leisten. Sie bekommen dann vom Gericht einen Pflichtverteidiger zugewiesen, der oft inkompetent, überlastet oder desinteressiert ist. Wohlhabende Bürger bleiben meist gegen Kaution bis zum Urteil auf freiem Fuß, Arme hingegen in Untersuchungshaft.

Meist haben weder der Verteidiger noch der Staatsanwalt ein Interesse daran, dass ein Fall vor Gericht kommt und dort zu einem langwierigen und teuren Verfahren wird. Das Rechtssystem kennt das Prinzip des »plea bargaining«, in dem sich der Angeklagte für ein geringes Vergehen schuldig bekennt, um mit einer verringerten Strafe davonzukommen, die mit der Untersuchungshaft bereits abgegolten ist. Pflichtverteidiger empfehlen einen solchen Handel selbst unschuldigen Klienten: Das Risiko, bei einem Schuldspruch auf Jahre ins Gefängnis zu wandern, ist einfach zu groß. Zwischen 75 und 90 Prozent aller Strafsachen werden in den USA auf diese Art gelöst, die nichts mit Gerechtigkeit zu tun hat. Selbst wenn ein Verdächtiger vergleichsweise leicht davonkommt, haftet an ihm ein Leben lang der Makel einer Vorstrafe.

Gutbezahlte Privatverteidiger sind hingegen eher bereit, das Risiko eines Prozesses einzugehen, in dem sie nicht die Unschuld ihres Klienten beweisen, sondern Lücken in der Anklageschrift finden müssen. Staatsanwälte wissen das. Deshalb hängt der Ausgang eines »plea bargaining« weniger von der Beweislage als von der Überzeugungskraft des Anwalts ab, den der Angeklagte verpflichtet hat. So kommen Schuldige frei, weil ihre Schuld nicht ausreichend bewiesen werden kann, während Unschuldige hinter Gittern wandern, weil sie überhaupt keine Chance bekommen hatten, in einem Prozess ihren Fall vorzutragen.

Arme Angeklagte, die auf Pflichtanwälte angewiesen sind, haben in der Regel von vornherein verloren. Denn amerikanische Pflichtverteidiger sind meist schlecht vorbereitet, gelegentlich betrunken oder übermüdet; sie übersehen selbst die einfachsten Einspruchsmöglichkeiten. Staatsanwälte hingegen haben gar kein Interesse daran, der Wahrheit zum Durchbruch zu verhelfen: Sie wollen um jeden Preis eine Verurteilung, da davon die eigene Karriere abhängt. Besonders bei schweren Mordfällen stehen Polizei und Staatsanwaltschaft unter massivem Druck, einen Schuldigen zu präsentieren und zu verurteilen – und sei es durch manipulierte, erzwungene oder erkaufte Zeugenaussagen und gefälschte Beweise. Zwar geben sich die meisten Geschworenen Mühe, ein gerechtes Urteil zu fällen, doch sind auch sie Gefangene ihrer eigenen Vorurteile: Einen minderbemittelten arbeitslosen Schwarzen mit langem Vorstrafenregister freizusprechen, dem ein eloquenter Staatsanwalt eine weitere böse

Tat vorwirft, erfordert ein hohes Maß an Unabhängigkeit, die Filmhelden leichter aufbringen als Durchschnittsbürger.

So kommt es in amerikanischen Gerichtssälen reihenweise zu Fehlurteilen mit fatalen Folgen. Zehntausende Amerikaner sitzen seit Jahren unschuldig im Gefängnis und haben keine Chance auf Revision, selbst wenn neue Beweise auftauchen oder der wahre Täter die Tat gesteht. Bei Todesurteilen ist die Fehlerquote besonders hoch: In den vergangenen Jahren mussten vor allem aufgrund neuer DNS-Analysen mehr als hundert Unschuldige wieder freigelassen werden, eine möglicherweise ebenso große Zahl Unschuldiger wurde aber hingerichtet (→ Kapitel 22). Trotzdem hat die Mehrheit der Amerikaner großes Vertrauen in die Justiz. So gaben sich 83 Prozent in einer Umfrage aus dem Jahr 1999 überzeugt, dass »Leute wie sie« vor Gericht fair behandelt würden, von der schwarzen Bevölkerung behaupteten das aber nur 32 Prozent.

Das gesamte Justizsystem führt dazu, dass in den USA mehr Anwälte praktizieren als in anderen Industriestaaten. Ein genauer Vergleich ist schwierig, weil Tätigkeitsumfang und Zuordnung in jedem Land anders sind. Trotzdem sind die Zahlen eindeutig: Die USA haben zwischen 500 000 und 900 000 Anwälte, das sind 1,7 bis 3,1 pro tausend Einwohner. In Deutschland sind es 120 000 Anwälte oder 1,5 pro tausend Einwohner und in Japan gar nur zwischen 17 000 und 20 000 Anwälte, also 0,1 pro tausend Bürger, wobei die Aufgaben japanischer Anwälte sehr eng definiert sind. Diese riesige Anwaltsschar wirkt sich in vielen Fällen negativ auf die Produktivität aus. Nach einer Schätzung des Wirtschaftsexperten Stephen Magee von der University of Texas ist ein Viertel des amerikanischen Haushalts- und Handelsdefizits auf den Überschuss an Anwälten zurückzuführen. Insgesamt gleichen die Kosten des schwerfälligen Rechtssystems den Vorteil niedriger Steuern für die meisten Amerikaner wieder aus. Noch schlimmer aber wiegt, dass die vielen Juristen die USA in den vergangenen Jahrzehnten weder sicherer noch gerechter gemacht haben.

2,9 Millionen Dollar für eine Tasse Kaffee

Wenn weiße Amerikaner von einer Reform des Justizsystems sprechen, spielen sie meist auf Schadenersatzklagen an, in denen immer häufiger extrem hohe Summen gefordert werden und die inzwischen fast jeden Aspekt des öffentlichen und privaten Lebens negativ berühren. Anders als in Europa kann in den USA bei fast jedem Problem, Missgeschick oder Unfall ein Fremdverschulden ausgemacht und der vermeintliche Verursacher für verantwortlich erklärt und angeklagt werden: Wenn sich ein Richter findet, der den Fall annimmt, und die Geschworenen überzeugt werden, bekommt man selbst für die skurrilsten Widrigkeiten Schadenersatz zugesprochen.

Die Liste absurder Klagen ist lang: Eine 17-jährige Schülerin verklagte ihre Schule, weil sie als Kapitän einer Cheerleader-Gruppe abgesetzt wurde, nachdem man sie mit Alkohol und Zigaretten ertappt hatte. Ein Ehepaar verklagte McDonald's, weil ein Streit über einen zu harten Bagel ihre Ehe ruiniert habe. Die meisten dieser Klagen kommen nicht sehr weit, aber gelegentlich gelingt es einem gewitzten Anwalt, die Geschworenen vom Unrecht der anderen Seite zu überzeugen. Vor allem Ärzte sind in den vergangenen Jahren Zielscheibe zahlreicher Kunstfehlerprozesse geworden. Das menschliche Leid, das eine verfehlte medizinische Behandlung verursacht, ist vor Gericht in der Regel ein eindrucksvolles Argument.

Das Gericht kann den Angeklagten dabei nicht nur zum Ersatz des konkreten finanziellen Schadens verurteilen, sondern auch zur Entschädigung von körperlichen und psychischen Schmerzen. Schließlich ist es gerade bei Verfahren gegen große Konzerne üblich, sie zu weiteren Strafzahlungen zu verurteilen, die über den reinen Schadenersatz hinausgehen. Das geschah beispielsweise im Fall einer Frau, die sich 1992 bei McDonald's mit einem Becher Kaffee Verbrennungen dritten Grads zuzog. Ein Gericht verurteilte die Fast-Food-Kette zu 180 000 Dollar Schadenersatz und einer Strafzahlung von 2,7 Millionen Dollar. Ein Berufungsgericht reduzierte die gesamte Summe später allerdings auf 640 000 Dollar.

Der McDonald's-Fall ist ein Beispiel dafür, dass das Rechtssystem im Prinzip gut funktioniert. McDonald's servierte damals Kaffee mit einer Temperatur von 88 Grad Celsius, was innerhalb von wenigen Sekunden schwere Hautverbrennungen verursachen kann. Das war viel heißer als gewöhnlich und die Kunden wurden nicht gewarnt. Die schwerverletzte Klägerin, eine 80-jährige Dame, hätte sich zufrieden gegeben, wenn McDonald's ihre Krankenhauskosten von 20 000 Dollar übernommen hätte, aber der Konzern bot ihr nur 800 Dollar an. Kein Wunder, dass die Geschworenen sich dazu entschlossen, McDonald's hart zu bestrafen.

Anders als in Deutschland arbeiten viele amerikanische Anwälte auf Erfolgsbasis: Sie verlangen kein Honorar, kassieren aber zwischen 30 und 50 Prozent des zugesprochenen Schadenersatzes. Das gibt auch weniger zahlungskräftigen Bürgern die Chance, vor Gericht zu ziehen, erhöht aber zugleich den Anreiz zu leichtsinnigen und unbegründeten Klagen.

So berechtigt viele Einzelfälle sein mögen, die kollektive Wirkung ist verheerend. Schadenersatzprozesse füllen die Lücke, die der schwache amerikanische Staat im Bereich des Verbraucherschutzes hinterlässt. Die Arbeit von Beamten in Deutschland wird in den USA von privat bezahlten Anwälten erledigt. Doch sie tun das auf eine höchst ineffiziente und willkürliche Weise, die Amerikas Konsumenten letztlich finanziell schwer belastet. Es ist oft Zufall, welche Fälle vor Gericht kommen und welche Schadensumme die Geschworenen feststellen. So kommen einige Geschädigte in den Genuss von Millionenzahlungen, während die große Mehrheit, die nicht ans Klagen denkt, leer ausgeht.

Schadenersatzklagen sind heute ein Milliardengeschäft. 200 Milliarden Dollar werden im Jahr an erfolgreiche Kläger ausgezahlt, das sind 2 Prozent des Bruttoinlandsprodukts. Nur Italien hat ähnlich hohe Kosten, in Deutschland liegt der vergleichbare Wert bei 1,2 Prozent.

Die größten Prozesse liefen in den USA zuletzt gegen Tabakfirmen, Autokonzerne, Hersteller von Silikonimplantaten und auch gegen asbestverarbeitende Firmen. Das System der Sammelklagen, das inzwischen auf Europa übergreift, erlaubt es dabei, einer großen Gruppe von Geschädigten in einem einzigen Verfahren zu Schadenersatz zu verhelfen. Die ersten Asbestprozesse waren berechtigt, da Tausende Arbeiter durch den gefährlichen Dämmstoff gesundheitlich schwer geschädigt wurden. Diese Verfahren erwiesen sich als so lukrativ, dass findige Anwälte bald schon für Klientengruppen Schadenersatz erstritten, die überhaupt keine

Krankheitssymptome aufwiesen. Zahlreiche Unternehmen, darunter auch der schweizerisch-schwedische Konzern ABB, wurden durch solche Prozesse an den Rand des Ruins gedrängt. Viele flüchteten in die Insolvenz, um gerichtlichen Schutz vor den Gläubigern zu erlangen. Oft lassen es Konzerne erst gar nicht zu einem solchen Prozess kommen. Selbst wenn sie sich keiner Schuld bewusst sind, erklären sie sich zu Zahlungen bereit, um hohe Kosten und eine schlechte Presse zu vermeiden. Ähnlich wie Lösegeldzahlungen an Entführer verleitet dieses Verhalten zur Nachahmung.

Befürworter von Schadenersatzprozessen, die häufig von der Anwaltslobby finanziert werden, behaupten, dass diese Klagen die USA sicherer machen: Sie zwingen Unternehmen, für die Sicherheit ihrer Produkte und Arbeitsstätten zu sorgen. Ein Pionier dieser Form des Verbraucherschutzes war Ralph Nader. Er attackierte in den sechziger Jahren die Automobilindustrie wegen der mangelhaften Sicherheitsausstattung der meisten Autos und rettete auf diese Weise Tausende Menschenleben.

Die Kosten dieser Klagen und der von ihnen ausgelösten Maßnahmen verringern jedoch nicht die Gewinne der Hersteller und Dienstleistungsanbieter, sondern werden direkt an die Konsumenten weitergegeben. Jeder Autofahrer bekommt das zu spüren: Da viele Unfallopfer nicht nur den erlittenen Schaden ersetzt bekommen, sondern nicht selten erfolgreich auf ein viel höheres Schmerzensgeld klagen, steigen die Versicherungsprämien rasant. Weil sich viele Arme die Versicherung deshalb nicht leisten können, gibt es immer mehr unversicherte Autofahrer, die wiederum die Prämien in die Höhe treiben.

Im Gesundheitswesen werden die Auswirkungen der Klageflut ebenfalls deutlich. Ärzte und Kliniken müssen teure Versicherungspolicen abschließen, um sich vor Schadenersatzansprüchen zu schützen, und wälzen diese Kosten natürlich auf ihre Patienten ab. So beträgt die Versicherungsprämie für Frauenärzte, die besonders oft verklagt werden, wenn bei Geburten etwas schiefläuft, in manchen Staaten 150 000 Dollar pro Jahr. Dies muss durch exorbitante Honorare erwirtschaftet werden. Hinzu kommt, dass aus Sorge vor Klagen viele medizinische Untersuchungen durchgeführt werden, die eigentlich überflüssig wären. Das ist einer der Gründe, weshalb die Gesundheitskosten in den USA weit höher liegen als in anderen Industriestaaten und sich viele Amerikaner keine Krankenversicherung leisten können (→ Kapitel 18). Eine Studie des amerikanischen Gesundheitsministeriums schätzt, dass eine gesetzliche Begrenzung der Schadenersatzansprüche die jährlichen Gesundheitskosten um 5 bis 9 Prozent oder 60 bis 108 Milliarden Dollar senken würde.

Schadenersatzklagen sind inzwischen ein heißes politisches Eisen: Die Republikaner fordern deren Eindämmung und werfen den zögernden Demokraten vor, im Solde der Anwaltslobby zu stehen. Tatsächlich gehören Anwälte, die sich mit Schadenersatzklagen befassen, zu den wichtigsten Unterstützern demokratischer Kandidaten; ihre Einnahmen stiegen in den letzten drei Jahrzehnten um etwa 9 Prozent jährlich. Doch auch die Gegenmaßnahmen haben ihre Schattenseiten: So wurden in Texas unter Gouverneur George W. Bush Schadenersatzprozesse so stark eingeschränkt, dass geschädigte Kunden kaum noch zu ihrem Recht kamen. Die Konzerne dankten es Bush mit großzügigen Wahlspenden.

Da sich die Justiz auch für extraterritoriale Angelegenheiten zuständig fühlt, sobald die Interessen amerikanischer Staatsbürger oder der amerikanischen Regierung tangiert scheinen, können sogar ausländische Personen, Unternehmen und Regierungen vor amerikanische Richter gezerrt werden. Dabei kann es um grundsätzlich berechtigte Anliegen wie Verbrechen aus der Zeit des Zweiten Weltkriegs, aktuelle Menschenrechtsverletzungen oder internationale Geldwäsche gehen, aber auch um »politische Vergehen« wie etwa Geschäfte mit Staaten wie Kuba oder Iran, die von den USA geächtet sind. Gleichzeitig versuchen Anwälte immer häufiger, Schadenersatzprozesse aus aller Welt in die USA zu verlegen, weil sie hier weitaus höhere Entschädigungszahlungen erzielen können. Wenn die Methode der Sammelklagen zunehmend nach Europa exportiert wird, sollten sich die hiesigen Politiker genau überlegen, ob die USA wirklich als Vorbild dienen können, um den Verbrauchern zu ihrem Recht zu verhelfen. Die Erfahrungen der vergangenen Jahre sprechen dagegen.

22
Land der Henker: Die populäre Todesstrafe

Während in den meisten demokratischen Staaten der Welt die
Todesstrafe verboten ist, werden in den USA jedes Jahr Dutzen-
de Menschen hingerichtet – oft nach unfairen Gerichtsverfahren
ohne qualifizierte Verteidiger. Unter den rund 900 Menschen, die
seit den frühen achtziger Jahren hingerichtet wurden, befanden
sich mindestens 75 Unschuldige. Obwohl die Todesstrafe Verbre-
cher nicht abschreckt, ist sie höchst populär: Kaum ein Politiker
kann sich leisten, für ihre Abschaffung einzutreten.

Als der liberale Demokrat Michael Dukakis 1988 für die Präsidentschaft kandidierte, lag er einige Monate vor dem Wahltag
in den Meinungsumfragen in Führung. Doch dann entdeckten die
Berater seines Gegners, Vizepräsident George Bush, einen grausamen Fall aus seinem Heimatstaat Massachusetts: Ein Häftling
namens Willie Horton hatte während seines Freigangs mehrere
Morde begangen. Dukakis hatte mit der Entscheidung, Horton
Freigang zu gewähren, nichts zu tun, galt aber als Anhänger eines liberalen Strafvollzugs und vor allem als Gegner der Todesstrafe. Nur einmal flimmerte das Gesicht des Schwarzen Willie
Horton in einem Werbespot über die Bildschirme, während eine
tiefe Stimme davor warnte, dass unter einem Präsidenten Dukakis viele solcher Männer frei herumlaufen würden. Der Spot
wurde als rassistisch attackiert und wieder abgesetzt, doch die
Botschaft war deutlich: Dukakis sei »soft on crime«, ein Weich-
ling gegenüber der ständig steigenden Verbrechensrate im Land.
Dieser Eindruck trug wenige Wochen später entscheidend zu
seiner Wahlniederlage bei.
   Seither gilt in der amerikanischen Politik ein ehernes Prinzip:
Kein Präsidentschaftskandidat kann es sich leisten, Gegner der
Todesstrafe zu sein. Bill Clinton, der sich sonst seiner Mensch-

lichkeit rühmte, unterbrach 1992 sogar seinen Wahlkampf, um als Gouverneur von Arkansas ein Todesurteil gegen einen geistig zurückgebliebenen Straftäter zu unterschreiben. Auch Al Gore sprach sich während seines Wahlkampfs im Jahr 2000 für die Todesstrafe aus und vermied damit eine Debatte über das Thema mit George W. Bush, der als Gouverneur von Texas 1995 bis 2001 der eifrigste Vollstrecker Amerikas war: 146 Menschen fielen unter ihm dem Henker zum Opfer – fast ein Sechstel aller Hinrichtungen der letzten dreißig Jahre in den USA. Unter den führenden Kandidaten für die Präsidentschaftswahlen im November 2008 findet sich kein einziger dezidierter Anhänger einer Abschaffung der Todesstrafe.

Strafen wie im Wilden Westen

Weniger die Zahl der Exekutionen als die hohe Zustimmung, welche die Todesstrafe in der amerikanischen Bevölkerung genießt, löst in Europa Verwunderung und sogar Empörung aus. Wie kann es sein, dass der amerikanische Staat ein grundlegendes Menschenrecht mit Füßen tritt und sich beim Thema Todesstrafe in eine Reihe mit China, Kongo, Pakistan und dem Iran stellt? Bis vor drei Jahrzehnten hatten Amerikaner und Europäer fast die gleiche Einstellung zur Todesstrafe: Auf beiden Seiten des Atlantiks wurden verurteilte Verbrecher bis ins 20. Jahrhundert eifrig gehenkt, aber in den USA setzte man sich zumindest mit Fragen der Rechtsstaatlichkeit auseinander. So räumte die amerikanische Verfassung jedem Angeklagten das Recht auf ein faires Verfahren ein und entschieden die Gerichte im Zweifel für den Angeklagten – also wenn es unter den Geschworenen keine Einigkeit gab. 1846 wurde etwa im Bundesstaat Michigan die Todesstrafe abgeschafft, lange bevor der erste europäische Staat, Portugal, dies tat.

In anderen Bundesstaaten blieben Hinrichtungen gang und gäbe, im Süden war die Todesstrafe nach Ende der Sklaverei ein Instrument zur Unterdrückung der Schwarzen. Zunehmend aber wuchsen die Zweifel am Sinn des staatlich verordneten Tötens. Gab es 1935 noch 199 Hinrichtungen, so sank die Zahl der Exekutionen nach dem Zweiten Weltkrieg in den USA ebenso wie in Europa sehr schnell. Immer mehr Bundesstaaten schafften die

Todesstrafe ab; ab 1963 waren die Henker in den ganzen USA so gut wie arbeitslos. In Umfragen sprach sich Mitte der sechziger Jahre die Mehrheit der Amerikaner gegen die Todesstrafe aus und der Oberste Gerichtshof, der unter seinem Vorsitzenden Earl Warren besonders liberal agierte, bezweifelte ihre Verfassungsmäßigkeit. 1972 setzte das höchste Gericht in allen Bundesstaaten die Todesstrafe aus. Etwa zur gleichen Zeit fanden auch in Großbritannien und Frankreich die Hinrichtungen ein Ende.

Jetzt allerdings begannen sich Europa und die USA in dieser Frage auseinanderzubewegen. Während die Ächtung der Todesstrafe zu einem Grundprinzip der europäischen Politik wurde, erlebte sie in den USA eine unerwartete Renaissance. 1976 änderte der Oberste Gerichtshof seine Position und ließ die Todesstrafe wieder zu auf Grundlage neuer Gesetze, die sowohl die Urteilsfindung als auch die Vollstreckung präzisierten. Gleichzeitig stieg angesichts einer rapide wachsenden Kriminalitätsrate die öffentliche Zustimmung in den frühen neunziger Jahren auf fast 80 Prozent. Noch hielt die lange Verfahrensdauer die Zahl der Hinrichtungen auf einem niedrigen Niveau, doch ab 1984 stieg sie sprunghaft an und erreichte 1999 mit 98 Hinrichtungen einen grausamen Höhepunkt. Zwischen 1981 und 2007 wurden mehr als 1100 Amerikaner auf Anordnung des Staats getötet – auf dem elektrischen Stuhl, in der Gaskammer oder durch die angeblich humanere Giftspritze, die aber nach neuesten medizinischen Erkenntnissen in den letzten Sekunden ihres Lebens den Verurteilten schreckliche Qualen zufügt.

Jugendlichen Tätern blieb die Todesstrafe ebenso wenig erspart wie Menschen mit geistigen Behinderungen. Die USA wurden wieder zum Land der Henker und setzten sich damit in Widerspruch zu international anerkannten Menschenrechtsnormen. Auch wenn es keinen weltweit gültigen Vertrag zur Abschaffung der Todesstrafe gibt, so ist ihre Ächtung dennoch Teil zahlreicher internationaler Übereinkommen. Die Abschaffung der Todesstrafe ist eine wesentliche Voraussetzung für die Aufnahme eines Landes in den Europarat, weshalb sogar Russland, die Ukraine und Georgien auf Hinrichtungen verzichteten.

Ein wichtiger Grund für die Differenzen zwischen Europa und den USA in dieser Frage ist der unterschiedliche Charakter der Justiz. Während in Europa die Rechtsprechung stets Sache der Herrschenden war und vom König, vom Fürsten oder später von den Parlamenten ausging, war sie in den USA von Anfang an eine Volksangelegenheit. Bis heute werden in vielen Bundesstaaten die Vertreter der Justiz – Richter, Staatsanwälte, sogar die Sheriffs – demokratisch gewählt. Bei Wählern, die in ständiger Angst vor Verbrechen leben, kommen Kandidaten mit einer Vorliebe für einen liberalen Strafvollzug nicht zum Zug. Hinzu kommt, dass in amerikanischen Gerichten ausschließlich Geschworene, die einen Querschnitt der Bevölkerung repräsentieren sollen, über Schuld und Unschuld entscheiden. Dadurch wird Volkes Stimme zu einem wichtigen Maßstab für die Justiz.

Jahr	Hinrichtungen	Jahr	Hinrichtungen
2007	42	1993	38
2006	53	1992	31
2005	60	1991	14
2004	59	1990	23
2003	65	1989	16
2002	71	1988	11
2001	66	1987	25
2000	85	1986	18
1999	98	1985	18
1998	68	1984	21
1997	74	1983	5
1996	45	1982	2
1995	56	1981	1
1994	31	1980	0

Hinrichtungen in den USA (*Quelle:* Death Penalty Information Center)

Die seit den siebziger Jahren steigende Kriminalitätsrate ließ die öffentliche Stimmung zugunsten der Todesstrafe kippen; die Politik folgte rasch. Selbst in Gegenden, in denen Bluttaten eine Seltenheit blieben, gab die sensationslüsterne Berichterstattung der Medien über einzelne Mordfälle vielen Amerikanern das Gefühl, in einer Welt des Verbrechens zu leben, in der nur strengste Strafen ihre Familien vor dem Bösen schützen und nur der Tod eines Mörders Sicherheit garantiert.

Die Rücksichtnahme auf die öffentliche Meinung erklärt auch die regionalen Unterschiede hinsichtlich der Todesstrafe, die vor allem im Süden und Südwesten der USA verhängt wird – in Oklahoma, Arizona, Louisiana und Texas. Das Kernland der Todesstrafe ist nicht zufälligerweise Texas, wo der Süden und der ehemalige Wilde Westen zusammentreffen. Mehr als ein Drittel aller Exekutionen finden in der Heimat von George W. Bush statt. Wie der Kriminologe Franklin Zimring zeigte, wird die Todesstrafe vor allem dort vollzogen, wo früher gerne Selbstjustiz geübt wurde und mutmaßliche Verbrecher von einer aufgebrachten Menschenmenge am nächsten Baum aufgeknüpft wurden. Auch heute sind es immer wieder die Hinterbliebenen der Opfer, die die Todesstrafe fordern – zur Bewältigung des eigenen Schmerzes, als Wiedergutmachung und als Form der Rache. Während die Kirchen in Europa an der Spitze der Anti-Todesstrafenbewegung stehen, sind gerade fundamentalistisch-religiöse Gemeinden fanatische Anhänger archaischer Vergeltung von Blutverbrechen.

In zwölf Bundesstaaten (Alaska, Hawaii, Iowa, Maine, Massachusetts, Michigan, Minnesota, North Dakota, Rhode Island, Vermont, West Virginia und Wisconsin) ist die Todesstrafe abgeschafft, in sechs weiteren Staaten (Connecticut, Kansas, New Hampshire, New Jersey, New York und South Dakota) wurde seit 1976 niemand hingerichtet. Das ist kein Zeichen für eine mildere Justiz, denn brutale Mörder werden dort oft lebenslang ohne Aussicht auf vorzeitige Entlassung eingesperrt. Die Todesstrafe wird aber in diesen Staaten ebenso wenig wie in Europa als legitimes Instrument des Strafvollzugs betrachtet. Insgesamt wird in den USA nur ein Bruchteil aller Morde mit dem Tod geahndet; das Verhältnis zwischen Tötungsdelikten und Hinrichtungen beträgt etwa tausend zu eins. Todesurteile werden selten, aber mit großer Willkür gefällt.

Fehlurteile

Ob ein Mörder mit dem Tod bestraft wird oder mit lebenslanger Haft, hängt in erster Linie von dem Bundesstaat ab, in dem das Verbrechen begangen wurde, manchmal sogar vom Bezirk. Andere Faktoren, die genauso wenig mit der Tat zu tun haben, spielen ebenfalls eine wichtige Rolle. Nicht nur, dass ein überproportionaler Anteil der Hingerichteten Schwarze oder Latinos sind, auch die Hautfarbe des Opfers macht einen Unterschied: Der Mord an einem Weißen wird eher mit dem Tod bestraft als der an einem Schwarzen oder einem Latino. Verantwortlich ist dafür die Logik der Mediengesellschaft: Je mehr Menschen sich mit den Hinterbliebenen identifizieren können, desto größer wird der Druck auf die Gerichte, ein möglichst strenges Urteil zu fällen. Dann neigen Staatsanwälte dazu, Entlastungsmaterial zu unterdrücken und Zeugen möglichst effektiv zu präparieren. Anders als in Europa geht es amerikanischen Staatsanwälten, die wiedergewählt werden wollen, weniger um die Wahrheitsfindung als um den juristischen Sieg. Die rasche Verurteilung einer grausamen Bluttat garantiert bei Wahlen stets viele Stimmen.

Über Leben und Tod entscheidet außerdem die Qualifikation der Verteidiger. Dabei zeigt sich die Justiz von ihrer schlechtesten Seite. Jeder Angeklagte hat ein Anrecht auf einen Pflichtverteidiger, doch viele Staaten sind nicht bereit, dafür Geld auszugeben. Gerade Mordverdächtigen aus den untersten sozialen Schichten werden Anwälte zugeteilt, die ihrer Aufgabe kaum gerecht werden, während der Verhandlung schlafen, Entlastungszeugen nicht aufrufen und gegen offensichtliche Manipulationen der Anklage keinen Einspruch erheben. Das ist eine Seite der amerikanischen Justiz, welche die beliebten Gerichtsdramen in Film und Fernsehen nur selten zeigen. Je weniger der Staat zahlt – der Todesstaat Texas verfügt beispielsweise über besonders eifrige Staatsanwälte und besonders schlecht bezahlte Pflichtverteidiger –, desto geringer sind die Chancen eines Angeklagten, der Höchststrafe zu entgehen. Ein engagierter Verteidiger kann seine Mandanten jedoch selbst bei erdrückenden Schuldbeweisen meist vor einem Todesurteil retten.

Zwischen Todesurteil und Hinrichtung liegt stets ein langwieriges Berufungsverfahren. Gerade wegen der Endgültigkeit dieser Strafe mahlen die Mühlen der Justiz hier besonders langsam. Manche Todeskandidaten sitzen mehr als zwei Jahrzehnte in der Todeszelle, während ihre Akte den Instanzenweg mehrmals durchläuft. Doch die Berufungsrichter und -kommissionen kümmern sich meist nur um eventuelle Verfahrensmängel und lassen keine neuen Beweise oder Zeugen zu, die Verurteilte entlasten könnten. Selbst wenn es deutliche Hinweise auf Unschuld gibt – etwa das Geständnis eines anderen Täters –, lehnen die höheren Instanzen die Aussetzung des Todesurteils oft ab. Das Rechtssystem schützt Beschuldigte nämlich nur bis zur Entscheidung der Geschworenen. Befinden diese den Angeklagten für schuldig, trifft ihn die volle Härte des Gesetzes. Die Aufhebung eines Schuldspruchs durch ein amerikanisches Berufungsgericht ist selbst bei gravierenden Verfahrensmängeln und Vorliegen neuer Beweise weitaus schwieriger als in den meisten europäischen Staaten. Appelle an die Gouverneure, die jedes Todesurteil aussetzen und in eine Haftstrafe umwandeln dürfen, bleiben meist ungehört. So verwies George W. Bush in Texas stets darauf, dass er nicht an den Entscheidungen von Geschworenen, Richtern und Berufungskommissionen rütteln werde.

Obwohl die Berufungsverfahren aufwendig und langwierig sind, bieten sie nur wenig Schutz gegen Fehlurteile. Von 1973 bis 2003 wurden 124 zum Tode Verurteilte in die Freiheit entlassen, weil sie sich als unschuldig erwiesen. In vielen Fällen geschah dies nicht in der offiziellen Berufung, sondern durch die freiwillige Arbeit von Jurastudenten, Detektiven oder Journalisten, die gravierende Fehler der Anklage aufdeckten. Vor allem die neuen Möglichkeiten der DNA-Analyse erlaubten es in den vergangenen Jahren, eine Täterschaft mit Hilfe von Blut-, Speichel-, Schweiß- oder Haarspuren am Tatort eindeutig nachzuweisen oder auszuschließen. Mehr als 100 Fehlurteile der letzten dreißig Jahre wurden auf diese Weise aufgedeckt, vielen Unschuldigen wurde nach Jahren in der Todeszelle das Leben gerettet. Aber mindestens 75 Menschen – so die Schätzung von Experten – wurden seit 1976 hingerichtet, obwohl ihre Schuld keineswegs feststand. Das bedeutet, dass von sieben Exekutionen eine möglicherweise den Falschen traf.

Ein typischer Fall ist Gary Graham, der im Juni 2000 in Texas hingerichtet wurde, weil er 1981 angeblich einen Mann bei einem Überfall auf einen Supermarkt getötet hatte. Das Urteil beruhte auf der Aussage einer einzigen Zeugin, die Graham durch die Windschutzscheibe ihres Wagens gesehen haben wollte. Zwei Mitarbeiter des Supermarkts behaupteten hingegen, dass Graham nicht der Täter war, doch sie wurden vom Pflichtverteidiger erst gar nicht als Zeugen benannt. »Die traurigste Tatsache ist, dass Todesurteile nicht nur zufällig und diskriminierend gefällt werden, sondern in manchen Fällen auch gegen Angeklagte, die eigentlich unschuldig sind«, schrieb vor zehn Jahren das frühere

Mitglied des Obersten Gerichtshofs William J. Brennan. Mit seiner Ablehnung der Todesstrafe gehörte er innerhalb des Richtergremiums einer Minderheit an.

Die Erkenntnis, dass der amerikanische Staat im Namen des Gesetzes unschuldige Menschen tötet, löste Ende der neunziger Jahre ein Umdenken aus. Seit 1994 ist die Zustimmung zur Todesstrafe in der Bevölkerung nach einer Umfrage des Gallup-Instituts von 80 auf 65 Prozent gefallen. Auch die Zahl der jährlich verhängten Todesurteile nahm deutlich ab: von durchschnittlich 296 in den neunziger Jahren auf 128 im Jahr 2005. Immer mehr Geschworene fürchten sich davor, durch ein Todesurteil einen Fehler zu begehen, der sich nicht wiedergutmachen lässt, und erkennen lieber auf lebenslange Haft.

Im Jahr 2000 setzte George Ryan, der republikanische Gouverneur von Illinois, alle Hinrichtungen in seinem Staat aus, nachdem in kurzer Zeit 13 zum Tod Verurteilte als unschuldig erkannt wurden. Wenige Tage vor seinem Abschied vom Amt im Januar 2003, wandelte Ryan in Illinois alle 167 noch nicht vollstreckten Todesurteile in lebenslange Haftstrafen um. Ryan war einst selbst Verfechter der Todesstrafe, aber das offensichtliche Versagen des Justizsystems machte ihn zu einem entschiedenen Gegner. In vielen anderen Bundesstaaten verzichtet der Gouverneur auf die Möglichkeit, Todeskandidaten das Leben zu schenken, selbst wenn deutliche Zweifel an deren Schuld bestehen. Lieber ein unschuldiges Opfer zu viel als ein Mörder, der seiner gerechten Strafe entgeht, lautet ihre Devise, die sich mehr am nächsten Wahlkampf als an Fragen der Gerechtigkeit orientiert.

Mord an Kindern und Kranken

Abgesehen von Fehlurteilen gab es lange Zeit zwei weitere Aspekte, die Amerikas Umgang mit der Todesstrafe besonders barbarisch erscheinen lassen. Aus Sicht von Rechtsexperten stellt die Hinrichtung geistig behinderter Menschen, wie sie bis vor kurzem in vielen Bundesstaaten üblich war, eine Barbarei dar. Oft werden besonders grausame Morde von Menschen begangen, die geistig zurückgeblieben oder psychisch krank sind. In den Medien werden sie ebenso wie in den Gerichtssälen oft zu Monstern hochstilisiert, die kein Recht auf Leben haben, und schnell zum Tode verurteilt. Hinzu kommt, dass das Eingeständnis einer Geisteskrankheit zu einem Freispruch führen könnte, was die Staatsanwaltschaft unbedingt vermeiden will. Das führte dazu, dass selbst Schizophrene, die ihre Tat ganz offensichtlich nicht begreifen konnten, hingerichtet wurden – in manchen Fällen erst, nachdem ihre Krankheit mit Medikamenten behandelt worden war.

Im Juni 2002 untersagte der Oberste Gerichtshof endlich die Hinrichtung von Geisteskranken als »grausame und ungewöhnliche Strafe«, die laut Verfassung verboten sei. In der gleichen Entscheidung erklärte er damals die Tötung jugendlicher Täter jedoch weiterhin für zulässig, da es noch keinen gesellschaftlichen Konsens darüber gebe, dass dies den Grundfesten eines zivilisierten Staats widerspreche.

Nur noch in wenigen Ländern der Welt werden jugendliche Täter hingerichtet, wie etwa im Iran, in Pakistan, im Kongo oder in Nigeria. Doch an diese Aufzählung schlossen sich sieben US-Bundesstaaten an: Texas, South Carolina, Louisiana, Missouri, Georgia, Virginia und Oklahoma. 22 Menschen, die zum Zeitpunkt ihres Verbrechens jünger als 18 Jahre waren, wurden dort seit 1985 getötet. Der jüngste von ihnen war Sean Sellers, der 1999 im Alter von 29 Jahren in Oklahoma starb; seine Tat hatte er mit 16 begangen.

Um jugendliche Straftäter hinrichten zu können, haben die USA als einziger Staat der Welt einen Vorbehalt zum Artikel 6 des Internationalen Pakts über bürgerliche und politische Rechte (ICCPR) angemeldet, der Kinder vor der Todesstrafe schützt, und die Konvention über Kinderrechte wie auch Somalia nicht ratifiziert (→ Kapitel 36). Zahlreiche europäische Regierungen protestieren immer wieder vergeblich gegen diese Politik und selbst viele Anhänger der Todesstrafe in den USA sehen in der Hinrichtung von Jugendlichen einen groben Verstoß gegen die Menschenrechte.

Dieser Meinung schloss sich im März 2005 schließlich auch der Oberste Gerichtshof an: Mit einer knappen Mehrheit von 5 zu 4 Stimmen erklärten die Richter die Exekution von Straftätern, die ihr Verbrechen vor ihrem 18. Geburtstag begangen hatten, als verfassungswidrig. Zu diesem Zeitpunkt saßen mehr als 80 jugendliche Straftäter in der Todeszelle und warteten auf ihre Hinrichtung.

Doch wenige Monate später konnte die Bush-Regierung die Mehrheitsverhältnisse im Gerichtshof durch die Ernennung der Richter John Roberts und Samuel Alito in eine konservative Richtung verschieben. Weitere Einschränkungen der Todesstrafe werden seither nicht mehr erwartet. Und selbst wenn die höchsten Richter bei der Todesstrafe in den kommenden Jahren ganz bestimmte Praktiken verbieten oder die Möglichkeiten von Berufungsverfahren ausweiten, werden sie die Strafe selbst sicher nicht abschaffen.

Der humane Tod

Die jüngsten Reformbestrebungen zielen zumeist nicht auf eine Beendigung der Hinrichtungen. Die Mehrheit der Amerikaner wünscht sich nämlich eine »saubere Todesstrafe«, die auf gerechte Weise die schlimmsten Verbrechen ahndet und gleichzeitig andere Verbrecher abschreckt. Verhindert werden soll, dass Unschuldige hingerichtet oder einzelne gesellschaftliche Gruppen wie Schwarze oder Arme diskriminiert werden. Vermeiden wollen fortschrittliche Amerikaner jede sichtbare Grausamkeit.

Ein humaner Tod schien lange Zeit am ehesten durch die Giftspritze garantiert, die seit den neunziger Jahren immer mehr den elektrischen Stuhl verdrängt hatte. Doch in den vergangenen Jahren wuchsen die Zweifel, ob eine Hinrichtung durch die übliche Mischung von drei Substanzen tatsächlich so schmerzlos abläuft wie behauptet. Im September 2007 entschied der Oberste Gerichtshof daher, die Verfassungsmäßigkeit dieser Methode umfassend zu prüfen. Doch selbst wenn die Richter zum Schluss kommen, dass die Giftspritze illegal ist, würden die betroffenen Bundesstaaten bloß eine andere Art der Hinrichtung wählen.

Die Vision einer humanen Todesstrafe, die nur bei absoluter Sicherheit über die Schuld des Angeklagten verhängt wird und Verbrecher abschreckt, beruht auf einer Täuschung. Das Argument der Abschreckung hält weder empirischen Studien noch der Logik stand, denn nur wenige Mörder wägen vor ihrer Tat nüchtern die potenziellen Folgen ab. Selbst wenn sie es tun, ist die Aussicht auf eine lebenslange Haftstrafe für viele ohnehin schlimmer als der Tod.

Da langwierige Berufungsverfahren notwendig sind, um jeden

Zweifel an der Schuld des Verurteilten aus der Welt zu schaffen, bleiben die meisten Delinquenten lange Jahre in Haft. Deshalb kommt ein Todesurteil den Staat teurer zu stehen als lebenslange Haft, zumal verurteilte Mörder in Wirklichkeit meist bis an ihr Lebensende im Gefängnis bleiben und nicht vorzeitig entlassen werden. Wer aber in der Todesstrafe ein Abschreckungsinstrument sieht, mit dem unschuldige Menschenleben gerettet werden können, muss darauf drängen, möglichst viele verurteilte Mörder zu töten und Zweifeln an deren Schuld nicht allzu viel Platz einzuräumen.

Darüber hinaus lassen sich rassistische Tendenzen in der Ausübung der Todesstrafe nicht einfach wegreformieren. Solange Menschen aus dem Volk als Geschworene über Tod oder Leben entscheiden, fließen deren Vorurteile in die Urteile ein. Selbst Justizexperten, die die Todesstrafe im Prinzip befürworten, wissen, dass sich dieses Problem kaum beheben lässt.

Der staatlich verordnete Tod ist mit den Grundsätzen der Menschenrechte nicht vereinbar. Aber wenn es um die Todesstrafe geht, zählen bei den meisten Amerikanern weder rationale noch moralische Argumente. Sie bleiben davon überzeugt, dass ein Mensch mit einem kaltblütigen Mord an einem anderen das Recht auf das eigene Leben verwirkt hat und sein Tod die höchste Genugtuung für die Hinterbliebenen darstellt.

23
Korrumpierte Demokratie:
Wahlkampfspenden und unfaire Wahlen

Das Sammeln von Wahlkampfspenden ist die erste und wichtigste Aufgabe von Politikern. Je teurer Wahlkämpfe sind, desto größer wird die Abhängigkeit der Politiker von ihren Gönnern, vor allem finanzstarken Konzernen und Lobbygruppen. Der Wahlkrimi in Florida, der im Jahr 2000 George W. Bush ins Weiße Haus brachte, zeigte außerdem, wie leicht amerikanische Bürger um ihr Wahlrecht betrogen werden können.

Das amerikanische Wahlsystem war vielen Europäern schon immer suspekt: langwierige Vorwahlen, eine niedrige Wahlbeteiligung, ein seltsames System von Wahlmännern, die den Präsidenten bestimmen. Auch in den USA war man sich der Schwächen des Wahlsystems bewusst, das in seinen Grundzügen aus dem 18. Jahrhundert stammt. Als besonders problematisch galt, dass ein Präsidentschaftskandidat die Stimmenmehrheit gewinnen und die Wahl dennoch verlieren konnte, wenn sein Konkurrent mehr Wahlmänner auf sich vereint, was im 19. Jahrhundert zweimal geschah. Mit Ausnahme von Maine und Nebraska gilt in allen Bundesstaaten das Prinzip, dass der Kandidat mit der relativen Stimmenmehrheit sämtliche Wahlmännerstimmen eines Staats bekommt. Es gab in der Vergangenheit Dutzende Vorschläge zur Abschaffung des Wahlmännerkollegs und zur Einführung einer direkten Volkswahl. Zuletzt stimmte das Repräsentantenhaus 1969 mit großer Mehrheit für eine solche Reform, kam allerdings damit nicht im Senat durch. Vor allem die Vertreter kleiner Staaten fürchteten, dass bei einer Direktwahl der Wahlkampf nur noch in den bevölkerungsreichsten Gebieten geführt werden würde.

Im laut Umfragen so knappen Finale des Wahlkampfs 2000

tauchten Spekulationen auf, wonach Al Gore oder George W. Bush diesmal ohne Stimmenmehrheit zum Präsidenten gewählt werden könnten. Beide Kandidaten erklärten, sie würden das Ergebnis des Wahlmännerkollegs respektieren. Aber niemand war auf die böse Überraschung vorbereitet, als sich in den Morgenstunden des 8. November herausstellte, dass es keinen klaren Sieger gab. In 49 von 50 Bundesstaaten hatten Gore 266 und Bush 246 Wahlmänner gewonnen. Damit war der 50. Bundesstaat, Florida, mit seinen 25 Wahlmännern entscheidend. Dort lag Bush zunächst mit 1785 Stimmen von vier Millionen abgegebenen Stimmen in Führung, aber dieses Ergebnis war so knapp, dass es sich bis zur offiziellen Bestätigung aufgrund von Ungenauigkeiten schnell ändern konnte. Noch vor der vollständigen Auszählung hatten die wichtigsten Fernsehsender Bush bereits zum Sieger erklärt. Gore gratulierte Bush zum Wahlsieg und machte sich auf den Weg, um in einer Ansprache seine Niederlage einzugestehen. Doch im letzten Moment hielten ihn seine Berater zurück. Die Wahl war noch nicht entschieden.

Wie sich bald herausstellte, war es in Florida zu Unregelmäßigkeiten gekommen, die Gore geschadet hatten. So war etwa der Stimmzettel in Palm Beach South so unübersichtlich gestaltet, dass Tausende der meist älteren jüdischen Bewohner versehentlich für den Antisemiten Pat Buchanan gestimmt hatten. In anderen Bezirken wurde eine große Zahl von Wahlzetteln, die in den völlig veralteten und dadurch stumpfen Wahlstanzmaschinen gelocht werden sollten, von den Zählmaschinen als ungültig aussortiert, weil an ihnen noch ein kleiner Stanzrest hing. Sofort begann in drei mehrheitlich demokratischen Wahlbezirken eine Nachzählung, die Bushs Vorsprung verringerte. Diese Zählungen wurden allerdings von der republikanischen Staatsministerin Floridas, Katherine Harris, gestoppt. Harris war eine Gefolgsfrau von Gouverneur Jeb Bush, der seinem Bruder tatkräftig half, die Wahl für sich zu entscheiden.

Die folgenden Wochen hielten die USA und den Rest der Welt in Atem. Zahlreiche Richter entschieden in verschiedenen Bezirken für oder gegen manuelle Nachzählungen der maschinellen Ergebnisse, die sich als mühsam und langwierig erwiesen. Oft wurde minutenlang über die Gültigkeit eines einzelnen Stimmzettels beraten, auf dem ein Loch nur halb eingestanzt oder gar nur eingedrückt war. In der Zwischenzeit drängte Harris darauf, George W. Bush formell zum Gewinner zu erklären. Am 21. November bewilligte der Oberste Gerichtshof von Florida, in dem die Demokraten eine Mehrheit hatten, die Weiterführung der Nachzählungen, die aber vom Obersten Gerichtshof der USA sogleich wieder ausgesetzt wurden. Gore befand sich im Nachteil, weil Bush bereits zum Sieger erklärt worden war und bei der bisherigen Stimmenauszählung stets einen kleinen Vorsprung besaß. Die meisten Beobachter erwarteten jedoch, dass eine sorgfältige Nachzählung ihn zum Gewinner machen würde.

Wenige Stunden vor dem Ablauf der gesetzlichen Frist für die Bestätigung des Wahlergebnisses am 12. Dezember 2000 entschieden die höchsten Richter der USA mit fünf gegen vier Stimmen, dass alle Nachzählungen eingestellt und Bush zum Sieger erklärt werden müsse. Mit einer Mehrheit von nur 537 Stimmen oder 0,005 Prozent der Florida-Wähler gewann der Republikaner damit alle 25 Wahlmänner von Florida und so das Präsidentenamt der USA. Bei der Auszählung aller Stimmen im Land besaß Gore hingegen einen Vorsprung von 543 895 Stimmen oder 0,5 Prozent. Das war ein größerer Stimmenvorsprung als John F. Kennedy 1960 mit 118 574 Stimmen oder Richard Nixon 1968 mit 510 314 Stimmen hatten.

Zahlreiche Demokraten sind bis heute davon überzeugt, dass Gore der Wahlsieg durch eine Verschwörung des Bush-Clans geraubt wurde. Schließlich hatte er die Stimmenmehrheit, und alle Anzeichen wiesen darauf hin, dass er unter regulären Bedingungen auch in Florida die Mehrheit gewonnen hätte. Dutzende Bücher, die nach den Wahlen geschrieben wurden, verweisen auf die Rolle von Floridas Gouverneur Jeb Bush, der seinem Bruder den gesamten Staatsapparat zur Verfügung stellte, auf den Bush-Cousin John Ellis, der als Chef-Wahlbeobachter für den rechtsgerichteten Fernsehsender Fox in den Morgenstunden des 8. November als Erster Bush zum Sieger erklärte und so die anderen Sender unter Zugzwang setzte, auf die angeblich aufgebrachten Bürger, die in Miami-Dade die Nachzählung unterbrachen, weil sie Manipulationen befürchteten, und sich später als herangekarrte Aktivisten der Republikaner entpuppten, und schließlich auf die offensichtlich parteipolitisch motivierte Entscheidung des Obersten Gerichtshofs, der sich entgegen seiner üblichen Rechtsauffassung in eine Angelegenheit einmischte, die eindeutig in den Kompetenzbereich des Staats Florida und seiner Justiz fiel.

Tausende Wähler in mehrheitlich von Schwarzen und Latinos bewohnten Vierteln hatten überhaupt keine Möglichkeit, ihr Wahlrecht auszuüben. So sind alle Häftlinge und Vorbestraften in Florida per Gesetz vom Urnengang ausgeschlossen – ein Drittel aller schwarzen Männer waren 2000 davon betroffen. Viele andere Wähler wurden ebenfalls von den Wählerlisten gestrichen, weil sie fälschlicherweise als vorbestraft eingestuft waren. Andere wurden durch bürokratische Fehler einfach vergessen, und eine weitere Gruppe berichtete, sie seien vor dem Wahllokal nach Dokumenten gefragt worden, die sie nicht bei sich führten – und gar nicht gebraucht hätten. Bürgerrechtsorganisationen prangerten solche Praktiken später als Einschüchterung und Wahlbehinderung an.

Diese Schwierigkeiten betrafen vor allem arme und schwarze Wohnviertel. Der Anteil ungültiger Stimmen lag dort mit 2,93 Prozent deutlich höher als im nationalen Durchschnitt, in Wahlbezirken mit einem schwarzen Bevölkerungsanteil von mehr als 25 Prozent betrug die Ausschussrate sogar zwischen 7 und 12 Prozent. Dank einer großangelegten Mobilisierungskampagne der Demokraten waren Tausende schwarze Wähler erstmals bereit, zur Urne zu gehen und für Gore zu stimmen. Doch ihre Stimmen wurden nicht gezählt.

Zustände wie in Florida gibt es auch in anderen Bundesstaaten. In normalen Wahlen fallen solche Unzulänglichkeiten kaum ins Gewicht. Doch im Jahr 2000 war das Ergebnis so knapp, dass tatsächlich jede Stimme gezählt hätte. So wurde Florida zum Schaubild für das Versagen der amerikanischen Demokratie. Die Republikaner konnten dieses Szenario gar nicht vorausplanen, das Chaos rund um den Urnengang hätte ebenso Bush zum Verhängnis werden können. Geschadet hat ihm etwa die Entscheidung mehrerer überregionaler Fernsehsender, zu einem frühen Zeitpunkt Gore zum Sieger von Florida zu erklären, als im mehrheitlich republikanischen Westen des Staats, der in einer anderen Zeitzone liegt, die Wahllokale noch geöffnet waren. Möglicherweise verzichteten infolgedessen einige Wähler darauf, ihre Stimmen abzugeben.

Gore wiederum beging den Fehler, nur in jenen drei oder vier Wahlbezirken Nachzählungen zu verlangen, in denen er sich die größten Chancen auf zusätzliche Stimmen ausrechnete, und nicht im ganzen Staat Florida. Das wirkte wie eine verspätete Jagd auf

Stimmen, nicht wie eine unparteiische Feststellung des Wahlausgangs, und gab den Obersten Richtern einen guten Grund, sämtliche Nachzählungen einzustellen. Eine spätere Auszählung aller abgegebenen Stimmen durch mehrere Medienorganisationen zeigte allerdings, dass Bush selbst dann die Mehrheit behalten hätte, wenn diese Nachzählungen zu Ende geführt worden wären. Nur eine Nachzählung in ganz Florida hätte Gore die Mehrheit bringen können, doch diese hatte Gore nie verlangt.

Die Kontroverse um Florida ließ erst gar keine Debatte über das Wahlmännersystem hochkommen. Selbst Gore berief sich nie auf seine nationale Stimmenmehrheit. Jede Debatte über den Wahlvorgang erschien später als Angriff auf die wichtigsten Institutionen Amerikas; besonders seit den Terroranschlägen am 11. September 2001 gilt allein die Erwähnung des Wahldebakels von Florida als unpatriotisch.

Als sich bei den Präsidentschaftswahlen 2004 im Bundesstaat Ohio ein ähnlich knappes Ergebnis zugunsten von George W. Bush wie vier Jahre zuvor in Florida abzeichnete, verzichtete sein demokratischer Rivale John Kerry nach kurzem Überlegen auf eine Nachzählung – und das, obwohl über zahlreiche Unregelmäßigkeiten berichtet worden war. Kerry hatte jedoch landesweit weniger Stimmen als Bush und wollte nicht als schlechter Verlierer dastehen.

Eingeschränktes Wahlrecht

Die seit dem Jahr 2000 in Angriff genommenen Reformen des Wahlsystems beschränken sich auf technische Fragen wie die Modernisierung der Wahlmaschinen und eine bessere Kontrolle der Wählerlisten. Auch das ist wichtig, denn nach einer Studie der beiden Universitäten Caltech und MIT gab es im Jahr 2000 zwischen vier und sechs Millionen Wähler, die ihre Stimme wegen falscher Wählerlisten, kaputter Wahlmaschinen oder langer Warteschlangen nicht rechtmäßig abgeben konnten. Die Durchführung von Wahlen ist in den USA eine kommunale Angelegenheit, was dazu führt, dass sie in wohlhabenden Bezirken weit besser funktioniert als in armen Gegenden. Dazu kommen die fragwürdige Politik vieler Bundesstaaten, ehemalige Häftlinge ein Leben lang vom Wahlrecht auszuschließen, und zu geringe

Anstrengungen, die Bürger umfassend darüber zu informieren, wie sie ihr Wahlrecht ausüben können.

Ein größeres Problem ist, dass die Bürger oft überhaupt keine Wahl mehr haben. Das gilt vor allem bei den Wahlen für das Repräsentantenhaus, wo zuletzt 98 Prozent aller Amtsinhaber wiedergewählt wurden – und das häufig ohne irgendeinen Gegenkandidaten. Das ist leicht zu erklären, da es schon immer schwer war, einen halbwegs populären Amtsinhaber herauszufordern.

Dieser kann sich die Gunst seiner Wähler und großzügige Spenden sichern, indem er sich in Washington für die Interessen seines Wahlkreises einsetzt. Je teurer die Wahlkämpfe in der Vergangenheit wurden, desto mehr sanken die Chancen für wenig bekannte Herausforderer.

Dieser Trend verstärkte sich in den letzten Jahren, denn alle zehn Jahre müssen aufgrund demografischer Veränderungen die Wahlkreise für das Repräsentantenhaus neu aufgeteilt werden. Anders als in Europa entscheiden nicht unabhängige Kommissionen, sondern das Parlament des jeweiligen Bundesstaats über den Zuschnitt der einzelnen Wahlkreise. Der Kreativität der Grenzziehung sind dabei vom Gesetz keine Grenzen gesetzt, solange die Zahl der Wähler eingehalten wird und das Territorium zumindest über enge Korridore miteinander verbunden ist. Die jeweilige Mehrheitspartei wird versuchen, ihren eigenen Kandidaten durch eine vorteilhafte Grenzziehung zu helfen. Manche Wahlkreise schlängeln sich deshalb Hunderte Kilometer durch einen Staat, um weit auseinanderliegende Städte zu verbinden. Die Gerichte haben bis 1993 diesem nach einem besonders innovativen Wahlkreisschöpfer »Gerrymandering« genannten Phänomen Vorschub geleistet, indem sie die Staaten aufforderten, mit aller Kraft Wahlbezirke mit einer schwarzen Wählermehrheit zu schaffen, damit auch schwarze Kandidaten eine faire Chance bekämen. In den meisten Fällen aber stehen hinter solchen Vorgaben weniger hehre Motive. Einst war es üblich, möglichst viele Wähler der gegnerischen Partei in einen Wahlkreis zu packen, damit die anderen Kreise mit knapper Mehrheit für die eigenen Kandidaten stimmen. In den letzten Jahren aber hat sich die Strategie geändert: Heute versuchen Demokraten und Republikaner stattdessen, möglichst viele eigene Wähler in ihre Wahlkreise zu packen und sich damit sichere Sitze für ihre Abgeordneten zu schaffen, in denen diese keine Konkurrenten mehr zu fürchten haben. Erleichtert wird das durch präzise Volkszählungsdaten und neue Computerprogramme, mit denen ein Wahlbezirk Block für Block zusammengestellt werden kann.

Die Folge ist eine zunehmende Polarisierung der amerikanischen Politik. Abgeordnete in stark demokratischen oder republikanischen Wahlkreisen müssen sich nicht um die Wechselwähler der Mitte kümmern, sondern nur um den harten Kern der eigenen Partei. Diese Politiker haben es deshalb im Kongress nicht nötig, nach Kompromissen zu suchen, sondern beschränken sich darauf, ihre politischen Gegner zu attackieren – oft mit unfairen Mitteln. Schon in den achtziger Jahren erkannten Kandidaten, dass negative Wahlwerbung, die den Gegner verunglimpft, oft besonders wirkungsvoll ist. Selbst wenn Wähler in Umfragen negativen Wahlkampf ablehnen, lassen sie sich dennoch davon beeinflussen, wenn beispielsweise in Fernsehspots eine einzige umstrittene – oder auch nur überzogen dargestellte – Aussage eines Kandidaten angeprangert wird. So wurden Republikaner oft als Rentendiebe dargestellt, wenn sie sich für eine Reform der Social Security einsetzten. Und den Republikanern gelang es im Wahlkampf 2002, den demokratischen Senator Max Cleland, der im Vietnam-Krieg schwer verwundet worden war, als Vaterlandsverräter zu brandmarken, weil er es wagte, bei der Einrichtung des neuen Sicherheitsministeriums Gewerkschaftsrechte für die Angestellten zu fordern, und deshalb den Gesetzesentwurf von Präsident Bush ablehnte. Mit dessen tatkräftiger Hilfe wurde Cleland besiegt.

In Senatswahlen ist der politische Wettbewerb stärker ausgeprägt, ganz besonders in den großen Bundesstaaten. Dort gibt es ein anderes Problem: Weil jeder Bundesstaat zwei Senatoren hat, sind in dieser wichtigen Kammer die Bewohner bevölkerungsarmer Staaten überrepräsentiert. Da beispielsweise in den dünnbesiedelten Staaten im Westen wie Idaho, Wyoming oder Montana vor allem konservative Weiße wohnen, verfügen diese über mehr Einfluss auf die Politik als die oft liberaleren Wähler an den Küsten. Auch im Wahlmännerkolleg, das sich für jeden Bundesstaat nach der Zahl seiner Abgeordneten und Senatoren zusammensetzt, besitzen die Republikaner dadurch einen festen Vorteil, den die Demokraten von Wahl zu Wahl überwinden müssen. Das ist ein weiterer Grund, warum Bush im Jahr 2000 mit weniger Stimmen Gore besiegen konnte.

All dies sind wichtige Gründe für eine im internationalen Vergleich besonders niedrige Wahlbeteiligung. Warum wählen gehen, fragen sich viele, wenn es einem schwer gemacht wird, man sich eigens zuvor registrieren muss und es ohnehin kaum Alternativen gibt? Gingen 1960 noch 63 Prozent der Wähler zur Präsidentschaftswahl und zwei Jahre später 47 Prozent zur Zwischenwahl für den Kongress, so ist die Wahlbeteiligung seither auf 50 beziehungsweise 36 Prozent gefallen. Das schadet vor allem der Demokratischen Partei; allgemein wird vermutet, dass eine höhere Wahlbeteiligung den Demokraten nützt, weil dann mehr Arme und Minderheiten zur Urne gehen. Zwar ist auch unter konservativen, ländlichen Weißen die Wahlbeteiligung oft gering, aber das liegt weniger an politischem Desinteresse als daran, dass dem jeweiligen republikanischen Kandidaten der Sieg sicher ist.

Die amerikanische Demokratie leidet stark unter dem Manko, dass ihre Präsidenten von kaum mehr als einem Viertel der Wahlberechtigten gewählt werden und viele Abgeordnete oder Senatoren selbst bei überzeugenden Wahlsiegen nur auf 20 Prozent der Stimmen zählen können. Die bei weitem stärkste Partei sind die Nichtwähler, die auf ihre demokratische Willensgebung von Mal zu Mal verzichten.

Jahr*	Wahlbeteiligung	Jahr*	Wahlbeteiligung
1960	63,1 %	1984	55,2 %
1962	47,3 %	1986	38,1 %
1964	61,9 %	1988	52,8 %
1966	48,4 %	1990	38,4 %
1968	60,8 %	1992	58,1 %
1970	46,6 %	1994	41,1 %
1972	55,2 %	1996	51,7 %
1974	38,2 %	1998	38,1 %
1976	53,6 %	2000	54,2 %
1978	37,2 %	2002	39,5 %
1980	54,2 %	2004	55,3 %
1982	42,1 %	2006	40,4 %

Wahlbeteiligung in den USA (*Quelle:* Federal Election Commission, United States Election Project)

*Hervorgehoben: Jahr mit Präsidentschaftswahlen

Spenden erhalten die Freundschaft

Wesentlich problematischer als die Defizite des amerikanischen Wahlsystems ist der Einfluss des großen Gelds auf die Politik. Hierbei geht es nicht nur um einzelne Wahlspenden, mit denen Konzerne und Interessengruppen versuchen, Politiker zu beeinflussen. Das Geld aus privaten Quellen ist vielmehr der Treibstoff für die amerikanische Demokratie. Die erste und wichtigste Aufgabe, um ein kommunales, regionales oder nationales Amt erringen zu können, heißt für jeden Kandidaten: Geld auftreiben. Das benötigt er für seine Wahlkampfauftritte, seine Infrastruktur, seine Berater und vor allem für Fernsehwerbung. Seit 1990 haben sich die Wahlkampfkosten mehr als verdoppelt, die Kandidaten werden dadurch immer abhängiger von ihren nicht immer nur ans Gemeinwohl denkenden Spendern. Nur für Präsidentschaftswahlen sind öffentliche Mittel vorhanden und selbst dort nehmen private Spenden immer stärker überhand. 3 Milliarden Dollar haben alle Wahlkämpfe des Jahrs 2000 gekostet – fast 50 Prozent mehr als im Jahr 1996. 850 000 Dollar betrug 2000 der Preis für einen siegreichen Abgeordnetenwahlkampf, 7,4 Millionen Dollar der Wahlkampf für einen Sitz im Senat. Seither sind die Kosten weiter gestiegen. Allein der Präsidentschaftswahlkampf 2008 wird nach Schätzungen von Experten deutlich mehr als 1 Milliarde Dollar verschlingen.

Bereits am Wahlabend muss ein Politiker damit beginnen, Gelder für seine Wiederwahl zu sammeln. Einen Großteil seiner Zeit verwendet er für diesen Zweck. Selbst der Präsident ist ständig im Einsatz, für sich und seine Parteifreunde Spenden zu beschaffen, indem er zu teuren Abendessen einlädt oder reiche Spender im Weißen Haus übernachten lässt. Unter Clinton avancierte das prestigeträchtige Lincoln-Schlafzimmer zum Symbol für die Korrumpiertheit der Politik, die unter Bush noch übertroffen wurde.

Ein Großteil der Spenden kommt von den größten Konzernen Amerikas, die sich damit im besten Fall nur Zugang zu den Politikern, oft aber konkrete finanzielle Vorteile erkaufen. Viele Schlupflöcher im Steuersystem, Beihilfen für bestimmte Branchen in Milliardenhöhe und zahllose Ausnahmen bei Sicherheits- und Umweltauflagen lassen sich leicht mit dem System der Wahlkampffinanzierung erklären. Jahr für Jahr streichen

Unternehmen und Branchen Hunderte Milliarden Dollar an finanziellen Vorteilen ein, die sie sich mit weitaus kleineren Spenden erkauft haben. Politische Einflussnahme und Lobbyismus sind die wohl lukrativsten Geschäftsfelder in den USA.

Wahljahr	Wahlkampfkosten
1990	446 Mio. $
1992	680 Mio. $
1994	725 Mio. $
1996	765 Mio. $
1998	740 Mio. $
2000	1,001 Mrd. $
2002	936 Mio. $
2004	1,157 Mrd. $

Kosten aller Wahlkämpfe für Sitze im Senat und Repräsentantenhaus
(*Quelle:* Federal Election Commission)

Mit Ausnahme der Telekommunikations- und Informationstechnologiebranche haben die meisten Wirtschaftszweige lange Zeit die Republikaner gegenüber den Demokraten bevorzugt und damit einen finanziellen Vorteil für die konservativen Kräfte geschaffen. Dieser wurde zum Teil von Spenden der Gewerkschaften wettgemacht, die zum Großteil an Demokraten fließen. Die einzige Bremse für diesen Ausverkauf der Politik an Interessengruppen ist die Vielzahl von Einflüsterern, die oft gegeneinander arbeiten: Krankenversicherungen gegen Ärzteverbände, Stahlproduzenten gegen die stahlverarbeitende Industrie, Gewerkschaften gegen Arbeitgeber – da die meisten Politiker aus vielen Quellen schöpfen, sind sie niemandem ausschließlich verpflichtet. Im Kampf der Sonderinteressen gegen das Gemeinwohl siegen jedoch meist die Lobbys. Ein Beispiel: Ohne dass es die Öffentlichkeit damals bemerkte, schenkte die Regierung 1996 den Medien- und Telekommunikationskonzernen digitale Frequenzen im Wert von 40 bis 70 Milliarden Dollar, statt sie an die Meistbietenden zu verkaufen.

Unter George W. Bush wurde Washington noch mehr zu ei-

nem Selbstbedienungsladen für jene Konzerne, die sich im Wahlkampf gegenüber den Republikanern großzügig gezeigt hatten.
Dazu gehörten vor allem die Öl- und die Rüstungsindustrie, die
Bushs Aufstieg vom gescheiterten Unternehmer zum Gouverneur von Texas und weiter zum Präsidenten der USA immer
tatkräftig unterstützt hatten. Zwar dürfen diese Konzerne dem
Präsidenten direkt kaum Spenden zukommen lassen, sie finden
aber Mittel und Wege, damit das Geld an die richtige Adresse
kommt. Bush selbst nahm im Wahljahr 2000 eine Rekordsumme
von 125 Millionen Dollar an Spenden ein, Gore hingegen nur 50
Millionen Dollar. Vier Jahre später sammelte Bush bereits 292
Millionen Dollar. Doch sein demokratischer Herausforderer John
Kerry konnte anders als Gore mithalten und nahm 254 Millionen Dollar ein. Im Wahlkampf 2008 haben die Demokraten beim
Spendensammeln insgesamt sogar die Nase vorne.

Unter den Washingtoner Lobbyisten trieb es der einflussreiche
Republikaner Jack Abramoff besonders bunt. Er nutzte nicht nur
seine engen Beziehungen zur Bush-Regierung schamlos aus, sondern bestach auch Beamte im großen Stil und betrog schließlich
seine eigenen Klienten, darunter mehrere Indianerstämme, die
um Casino-Lizenzen mit den Behörden rangen. Abramoff wurde
2006 zu fünf Jahren Haft verurteilt. Der Skandal schadete dem
Ruf der Republikaner im Kongress beträchtlich und trug zu deren
Niederlage bei den Kongresswahlen im November 2006 bei.

Die amerikanische Politik ist sich des Problems, dass Geld die
Demokratie korrumpieren kann, seit fast einem Jahrhundert
bewusst. Schon 1907 wurde das erste Gesetz verabschiedet,
das Unternehmen Zuwendungen an Politiker verbietet. Tief-
greifende Reformen gab es 1971, 1974 und 1976, als im Zug des
Watergate-Skandals Spenden von Einzelpersonen an einzelne
Kandidaten auf 1000 Dollar beschränkt wurden und man für
Präsidentschaftswahlen ein kompliziertes System staatlicher Finanzierung einführte.

Da die USA jedoch nie zu einem System der öffentlichen Par-
teienfinanzierung übergingen, fanden Interessengruppen und
Politiker immer neue Schlupflöcher, um den Geldstrom aufrecht-
zuerhalten. Political Action Committees (PAC) sammelten Gelder von Tausenden einzelner Spender und schleusten sie gezielt
zu jenen Kandidaten, die ihre Anliegen am besten vertraten. In
den neunziger Jahren nahm das nicht reglementierte »soft mo-

ney« immer mehr überhand: Gelder, die an Parteiorganisationen und Wählermobilisierungskampagnen flossen, aber in Wirklichkeit den Kandidaten zugutekamen. Angeblich objektive Informationssendungen im Fernsehen, welche die Wahlaussagen eines der Kandidaten offen unterstützten, wurden ebenfalls zu einem attraktiven Schlupfloch und machten Wahlkämpfe noch teurer. Von 1992 bis 2000 stiegen die Einnahmen durch »soft money« bei den Demokraten von 36 auf 245 Millionen Dollar und bei den Republikanern von 50 auf 250 Millionen Dollar. Ein vom Republikaner John McCain und vom Demokraten Russell Feingold propagiertes Reformgesetz sollte sowohl »soft money« als auch vorgeschobene Informationssendungen in den Wochen vor dem Wahltermin untersagen. Es wurde jahrelang von Politikern blockiert, die sich auf das Recht auf Meinungsfreiheit beriefen, in Wirklichkeit aber ihre eigenen Geldquellen schützen wollten. Erst der öffentliche Aufschrei über die Enron-Affäre (→ Kapitel 25) brachte den Durchbruch für die McCain-Feingold Bill, die 2002 von Präsident Bush unterzeichnet wurde. Die Wirksamkeit der jüngsten Reform bleibt aber fraglich, weil sich immer wieder neue Schlupflöcher auftun. Auf alle Fälle wird sie die Bedeutung von Einzelspenden wohlhabender Bürger verstärken, die eher für die Republikaner votieren. In der Vergangenheit haben die höchsten Richter Einschränkungen von Wahlspenden blockiert, weil damit ihrer Ansicht nach das Recht auf Ausübung von Meinungsfreiheit behindert würde. In der Grundsatzentscheidung Buckley vs. Valeo erklärte der Oberste Gerichtshof 1976, dass jeder Amerikaner sein eigenes Geld uneingeschränkt für den eigenen Wahlkampf ausgeben dürfe. Die Zahl der Multimillionäre, die sich mit ihrem Vermögen politische Ämter erkauften, nahm deshalb in den vergangenen Jahren deutlich zu. Vor allem der Senat wird so immer mehr zu einem Club der Millionäre.

Ein besonders extremes Beispiel war John Corzine, der ehemalige Chef der Investmentbank Goldman Sachs, der 60 Millionen Dollar seines 400-Millionen-Dollar-Vermögens im Jahr 2000 dafür ausgab, einen demokratischen Senatssitz in New Jersey zu erringen. Völlig unbegabte Kandidaten werden allerdings auch mit viel Geld kein Amt erringen. So scheiterte 1994 der Öl-Erbe Michael Huffington in Kalifornien und 1989 der Kosmetik-Erbe Ronald Lauder bei seinem Versuch, Bürgermeister von New York zu werden. Wer aber Geld mit etwas Talent verbindet, verfügt meist über gute Wahlchancen wie etwa der jetzige New Yorker Bürgermeister und Medientycoon Michael Bloomberg. Das liegt auch daran, dass in den USA erfolgreiche Unternehmer von vornherein als potenzielle politische Führer gelten.

Branche	Spenden (1989–2002)	Verhältnis Republikaner: Demokraten
Geschäftsbanken und Versicherungen	576 Mio. $	58:42
Rohstoffe	319 Mio. $	72:28
Investmentbanken und Brokerfirmen	282 Mio. $	53:46
Telekommunikation	256 Mio. $	41:59
Agrar und Tabak	250 Mio. $	67:33
Pharma	90 Mio. $	66:34
Wirtschaftsprüfer	60 Mio. $	59:41
Krankenhäuser und -kassen	49 Mio. $	59:41
Automobil	11 Mio. $	66:33

Quellen von Wahlkampfspenden (*Quelle:* Public Campaign)

Ein weiterer Faktor ist der Einfluss der Medien. Ein Drittel aller Wahlkampfausgaben fließt in Fernsehspots, wovon vor allem regionale Sender profitieren. Versuche, diese zur Freigabe von kostenloser Sendezeit zu zwingen, sind bisher an deren starker Lobby gescheitert. Auch McCain und Feingold mussten eine entsprechende Klausel aus ihrem Gesetzentwurf streichen. In einigen Bundesstaaten mit stark ausgeprägtem bürgerlichen Ethos setzen sich neue Regeln für Wahlkämpfe durch, nach denen die öffentliche Hand den Großteil der Wahlkampfkosten trägt. Doch auf nationaler Ebene wächst von Wahl zu Wahl die Abhängigkeit der Kandidaten von privaten Spenden.

24
»Bushonomics«:
Politik als Selbstbedienungsladen
für die Reichen

Unter George W. Bush dient die Wirtschaftspolitik mehr denn je den Interessen der Reichen und einflussreicher Branchen. Um Steuersenkungen zu finanzieren, nimmt Bush die Rückkehr von gigantischen Defiziten in Kauf; wenn es bestimmte Lobbys fordern, verabschiedet er sich mit protektionistischen Maßnahmen vom Freihandel.

»In dieser Welt ist nichts sicher außer Tod und Steuern«, schrieb einst der amerikanische Diplomat, Erfinder und Denker Benjamin Franklin. Generationen von Amerikanern waren von dieser Einsicht überzeugt. Doch seit Ronald Reagan gewinnen Dutzende republikanische Politiker Wahlen damit, dass sie den Menschen zwar nicht Unsterblichkeit versprachen, aber eine deutliche Senkung ihrer Steuerlast. Auch George Bush sr. war 1988 in den Wahlkampf mit dem Satz gezogen: »Lesen Sie von meinen Lippen: keine neuen Steuern.« Als er zwei Jahre später angesichts eines außer Kontrolle geratenen Budgetdefizits dieses Versprechen brach, verziehen ihm seine Wähler das nicht. Viele von ihnen blieben bei den Wahlen 1992 zu Hause oder unterstützten den populistischen Milliardär Ross Perot und ließen damit Bill Clinton ins Weiße Haus.

Auch Clinton hatte im Wahlkampf Steuersenkungen für Klein- und Normalverdiener versprochen. Doch nach seinem Amtsantritt ließ er sich von Ökonomen und dem Vorsitzenden der Notenbank Federal Reserve, Alan Greenspan, überzeugen, dass die Budgetsanierung wichtiger sei. Mit äußerst knapper Mehrheit brachte er 1993 ein Steuergesetz durch den Kongress, das vor allem die Spitzenverdiener traf, deren Einkommensteuersatz von 31 auf 42 Prozent stieg. Clintons vernünftige Budgetpolitik legte den Grundstein für den Wirtschaftsboom der neunziger Jahre: Die Zinsen sanken, Investitionen stiegen, die Arbeitslosigkeit ging stark zurück und das Budget konnte 1999 erstmals seit Jahrzehnten wieder einen Überschuss vorweisen. Die meisten Spitzenverdiener, die höhere Steuern zahlen mussten, machten ihre Einbußen durch das stärkere Wachstum mehr als wett.

Doch die meisten Wirtschaftskapitäne und die seit 1995 regierende republikanische Mehrheit im Kongress waren davon nicht zu beeindrucken. Während der neunziger Jahre setzten sie ihren Kampf für niedrigere Steuern fort. Anders als den Reagan-Leuten ging es ihnen nicht nur um eine Senkung der Einkommensteuer, die fast alle Amerikaner bezahlen, sondern um die Abschaffung jener Steuerarten, die vor allem die Reichsten des Landes betreffen: die Dividendensteuer, die Kapitalertragssteuer und die Erbschaftssteuer.

Dahinter stand ein radikaler Kurswechsel in der amerikanischen Politik. Es ist richtig, dass Kapital in den USA höher besteuert wird als in den meisten europäischen Staaten, doch angesichts enormer Vermögen und einer großen Ungleichheit, hervorgerufen durch das kapitalistische Wirtschaftssystem der USA, ist dies gerechtfertigt. Nicht von ungefähr hatten sich seit Anfang des 20. Jahrhunderts sogar die Republikaner für eine progressive Besteuerung ausgesprochen, welche die Kluft zwischen Arm und Reich verringern sollte. Vor allem die Erbschaftssteuer entsprach dem amerikanischen Ideal, wonach Reichtum selbst erarbeitet und nicht vererbt werden sollte. In den neunziger Jahren brachen die Republikaner mit diesem gesellschaftlichen Konsens.

Ein prominentes Sprachrohr der Anti-Steuerbewegung war Steve Forbes, Eigner des bekannten Wirtschaftsmagazins, der schon 1996 mit dem Vorschlag einer »flat tax«, also einem Einheitssteuersatz auf alle Einkommen, recht erfolgreich um die republikanische Präsidentschaftsnominierung gekämpft hatte. Um ihm den Wind aus den Segeln zu nehmen, übernahm George W. Bush einige von Forbes' Ideen und machte massive Steuersenkungen zum Kernpunkt seines eigenen Wahlprogramms. Doch was anfangs wie wahltaktischer Opportunismus wirkte, entpuppte sich nach seinem Amtsantritt als grundsätzliche Überzeugung:

Bush jr. war entschlossen, den Fehler seines Vaters nicht zu wiederholen und niemals Steuern zu erhöhen; Steuersenkungen für Spitzenverdiener wurden sogar zum Leitmotiv seiner Präsidentschaft. Bush verwandelte die Wirtschaftspolitik in einen Selbstbedienungsladen für die Superreichen, in dem sie an der Kasse nichts bezahlen mussten – außer einigen Wahlkampfspenden für Bush und andere Republikaner. Damit enttäuschte er nicht nur jene Beobachter, die sich von Bush eine gemäßigt konservative Politik erwartet hatten, sondern brach auch das Versprechen, das er im Dezember 2000 gegeben hatte, als er dank der Intervention des Obersten Gerichtshofs Präsident wurde: dass er sich bemühen werde, die Gräben zwischen den Parteien zu überbrücken.

Steuergeschenke für die Reichen

Die Art und Weise, wie Bush die Steuersenkungen durch den Kongress bringen und den Wählern als Erfolg verkaufen konnte, deutet auf eine tiefere Krise in Amerikas Parteiensystem, den Medien und der Beziehung zwischen Politik und Bürgern hin. Seit Ende der siebziger Jahre leidet die amerikanische Gesellschaft unter einer schizophrenen Einstellung zu Staat und Steuern. Einerseits ist der durchschnittliche Mittelstandsamerikaner der Meinung, dass seine Steuern zu hoch seien und die Einnahmen von unfähigen Bürokraten verschwendet würden, andererseits will er auf viele staatliche Leistungen nicht verzichten: gute öffentliche Schulen, genügend Polizisten, Straßen ohne Schlaglöcher und die Segnungen des Sozialversicherungssystems für Bürger über 65. Mit den Steuern, die Amerikas Bürger zu bezahlen bereit sind, lassen sich diese Leistungen nicht finanzieren. Aber auch das dadurch verursachte Haushaltsdefizit wollen konservativ denkende Amerikaner nicht akzeptieren.

Reagan hatte mit seiner »supply-side economics« einen einfachen Ausweg aus diesem Dilemma versprochen: Steuersenkungen würden die Konjunktur so stark ankurbeln, dass die Staatseinnahmen stärker sprudeln würden als zuvor. Kein ernsthafter Ökonom glaubte je an diese absurde Rechnung, und selbst Reagans Berater wie sein Budgetdirektor David Stockman räumten später ein, dass sie ihre eigenen Prognosen nicht ernst genommen hatten, sondern mit einer Budgetkrise die Politik zu einem radikaleren Sparprogramm zwingen wollten (→ Kapitel 15).

Spätestens seit Mitte der neunziger Jahre hätte es jedem Amerikaner klar sein müssen, dass Steuersenkungen zwar einzelnen Bürgern, nicht aber der Allgemeinheit nützten. Clintons Steuererhöhungen hatten sich entgegen vielen Prognosen nicht als wirtschaftliches Fiasko, sondern als Erfolg erwiesen.

Der Princeton-Ökonom Paul Krugman zeigte in seinen Kolumnen für die *New York Times* anschaulich, mit welchen Tricks und Lügen Bush die Amerikaner von seinem Steuersenkungsprogramm überzeugte. Im Wahlkampf erklärte er, man müsse den Bürgern einen Teil jenes Budgetüberschusses, der während der Clinton-Regierung angehäuft wurde, zurückgeben. Dass die von ihm vorgelegten Zahlen keinen Sinn ergaben, fiel den wenigsten Journalisten auf. Sie ließen sich durch Bushs Gerede von einem »mitfühlenden Konservativismus« blenden.

Einmal im Amt, verkaufte Bush sein Steuerprogramm zuerst als Entlastung für den Mittelstand, dann als Ankurbelungsprogramm für die erlahmende Wirtschaft. Beides war falsch: Der Großteil der Steuersenkungen, nämlich 42 Prozent, kam nach Schätzung des Tax Policy Center dem reichsten Prozent der amerikanischen Gesellschaft mit einem Familieneinkommen von mehr als 330 000 Dollar im Jahr zugute – ihre Steuerlast sank um durchschnittlich 53 000 Dollar jährlich. Familien mit einem mittleren Einkommen zwischen 27 000 und 44 000 Dollar ersparten sich hingegen bloß 600 Dollar pro Jahr, Familien, die weniger als 15 000 Dollar verdienten, nur 66 Dollar. Damit trug die Steuerentlastung nur wenig zur Ankurbelung der Konjunktur bei, denn die Reichen hatten und haben es nicht nötig, ihr Konsumverhalten nach der Höhe der Steuerlast zu richten.

Eine noch stärkere Bevorzugung der amerikanischen Plutokratie war die Abschaffung der Erbschaftssteuer, die nur die reichsten 1,4 Prozent der Bevölkerung zahlten. Die Hälfte der Einnahmen kam von nur 3300 Erbschaften im Jahr mit einem Wert von mehr als 5 Millionen Dollar. Bush jedoch gelang das Kunststück, die Erbschaftssteuer als Belastung für Kleinunternehmer und Bauern zu präsentieren, obwohl die davon überhaupt nicht betroffen waren. Weil diese Entlastung außerdem nur stufenweise in Kraft trat, hatte sie keine Auswirkungen auf die Konjunktur.

Die Folgen der Steuersenkungen für das Staatsbudget wurden von Bush durch einen legislativen Trick vertuscht: Sie sind allesamt auf zehn Jahre befristet. Das heißt, dass die Steuersätze im Jahr 2011 laut Gesetz wieder auf das Niveau des Jahres 2000 angehoben werden, wenn der Kongress die Reform zu diesem Zeitpunkt nicht verlängert, was er aber in vergleichbaren Fällen bisher fast immer getan hat. Auf diese Weise wurden die Gesamtkosten der Steuersenkung von mehr als 800 Milliarden Dollar auf 350 Milliarden Dollar reduziert – unter der eher unwahrscheinlichen Annahme, dass der Kongress in zehn Jahren die Senkungen tatsächlich zurücknimmt.

Bush gelang es, eine breite konservative Koalition für seine Steuersenkungspolitik auf die Beine zu stellen, ohne den unterschiedlichen Lobbygruppen allzu große Zugeständnisse machen zu müssen. Die Wunschliste der meisten Konzerne, die Bush finanziell unterstützt hatten, blieb unerfüllt. Sie wurden auf eine spätere Steuersenkung vertröstet.

Bedient wurden allerdings Millionen kleiner und mittlerer Geschäftsleute sowie der harte Kern der republikanischen Basis. Während viele Bürger die Steuersenkungspolitik ablehnten, weil sie zu Recht Einsparungen bei staatlichen Programmen fürchteten, wurde sie in den südlichen und westlichen Bundesstaaten auch von den demokratischen Wählern begrüßt. Demokraten, die dort ein Amt anstrebten, unterwarfen sich genauso der Steuersenkungsideologie wie die Republikaner. Deshalb gelang es Bush, auch im Senat, der zu diesem Zeitpunkt von den Demokraten kontrolliert wurde, eine Mehrheit für sein Steuergesetz zu finden. Mit der Ausnahme von Krugmans Kolumnen und wenigen anderen kritischen Kommentaren gab es in den Medien keine offene Debatte über die Folgen der Steuersenkungen.

Der Erfolg machte Bush und die Republikaner süchtig nach weiteren Steuersenkungen. Wenige Wochen nach den Terroranschlägen des 11. September 2001 verabschiedete die republikanische Mehrheit im Repräsentantenhaus ein Konjunkturpaket, das selbst einigen Parteifreunden die Schamesröte ins Gesicht trieb. Es ging um die Abschaffung der 1986 unter Reagan eingeführten Alternative Minimum Tax, einer Mindestkörperschaftssteuer für Unternehmen, die allzu sehr von Steuerschlupflöchern profitieren. Diese Steuer sollte rückwirkend eliminiert werden, sodass die Konzerne ihre Zahlungen der letzten 15 Jahren zurückerhalten könnten – 25 Milliarden Dollar in einem Jahr. Bush sprach sich für dieses Steuergesetz aus und forderte zusätzlich eine Senkung der Kapitalertragssteuer von 20 auf 18 Prozent, was ebenfalls überwiegend den Reichen genutzt hätte, sowie eine Beschleunigung der bereits beschlossenen Steuersenkungen. Sinnvolle Maßnahmen zur Konjunkturbelebung wie etwa eine Verlängerung der Arbeitslosengelder oder eine Senkung der Sozialversicherungsabgaben waren im Gesetzentwurf nicht enthalten. Der blanke Zynismus der Republikaner, die Stimmung der nationalen Solidarität nach den Terroranschlägen von New York und Washington auszunutzen und sich der Angst vor einer tiefen Rezession zu bedienen, um den Reichen ein Milliardengeschenk zu machen, war dem Senat diesmal zu viel: Er schmetterte den Entwurf ab und setzte ein echtes Programm zur Konjunkturbelebung durch.

Die patriotische Welle nach dem 11. September 2001 und der populäre »Krieg gegen den Terror« verhalfen den Republikanern zu einem überraschend klaren Wahlerfolg bei den Kongresswahlen im November 2002. Wieder nutzte Bush die Gunst der Stunde, um weitere Steuersenkungen durchzusetzen. Diesmal lag der Schwerpunkt auf der Dividendensteuer, die von 35 Prozent für die meisten Steuerzahler auf 15 Prozent gesenkt wurde. Mehr als die Hälfte der Ersparnis ging an die reichsten 5 Prozent der Bevölkerung mit einem Jahreseinkommen von mindestens 140 000 Dollar; 17 Prozent der Ersparnis wurden an jene 226 000 Haushalte verteilt, die mehr als 1 Million Dollar im Jahr verdienen, weitere 17 Prozent an jene 120 Millionen Haushalte, die weniger als 100 000 Dollar im Jahr verdienen. Die wenigsten von diesen zahlen Dividendensteuern, weil sie ihre Ersparnisse in steuerfreien Pensionsfonds halten. Eigentümer von Familienunternehmen hingegen erhielten die Möglichkeit, sich selbst höhere Dividenden auszuschütten und so noch weniger Steuern als bisher zu bezahlen. Diesmal stellte die Bush-Regierung eine langfristige Steigerung der Produktivität in Aussicht – das ursprüngliche Argument von Reagans »supply-side economics«. Dem widersprach Joseph Stiglitz, Empfänger des Wirtschaftsnobelpreises von 2001: Er wies nach, dass eine niedrigere Dividendenbesteuerung Investitionen nicht beeinflusst, vor allem nicht in der Hightech-Branche, die kaum Dividenden ausschüttet. Am meisten profitierten die Unternehmen aus dem Energie-

und Rohstoffsektor, die viele Manager in die Bush-Regierung entsandt hatten.

Im Vorfeld des Irak-Kriegs erklärte ein wichtiger Bush-Verbündeter Steuersenkungen sogar als Mittel zur Stärkung der Verteidigung. »Nichts ist im Angesicht des Kriegs wichtiger, als Steuern zu senken«, sagte der republikanische Mehrheitsführer im Abgeordnetenhaus Tom DeLay im März 2003. Es war das erste Mal, dass eine US-Regierung der reichen Oberschicht jeden Beitrag zu den Kosten eines Kriegs ersparte und sie stattdessen mit großzügigen Steuergeschenken bedachte.

Einkommensgruppe	Prozent	Dollar
Millionäre	5,4 %	112 925 $
Reichste 1 %	4,6 %	26 335 $
Mittlere 20 %	2,6 %	676 $
Ärmste 20 %	0,2 %	3 $

Durchschnittlicher Einkommensgewinn durch die Steuersenkungen 2001 und 2003
(*Quelle:* Center on Budget and Policy Priorities)

Die Steuer- und Abgabenquote der USA gehören heute mit deutlich unter 30 Prozent zu den niedrigsten der Welt, nur die Japaner zahlen noch weniger Steuern. Im Vergleich dazu betrug 2005 die Quote in Deutschland 35 Prozent, in Frankreich 44 Prozent, in Österreich 42 Prozent und in Schweden 51 Prozent. Dafür haben diese Staaten zumeist geringere Budgetdefizite und bieten ihren Bürgern weitaus bessere Leistungen. Dennoch bleibt der Ruf nach Steuersenkungen Kernpunkt in beinahe jedem republikanischen Wahlprogramm.

Land	Abgabenlast	Land	Abgabenlast
Japan*	26,4 %	Luxemburg	37,6 %
USA	**26,8 %**	Italien	41,0 %
Schweiz	30,0 %	Österreich	41,9 %
Irland	30,5 %	Frankreich	44,3 %

Land	Abgabenlast	Land	Abgabenlast
Kanada	33,5 %	Finnland	44,5 %
Deutschland	34,7 %	Norwegen	45,0 %
Spanien	35,8 %	Belgien	45,4 %
Großbritannien	37,2 %	Dänemark	49,7 %
Niederlande*	37,5 %	Schweden	51,1 %

Steuer- und Abgabenquote im internationalen Vergleich 2005   * hier Zahlen für 2004
(*Quelle:* OECD)

Die Folgen einer verfehlten Wirtschaftspolitik

Auch die Förderungen für jene Wirtschaftszweige, deren Vertreter den Republikanern nahestehen, stiegen stark an. So waren die Subventionen für die Öl-, Gas-, Kohle- und Atomkraftindustrie, die das von Bush und den Republikanern geplante Energiegesetz vorsah, nach Expertenschätzungen 96 Milliarden Dollar wert. Während einer konjunkturellen Hochphase hätte sich die amerikanische Wirtschaft diese Ungerechtigkeiten vielleicht leisten können, doch in den ersten drei Jahren der Bush-Präsidentschaft herrschte eine Wachstumsflaute, die durch die Steuerpolitik noch verschlimmert wurde. Zwar förderte die erste Welle der Steuersenkungen den Konsum, trieb aber das Budgetdefizit in bisher nie erreichte Höhen. Innerhalb von fünf Jahren verwandelte sich ein Überschuss von 236 Milliarden Dollar in ein Defizit von 413 Milliarden Dollar. Bush machte dafür die schwache Konjunktur und die hohen Ausgaben für Verteidigung und innere Sicherheit verantwortlich, doch die Budgetbehörde im Kongress stellte fest, dass die Hälfte des Defizits auf die Steuersenkungen zurückzuführen war. Relativ starkes Wachstum hat das Defizit seither eingedämmt, aber von einem ausgeglichenen Haushalt blieben die USA weit entfernt.

Die andere Seite der Budgetpolitik des Präsidenten war ein radikaler Sparkurs im Sozialbereich. Im Wahlkampf hatte Bush versprochen, sich besonders für die Verbesserung der darbenden Schulen einzusetzen. Im Frühjahr 2001 unterzeichnete er im Rosengarten des Weißen Hauses ein Gesetz, für das vor allem der liberale Senator Edward Kennedy gekämpft hatte. Der No Child Left Behind Act (»kein Kind wird zurückgelassen«) versprach einheitliche Standards für alle Schulen, die mit zusätzlichen öffentlichen Geldern erreicht werden sollten. Doch kaum war das Gesetz unterzeichnet, begann die Bush-Regierung, die Mittel für die meisten Bildungs- und Erziehungsprogramme zu kürzen – nicht nur für die Initiativen aufgrund des neuen Gesetzes, sondern auch für bewährte Projekte der frühkindlichen Erziehung, Lehrerausbildung, Renovierung verfallener Schulen, Nachmittagsbetreuung, Drogen- und Alkoholbekämpfung in den Schulen sowie Fördermaßnahmen für behinderte Schüler. Auch Stipendien für Studenten wurden gestrichen, was es Tausenden junger Menschen unmöglich machte, die hohen Universitätsgebühren zu bezahlen. Ähnliches gilt für den Gesundheits- und Sozialbereich, wo Dutzende Programme gestrichen wurden. Das machte zwar die massiven Erhöhungen des Verteidigungsbudgets und später die enormen Kosten für den Irak-Krieg nicht wett, aber Millionen von Amerikanern bekamen die neue Sparpolitik schmerzhaft am eigenen Leib zu spüren.

Jahr	Überschuss/ Defizit	Jahr	Überschuss/ Defizit
1998	+ 69 Mrd. $	2003	– 378 Mrd. $
1999	+ 127 Mrd. $	2004	– 413 Mrd. $
2000	+ 236 Mrd. $	2005	– 318 Mrd. $
2001	+ 128 Mrd. $	2006	– 248 Mrd. $
2002	– 158 Mrd. $	2007	– 163 Mrd. $

Entwicklung des Bundeshaushalts der USA, jeweils für das Fiskaljahr bis 30. September (Quelle: Congressional Budget Office)

Genau das war das Ziel radikalkonservativer Gruppen, die den Republikanern das intellektuelle Futter für ihre Politik gaben. Drastische Steuersenkungen waren in ihren Augen keineswegs ein Milliardengeschenk für Reiche, womit sich die Regierung für großzügige Wahlkampfspenden bedankte und zukünftige Geldflüsse garantierte, sondern die Durchführung einer historischen

Mission, nämlich den Staat zurückzudrängen und so die Richtung der amerikanischen Sozial- und Wirtschaftspolitik seit Franklin D. Roosevelts New Deal umzukehren. Ihr prominentester Vertreter war Grover Norquist, der 1986 die Bewegung Americans for Tax Reform gründete und Bush entscheidend beim Durchsetzen seiner Steuersenkungen unterstützte. »Ich will die Regierung nicht abschaffen. Ich will sie einfach auf eine Größe reduzieren, mit der ich sie ins Badezimmer schleppen und dort in der Badewanne ertränken kann«, spöttelte er einst in einem Radiointerview. Doch Norquist und seine Verbündeten in der Heritage Foundation, dem Cato Institute und anderen rechtskonservativen Institutionen meinten es ernst – und Bush setzte gemeinsam mit den Republikanern im Kongress diese Politik um.

Steuersenkungen waren also nicht genug: Der Staat sollte sich auch aus anderen Bereichen zurückziehen. Deshalb ließ Bush zu, dass die Überschüsse von Social Security und Medicare zur Deckung des Defizits verwendet wurden, obwohl der Rentenversicherung ab 2038 das Geld auszugehen droht. Um das zu verhindern, hatten sich beide Parteien verpflichtet, die derzeit wachsenden Reserven nicht anzutasten. Indem Bush diese Übereinkunft brach, untergrub er die Stabilität des wichtigsten und populärsten Sozialprogramms. Er ging sogar noch weiter: Nach seiner Wiederwahl im November 2004 propagierte Bush einen radikalen Plan, Social Security stückchenweise zu privatisieren und den Versicherten freizustellen, einen Teil ihrer Beiträge in persönliche Vorsorgekonten einzuzahlen und diese am Aktienmarkt zu investieren. In einigen europäischen Ländern, wo ein großer Anteil der Renten durch ein generationenübergreifendes Umlageverfahren finanziert wird, wäre ein solcher Umstieg auf private Vorsorge sinnvoll und wird beispielsweise in Deutschland bereits betrieben. Aber für die meisten Amerikaner gibt es bereits ein Drei-Säulen-Modell mit staatlicher, betrieblicher und privater Altersvorsorge. Bushs Plan lief darauf hinaus, die staatliche Säule zu schwächen und die gesamte Altersvorsorge vom Auf und Ab der Aktienmärkte abhängig zu machen, die Millionen Rentnern in den ersten Jahren von Bushs Präsidentschaft ohnehin bereits enorme Verluste eingebracht hatten. Zahlreiche Experten warnten außerdem, dass der vorgeschlagene Umstieg auf Kapitalanlagen dem System viel Geld entziehen und so eine deutliche Senkung der Rentenzahlungen notwendig machen würde. Die Warnungen zeigten Wirkung: Republikanische Abgeordnete begegneten in ihren Wahlbezirken einem so starken Widerstand gegen die Reformpläne, dass sie sich rasch von diesen distanzierten. Das Scheitern der Rentenreform im Frühjahr 2005 wurde die erste große Niederlage für Präsident George W. Bush.

In der Energiepolitik verfolgte die Bush-Regierung ebenfalls einen Kurs, der wenig mit den Interessen der Nation, viel aber mit den Interessen ihr nahestehender Konzerne zu tun hatte. Ihr Hauptanliegen war die Öffnung des Naturschutzgebiets Arctic National Wildlife Refuge im Norden Alaskas für Ölbohrungen – ein Vorhaben, das in Relation zum gewaltigen amerikanischen Energieverbrauch nur wenig Erdöl versprach, dafür aber alle umweltbewussten Amerikaner zur Weißglut trieb. Der Plan wurde mehrmals im Kongress abgeschmettert, doch die Bush-Regierung gab nicht auf: Als im Frühjahr 2001 unter der Leitung von Vizepräsident Dick Cheney, dem ehemaligen Vorstandschef des Ölausrüstungskonzerns Halliburton, eine Beratungskommission für Energiepolitik eingerichtet wurde, erhielten die größten Energiekonzerne ausreichend Gehör. Vor allem Enron-Chef Kenneth Lay, der damals noch als Starmanager galt, durfte ausführlich mit Cheney konferieren. Zufälligerweise übernahm die Kommission fast alle Vorschläge, die von Enron kamen und auf eine weitere Deregulierung des Energiehandels sowie Erleichterungen beim Erschließen neuer Energiequellen hinausliefen. Als nach Enrons spektakulärem Zusammenbruch das General Accounting Office (GAO), die Rechnungsprüfungsbehörde des Kongresses, wissen wollte, mit wem sich die Kommission genau getroffen hatte und worüber gesprochen wurde, verweigerte das Weiße Haus die gesetzlich vorgeschriebene Auskunft. Das GAO musste die Regierung verklagen.

Wenn es einen Bereich gab, in dem Bush standfester und vertrauenswürdiger als sein Konkurrent Al Gore erschien, dann war es die Handelspolitik. Denn Gore hörte während seines Wahlkampfs sehr auf die Gewerkschaften, die sich gegen den Freihandel und für protektionistische Maßnahmen zum Schutz amerikanischer Arbeitsplätze einsetzten. Aber die Hoffnung, Bush würde sich für die Beseitigung von Handelshemmnissen verwenden, wurde enttäuscht. Sein wichtigster innenpolitischer Berater, Karl Rove, machte sich im Frühjahr 2002 angesichts einer tiefen Krise der ineffizienten amerikanischen Stahlindustrie für die Verhängung von Strafzöllen auf Stahlimporte aus Europa und der Dritten Welt stark. Damit wollte er Bushs Popularität in den stahlproduzierenden Staaten Ohio, Pennsylvania und West Virginia stärken, die bei Präsidentschaftswahlen eine wichtige Rolle spielen. Die Maßnahme erzürnte nicht nur die Europäische Union, die bei der Welthandelsorganisation WTO erfolgreich gegen die Zölle klagte, sondern unterminierte auch die Glaubwürdigkeit der USA in Fragen des Freihandels. Darüber hinaus kostete sie Tausende Arbeitsplätze in der stahlverarbeitenden Industrie, die auf den teureren inländischen Stahl zurückgreifen musste. Erst im Dezember 2003 beendete Bush dieses politische Fiasko.

Als ähnlich doppelbödig erwiesen sich andere Bereiche von Bushs Handelspolitik. So unterzeichnete der Präsident ein Landwirtschaftsgesetz, das die Subventionen und Exportförderungen für Amerikas Bauern auf Rekordhöhe wachsen ließ, verweigerte wichtigen ausländischen Verbündeten, zum Beispiel Pakistan, einen besseren Zugang zum amerikanischen Textilmarkt und drohte China mit Handelssanktionen.

Viele konservative Beobachter hätten der Bush-Regierung die Einseitigkeit und Unredlichkeit ihrer Wirtschaftspolitik verziehen, wenn sie zumindest erfolgreich gewesen wäre. Doch das wirtschaftspolitische Team, das Bush um sich scharte, war das schwächste seit Jahrzehnten: Finanzminister Paul O'Neill, der ehemalige Chef des Aluminiumkonzerns Alcoa, erwies sich bei seinen öffentlichen Wortmeldungen als so ungeschickt, dass jede seiner Äußerungen zur Peinlichkeit ausartete. Er wurde 2003 vom ebenfalls wenig überzeugenden Eisenbahnmanager John Snow abgelöst. Auch die Chefwirtschaftsberater Larry Lindsey und Glenn Hubbard, Budgetdirektor Mitch Daniels und Handelsminister Don Evans wirkten meistens überfordert und gaben im Vergleich zu Clintons hochkarätigem Wirtschaftsteam ein trauriges Bild ab. Die Wirtschaftspolitik erwies sich für den ersten US-Präsidenten, der eine Business-School besucht hatte, als Achillesferse.

Bushs destruktive Steuer-, Sozial- und Wirtschaftsideologie war kein Einzelphänomen, sondern am Anfang des neuen Jahrtausends bereits tief in der Realität der amerikanischen Gesellschaft verankert. Das bekam etwa der konservative Gouverneur von Alabama, Bob Riley, zu spüren. Als Kongressabgeordneter gehörte Riley noch zu den radikalen Verfechtern von Steuersenkungen, aber als er im Januar 2003 sein Amt als Gouverneur antrat, sah er sich mit einem Budgetdefizit von 675 Millionen Dollar konfrontiert. Riley erkannte, dass er nur mit höheren Steuern ein ausgeglichenes Budget, wie es gesetzlich vorgeschrieben ist, erzielen konnte. Doch selbst damit wären Alabamas größte Probleme, zu denen beispielsweise die desolaten Schulen zählen, nicht zu lösen gewesen. In einer dramatischen Kehrtwendung schlug Riley eine massive Steuerreform vor, welche die Armen auf Kosten der Reichen und der Wirtschaft entlastet und zu Mehreinnahmen von 1,2 Milliarden Dollar geführt hätte. Damit wäre es möglich geworden, den Haushalt zu sanieren und das Bildungsbudget um 500 Millionen Dollar zu erhöhen. Das konservative Staatsparlament ließ sich überzeugen und stimmte dem Vorschlag mit großer Mehrheit zu. Doch in einem Referendum im September 2003 lehnten 77 Prozent der Wähler die Steuererhöhung ab. Amerikas Rechte jubelte, doch Alabama musste seine ohnehin mageren öffentlichen Dienstleistungen kürzen und zusehen, wie sich der Zustand der Schulen weiter verschlechterte.

Ein ähnliches Problem beschäftigt auch den austro-amerikanischen Hollywoodstar Arnold Schwarzenegger seit seiner Wahl zum Gouverneur von Kalifornien im Oktober 2003. Angesichts eines Milliardendefizits im Staatshaushalt versprach der »Terminator«, die vom Gouverneur Gray Davis gerade erst verdreifachte Autosteuer wieder auf das ursprüngliche Niveau zu senken, keine anderen Steuern zu erhöhen, die Bildungsausgaben zu steigern und dennoch das Defizit zu bekämpfen. Als sein Wirtschaftsberater Warren Buffett, der erfolgreichste Investor der USA, vorschlug, die Grundsteuern zu erhöhen, lehnte Schwarzenegger dies sofort ab.

Er erfüllte zwar sein Versprechen und senkte die Autosteuer, doch seither muss er mit chronischen Defiziten und Geld-Knappheit im Haushalt kämpfen, um die Dienstleistungen zu erbringen, die von der Bevölkerung verlangt werden und die für ein funktionierendes Gemeinwesen notwendig sind. Kaliforniens Schulen, Straßen und Stromleitungen verrotten und verringern damit die einst so hohe Lebensqualität im »Golden State«. Angesichts der öffentlichen Meinung ist die Politik jedoch nicht in der Lage, dagegen etwas zu unternehmen.

Weil die Kalifornier weder auf niedrige Steuern noch auf ein sicheres Leben mit guten Schulen verzichten wollen, ziehen Millionen von ihnen weg – meist in die dünn besiedelten Bundesstaaten Nevada, Arizona, Colorado und Utah, wo sie dank staatlich subventioniertem Wasser Wohnoasen für den Mittelstand in der Wüste errichten. Sie bedenken nicht, dass ihre Eltern und Großeltern einst aus ähnlichen Gründen nach Kalifornien gezogen waren, und wundern sich nun, wenn in Städten wie Phoenix oder Colorado Springs die sozialen Probleme umso stärker zunehmen, je mehr die Bevölkerung wächst und der öffentlichen Hand das Geld ausgeht. Wie Heuschreckenschwärme fallen diese Menschen über leere Landstriche her, plündern sie aus und ziehen weiter, weil ihre Kinder nicht mehr sicher leben können und die Luft nicht mehr sauber ist.

Bushs Steuerpolitik ist die größte finanzielle Unterstützung, die Amerikas Superreiche je auf Kosten der Gemeinschaft erhalten haben, und stellt in ihrer Dreistigkeit sogar die Steuergeschenke der Reagan-Ära in den Schatten. Durch das Missverhältnis zwischen Steuereinnahmen und Staatsaufgaben droht sie auf Jahre hinaus wirtschaftlichen und sozialen Schaden anzurichten. Immer häufiger ist zu beobachten, wie sich der Mittelstand auf abgeschottete Inseln zurückzieht, auf denen er selbst für die gewünschten Dienstleistungen sorgt: »gated communities« – eingemauerte Siedlungen, deren Bewohner Straßen, Spielplätze und Wachmannschaften bezahlen –, teure Privatschulen und starke Geländewagen, die auch auf schlechten Straßen fahren können. Wer sich so isoliert, kann leicht für niedrigere Steuern eintreten, deren Folgen die restliche Bevölkerung zu tragen hat. So steigt die finanzielle und gesellschaftliche Kluft zwischen Arm und Reich, geht der öffentliche Raum, in dem Menschen verschiedener Herkunft und Schichten aufeinandertreffen, verloren.

Die Steuerlücke, die Bushonomics hinterlässt, hat auch globale Auswirkungen. Da die Amerikaner zu wenig sparen, muss internationales Kapital die wachsenden Staatsschulden decken – Geld, das dann in anderen Ländern fehlt (→ Kapitel 31). Als im Sommer 2007 durch die Krise im US-Immobilienmarkt massive Zweifel an der Bonität amerikanischer Wertpapiere auftauchten, machten Banken weltweit Millionenverluste. Die amerikanische Wirtschaftspolitik unter George W. Bush erweist sich, ebenso wie seine Außenpolitik, damit als Gefahr für die ganze Welt.

25
Korrumpierte Unternehmenswelt:
Bilanzfälscher und Gagenkaiser

Die fahrlässige Vergabe von ungesicherten Immobilienkrediten in den USA hat 2007 die ganze Weltwirtschaft in eine Krise gestürzt. Der Zusammenbruch des Enron-Konzerns 2001 hat gezeigt, wie sehr das amerikanische Wirtschaftswunder auf Lug und Trug beruht. In vielen Konzernen werden Bilanzen frisiert oder gar gefälscht. Spitzenmanager erhalten – als Leistungsanreiz – Gehälter in Millionenhöhe, selbst wenn sie völlig versagen.

Der Besitz eines eigenen Hauses ist ein zentraler Bestandteil des typischen amerikanischen Lebensstils. Jahrzehntelang wohnten um die 64 Prozent aller Haushalte in einem Eigenheim, meist in einem Einfamilienhaus mit kleinem Garten. Seit Mitte der neunziger Jahre ist diese Zahl weiter gestiegen, 2004 waren es fast 70 Prozent. Eine gute Wirtschaft, niedrige Zinsen und besonders attraktive Angebote von Kreditvermittlern, die von ihren Kunden keinerlei Anzahlungen oder Sicherheiten forderten, ermöglichten es Millionen von Menschen aus den unteren sozialen Schichten, ihren Traum vom eigenen Heim zu erfüllen.

Doch im Frühjahr 2007 hatten viele von diesen stolzen Hausbesitzern ein rüdes Erwachen. Die Zinsen waren gestiegen und in den Kreditverträgen waren Klauseln eingebaut, die auf eine Verschlechterung der anfangs besonders günstigen Konditionen hinausliefen. Immer mehr Menschen konnten sich die Zinszahlungen nicht mehr leisten und versuchten, das gerade erst erworbene Haus wieder zu verkaufen. Doch auf dem Immobilienmarkt gab es nicht genug Käufer. Überall standen Schilder, die Häuser zum Verkauf anboten, und die Preise, die jahrelang immer nur gestiegen waren, rasselten nun in den Keller. Die Banken übernahmen die Häuser, die bisherigen Bewohner flüchteten in den Privatkonkurs und standen vielfach vor dem Nichts.

Das Platzen der amerikanischen Immobilienblase bekamen nicht nur amerikanische Mittelstandsfamilien und einige Banker zu spüren. Das Wirtschaftswachstum der USA war auf einem starken Konsum aufgebaut, und dieser wiederum wurde zu einem guten Teil von Hypotheken gespeist, die Hauseigentümer auf ihre ganz oder nur teilweise abgezahlten Heime aufgenommen hatten. Nun plötzlich waren die Häuser aber nicht mehr so viel wert, und als viele begannen, den Gürtel enger zu schnallen, verringerte sich auch das Wachstum.

Hinzu kam ein weiterer Effekt, den fast niemand vorausgesehen hatte: Die US-Hypotheken wurden seit den neunziger Jahren von den Kreditgebern nicht mehr bis zur Rückzahlung behalten, sondern an andere Investoren verkauft. Diese bündelten Tausende solcher Kredite und verwandelten sie in Wertpapiere, die in den Anlageportfolios von Banken und Investmentfonds in aller Welt landeten. Die großen amerikanischen Ratingagenturen Standard & Poor's und Moody's hatten solchen »Asset-Backed Securities« meist gute Zensuren gegeben. Der Umstand, dass die vielen sogenannten »Subprime«-Hypotheken an Menschen vergeben worden waren, die sich die Zahlungen kaum leisten konnten, wurde entweder fahrlässig oder bewusst übersehen.

Der Preisrutsch am amerikanischen Immobilienmarkt erwies sich rasch als fatal für die Weltwirtschaft. In Deutschland musste Ende Juli 2007 die kleine IKB Deutsche Industriebank Millionenverluste durch Investitionen in Wertpapiere mit einem starken US-Hypothekaranteil einräumen; sie wurde durch andere Banken aufgefangen. Bald war klar, dass Dutzende andere europäische Institute auf solchen »vergifteten« Papieren saßen, deren Wert niemand genau einschätzen konnte. Die Banken begannen, einander zu misstrauen und die gegenseitigen täglichen Kreditlinien zu verkleinern. Dadurch kam der Geldmarkt zum Erliegen, der wie ein Blutkreislauf das Finanzwesen am Leben erhält. Die Zentralbanken in Europa, Japan und den USA mussten mit Geldspritzen eingreifen, die zuvor so robuste Konjunktur kam ins Wanken und Experten sprachen von der größten Bankenkrise seit 1931. Schuld daran war einerseits die Zinspolitik des früheren amerikanischen Notenbankvorsitzenden Alan Greenspan, der aus Rücksicht auf Investoren die US-Zinsen jahrelang zu niedrig gehalten hatte, und andererseits die verantwortungslose Geschäftspolitik amerikanischer Banken und Kreditvermittler.

Es war nicht das erste Mal, dass skrupellose Praktiken der amerikanischen Unternehmenswelt die globale Wirtschaft erschütterten. Vergleichbare Schockwellen hatte fünf Jahre zuvor der Skandal rund um den Energiekonzern Enron ausgelöst.

Das Enron-Debakel

Am 16. Oktober 2001 verbreiteten die Nachrichtenagenturen eine kurze Meldung: Der texanische Energiekonzern Enron erklärte, er habe Verluste in Höhe von 618 Millionen Dollar erlitten. Etwas später hieß es, Enron müsse aufgrund der Auflösung einer Sonderfinanzierungsgesellschaft namens LJM sein Kapital um 1,2 Milliarden Dollar reduzieren. Die amerikanischen Finanzanalysten waren verblüfft: Sie hatten nie von dieser Gesellschaft gehört und verstanden die Hintergründe dieser Maßnahme nicht. Aber die Meldung verhieß nichts Gutes, denn Enron war nicht irgendeine Firma.

Der ehemalige Pipeline-Betreiber aus Houston hatte sich seit Mitte der neunziger Jahre zu einem der innovativsten und scheinbar profitabelsten Konzerne Amerikas gewandelt. Enrons Gründer Kenneth Lay galt als Guru der schönen, neuen Wirtschaftswelt, die sich New Economy nannte. Dank seiner exzellenten politischen Beziehungen hatte Lay für die vollständige Deregulierung des Rohstoff- und Energiemarkts gekämpft und dann mit Hilfe junger ehrgeiziger Mitarbeiter ein Handelsimperium aufgebaut, das von Erdgas und Strom bis zu Breitband-Internetleitungen mit allem handelte und dabei exzellent verdiente. Der Umsatz war in einem Jahrzehnt um das Zehnfache gewachsen, der Marktwert der Aktien um das Neunfache. Analysten und Wirtschaftsmagazine feierten Enron als eine der bestgeführten Gesellschaften des Landes, die Aktie wurde von zahlreichen Investmentfonds und Pensionskassen in großen Mengen gehalten und das riesige Plakat vor der Konzernzentrale in Houston wurde von »Das führende Energieunternehmen der Welt« in »Das führende Unternehmen der Welt« geändert.

Schon in der Zeit davor wirkte Enron etwas angeschlagen. Seit März 2000, dem Höhepunkt des größten Börsenbooms aller

Zeiten, waren die Aktienkurse stark gefallen und der Terroranschlag auf das New Yorker World Trade Center am 11. September 2001 hatte auch der Börse einen Schock versetzt. Einige
Geschäfte, beispielsweise der Eintritt in den chaotischen kalifornischen Strommarkt, waren fehlgeschlagen und im August war
Lays engster Vertrauter Jeff Skilling als Vorstandschef aus un-
genannten Gründen ausgeschieden; Aufsichtsratspräsident Lay
musste selbst wieder die operative Führung übernehmen. Doch
in einem Unternehmen wie Enron, das der ständigen Wertstei-
gerung verpflichtet war und den Gewinn pro Aktie zum einzigen
Maßstab des Erfolgs erklärte, durfte es keine Rückschläge geben.
Ein Brief der Managerin Sherron Watkins, die Lay vor Bilanz-
Manipulationen und einem Kollaps des Unternehmens warnte,
verschwand deshalb in der Schublade.

Als die Analysten Nachforschungen anzustellen begannen,
fanden sie bald Erstaunliches heraus: Enron hatte mehrere Son-
dergesellschaften gegründet und dorthin angehäufte Verluste
und Schulden verschoben, die somit nicht mehr in der eigenen
Bilanz auftauchten. Die ganze Profitabilität war eine Täuschung.
Im November korrigierte Enron seine Gewinne der vergangenen
fünf Jahre um 630 Millionen Dollar nach unten und die Aktie,
die Anfang 2001 noch 90 Dollar wert war, fiel ins Bodenlose. Im
Dezember war Enron mit Schulden von 63 Milliarden Dollar
bankrott – der bis dahin größte Konkurs in der Geschichte der
USA. Während viele Enron-Spitzenmanager ihre Aktien noch
rechtzeitig verkauft hatten, erlitten die einfachen Angestellten
einen mehrfachen Verlust: Enron hatte sie bis zuletzt gedrängt,
die Gelder in der betrieblichen Rentenkasse hauptsächlich in En-
ron-Aktien anzulegen. Nun waren sie nicht nur ihren Arbeitsplatz, sondern auch ihre Ersparnisse und ihre Altersvorsorge los.

Die Enron-Affäre wurde zu einer Belastung für die Regierung
von George W. Bush, denn Lay war ein enger Freund und großzügiger Wahlkampfspender des Präsidenten. 1,3 Millionen Dollar flossen aus seinen Kassen in die Taschen von Bush und der republikanischen Partei. Doch die Demokraten konnten nicht allzu
viel politisches Kapital daraus schlagen: Enron hatte nämlich zur
Durchsetzung seiner wirtschaftlichen Interessen auch demokratischen Kandidaten gespendet, wenn auch deutlich weniger. Zwei
Drittel der Senatsmitglieder standen auf Enrons Spendenliste.

Bilanzfälscher

Wie sich bald herausstellte, war Enron kein Einzelfall: Die Bilanzmanipulationen des Unternehmens waren typisch für die Vorgehensweise vieler Manager in den neunziger Jahren. Ein guter Teil des Aktienbooms, der amerikanische Investoren reich gemacht und den Rest der Welt beeindruckt hatte, beruhte offenbar auf einer Mischung aus Tricks, Manipulationen und Betrügereien – das System von »checks and balances«, das im amerikanischen Kapitalmarkt für Ehrlichkeit, Transparenz und die Gleichbehandlung aller Investoren sorgen sollte, hatte katastrophal versagt. Weder die Bilanzlegungsvorschriften noch die Wirtschaftsprüfer oder Aufsichtsräte hatten diesen Betrug verhindern können.

In den folgenden Monaten gerieten viele andere große Namen der Wall Street ins Zwielicht. Das Telekommunikationsunternehmen WorldCom brach im Sommer 2002 zusammen: Sein Gründer und langjähriger Chef Bernard Ebbers hatte mit allen Mitteln den Aktienpreis in die Höhe getrieben und mit den werthaltig wirkenden Aktien die Konkurrenz aufgekauft; das Unternehmen war dadurch ständig gewachsen, ohne je wirklich Geld zu verdienen. Am Gipfel des Höhenrausches im Juni 1999 war WorldCom 180 Milliarden Dollar wert. Doch dann scheiterte die Übernahme des Rivalen Sprint an den Kartellbehörden der USA und der EU und WorldCom konnte seine Verluste nicht mehr mit Akquisitionen kaschieren. Nun wandte es den ältesten aller Bilanztricks an: Es verbuchte normale Betriebsausgaben als Investitionen, die über mehrere Jahre abgeschrieben werden können. Auf diese Weise wurden 3,8 Milliarden Dollar an Verlusten versteckt. Doch infolge der Enron-Pleite trauten die Analysten auch den Zahlen von WorldCom nicht mehr und drückten den Aktienkurs nach unten. Am 24. Juni 2002 gestand WorldCom den Milliardenschwindel ein, ein Monat später war die Pleite perfekt – mit Außenständen in Höhe von 104 Milliarden Dollar die größte in der amerikanischen Geschichte.

Auch der Kopiererhersteller Xerox, der Mischkonzern Tyco und der Glaskabelbetreiber Global Crossing mussten Bilanzmanipulationen in Milliardenhöhe einräumen. Selbst der Ölausrüstungs- und Baukonzern Halliburton, der von 1995 bis 2000 von Vizepräsident Dick Cheney geführt wurde, geriet ins

Zwielicht. Halliburton hatte 1998 in seiner Buchführung das ungewöhnliche Prinzip eingeführt, dass Kostenüberschreitungen bei Bauprojekten sofort als Umsatz verbucht wurden, selbst wenn offen war, ob der Kunde diese überhaupt bezahlen würde. Das steigerte den Gewinn, den Börsenkurs und das Einkommen von Cheney, der in fünf Jahren 45 Millionen Dollar an Gehalt und Aktienoptionen verdiente, nach Meinung zahlreicher Finanzexperten allerdings illegal. Im August 2004 einigte sich Halliburton mit der SEC auf eine moderate Strafzahlung von 7,5 Millionen Dollar für diese Verstöße. Cheney selbst kam unbeschadet davon.

Gesellschaft	Passiva
WorldCom	103,9 Mrd. $
Enron	65,5 Mrd. $
Conseco	61,4 Mrd. $
Pacific Gas & Elect.	36,2 Mrd. $
Refco	33,3 Mrd. $
Global Crossing	25,5 Mrd. $

Größte Insolvenzen in den USA 2000–2006 (*Quelle:* Financial Times)

Ein besonders eklatanter Fall der Bilanzfälschung trat im Oktober 2005 beim rasch gewachsenen Handelshaus Refco auf, das erst wenige Monate zuvor an die Börse gegangen war. Refcos Vorstandschef Philipp Bennett hatte für diesen Börsengang 430 Millionen Dollar an faulen Krediten vor den Investoren versteckt. Als dieser Betrug aufflog, brach innerhalb einer Woche das ganze Unternehmen zusammen. Mit in den Abgrund gerissen wurde die österreichische Gewerkschaftsbank Bawag P.S.K., die Bennett noch einen Tag vor dem Kollaps einen Kredit über 350 Millionen Euro vergeben und ausgezahlt hatte. Die Bawag wurde nur durch eine Staatsgarantie vor dem Konkurs bewahrt und später vom Gewerkschaftsbund an den amerikanischen Hedgefonds Cerberus verkauft.

Hunderte börsennotierte Unternehmen mussten seit 2002 ihre gemeldeten und von Wirtschaftsprüfern bestätigten Ergebniszahlen nach unten korrigieren – eine unbeschreibliche Blamage für den amerikanischen Kapitalmarkt, der von sich behauptete, der beste der Welt zu sein. »Enronitis«, die Lügenkrankheit, hatte offenbar die gesamte Wirtschaft erfasst.

Ein Teil der Schuld wurde den großen Wirtschaftsprüfungsgesellschaften zugeschoben, die den Schwindel eigentlich hätten bemerken müssen. Vor allem Arthur Andersen, der kleinste und aggressivste der »Big Five«, geriet immer stärker unter Beschuss. Er hatte die Finanztricks von Enron und WorldCom gedeckt, Halliburton bei ihrer Trickserei beraten und die Untersuchung der Enron-Pleite durch die Vernichtung wichtiger Dokumente behindert. Die Rache der Justizbehörden war vernichtend: Arthur Andersen wurde angeklagt, verurteilt und schließlich aufgelöst. Doch auch die anderen amerikanischen Wirtschaftsprüferriesen wie KPMG, PricewaterhouseCoopers, Deloitte Touche Tohmatsu, die weltweit das Geschäft beherrschen, hatten immer wieder offensichtlich falsche Bilanzen bestätigt. Sie arbeiteten nämlich nicht nur als unabhängige Prüfer, sondern verdienten auch viel Geld durch teure Beratungsdienste für ihre Kunden. Arthur Andersen etwa hatte bei Enron 25 Millionen Dollar durch Buchprüfungen verdient und 27 Millionen Dollar durch Beratungen. Einen solchen Kunden wollte man nicht verärgern, indem man seine Buchhaltung in Frage stellte. Auch Amerikas größte Banken, Citigroup und JP Morgan Chase, wurden Komplizen der Bilanzfälschungen und schwiegen, um möglichst viele Geschäfte zu machen. Im Juli 2003 wurden sie deshalb zu Strafzahlungen in Höhe von 308 Millionen Dollar verurteilt.

Die Kontrolle durch das Board-System, die amerikanischen Aufsichtsräte, erwies sich als höchst brüchig. Anders als in Deutschland sind Aufsichtsrat und Vorstand in den USA gemischt, der Vorstandsvorsitzende ist meist auch der Aufsichtsratsvorsitzende. Eigentlich sollte er von unabhängigen Direktoren kontrolliert werden, doch deren Unabhängigkeit wurde etwa bei Enron durch finanzielle Interessen in Frage gestellt: So saß Wendy Gramm im Aufsichtsrat, während deren Ehemann, der texanische Senator Phil Gramm, seine Wahlkämpfe von Enron finanzieren ließ.

Eine weitere Quelle des Unheils stellten die Buchhaltungsregeln der USA (US-GAAP) dar, die sich als höchst anfällig für Manipulationen erwiesen. Gerade weil die Regeln so präzise formuliert sind, dienen sie quasi als Anleitung für ihre Umgehung. Wenn in den Regeln beispielsweise steht, dass eine Beteiligung an einer Sondergesellschaft ab 10 Prozent in der Bilanz veröffentlicht werden muss, wird ein Unternehmen, das etwas verstecken will, seinen Anteil auf 9,9 Prozent beschränken. Dieses Problem existiert in Europa nicht, denn der in der EU bald allgemein vorgeschriebene International Accounting Standard (IAS) stellt grundlegende Prinzipien auf, die weniger leicht umgangen werden können als die präzisen Regeln der US-GAAP. Doch statt das bessere europäische System zu übernehmen, klammern sich die Aufsichtsbehörden weiterhin an die US-GAAP und verlangen von allen europäischen Konzernen, die ihre Aktien an der Wall Street notieren wollen, die Übernahme der amerikanischen Buchführungsgesetze.

Aktienoptionen

Ein großes Problem im amerikanischen Rechnungswesen stellt die Behandlung von Aktienoptionen dar – Papiere, die dem Besitzer auf mehrere Jahre das Recht geben, eine Aktie zu einem bestimmten Preis zu kaufen. Wenn der Kurs der Aktie dann über den Kaufpreis der Option steigt, wird diese plötzlich sehr viel wert. Nachdem Anfang der neunziger Jahre in einem Anflug von Populismus die steuerliche Abzugsfähigkeit eines Managergehalts auf 1 Million Dollar beschränkt wurde, was vielen Spitzenmanagern nicht genügte, wurden Aktienoptionen immer beliebter. Die Lobbyisten der Großkonzerne kämpften im Kongress dafür, dass Optionen in der Gewinn- und Verlustrechnung nicht als Ausgabe verbucht werden müssen, und setzten sich schließlich durch. Damit wurde es Unternehmen möglich, ihren Spitzenmanagern durch Aktienoptionen weitaus höhere Gehälter als bisher zukommen zu lassen, ohne dass es sie etwas kostete. Dass die Firma neue Aktien herausgeben muss, wenn die Optionen ausgeübt werden, und damit den Wert bestehender Aktien verwässert, wurde nicht zur Kenntnis genommen.

Zahlreiche Ökonomen machten Werbung für Aktienoptionen mit dem Argument, dass Manager dadurch stärkere Anreize erhielten, für das Wohl des Unternehmens und ihrer Eigentümer zu sorgen, weil sie von steigenden Aktienkursen selbst profitieren würden. Doch dieser Anreiz erwies sich als kontraproduktiv: Manager verfolgten nicht das langfristige Gedeihen des Unternehmens, sondern nur noch die kurzfristige Steigerung der Kurse. Dank der boomenden Börse gelangten Amerikas Topmanager mit Hilfe ihrer Aktienoptionen rasch zu Reichtum. Das Durchschnittsgehalt eines Vorstandschefs stieg zwischen 1990 und 2000 um 570 Prozent, während sich der Lohn eines Arbeiters während dieses Zeitraums nur um 37 Prozent erhöhte. So verdiente etwa der Gründer und Chef des Softwarekonzerns Oracle, Larry Ellison, 2001 durch die Ausübung von großzügigen Aktienoptionen fantastische 706 Millionen Dollar.

Wenn die Gewinne nicht mit den Erwartungen mithielten und der Börsenkurs einzubrechen drohte, wurde getrickst. In Umkehrung des amerikanischen Leistungsgedankens wurden selbst gescheiterte Manager belohnt. Blieben die Kurssteigerungen aus und waren die Aktienoptionen nichts mehr wert, wurden sie eingezogen und zu einem niedrigeren Preis wieder ausgegeben. Wurde ein Vorstandsboss gefeuert, schenkte man ihm zum Abschied einen »goldenen Fallschirm« in Form von Millionenabfindungen, damit er nicht zu hart fiel. Wie die *Financial Times* herausfand, strichen die Topmanager, die zwischen 1999 und 2001 für die 25 größten Unternehmenspleiten in den USA verantwortlich waren, insgesamt 3,3 Milliarden Dollar an Gehältern, Prämien und anderen Zulagen ein. Von 2001 bis 2002, als Gewinne und Börsenkurse auf breiter Front einbrachen, stieg das Einkommen des durchschnittlichen Vorstandschefs um weitere 6 Prozent.

Danach ging es wieder rasant in die Höhe: 2006 stiegen die Zahlungen an die Vorstandsvorsitzenden der 500 größten US-Unternehmen um 38 Prozent auf insgesamt 7,5 Milliarden Dollar. Das Durchschnittseinkommen dieser 500 Manager betrug 15,2 Millionen Dollar, viermal so viel wie 2002.

Die Hoffnung, dass Aktionäre selbst auf die Verwendung ihrer Gelder schauen und solche Auswüchse auf den Hauptversammlungen verhindern, ist nur zum Teil aufgegangen. Zwar wurde im September 2003 Richard Grasso, der erfolgreiche Chef der New York Stock Exchange, zum Rücktritt gezwungen, als sich herausstellte, dass er Anspruch auf ein Gehaltspaket im Wert von 140 Millionen Dollar hatte. Aber ein anderer Gagenkaiser, Robert Nardelli, der sich seinen Abgang von der Baumarktkette

Home Depot mit 210 Millionen Dollar versüßen ließ, obwohl unter seiner Führung weder Gewinne noch Aktienkurse deutlich gestiegen waren, wurde im August 2007 mit dem Posten des Vorstandschefs beim Autohersteller Chrysler (nach dessen Trennung von Daimler) belohnt.

Spekulationsfieber

Nicht alle Tricksereien waren Betrug vom Schlage Enron oder WorldCom. Aber selbst seriöse Unternehmen wie General Electric, ein unter seinem langjährigen Chef Jack Welch weltweit bewunderter Konzern, wandte eine Art »aggressiver Bilanzlegung« an, die mehr der positiven Selbstdarstellung als der Wahrheit verpflichtet war. Mit Leasingmodellen wurden Schulden in eine ferne Zukunft geschoben, dafür aber zukünftige Einnahmen als sofortige Gewinne verbucht. All das war nach den Standards von US-GAAP erlaubt, untergrub aber das wichtigste Kapital der Börse – nämlich das Vertrauen der Anleger.

Einige dieser Missstände waren schon vor dem Kollaps von Enron bekannt und hätten die Millionen von privaten und institutionellen Anlegern eigentlich warnen sollen. Doch diese waren selbst vom Rausch der Börse erfasst und warfen die Grundregeln kaufmännischer Vorsicht über Bord. Zwar warnte der hochangesehene Chef der amerikanischen Notenbank Alan Greenspan die Anleger bereits 1996 vor einem »irrationalen Überschwang« der Börse. Doch als die Kurse weiter stiegen, wiederholte Greenspan seine Warnung nicht, sondern schwärmte stattdessen von Produktivitätsgewinnen durch Internet und neue Telekommunikationstechnologien. Damit erzeugte er den fatalen Eindruck, dass die Hausse gerechtfertigt sei.

Der Dow-Jones-Index der 30 größten Aktienwerte stieg von 3800 im Januar 1995 auf 11 750 im Januar 2000, eine Verdreifachung in fünf Jahren. Der Index der Technologiebörse NASDAQ versechsfachte sich sogar dank des Internetbooms in dieser Zeit: von 740 Anfang 1995 auf 5132 am 10. März 2000. Vor allem im Jahr 1999 verlor die Börse jede Bodenhaftung und schuf die wohl größte Spekulationsblase aller Zeiten. Ein Blick auf die wichtigste Kennzahl der Börsianer hätte gereicht, um zu erkennen, dass die Kurse jede Bedeutung verloren hatten. Im Januar 2000 lagen die

Aktienkurse im Durchschnitt 44-fach über dem Jahresgewinn eines Unternehmens. In der Vergangenheit lag das übliche Kurs-Gewinn-Verhältnis (KGV) bei 16, in schlechten Zeiten sogar nur bei 8. Die Gewinne hätten auf Jahrzehnte um ein Vielfaches steigen müssen, um diese Relationen zu rechtfertigen.

In ihrem Wahn wurden die Anleger eifrig von den Investmentbanken bestärkt, die ein Zaubermärchen namens New Economy inszenierten. Sie wollten möglichst viele junge Internet- und Telekommunikationsfirmen an die Börse führen, denn kaum eine Transaktion ist für eine Bank so lukrativ wie ein Börsengang. Die Manager der großen Investmentfonds spielten mit, indem sie mit den hohen Renditen der vergangenen Jahre warben und ihre Kunden bis zuletzt zu riskanten Aktiengeschäften verleiteten, an denen vor allem Banken und Fondsgesellschaften verdienten. Diese Aktivitäten »waren eher dazu geeignet, an den Investoren Geld zu verdienen, als es für sie zu verdienen«, sagte Warren Buffett, der erfolgreichste Großinvestor der USA. Der Traum vom mühelosen Reichtum entpuppte sich als gewaltige Abzockerei, bei der sich einige Insider auf Kosten der breiten Masse bereicherten.

Im Frühjahr 2000 platzte die Spekulationsblase. Bis zum Herbst 2001 verlor der NASDAQ zwei Drittel seines Werts, nach dem Terroranschlag vom 11. September 2001 gaben auch die Standardwerte im Dow-Jones-Index deutlich nach. Millionen von Anlegern, die ihre Aktien- und Fondsanteile nicht rechtzeitig verkauft hatten, mussten 60, 70 oder gar 100 Prozent ihrer Kapitalanlagen abschreiben. Erst im Oktober 2006 konnte der Dow-Jones-Index wieder einen neuen Höchststand erreichen.

Wie der New Yorker Oberstaatsanwalt Eliot Spitzer im Zuge seiner Untersuchungen herausfand, wurden bei den Börsengängen von Unternehmen mit guten Gewinnaussichten befreundete Firmen und Fonds bevorzugt, während kleinere Anleger erst zum Zug kamen, als die Aktie schon zu weit höheren Kursen an der Börse gehandelt wurde. Unternehmensanalysten, die eigentlich den Bankkunden und der Öffentlichkeit objektive Einschätzungen liefern sollten, wurden zu Handlangern der Emissionsabteilungen, die Werbung statt Analyse betrieben. So veröffentlichte Spitzer vertrauliche E-Mails von Henry Blodget, Analyst bei der Bank Merrill Lynch, in denen dieser gegenüber Freunden Internet-Firmen als »Mist« und »Scheiße« bezeichnete, nachdem er sie öffentlich hochgelobt hatte. Kamen 1991 noch sechs Kaufempfehlungen auf jede Verkaufsempfehlung für Aktien, was an sich schon die Alarmglocken hätte auslösen müssen, so waren es im Jahr 2000 schon hundert Kaufempfehlungen pro Verkaufsempfehlung. Noch kurz vor dem Konkurs wurden einige Internet-Aktien als hervorragende Anlagechance beworben.

Spitzer war entschlossen, diese Missstände abzustellen. Ein Dutzend Investmentbanken wurden zu einer Milliardenstrafe verurteilt; einer Gruppe von Anlegern, die Sammelklage gegen 300 Hightech-Firmen wegen falscher Angaben und Manipulationen beim Börsengang erhoben hatten, wurde eine Entschädigung von 1 Milliarde Dollar zugesprochen. Schließlich ging Spitzer auch gegen die riesige Investmentfondsbranche vor, die sich beim täglichen Aktienhandel auf Kosten der Privatanleger bereichert haben soll.

Reformen gegen Gewinnsucht

Monatelang spielte Präsident Bush das Ausmaß der Affären herunter. Kein Wunder: Zahlreiche Freunde aus der Wirtschaft und viele seiner wichtigsten Gönner waren darin verwickelt. Doch als der öffentliche Druck zunahm, machte Bush eine Kehrtwendung und präsentierte sich – wenig glaubwürdig – als Kämpfer für die Sauberkeit in der Wirtschaft. Im Juli 2002 verabschiedete der Kongress das Sarbanes-Oxley-Gesetz, das eine neue Aufsichtsbehörde für Wirtschaftsprüfer schuf, den Public Company Accounting Oversight Board, der den Prüfern untersagte, ihren Kunden weitere Dienstleistungen anzubieten, und die Vorstandschefs börsennotierter Konzerne zu einem Schwur auf die Richtigkeit ihrer Bilanzzahlen verpflichtete. Bush unterschrieb das Gesetz mit großem Pomp. Im November opferte er auch seinen umstrittenen Chef der Wertpapierbehörde SEC, Harvey Pitt, der den großen Wirtschaftsprüfungsgesellschaften allzu nahe stand. Gleichzeitig stellte die SEC neue Regeln auf, die Investmentbanken zu einer klaren Trennung von Banktätigkeiten und Aktienanalyse zwangen.

Die Reformen gingen jedoch nicht weit genug. Der Vorschlag, Unternehmen nach einigen Jahren zu einem Wechsel der Wirtschaftsprüfungsgesellschaft zu zwingen, fiel im Kongress den

Lobbyisten der Branche zum Opfer. Nur der für ein Unternehmen zuständige Hauptprüfer muss nun alle paar Jahre ausgewechselt werden. Auch die Trennung von Analysten und Emissionsabteilungen ist nicht deutlich genug. So werden Analysten sich weiterhin hüten, ein gutes Geschäft ihres Arbeitgebers durch eine negative Aktienbewertung zu verderben.

Andererseits hat das Sarbanes-Oxley-Gesetz eine kostspielige Überregulierung börsennotierter amerikanischer Unternehmen mit sich gebracht, die vor allem den New Yorker Finanzplatz USA Schaden zugefügt haben. Viele Unternehmen ziehen es seither vor, an der Londoner Börse notiert zu werden; diese hat inzwischen die Wall Street an Volumen und Bedeutung deutlich übertroffen.

26
Beton und Bohrer:
Die Zerstörung der Umwelt

Die Zerstörung der Umwelt in den USA ist unter der Bush-Regierung noch schneller vorangeschritten als zuvor. Wälder wurden abgeholzt, Naturschutzgebiete dem Rohstoffabbau preisgegeben und die Wasservorräte von einer künstlich erhaltenen Landwirtschaft aufgebraucht. Der massive Ausstoß von Treibhausgasen und der Widerstand gegen effektive Klimaschutzmaßnahmen in den USA tragen entscheidend zur gefährlichen Erderwärmung bei.

»Die Zukunft der USA ist Texas«, verkündete der *Economist* einst seinen Lesern. Für umweltbewusste Amerikaner ist das ein Schreckensszenario. Der Heimatstaat von George W. Bush ist eine einzige ökologische Katastrophe, mit geringen Umweltstandards, verseuchten Industriestätten und vielen Tagen mit Smog-Alarm. 1999 lief die texanische Metropole Houston Los Angeles den Rang als dreckigsten amerikanischen Ballungsraum ab.

Noch sind nicht die ganzen USA so weit wie Texas. In weiten Teilen Amerikas gibt es ein ausgeprägtes Umweltbewusstsein und höchst aktive Umweltorganisationen. Vor allem in den frühen siebziger Jahren machten die Vereinigten Staaten bedeutende Fortschritte im Kampf gegen Umweltverschmutzung: der Clean Air Act zur Verringerung der Luftverschmutzung von 1970, das Verbot des giftigen Pestizids DDT von 1972, der Schutz für vom Aussterben bedrohte Tierarten durch den Endangered Species Act von 1973, die Einführung der Katalysatorenpflicht für Neuwagen 1975 und schließlich die Verschärfung des Clean Air Act durch die Regierung von George Bush sr. 1990. Auch die Clinton-Regierung setzte sich vehement und oft zum Ärger von Wirtschaftslobbyisten für die Verschärfung von Umweltauflagen ein. Doch Bevölkerungswachstum, Straßenverkehr und ein verschwenderischer Lebensstil bedrohen seit mehr als hundert Jahren die Natur des nordamerikanischen Kontinents und seit Mitte der neunziger Jahre hat sich die Umweltbilanz der USA deutlich verschlechtert.

Viele der schärfsten Umweltschutzbestimmungen erließ Clinton erst während der letzten Wochen seiner Präsidentschaft – im Wissen, dass sich sein Nachfolger daran kaum gebunden fühlen würde. Tatsächlich vollzog die Regierung von George W. Bush in der Umweltpolitik einen radikalen Kurswechsel und erfüllte der Privatwirtschaft innerhalb kurzer Zeit die meisten Wünsche. Besonders ärgerlich war, dass Bush seine Kampfansage an den Umweltschutz hinter wohlklingenden Ökoslogans verbarg. Bushs Wahlkampfversprechen, er werde unabhängig vom Kyoto-Protokoll eine Verringerung des Kohlendioxidausstoßes in den USA durchsetzen, wurde sofort gebrochen, die von Clinton verfügte Senkung der Höchstgrenze für Arsen im Trinkwasser rückgängig gemacht, die Umweltauflagen für Bergbauunternehmen wurden deutlich gelockert und die Wirtschaft wurde von den hohen Kosten der Giftmüllsanierung entlastet. Schließlich bekamen 2003 alle Kraftwerksbetreiber eine Befreiung von der im Clean Air Act von Bush sr. vorgesehenen Verpflichtung, bei jeder noch so kleinen Modernisierung ihrer älteren Anlagen neue Filter einzubauen und damit die Standards für neue Werke zu erfüllen. Damit wurde eine der fortschrittlichsten ökologischen Bestimmungen der amerikanischen Politik, die seit 1990 entscheidend zur Luftverbesserung beigetragen hatte, Makulatur – ein Schritt zur Texanisierung der gesamten USA.

Straßenverkehr

Die beiden wichtigsten Ursachen für die katastrophale Umweltbilanz der USA sind die Größe des Landes sowie die Macht wirtschaftlicher Sonderinteressen. In einem scheinbar grenzenlosen Raum erscheinen die Schätze der Natur unbegrenzt, ist der Anreiz zum Konservieren und Sparen viel geringer als im engen Europa. Zwar bekennen sich viele Amerikaner zum Umweltschutz, sind aber anders als in Europa kaum bereit, dafür zu zahlen. Teurere Produkte mit ökologischem Siegel bleiben in den Regalen der Supermärkte liegen und jeder Versuch, die im Vergleich zu anderen Industriestaaten lächerlich niedrigen Treibstoffsteuern zu erhöhen, wurde bisher durch eine empörte Öffentlichkeit verhindert.

Die wirtschaftlich effizienteste Methode zur Verbesserung der Umweltbilanz, nämlich Steuern auf fossile Energieträger, Emissionen oder andere Formen der Umweltbelastung zu erheben, wird in den USA kaum angewandt. Stattdessen wurde in den vergangenen dreißig Jahren ein komplexes Geflecht an staatlichen Auflagen und Regeln geknüpft, die Unternehmen zu großem bürokratischen Aufwand nötigen, ohne besonders wirksam zu sein. Die indirekten Kosten der verfehlten Umweltpolitik infolge höherer Produktpreise und niedrigerer Produktivität sind in diesem System meist höher, als wenn der Staat einfach Steuern erheben würde. Kein Wunder, dass Heerscharen von Lobbyisten in Washington und den Bundesstaaten gegen strengere Umweltbestimmungen kämpfen und dabei in der Regel Erfolg haben.

Die Widersprüche der amerikanischen Umweltpolitik zeigen sich am deutlichsten beim Autoverkehr. Während der Ölkrise 1973/74 wurde den Amerikanern bewusst, dass ungebremster Energieverbrauch schlecht für die Nation ist, die Luft verpestet und die USA von den ölproduzierenden Staaten im Nahen Osten abhängig macht. Doch während die Europäer die Steuern auf Treibstoff erhöhten und so wirtschaftliche Anreize zum Energiesparen schufen, setzten die USA auf komplizierte bürokratische Maßnahmen: Die Geschwindigkeitsbegrenzung wurde im ganzen Land auf 55 Meilen (88 km) pro Stunde gesenkt, und den Autokonzernen wurde unter Androhung von Geldstrafen auferlegt, den Durchschnittsverbrauch ihrer Autoflotten zu begrenzen. Dieser sogenannte CAFE-Standard (Corporate Average Fuel Economy) wurde in den folgenden Jahren für Personenkraftwagen von ursprünglich 18 Meilen je Gallone (13 Liter pro 100 Kilometer) mehrfach erhöht und steht seit 1986 bei 27,5 Meilen pro Gallone (8,5 Liter pro 100 Kilometer). Eine weitere Erhöhung auf 35 Meilen pro Gallone für PKW und Kleinlaster wurde erst 2007 von den Demokraten im Kongress durchgesetzt. Die niedrige Treibstoffbesteuerung hat außerdem zur Folge, dass Benzin in den USA weitaus billiger ist als in Europa und die Amerikaner so für das gleiche Geld viermal so viel fahren können – und dies auch tun.

Nirgendwo auf der Welt gibt es so viele Straßen und so viele Autos, die auch besonders viel gefahren werden. Die meisten Amerikaner leben in Eigenheimen in großzügig geplanten Vororten oder auf dem Land, jedenfalls fern von ihrem Arbeitsplatz, ihren Schulen oder der nächsten Einkaufsgelegenheit. Ein Großteil des Alltagslebens dreht sich ums Auto; Zweiwagenhaushalte sind die Norm und Mittelstandsfamilien mit älteren Kindern besitzen oft sogar drei und vier Fahrzeuge. Mit der Ausnahme der Innenstädte gibt es dank dünner Besiedelung kaum Parkplatzprobleme. Durch die Zersiedelung des Landes werden Jahr für Jahr neue Flächen zu Bauland umgewidmet und zubetoniert. Und jedes weitere schmucke Einfamilienhaus im Grünen bedeutet nicht nur einen Verlust an Grünfläche, sondern auch höheren Kraftstoffverbrauch.

Weil Anreize für einen sparsamen Treibstoffverbrauch fehlen, interessieren sich die Amerikaner besonders für solche Autos mit starken Motoren, die von den Automobilkonzernen in der Pkw-Klasse nicht produziert werden dürften. Die Lösung dieses Dilemmas war der Umstieg auf Fahrzeuge, die als Kleinlaster gelten und dadurch einen großzügigeren CAFE-Standard von derzeit 20,7 Meilen pro Gallone (11,4 Liter pro 100 Kilometer) haben, der allerdings bis 2010 auf 23,5 Meilen pro Gallone steigen wird. In den vergangenen zehn Jahren hat der Verkauf von Minivans und den als Sports Utility Vehicles (SUV) bekannten Geländewagen stark zugenommen und damit die Gewinne an Treibstoffeffizienz wieder zunichte gemacht. Der durchschnittliche Treibstoffverbrauch ist heute höher als vor 20 Jahren und eine dramatische Senkung ist politisch immer noch schwer durchsetzbar. Statt die Treibstoffeffizienz und damit den Ausstoß von Treibhausgasen sofort zu senken, versprach Präsident Bush ein Programm, mit dem in einem Jahrzehnt ein Teil aller Kraftwagen mit Brennstoffzellen betrieben werden soll – eine Zukunftsvision, von der die Umwelt heute wenig hat.

Angesichts der großen Nachfrage nach solchen Kleinlastern konnten die Automobilfirmen deren Preise erhöhen und höhere Gewinnmargen erzielen, während sich die Konsumenten über starke Motoren, höheren Komfort und eine angeblich höhere Sicherheit freuten. Die Werbung vermittelte den Eindruck, dass ein SUV seinen Besitzer der Natur näher bringt. Dabei fahren nur 5 Prozent aller SUV im Gelände, die meisten werden auf den breiten Autobahnen der Vororte oder in Großstädten eingesetzt, wo sie mit einem höheren Ausstoß an Kohlendioxid zur Zerstörung der Umwelt beitragen. Studien belegen, dass ein Unfall in einem SUV ein höheres Todesrisiko birgt als gewöhnliche Autos, weil sie sich leichter überschlagen. Eine christlich-konservative Umweltbewegung versucht ihre Glaubensgenossen mit der Frage »Welches Auto würde Jesus fahren?« von diesen Geländewagen abzubringen – bisher mit wenig Erfolg.

Energieverbrauch und Erderwärmung

Die Begeisterung für Geländewagen ist nur eine von vielen Quellen der massiven Energieverschwendung in den USA. Andere sind die schlechte Isolierung der meisten Privathäuser, wo eher an modernem Baumaterial als an Heizkosten gespart wird, und die weite Verbreitung von Klimaanlagen. Millionen von Amerikanern ziehen jedes Jahr in den Süden und den Südwesten des Landes, wo man ohne Klimaanlage im Sommer gar nicht leben kann, und steigern damit den Stromverbrauch. Zuletzt trug auch die Verbreitung von Computern, die in den meisten Haushalten ohne Unterbrechung laufen, zur Erhöhung des Stromverbrauchs bei. Die Folgen sind einerseits ständige Stromausfälle (→ Kapitel 17), andererseits die weltweit höchsten Emissionswerte bei den Treibhausgasen, die im Straßenverkehr und bei der Stromerzeugung aus Erdöl und Erdgas entstehen. Mit 4 Prozent der Weltbevölkerung verursachen die USA ein Viertel aller Treibhausgase. Im Jahr 2005 waren das 7,15 Milliarden Tonnen an Kohlendioxid-Äquivalent, 16 Prozent mehr als 1990.

Gab es unter Clinton zumindest noch ein paar Lippenbekenntnisse zum Energiesparen und Umweltschutz, so hat das unter Bush ganz aufgehört. Auch wenn er gelegentlich so tut, als sei ihm die Umwelt wichtig, ist das Gegenteil der Fall; so zeigte sein Vizepräsident Dick Cheney die wahre Einstellung der amerikanischen Regierung, als er erklärte, Energiesparen sei zwar eine »persönliche Tugend«, aber kein nationales Ziel. Kein Wunder, denn die mit Cheney so eng verbundenen Ölfirmen würden darunter leiden.

Selten hat sich eine Regierung von mächtigen Lobbys so abhängig gezeigt wie die Bush-Mannschaft. Die von Cheney ausgearbeitete Energiepolitik setzte daher fast ausschließlich auf eine Steigerung der seit vielen Jahren stagnierenden inländischen Ölproduktion. Jahrelang kämpften die Bush-Regierung und die Republikaner im Kongress darum, das Naturreservat Arctic National Wildlife Refuge (ANWR), eines der letzten unberührten Naturparadiese der USA, im Norden Alaskas für Ölbohrungen freizugeben. Sie scheiterten allerdings am entschlossenen Widerstand der Demokraten im Senat. Dabei könnte nur 1 Prozent des amerikanischen Verbrauchs mit den dortigen Ölvorkommen gedeckt werden. Kein anderes Vorhaben der Bush-Regierung hat amerikanische Umweltschützer so aufgebracht wie dieses.

Als Hauptverantwortlicher für die Erderwärmung mit ihren potenziell katastrophalen Folgen für das Klima, die Landwirtschaft und die Küstenregionen (die durch das Schmelzen der Polkappen und Gletscher überflutet werden könnten) wäre von den USA ein stärkeres Problembewusstsein zu erwarten. Doch das Gegenteil ist der Fall: Die Vereinigten Staaten sabotieren den weltweiten Klimaschutz, indem sie sich unter Clinton zuerst für die Verwässerung des Kyoto-Protokolls einsetzten und später unter Bush dessen Unterschrift verweigerten. Erst spät war Bush überhaupt bereit, die Existenz einer vom Menschen verursachten Erderwärmung anzuerkennen, und selbst dann verweigerte er jede verpflichtende Maßnahme zur Senkung des CO_2-Ausstoßes (→ Kapitel 36). Mehr als alle anderen Vergehen gegen die Natur macht das die USA in den Augen der Welt zum Umweltsünder Nummer eins.

Dabei haben weite Teile der amerikanischen Bevölkerung und der Wirtschaft die Dringlichkeit des Klimaschutzes inzwischen erkannt. Dazu hat vor allem Al Gore mit seinem Dokumentarfilm *Eine unbequeme Wahrheit* beigetragen. Für die eindrucksvolle Darstellung der Auswirkungen der Erderwärmung erhielt der ehemalige Vizepräsident nicht nur den Oscar, sein Einsatz wurde 2007 auch mit dem Friedensnobelpreis gewürdigt. Mit breiter Zustimmung in der kalifornischen Bevölkerung hat sich auch Gouverneur Arnold Schwarzenegger zum Vorreiter in Sachen Klimaschutz gemacht. Im September 2006 unterschrieb er ein Gesetz, das Kalifornien verpflichtet, seinen Ausstoß von Treibhausgasen bis 2450 um 80 Prozent zu senken. Doch die Umsetzung dieser Politik wurde ihm von der Bush-Regierung untersagt.

Land	Kg von Öl-Equivalent pro Kopf
Kanada	8300
USA	7795
Australien	5723
Niederlande	5012
Frankreich	4518
Russland	4423
Deutschland	4203
Japan	4040
Großbritannien	3918
Italien	3127
Südkorea	2597
Mexiko	1533
China	1138
Brasilien	1068
Indien	512

Jährlicher Energieverbrauch im Vergleich 2003 (*Quelle:* World Resources Institute)

Wasser

Die USA gehören zu den größten Wasserverschwendern der Welt. Nur Dschibuti, Neuseeland, die Kapverdischen Inseln und Italien gehen mit ihren Wasservorräten noch verschwenderischer um. Schuld daran ist in erster Linie die Landwirtschaft, die von einem niedrigen Wasserpreis profitiert. Das freut die Bauern, führt aber auch dazu, dass in Wüstengegenden unter riesigem Wassereinsatz Pflanzen angebaut werden. Die trockenen Wüstenstaaten wie Arizona ziehen außerdem immer mehr Zuwanderer an, die dort Häuser errichten, Gärten bewässern und Autos waschen. Mitten in der Wüste entstehen so prachtvolle Oasen, für die das Wasser aus fernen Gegenden hergepumpt werden muss. Der Colorado-Fluss und der Rio Grande werden durch Wasserumleitungen in Rinnsale verwandelt. Schließlich führt auch die Golfbegeisterung der Amerikaner zu einem immer höheren Wasserverbrauch, da Golfplätze häufig in trockenen Gegenden angelegt werden, wo sie ständig bewässert werden müssen. All das ließe sich durch einen marktgerechten Wasserpreis vermeiden, was aber von der Bauernlobby erfolgreich verhindert wird. Sie kämpft dafür, dass Wasser in Amerika billig bleibt. Das stellt nicht nur eine schwere Belastung für die Umwelt dar, sondern auch eine hochgradige Subvention für die amerikanische Landwirtschaft, was wiederum vielen Entwicklungsländern schadet (→ Kapitel 31).

Land	Wasserpreis	Land	Wasserpreis
Deutschland	1,91 $/m³	Finnland	0,69 $/m³
Dänemark	1,64 $/m³	Irland	0,63 $/m³
Belgien	1,54 $/m³	Schweden	0,58 $/m³
Niederlande	1,25 $/m³	**USA**	**0,51 $/m³**
Frankreich	1,23 $/m³	Australien	0,50 $/m³
Großbritannien	1,18 $/m³	Kanada	0,40 $/m³
Italien	0,76 $/m³		

Wasserpreis in verschiedenen Industriestaaten (*Quelle:* World Water Development Report, 2001)

Der Wassermangel in vielen Flüssen verursacht massive Umweltprobleme in den Küstenregionen, beispielsweise in den Feuchtgebieten der Everglades im Süden Floridas oder im Mississippi-Delta, wo ganze Landstriche vom vordringenden Meerwasser aufgefressen werden. Intensive Landwirtschaft spült große Mengen an Nitraten in die Flüsse, die in vielen Gegenden Fischen und Wasserpflanzen den zum Überleben notwendigen Sauerstoff rauben. Zwar ist das gefährliche Pestizid DDT seit 1972 verboten, doch Dutzende anderer nicht minder gefährlicher Vertilgungsmittel finden ihren Weg ins Wasser und damit in die Nahrungskette.

Raubbau an der Natur

Industriekonzerne haben mindestens 3000 verseuchte Fabrikstätten und Giftmülldepots im ganzen Land hinterlassen, die von den sogenannten Superfund Agencies der Umweltbehörde EPA geräumt werden müssen – meist auf Kosten der Steuerzahler. Die Art und Weise, wie viele Industriekonzerne die Gesundheit der Anrainer gefährden und sie zum Schutz der eigenen Gewinne hinters Licht führen, wurde etwa von Julia Roberts im Film *Erin Brockovich*, der eine wahre Geschichte erzählt, Millionen von Kinogängern nahegebracht.

Eine besonders akute Bedrohung der amerikanischen Umwelt stellt radioaktiver Atommüll dar. Neben den Abfällen der zivilen Atomindustrie sind vor allem Überreste der militärischen Atomwaffenproduktion an Tausenden Orten notdürftig verstaut und aufgrund der Geheimniskrämerei der Streitkräfte jeder politischen Kontrolle entzogen. Vor allem die Bewohner von Nevada und Utah waren jahrzehntelang von Atomtests betroffen. In Nevada soll nun gegen den massiven Widerstand der Bevölkerung ein radioaktives Endlager in der Yucca-Gebirgskette gebaut werden – ein Ort, der sich wegen seiner Erdbebengefährdung nach Meinung vieler Experten überhaupt nicht dafür eignet.

Eine Politik, die gutorganisierten Lobbys finanzielle Vorteile bringt, die Umwelt aber nachhaltig schädigt, verfolgen die USA auch in anderen Bereichen. So werden riesige Weideflächen in den Präriestaaten gegen eine sehr geringe Pacht Rinderfarmern zur Nutzung überlassen. Dieses Relikt aus dem 19. Jahrhundert führt zum Auslaugen der Böden und verschmutzt die Gewässer. Erst Clintons Innenminister Bruce Babbitt legte sich 1995 mit der Rinderlobby an und kündigte höhere Preise für Weiderechte sowie schärfere Umweltauflagen an. Seine Reform konnte er allerdings nur mit deutlichen Abstrichen und nach erst jahrelangen Gerichtsverfahren durchsetzen.

Noch extremer ist die Bevorzugung von Wirtschaftsinteressen beim Bergbau, wo im Mining Act von 1872 ein Preis von 6 Dollar pro Hektar Staatsland festgelegt wurde, der bis heute unverändert ist. Zu diesem Tarif können Bergbaukonzerne sämtliche Rohstoffe abbauen, ohne dass der Staat irgendetwas daran verdient. Natürlich nutzen das private Konzerne so weit wie möglich aus und hinterlassen verwüstete Landstriche, oft voller giftiger Rückstände. Selbst dieses absurde Gesetz lässt sich nicht ändern, weil zu viele Politiker diesen Konzernen, die daran Millionen verdienen, verpflichtet sind. Die lokale Bevölkerung wird dabei stets mit dem Argument der Arbeitsplatzsicherung dazu gebracht, die Zerstörung der eigenen Umwelt zuzulassen.

Ein besonders heftiger Kampf zwischen Wirtschafts- und Umweltinteressen wird seit Jahren um die Abholzung der Wälder im Westen Amerikas geführt. 97 Prozent der ursprünglichen Wälder wurden bereits abgeholzt und auch die restlichen Bestände sind gefährdet. Als stärkste Waffe der Umweltschützer hat sich überraschenderweise das Gesetz zum Schutz gefährdeter Tierarten erwiesen, der Endangered Species Act. 1973 wurde er verabschiedet und 1977 erstmals vom Obersten Gerichtshof umgesetzt, als dieser aus Rücksicht auf eine unscheinbare kleine Barsch-Art die Fertigstellung eines fast vollendeten Staudamms verhinderte. Zwei Jahre später ermöglichte der Kongress allerdings mit einer Gesetzesnovelle, den Damm fertigzustellen. Der Fleckenkauz hatte Anfang der neunziger Jahre mehr Glück und mit ihm riesige Waldflächen im Nordwesten der USA, deren Abholzung per Gerichtsbeschluss gestoppt wurde, weil die Eule sonst ausgestorben wäre. Absurderweise sind manche Tierarten heute besser geschützt als Kinder, die durch verschmutztes Wasser oder verschmutzte Luft krank werden.

Unter Clinton wurde die Holzindustrie durch eine verschärfte Umsetzung von Umweltbestimmungen, beispielsweise strikte und teure Umweltverträglichkeitsprüfungen bei Rodungsprojekten, in ihrem Expansionsdrang stark behindert. Obwohl auch zu dieser Zeit Millionen von Hektar Wald im Nordwesten verloren gingen, blieben 80 Prozent der alten Wälder geschützt, in denen der Fleckenkauz seine Heimat hatte. Darüber hinaus beschloss die Clinton-Regierung ein schrittweises Verbot der bei Besuchern beliebten Motorschlitten in Nationalparks, nachdem Studien deren verheerende Folgen für die Natur durch Lärm und Abgase belegt haben. Im Yellowstone National Park gaben 70 000 Motorschlitten rund 1,5 Millionen Tonnen an Kohlenmonoxid ab und verwandelten besonders den Eingangsbereich des berühmtesten Naturpark der USA im Winter in eine Abgashölle.

Als im Sommer 2000 riesige Waldbrände ausbrachen, schoben lokale Behörden der Clinton-Regierung die Schuld zu, weil von der Abholzung unberührte Wälder leichter brennen würden. Dabei waren es vor allem das Bevölkerungswachstum und der zunehmende Tourismus in den Waldgebieten, die das Risiko von Großbränden erhöhten. Hinzu kam, dass zum Schutz der Menschen und der landschaftlichen Schönheit auch kleine Brände, die normalerweise den Wald von leicht entzündlichem Kleinholz und abgestorbenen Bäumen säubern, sofort gelöscht wurden. Auf einem dichtbewachsenen Waldboden reicht in Dürreperioden ein Funke, um ein Flammenmeer auszulösen.

Der Kampf gegen Waldbrände war eines der Hauptargumente, mit denen Bush 2001 der Holzindustrie im Namen des Bürokratieabbaus grünes Licht für eine breite Abholzungskampagne gab. Unter dem verlogenen Titel »Gesunde Wälder« wurden rund 25 Millionen Hektar geschützter Wald für die kommerzielle Nutzung freigegeben. Zudem gefährdet der Bau neuer Straßen durch bisher unberührte Waldgebiete deren Erhalt. Schließlich brach die Bush-Regierung auch ihr Versprechen, das von Clinton erlassene Verbot von Motorschlitten umzusetzen, und ließ unter anderem im Yellowstone Nationalpark wieder eine größere Zahl dieser luftverpestenden Fahrzeuge zu. Nach Einschätzung der National Park Conservation Association (NPCA) bleibt Yellowstone dadurch höchst gefährdet. Selbst wenn es um eine der größten Sehenswürdigkeiten der USA geht, ist die Regierung nicht in der Lage, zu einer einflussreichen Lobby im Interesse der Gemeinschaft nein zu sagen – ein katastrophales Omen für die Zukunft der nordamerikanischen Umwelt.

27
Die McDonald's-Nation:
Fast Food, Gen-Lebensmittel und Fettleibigkeit

Die völlige Technisierung der Landwirtschaft führte dazu, dass Chemie und Gentechnik überall zum Einsatz kommen. Hormone im Fleisch und genetisch verändertes Saatgut machen amerikanische Agrarprodukte dem Rest der Welt höchst verdächtig. Die Schnellimbissketten breiten sich hingegen rund um den Globus aus. Aufgrund fetthaltigen Fast Foods leiden immer mehr Amerikaner unter Übergewicht und Fettleibigkeit.

Richard und Maurice McDonald betrieben in den vierziger Jahren im südkalifornischen San Bernardino eines jener Drive-in-Restaurants, die dank des Automobilbooms und des wachsenden Wohlstands damals aus dem Boden schossen. Vor allem Teenager ließen sich von den »Car Hops« genannten Kellnerinnen mit Hot Dogs, Hamburger und Coca-Cola bedienen, ohne ihre Cabrios verlassen zu müssen. Das Geschäft mit den Jugendlichen machte die beiden Brüder reich.

1948 feuerten sie plötzlich ihre Angestellten, schlossen ihr Lokal und eröffneten es drei Monate später mit einem neuen Menü, einer neuen Kochtechnik und vor allem mit einer neuen Zielgruppe: Statt als Jugendtreff positionierte sich das neue McDonald's als Familienrestaurant, wo auch Eltern mit kleinen Kindern gerne gesehen waren und man mit wenig Geld nett essen konnte. Die McDonald-Brüder strichen alle Speisen von der Karte, die ein Besteck benötigten, und servierten in einem »Speedy Service System« nur noch Hamburger, Cheeseburger und Pommes frites auf Papptellern. Statt ausgebildeter Köche beschäftigten sie ungelernte Hilfskräfte, die in der Küche jeweils nur eine einzige Aufgabe zu erfüllen hatten. Erstmals fand das Fließbandprinzip, das vierzig Jahre zuvor Henry Ford in der Automobilindustrie perfektioniert hatte, im Dienstleistungssektor Anwendung. McDonald's wurde rasch ein finanzieller Erfolg und fand zahlreiche Nachahmer. In ganz Südkalifornien eröffneten neue Burger-Restaurants, die nach dem »Speedy Service System« funktionierten. 1954 kam Ray Kroc, ein Handelsvertreter für Milchshake-Mixer, nach San Bernardino, erkannte, dass das Prinzip dieser Schnellrestaurants im ganzen Land funktionieren könnte, und übernahm die landesweite Vermarktung von McDonald's. Er setzte auf das Franchise-System, bei dem unabhängige Geschäftsleute die einzelnen Restaurants betreiben und dem Konzern Geld für Know-how und Marketing bezahlen. McDonald's kaufte die Standorte und vermietete sie an die Franchise-Nehmer, die das volle Geschäftsrisiko trugen.

Seit den siebziger Jahren breitete sich McDonald's rasch über die gesamten USA aus. An fast jeder Autobahnkreuzung und in jedem Einkaufszentrum wurden die Restaurants mit den typischen goldenen Bögen aufgestellt. Und wo ein McDonald's stand, folgten schon bald die anderen Restaurant- und Handelsketten, die nach dem gleichen Muster funktionierten und jeder Straße das gleiche Aussehen verliehen: Burger King, Wendy's, Taco Bell, Pizza Hut oder Kentucky Fried Chicken. Eigenständige Unternehmer und Restaurantbesitzer hatten dieser Marktmacht wenig entgegenzusetzen und gingen der Reihe nach in Konkurs.

Kroc hielt sich eisern an die Produktions- und Arbeitsprinzipien der McDonald's-Brüder. Statt qualifizierter Köche wurden Teenager beschäftigt, denen dank einer Gesetzesänderung in den frühen siebziger Jahren weniger als der Mindestlohn bezahlt werden durfte. Sie mussten nichts können, sondern nur strikt den Anweisungen folgen. Gewerkschaften waren bei McDonald's unerwünscht, und weil das Personal so rasch wechselte, hatten die Mitarbeiter nur selten die Chance, sich zu organisieren. Wer sich nicht unterordnete, wurde entlassen. Die sogenannten McJobs schufen eine neue Arbeitskultur, in der die Angestellten ihren Arbeitgebern völlig ausgeliefert waren. Obwohl sie jede staatliche Aufsicht ablehnten, ließen sich die Fast-Food-Ketten neue Standorte und Arbeitsplätze durch öffentliche Förderprogramme subventionieren.

Die Appetitverderber

McDonald's wurde bald zum größten Fleisch- und Kartoffelein-
käufer der USA. Seine Forderung nach gleichbleibender Qualität
und ständig sinkenden Kosten veränderte die Agrarindustrie: Die
unabhängigen Kartoffelfarmen wurden von riesigen Konzernen
geschluckt, die statt stolzer Bauern billige Arbeiter zu miserablen
Bedingungen beschäftigten. In der fleischverarbeitenden Industrie entstanden mehrere Riesen wie Tyson Fresh Meats und Co-
nAgra, die mit ihrer Marktmacht die Rinderfarmer ausbeuten
und dank Elendslöhnen und geringem Arbeitsschutz die Kosten
senken konnten. Das Ergebnis waren steigende Gewinne, die zum
Teil für Lobby-Tätigkeit in Washington und Wahlkampfspenden
für willige Politiker ausgegeben wurden, um so strengere Auflagen und Kontrollen zu verhindern.

Das führte häufig zu katastrophalen sanitären Verhältnissen
in den großen Tierfabriken und Schlachthäusern, die sich als
ideale Brutstätten für gefährliche Bakterien wie Salmonellen
und die E.coli 0157:H7 erwiesen. Diese landen schließlich in den
Küchen von Restaurants und Privathäusern. Wie der Publizist
Eric Schlosser in seinem Buch *Fast Food Nation* schrieb, finden
sich in einer amerikanischen Abwaschküche heute oft mehr
Krankheitskeime als in einer Toilette. Täglich erkranken daher
200 000 Amerikaner an Lebensmittelvergiftungen, von denen
900 ins Krankenhaus eingeliefert werden müssen und 14 an Ver-
giftungen sterben – trotz recht strenger Lebensmittelkontrollen.
Allerdings muss das Landwirtschaftsministerium die wirtschaftlichen Interessen der Bauern unterstützen und sie gleichzeitig
kontrollieren – eine Doppelaufgabe, der es nicht gerecht werden
kann. Die Clinton-Regierung versuchte zwar 1993, die Lebensmittelkontrollen zu verschärfen, aber mit dem Sieg der Republikaner bei den Kongresswahlen 1994 wurde dieser Plan nicht
weiter verfolgt. So gelang es der Fleischlobby, im Kongress zu
verhindern, dass das Landwirtschaftsministerium beispielsweise
das Recht erhielt, verdorbenes Fleisch zurückzurufen; es darf
dem Hersteller einen Rückruf nur empfehlen.

Die Folge war, dass bis zum Ausbruch der BSE-Krise auch
in den USA Kühe mit Tiermehl aus Kadaverresten gefüttert
wurden und dass bis heute zahlreiche Missstände existieren,
die jedem Konsumenten den Appetit auf Hamburger verderben

können. Dass bis Ende 2003 in den USA kein Fall von BSE aufgetreten ist, hängt mehr mit den nur sporadischen Kontrollen
als mit gesünderen Tieren zusammen. Während die BSE-Krise
in Europa zu einem Umdenken in der Tierzucht und Landwirtschaft geführt hat, blieben die USA weiterhin das Weltzentrum
der Massentierhaltung und der Agrarfabriken. Statt für bessere
hygienische Bedingungen zu sorgen, überlegen die Fleischver-
arbeitungsfabriken, das Fleisch mit radioaktiven Strahlen von
Bakterien zu reinigen, was bei den Verbrauchern allerdings auf
wenig Gegenliebe stößt.

Keine Schwierigkeiten haben die amerikanischen Konsumenten hingegen mit dem massiven Einsatz von Wachstums-
hormonen bei Rindern, die den Export von Rindfleisch in die
Europäische Union fast unmöglich machen. Nachdem die EU
die Gesundheitsschädlichkeit von Hormonfleisch jedoch nicht
wissenschaftlich beweisen konnte, wurde sie 1998 von der Welthandelsorganisation aufgefordert, das Importverbot aufzuheben.
Weil dies nicht geschah, dürfen die USA Jahr für Jahr Strafzölle
in Höhe von 117 Millionen Dollar verhängen.

Eine Nation in XXL

Die Ausbreitung von Fast Food veränderte die Ernährungs-
gewohnheiten der Amerikaner. Selten findet noch eine gemeinsame Mahlzeit statt – einst Kern des amerikanischen Fa-
milienlebens. Das ist ein Trend, der durch die immer längeren
Arbeitszeiten vieler Eltern verstärkt wird. Die Werbung von
McDonald's & Co. richtete sich von Anfang an an Kinder und
nutzte das Kinderfernsehen am Samstag- und Sonntagmorgen
aus, um die Welt von Fast Food und Cornflakes in die Wohn-
zimmer zu tragen. So werden Kinder schon frühzeitig dazu gedrängt, ihre Essensgewohnheiten an die neuen Bedürfnisse der
Fast-Food-Industrie anzupassen und ihre Eltern in die glitzern-
den Restaurants mit den tollen Spielsachen zu locken, wo schnell
gegessen, aber kaum noch miteinander gesprochen wird.

Im typischen Fast-Food-Restaurant werden große Portionen
angerichtet und aus Geschmacksgründen mit besonders viel Fett
zubereitet. Frühzeitig wird den Kindern beigebracht, ihren Durst
statt mit Wasser, Milch oder Fruchtsäften mit den Erfrischungs-

getränken von Coca-Cola und Pepsi zu löschen. Seit 1978 hat sich der Softdrink-Konsum weiblicher Teenager auf 0,3 Liter verdoppelt und bei männlichen Teenagern auf 0,6 Liter pro Tag sogar verdreifacht. »Flüssige Süßigkeiten« werden diese Getränke in einer Studie des Center for Science in the Public Interest bezeichnet, denn sie sind nicht mit normalem Zucker, sondern mit Kornsirup mit hohem Fruktoseanteil versetzt, der nicht nur viele Kalorien hat, sondern auch die Aufnahmefähigkeit des Körpers für Fett aus anderen Quellen deutlich erhöht. Der durchschnittliche Konsum von rund 240 Litern Softdrinks jährlich ist einer der Hauptgründe, warum die Amerikaner so dick sind; und ein großer Teil dieser Softdrinks wird bei McDonald's und anderen Ketten verkauft.

Die Einführung von Chicken McNuggets in den frühen achtziger Jahren hinterließ bei vielen McDonald's-Kunden den Eindruck, dass sie mit den panierten Hühnerstücken weniger Fett zu sich nehmen und deshalb gesünder essen würden. Doch in Wirklichkeit hat diese Hühnerrevolution McDonald's-Kunden, besonders die Kinder, noch dicker gemacht, denn ein Chicken McNugget besteht nur zu einem kleinen Teil aus Hühnerfleisch und hat doppelt so viel Fett wie ein Hamburger.

Fettsucht breitete sich während der letzten dreißig Jahre im ganzen Land wie eine Epidemie aus; aus den einst eher schlanken Amerikanern wurde das »fetteste Volk der Welt«, wie Greg Critser in seinem Buch *Fat Land* schrieb. Zwar trägt auch die mangelnde Bewegung vieler Amerikaner infolge von Fernsehen und Auto Mitschuld, doch hauptsächlich verantwortlich ist die Nahrungsmittelindustrie. Bis zu zwei Drittel der Amerikaner – Männer und Frauen, Schwarze und Weiße, Erwachsene und Kinder – leiden heute an Übergewicht; der Anteil der Fettsüchtigen stieg von 15 Prozent im Jahr 1991 auf 31 Prozent im Jahr 2000. Das hat Folgen für viele Wirtschaftszweige: Bekleidung wird größer, Sitzplätze in Kinos und Sportarenen werden breiter und selbst Bestattungsunternehmen müssen sich mit besonders großen Särgen, größeren Leichenwagen und breiteren Grabstätten auf ihre immer fettleibigeren Klienten einstellen. Dafür machen Pharmafirmen mit Schlankheitsmitteln immer mehr Geschäft.

Übergewicht geht heute quer durch alle soziale Gruppen und alle Regionen der USA. Am stärksten sind aber die Armen betroffen, die weder über das notwendige Geld noch über das notwendige Wissen verfügen, um sich gesund zu ernähren und gesund zu leben. In Armenvierteln breiten sich die Fast-Food-Restaurants besonders schnell aus. In vielen Familien wird überhaupt nicht mehr gekocht, weil man keine gemeinsamen Mahlzeiten mehr zu sich nimmt. Doch wer vier- bis fünfmal in der Woche bei McDonald's oder Taco Bell essen geht, gibt weit mehr Geld aus als Selbstversorger zu Hause, denn Fast Food ist nicht billig. Vor allem schwarze Familien in den Städten, die das Kochen zu Hause verlernt haben, versinken dadurch noch tiefer in Armut, wo Unterernährung und Fettsucht oft Hand in Hand miteinander gehen.

In Amerika wächst eine neue Generation heran, in der schon jedes vierte Kind übergewichtig und jedes zehnte fettsüchtig ist. Eltern und Erzieher könnten dagegen einschreiten, aber eine auf Toleranz aufbauende pädagogische Kultur trägt zur Fettleibigkeit bei: Viele Eltern trauen sich nicht, ihre Kinder zum Abnehmen zu drängen, weil sie Angst haben, damit ihrem Selbstbewusstsein zu schaden. Hinzu kommt, dass sich auch in den Schulen Fast Food immer mehr ausbreitet. Denn die Konzerne nutzen die Geldnot der Schulbezirke dazu, Lehrmittel zur Verfügung zu stellen, die in erster Linie als Werbeträger für die eigenen Produkte dienen.

Fettleibigkeit trägt wesentlich zum Anstieg der Gesundheitskosten bei; die von der Fast-Food-Industrie verursachten Zusatzkosten sind nach manchen Berechnungen doppelt so hoch wie deren Gewinne. Nicht mehr das Rauchen, sondern Fast Food gilt heute in den USA als Killer Nummer eins. Kein Wunder, dass die ersten Opfer der Fettsucht begonnen haben, McDonald's und andere Nahrungsmittelkonzerne nach dem Vorbild der Millionenklagen gegen Tabakkonzerne gerichtlich zu belangen. 2000 klagte ein fettsüchtiger Mann gegen mehrere Fast-Food-Ketten und machte sie für seine Diabetes und Herzbeschwerden verantwortlich. Zwei übergewichtige Jugendliche in New York zogen gegen McDonald's vor Gericht mit dem Vorwurf, dass der Konzern durch gezielte Werbung Kinder zu ungesundem Essen verführe. Richter Robert Sweet wies die Klage zwar zweimal ab, machte aber deutlich, dass eine besser formulierte und vorbereitete Klage in Zukunft mehr Erfolg haben könnte.

McWorld

Weit mehr als im eigenen Land steht McDonald's im Rest der Welt unter Beschuss, obwohl der Konzern gerade in Europa, Asien und Lateinamerika im vergangenen Jahrzehnt ein enormes Wachstum aufwies. Für viele Menschen in der Dritten Welt sind fettige Hamburger das Symbol für jenen westlichen Lebensstandard, von dem sie träumen. Doch für andere steht McDonald's für die Auswüchse der Globalisierung und für die dunklen Seiten der amerikanischen Außenpolitik. So erklärten etwa die Gründer der Slow-Food-Bewegung in ihrem Manifest im Dezember 1989: »Lasst uns den Geschmack und Genuss der regionalen Küche wieder entdecken und die zerstörerischen Einflüsse des Fast Foods verbannen.«

Vor allem in Frankreich machte der Bauernführer José Bové den Kampf gegen McDonald's zum Angelpunkt seiner Anti-Globalisierungskampagne und musste wegen Zerstörung einer McDonald's-Filiale ins Gefängnis. Tatsächlich aber sind Bovés Landsleute für die Verlockungen von McDonald's besonders anfällig: In keinem anderen kontinentaleuropäischen Land gibt es so viele McDonald's-Filialen wie im Mekka der Nouvelle Cuisine, nirgendwo sonst wächst die Schnellimbisskette so schnell.

Negativ war für McDonald's ein Verleumdungsprozess, den der Konzern 1990 gegen zwei britische Aktivisten in London angestrengt hatte. Zwar wurden die beiden zu Geldstrafen verurteilt, aber das jahrelange Verfahren, das sich durch zahlreiche Instanzen wand, brachte so viele negative Fakten über die Arbeits-, Produktions- und Werbepraktiken des Konzerns ans Tageslicht, dass er sich bald als PR-Fiasko entpuppte.

»McWorld« nannte der Soziologe Benjamin Barber die durch amerikanische Produkte, Botschaften und Werte total homogenisierte internationale Kultur. Obwohl die goldenen Bögen heute in fast jeder Stadt der Welt zu sehen sind, darf man den globalen Einfluss von McDonald's nicht überschätzen. Weder in Frankreich noch irgendwo außerhalb der USA haben Big Mac und andere Fast-Food-Produkte die traditionelle Essens- und Restaurantkultur so stark verdrängt, wie es in Amerika geschehen ist. Die Hauptopfer der Fast-Food-Industrie sind die Amerikaner selbst.

Speisen aus Frankensteins Labor

Anders sieht es allerdings bei einem anderen großen Nahrungsmittelthema aus, das die USA in Konflikt mit anderen Ländern bringt. Die Ausbreitung genetisch modifizierter Organismen (GMO) ist ein globales Phänomen, das von amerikanischen Saatgut- und Chemiekonzernen vorangetrieben wird. Kein Mensch kann gezwungen werden, ein Fast-Food-Restaurant zu betreten und einen Big Mac zu bestellen. Doch wenn einmal die Mehrzahl der Soja-, Mais- und Baumwollsaaten genetisch verändert sind, haben die natürlichen Arten – und damit auch die Verbraucher – kaum noch eine Chance.

Ende der neunziger Jahre breiteten sich GMO-Techniken in den USA immer rascher aus. Im Jahr 2000 waren bereits mehr als ein Viertel des Maises und mehr als die Hälfte der Sojapflanzen in den USA genetisch verändert. Die wissenschaftliche und politische Debatte über Gentechnik ist noch nicht ausgestanden, und die bisher vorhandenen Erkenntnisse deuten darauf hin, dass genetisch veränderte Pflanzen kein besonderes Risiko darstellen – anders als etwa Fast Food, dessen Gesundheitsschädlichkeit außer Zweifel steht. Doch die Versprechungen der großen Agrarkonzerne wie Monsanto, Dupont/Pioneer, Dow/Mycogen in den USA und Bayer, BASF und Syngenta in Europa, dass Gentechnik einen sparsameren Einsatz von Pestiziden erlauben und zu höheren Erträgen in der Dritten Welt führen würde, haben sich bisher nicht erfüllt. Neue Pflanzensorten wie Bt Corn und Roundup Ready Sojabohnen sind weder gesünder noch umweltschonender als die natürlichen Varianten, erfordern aber einen höheren Einsatz an Chemie und Technik in der Landwirtschaft und steigern die Gewinne der Agrarindustrie.

Die massiven Zweifel der meisten Staaten an der Sicherheit von GMO schwappen allmählich auch auf die USA über. Zwar steht die Bush-Regierung hinter ihren Agrarkonzernen und verklagte 2003 die EU wegen ihres Zulassungsstopps für genetisch verändertes Saatgut bei der Welthandelsorganisation WTO, aber schon seit einigen Jahren geht der GMO-Anteil in der amerikanischen Landwirtschaft wieder zurück. Der weltweite Widerstand gegen die Gentechnik bedroht das Exportgeschäft amerikanischer Bauern, und Umfragen zeigen, dass die meisten Verbraucher natürliche Produkte den genetisch veränderten vorziehen.

Um genetisch veränderte Produkte überhaupt verkaufen zu können, müssen die Konzerne darauf achten, dass der GMO-Gehalt dem Käufer nicht auffällt. Anders als in fast allen anderen Staaten der Welt gibt es in den USA deshalb keine Kennzeichnungspflicht für genetisch veränderte Lebensmittel. Als Argument gegen eine Kennzeichnungspflicht wird angeführt, dass ein kleiner GMO-Anteil nicht gesundheitsschädlich wirkt und meist gar nicht festzustellen ist. Aber bisher wurde auch die Sicherheit der Gentechnik in der Landwirtschaft noch nicht bewiesen. Ohne Kennzeichnung sind die Verbraucher der Ehrlichkeit von Konzernen ausgeliefert, die in der Vergangenheit ihre Gewinnziele immer über die Interessen der Verbraucher gestellt haben.

28
Nation unter Gott: Bigotterie und Puritanismus

Trotz der in der Verfassung verankerten Trennung von Kirche und Staat nimmt die Religiosität in den USA immer mehr zu, erfasst die Politik und das öffentliche Leben. Die Zulassung von Schulgebeten in öffentlichen Schulen und die Einschränkung des Rechts auf Abtreibung gehören zu den Hauptanliegen der rechten Republikaner. Dazu kommt ein verklemmter Umgang mit Sexualität.

Wer erstmals die USA besucht und am Sonntagmorgen den Fernseher einschaltet, wird Zeuge eines seltsamen kulturellen Phänomens: Auf fast allen Sendern treten Männer in dunklen Anzügen auf, die mit flammenden Predigten über die Erlösung durch Jesus und die Versuchung durch den Teufel die begeisterten Gläubigen in ihren Bann schlagen. Die »Televangelisten« sind bloß der sichtbarste Aspekt jenes nationalen Charakterzugs, der die USA von fast allen anderen Industrieländern unterscheidet: die tiefe Religiosität, die bis in die Anfänge der Besiedelung Nordamerikas zurückreicht.

Im gelobten Land

Als der französische Politiker und Schriftsteller Alexis de Tocqueville 1830 die USA bereiste, fiel ihm als Erstes der religiöse Charakter der jungen Nation auf. »Religion in Amerika muss als die wichtigste politische Institution des Landes angesehen werden«, schrieb er einige Jahre später in seinem Werk *Über die Demokratie in Amerika*. Heute würde Tocqueville wohl zum gleichen Schluss kommen: Während Europa seit 1945 zunehmend säkular geworden ist, hat die Gläubigkeit in den USA zugenommen. Heute werden die USA von einem Präsidenten regiert, für den

Jesus der größte Weise aller Zeiten war und der jede Kabinetts-
sitzung mit einem Gebet eröffnet. Umfragen zeigen, dass sechs
von zehn Amerikanern Religion als besonders wichtig in ihrem
Leben empfinden. In Kanada behauptet das nur ein Drittel, in
Deutschland gar nur ein Fünftel der Bürger. Mehr als 90 Prozent
der Amerikaner glauben an ein höheres Wesen, 60 Prozent sind
Mitglied einer Religionsgemeinschaft, fast die Hälfte besucht
nach eigenen Angaben regelmäßig Gottesdienste und 36 Prozent
betrachten die Bibel als Gottes Wort. Die Amerikaner stehen
in ihrer Einstellung zu Gott den Lateinamerikanern und sogar
muslimischen Ländern näher als den meisten Europäern.

Land	Anteil	Land	Anteil
Indonesien	95 %	Großbritannien	33 %
Pakistan	91 %	Kanada	30 %
Brasilien	77 %	Deutschland	21 %
USA	**59 %**	Japan	12 %
Mexiko	57 %	Frankreich	11 %
Polen	36 %		

Positive Antworten auf die Aussage: »Religion ist mir sehr wichtig«
(*Quelle:* Pew Global Attitudes Project, 2002)

Gleichzeitig verfügen die USA über eine Verfassung, die Staat
und Religion strikt trennt – stärker als beispielsweise das deutsche Grundgesetz. Der so wichtige 1. Verfassungszusatz, in dem
unter anderem Meinungs- und Pressefreiheit garantiert werden,
bestimmt auch, dass der Staat weder eine Religion etablieren
noch die Ausübung eines Glaubens verbieten darf. So ist es in
den USA unvorstellbar, dass der Staat die Kirchensteuer eintreibt.
Der Kontrast zwischen religiöser Gesinnung und säkularer Ver-
fassungsideologie ist eines der hervorstechenden Merkmale der
amerikanischen Politik und eine ständige Quelle für Debatten
und Konflikte.

Dieser Widerspruch lässt sich mit der Entstehungsgeschichte
der USA erklären: Viele der frühen Siedler waren Flüchtlinge vor
religiöser Verfolgung in Europa, die zwar Toleranz suchten, diese

aber innerhalb ihrer Gemeinden ablehnten. Das beste Beispiel dafür waren die strenggläubigen Puritaner, die das Gebiet um Boston besiedelten und dort eine unduldsame Gottesherrschaft errichteten. Die berüchtigte Hexenjagd von Salem Ende des 17. Jahrhunderts gilt bis heute als Beispiel für die Auswüchse eines religiösen Fanatismus.

Die Gründerväter, die 1787 die amerikanische Verfassung schrieben, waren hingegen Kinder der Aufklärung. Als Deisten glaubten sie daran, dass Gott die Welt geschaffen hat, sich aber nicht in das Weltgeschehen einmischt. Sie erkannten zu Recht, dass das von ihnen gewünschte Staatsgebilde nur funktionieren könne, wenn keine Religion über die anderen dominiere. Aus dieser Idee heraus entstand das Konzept der »Trennmauer« zwischen Kirche und Staat, das Thomas Jefferson in einem Brief formulierte.

Die Trennung von Kirche und Staat erfüllte vor allem den Zweck, die Religion vor dem Staat zu schützen, nicht aber den Staat vor der Religion. Auch wenn das amerikanische Staatswesen keinem Glauben den Vorzug gab, so war es stets mit grundsätzlichen moralisch-religiösen Konzepten verknüpft. Zudem zeigte der amerikanische Patriotismus Züge einer säkularen Religion (→ Kapitel 29). Deshalb störte es nur wenige Menschen, als Mitte der fünfziger Jahre, auf dem Höhepunkt des Kalten Kriegs gegen die »gottlosen« Kommunisten in der Sowjetunion und in China, die Formel »In God We Trust« (»Wir vertrauen auf Gott«) auf die amerikanischen Dollar-Noten geschrieben wurde oder der traditionelle Fahneneid um die vier Worte »one Nation under God« (»eine Nation unter Gott«) erweitert wurde. Millionen von Amerikanern sind seither mit dieser Formel aufgewachsen.

Umso größer war für viele Amerikaner der Schock, als das für die Westküste zuständige Appellationsgericht im Juni 2002 – mitten in der religiös-patriotischen Aufwallung nach den Terroranschlägen des 11. September 2001 – den Zusatz zum Fahneneid für verfassungswidrig erklärte. Das Urteil hatte zunächst keine Konsequenzen, weil der Fall an den Obersten Gerichtshof weitergeleitet wurde. Für christliche Konservative wirkte dieser Angriff auf Gott wie ein weiterer Terrorakt gegen die Vereinigten Staaten.

Insgesamt hat die Trennmauer der Verfassung bisher gehalten:

Eine zutiefst religiöse Nation bleibt in ihrer Gesetzgebung von theokratischen Tendenzen verschont. Im Gegensatz zu Europa gibt es weder staatlich organisierten Religionsunterricht noch – mit der Ausnahme von Weihnachten – einen offiziellen Feiertag mit religiösem Hintergrund. Als 2003 der höchste Richter in Alabama versuchte, eine Statue mit den Zehn Geboten in seinem Gerichtsgebäude aufzustellen, wurde er trotz massiver Unterstützung aus der Bevölkerung dazu gezwungen, das religiöse Symbol wieder abzubauen.

Der politische Radikalismus vieler früher Religionsgemeinschaften wurde von der gesetzlich verankerten Trennung zwischen Staat und Kirche nicht berührt. In der unruhigen Ära der Westkolonisierung klammerten sich viele Siedler an einen möglichst strengen Glauben, der ihnen Halt und Hoffnung gab, und suchten ihre Inspiration vor allem im Alten Testament. Viele verglichen sich mit den Israeliten in der Wüste von Sinai und verbanden damit die Idee eines Bunds mit Gott. Dieser »covenant« vereinte Gott, das Volk und das Land – die USA wurden in dieser Mythologie zum gelobten Land.

Seit dem 18. Jahrhundert erlebten die USA mehrere Wellen der religiösen Erneuerung, das sogenannte »great awakening«. Vielen Protestanten waren die etablierten Gemeinden nicht streng genug, weshalb sie ihr Heil bei jungen Gemeinschaften wie den Methodisten und Baptisten suchten, die von ihren Anhängern einen betont religiösen Lebenswandel verlangten. Im 19. Jahrhundert entstand mit der »Kirche der Heiligen der letzten Tage« sogar eine völlig neue Religion, die auf dem Buch von Mormon beruhte, das Kirchengründer Joseph Smith angeblich 1827 von einem Engel offenbart wurde. Angefeindet wegen Vielweiberei und anderen ungewöhnlichen Glaubensinhalten zogen die Mormonen 1847 nach Utah, wo sie in Salt Lake City ihren Gottesstaat errichteten, sich später aber den USA anschlossen und deren säkularen Gesetzen unterwarfen. Das bedeutete vor allem den Verzicht auf die Vielehe.

Erst um die Jahrhundertwende begann dank massiver Einwanderung aus Süd- und Osteuropa die Zahl der Katholiken anzusteigen. Europas Religionskonflikte erlebten eine Neuauflage in einem massiven Anti-Katholizismus der protestantischen Mehrheit, der neben religiösen Argumenten auch eine starke ethnische und soziale Komponente hatte. Das Gleiche galt für die

Juden, die vor allem vor der Verfolgung im zaristischen Russland in die freien USA flüchteten und dort von weiten Teilen der amerikanischen Bevölkerung mit offenem Antisemitismus begrüßt wurden (→ Kapitel 5).

Heute ist die katholische Kirche die größte Religionsgemeinschaft in den USA. Den Ton in Gesellschaft und Politik bestimmen aber die zahlreichen protestantischen Gemeinden, unter denen fundamentalistisch orientierte Gruppen wie die Mormonen, Baptisten und Pfingstgemeinden auf Kosten der etablierten Kirchen wachsen. Vor allem in ländlichen Gebieten und den weißen Vororten im Süden und im Westen der USA sprießen neue und strenggläubige Kirchen. Deren Mitglieder bauen eine persönliche Beziehung zu Jesus auf, verfechten eine wörtliche Interpretation der Bibel, tun ihren Glauben bei jeder Gelegenheit öffentlich kund und versuchen oft, ihn durch Missionierung im eigenen Land und in Übersee zu verbreiten. Auch die Mehrheit der Schwarzen ist sehr religiös und die Einwanderung Millionen überzeugter Katholiken aus Lateinamerika gleicht in der katholischen Kirche den Mitgliederschwund aus, unter dem sie in den USA genauso leidet wie in Europa.

	Zahl	Anteil
Katholiken	61,2 Mio.	22 %
Baptisten	33,2 Mio.	12 %
Methodisten	14,2 Mio.	5 %
Pfingstgemeinden	11,1 Mio.	4 %
Lutheraner	8,3 Mio.	3 %
Orthodoxe	5,0 Mio.	2 %
Mormonen	5,0 Mio.	2 %
Presbyterianer	4,2 Mio.	1,5 %
Juden	3,5 Mio.	1,3 %
Muslime	3,3 Mio.	1,2 %
Anglikaner	2,5 Mio.	0,9 %

Die größten Religionsgemeinschaften in den USA im Jahr 1998
(*Quelle:* Udo Sautter. Die Vereinigten Staaten – Daten. Fakten. Dokumente)

An Einfluss gewinnen auch solche Gruppen, die sich mit der Apokalypse beschäftigen und dabei ihre Inspiration aus der Offenbarung des Johannes beziehen, wo das Kommen des Jüngsten Gerichts beschrieben wird. 59 Prozent aller Amerikaner sind laut einer Umfrage überzeugt, dass die Johannes-Offenbarung sich erfüllen wird. Das erklärt den Erfolg der christlichen Science-Fiction-Serie *Left Behind*, deren Bände seit 1995 mehr als 50 Millionen Mal verkauft wurden. Ausgangspunkt ist ein apokalyptisches Ereignis, mit dem sich christliche Fundamentalisten gerne beschäftigen: Vor der Wiederkehr Christi werden alle Unschuldigen in den Himmel entrückt und nur die Sündigen zurückgelassen. Von denen bekehren sich einige zum wahren Glauben und bekämpfen gemeinsam den Antichrist, der als UN-Generalsekretär die Welt zu unterjochen versucht – eine unverhohlene außenpolitische Botschaft, die viel über die feindliche Einstellung konservativer Amerikaner zu internationalen Organisationen aussagt. Auch der Antikommunismus des Kalten Kriegs und die Ablehnung vieler Amerikaner gegenüber der Zentralgewalt in Washington wurde und wird von diesen Weltuntergangsideen inspiriert.

Die aggressiven jungen Kirchen sind höchst erfolgreich beim Werben von Mitgliedern und Sammeln von Spenden. Ihre Gottesdienste finden häufig in riesigen Veranstaltungszentren statt und sind mit Musik und Show-Elementen besonders für die Jugend attraktiv. Auch Wunderheilungen und andere Erscheinungen, die in den traditionellen Kirchen als Aberglaube abgetan werden, gehören bei vielen Kirchen zum sonntäglichen Programm. Viele religiöse Gruppen bauen Medienkonzerne auf und dominieren in einigen Teilen Amerikas die Fernseh- und Radiolandschaft. Rund 200 christliche Fernsehsender und 1500 Radiostationen gibt es in den USA – jedes Jahr werden es mehr.

Manche dieser Bewegungen erfüllen dringliche gesellschaftspolitische Bedürfnisse: In einer Gesellschaft, in der viele glauben, dass den Menschen die Orientierung fehlt, fördern sie ethische Werte und soziale Verantwortung. Millionen von Amerikanern engagieren sich in ihrer Freizeit für karitative und soziale Zwecke, meist unter dem Schirm ihrer Glaubensgemeinde. 1990 gründete zum Beispiel der Football-Trainer der University of Colorado, Bill McCartney, die Massenbewegung »Promise Keepers«, die sich der moralischen Stärkung des starken Geschlechts widmet. In Football-Stadien kamen in verschiedenen Städten jeweils Zehntausende Männer zusammen, die dort im Namen Gottes gelobten, ihren Ehefrauen treu zu bleiben und sich mehr um ihre Kinder zu kümmern.

Schule und Religion

Immer wieder nahmen fundamentalistische protestantische Gruppen auf politische Entscheidungen Einfluss, die sich häufig nicht in das übliche Links-Rechts-Spektrum einordnen ließen. So wurde im 19. Jahrhundert der Kampf gegen Sklaverei und Armut von religiösen Gemeinden angeführt, ebenso die Kampagne für die Prohibition. In den zwanziger Jahren kämpften religiöse Führer aber auch dafür, Charles Darwins Evolutionstheorie aus den öffentlichen Schulen zu verbannen.

Der Kampf um Darwin erreichte 1925 den Höhepunkt, als in Dayton in Tennessee der Lehrer John Scopes vor Gericht gezerrt wurde, weil er gegen das staatliche Verbot des Evolutionsunterrichts verstoßen hatte. Scopes wurde im sogenannten »Monkey Trial« zu einer Geldstrafe von 100 Dollar verurteilt, die allerdings von einem Berufungsgericht aus formalen Gründen aufgehoben wurde. Die Evolutionstheorie setzte sich durch, blieb aber bis heute Zielscheibe von religiösen Aktivisten. Ab und zu gelingt es ihnen, den Kreationismus – also die auf der Bibel basierende Schöpfungstheorie – gleichberechtigt neben Darwins Lehre im Unterricht durchzusetzen.

Seit den dreißiger Jahren sank der Einfluss der Kirchen auf die Politik und wurde während der gesellschaftlichen Umbrüche der sechziger Jahre ähnlich wie in Europa weiter zurückgedrängt. Anders aber als in Europa lösten die neue Toleranz, »Flower Power« und die Frauenemanzipation eine massive Gegenbewegung aus, die immer noch die Politik des Landes prägt. Ende der siebziger Jahre organisierten sich christliche Gruppen rund um die »Moral Majority« des 2007 verstorbenen Predigers Jerry Falwell und den Televangelisten Pat Robertson, um die Politik wieder ihren konservativen Werten unterzuordnen. Sie wetterten gegen »sexuelle Ausschweifung«, antiautoritäre Erziehung, Aufklärungsunterricht an den Schulen und Homosexualität. Ihre Hasstriaden gegen alle liberalen Kräfte vergiften seither die US-Politik.

Zwei Urteile des Obersten Gerichtshofs trugen besonders zur politischen Mobilisierung von Amerikas Fundamentalisten bei: 1962 erklärte er, dass organisierte Schulgebete in öffentlichen Schulen das Verbot der staatlichen Etablierung einer Religion verletzen – selbst wenn die Gebete nur Gott erwähnten und kein Schüler gezwungen sei mitzubeten. Für Schüler gebe es keine echte Freiwilligkeit und sie dürften nicht unter Druck gesetzt werden, einen Glauben an Gott zu deklarieren, hieß es. Seither versuchen christliche Fundamentalisten, das Recht auf »freiwillige« Schulgebete wiederzugewinnen, und machen dies zu einer Frage der Menschenrechte. Rechtskonservative Radiomoderatoren wie Rush Limbaugh berichten regelmäßig von Fällen, in denen Kinder attackiert und bestraft wurden, weil sie eine Bibel in die Schule mitbrachten, ein Gebet auf ihre Schulhefte klebten oder beim Beten ertappt wurden. Doch in Wirklichkeit ist in vielen Gemeinden der Druck der Kirchen so stark, dass ein Aufweichen dieses Verbots viele Schulen rasch in Stätten religiöser Indoktrination verwandeln würde. Weil sie Schulgebete nicht durchsetzen können, versuchen christliche Aktivisten »ketzerische« Einflüsse von den Schulen fernzuhalten und betreiben etwa einen Kreuzzug gegen die Harry-Potter-Bücher, weil in ihnen Zauberei statt Religion herrscht.

Kampf gegen die Abtreibung

Ein großer Schock für Amerikas Gläubige war die Freigabe von Schwangerschaftsabbrüchen durch das Urteil des Obersten Gerichtshofs im Jahr 1973. Anders als in Europa waren es nicht gewählte Politiker, sondern ernannte Richter, die diese Grundsatzentscheidung fällten und das Abtreibungsrecht dabei mit Hinweis auf das verfassungsmäßige Recht von Frauen auf ihre Privatsphäre recht großzügig auslegten: Straffreiheit für Schwangerschaftsabbrüche bis zur 24. Woche und die Möglichkeit, in Notfällen auch später noch abtreiben zu lassen. Während in den meisten Industriestaaten Abtreibung kaum mehr ein politisches Thema ist, hat es in den USA entscheidend zur Polarisierung der letzten dreißig Jahre beigetragen. Die meisten Demokraten sind heute »pro choice«, also für Wahlfreiheit bei der Abtreibung, die meisten Republikaner »pro life«, also für das Recht auf Leben jedes Ungeborenen. Schon die Wortwahl zeigt, wie unversöhnlich die Positionen in diesem politischen Diskurs sind. Eine Ausnahme unter den Republikanern stellt Arnold Schwarzenegger dar, der sich »pro choice« engagiert und von einer breiten Wählerkoalition in Kalifornien zum Gouverneur gewählt wurde.

Seit 1973 konnten die Abtreibungsgegner einige Erfolge erzielen. Zahlreiche Bundesstaaten haben Wartefristen und verpflichtende Informationsgespräche vor einem Schwangerschaftsabbruch eingeführt und verlangen bei Jugendlichen die Zustimmung der Eltern zu einer Abtreibung. Viele dieser Maßnahmen wurden vom Obersten Gerichtshof akzeptiert, weil sie das Grundrecht auf Abtreibung nicht in Frage stellten.

Selbst wenn eine Mehrheit der höchsten Richter heute ihr Urteil von 1973 gerne verwerfen wollten, würden sie das aus Gründen der Rechtssicherheit und des Respekts gegenüber Präzedenzfällen im amerikanischen Rechtswesen kaum tun. Die Mehrheit der Amerikaner wünscht aber gewisse rechtliche Beschränkungen und lehnt beispielsweise Abtreibungen im letzten Drittel der Schwangerschaft, von Gegnern »Teilgeburtsabtreibungen« genannt, vehement ab. Ein Bundesgesetz, das solche Spätabtreibungen verbietet, wurde Ende 2003 von Präsident George W. Bush unterzeichnet und 2007 vom Obersten Gerichtshof für verfassungskonform erklärt.

Der größte Erfolg der Abtreibungsgegner ist, durch Einschüchterung und politischen Druck dafür gesorgt zu haben, dass in weiten Teilen Amerikas niemand bereit ist, einen Schwangerschaftsabbruch vorzunehmen. Abtreibungsärzte werden immer wieder von religiösen Fanatikern attackiert und in Einzelfällen sogar ermordet, Kliniken werden blockiert und abtreibungswillige Frauen drangsaliert. Die offiziell gemeldete Abtreibungsrate von 29,3 Eingriffen pro tausend Frauen im Alter zwischen 15 und 44 Jahren im Jahr 1980 ist auf 19,4 im Jahr 2005 zurückgegangen.

Das mag mit besserer Geburtenkontrolle zu tun haben, aber auch mit den Schwierigkeiten vieler Frauen, eine Abtreibung durchzuführen. Der hohe Anteil unehelicher Geburten in einem Land, in dem die Ehe noch als Fundament der Gesellschaft gilt, deutet eher auf das Letztere.

Zielscheibe der Anti-Abtreibungslobby ist seit einigen Jahren embryonale Stammzellenforschung. Dank ihres Einflusses ist diese in den USA stärkeren Einschränkungen unterworfen als beispielsweise in Großbritannien, was bereits zur Abwanderung von Forschern geführt hat. Auch die Euthanasiedebatte, bei der es um das Recht auf einen humanen Tod geht – zum Beispiel in Fällen unheilbarer Krankheit –, wird entscheidend von der Pro-life-Bewegung geprägt, die in Präsident George W. Bush ihren stärksten Verbündeten besitzt. Obwohl dieses Thema eindeutig in die Zuständigkeit der einzelnen Bundesstaaten fällt, hatte das Justizministerium in Washington mit allen juristischen Tricks versucht, ein liberales Euthanasiegesetz in Oregon zu blockieren. Es wurde schließlich 2006 vom Obersten Gerichtshof in die Schranken gewiesen.

Weltweite Aufmerksamkeit erregte zwischen 2001 und 2005 der Fall von Terri Schiavo, einer jungen Frau aus Florida, die mehr als ein Jahrzehnt im Koma lag. Ihr Ehemann Michael akzeptierte die Diagnose der Ärzte, wonach seine Frau keine Chance auf ein Wiedererwachen hatte, und kämpfte darum, die künstliche Ernährung zu beenden und Terri sterben zu lassen.

Doch Terris Eltern wollten die Hoffnung nicht aufgeben. Als ein Gericht im Oktober 2003 die Anweisung gab, die Ernährungssonde zu entfernen, wurde der Fall zum Politikum. Auf Drängen von Floridas Gouverneur Jeb Bush verabschiedete das Parlament von Florida ein eigenes Gesetz, das dem Präsidentenbruder das Recht gab, die künstliche Ernährung anzuordnen.

Der Oberste Gerichtshof von Florida erklärte das Gesetz allerdings für verfassungswidrig, die Sonde wurde am 18. März 2005 wieder entfernt. Diesmal schalteten sich auch das Weiße Haus und die Republikaner im Kongress ein, die in einer Sondersitzung ein Gesetz zur Rettung von Terri Schiavo verabschiedeten. Doch die Gerichte behielten die Oberhand und ließen die Frau sterben.

Nach dem Tod wurde in einer Autopsie ein so schwerwiegender Hirnschaden festgestellt, dass keine Behandlung ihr hätte helfen können. Die christliche Rechte sah sich im Fall Schiavo auf die Barrikaden gerufen, aber Umfragen ergaben, dass die Mehrheit der Amerikaner das Eingreifen der Bush-Brüder und des Kongresses in diesem Fall ablehnte.

Sex und Politik

Der Kampf der Fundamentalisten wurde in den letzten Jahren auf Homosexuelle und die Homo-Ehe ausgedehnt, die immer mehr Akzeptanz findet. Laut Umfragen des Gallup-Instituts ist der Anteil der Amerikaner, die eine Heirat von Schwulen und Lesben unterstützen, von 27 Prozent im Jahr 1996 auf 38 Prozent im Jahr 2006 gestiegen. Um diese Entwicklung abzuwehren, unterzeichnete Präsident Bill Clinton zwar 1996 den vom Kongress verabschiedeten Defense of Marriage Act, der Ehe als Bund zwischen Mann und Frau definiert, doch fürchten viele Konservative, dass Gerichte in liberal gesinnten Bundesstaaten dieses Gesetz als gleichheitswidrig aufheben könnten oder dass sich homosexuelle Paare die Anerkennung einer im Ausland geschlossenen Ehe erkämpfen könnten.

Die Kampagnen der christlichen Rechten verstärken die verklemmte Einstellung vieler Amerikaner zur Sexualität. Ein Streifzug durch die Gesetzbücher mancher Bundesstaaten erscheint wie eine Zeitreise ins 19. Jahrhundert. Bis vor wenigen Jahren waren dort heterosexueller Oral- und Analverkehr verboten, in einigen Fällen sogar die Missionarsstellung als einzig legale Position festgeschrieben. Erst im Sommer 2003 hob der Oberste Gerichtshof ein Gesetz in Texas auf, das gleichgeschlechtlichen Oral- oder Analverkehr untersagte.

Europäer zeigen sich immer wieder von der Prüderie der Amerikaner überrascht, vor allem über ihre Probleme mit dem nackten Körper. »Oben ohne« sonnenzubaden ist nur an wenigen Stränden in Miami Beach möglich und sonst verpönt. Saunabesucher müssen meist einen Badeanzug tragen – nicht nur in gemischten Saunas. Zeitungen, Magazine und Fernsehserien sind zwar voll aufreizender Bilder, würden aber nie einen weiblichen Busen zeigen.

In den letzten Jahren waren es weniger traditionelle Moralvorstellungen als die Sorge um Kindesmissbrauch und sexuelle Nötigung, die zu neuen Tabus führten. Selbst unter Kindern werden manche Berührungen streng geahndet, und an vielen Universitäten wurden im Namen der »political correctness« strenge Regelwerke für das Verhalten von Studenten im Umgang mit dem anderen Geschlecht verfasst, die rüde Gesten, Witze und manchmal sogar Anstarren als sexuelle Übergriffe definieren.

Vor allem Beziehungen zwischen Lehrern und Studenten, in den siebziger Jahren noch weit verbreitet, sind fast überall verboten. Viele Unternehmen haben ebenfalls Schritte unternommen, sexuelle Belästigungen am Arbeitsplatz zu unterbinden – in erster Linie, um sich vor teuren Schadenersatzklagen zu schützen. Ein unbekümmerter Kontakt zwischen Kollegen wird damit fast unmöglich. Derselbe puritanische Geist, der den Amerikanern einst ihr Verhalten im Ehebett vorschreiben wollte, durchweht heute die Kampagnen gegen sexuelle Übergriffe.

Die Debatte um sexuelle Belästigung am Arbeitsplatz wurde zu einem nationalen Drama, als Präsident George Bush sr. 1991 den schwarzen Juristen Clarence Thomas als Richter am Obersten Gerichtshof ernannte. Thomas war ein ausgeprägter Konservativer, der als Jurist keinen besonders guten Ruf genoss. Während der Senatsanhörungen wurde er von einer ehemaligen Mitarbeiterin, der ebenfalls schwarzen Rechtsprofessorin Anita Hill, der sexuellen Belästigung beschuldigt. Unter großer Anteilnahme der Medien wies Thomas die – wahrscheinlich wahren – Vorwürfe zurück und wurde schließlich mit knapper Mehrheit vom Senat bestätigt.

Sex und Politik wurden in den achtziger Jahren zu einer explosiven Mischung. Hatten die amerikanischen Medien die Seitensprünge von Präsident John F. Kennedy noch übergangen, so war der attraktive Demokrat Gary Hart 1988 der erste Präsidentschaftskandidat, der wegen einer außerehelichen Affäre aufgeben musste. Übermütig hatte Hart Journalisten aufgefordert, sie sollten ihm den Fehltritt nachweisen, und wurde wenig später turtelnd mit dem Model Donna Rice ertappt.

Bei Bill Clinton war das anders. Der charismatische Gouverneur von Arkansas hatte den Ruf eines Frauenhelden und wurde in den Vorwahlen 1992 beinahe durch die Enthüllungen seiner angeblichen Ex-Geliebten Jennifer Flowers aus dem Rennen geworfen, doch der Einsatz seiner Ehefrau Hillary, die sich im Fernsehen hinter ihren Mann stellte, rettete ihm die Kandidatur. Clintons Wahl zum Präsidenten war für viele christliche Konservative ein Schlag ins Gesicht: Für sie war Clinton Symbol der unmoralischen Gegenkultur der sechziger Jahre, die sie so sehr hassten. Als er als erste Maßnahme im Weißen Haus das Homosexuellenverbot in den Streitkräften aufzuheben versuchte, bestätigte er ihre schlimmsten Befürchtungen. Die Rechten verfolgten Clinton mit unvorstellbarem Hass und nutzten jede Gelegenheit, ihm zu schaden.

Diese bot sich, als der Kongress einen Sonderermittler einsetzte, um die angebliche Finanzaffäre um eine fehlgeschlagene Immobilieninvestition der Clintons in den achtziger Jahren zu untersuchen, und als eine frühere Staatsangestellte in Arkansas den Präsidenten beschuldigte, sie sexuell belästigt zu haben. Die Affären um Whitewater und Paula Jones kamen schließlich zusammen: 1997 entschied der Oberste Gerichtshof, dass Jones Clinton vor einem Zivilgericht verklagen durfte, noch während er im Amt war.

Sonderermittler Kenneth Starr setzte daraufhin seine weitreichenden Befugnisse dafür ein, Clinton im Jones-Prozess eine juristische Falle zu stellen: So wurde Clinton während der Vorermittlungen gefragt, ob er mit anderen Frauen sexuelle Beziehungen hatte. Dabei wurde auch der Name seiner Praktikantin Monica Lewinsky genannt. Der Präsident bestritt eine solche Affäre, ohne zu wissen, dass Starr inzwischen Tonbandaufnahmen besaß, in der Lewinsky ihrer Kollegin Linda Tripp ihr Verhältnis beichtete. Clinton war bei einer Lüge ertappt worden, die ihm von den Republikanern als Meineid ausgelegt wurde.

Starr eröffnete eine Untersuchung, in der er jedes Detail von Clintons Sexualleben wissen wollte und anschließend im Internet veröffentlichte. Die Lewinsky-Affäre beherrschte monatelang die Medien und die politische Debatte in Washington. Lange Zeit bestritt der Präsident eine Affäre mit Lewinsky, musste aber schließlich im August 1998 seiner Frau Hillary und der Öffentlichkeit eingestehen, die Unwahrheit gesagt zu haben.

Im Kongress leiteten die Republikaner ein Absetzungsverfahren ein, das im Senat allerdings an der notwendigen Zweidrittel-Mehrheit scheiterte. Kurz darauf erlitten die Republikaner bei den Kongresswahlen überraschend hohe Verluste: Die Amerikaner hatten von der Dauerbeschäftigung mit Sex genug. Doch Clinton blieb bis zum Ende seiner Amtszeit politisch angeschlagen. Letztlich erreichte die »riesige rechtsgerichtete Verschwörung« gegen Clinton, von der Hillary Clinton zu Recht sprach, ihr Ziel: Die Demokraten erlitten bei den Präsidentschaftswahlen 2000 eine Niederlage und der Republikaner George W. Bush zog ins Weiße Haus ein.

Christentum und Politik

Die Einstellung zur Religion ist heute ein besserer Indikator für die politische Gesinnung eines Amerikaners als das Einkommen. Die Mehrheit der regelmäßigen Gottesdienstbesucher wählt republikanisch. Die Ablehnung der Abtreibung war zum Beispiel ein entscheidender Faktor, der 1980 Millionen von traditionellen Demokraten in den Südstaaten für die Republikaner stimmen ließ und so zum Wahlsieg Ronald Reagans über Jimmy Carter beitrug. Die Religiosität des wiedergeborenen Baptisten Carter war ihnen nicht genug. Sie vertrauten Reagan, der zwar geschieden war und nur selten in die Kirche ging, aber das politische Programm der christlichen Rechten vertrat. Reagan umgab sich zwar mit einigen Fundamentalisten – sein Innenminister James Watt meinte etwa, Umweltschutz sei angesichts des nahenden Weltuntergangs unnötig –, beschränkte sich aber meist auf symbolische Gesten zugunsten der christlichen Rechten. Deren Anhänger bilden in der republikanischen Partei einen entscheidenden Machtfaktor: Als sich der populäre Kandidat John McCain 2000 gegen den Einfluss der Fundamentalisten aussprach, wurde er in den Vorwahlen von George W. Bush besiegt.

Für die christliche Rechte ist Bush ein Gottesgeschenk. Er ist ein tiefgläubiger Mensch, der Religion nicht nur als persönliche Haltung, sondern als politische Mission betrachtet. Seine eigene Lebensgeschichte gleicht den Schicksalen, die in den Sonntagspredigten im Fernsehen erzählt werden: Bush war ein erfolgloser und orientierungsloser Geschäftsmann mit einem Hang zur Alkoholsucht, als er im Alter von 40 Jahren mit Hilfe seiner Frau Laura zu Gott fand. Er wurde ein wiedergeborener Methodist und richtete sein ganzes Leben nach dem Christentum aus. Sein Weg ins Weiße Haus war daher Gottes Wille. Sein Redenschreiber David Frum zitierte Bush folgendermaßen: »Ich hatte ein Alkoholproblem und eigentlich müsste ich jetzt in irgendeiner Bar in Texas sitzen und nicht im Weißen Haus. Es gibt nur einen Grund, warum ich im Weißen Haus bin: Ich habe zum Glauben gefunden. Ich bin hier durch die Macht Gottes.«

Ein Aspekt seines Glaubens war das Bekenntnis zum »mitfühlenden Konservativismus«, mit dem Bush im Wahlkampf 2000 viele gemäßigte Wähler für sich gewann. Sobald Bush jedoch im Weißen Haus saß, war von seiner sozialen Ader nicht mehr viel zu spüren. Die Anschläge vom 11. September 2001 auf New York und Washington verwandelten Bush in einen Gotteskrieger, der sich dem Kampf gegen den Terrorismus widmete. Er schloss sich zwar nicht den religiösen Führern wie Falwell und Robertson an, die die Terroranschläge als Strafe für Amerikas moralische Verfehlungen bezeichneten und den Islam verteufelten, dennoch wurde die amerikanische Außenpolitik bald zu einem Kampf zwischen Gut und Böse. Dabei stehen die USA natürlich auf Seiten des Guten und alle Kritiker von Bushs Politik sind Verbündete des Bösen – so wie die »Bösewichte« der Al-Kaida oder die »Achse des Bösen« mit den Staaten Irak, Iran und Nordkorea (→ Kapitel 37). Bushs Justizminister John Ashcroft, ein überzeugter Pfingstler, der weder trinkt noch tanzt und aus Abscheu vor dem Anblick eines weiblichen Busens die Statue der halbnackten Göttin Justitia in seinem Ministerium verhüllen ließ, führt den gleichen Kampf gegen Satans Verbündete im eigenen Land und setzt dafür zahlreiche Bürgerrechte außer Kraft.

War Carters Religiosität einst eine Quelle von Selbstzweifeln, die ihn als Führungspersönlichkeit schwächten, so wird Bush durch seinen Glauben zur Selbstgerechtigkeit verleitet, was ihn gegenüber anderslautenden Meinungen intolerant macht. Sein Glaube erspart dem Präsidenten das Nachdenken, schrieb der prominente Publizist und Clinton-Biograph Joe Klein im *Time Magazine*: »Er ist eine Quelle des Trosts und der Stärke, aber nicht der Weisheit.«

29
Fahnen und Gewehre:
Chauvinismus und Militarismus

Amerikaner zeigen keine Hemmungen im Umgang mit patrio-
tischen Gefühlen und Symbolen. Seit den Terroranschlägen auf
das World Trade Center schlägt dieser Patriotismus allerdings
oft in Chauvinismus um. Auch die Streitkräfte spielen eine grö-
ßere Rolle als in Europa – die amerikanische Gesellschaft ist zu
einem hohen Grad militarisiert.

Als am 11. September 2001 die Nachricht von den Terroranschlägen auf New York und Washington durch das Land ging,
reagierten Hunderttausende US-Bürger auf ihre Weise: Sie
hissten an ihren Häusern die Nationalfahne. In den folgenden
Tagen wurden die USA zu einem blau-weiß-roten Flaggenmeer:
Kein Gebäude und kaum ein Wagen, an dem nicht die »Stars and
Stripes« wehten. Bald waren alle Fahnen ausverkauft, die Fabriken kamen mit der Produktion kaum nach. »Eine Fahne kauft
man nicht, die muss man sich verdienen«, sagte ein verärgerter
Kriegsveteran, der Fahnen in der Nähe des World Trade Centers
verteilte.

Patriotismus

Die Fahne spielte immer schon eine besondere Rolle im Leben
der Vereinigten Staaten. An vielen Schulen wird sie jeden Morgen hochgezogen, während die Schüler den traditionellen Fahneneid sprechen. Sie weht von jedem öffentlichen Gebäude und
nicht nur rund um den Unabhängigkeitstag am 4. Juli von vielen Privathäusern. Doch in den Tagen der Trauer und des Zorns
nach dem 11. September 2001 wurde sie ebenso wie der öffent-

lich zur Schau getragene Patriotismus zur Obsession. Jede Rede war voller trotzig-patriotischer Bekenntnisse, und in Umfragen gaben 85 Prozent der Amerikaner an, die Terrorangriffe hätten sie noch patriotischer gemacht. Die Radiostationen spielten nur noch patriotische Lieder wie »God Bless America«, das der russisch-amerikanische Komponist Irving Berlin 1918 verfasst und damals selbst als zu schnulzig empfunden hatte, um es zu veröffentlichen; erst 1938 trat das Lied seinen Siegeszug als inoffizielle Hymne der Vereinigten Staaten an.

Schon vor den Terroranschlägen waren die USA die patriotischste Nation der Welt. Nationalstolz fiel zwar nach dem verlustreichen Vietnam-Krieg vorübergehend im öffentlichen Ansehen, doch schon unter Ronald Reagan setzte eine patriotische Renaissance ein, die immer noch anhält. Eine internationale Studie aus dem Jahr 1995 zeigte, dass 90 Prozent aller Amerikaner stolz auf ihre Nationalität waren, 80 Prozent ihr Land für besser als die meisten anderen hielten und 39 Prozent der Meinung waren, dass der Rest der Welt besser wäre, wenn er mehr den USA gliche. Die Amerikaner zeigten sich stolz auf ihre Demokratie, ihren politischen Einfluss in der Welt, ihre Geschichte und ihre Streitkräfte, ihre Leistungen in Wissenschaft, Wirtschaft und Sport. Selbst auf das löchrige soziale Sicherheitsnetz war fast die Hälfte der Befragten stolz oder sehr stolz. Acht Jahre später hatte nur ein Land in Sachen Patriotismus zu den USA aufgeschlossen: Venezuela, das vom amerikanischen Erzfeind Hugo Chavez regiert wird. Das Debakel im Irak hatte den Stolz der Amerikaner offenbar nicht geschmälert.

Schon vor 170 Jahren zeigte sich der französische Schriftsteller und Politiker Alexis de Tocqueville über diesen Charakterzug der Amerikaner verwundert. »Nichts ist peinlicher im Alltagsleben als der irritierende Patriotismus der Amerikaner«, schrieb er in seinem Buch *Über die Demokratie in Amerika*. Schon damals war es weniger die patriotische Einstellung, die viele Beobachter abschreckte, als die ständigen öffentlichen Bekenntnisse der Amerikaner zu ihrem Land.

Die USA pflegen schon seit jeher eine Bekenntniskultur, die religiöse Wurzeln hat. So wie Amerikaner ihren Glauben an Gott und Jesus öffentlich kundtun, vergewissern sie sich ständig gegenseitig ihrer Freundschaft oder Liebe. Aus amerikanischen Filmen weiß man zur Genüge, wie Eltern selbst banale Telefongespräche mit ihren Kindern mit einem »I love you, baby« beenden, auf das stets das »I love you, too« folgen muss. Was für europäische Ohren wie Hollywood-Kitsch wirkt, ist für Amerikaner eine ganz natürliche Floskel, die Intimität und Vertrauen stärkt.

Rang	Land	Allgemeiner Patriotismus (Skala von 0 bis 25)	Stolz auf bestimmte Leistungen (Skala von 0 bis 4)
1	USA	17,7	4,0
1	Venezuela	18,4	3,6
3	Australien	17,5	2,9
4	Österreich	17,4	2,4
5	Südafrika	17,0	2,7
6	Kanada	17,0	2,4
7	Chile	17,1	2,3
8	Neuseeland	16,6	2,6
9	Philippinen	16,7	2,3
10	Israel	16,2	2,3
11	Dänemark	16,6	1,7
11	Ungarn	17,0	1,6
11	Irland	15,3	2,9
14	Uruguay	16,1	2,0
15	Portugal	16,2	1,6
16	Finnland	16,1	1,8
17	Spanien	16,5	1,6
18	Japan	15,9	1,8
19	Großbritannien	15,1	2,2
20	Slowenien	16,1	1,1
21	Russland	16,7	1,3
24	Schweiz	14,3	1,6
28	Deutschland (West)	14,5	1,0
33	Deutschland (Ost)	14,2	0,7

Rangliste der patriotischsten Staaten
(*Quelle:* National Opinion Research Center. University of Chicago, 2006)

Land	»Ich bin stolz, Bürger meines Landes zu sein«	»Mein Land ist besser als die meisten anderen Länder«
USA	90 %	80 %
Österreich	83 %	64 %
Irland	85 %	70 %
Kanada	79 %	78 %
Großbritannien	71 %	53 %
Deutschland (Ost)	70 %	33 %
Deutschland (West)	63 %	35 %
Niederlande	48 %	44 %

Nationalstolz weltweit (*Quelle:* National Opinion Research Center, University of Chicago, 1995)

Amerikaner sind auf	sehr stolz	stolz
Demokratie	28 %	52 %
Politischen Welteinfluss	21 %	55 %
Wirtschaftsleistung	28 %	51 %
Soziale Sicherheit	14 %	35 %
Wissenschaft & Forschung	48 %	42 %
Sportliche Leistungen	36 %	48 %
Streitkräfte	47 %	40 %
Geschichte	48 %	37 %
Gleichbehandlung aller Gruppen	17 %	37 %

Nationalstolz in den USA (*Quelle:* National Opinion Research Center, University of Chicago, 1995)

Das Gleiche gilt für das Vaterland: Bei jeder Gelegenheit erklären Amerikaner ihre Liebe zu den Vereinigten Staaten und bezeichnen ihr Land als bestes, größtes und schönstes der Welt. Meist geht es ihnen dabei nicht darum, andere Staaten schlechter zu stellen; es reicht völlig, sich als Amerikaner gut zu fühlen. Im Sport zeigt sich dieser Nationalstolz besonders deutlich: Die populärsten Sportarten und Wettbewerbe sind jene, in denen praktisch nur US-Amerikaner – und gelegentlich Kanadier – mitspielen: Baseball, Football und Basketball. Das Siegerteam der amerikanischen Meisterschaft in diesen Disziplinen ist gleichzeitig Weltmeister, ohne dass es je gegen ein ausländisches Team antreten musste.

Warum aber müssen Amerikaner ständig ihren Patriotismus öffentlich bekunden? Die Schweizer Juristin und Politikerin Gret Haller führt das auf den Mangel an einer staatspolitischen Identität zurück. In Europa gehört der Einzelne allein schon deshalb zur Gesellschaft, weil er in sie hineingeboren wurde. Das Einwandererland USA verlangt von seinen Bürgern hingegen ein Bekenntnis zum »American Way of Life«, zur englischen Sprache, zur Verfassung und zur Fahne. Überraschenderweise gilt das auch für die Folgegenerationen: Die USA sind weniger eine Nation als eine Gesinnungsgemeinschaft, der man immer wieder Treue schwören muss. Man bekennt sich zu Gott wie zur Fahne, die dadurch fast zum religiösen Symbol wird. Die Frage, ob diese Fahne zerrissen oder verbrannt werden darf, beschäftigt Volksvertreter schon seit vielen Jahren. Mehrmals entschied der Oberste Gerichtshof, dass ein solcher Akt als Ausdruck der Meinungsfreiheit erlaubt sein muss. Dennoch werden regelmäßig im Kongress und in den Bundesstaaten Gesetze verabschiedet, die eine »Entweihung der Flagge der Vereinigten Staaten« unter Strafe stellen.

Positiv am amerikanischen Patriotismus ist die Tatsache, dass er nicht exklusiv ist: Abgesehen von Einwanderungsbeschränkungen kann jeder Erdenbürger Amerikaner werden, wenn er es will. Ein Weg dahin führt beispielsweise über die jährliche Green-Card-Lotterie, die 55 000 Einwanderungsvisa an Angehörige jener Staaten verlost, die bei der Einwanderung unterrepräsentiert sind. Der amerikanische Pass als Glückstreffer – das fügt sich in das Weltbild der Amerikaner. Die patriotische Welle nach dem 11. September 2001 war deshalb in erster Linie nicht gegen andere gerichtet, sondern eine Bekräftigung der nationalen Solidarität, die alle Bevölkerungsgruppen einschloss. Selbst muslimische Amerikaner betonten in diesen Tagen ihren Patriotismus und alle Spannungen zwischen Weißen, Schwarzen und anderen ethnischen Gruppen schienen plötzlich verschwunden.

Eine Schattenseite dieses Staatsbewusstseins ist die Unduldsamkeit der Amerikaner gegenüber Kritikern und Andersdenkenden. Zwar ist die Meinungsfreiheit in der Verfassung verankert, aber besonders seit den Terroranschlägen vom 11. September 2001 zeigte sich der Widerspruch zwischen Gedankenfreiheit und patriotischer Pflicht. Kritik an der Außenpolitik des Präsidenten galt als Parteinahme für die Feinde Amerikas und damit als Landesverrat. Das bekamen führende demokratische Politiker zu spüren, die es wagten, George W. Bush die erfolglose Jagd auf den mutmaßlichen Terrorpaten Osama bin Laden vorzuhalten; noch viel härter traf es den jungen Kalifornier John Walker Lindh, der nach der Invasion von Afghanistan inmitten der dortigen Taliban-Kämpfer festgenommen wurde. Walker konnte keines Delikts überführt werden, außer dass er nach seinem Übertritt zum Islam sich den »Feinden« der USA angeschlossen hatte. Für die amerikanische Öffentlichkeit galt das als Schwerverbrechen. Er bekannte sich schuldig und wurde zu 20 Jahren Haft verurteilt.

Eine weitere Facette des amerikanischen Chauvinismus ist die Neigung zu Arroganz und Selbstgerechtigkeit. Auch wenn sich die meisten Amerikaner kaum mit dem Rest der Welt beschäftigen, sind sie fest davon überzeugt, dass die USA allen anderen Nationen überlegen sind. Die Nachkommen jener Einwanderer, die Europa einst den Rücken gekehrt haben, sind immer noch damit beschäftigt, diese Entscheidung zu rechtfertigen. Typisch für diese Haltung sind die Worte des rechtskonservativen republikanischen Kongressabgeordneten Joe Pitts aus Pennsylvania: »Wir haben das Flugzeug erfunden, wir haben einen Mann zum Mond geflogen und wir haben Polio geheilt«, sagte er in einer patriotischen Rede am 14. Juni 2002. »Wir haben den Kaiser geschlagen und Europa vom Faschismus und Kommunismus befreit. Bald werden wir die Welt vom Terrorismus säubern. Kein anderes Land hat eine solche Erfolgsbilanz. Kein anderes Land hat so viel Grund zum Stolz wie unseres.« In kaum einem anderen demokratischen Land wäre eine solche Rede eines Vertreters der Regierungspartei vorstellbar.

Patriotismus ist heute eine Modeerscheinung, auch unter jungen Amerikanern. War es in den sechziger und siebziger Jahren noch an den Universitäten üblich, amerikanische Institutionen und Werte in Frage zu stellen, so sind heute die meisten Studenten konservativer und patriotischer als ihre Lehrer. Die Republikaner werden immer mehr die Partei der jungen Wähler, während die

Wählerschaft der Demokraten ergraut. Die Liebe zum Vaterland ist in den USA eng mit der Liebe zu Gott verknüpft, weshalb das Wachstum fundamentalistischer Kirchen auch dem Patriotismus neuen Auftrieb gibt. Selbst Linke gebärden sich gerne als feurige Patrioten und werfen den Konservativen vor, die wahren amerikanischen Werte zu verraten. *Dude, Where's my Country?* nannte der Satiriker und Filmemacher Michael Moore sein jüngstes Buch, in dem er der Bush-Regierung unamerikanisches Verhalten vorwarf.

Die meisten patriotischen Treueschwüre der letzten Jahre erwiesen sich allerdings oft als Lippenbekenntnisse. Die gleichen Amerikaner, die bei jeder Gelegenheit Fahnen schwingen, zögern, sobald ihr Land tatsächlich Opfer fordert. Die Bereitschaft, für den »Krieg gegen Terrorismus« oder andere Übel höhere Steuern oder andere finanzielle Opfer zu bringen, ist sehr gering. Präsident John F. Kennedys Aufruf, »wir werden jeden Preis bezahlen, jede Last tragen und jede Mühsal hinnehmen, um der Freiheit zum Erfolg zu verhelfen«, würde heute auf weit weniger Begeisterung stoßen als im Januar 1961.

Es ist deshalb kein Wunder, dass die amerikanischen Streitkräfte nach dem 11. September 2001 kaum Zuwachs verzeichnen konnten. Eine Umfrage der University of Houston im Jahr 2002 zeigte, dass zwar 90 Prozent der Studenten den Krieg in Afghanistan unterstützten, aber nur 20 Prozent bereit waren, in den Militärdienst zu treten. 37 Prozent würden sogar den Wehrdienst verweigern, sollten die USA die Wehrpflicht einführen, stellte der Meinungsforscher Frank Lutz im Frühjahr 2002 fest. Der New Yorker Soziologe Todd Gitlin sprach daher von einem »ritualisierten Patriotismus«.

Militarismus

Das Militär ist in den USA weitaus populärer als in anderen westlichen Industrienationen. Die Amerikaner lieben ihre Streitkräfte, respektieren Männer und Frauen in Uniform und sind eher bereit, Geld für das Militär auszugeben als für Sozialprogramme. Nach dem Ende des Kalten Kriegs profitierte die amerikanische Wirtschaft enorm von der »Friedensdividende«, die der Rückgang der Verteidigungsausgaben mit sich brachte, doch bereits im Wahlkampf des Jahres 2000 war es für George W. Bush ebenso wie für Al Gore wieder politisch opportun, für höhere Rüstungsausgaben einzutreten. Seit dem 11. September 2001 ist eine Kürzung von Militärausgaben überhaupt kein Thema mehr.

Etwa 1,4 Millionen Amerikaner befinden sich derzeit im aktiven Wehrdienst. Laut einer Umfrage des Scripps Survey Research Center an der Ohio University halten nur 11 Prozent diese Zahl für zu hoch, 47 Prozent für genau richtig und 32 Prozent wollen die Armee vergrößern. 70 Prozent betrachten es als sehr wichtig und 23 Prozent als recht wichtig, dass die USA ihre derzeitige militärische Stärke beibehalten; nur 6 Prozent gaben bei dieser Frage »wenig wichtig« oder »unwichtig« an. 42 Prozent aller Amerikaner würden sich wünschen, dass ihre Kinder eine militärische Karriere einschlagen.

Die USA stecken daher auch in Friedenszeiten viel Geld in ihr Militär: 481 Milliarden Dollar beträgt 2008 das Budget des Pentagons – das ist fast die Hälfte aller weltweiten Rüstungsausgaben. Die Gesamtausgaben für militärische Zwecke werden auf rund 644 Milliarden Dollar geschätzt. Pro Kopf gaben die USA jährlich 986 Dollar fürs Militär aus und nahmen damit den dritten Platz hinter Israel und Singapur ein. Der Anteil des Verteidigungsbudgets am Bruttoinlandsprodukt betrug 2005 rund 4 Prozent, mehr als doppelt so viel wie in Deutschland. Ende der achtziger Jahre lag dieser Anteil allerdings noch bei fast 6 Prozent, in den fünfziger und sechziger Jahren gar bei 9 Prozent. Ihre militärische Überlegenheit können die USA heute also viel günstiger finanzieren.

Dank einer florierenden Wirtschaft können sich die USA ihre Rüstungsmaschinerie problemlos leisten, die inzwischen selbst zu einem bedeutenden Wirtschaftsfaktor geworden ist. Schon Präsident Dwight D. Eisenhower warnte in seiner Abschiedsrede 1961 vor dem Einfluss des »militärisch-industriellen Komplexes« auf Gesellschaft, Wirtschaft und Politik. Das Pentagon ist auch heute noch ein Staat im Staate, der riesige Ländereien und große Industrieanlagen besitzt, die von Zivilisten kaum kontrolliert werden können. Dadurch ist das Militär in der Lage, sich vielen gesetzlichen Auflagen zu entziehen, zum Beispiel beim Umweltschutz. Dutzende Militäranlagen sind daher tickende Zeitbomben mit gefährlichen chemischen oder radioaktiven Abfällen (→ Kapitel 26).

Land	pro Kopf	Anteil am BIP*
Israel	1429 $	7,3 %
Singapur	1010 $	4,9 %
USA	**936 $**	**4,1 %**
Saudi-Arabien	693 $	10,0 %
Frankreich	767 $	2,6 %
Griechenland	574 $	4,3 %
Großbritannien	524 $	2,3 %
Schweden	488 $	1,5 %
Deutschland	471 $	1,5 %
Schweiz	340 $	1,0 %
Österreich	183 $	0,9 %

Jährliche Rüstungsausgaben im internationalen Vergleich 2005 * Bruttoinlandsprodukt
(CIA, World Factbook)

Angesichts der Popularität der Streitkräfte hüten sich die meisten Politiker davor, sich in militärische Fragen einzumischen. Rüstungskonzerne und Militärbasen gehören in vielen Bundesstaaten zu den wichtigsten Arbeitgebern, was dazu führt, dass Abgeordnete und Senatoren mit aller Kraft für die Beibehaltung solcher Rüstungsprogramme und militärischer Einrichtungen kämpfen, von denen die Bewohner in ihren Wahlkreisen besonders stark profitieren.

Entgegen einer weitverbreiteten Meinung nimmt die Rüstungsindustrie nur selten Einfluss auf die Außenpolitik der amerikanischen Regierung – weder der Vietnam-Krieg noch die beiden Kriege gegen Saddam Hussein gingen auf besonderen Druck der Rüstungskonzerne zurück. Denn diese verdienen mehr daran, wenn in Friedenszeiten neue Waffensysteme entwickelt werden, als wenn die durch einen Krieg entleerten Arsenale an Panzern, Flugzeugen oder Munition wieder aufgefüllt werden müssen. Dennoch ist die kriegerische Präsidentschaft von George W. Bush den Rüstungsriesen Boeing, Lockheed Martin oder Northrop Grumman hochwillkommen. Nachdem in den neunziger Jahren die Rüstungsausgaben zugunsten der »Friedensdividende« um ein Drittel sanken, kehrte Bush diesen Trend mit breiter Zustimmung in der Bevölkerung bereits vor den Terroranschlägen vom 11. September 2001 um. Das mag auch damit zusammenhängen, dass mehrere Dutzend hohe Beamte und Berater der Bush-Regierung ehemalige Angestellte, Berater oder Großaktionäre von Rüstungskonzernen sind.

Jahr	Ausgaben
2008	643,9 Mrd. $
2007	626,1 Mrd. $
2006	582,7 Mrd. $
2005	582,9 Mrd. $
2004	580,9 Mrd. $
2003	558,4 Mrd. $
2002	436,4 Mrd. $
2001	404,0 Mrd. $
2000	385,5 Mrd. $
1999	382,4 Mrd. $
1998	364,4 Mrd. $

Amerikanische Verteidigungsausgaben nach heutigem Wert
(*Quelle:* globalissues.org)

Bei der Entwicklung neuer Waffenprogramme lassen sich die Kosten schlechter unter Kontrolle halten als beim eigentlichen Waffenbau. Das gilt ganz besonders für das Raketenabwehrprogramm SDI, das unter Ronald Reagan begonnen und unter George W. Bush wiederbelebt wurde. Bis Ende 2004 will die Bush-Regierung mehr als 32 Milliarden Dollar für die Entwicklung von SDI ausgeben – fast doppelt so viel wie während der letzten vier Jahre der Clinton-Regierung, als der republikanische Kongress die Wiederaufnahme der schon aufgegebenen Forschungsprojekte erzwang. Hinter dieser Kampagne für die Raketenabwehr stehen konservative Denkschulen wie das National Institute for Public Policy (NIPP) oder das Center for Security Policy (CSP), die von der Rüstungsindustrie finanziert werden. Sie lieferten mit Studien über neue nukleare Bedrohungen und die Notwendigkeit eines Verteidigungssystems die intellektuelle

Munition für das Programm, das von unabhängigen Experten als teurer und gefährlicher Irrweg der Verteidigungspolitik kritisiert wird. Die Firmen, die von SDI profitieren, gehören zu den großzügigsten Wahlkampfspendern: Zwischen 1999 und 2002 gaben sie laut World Policy Institute 12 Millionen Dollar an freundlich gesinnte Kongressmitglieder.

Der hohe Grad der Militarisierung zeigt sich auch im hohen Ansehen, das ehemalige Offiziere in der Gesellschaft genießen. Es war in den Jahren nach dem Zweiten Weltkrieg normal, dass Kriegsveteranen Spitzenpositionen in Politik und Wirtschaft einnahmen, und auch heute noch ist eine militärische Laufbahn eine gute Grundlage für späteren beruflichen Erfolg.

Bill Clinton hatte während seiner Amtszeit ständig mit dem Vorwurf zu kämpfen, dass er sich dem Wehrdienst in Vietnam mit legalen, aber zweifelhaften Mitteln entzogen hatte. Auch George W. Bush entkam dem Kriegsdienst, indem er dank des Einflusses seines Vaters in die Nationalgarde von Texas einberufen wurde, wo er sich 17 Monate lang nicht zum Dienst meldete, ohne dass dies Konsequenzen nach sich zog. Doch dem strammen Militaristen Bush wurde dies von den Veteranenverbänden nicht vorgeworfen; sie zeigten sich erst erstaunt, als der Präsident in voller Pilotenmontur am 1. Mai 2003 auf einem Flugzeugträger vor der Küste Kaliforniens landete, um das Ende des Irak-Kriegs zu verkünden. Selbst Eisenhower war als Staatschef niemals in Uniform aufgetreten.

Die Disziplin, der Gehorsam und die damit zusammenhängende geringe Flexibilität, die man im Militär eingetrichtert bekommt, spiegeln sich in der Unternehmenskultur von amerikanischen Konzernen und auch im amerikanischen Alltag wider. Wer mit Polizisten, Wachleuten oder anderen Behördenvertretern zu tun hat, sollte gar nicht erst versuchen, deren Anweisungen in Frage zu stellen. Auch in vielen Sportmannschaften werden den Jugendlichen von Trainern militärische Werte vermittelt.

Mit ihrer Leidenschaft für das Militär sind die Amerikaner Kriegen weit weniger abgeneigt als die meisten Europäer. In Europa führte der Zweite Weltkrieg mit seinen unsäglichen Gräueln und enormen Opfern dazu, dass der Militarismus aus Gesellschaft und Politik weitgehend verschwand. In den USA gilt Krieg hingegen als legitimes Mittel der Außenpolitik, als Weg, Probleme schnell zu lösen und unliebsame Situationen zu beseitigen. So passte es zur amerikanischen Mentalität, dass Präsident Bush nach den Terroranschlägen vom 11. September 2001 nicht auf langwierige Strategien der Verbrechensbekämpfung setzte, sondern den Krieg ausrief und diesen tatsächlich zuerst in Afghanistan und später im Irak führte. Geändert hat sich allerdings die Bereitschaft der Öffentlichkeit, hohe Opferzahlen unter den eigenen Soldaten zu akzeptieren. Galt es früher zwar als tragisch, aber unvermeidlich, dass Zehntausende Soldaten aus einem Krieg nicht zurückkehrten – im Ersten Weltkrieg waren es 114000 Amerikaner, im Zweiten Weltkrieg 292000, im Korea-Krieg 54000 und im Vietnam-Krieg 58000 –, so müssen Kriege heute ohne Blutzoll ablaufen. Dies sollte, so versprechen die Militärs, dank des enormen technischen Vorsprungs der amerikanischen Streitkräfte möglich sein.

Tatsächlich starben im Golf-Krieg von 1990/91 nur 383 US-Soldaten, die meisten davon bei Unfällen oder durch »friendly fire«, also durch Beschuss der eigenen Leute. Im Kosovo-Krieg, der ausschließlich aus der Luft geführt wurde, fiel kein einziger Amerikaner und im Irak-Krieg wurden während der eigentlichen Invasion im Frühjahr 2003 nur 115 US-Soldaten getötet. Doch gegen Guerilla- und Terrorattacken kann die amerikanische Hochtechnologie wenig ausrichten. Fünf Jahre nach Kriegsausbruch ist die Zahl der amerikanischen Todesopfer im Irak auf rund 4000 gestiegen; dieser Blutzoll ist der entscheidende Grund für die wachsende Ablehnung des Krieges in der amerikanischen Bevölkerung.

30
Die Tragödie von New Orleans:
Politisches Versagen rund um Hurrikan Katrina

New Orleans, eine der schönsten Städte Amerikas, wurde im August 2005 durch Hurrikan Katrina verwüstet und hat sich seither nur zögerlich erholt. Aber nicht die Naturkatastrophe, sondern massives politisches Versagen auf allen Ebenen vor, während und nach dem Hurrikan war schuld am Ausmaß der Zerstörungen und des menschlichen Leids.

Seit Jahrzehnten haben die Bewohner von New Orleans mit diesem Ereignis gerechnet. Immer wieder waren Hurrikans vorbeigezogen, die jedoch nur wenig Schäden hinterlassen hatten. Aber eines Tages, das war klar, würde einer der gewaltigen Wirbelstürme im Golf von Mexiko die durch ihre Lage unterhalb des Meeresspiegels so verwundbare Metropole an der Mündung des Mississippi direkt treffen. Dann würde sich zeigen, ob das komplizierte System von Kanälen, Deichen und Pumpen, das die faszinierende Stadt mit ihren historischen Vierteln und ihrem französisch-karibischen Flair vor den Wassermassen schützt, auch einer solchen Katastrophe gewachsen ist – oder ob sich die Schreckensszenarien einer völligen Überflutung bewahrheiten würden.

In den letzten Augusttagen des Jahres 2005 war es schließlich so weit. Der Hurrikan Katrina hatte sich über den warmen Gewässern des Golfs zu einem Monstersturm der höchsten Kategorie 5 ausgewachsen und nahm Kurs direkt auf New Orleans. Am Sonntag, den 28. August, verkündete Bürgermeister Ray Nagin die erste Zwangsevakuierung in der Geschichte der Stadt. Rund eine Million Menschen setzten sich in ihre Autos, Kleinlaster und Wohnwagen und machten sich auf die Suche nach einem Ort außerhalb der Gefahrenzone, wo sie den Sturm überdauern könnten. Bis zu 100 000 Menschen aber blieben in der Stadt – weil sie kein Fahrzeug zur Verfügung hatten, krank oder behindert waren, ihr Hab und Gut verteidigen wollten oder nicht daran glauben wollten, dass es so schlimm kommen würde. Die Bewohner von New Orleans – mehr als die Hälfte von ihnen schwarz und viele mit einem Einkommen nur knapp über der Armutsgrenze – hatten schon viele Stürme erlebt, bei denen die schlimmsten Szenarien dann doch nicht eingetroffen waren. Fatalismus war für viele zur zweiten Natur geworden.

Auch diesmal schienen die Optimisten Recht zu bekommen. Katrina zog Montagmorgen, den 29. August 2005, etwas östlich von New Orleans vorbei. Zu diesem Zeitpunkt waren die Windstärken so weit zurückgegangen, dass Meteorologen nur noch von einem Sturm der Kategorie 3 sprachen. Und für diese Stärke waren die Dämme rund um New Orleans ja ausgelegt. Zu Mittag legten sich die Winde wieder und die Menschen trauten sich auf die Straße. Der Sturm hatte Bäume entwurzelt und Dächer weggeweht, aber insgesamt schien die Stadt wieder einmal heil davongekommen zu sein.

Zwei Tage später stand der Großteil von New Orleans unter Wasser. Tausende Menschen waren in ihren Häusern eingesperrt, vor den steigenden Wassermassen flüchtend auf das Dach geklettert und warteten dort vergeblich auf Rettung. Andere hatten im Superdome, der riesigen Sporthalle, Zuflucht gesucht, wo sie in brütender Hitze und ohne frisches Trinkwasser tagelang dahinvegetierten. Auf den überfluteten Straßen schwammen Leichen, die öffentliche Ordnung brach zusammen. Die versprochenen Hilfsaktionen der US-Regierung ließen tagelang auf sich warten und erwiesen sich als unorganisiert. New Orleans, eine der ältesten und schönsten Städte Amerikas, wurde schmählich im Stich gelassen. Die Folgen waren katastrophal: Etwa 1500 Menschen in und rund um New Orleans verloren ihr Leben, ein Großteil der Häuser wurde zerstört und auch drei Jahre später ist die Hälfte der früheren Einwohner noch nicht wieder zurückgekehrt.

An all dem war weniger die Natur als die Politik schuld: Eine Verkettung falscher Stadtplanung, achtloser Umweltpolitik, mangelhafter Ingenieursleistungen und inkompetenter Organisation hatte dazu geführt, dass das mächtigste Land der Welt nicht in der Lage war, das Leben und das Eigentum seiner eigenen Bürger zu schützen.

Aber Katrina war mehr als ein singuläres Versagen: Die Entwicklungen und Fehlentscheidungen, die New Orleans in den Abgrund stürzen ließen, sind typisch für die Schwächen der heutigen Politik und Gesellschaft in den USA. Von der Vernachlässigung der Infrastruktur über die Zerstörung der Umwelt, die wirtschaftliche Ungleichheit und die hohe Kriminalität bis hin zum strukturellen Rassismus spannt sich der Bogen jener weitverbreiteten Sünden, die im August 2005 in New Orleans auf besonders fatale Weise gemeinsam zum Tragen kamen.

Vernachlässigter Schutz

Von französischen Kolonialisten 1718 in einem Schwemmgebiet zwischen dem Mississippi und dem Lake Pontchartrain, einer tiefeingeschnittenen Meeresbucht, gegründet, war New Orleans von Anfang an durch seine geografische Lage gleichzeitig begünstigt und gefährdet. Die frühen Bewohner bauten noch auf dem etwas höher gelegenen Land am Ufer des Mississippi, doch bald wurde der Boden knapp. Zu Beginn des 20. Jahrhunderts ließ der Ingenieur Albert Baldwin Wood mit mächtigen Pumpen große Flächen trockenlegen. Nun konnte die Stadt wachsen, aber auf Land, das unter dem Meeresspiegel liegt und nach jedem Regenguss trockengepumpt werden muss. 1965 erschloss das Ingenieurscorps der Armee mit Hilfe neuer Deiche zusätzliche Stadtviertel. Seither liegen 70 Prozent der Stadtfläche bis zu drei Meter unter dem Meeresspiegel; die Stadt gleicht einer Schüssel, die sich jederzeit füllen kann, was bei anständigen Niederschlägen auch regelmäßig geschieht.

Das wirtschaftliche Rückgrat von New Orleans bilden neben dem regen Fremdenverkehr der Hafen, einer der größten der Welt, sowie die Ölindustrie im Golf von Mexiko. Beide Bereiche wurden jahrzehntelang ohne Rücksicht auf die Umwelt mit gewaltigen Infrastrukturprojekten vorangetrieben. Der Bau eines 122 Kilometer langen Schifffahrtkanals, des »Mississippi River Gulf Outlet« (»Mr. Go«), erwies sich als besonders schädlich, denn bei starken Winden verstärkt der Kanal die Sturmfluten, die gegen das zentrale Deichsystem auf der Ostseite der Stadt drücken. Immer größere Flächen wurden durch Straßenbauten und die Errichtung neuer Wohnviertel zubetoniert. Durch diese anhaltende Versiegelung senkte sich allmählich die Landmasse in der Stadt, was die Sturmabwehr zusätzlich schwächte.

Als der Mississippi flussaufwärts von New Orleans über die Jahre hinweg immer weiter ausgebaggert wurde, um Schiffen freie Fahrt zu ermöglichen, flossen die Sedimente immer schneller aus dem Delta ins Meer; sie blieben nicht mehr im Marschland an der Küste hängen, sondern versanken im Ozean. Für die Ölindustrie wurden neue Kanäle angelegt, die Salzwasser ins Marschland treiben ließen und damit dort die Vegetation zerstörten. Die Ausbeutung von Erdölreserven ließ ganze Landstriche im Meer versinken. Ab 2003 ließ die US-Regierung immer mehr Schutzzonen in Bauland umwidmen. Die Folge war eine rasante Erosion der Küste, was der 200 Kilometer landeinwärts gelegenen Großstadt weitere Schutzräume raubte.

Bis in die achtziger Jahre war New Orleans stolz auf sein mächtiges Deichsystem, das von den Ingenieuren der Armee verwaltet und gepflegt wurde. Doch die Bundesregierung in Washington stellte dafür immer weniger Mittel zur Verfügung, was zu Kürzungen bei Wartung und Reparatur zwang. Unter der Regierung von George W. Bush wurde das Geld besonders knapp. Die Risse in den Deichen und Flutmauern waren an vielen Stellen deutlich erkennbar. Und auf mehr als einen Hurrikan der Kategorie 3 waren die Dämme gar nicht ausgelegt. Doch die Zahl der atlantischen Wirbelstürme hat sich im Laufe der letzten hundert Jahre verdoppelt und immer öfter erreichen diese Stürme Intensitäten der Kategorie 4 und 5. Ob der globale Klimawandel daran schuld ist, können Wissenschaftler nicht eindeutig nachweisen, aber die Verbindung liegt auf der Hand.

Während also die natürlichen und künstlichen Schutzeinrichtungen für New Orleans ihre Wirksamkeit verloren, wurde die Stadt nicht zuletzt durch den massiven Ausstoß von Treibhausgasen in den USA noch verwundbarer für klimatische Einflüsse gemacht. Trotz aller Warnungen war New Orleans auf den Hurrikan Katrina kaum vorbereitet.

Ein Albtraum wird wahr

In den Tagen vor dem Eintreffen des Sturms wurden Horrorszenarien über die Folgen einer Überschwemmung veröffentlicht. Bis zu neun Meter hohe Sturmwellen würden die Deiche überschwemmen, Tausende Menschen würden tagelang in ihren Häusern und Dachkammern gefangen sein, Nahrungsmittel und Trinkwasser würden knapp werden und die medizinische Versorgung versagen. Wie eine giftige Suppe würde sich das mit Chemikalien verseuchte Wasser über die Stadt ausbreiten, in die Häuser und in die Böden eindringen. Die öffentliche Sicherheit würde in der auch in besseren Zeiten als »Mörderhauptstadt der USA« bekannten Metropole völlig zusammenbrechen. All diese Prognosen wurden zwischen dem 29. August und 3. September 2005 (als die meisten Überlebenden endlich die Stadt verlassen konnten), zu einer albtraumhaften Realität.

Das Unglück kam an diesem Montag schleichend daher. Nachdem Katrina nach Norden weitergezogen war, merkten die Menschen, dass der Wasserspiegel nicht wie erwartet sank, sondern im Gegenteil stieg. Bis zum Abend standen ganze Straßenzüge unter Wasser, in den meist aus leichtem Holz gebauten Häusern flüchteten die Bewohner in die oberen Stockwerke. Es gab nur eine Erklärung: Irgendwo in der Stadt muss ein Deich geborsten sein.

Wie es sich bald zeigte, lag mehr als ein Deich in Trümmern. An mindestens fünf Stellen brachen die Mauern oder wurden durch überfließendes Wasser aus ihrer Verankerung gerissen. Das gesamte Deichsystem rund um New Orleans war offensichtlich fehlerhaft gebaut und nicht ausreichend gewartet worden. Im Ernstfall war das große Ingenieursprojekt daher nicht in der Lage, die Stadt zu schützen. Die American Society of Civil Engineers spricht heute von der »schlimmsten technischen Katastrophe in der Geschichte der USA«.

Nach dem Versagen der Techniker begann das Fiasko der Verwaltung und der Politik. Eigentlich hätten alle Bewohner, die über kein eigenes Fahrzeug verfügen, mit Schulbussen aus der Stadt gebracht werden sollen, doch die Busse versanken ungenutzt in den Wassermassen. Die Stadtverwaltung hatte es versäumt, Busfahrer zu organisieren. Der letzte Fernreisezug verließ am Samstagmorgen den Bahnhof von New Orleans – leer. Die Stadt hatte das Angebot der Bahngesellschaft Amtrak, Hunderte Menschen aus der Stadt herauszubringen, ausgeschlagen.

Im Superdome fanden rund 26 000 Menschen Zuflucht. Doch die Sporthalle war für eine mehrtägige Benutzung überhaupt

nicht eingerichtet. Es fehlte an Nahrungsmitteln, die Toiletten-
anlagen fielen aus ebenso wie die Klimaanlage und der Sturm
hatte ein Loch ins Dach gerissen. Der Gestank wurde nach kurzer
Zeit unerträglich. Es kam auch zu Gewaltausbrüchen, wobei sich
die Berichte über Mordserien und Massenvergewaltigungen als
falsche Gerüchte entpuppten, die allerdings die Atmosphäre des
Schreckens noch verstärkten.

Noch schlimmer waren die Zustände im riesigen Messegelän-
de am Ufer des Mississippi, dem Ernest M. Morial Convention
Center, das gar nicht als Zufluchtsort vorgesehen war. Doch die
professionellen und freiwilligen Helfer, die die Bürger aus ihren
Häusern befreiten, wussten nicht, wohin sie diese bringen sollten. Das Convention Center wurde so ohne jede Vorbereitung
zum chaotischen Sammelpunkt für Menschen, die oft alles verloren hatten. Bei brütender Hitze fehlte es ihnen an Wasser, ärzt-
licher Hilfe und vor allem an Informationen über ihr weiteres
Schicksal.

Die Stadtverwaltung war völlig überfordert. Da Festnetz und
Mobiltelefone zusammengebrochen waren, konnte Bürgermeister Nagin mit seinen Mitarbeitern kaum kommunizieren.
Die Hoffnungen der verzweifelten Bewohner richteten sich
an die US-Regierung und deren Federal Emergency Management Agency (FEMA), die diese Art von Katastropheneinsatz
eigentlich beherrschen sollte. Doch unter der Bush-Regierung
war FEMA in eine tiefe Krise geschlittert. Die Eingliederung
in das neue Heimatschutzministerium, das sich vor allem der
Terrorbekämpfung widmete, hatte die Effektivität der Behörde
deutlich geschwächt. Viele erfahrene Mitarbeiter hatten gekündigt und die neuen Leute warteten auf Anweisungen von oben,
die nicht kamen. FEMA-Direktor Michael Brown war ein treuer
Republikaner ohne jede Erfahrung im Katastrophenschutz. Sein
früherer Job war die Leitung der International Arabian Horses
Association, einer Pferdezuchtorganisation.

In den ersten schrecklichen Tagen der Überflutung waren
FEMA-Beamte kaum vor Ort, und wenn sie dort waren, waren
sie vor allem damit beschäftigt, im Namen einer besseren Koordination spontane Hilfsleistungen von anderen Behörden, Unternehmen und Bürgern zu unterbinden. Brown wies Feuerwehr-
brigaden aus benachbarten Bezirken an, auf Hilfsappelle aus dem
Katastrophengebiet nicht zu reagieren. Als ein Hotel Busse an-

forderte, um seine Gäste aus der Stadt herauszutransportieren, wurden sie von FEMA gestoppt. Die Gäste wurden stattdessen in die Hölle des Convention Centers gebracht. Die Supermarkt-Kette Wal-Mart wurde daran gehindert, Lastwagen mit Wasser in die Stadt zu bringen, ebenso die Küstenwache, die 4000 Liter Treibstoff anliefern wollte. Freiwillige aus dem ganzen Land, die sich für einen Einsatz in New Orleans meldeten, wurden in Atlanta angehalten, wo sie an einem Kurs über die Vermeidung sexueller Belästigung teilnehmen mussten. Auf dem Flughafen der Stadt standen Flugzeuge, die nicht eingesetzt wurden, vor der Küste ankerten Dutzende Schiffe, deren Besatzung nur auf eine Anweisung wartete, um helfend einzugreifen. Doch diese kam nicht.

Auch die Landesregierung von Louisiana reagierte viel zu langsam. Bereits vor dem Eintreffen von Katrina hatte es Gouverneurin Kathleen Blanco versäumt, rechtzeitig um die Entsendung von Bundestruppen zu ersuchen. Aber auch aus der Nationalgarde, die für Katastropheneinsätze zuständig ist, wurden zunächst viel zu wenige Soldaten nach New Orleans abkommandiert. Daran war Blanco nur zum Teil schuld: Die Hälfte der 11 000 Nationalgardisten aus Louisiana waren im Irak oder Afghanistan stationiert.

In den Tagen nach dem Sturm versagte die Zusammenarbeit zwischen der Stadt New Orleans, dem Bundesstaat Louisiana und der Bundesregierung in Washington. Blanco war besorgt, dass ihr das Weiße Haus alle Kompetenzen aus der Hand reißen wollte, während FEMA und andere Bundesbehörden die Landesverwaltung bewusst umgingen. Die Sicherheitslage in New Orleans wurde zum politischen Zankapfel. Die städtische Polizei hatte sich in Luft aufgelöst, Hunderte Beamte waren aus der Stadt geflüchtet oder nicht mehr zum Dienst erschienen. Die Nationalgarde war kaum zu sehen. Unbestätigte Berichte, wonach Hubschrauber vom Boden aus beschossen worden seien, führten zu einem vorübergehenden Stopp aller Evakuierungen.

Solche reißerische Meldungen erwiesen sich im Nachhinein als falsch, gleichwohl nahm die Kriminalität bald überhand. Bilder von Plünderern in den Supermärkten gingen um die Welt, wobei es sich dabei meist um Überlebende handelte, die in ihrer Not etwas zu essen und zu trinken suchten. Anderswo indes zogen ganze Banden durch entvölkerte Stadtviertel und raubten alles aus den Häusern, was irgendeinen Wert besaß.

Die Gesichter der in der Stadt gefangenen Bewohner waren meist schwarz. Afro-Amerikaner machten zwei Drittel der Bevölkerung und einen überwiegenden Teil der Armen aus. Viele Weiße – wenn auch nicht alle – hatten sich vor dem Sturm mit ihren Fahrzeugen in Sicherheit bringen können. Die ärmeren Viertel der Stadt waren jene, die unter dem Meeresspiegel lagen und am stärksten überflutet wurden. Immer öfter war zu hören, dass die Stadt deshalb im Stich gelassen worden sei – »George Bush kümmert sich nicht um Schwarze«, hieß es. Zwar hatten die Fluten auch weiße Viertel wie das wohlhabende Lakeview getroffen und im Superdome und im Convention Center waren Menschen aller Hautfarbe zu sehen. Dennoch blieb der Eindruck haften, dass die Tragödie von New Orleans etwas mit der prekären wirtschaftlichen und sozialen Lage der Afro-Amerikaner und dem tiefsitzenden Rassismus in der amerikanischen Gesellschaft zu tun habe. In den Monaten nach der Katastrophe war zudem oft davon die Rede, dass die Stadt kleiner werden sollte und die verwundbarsten Bezirke (wie der völlig verwüstete 9th Ward) gänzlich aufgegeben werden sollten. Vertreter der Schwarzen sahen hinter diesen Plänen eine Verschwörung, die das Ziel hatte, die Stadt »weißer« zu machen.

Erst drei Tage nach dem Sturm lief die Evakuierung auf Hochtouren. Am Freitag wurde der Flughafen wieder geöffnet, einen Tag später waren der Superdome und das Convention Center endlich leer. Aber immer noch harrten Tausende Bürger in ihren Häusern aus und wehrten sich gegen die Anordnung der Stadtverwaltung, New Orleans zu verlassen.

Für die Evakuierten war der Leidensweg noch nicht zu Ende. Sie wurden in Baton Rouge, der Hauptstadt von Louisiana, in der texanischen Metropole Houston und in Dutzenden anderen amerikanischen Städten in Sporthallen oder Turnsälen untergebracht. Viele Familien nahmen auch Überlebende in ihre Häuser auf. Flüchtlinge erhielten 2000 Dollar in Form von Bankkarten, was den Staat rund zwei Milliarden Dollar kostete. Doch dafür mussten sie stundenlang Schlange stehen, und während viel Geld in dunklen Kanälen verschwand, gingen manche leer aus. Verstreut über das ganze Land, wollten die Menschen vor allem wissen, wie es ihren Angehörigen und Freunden ging. Doch auch da versagten die Behörden: Wochenlang waren sie nicht in der Lage, eine vollständige Datenbank zu erstellen und entsprechende Auskünfte zu geben. Viele Familien wurden erst Monate später wieder vereint.

Als das Ausmaß der Katastrophe sichtbar wurde, machte Präsident Bush gerade Urlaub auf seiner Ranch in Crawford (Texas) und reiste dann nach Kalifornien weiter. Es kam ihm offenbar nicht in den Sinn, zu einem symbolisch wichtigen Lokalaugenschein nach New Orleans zu reisen und damit das Engagement des Weißen Hauses zu signalisieren. Als er am Mittwoch im Präsidentenflieger *Air Force One* nach Washington zurückkehrte, gab er dem Piloten Anweisung, das Gebiet von New Orleans zu überfliegen. Das Bild vom Präsidenten, der gelangweilt auf die überflutete Stadt blickte, galt rasch als Symbol seiner Abgehobenheit.

Noch am Freitag, als das Versagen der FEMA und ihres Leiters Michael Brown offensichtlich wurde, lobte Bush bei seinem ersten Besuch in der Krisenregion seinen Beauftragten mit den Worten:»Brownie, du machst einen tollen Job.« Erst eine Woche später wurde Brown von der Einsatzleitung abgelöst und trat dann von selbst zurück.

Bushs erster Besuch in New Orleans am Samstag war ein reiner Fototermin, der lokale Politiker wie die Senatorin Mary Landrieu erzürnte. Angesichts fallender Umfragewerte reiste Bush in den kommenden Wochen immer wieder in die Stadt, traf sich mit Überlebenden und versprach, den kompletten Wiederaufbau der Stadt zu finanzieren. Aber der politische Schaden war nicht wiedergutzumachen. Katrina hatte das von Bushs Propagandisten sorgfältig aufgebaute Bild der kompetenten Regierungsmannschaft zerstört. Seine Umfragewerte erholten sich von diesem Zeitpunkt an nicht wieder. Verstärkt noch von der sich rasant verschlechternden Sicherheitslage im Irak (→ Kapitel 40) wurde Katrina zum negativen Wendepunkt der Bush-Präsidentschaft.

Den Bürgern von New Orleans, die nun entscheiden mussten, ob sie in ihre Stadt zurückkehren oder anderswo ein neues Leben beginnen sollten, half der Katzenjammer im Weißen Haus wenig. Denn der Wiederaufbau der Stadt verlief genauso chaotisch und inkompetent wie die Vorbereitung auf Katrina und die Katastrophenhilfe.

Planloser Wiederaufbau

Eine Woche nach Katrina hatten fast alle Bewohner endlich die überflutete Stadt verlassen. Nationalgardisten und zahlreiche Helfer aus den USA und dem Ausland konnten endlich mit den Aufräumarbeiten beginnen. Tausende Tonnen von Schutt und entwurzelten Bäumen mussten zuerst geräumt werden. Es dauerte weitere Wochen, bis der letzte Tropfen des verseuchten Wassers aus der Stadt gepumpt war.

Die Ankunft des Hurrikans Rita in der zweiten Septemberhälfte verzögerte die geplante Rückkehr der ersten Bewohner. Langsam jedoch kehrte wieder etwas Leben in die Stadt ein, vor allem im historischen French Quarter, das dank seiner Lage über dem Meeresspiegel nicht überflutet worden war. Viele Bewohner kamen zunächst nur für einen Tag, um ihre beschädigten Häuser zu inspizieren, Erinnerungsstücke mitzunehmen und mit kleinen Reparaturen anzufangen. Wer tatsächlich zum Bleiben zurückkehrte, fand sich in einer Stadt ohne sichere Stromversorgung, ohne Geschäfte und ohne Infrastruktur wieder. Der Wiederaufbau verlief schleppend, viele der zugesagten Bundesgelder blieben irgendwo liegen oder trafen erst gar nicht ein. FEMA stellte zwar Tausende Wohnwagen als temporäre Unterkunft zur Verfügung, doch wurden diese wochenlang nicht an das Wasser- und Stromnetz angeschlossen.

Trotz massiver Kritik an seiner Führung wurde Bürgermeister Nagin im Frühjahr 2006 wiedergewählt. Er hatte im Wahlkampf versprochen, dass New Orleans eine »Schokoladenstadt« bleiben würde, also mehrheitlich schwarz. Doch viele Schwarze konnten es sich gar nicht leisten, in ihre zerstörten Häuser zurückzukehren. Die Stadt selbst hatte keine Steuereinnahmen und war bankrott. Die meisten Schulen blieben ein Jahr lang geschlossen, weil keine Lehrer verfügbar waren. Familien mit Kindern konnten daher nicht zurückkehren und entschieden sich dann oft aus praktischen Gründen, in ihrem neuen Zuhause in Houston oder anderswo zu bleiben, wo sie Arbeit, Unterkunft und neue Freunde gefunden hatten. Dass New Orleans überhaupt wieder zu funktionieren begann, war vor allem dem Idealismus und dem Einsatz vieler Bürger zu verdanken, die sich ein Leben in einer anderen Stadt nicht vorstellen konnten. Der besondere Zauber der Stadt zieht inzwischen auch Touristen wieder an, wenn auch weit weniger als vor dem Sturm. Der Fremdenverkehr war die einzige Branche, die die Stadt nach Katrina finanziell am Leben gehalten hat.

Im dritten Jahr nach der Katastrophe ist New Orleans allerdings immer noch traumatisiert. Mindestens ein Drittel der Bevölkerung ist nicht zurückgekehrt und die wirtschaftliche Lage ist schlechter denn je. Vor allem die explodierende Kriminalität hat manche Bewohner dazu verleitet, der Stadt erneut den Rücken zu kehren – diesmal für immer. Der Wiederaufbau ist desorganisiert, die Stadtplanung geht nur zögerlich voran. In weiten Teilen der Stadt ist nur ein Bruchteil der vom Sturm vertriebenen Menschen tatsächlich heimgekehrt, aber die zaghaften Stadtpolitiker, allen voran der schwache Bürgermeister Nagin, konnten sich auch nicht dazu aufraffen, die niedriggelegenen und dadurch besonders gefährdeten Viertel wie den 9th Ward oder New Orleans East tatsächlich aufzugeben. Dort hatten vor Katrina hauptsächlich schwarze Familien gelebt. Jeder Vorschlag, diese Stadtteile der Natur zu überlassen, kommt dadurch in den Geruch des Rassismus. So wird überall ein wenig gebaut, ohne dass ein geschlossener Siedlungsraum mit der notwendigen Infrastruktur entstünde.

Hinzu kommt die Korruption, die in New Orleans und in ganz Louisiana eine lange Tradition hat. Bauaufträge werden an Firmen mit den besten politischen Verbindungen vergeben, öffentliche Gelder versickern in dubiosen Kanälen. Während die ebenfalls von Katrina schwer getroffene Golfküste des benachbarten Bundesstaates Mississippi dank starker politischer Führung wieder aufblüht, bleibt die Metropole der Region ein Schatten ihrer selbst.

Auch wenn New Orleans seither von keinem Hurrikan getroffen wurde, ist die Stadt heute verwundbarer denn je. Katrina hat die Erosion im Marschland dramatisch beschleunigt und damit den Schutzgürtel im Süden der Stadt weiter geschwächt. Viele geborstene Deiche wurden nach Katrina nur schleppend repariert, sodass selbst ein Hurrikan der Kategorie 3 die Stadt wieder überfluten könnte. Für den Bau eines Schutzsystems, das auch Hurrikans der Kategorie 4 und 5 standhalten könnte, hat das Army Corps of Engineers seit 2005 mehr als sieben Milliarden Dollar erhalten. Aber viele seiner neuen Pläne sind nach Meinung einiger Experten ebenso verfehlt wie seine früheren Projekte aus der Zeit vor Katrina. Entscheidend wäre ein systematisches Programm zur Rettung des Marschlandes im Mississippi-Delta, wo jede Stunde ein Hektar Land im Meer versinkt. Doch die Deiche und Kanäle, die das Army Corps nun errichten will, würden die Erosion eher noch weiter beschleunigen, warnen führende Ziviltechniker.

Ohne eine dramatische Umkehr könnte das Marschland im Süden von Louisiana bis zum Ende des Jahrhunderts völlig verschwinden. New Orleans wäre dann den Stürmen aus dem Golf von Mexiko fast hilflos ausgeliefert. Der Untergang dieser wunderbaren Stadt, der im Sommer 2005 gerade noch einmal abgewendet wurde, wäre dann wohl nicht mehr aufzuhalten.

Teil IV
Die USA heute:
Die Sünden gegen den Rest der Welt

31
Parasit der Weltwirtschaft:
Außenhandelsdefizit und Protektionismus

Während die USA Freihandel predigen und ihn von Entwicklungsländern fordern, schotten sie ihre eigenen Märkte ab, wann immer es ihnen nützlich erscheint. Die von der amerikanischen Regierung forcierte Liberalisierung des Kapitalverkehrs führte in den neunziger Jahren zu mehreren Finanzkrisen. Und mit Hilfe eines ständig steigenden Außenhandelsdefizits lassen sich die USA ihren Konsum vom Rest der Welt bezahlen.

Seit dem Gipfeltreffen der Welthandelsorganisation (WTO) im amerikanischen Seattle im Dezember 1999 wird jede größere internationale Wirtschaftskonferenz von den lautstarken und manchmal auch gewalttätigen Protesten der Globalisierungsgegner begleitet. Der Zorn der meist jungen Aktivisten richtet sich gegen den Internationalen Währungsfonds (IWF) und die Weltbank, den Freihandel und die WTO, die multinationalen Konzerne und vor allem gegen die USA. Kein Wunder: Kein anderer Staat der Welt nimmt so sehr Einfluss auf die Regeln des internationalen Wirtschaftslebens. Zwar ist die Europäische Union inzwischen ein ebenso wichtiger Faktor in der Weltwirtschaft wie die USA und europäische oder japanische Unternehmen haben in vielen Bereichen den einst dominanten amerikanischen Konzernen den Rang abgelaufen, aber die globalen Weichenstellungen werden weiterhin in Washington vorgenommen, wo der IWF, die Weltbank und das US-Finanzministerium nur wenige Häuserblocks voneinander entfernt liegen. Seit Ende der achtziger Jahre spricht man daher von einem »Washingtoner Konsens« in der Wirtschaftspolitik, dem sich fast alle Staaten der Erde unterwerfen müssen, wenn sie an der Globalisierung teilhaben wollen. Die Regeln hierfür wurden in den Wirtschaftsfakultäten amerikanischer Universitäten und in amerikanischen Ministerien entwickelt, in aller Welt umgesetzt werden sie durch den IWF und die Weltbank, wo die USA die größten Stimmanteile halten.

Nicht alle, die der Rolle der USA in der Weltwirtschaft kritisch gegenüberstehen, lehnen Kapitalismus, Freihandel und Globalisierung ab. Gerade wenn man daran glaubt, dass vernünftig regulierte Marktkräfte den Ärmsten der Welt die beste Chance bieten, eines Tages an Entwicklung und Wohlstand teilzuhaben, sind viele in Washington gefällte Entscheidungen ärgerlich und enttäuschend. Amerikanische Politiker fordern gerne ein »ebenes Spielfeld«, wenn sie sich durch wirtschaftliche Mitbewerber schlecht behandelt fühlen. Aber im großen globalen Fußballmatch sind die USA gleichzeitig Mitspieler und Schiedsrichter, und sie sorgen dafür, dass sie selbst am leichtesten das Tor treffen können. Dieses Kapitel behandelt drei besonders fragwürdige Aspekte amerikanischer Politik: die asymmetrische Welthandelsordnung, die überstürzte Kapitalverkehrsliberalisierung und das anhaltende Leistungsbilanzdefizit der USA. Der Niedergang der amerikanischen Entwicklungshilfe ist Thema des nächsten Kapitels.

Freihandel für wenige

In der Endphase des Zweiten Weltkriegs begannen die USA damit, eine neue Weltwirtschaftsordnung aufzubauen, die Wohlstand in alle Welt tragen und eine neuerliche »Great Depression« verhindern sollte. Im kleinen Ort Bretton Woods im Bundesstaat New Hampshire wurden im November 1944 IWF und Weltbank gegründet sowie neue Spielregeln für Währungen, Finanzen und Handel festgelegt.

Nach 1945 waren die USA die einzige große intakte Volkswirtschaft und dominierten alle Aspekte der Weltwirtschaft. Sosehr die USA und ihre multinationalen Konzerne damals von linken Intellektuellen und Ökonomen kritisiert wurden, rückblickend muss man ihre damalige Rolle positiv einschätzen, zumal die Regierungen von Roosevelt und Truman tatsächlich großes Interesse an der wirtschaftlichen Entwicklung anderer Länder besaßen. Die großzügige Finanzhilfe des Marshall-Plans half

Europa zurück auf die Beine und leitete eine einmalige Ära des Wirtschaftswachstums ein. Das Bretton-Woods-System hielt die Wechselkurse dank fester Bindung des Dollars an den Goldpreis 25 Jahre lang stabil und förderte das rasche Wachstum des Welthandels. Die USA gingen beim Abbau von Handelsschranken mit gutem Vorbild voran und öffneten vor allem den Europäern und Japanern ihre Märkte. Auch in puncto Entwicklungshilfe waren die USA führend und verhalfen Lateinamerika und Asien zu einem anhaltenden Wirtschaftsaufschwung. Dabei folgten sie den Lehren des Ökonomen John Maynard Keynes, der gezeigt hatte, wie man durch Steuerung der Nachfrage das Wachstumspotenzial ausschöpfen und damit die Arbeitslosigkeit bekämpfen konnte.

Als aber der wirtschaftliche Vorsprung der USA gegenüber Europa und Japan zu schrumpfen begann, änderte sich die Einstellung Washingtons. Schon Anfang der sechziger Jahre zeigten sich erste Spannungen im Bretton-Woods-System: Die hohen Kosten für die Truppenstationierung in aller Welt ließen die amerikanische Leistungsbilanz ins Minus rutschen, aus dem die USA nie wieder herauskamen. Die Folge war, dass die Handelspartner immer mehr Dollar besaßen, die sie theoretisch gegen Gold hätten tauschen können. Als die Währungsreserven der anderen Staaten größer wurden als die amerikanischen Goldreserven in Fort Knox, war der Zeitpunkt erreicht, den Dollar abzuwerten, aber die Regierungen Johnson und Nixon lehnten dies ab. Sie finanzierten den Vietnam-Krieg nämlich nicht mit höheren Steuern, sondern mit der Ausgabe von Dollars, die nicht mehr durch Gold gedeckt waren und die dann den Handelspartnern aufgedrängt wurden. Vor allem der französische Staatspräsident Charles de Gaulle war nicht mehr bereit, das amerikanische Leistungsbilanzdefizit zu finanzieren, und drohte damit, die von Frankreich gehaltenen Dollars in Gold umzutauschen. Nur mit massivem Druck auf ihre Verbündeten gelang es den USA, den Kollaps des Systems abzuwenden.

Anfang der siebziger Jahre verstärkte sich der Dollar-Abfluss weiter; nun geriet auch die Handelsbilanz ins Minus: Die USA begannen, mehr zu importieren als zu exportieren. Im August 1971 zog Präsident Richard Nixon ohne Rücksprache mit seinen Verbündeten die Notbremse: Er beendete die Konvertibilität von Gold in Dollar, belegte alle Einfuhren mit einem zusätzlichen Zoll von 10 Prozent und forderte die Handelspartner ultimativ auf, ihrerseits ihre Währungen aufzuwerten. Von diesem Schock erholte sich das Bretton-Woods-System nie wieder. Mit der Ölkrise von 1973 begann die Ära flexibler Wechselkurse, die in den folgenden Jahren zahlreiche Turbulenzen auf den internationalen Finanzmärkten verursachten.

Der massive Verfall des Dollar in den siebziger Jahren ließ zunächst das Handelsbilanzdefizit schrumpfen, doch während Reagans Präsidentschaft ließen die hohen Budgetdefizite den Dollar wieder steigen. Die Hochzinspolitik der USA ließ die Zinsen in aller Welt in die Höhe schnellen und trieb – zusammen mit dem zweiten Ölschock – zahlreiche Entwicklungsländer ab 1982 in eine Schuldenkrise. Die großen amerikanischen Geschäftsbanken, die zuvor leichtfertig Kredite vergeben hatten, und der IWF zwangen Mexiko, Brasilien und viele afrikanische Staaten nun zu einem drastischen Sparkurs, der die Chance auf eine Rückzahlung der Kredite erhöhen sollte. Die Folge waren Rezessionen in diesen Ländern, die deren Entwicklung um fast ein Jahrzehnt zurückwarfen – manche haben sich davon bis heute nicht erholt.

In den USA und Großbritannien fand in dieser Zeit ein ökonomischer Paradigmenwechsel statt: Die Lehren von Keynes wurden durch die Ideen von Milton Friedman und anderen konservativen Ökonomen ersetzt, die den Rückzug des Staats aus der Wirtschaft, Privatisierung und eine weitreichende Liberalisierung aller Wirtschafts- und Finanzbereiche forderten. Nicht mehr die Politik, sondern der Markt sollte bestimmen, was in der Wirtschaft geschieht. Der Kollaps des Kommunismus machte den Neoliberalismus zur weltweit herrschenden Ideologie, die sich in Europa dank der EU, in der Dritten Welt durch den gemeinsamen Druck von IWF, Weltbank und den USA durchsetzte.

Die Verhandlungen der sogenannten Uruguay-Runde, die 1994 nach fast achtjährigen Verhandlungen mit der Schaffung der WTO zu Ende gingen, hatten ein ehrgeiziges Liberalisierungsprogramm für den Welthandel zur Folge. Vor allem Entwicklungs- und Schwellenländer verpflichteten sich darin, ihre Märkte für Industrieprodukte und Dienstleistungen zu öffnen und die meist von Amerikanern, Europäern und Japanern gehaltenen Patentrechte, das sogenannte geistige Eigentum, zu respektieren. Im Gegenzug wurde ihnen ein vereinfachter Zugang für ihre Erzeugnisse auf die Märkte der Industrieländer versprochen.

Diese Versprechen wurden jedoch nicht gehalten. Gerade mit den Produkten, mit denen sie besonders wettbewerbsfähig sind – Lebensmittel und Textilien –, stehen die Entwicklungsländer bei den Industriestaaten oft vor verschlossenen Türen. Die Schuld ist hier gleichmäßig zwischen EU, Japan und den USA verteilt. Unter allen Industriestaaten schottet Japan seine Märkte am stärksten ab, während die EU den wirtschaftlichen Interessen der armen Länder mit ihrer Agrarpolitik schadet, die nicht nur die eigenen Märkte schützt, sondern durch hohe Exportsubventionen den Entwicklungsländern bei landwirtschaftlichen Erzeugnissen unfaire Konkurrenz macht. Aber auch die USA, die Japan und Europa regelmäßig für ihre Handelspraktiken anprangern und sich als offener Markt für alle Entwicklungsländer präsentieren, verfolgen in vielen Bereichen eine protektionistische Handelspolitik: Textilimporte aus Lateinamerika und Asien sind bereits seit 1974 durch das Multifiber Agreement streng reglementiert. Zucker, Tabak und Baumwolle sind weitere Produkte, die in den USA stark subventioniert und durch Importzölle und Quoten vor ausländischer Konkurrenz geschützt werden.

Entgegen ihrer eigenen Freihandelsrhetorik erhöhte die Regierung von George W. Bush die amerikanischen Agrarsubventionen 2002 in der Farm Bill um 80 Prozent und verkleinerte damit den Abstand zum Subventionsvolumen der EU. Auf der WTO-Konferenz in Cancún im September 2003 weigerten sich die USA, ihre Baumwollsubventionen zu verringern, und trugen so entscheidend zum Scheitern des Gipfels bei, der ein neues Welthandelsabkommen mit besseren Bedingungen für Entwicklungs- und Schwellenländer zum Ziel hatte. Im Jahr 2005 betrugen die Beihilfen für amerikanische Baumwollfarmer 5 Milliarden Dollar, während der Wert der Baumwollernte nach Weltmarktpreisen bloß auf 4 Milliarden Dollar geschätzt wurde. Die Agrarsubventionen aller Industriestaaten machen nach Schätzungen der Weltbank im Jahr rund 300 Milliarden Dollar aus – sechsmal so viel wie die weltweite Entwicklungshilfe. Ihre Abschaffung würde das Einkommen im Agrarsektor in der Dritten Welt um 60 Milliarden Dollar im Jahr oder 6 Prozent steigern und wäre weit wichtiger als jede andere Hilfe. Allein die Zölle und Quoten auf Textilien kosten die Entwicklungsländer nach Schätzungen des IWF 27 Millionen Arbeitsplätze. Für jeden Arbeitsplatz, der in den USA gerettet wird, gehen 35 in der Dritten Welt verloren.

Schmerzhaft für viele Schwellenländer ist auch der häufige Einsatz von Anti-Dumping-Verfahren, die immer dann eingeleitet werden, wenn eine amerikanische Branche mit der ausländischen Konkurrenz nicht mehr fertig wird. Der Vorwurf des Dumpings, also des Verkaufs einer Ware unter dem eigenen Produktionspreis, wird dabei meist gar nicht bewiesen. Es reicht, dass sich eine starke Wirtschaftslobby wie die Stahl-, Holz- oder Textilindustrie im eigenen Land beschwert und Schutzmaßnahmen fordert. Auch Europa bekommt den amerikanischen Protektionismus immer wieder zu spüren, zuletzt im Frühjahr 2002, als George W. Bush Einfuhrzölle von bis zu 30 Prozent auf europäische Stahlprodukte verhängte, um die eigene krisengeschüttelte Stahlindustrie zu schützen. Doch anders als die armen Länder kann sich die EU gut wehren: Ein Verfahren vor der WTO gab ihr das Recht, Strafzölle in der Höhe von 2,2 Milliarden Dollar gegen US-Produkte zu verhängen. Die Bush-Regierung hob daraufhin die Stahl-Zölle wieder auf.

Während die USA die Regeln des Freihandels brechen, wenn es ihnen passt, fordern sie von den Entwicklungsländern, sich selbst dann an alle Handelsabkommen zu halten, wenn es deren Interessen schadet. Märkte für Industrieprodukte müssen auch dort geöffnet werden, wo eine eigenständige Industrie erst am Entstehen ist, die infolge dieser Liberalisierung keine Chance zum Überleben hat. Durch einen rigiden Schutz geistigen Eigentums sind arme Länder gezwungen, für neue Technologien und Patente Milliarden an Lizenzgebühren an reiche Konzerne zu zahlen oder auf deren Anwendung komplett zu verzichten. Das mag zwar rechtlich korrekt sein, bremst aber die Wachstumschancen von Schwellenländern. Der Harvard-Ökonom Dani Rodrik weist darauf hin, dass die erfolgreichen »Tigerstaaten« wie Südkorea und Taiwan in den sechziger und siebziger Jahren enorm davon profitierten, dass sie gewisse amerikanische und europäische Technologien kopieren konnten, ohne für jedes Patent bezahlen zu müssen. Diese Chance wird anderen Entwicklungsländern heute versagt.

Die Doppelbödigkeit der amerikanischen Politik zeigt sich beim Patentschutz besonders deutlich: Als die zumeist amerikanischen Pharmakonzerne den Patentschutz auch bei lebensrettenden Medikamenten zur Behandlung von Aids durchsetzen wollten und Südafrika vor Gericht zerrten, weil die Regierung billigere Nachahmerprodukte importierte, ging ein Aufschrei um die Welt. Trotzdem blieben die USA hart und verteidigten mit allen Mitteln die Interessen ihrer Pharmaindustrie. Als aber im Oktober 2001 Milzbrandanschläge in den USA mehrere Menschenleben forderten und panische Angst vor Bioterrorismus auslösten, spielte der Schutz von geistigem Eigentum plötzlich keine Rolle mehr. Der deutsche Pharmakonzern Bayer wurde von der Bush-Regierung vor die Wahl gestellt, entweder das Antibiotikum Ciprobay, das gegen Milzbrand eingesetzt wird, unter Preis zu liefern oder die Patentrechte zu verlieren. Erst nach jahrelangen Verhandlungen und unter massivem öffentlichen Druck stimmten die USA einem internationalen Abkommen zu, das Entwicklungsländern legalen Zugang zu günstigen Aids-Medikamenten ermöglichte. In vielen anderen Bereichen aber bleibt der Schutz des geistigen Eigentums die oberste Maxime amerikanischer Handelspolitik.

Fehlende Kompromissbereitschaft und eine unflexible Verhandlungstaktik der Bush-Regierung haben zwischen 2001 und 2008 entscheidend zum Scheitern der Verhandlungen über eine neue weltweite Freihandelsrunde beigetragen. Nach Einschätzung von Ökonomen haben die USA ihr Interesse am multilateralen Welthandelssystem verloren. Während die Demokraten im Kongress immer stärker protektionistische Positionen vertreten, hat die Bush-Regierung vor allem bilaterale und regionale Handelsabkommen verfolgt. Diese nützen zwar einzelnen Staaten und Regionen, schaden aber jenen Staaten, die auf einen privilegierten Zugang zum amerikanischen Markt verzichten müssen.

Freihandel ist eine wichtige Säule des Washingtoner Konsens, der vor allem vom IWF oft ohne Rücksicht auf nationale Eigenheiten in den von internationalen Kreditgebern abhängigen Ländern durchgesetzt wird; Privatisierung ist eine weitere Säule. Grundsätzlich sind auch kritische Ökonomen der Meinung, dass der Staat in vielen Wirtschaftsbereichen nichts verloren hat und dass mehr Wettbewerb sinnvoll wäre. Doch die Empfehlungen des IWF laufen oft auf eine kaum geregelte Privatisierung hinaus, in der das staatliche Monopol nicht gebrochen, sondern zu Schleuderpreisen an die politischen Freunde einer Regierung verkauft wird. Das geschah beispielsweise in Russland, wo dadurch eine ganze Klasse von Oligarchen entstand, die Staat und Bürger ausbeuten.

Die dritte Säule heißt Kapitalmarktliberalisierung; sie hatte in einigen Fällen besonders schlimme Auswirkungen. Seit Anfang der achtziger Jahre wurden die Schwellenländer in Lateinamerika und Asien dazu angehalten, ihre Kapitalkontrollen aufzugeben, das Bankwesen zu liberalisieren und ausländischen Banken freien Zugang zu gewähren. Ziel war ein effizienterer Einsatz von Kapitalressourcen. Dabei wurde übersehen, dass selbst die europäischen Industriestaaten bis in die achtziger Jahre keinen völlig freien Kapitalverkehr zugelassen und sich so vor den Stürmen der Finanzwelt geschützt hatten.

Länder wie Mexiko, Brasilien, Argentinien, Südkorea und Thailand mussten nun auf dieses Privileg verzichten. Tatsächlich profitierten sie einige Jahre lang vom Zugang zu ausländischen Krediten, aber spätestens bei der mexikanischen Peso-Krise von 1994/95 und der noch viel schlimmeren Asienkrise von 1997/98 zeigte sich die Schattenseite des offenen Kapitalverkehrs. Denn das Kapital war meist in Form kurzfristiger Kredite, sogenanntes »hot money«, ins Land geflossen und wurde bei den ersten Anzeichen eines Problems sofort wieder abgezogen. Die Folgen waren schwere Finanzkrisen, welche die Schwellenländer in enorme wirtschaftliche Schwierigkeiten stürzten: Die Währung brach zusammen, die Zinsen schnellten in die Höhe, die Banken standen vor dem Kollaps und Millionen von Menschen verloren Arbeitsplatz und Einkommen. Mexiko erholte sich dank amerikanischer Hilfe recht schnell, doch in Asien waren die Folgen der Krise noch Jahre später zu spüren. Heute räumen selbst konservative Experten ein, dass es ein Fehler war, auf einer raschen Liberalisierung der Kapitalmärkte zu bestehen.

Diese verfehlte Politik hatte allerdings auch Nutznießer – vor allem in den USA. Wie der Wirtschaftsnobelpreisträger und ehemalige Chefökonom der Weltbank, Joseph Stiglitz, in seinem Buch *Die Schatten der Globalisierung* zeigte, verlangten hauptsächlich das amerikanische Finanzministerium und die amerikanischen Geschäftsbanken eine Liberalisierung der Finanzmärkte. So vergaben die Banken Kredite an Unternehmen in Entwicklungsländern zu einem Zinssatz von 12 Prozent oder mehr. Gleichzeitig forderte der IWF die Zentralbank des Landes auf, ausländische Währungsreserven in gleicher Höhe zu halten; das waren üblicherweise amerikanische Staatsanleihen, die mit etwa 5 Prozent verzinst werden. Das bedeutete, dass das Schwellenland eine Zinsdifferenz von 7 Prozent zahlen musste, ohne dass mehr Kapital in seine Volkswirtschaft floss. Wenn dann eine Finanzkrise ausbrach, vergab der IWF Milliardenkredite zur Stützung der Währungen, mit denen vor allem die ausländischen Gläubiger vor Verlusten bewahrt wurden. Der budgetäre Sparkurs und andere wirtschaftspolitische Bedingungen, die der Währungsfonds den Ländern im Gegenzug auferlegte, gingen hingegen auf Kosten der Bevölkerung.

Wohlstand auf Pump

Die USA bauen ihren Wohlstand nicht nur auf Kosten der Entwicklungsländer auf. Das gewaltige amerikanische Handelsbilanzdefizit bedeutet nichts anderes, als dass ausländische Handelspartner den Konsumhunger der Amerikaner mit Warenlieferungen stillen – auf Pump. Das Handelsbilanzdefizit geht nämlich Hand in Hand mit einer ständig steigenden Verschuldung. Der einst größte Gläubiger der Welt, der den Wiederaufbau nach dem Zweiten Weltkrieg finanzierte, war 2006 mit einer Auslandsverschuldung von mehr als 2,5 Billionen Dollar der mit Abstand größte Schuldner der Welt.

Die Zahlungsbilanz eines Landes besteht aus mehreren Elementen: der Handelsbilanz, also dem Austausch von Waren und Dienstleistungen, der Bilanz der Einnahmen aus Auslandsinvestitionen und der Transferbilanz, die vor allem aus der Entwicklungshilfe entsteht. Zusammen ergibt das die Leistungsbilanz. Dem gegenüber steht die Kapitalbilanz, also der Zu- und Abfluss des kurz- und langfristigen Anlagevermögens; dazu gehören Kredite und Anleihen, Aktien und Direktinvestitionen. Leistungs- und Kapitalbilanz sind immer ausgeglichen: Ist die eine im Plus, muss die andere rechnerisch ein Defizit ausweisen.

Die USA weisen traditionell ein großes Defizit im Warenhandel aus, einen deutlich kleineren Überschuss im Dienstleistungshandel, ein Defizit bei den Transfers und seit kurzem auch ein Defizit in der Bilanz der Investitionserlöse. Einfuhren von 2,2 Billionen Dollar standen im Jahr 2006 Ausfuhren von nur 1,4 Billionen Dollar gegenüber. Erstmals seit einem Jahrhundert mussten die USA 2003 mehr Zinsen an den Rest der Welt zahlen, als sie selbst durch Kredite verdienten. Die Leistungsbilanz, der wichtigste Handelsindikator, war 1991 nach hohen Defiziten während der Reagan-Ära kurzfristig ausgeglichen. 2006 erreichte das Defizit den Rekordstand von minus 811 Milliarden Dollar oder 6,2 Prozent des amerikanischen Bruttoinlandsprodukts. Die USA decken diese Lücke, indem sie auf Dollar lautende Schuldscheine herausgeben. Diese werden von Amerikas großen Handelspartnern vor allem in Asien gekauft. Sollten die Gläubiger eines Tages versuchen, sie im großen Umfang einzulösen, würde sich der Rückgang des Dollarkurses der vergangenen Jahre noch weiter beschleunigen – und damit auch der Rückgang der Erlöse ausländischer Unternehmen. Das Handelsbilanzdefizit der USA kann daher nur so lange aufrechterhalten werden, wie der Rest der Welt bereit ist, Dollar-Anlagen zu halten.

Jahr	Leistungsbilanz	Anteil am BIP*
1991	3 Mrd. $	0,1 %
1992	– 50 Mrd. $	– 0,8 %
1993	– 85 Mrd. $	1,2 %
1994	– 122 Mrd. $	1,7 %
1995	– 114 Mrd. $	1,5 %
1996	– 124 Mrd. $	1,6 %
1997	– 141 Mrd. $	1,7 %
1998	– 215 Mrd. $	2,5 %
1999	– 302 Mrd. $	3,3 %
2000	–417 Mrd. $	4,2 %
2001	– 385 Mrd. $	3,8 %
2002	– 460 Mrd. $	4,4 %
2003	– 522 Mrd. $	4,8 %
2004	– 640 Mrd. $	5,5 %
2005	– 755 Mrd. $	6,1 %
2006	– 811 Mrd. $	6,2 %

Leistungsbilanz der USA (*Quelle:* Bureau of Economic Analysis)   * Bruttoinlandsprodukt

Die meisten Amerikaner suchen die Schuld für dieses Ungleichgewicht nicht bei sich, sondern bei den Handelspartnern. Demnach ist das Defizit die Folge unfairer Praktiken anderer Länder, die ihre Waren in die USA absetzen wollen, aber ihre Märkte verschlossen halten und auf diese Weise amerikanische Arbeitsplätze vernichten. Galt früher Japan als Sündenbock, so ist es jetzt vor allem China.

Als George W. Bush ins Weiße Haus einzog, hieß es plötzlich, das Handelsbilanzdefizit sei ein Beweis für Amerikas Stärke. Bushs erster Finanzminister Paul O'Neill tat das Leistungsbilanzdefizit gar als »sinnloses Konzept« ab, da es genügend Kapital in der Welt gebe, es zu decken. Aus dieser Perspektive ist die amerikanische Wirtschaft dank starken Produktivitätswachstums und geringer staatlicher Auflagen so attraktiv, dass alle Welt hier investieren möchte: Privatinvestoren kaufen Aktien, Unternehmen übernehmen amerikanische Firmen oder bauen neue Fabriken. Dieser Zufluss erzeugt einen Überschuss in der Kapitalbilanz und erzwingt damit ein Defizit in der Handelsbilanz. Ein Großteil des Kapitals fließt jedoch nicht in Aktien und Direktinvestitionen, sondern in Staatsanleihen, und die werden weniger von Privaten gehalten als von den Zentralbanken anderer Staaten, vor allem in Asien. Der französische Autor Emmanuel Todd sieht darin in *Weltmacht USA – Ein Nachruf* einen »Tribut« anderer Industriestaaten an die militärische Supermacht, die sich damit Sicherheit und das Wohlwollen Washingtons erkauft. Was immer der Grund sein mag: Die Bereitschaft der Welt, Dollar zu halten, erlaubt es den USA, sich mit ihrer eigenen Währung im Ausland zu verschulden und so ihren Konsum von anderen finanzieren zu lassen.

Eine der wichtigsten Ursachen für das Defizit ist die geringe Sparquote der Amerikaner, die seit Jahren nicht ausreicht, um die eigenen Investitionen zu decken. In den achtziger Jahren war es der Staat, der Milliardenschulden machte, in den neunziger Jahren waren es die privaten Haushalte, die geblendet durch den Aktienboom immer höhere Schulden anhäuften. Unter der Bush-Regierung sind es beide, die sich ihre Ausgaben auf Pump finanzieren und damit immer abhängiger von Kapitalimporten werden.

Die Milliardenbeträge, die jedes Jahr in die USA fließen, fehlen anderswo in der Welt. Tag für Tag müssen die USA mehr als 2 Milliarden Dollar an ausländischem Kapital importieren, um ihren überschüssigen Konsum zu finanzieren. Amerika absorbiert damit bis zu 80 Prozent aller grenzüberschreitenden

Kapitalanlagen. Das heißt, der Rest der Welt muss sich mit den restlichen 20 Prozent des internationalen Kapitals begnügen; für die meisten Entwicklungsländer, die vom Auslandskapital abhängen, bleibt nichts übrig.

Die meisten Ökonomen sind sich einig, dass es so nicht weitergehen kann. In den vergangenen Jahren wurde bereits sichtbar, dass dem Rest der Welt der Appetit auf US-Dollars vergeht. Zwar hat der Wertverlust des Dollars im Jahr 2007 die amerikanischen Exporte angekurbelt und so zu einem leichten Rückgang im Leistungsbilanzdefizit beigetragen, aber der Kapitalbedarf der USA bleibt immer noch viel zu hoch, um nachhaltig gedeckt werden zu können. Währungsexperten rechnen daher mit einer weiteren kräftigen Abwertung in den kommenden Jahren. Im besten Fall hätte das einen massiven Vermögensverlust bei allen ausländischen Investoren zur Folge, die vertrauensvoll in den USA investiert haben. Im schlimmsten Fall löst ein solcher Kurssturz eine internationale Finanzkrise aus, die alle bisherigen Turbulenzen in den Schatten stellt.

Was immer auch passiert: Die Rechnung für die amerikanische Konsumorgie der letzten 25 Jahre wurde noch nicht ausgestellt. Und wie es aussieht, wird der Rest der Welt einen Großteil der Zeche bezahlen müssen.

32
Geiziger Spender:
Versiegende Hilfe für Entwicklungsländer

Kaum ein anderes Industrieland gibt heute so wenig für Ent-
wicklungshilfe aus wie die USA und achtet dabei so sehr auf die
eigenen Exportinteressen. Bei Waffenlieferungen in die Dritte
Welt zeigen sich die Amerikaner hingegen großzügig. Die falsche
Schwerpunktsetzung der Vereinigten Staaten bei der Entwick-
lungszusammenarbeit kostet jedes Jahr Millionen Menschen das
Leben.

Im Oktober 1970 verabschiedete die Generalversammlung der
Vereinten Nationen eine Erklärung mit einem ehrgeizigen Ziel:
Bis zur Mitte des Jahrzehnts sollten die reichen Industrienationen 0,7 Prozent ihres Bruttonationalprodukts für Entwicklungshilfe in der Dritten Welt ausgeben.

Rund vier Jahrzehnte später ist die Welt immer noch meilen-
weit davon entfernt, dieses Versprechen einzulösen. Die Ausgaben für Entwicklungszusammenarbeit sind zuletzt durch die
hohen Kosten des Wiederaufbaus in Afghanistan und Irak zwar
gestiegen, erreichen aber auch in guten Jahren kaum mehr als
die Hälfte der damals angepeilten Höhe. Während jedoch viele
europäische Staaten zumindest eine ehrbare Anstrengung machen, um den armen Ländern zu helfen, ist die staatliche Entwicklungshilfe der USA seit Jahrzehnten auf einem Niveau, das
nur als schändlich bezeichnet werden kann. Die Nation, die nach
dem Zweiten Weltkrieg Milliarden für den Wiederaufbau be-
siegter Staaten und für Entwicklungshilfe ausgab, ist heute der
größte Geizhals der Welt.

Unpopuläre Entwicklungshilfe – populäre Militärhilfe

Die Zahlen sind eindeutig: Steckten die USA im Jahr 1962 noch 0,58 Prozent ihres Bruttoinlandsprodukts in die Entwicklungshilfe, so sank dieser Anteil bis 1982 auf 0,2 Prozent und bis 2001 auf 0,11 Prozent – 10,7 Milliarden Dollar im Jahr oder 37 Dollar für jeden Amerikaner. Die Bürger in anderen Mitgliedsländern der Organisation für Entwicklung und Zusammenarbeit (OECD), dem Club der Industriestaaten, geben im Durchschnitt das Doppelte aus, die Dänen sogar 316 Dollar pro Kopf und Jahr. Durchschnittlich beträgt der Anteil der Entwicklungshilfe am Bruttoinlandsprodukt in der OECD 0,3 Prozent. Die Zielvorgabe der Vereinten Nationen liegt bei 0,7 Prozent – ein Wert, den derzeit nur Dänemark, die Niederlande, Norwegen und Schweden übertreffen.

Jahr	Entwicklungshilfe	Anteil am BIP*
1962	18,5 Mrd. $	0,58 %
1965	16,8 Mrd. $	0,45 %
1970	11,1 Mrd. $	0,24 %
1975	11,2 Mrd. $	0,22 %
1980	12,4 Mrd. $	0,21 %
1985	17,1 Mrd. $	0,26 %
1990	12,5 Mrd. $	0,16 %
1995	12,6 Mrd. $	0,15 %
1999	9,1 Mrd. $	0,10 %
2000	9,6 Mrd. $	0,10 %
2001	10,9 Mrd. $	0,11 %
2002	13,3 Mrd. $	0,13 %
2003	16,3 Mrd. $	0,15 %
2004	19,7 Mrd. $	0,17 %
2005	27,6 Mrd. $	0,22 %
2006	22,7 Mrd. $	0,17 %

Entwicklungshilfeausgaben der USA (*Quelle:* OECD)   *Bruttoinlandsprodukt

Land	Entwicklungshilfe als Anteil am BNP*
Schweden	1,03 %
Norwegen	0,89 %
Dänemark	0,80 %
UNO-Ziel	**0,70 %**
Großbritannien	0,52 %
Österreich	0,48 %
Schweiz	0,39 %
Deutschland	0,36 %
Kanada	0,30 %
OECD	**0,30 %**
Japan	0,25 %
USA	0,17 %
Griechenland	0,16 %

Entwicklungshilfe im Vergleich 2006 (*Quelle:* OECD)   *Bruttonationalprodukt

Amerikanische Entwicklungshilfe verfolgt vor allem strategische, nicht humanitäre Ziele. Nur ein Drittel der Mittel geht an multilaterale Institutionen, die Hilfsgelder nach Kriterien der Bedürftigkeit verteilen. Die wichtigsten Empfänger der bilateralen Hilfe sind strategische Verbündete der USA wie Israel, Ägypten, Jordanien und Kolumbien – Länder mit mittlerem und teilweise recht hohem Einkommen. In die politisch und militärisch wichtige Region des Nahen und Mittleren Ostens flossen 2005 insgesamt 8,4 Milliarden Dollar, nach Afrika südlich der Sahara, bekanntlich die ärmste Region der Welt, nur 3,9 Milliarden Dollar.

Diese Knauserigkeit lässt sich geschichtlich und innenpolitisch erklären. Anders als viele Europäer betrachteten die USA Entwicklungshilfe nie als altruistischen Akt, sondern immer als Instrument der Außenpolitik. Diese betrachtete nach dem Zweiten Weltkrieg der Marshall-Plan als sinnvolle Investition: Zwischen 1948 und 1952 flossen im größten Hilfsprogramm aller Zeiten 13 Milliarden Dollar oder 1,5 Prozent des amerikanischen Bruttoninlandsprodukts ins kriegszerstörte Europa, weitere Gelder gingen nach Japan und Südkorea. In den frühen sechziger Jahren unternahm die Kennedy-Regierung einen Anlauf, ein ähnliches Hilfsprogramm für Lateinamerika auf die Beine zu stellen. Doch die »Allianz für den Fortschritt« blieb ein leeres Versprechen, der Kongress gab nur einen kleinen Teil der geforderten Gelder frei. Seit Ende der sechziger Jahre sank die Entwicklungshilfe stetig.

Die Hartherzigkeit amerikanischer Politik zeigt sich auch bei der Verteilung der Entwicklungsgelder. Die amerikanische Entwicklungszusammenarbeitsorganisation USAID verlangt nämlich, dass ein Großteil der geschenkten Mittel für amerikanische Produkte aufgewendet wird. Zwar nutzen auch andere Staaten ihre Hilfspolitik als eine Art versteckter Exportförderung, aber niemand macht es so offensichtlich wie die USA. So sorgt die Bush-Regierung beispielsweise dafür, dass beim Wiederaufbau des Irak vor allem befreundete amerikanische Konzerne wie die Erdöltechnologiegesellschaft Halliburton, der einst Vizepräsident Dick Cheney vorstand, zum Zug kommen.

Entwicklungshilfe ist heute eine Hauptzielscheibe für konservative und isolationistisch denkende Kongressmitglieder, die mit dem Slogan »Amerika zuerst« punkten wollen. In akademischen Kreisen wird ebenso wie in den Medien gegen angeblich korrupte Staaten polemisiert, in denen Hilfsgelder ohnehin nur in die Taschen weniger Politiker flössen, und so die gesamte Entwicklungshilfe in Frage gestellt.

Viele Amerikaner sind allerdings der Meinung, dass die USA der Welt dann am besten hilft, wenn sie viel Geld ins eigene Militär steckt und so für Ordnung sorgt. Tatsächlich geben die USA mit 3 Prozent ihres Bruttoinlandsprodukts deutlich mehr für Rüstung aus als alle europäischen Staaten, die den armen Ländern dafür mit Geld für Schulen, Krankenhäuser und Straßen helfen. Das Verhältnis von Rüstungsausgaben und Entwicklungshilfe betrug 2006 in den USA rund 25 zu 1, in Deutschland etwa 3 zu 1. Nur wenn die USA ein akutes Interesse am Wiederaufbau einer Region besitzen, wie nach dem Zweiten Weltkrieg in Europa, öffnen sie ihre Brieftaschen.

Statt Brot und Wissen stellen die USA den Entwicklungsländern lieber Waffen zur Verfügung. 2006 waren die USA mit einem Verkaufsvolumen von 17 Milliarden Dollar für 42 Prozent aller Rüstungsexporte in der ganzen Welt verantwortlich und damit der größte Waffenhändler weltweit. Für 10 Milliarden Dollar lieferten sie Waffen an Entwicklungsländer – 36 Prozent aller Waffenverkäufe an diese Länder. Und nicht immer müssen jene die amerikanischen Panzer und Flugzeuge bezahlen: Die USA geben nämlich fast 5 Milliarden Dollar für internationale Militärhilfe aus, wovon wiederum 2,8 Milliarden Dollar in den vergangenen Jahren nach Israel flossen. Dieser Betrag wird nach einem US-israelischen Abkommen vom Sommer 2007 in den nächsten zehn Jahren auf mehr als 3 Milliarden Dollar im Jahr steigen. Diese Gelder fehlen dann für soziale und wirtschaftliche Hilfsprojekte in den wirklich bedürftigen Ländern.

Land	Verhältnis
USA	30,0 : 1
Großbritannien	10,4 : 1
OECD	7,3 : 1
Frankreich	6,9 : 1
Deutschland	5,8 : 1

Verhältnis Militärausgaben zur Entwicklungshilfe 1999 (Quelle: The Globalist, OECD)

Leere Versprechungen

Interessanterweise ist Entwicklungshilfe bei den amerikanischen Bürgern ziemlich populär. Umfragen zeigen immer wieder, dass die Amerikaner glauben, ihr Land gebe bis zu 20 Prozent seines Bundeshaushalts für Entwicklungshilfe aus – in Wirklichkeit sind es weniger als 1 Prozent. Die Mehrheit der Befragten hält diese vermeintliche Großzügigkeit für richtig und viele würden die Entwicklungshilfe sogar noch ausweiten. Diese Einstellung schlägt sich in der Arbeit amerikanischer karitativer Organisationen nieder, die von privaten Spenden leben. Stiftungen wie die Bill and Melinda Gates Foundation des Microsoft-Gründers, welche die Erforschung und Behandlung tropischer Infektionskrankheiten und Aids unterstützt, gehören zu den wichtigsten Unterstützern von Hilfsorganisationen. Da Spenden in den USA steuerlich absetzbar sind, trägt der Staat indirekt noch etwas mehr zur Entwicklungszusammenarbeit bei. Doch macht dies die fehlende staatliche Hilfe keinesfalls wett.

Im Kongress regt sich gelegentlich das schlechte Gewissen, wenn bekannt wird, dass Empfänger von Hilfsgeldern die Menschenrechte verletzen. Aber nur bei Ländern, die für Amerika strategisch unbedeutend sind, wird dann die Entwicklungshilfe reduziert oder gar eingestellt. Stehen allerdings Amerikas Interessen auf dem Spiel, bleiben auch gewalttätige Diktaturen auf der Empfängerliste. Dafür werden aus fadenscheinigen innenpolitischen Gründen immer wieder Zahlungen an wichtige internationale Hilfsorganisationen gestoppt. Das trifft etwa Familienplanungsprogramme, die sich nicht eindeutig gegen Abtreibung aussprechen.

Nach den Terroranschlägen vom 11. September 2001 schien es, als ob Washington die Bedeutung der Entwicklungshilfe wieder anerkennen würde. Auf der Suche nach wirksamen Strategien gegen den Terrorismus erkannten einige Bush-Berater, dass Armut und Frustration in vielen Entwicklungsländern zum Hass auf Amerika beiträgt und damit die Bereitschaft zum Terror fördert. Beim UNO-Entwicklungsgipfel im mexikanischen Monterrey im März 2002 versprach Bush, über drei Jahre hinweg zusätzliche 10 Milliarden Dollar für das sogenannte Millennium Challenge Account (MCA) bereitzustellen – die größte Erhöhung der amerikanischen Entwicklungshilfe seit Kennedy. Bald darauf stellte Bush weitere 10 Milliarden Dollar für den Kampf gegen Aids in Schwarzafrika und der Karibik in Aussicht. Die Entwicklungshilfeausgaben der USA sind auch tatsächlich gestiegen, aber lange nicht in dem versprochenen Maße. Ein Großteil der zusätzlichen Gelder floss in den Irak und nach Afghanistan, nicht nach Afrika, wo die Mittel am dringendsten benötigt werden. Zudem gelten unter Experten die amerikanischen Programme als besonders verschwenderisch, ineffizient und ungeeignet, die Armut zu bekämpfen.

Der Geiz der USA verringert zudem die Spendenbereitschaft anderer Industrieländer und trägt entscheidend dazu bei, dass in den ärmsten Ländern der Welt die für einen Entwicklungsschub notwendigen Mittel fehlen. Die gesamte Entwicklungshilfe beträgt pro Jahr weltweit nur 50 Milliarden Dollar, benötigt würde laut Weltbank aber mindestens das Doppelte. Experten weisen immer wieder auf die gewaltige Hebelwirkung effektiver Entwicklungshilfe hin. Nach Berechnungen des amerikanischen Ökonomen Jeffrey Sachs von der Columbia University in New

York könnten mit jährlich 25 Milliarden Dollar an wirksam eingesetzter Hilfe gegen Infektionskrankheiten wie Aids, Tuberkulose und Malaria 8 Millionen Menschenleben gerettet werden.

Würden die USA die Vorgabe der Vereinten Nationen erfüllen und nur 0,7 Prozent ihres Bruttoinlandsprodukts den ärmsten Länder zur Verfügung stellen, wären das pro Jahr zusätzlich rund 50 Milliarden Dollar für Entwicklungshilfe. Mit diesem Geld könnte in der Dritten Welt jedes Jahr das Leben von Millionen Kindern und Erwachsenen gerettet werden. Nichts, was die USA irgendwo auf der Welt tun, fordert so viele Menschenleben wie das, was sie in der Entwicklungshilfe unterlassen.

33
Krieg statt Therapie:
Sinnloser Kampf gegen den Drogenhandel

Seit drei Jahrzehnten führen die USA im eigenen Land einen erfolglosen »Krieg gegen Drogen«, setzen auf harte Strafen statt auf Therapie und sperren selbst harmlose Drogenabhängige für Jahre hinter Gitter. Diese unbarmherzige Drogenpolitik wird auch dem Rest der Welt aufgezwungen und zeigt vor allem in Lateinamerika verheerende Folgen.

Der längste Krieg in der Geschichte der USA hat schon viele Opfer gefordert. Adrian Wilson ist eines von ihnen. 1983 wurde der damals 29-jährige New Yorker wegen Drogenbesitzes verhaftet. Der junge Schwarze galt bis dahin als unbescholten. Die Justiz bot ihm einen außergerichtlichen Vergleich an – acht Monate Haft und psychiatrische Behandlung mit Elektroschocks. Doch Wilson lehnte ab und bestand auf einem Prozess. Es war eine folgenschwere Wahl: Für den Besitz von 140 Gramm Kokain wurde er von einem New Yorker Gericht zu einer lebenslänglichen Haftstrafe verurteilt, mit der Chance auf vorzeitige Entlassung erst nach 15 Jahren.

Flover Edmundo Meza ist ebenfalls ein Opfer des Kriegs. Am 1. Januar 2001 trat der kolumbianische Farmer sein Amt als Bürgermeister von La Hormiga an, einer Stadt im Westen der Provinz Putumayo, einem Zentrum des Koka-Anbaus. Kurz darauf begannen in seiner Gemeinde mit 35 000 Einwohnern kolumbianische Armee- und Polizeieinheiten mit amerikanischer Hilfe eine Kampagne zur Ausrottung der Koka-Pflanzen. Mit Hubschraubern und kleinen Flugzeugen wurden aggressive Unkrautvertilgungsmittel über ganze Landstriche versprüht und dabei nicht nur Koka, sondern auch viele andere Pflanzen vernichtet, Tiere getötet und viele Bewohner krank gemacht. Die Kampagne war Teil von »Plan Columbia«, einem großangelegten Programm der Vereinigten Staaten zur Vernichtung der kolumbianischen Drogenproduktion, das zwar den langjährigen Bürgerkrieg im Land weiter anfachte, aber den Drogenfluss nach Nordamerika nicht stoppen konnte.

Die USA geben jährlich rund 35 Milliarden Dollar im Kampf gegen Drogen aus. Drei Viertel davon werden dazu verwendet, das Angebot von Drogen im amerikanischen Markt zu verringern: durch Bekämpfung des Drogenanbaus, rigide Grenzkontrollen sowie den Kampf von Polizei und anderen Behörden gegen den Drogenhandel auf Amerikas Straßen. Bloß ein Viertel des Gelds fließt in die Behandlung von Drogensüchtigen und die Prävention.

Die absurde Folge: Die USA haben ein größeres Drogenproblem als viele europäische Länder mit einer weniger rigiden Drogenpolitik. Rund ein Viertel aller amerikanischen Teenager konsumieren zumindest gelegentlich Drogen – in erster Linie Cannabis – und rund die Hälfte aller Amerikaner hat zumindest einmal im Leben Drogen probiert. Die Zahl der Drogenkonsumenten ist zwar von 25 Millionen 1979 – dem höchsten Stand – auf 16 Millionen oder 7 Prozent der Bevölkerung gefallen, der Pro-Kopf-Konsum einzelner Drogensüchtiger ist aber gleichzeitig gestiegen. Dass heute weniger Geld für Drogen ausgegeben wird, ist kein Erfolg der Behörden, sondern die Folge eines deutlichen Preisrückgangs. Egal, wie viel Kokain und Heroin die amerikanische Polizei beschlagnahmen mag, der Nachschub ist nicht zu stoppen.

Der »Krieg gegen Drogen« lässt die meisten Drogenhändler kalt, hat aber für viele Menschen katastrophale Folgen. Die amerikanischen Gefängnisse sind voll von Drogenkonsumenten, die erst dort zu richtigen Verbrechern werden. Die Privatsphäre von Millionen von Amerikanern wird durch Drogentests und andere Maßnahmen eingeschränkt, die Geldmittel für Polizei und Justiz fehlen in der Bildung und im Sozialwesen. Lateinamerika wird von den USA zum Schlachtfeld verwandelt und europäische Staaten, die ihre Drogenpolitik liberalisieren wollen, werden von der amerikanischen Regierung daran gehindert. All das geschieht im Namen einer Politik, die allein von moralischer Empörung und populistischen Gesten geleitet wird und in der rationale Überlegungen kaum Platz finden.

Krieg ohne Sieger

Die USA waren beim Thema Drogen immer schon tief zwischen den Idealen der individuellen Freiheit und des religiös-missionarischen Reformgeists gespalten. Im Harrison Narcotic Act von 1914 wurden die im 19. Jahrhundert weitverbreiteten Opiate und Kokain für illegal erklärt, 1937 auch Marihuana. Die Verfechter dieser Verbote appellierten schon damals an rassistische Gefühle gegen Chinesen und Schwarze, die mit Drogenkonsum in Verbindung gebracht wurden.

Der Konsum illegaler Drogen sank in den vierziger und fünfziger Jahren, stieg aber in den sechziger Jahren wieder stark an. Marihuana wurde die Modedroge der Kriegsgegner und Hippies, unter Vietnam-Soldaten breitete sich Heroin-Konsum rasch aus und die High Society in New York, Los Angeles und anderen Großstädten verfiel dem Kokain.

Schon einige Jahre zuvor hatte Präsident Richard Nixon den »Krieg gegen Drogen« ausgerufen und mit Druck auf drogenproduzierende Staaten, massiven Polizeioperationen gegen Schmuggler und Händler sowie einem weitreichenden Therapieangebot versucht, das wachsende Drogenproblem in den Griff zu bekommen. Der Staat New York unter seinem eigentlich recht liberalen republikanischen Gouverneur Nelson Rockefeller erließ 1973 drakonische Gesetze, die selbst für erstmalige Drogennutzer langjährige Haftstrafen vorsahen. Dieses New Yorker Modell wurde ein Jahr später im ganzen Land kopiert.

Der Tod einiger Prominenter wie des Schauspielers John Belushi oder des Basketballspielers Len Bias durch Kokain-Überdosen alarmierte in den achtziger Jahren die amerikanische Öffentlichkeit. Seit 1985 tauchte auf den Straßen von New York, Miami und Los Angeles Crack auf, mit Backpulver vermischtes Kokain, das geraucht besonders schnell und stark wirkte und bei Schwarzen dank seines niedrigen Preises bald hohe Verbreitung erreichte. In den Städten lieferten sich Crack-Banden mörderische Schlachten um die Kontrolle des Markts und trieben die Mordrate in die Höhe.

Die Reagan-Regierung machte den Kampf gegen Drogen zu einem zentralen Thema, mit dem sie den verunsicherten Mittelstand und vor allem Eltern ansprechen wollte. Keine Frage: Kinder vor Drogen zu schützen war populär, besonders wenn sich die Maßnahmen gegen Arme, Schwarze und andere Länder richteten. Die von Präsidentengattin Nancy Reagan gesponserte Informationskampagne »Just Say No« (»Sag einfach nein«) fand in den weißen Vororten viel Anklang, ging aber an der Realität der von Crack heimgesuchten Stadtviertel völlig vorbei. In dieser aufgeheizten Atmosphäre erließ der Kongress 1986 und 1988 neue Gesetze, unter denen bereits ein Besitz von 5 Gramm Crack mit mindestens fünf Jahren Haft bestraft wurde; bei Kokain waren für diese Strafe 500 Gramm notwendig.

Dass der Besitz der »schwarzen« Droge Crack hundertmal härter bestraft wurde als der Besitz der »weißen« Droge Kokain war wohl kein Zufall. Die Folgen waren katastrophal: Millionen von Männern verschwanden wegen geringfügiger Delikte auf Jahre hinter Gittern, viele von ihnen wurden erst dort richtig drogensüchtig oder steckten sich mit Aids an. Eine Studie der Justizreformorganisation The Sentencing Group zeigte, dass der Anteil von Schwarzen unter den Drogenkonsumenten 13 Prozent beträgt, also kaum mehr als ihr Anteil an der gesamten Bevölkerung ausmacht. Aber 35 Prozent der wegen Drogenbesitzes Verhafteten sind Schwarze, 55 Prozent der Verurteilten und 74 Prozent all derjenigen, die deshalb im Gefängnis landen.

Seit den späten neunziger Jahren breitet sich im Süden und Westen der USA neben den klassischen Drogen erschreckend rasch das synthetische Methamphetamin, kurz Meth oder Ice genannt, aus, das noch schneller süchtig macht als klassische Drogen und verheerende Folgen für den Benutzer hat. Meth wird vor allem in der weißen Unterschicht in ländlichen Gegenden konsumiert – oft von Frauen, die mit Hilfe von Meth Gewicht verlieren wollen.

Die Auswüchse des Kampfs gegen Drogen betreffen alle Amerikaner. Bei Drogendelikten stehen der Polizei selten aussagewillige Zeugen zur Verfügung, da sowohl Käufer als auch Verkäufer am Gelingen des Geschäfts interessiert sind. Deshalb muss sie auf weitreichende Praktiken wie verdeckte Ermittler und Lauschangriffe zurückgreifen, die massiv in die Privatsphäre von Bürgern eingreifen. Viele private Arbeitgeber verlangen von ihren Angestellten regelmäßige Urin-Tests; sogar Kredite, Sozialwohnung und Führerschein sind gefährdet, wenn einer dieser Tests positiv ausfällt. Da Marihuana viel länger nachzuweisen ist als Kokain oder Heroin, sind die Nutzer der vergleichsweise harmlosen Droge am stärksten in Gefahr, durch gelegentlichen Konsum einen Teil ihrer Bürgerrechte zu verlieren. Ein weiteres Gesetz macht Veranstalter von Konzerten und Festen für jeden Drogenkonsum ihres Publikums verantwortlich – eine Maßnahme, die dazu genutzt wird, um politisch unliebsame Veranstaltungen zu verhindern.

Dank weitreichender Gesetze, die erst im Jahr 2000 etwas abgemildert wurden, war es den Behörden lange Zeit auch ohne Beweise möglich, Eigentum von Verdachtigen wie Bargeld, Autos, Schiffe oder ganze Häuser zu konfiszieren. Viele Betroffene bekamen ihr Eigentum nie wieder zurück, selbst wenn der Verdacht gegen sie nicht aufrechterhalten werden konnte. Da ein Teil der konfiszierten Werte in die Kassen der Polizei fließt, hat diese großes Interesse daran, möglichst viel einzunehmen. Aber auch sonst bietet der Drogenkrieg amerikanischen Polizisten immer wieder die Möglichkeit, mit falschen Aussagen Unschuldige hinter Gitter zu bringen und so ihre eigene Erfolgsbilanz zu verbessern. Besonders schwarzen Angeklagten ist es fast unmöglich, der Aussage eines Polizisten etwas entgegenzusetzen. Die Liste der Verstöße gegen Bürger- und Menschenrechte im Krieg gegen Drogen ist erschreckend lang.

Diese Praktiken wären für viele Amerikaner akzeptabel, wenn dem Drogenhandel damit der Garaus gemacht werden könnte. Doch das war bisher nicht der Fall und wird auch in den kommenden Jahren nicht gelingen. Bei Gewinnspannen von bis zu 20 000 Prozent bleibt der finanzielle Anreiz für den Drogenhandel stärker als alle staatlichen Gegenmaßnahmen. So kostet ein Kilogramm Kokablätter nach Angaben des Weltdrogenberichts der Vereinten Nationen in Bolivien 610 Dollar, das verarbeitete Kokain vor dem Export 1500 Dollar. Der Großhandelspreis in den USA beträgt bereits 25 250 Dollar und das Kilogramm Kokain kostet den Kunden 110 000 Dollar. Der Preisunterschied für ein Kilogramm Heroin zwischen Pakistan und den USA beträgt 2600 zu 130 000 Dollar. Die Gewinnspannen bei synthetischen Drogen sind zum Teil noch höher. Für die großen Händler ist der Markt ein Millionengeschäft, für viele Arme ist der Drogenverkauf die einzige Chance für ein halbwegs ausreichendes Einkommen. Und je härter der Kampf gegen Drogenhandel geführt wird, desto größer wird die Gewinnspanne – solange die Nachfrage nicht sinkt.

Nur eine massive Kampagne zur Dämpfung der Nachfrage könnte den Drogenkonsum und damit den Handel eindämmen, aber hierfür geben die USA weniger Geld aus als die meisten europäischen Staaten. Von 1980 bis heute ist das Jahresbudget im Drogenkrieg von 1 Milliarde auf rund 35 Milliarden Dollar gestiegen, doch nur ein Viertel davon fließt in die Prävention und die Behandlung von Süchtigen. Tausende von Heroinabhängigen warten auf Plätze in Methadonprogrammen, und selbst Projekte für saubere Nadeln werden durch Geldmangel und ideologische Ablehnung behindert, was die Aids-Rate unter den Süchtigen deutlich erhöht.

Unter dem Druck der Republikaner lehnte auch Präsident Bill Clinton, der wegen seines eigenen Drogenkonsums als Student bei diesem Thema politisch verwundbar war, jede Liberalisierung ab. Unter George W. Bush wurde diese Politik weiter verschärft. Zaghafte Versuche in einigen Bundesstaaten, Drogensüchtige als Kranke und nicht als Verbrecher zu behandeln und den Gebrauch von Marihuana zumindest für medizinische Zwecke zu erlauben, werden von Washington blockiert.

Landesweite Werbekampagnen, in denen Drogensucht mit Unterstützung für Terroristen gleichgesetzt wird, sprechen nur wenige Jugendliche an. Viele Experten glauben, dass eine tolerantere Haltung den Reiz des Verbotenen mindern und damit die Anziehungskraft von Drogen verringern würde. Die Niederlande oder die Schweiz, die in ihrer Drogenpolitik Liberalisierung mit Prävention verbinden, weisen deutlich niedrigere Konsumraten unter Jugendlichen auf als die USA.

Doch statt von den positiven Erfahrungen anderer Länder zu lernen, zwingen die USA ihren Krieg der übrigen Welt auf. Auf massiven Druck Washingtons wurde 1998 von den Vereinten Nationen ein Antidrogenprogramm verabschiedet, das einseitig darauf setzt, mit Polizei- und Militärgewalt den Drogenanbau in den Entwicklungsländern einzudämmen, dabei aber die Nachfrage in den reichen Industriestaaten völlig ignoriert. Jeder Liberalisierung des Drogenkonsums wurde gleichzeitig eine Absage erteilt. Auf einer Anti-Drogenkonferenz der UN im April 2003 in Wien kamen zahlreiche europäische Teilnehmer zu dem Schluss, dass der amerikanische »Krieg gegen Drogen« nicht zu gewinnen sei. Doch die US-Regierung beharrte weiter auf ihrer Position.

Zahlreiche lateinamerikanische Staaten wurden durch den »Krieg gegen Drogen« in Schlachtfelder verwandelt. In Mexiko, dem wichtigsten Transitland für Kokain und Heroin, hat die Drogenmafia sämtliche Polizeibehörden und weite Teile der Justiz bestochen – mit katastrophalen Folgen für Gesellschaft und Wirtschaft. Jeder Reformversuch verschiedener Regierungen scheiterte bisher daran, dass den Drogenhändlern genug Geld zur Verfügung steht, um fast alle öffentlichen Bediensteten in Versuchung zu führen. Auch in Kolumbien, dem wichtigsten Kokain-Produzenten der Welt und einem wichtigen Produzenten von Opium und Heroin, haben die Gelder der Drogenmafia die Polizei, Justiz und Politik längst korrumpiert.

Schwerer aber wiegt, dass der Drogenhandel in Kolumbien den rebellierenden Guerillabewegungen FARC und ELN seit den achtziger Jahren eine neue lukrative Existenzgrundlage bietet, nachdem diese ideologisch und politisch schon fast am Ende waren. Eine halbe Milliarde Dollar fließt jedes Jahr von amerikanischen Drogenkonsumenten zu den Guerillas. Zugleich stärkt der von den USA finanzierte und angeführte »Krieg gegen Drogen« rechte paramilitärische Gruppen. So wird der Bürgerkrieg, der Kolumbien in eine Hölle der Gewalt verwandelt, von den USA auf zweifache Weise angeheizt.

Unter dem »Plan Columbia«, der von der Clinton-Regierung 2000 eingeleitet wurde, stehen 1,3 Milliarden Dollar für die Vernichtung von Koka-Plantagen in Kolumbien mit militärischen Mitteln zur Verfügung. Anfangs sollte ein großer Teil der Gelder dazu dienen, Alternativen zum Koka-Anbau zu schaffen, allerdings wurden die Mittel vom Kongress reduziert. Eine militärische Anti-Drogen-Kampagne ist in Washington populärer als Hilfe für arme Bauern oder gar Therapieplätze für Drogensüchtige in den USA, mit denen die Nachfrage nach Drogen verringert werden könnte. Ein soziales Problem im eigenen Land wurde so von der US-Regierung ins Ausland exportiert und richtet dort verheerende Schäden an.

Die Bush-Regierung erhöhte die Militärhilfe mit der Andean Counterdrug Initiative (ACI) sogar noch weiter, ohne im Gegenzug etwas für die Bauern zu tun. Durch die Zerstörung der Koka-Plantagen, bei der auch Tiere und Menschen zu Schaden kommen, wird dem schwächsten Glied in der Produktionskette der Drogenindustrie seine Lebensgrundlage entzogen, ohne ihnen eine Alternative zu bieten. Diese Politik bewirkt ein gut funktionierendes Rekrutierungsprogramm für die Rebellen, die trotz ihrer Brutalität immer noch Zulauf von der Landbevölkerung erhalten.

Experten gehen davon aus, dass diese Maßnahmen nicht greifen werden, weil der Koka-Anbau in andere Gebiete verlagert wird. Die Operationen zur Vernichtung der Koka-Plantagen in Peru und Bolivien haben zu einer Verdoppelung des Koka-Anbaus in Kolumbien geführt; nun fürchtet Brasilien, dass die Koka-Produktion als Nächstes auf sein Staatsgebiet überschwappen wird. Die Verlagerung des Anbaus in andere Länder berührt die Verarbeiter und Händler von Kokain kaum; sie machen weiterhin die größten Gewinne.

Der »Krieg gegen Drogen« löste in den achtziger Jahren den Kalten Krieg ab, seit dem 11. September 2001 wird er nun vom »Krieg gegen den Terror« überschattet. So hat die amerikanische Invasion von Afghanistan den weltweiten Heroinhandel wiederbelebt: Nachdem die Taliban den Opium-Anbau auch unter Applaus der USA weitgehend eingedämmt haben, wird unter der fast machtlosen Regierung von Präsident Hamid Karzai in Afghanistan mehr Opium angebaut als je zuvor. Doch diese Entwicklung bereitet in Washington wenig Sorgen – denn das afghanische Heroin überschwemmt vor allem die europäischen Märkte.

Jahr	Anbaufläche (ha)	Produktion (t)
2000	82 000	3276
2001	8000	185
2002	74 000	3400
2003	80 000	3600
2004	131 000	4200
2005	104 000	4100
2006	165 000	6100
2007	193 000	8200

Opiumproduktion in Afghanistan 2000–2007
(Quelle: UN World Drug Report 2007)

Auch der Geheimdienst CIA wird von manchen verdächtigt, im Kampf gegen angebliche Kommunisten mit Drogendealern zusammengearbeitet zu haben. Es lässt sich belegen, dass CIA-Agenten wegsahen, wenn ihre Klienten wie etwa die nicaraguanischen Contras oder der panamesische Diktator Manuel Noriega mit Drogen Geschäfte machten. Ein weiterer Verbindungsmann zwischen der CIA und den Drogenkartellen ist der frühere peruanische Geheimdienstchef Vladimiro Montesinos, der nach dem Sturz seines Mentors Alberto Fujimori wegen Korruption, Waffenhandel, Anstiftung zum vielfachen Mord und Drogenhandel in Peru vor Gericht gestellt wurde. Seit Mitte der siebziger Jahre war Montesinos ein enger Mitarbeiter der CIA in Lima. Es gibt Hinweise, dass amerikanische Beamte von seiner Verstrickung in den Drogenhandel wussten, sich aber dennoch seiner bedienten.

Sinneswandel

Der »Krieg gegen Drogen« ist nicht in seiner Intensität, aber in seiner Torheit mit dem Vietnam-Krieg zu vergleichen. Immer mehr US-Politiker und Experten erkennen, dass der Drogenkonsum mit den Instrumenten der Justiz kaum eingedämmt werden kann, dass der »Krieg gegen Drogen« inzwischen weit höhere Kosten und Schäden verursacht als die Drogen selbst. Nur wenige trauen sich in der aufgeheizten Debatte, für eine völlige Freigabe von Drogen einzutreten. Der Vorwurf, »soft on drugs« zu sein, bedeutet ein politisches Todesurteil für fast jeden Kandidaten. Aber die Zahl derjenigen, die einen intelligenten Ausweg aus dieser Misere suchen, wächst. So finanziert George Soros mit dem Lindesmith Institute eine der wichtigsten Institutionen, die sich für eine Reform der amerikanischen Drogenpolitik stark machen. Umfragen zeigen außerdem, dass immer mehr Amerikaner bereit sind, zumindest weiche Drogen zu entkriminalisieren und in der Drogenpolitik statt Strafe Hilfe anzubieten.

Ein historisches Beispiel lässt hoffen, dass die USA in der Drogenpolitik bald einen Sinneswandel vollziehen. Ende der zwanziger Jahre steckte die Prohibitionspolitik der USA in einer ähnlichen Krise wie die heutige Drogenpolitik: Das völlige Verbot von Alkohol bescherte kriminellen Banden riesige Gewinne, der Konsum von harten Getränken nahm sogar zu. 1928 war die

Prohibition so populär, dass sie im Präsidentschaftswahlkampf kaum noch Thema war. Vier Jahre später war die Stimmung gekippt, und Franklin D. Roosevelt wurde mit dem Versprechen, die Prohibition wieder aufzuheben, 1932 zum Präsidenten gewählt. Der Alkoholkonsum stieg in den folgenden Jahren zwar deutlich an, aber die Probleme für die amerikanische Gesellschaft halten sich bis heute in Grenzen.

34
Die Macht der Lobbys:
Sonderinteressen in der amerikanischen Außenpolitik

Viele Bereiche der amerikanischen Außenpolitik werden nicht von nationalen Interessen, sondern von einflussreichen wirtschaftlichen und ethnischen Lobbys bestimmt – etwa der Ölindustrie, dem Bananenkonzern Chiquita, der Kubaner in Florida oder der mächtigen Israel-Lobby.

Rund 17 000 professionelle Lobbyisten sind Tag für Tag in Washington damit beschäftigt, die Gesetzgebung im Kongress und die Politik der Regierung im Sinne ihrer Auftraggeber zu beeinflussen. Nur wenige von ihnen beschäftigen sich mit außenpolitischen Fragen. Ihr Einfluss genügt aber, um die Politik der Supermacht in wichtigen Fragen zu verzerren. In keinem anderen Land der Welt ist Außenpolitik so sehr Spielball einzelner Interessengruppen.

Die Öl-Lobby

Wirtschaftliche Lobbys schalten sich nur in Ausnahmefällen in die Außenpolitik ein. Selbst die Ölindustrie, die viele Amerika-Kritiker für die Anstifterin des Irak-Kriegs halten, ist mehr an einer industriefreundlichen Energiepolitik oder an der Absenkung von Umweltstandards interessiert als an militärischen Abenteuern im Nahen Osten. Ihre Vertreter wissen zwar die riesigen irakischen Ölreserven zu schätzen, sehen aber auch den miserablen Zustand der irakischen Ölindustrie: 40 Milliarden Dollar werden nach Schätzungen benötigt, um die Fördermengen von

2,8 Millionen Fass Öl am Tag, die der Irak vor dem Krieg pro-
duzierte, zu verdoppeln. Die Entscheidung der Bush-Regierung,
französische, deutsche und russische Firmen von Wiederaufbau-
Aufträgen im Irak auszuschließen, war das Werk der Falken im
Pentagon und nicht der Lobbyisten der großen US-Konzerne.
Selbst die Begeisterung von Vizepräsident Dick Cheney für den
Irak-Krieg lässt sich weniger auf seine engen Beziehungen zum
Ölausrüstungskonzern Halliburton, den er von 1995 bis 2000 als
Vorstandschef führte, als auf sein politisches Weltbild zurück-
führen. Für die Milliardenaufträge, die Halliburton und seine
Tochter Brown & Root im Nachkriegsirak ohne Ausschreibung
erhielten, war Cheney allerdings sicherlich kein Hindernis.

Der begrenzte außenpolitische Einfluss der Ölindustrie zeigt
sich beispielsweise an der konsequent pro-israelischen Politik
der Regierung, welche die Geschäftsinteressen amerikanischer
Konzerne in arabischen Ländern behindert: So benachteiligen
die amerikanischen Sanktionen gegen Ölinvestitionen im Iran
und in Libyen die heimischen Energiemultis gegenüber der europäischen Konkurrenz. Das ändert aber nichts daran, dass die
langfristige Absicherung der Erdölversorgung ihrer Wirtschaft
ein zentrales Anliegen der amerikanischen Außenpolitik ist und
die Politik im Nahen und Mittleren Osten entscheidend beeinflusst – vom Bündnis mit der repressiven saudischen Theokratie
bis hin zum zweimaligen Krieg gegen den Irak. »Öl spielte in
den Irak-Plänen Washingtons mehr als strategischer und weniger als ökonomischer Faktor eine Rolle«, schreibt die libanesische
Politologin Yahya Sadowski in *Le Monde Diplomatique:* »Beim
Krieg gegen Saddam geht es um die Garantie der amerikanischen
Hegemonie und nicht um einen Gewinnanstieg bei Exxon.«

Politische und unternehmerische Interessen kommen in einer
anderen Region zusammen: am Kaspischen Meer. Mehrere amerikanische Ölmultis unter der Führung der Unocal Corporation
investierten in den neunziger Jahren in den Ölfeldern Aserbai-
dschans und überzeugten die Clinton-Regierung vom Bau einer
Pipeline, um das kaspische Erdöl an einen Meereshafen zu trans-
portieren. Der kürzeste Weg führte über den Iran, aber das kam
für Washington nicht in Frage. Deshalb wird für rund 3 Milliarden Dollar eine 1700 Kilometer lange Route über Georgien in
den türkischen Hafen Ceyhan gebaut, die durch einige der un-
sichersten Gebiete der Welt verläuft und ökonomisch unsinnig

ist. Denn die Ölreserven in der Kaspischen Region dürften nach heutigem Wissensstand mit 15 bis 30 Milliarden Fass eher den Vorkommen in der Nordsee als denen am Persischen Golf entsprechen und würden daher nur einige Jahre zur Energieversorgung Nordamerikas beitragen. Der große geostrategische Wurf, den manche Publizisten hinter der amerikanischen Politik in Zentralasien vermuten, lässt sich hier genauso wenig erkennen wie in Afghanistan, wo in den neunziger Jahren ebenfalls Pipeline-Projekte im Gespräch waren.

Die amerikanischen Ölmultis kämpften an vorderster Front, als es um die Sabotage des ungeliebten Kyoto-Protokolls zum Schutz des Weltklimas durch die Bush-Regierung ging. In einem vertraulichen Brief schlug etwa Exxon-Mobil Anfang 2002 dem Weißen Haus vor, die Ablösung des unbequemen Chefs des Intergovernmental Panel on Climate Change (IPCC), Robert Watson, zu betreiben. Tatsächlich wurde der gebürtige Brite im April 2002 mit 76 zu 49 Stimmen abgewählt, nachdem die Bush-Regierung massiven Druck auf andere Staaten ausgeübt hatte. Sein Nachfolger, der indische Bahningenieur Rajendra K. Pachauri, galt zwar auch als überzeugter Umweltschützer, aber als umgänglicher als der Klimaforscher Watson.

Die Bananen-Lobby

Ein faszinierendes Beispiel für den direkten Einfluss von Unternehmerlobbys auf die amerikanische Außenpolitik bot in den neunziger Jahren der Bananenproduzent Chiquita. Die ehemalige United Fruit Company, die 1954 die Eisenhower-Regierung zur Intervention in Guatemala gedrängt hatte, brachte die USA und die EU an den Rand eines sinnlosen Handelskriegs. Auslöser war die Entscheidung der EU, die Privilegien der Briten, Franzosen und Spanier für Bananeneinfuhren aus ihren ehemaligen Kolonien bei der Schaffung des Binnenmarkts auf die gesamte Union auszudehnen und damit die Einfuhr von Bananen aus Mittelamerika einzuschränken. Dagegen protestierten die amerikanischen Bananenkonzerne, welche die Produktion und den Vertrieb der Bananen aus Guatemala, Costa Rica und Honduras kontrollierten und damit vor allem den deutschen Bananenmarkt beherrschten.

Das neue Bananen-Einfuhrsystem der EU mag teuer und diskriminierend gewesen sein, war für die USA aber nur ein nebensächliches Problem. Carl Lindner, der einflussreiche Mehrheitseigentümer von Chiquita, der trotz seiner konservativen Ansichten Demokraten genauso mit Wahlkampfspenden verwöhnte wie Republikaner, sah das anders: 1993 und 1994 gab der Chiquita-Konzern 950 000 Dollar als »soft money« an beide Parteien und erkaufte sich damit die Sympathien von Robert Dole, dem republikanischen Mehrheitsführer im Senat und späteren Präsidentschaftskandidaten, von dem demokratischen Senator John Glenn und dem Chef der Demokraten im Abgeordnetenhaus, Richard Gephardt. Mit diesen Freunden fand Lindner Zugang ins Weiße Haus, wo Clintons Handelsbeauftragte Mickey Kantor sich seiner Sache annahm. Sobald die Welthandelsorganisation WTO mit ihren neuen Tribunalen funktionsbereit war, starteten die USA zum Erstaunen der Europäer den Angriff auf ihre Bananenpolitik. Sechs Jahre lang tobte der Handelskrieg: 1999 war der Höhepunkt erreicht, als die WTO erstmals die Verhängung von Strafzöllen autorisierte und die USA daraufhin Einfuhren aus der EU mit 190 Millionen Dollar im Jahr belasteten.

Der Handelsstreit vergiftete das transatlantische Verhältnis. Reginald Dale, Kolumnist der *International Herald Tribune*, verglich im März 1999 den Bananenkonflikt mit der »unerbittlichen, engstirnigen Logik der europäischen Großmächte, die ihre Truppen für den Ersten Weltkrieg mobilisierten«. Erst 2001 fand der neue Handelsbeauftragte von George W. Bush, Robert Zoellick, mit EU-Handelskommissar Pascal Lamy eine für beide Seiten befriedigende Lösung. Doch Chiquita war inzwischen in den Konkurs geschlittert und musste um gerichtlichen Gläubigerschutz ansuchen. Lindner hatte durch seinen Starrsinn sein eigenes Unternehmen zerstört.

Ethnische Lobbys

Weitaus bedeutender als die Industrielobbys sind für die Außenpolitik die Lobbys anderer Staaten und ethnischer Volksgruppen. Trotz des starken Assimilationsdrucks bleiben viele Immigranten und deren Nachkommen ihrer früheren Heimat verbunden. Und da es in den USA Einwanderer aus praktisch allen Ländern der Erde gibt, findet man in Washington fast ebenso viele ethnische Lobby-Büros wie diplomatische Botschaften.

Zu den traditionell tonangebenden Lobbys zählen etwa die Polen, die in den vierziger Jahren den Weg in den Kalten Krieg mitbetrieben und in den neunziger Jahren dazu beitrugen, dass die USA den Beitritt Polens und anderer mitteleuropäischer Staaten in die NATO forcierten. Amerikas Schwarze haben in den achtziger Jahren dabei nachgeholfen, dass sich die USA endlich vom jahrelang unterstützten Apartheid-Regime in Südafrika distanzierten. Die irische Lobby sorgte dafür, dass viele US-Regierungen trotz des Bündnisses mit Großbritannien Sympathien für die nordirischen Katholiken an den Tag legten. Aber auch die Armenier, eine weitaus kleinere ethnische Gruppe, besitzen in Washington viele Freunde und konnten seit der Unabhängigkeit Armeniens 1991 durchsetzen, dass sich die USA im Konflikt mit Aserbaidschan jahrelang auf ihre Seite stellten, obwohl sie selbst großes Interesse an den aserbaidschanischen Ölvorkommen hatten.

Der Einfluss der Armenier wuchs noch weiter, als die Demokraten 2006 die Mehrheit im Kongress eroberten und die Abgeordnete Nancy Pelosi zur Präsidentin des Repräsentantenhauses wählten. Pelosi vertritt den Wahlbezirk San Francisco, wo viele Armenier leben. Diese fordern schon lange eine offizielle Anerkennung des Massenmords an den Armeniern durch das osmanische Reich während des Ersten Weltkriegs als Genozid – eine geschichtliche Sichtweise, die von den meisten Historikern geteilt, von den Türken aber heftig bestritten wird. Gegen lautstarke Proteste der türkischen Regierung setzte Pelosi im außenpolitischen Ausschuss des Repräsentantenhauses eine entsprechende Resolution durch. Die Folge war eine massive Verstimmung im Verhältnis mit der Türkei, die den Interessen der USA in der Region Schaden zufügte.

Immer wieder beklagen Experten und Politiker die Rolle solcher Lobbys, die ihre eigenen Interessen vor das allgemeine nationale Wohl stellen und durch gezielte Wählermobilisierung, Wahlkampfspenden und Informationsarbeit die Außenpolitik beeinflussen. Die zwei ethnischen Gruppen, denen am meisten Einfluss in Washington zugesprochen wird, sind die Kubaner und die Juden. Deren Lobbys gelten als besonders umstritten, weil sie die USA in zwei zentralen außenpolitischen Themen auf einen Kurs drängen, dem kaum ein anderes Land der Welt folgt.

Die kubanische Lobby

Die kubanischen Amerikaner nehmen eine Sonderstellung ein, weil hier eine ethnische Gruppe in einem wahlpolitisch wichtigen Landesteil, Florida, konzentriert ist und nur ein einziges Ziel verfolgt: den Sturz Fidel Castros. Trotzdem sind sie ein gutes Beispiel für eine ethnische Lobby, die sich in außenpolitische Fragen einmischt. Seit fast fünf Jahrzehnten verfolgen die USA gegenüber Kuba eine widersinnige Politik. Das Wirtschaftsembargo hat – neben der katastrophalen Planwirtschaft des Castro-Regimes – zur Verelendung von Millionen Kubanern beigetragen, ohne dass damit die Herrschaft von Fidel Castro und seinem Bruder Raul, der 2006 die Amtsgeschäfte übernahm, erschüttert wurde. Im Gegenteil: Dank der amerikanischen Sanktionen kann Castro alle Schuld für seine hausgemachten Probleme auf die USA abwälzen, sich als Verteidiger des Vaterlands präsentieren und seine eigene Unterdrückungspolitik rechtfertigen. Es scheint, als hätten es die USA darauf abgesehen, Castro an der Macht zu halten. Schuld daran ist nicht nur der antikommunistische Reflex in Washington, sondern auch die Macht der kubanischen Lobby.

Mehr als eine Million Kubaner sind seit Castros Machtergreifung 1959 in die USA geflüchtet und haben sich vor allem im südlichen Florida und in Teilen New Jerseys niedergelassen. Anfangs betrachteten sie die USA nicht als neue Heimat, sondern als Exil. Sie träumten vom Sturz Castros und von der Rückkehr nach Kuba, versuchten aber nicht, sich in die Politik einzumischen. Bis Mitte der siebziger Jahre gab es dafür auch keinen Grund: Alle Präsidenten hielten eisern am Wirtschaftsembargo gegen Kuba und an der Isolierung seines kommunistischen Regimes fest. Erst Jimmy Carter begann 1977 mit einer vorsichtigen Annäherung, was sich etwa in der Eröffnung von gegenseitigen Interessensbüros in Havanna und Kuba niederschlug. Zu Carters Leidwesen verstärkte Castro aber damals seine Interventionspolitik in Afrika und entsandte nach einem Eingriff in den angolanischen Bürgerkrieg auch Truppen nach Äthiopien.

Carters Öffnungspolitik erboste und mobilisierte die Kubaner

in Florida, die inzwischen ein Drittel der Bevölkerung im Groß-
raum Miami ausmachten und dort Politik und Wirtschaft beherrschten. Viele von ihnen waren in den vergangenen Jahren zu
Geld gekommen und wollten dieses nun nutzen, um eine Annäherung zwischen Washington und Castros Kuba zu blockieren.
Kubanische Stimmen trugen zum Wahlsieg Ronald Reagans in
Florida 1980 und 1984 bei und verhalfen den Republikanern auch
im Kongress zu einigen Erfolgen. 1979 gründete der charismatische Geschäftsmann Jorge Mas Canosa die Cuban American National Foundation (CANF), die sich als eine der erfolgreichsten
Lobbys überhaupt erwies. Finanzielle Unterstützung fand sie bei
einigen reichen kubanischen Industriellenfamilien, zum Beispiel
den Eigentümern von Bacardi Martini oder den Zuckerbaronen
Alfonso und José Fanjul, die darauf hofften, nach einem Sturz
Castros ihre enteigneten Güter zurückzubekommen.

Reagan verfolgte in Mittelamerika genau jene radikale antikommunistische Politik, die sich die CANF wünschte – mit Interventionen in Nicaragua, Grenada und anderen Ländern, wo
kubanischer Einfluss vorhanden war oder vermutet wurde, sowie
mit der Gründung und Finanzierung von Radio Marti und TV
Marti, die bis heute Anti-Castro-Propaganda nach Kuba aus-
strahlen. Mas Canosa war ein gerngesehener Gast im Weißen
Haus und im Kongress, auch weil er ihm freundlich gesinnte
Abgeordnete und Senatoren mit Wahlkampfspenden belohnte.

Mit dem Ende des Kalten Kriegs wurde die Arbeit der CANF
schwieriger. 1991 stoppte die Sowjetunion ihre Hilfe für Kuba –
das Ende des Castro-Regimes schien nur noch eine Frage der Zeit.
Mit dem Verschwinden der geopolitischen Bedrohung plädierten
viele außenpolitische Experten für eine Entspannung mit Kuba,
denn dreißig Jahre Sanktionen hatten Castro nicht geschwächt.
Doch die CANF forderte stattdessen eine Verschärfung des Wirt-
schaftsembargos, um so Castro ähnlich wie die osteuropäischen
kommunistischen Staatsführer zu Fall zu bringen.

Mas Canosa fand 1992 einen wichtigen Verbündeten in Robert
Torricelli, einem demokratischen Abgeordneten aus New Jersey,
in dessen Wahlkreis viele kubanische Immigranten lebten. Das
nach ihm genannte Gesetz sah Strafen für amerikanische Konzerne vor, deren ausländische Töchter Geschäfte mit Kuba machten, was einer extraterritorialen Anwendung amerikanischer
Gesetze gleichkam, und verbot Schiffen, die kubanische Häfen

angelaufen hatten, das Be- und Entladen in amerikanischen Häfen für sechs Monate.

Das neue Gesetz betraf zwar amerikanische Konzerne, nicht aber ihre Konkurrenten in Europa, Kanada und Mexiko. Castro begann 1993 mit einer Liberalisierung der kubanischen Wirtschaft, indem er beispielsweise die Verwendung des Dollar legalisierte, und bemühte sich zunehmend um Auslandsinvestitionen und Touristen aus dem Westen. In Europa und Kanada konnte man mit der amerikanischen Politik gegenüber Kuba wenig anfangen und befürwortete stattdessen einen »Wandel durch Annäherung«. Doch das war nicht im Sinne der kubanischen Lobby in Florida. Sie befürchtete, dass ausländisches Kapital – zum Teil auch Investitionen in Firmen, die früher amerikanischen Investoren gehört hatten – den Kommunisten das Überleben sichern würde, und verlangte deshalb Maßnahmen gegen alle Verbündeten, die die erhoffte Isolation Kubas unterliefen.

Nach den Kongresswahlen 1994 fand die kubanische Lobby Gehör bei der neuen republikanischen Mehrheit im Kongress, vor allem beim konservativen Vorsitzenden des außenpolitischen Senatsausschusses Jesse Helms. Helms hatte für Europäer und Kanadier nur Verachtung übrig und der von ihm vorgelegte Entwurf für den Libertad Act (oder Helms-Burton Act) richtete sich dezidiert gegen sie. Das Gesetz sah die Möglichkeit vor, gegen ausländische Konzerne, die in Kuba mit enteignetem US-Eigentum Geschäfte machten, vor amerikanischen Gerichten Klage einzureichen, und untersagte den Managern dieser Konzerne die Einreise in die USA.

Angesichts der scharfen internationalen Kritik am Helms-Burton Act drohte Clinton mit einem Veto. Als jedoch Kuba im Februar 1996 zwei von Exilkubanern gesteuerte Flugzeuge, die Anti-Castro-Flugblätter über der Insel abwarfen, abschoss und dabei vier Menschen tötete, wurde der Druck der kubanischen Lobby und ihrer republikanischen Verbündeten zu stark: Clinton unterschrieb das Gesetz, machte aber gleichzeitig von der Möglichkeit Gebrauch, die umstrittensten Maßnahmen für sechs Monate auszusetzen. Helms-Burton wurde zwei Jahre lang zu einem der heftigsten Streitpunkte zwischen den USA und der EU, der die beiden Partner an den Rand eines Handelskriegs brachte. Die politischen Kosten dieser Auseinandersetzung waren enorm.

Die meisten kubanischen Dissidenten lehnen das US-Embargo als kontraproduktiv ab, weil es dem kubanischen Volk wirtschaftlich schade und dem Regime politisch nütze. Das Embargo befriedigt allerdings die Führer der Exilkubaner, denen das Schicksal ihrer Landsleute weniger wichtig ist als ihr persönlicher Hass auf Castro. Selbst in der kubanischen Gemeinde wächst inzwischen die Skepsis gegenüber der Embargopolitik – sowohl unter späteren Einwanderern als auch unter der Jugend. Gemäßigte Gruppen wie Cambio Cubano und das Cuban Committee for Democracy setzen sich dafür ein, durch Wirtschaftskontakte und Tourismus die demokratischen Kräfte auf Kuba zu stärken. US-Kubaner schicken jedes Jahr Millionen von Dollar zu ihren Verwandten auf der Insel; diese privaten Gelder bringen Kuba mehr Devisen als der gesamte Tourismus. Die US-Bauernlobby und große Konzerne fordern immer stärker eine Aufweichung der Sanktionen, weil sie das wachsende Geschäft mit Kuba nicht allein Drittländern überlassen wollen. Die Mehrheit der Amerikaner hegt zwar keinerlei Sympathie für Castro, sieht aber die Sinnlosigkeit der Embargopolitik ein.

Dabei zeigt sich ein Grundsatz amerikanischer Innenpolitik besonders deutlich: Eine kleine Gruppe hat weit mehr Einfluss auf politische Entscheidungen als die große Mehrheit, solange sie ihren Standpunkt mit Entschlossenheit verfolgt. Kuba besitzt für die meisten Amerikaner nur geringe Bedeutung; allein die kubanische Lobby versteht es aber, Kuba immer wieder zum beherrschenden Thema zu machen. David Rieff, der Autor von *Going to Miami*, mag von den dortigen Kubanern zwar als »Bananenrepublik, die außer Kontrolle geraten ist« sprechen, aber ihre Macht blieb lange Zeit beeindruckend.

Erst Ende der neunziger Jahre wurde die Lobby mehrmals auf die Probe gestellt; 1997 starb Mas Canosa, sein Sohn und Nachfolger war politisch weniger begabt. Als schwerer Rückschlag erwies sich die Affäre um den fünfjährigen Elián Gonzalez, der im November 1999 vor Kuba aufgegriffen wurde. Er war gemeinsam mit seiner Mutter und elf weiteren Menschen aus Kuba geflüchtet und hatte als Einziger die Überfahrt überlebt. In den folgenden Monaten versuchten Eliáns Verwandte in Florida, seine Rückkehr nach Kuba zu seinem Vater mit allen Mitteln zu verhindern. Sie wurden dabei von der Kuba-Lobby massiv unterstützt. Weil Eliáns Verwandte alle Gerichtsentscheidungen ignorierten, drangen bewaffnete Bundesbeamte am 22. April 2000 in das schlichte Einfamilienhaus in Miami ein und holten den Jungen mit Gewalt heraus, um ihn zu seinem Vater zu bringen.

Obwohl Vizepräsident Al Gore aus wahltaktischem Opportunismus die Partei der Verwandten ergriff, konnte George W. Bush bei den Präsidentenwahlen im November 2000 auf die Wählerstimmen der Kubaner zählen. Hatte Clinton 1996 noch 40 Prozent der kubanischen Stimmen erhalten, gingen diesmal nur 20 Prozent an Gore. Der umstrittene Sieg in Florida machte Bush zum Präsidenten; die kubanische Lobby hatte erneut ihre Macht bewiesen.

Unter George W. Bush war traditionelle Lobbyarbeit kaum noch notwendig. Mit dem Exilkubaner Otto Juan Reich, als Assistant Secretary of State for Western Hemisphere Affairs für die Lateinamerikapolitik der Regierung verantwortlich, saß bis 2004 ein wichtiger Lobbyist im Zentrum der Entscheidungsprozesse. Bei den Präsidentenwahlen 2004 garantierte CANF den Republikanern in Florida erneut einen homogenen Wählerblock, sodass der Erfolg von Bush diesmal gar nicht in Zweifel stand. Allerdings ging die Härte der Bush-Regierung gegenüber Castro sogar manchen Exilkubanern zu weit. Von 2002 bis 2004 wurden die Beschränkungen für Reisen nach Kuba verschärft und die Möglichkeit, Familienangehörigen auf der Insel Dollar zu überweisen, deutlich eingeschränkt. Was als Mittel gedacht war, der kubanischen Wirtschaft Devisen zu verwehren, traf vor allem Kubaner mit Verwandten in den USA. Trotz lauter Proteste blieben die neuen Regeln allerdings in Kraft.

Die israelische Lobby

Die Lobby für den Staat Israel hat eine ganz andere Ausgangslage. Rund sechs Millionen Amerikaner – oder 2,3 Prozent der Gesamtbevölkerung – sind jüdischer Abstammung, aber als ethnische Gruppe sind sie geographisch und politisch weniger homogen als die Kubaner. Der Großteil der Juden lebt in und rund um New York, in Kalifornien und Florida, aber nirgendwo sind sie für den Ausgang von Wahlen entscheidend. Amerikas Juden gehören im Durchschnitt zu den am besten ausgebildeten, politisch interessiertesten und wohlhabendsten Amerikanern.

Sie sind für politische Kandidaten weniger als Wähler denn als Spender und Meinungsmacher interessant.

Bis zum Ende des Zweiten Weltkriegs besaßen Juden kaum politischen Einfluss; sie konnten nicht einmal erreichen, dass die amerikanische Regierung Europas Juden rechtzeitig vor der nationalsozialistischen Verfolgung rettete (→ Kapitel 7). Das Grauen des Holocausts änderte die antisemitische Einstellung vieler nichtjüdischer Amerikaner und machte die Entschlossenheit, die Juden nie wieder im Stich zu lassen, zu einem moralischen Grundprinzip amerikanischer Außenpolitik. Es motivierte Präsident Harry S. Truman, gegen den Rat seines Außenministers George Marshall Israel nach der Gründung im Mai 1948 sofort anzuerkennen. Aber schon acht Jahre später erlitten die Fürsprecher Israels eine schwere Niederlage, als die Regierung von Präsident Dwight D. Eisenhower Israel, Großbritannien und Frankreich im Oktober 1956 zum Rückzug vom Suezkanal und von der Sinai-Halbinsel zwang.

Erst der israelische Sieg im Sechs-Tage-Krieg von 1967 und die amerikanische Militärhilfe während des Jom-Kippur-Kriegs von 1973, in dem Ägypten und Syrien anfangs militärisch überlegen waren, zementierte die Allianz zwischen den USA und Israel. Das wachsende Engagement der Sowjetunion in der arabischen Welt machte den Nahen Osten zum Schauplatz einer gefährlichen Konfrontation der Supermächte (→ Kapitel 11). Es war mehr die Angst vor einem sowjetischen Propagandasieg und weniger die Sympathie für den jüdischen Staat, die den Antisemiten Richard Nixon im Jom-Kippur-Krieg veranlasste, Israel durch Waffenlieferungen vor der Niederlage zu bewahren.

Die militärischen Erfolge Israels stärkten das Selbstbewusstsein von Amerikas Juden. 1974 griffen jüdische Organisationen direkt in die Außenpolitik ein, als sie für das Jackson-Vanik Amendment zum neuen Handelsgesetz eintraten, das die Einräumung der Meistbegünstigungsklausel und die Gewährung von amerikanischen Krediten für die Sowjetunion von deren Bereitschaft abhängig machte, russische Juden nach Israel auswandern zu lassen. Jackson-Vanik war ein typisches Beispiel für eine Politik, deren moralische Selbstgerechtigkeit der eigenen Sache schadete. Die sowjetische Regierung hatte Anfang der siebziger Jahre Hunderttausende Juden diskret auswandern lassen, doch als diese Frage in Washington zum Politikum wurde, machte

Moskau die Tore dicht und verstärkte die Verfolgung auswanderungswilliger Dissidenten. Die Sowjetunion wollte nicht den Eindruck erwecken, amerikanischem Druck nachzugeben. Jackson-Vanik trug zum Niedergang der Entspannungspolitik bei und blieb jahrzehntelang ein Stolperstein für die amerikanisch-russischen Beziehungen. Militärische Falken hatten die humanitären Anliegen jüdischer Organisationen hier für ihre eigenen Zwecke missbraucht.

Seit Mitte der siebziger Jahre spricht man in Europa und noch mehr in der arabischen Welt von einer mächtigen jüdischen Lobby in Washington. Diese Bezeichnung ist in vieler Hinsicht irreführend: Es gibt weder eine geschlossene Front jüdischer Organisationen noch eine einheitliche jüdische Meinung. Zahlreiche amerikanische Juden sind entsetzt über die heutige Politik Israels, und jüdische Studenten stehen oft in vorderster Front, wenn an Universitäten gegen Israel protestiert wird. Aber es gibt eine organisierte Lobby für die Anliegen des Staats Israel, die von dem 1954 gegründeten American Israel Public Affairs Committee (AIPAC) angeführt wird. Es gilt als eine der am besten organisierten, finanzierten und einflussreichsten Interessenvertretungen im Kongress. Das AIPAC verteilt zwar selbst keine Gelder an Politiker, seine Unterstützung kann Politikern aber den Zugang zu jüdischen Spendern erleichtern. AIPAC verfolgt dabei drei zentrale Ziele: eine fortwährende amerikanische Garantie für die Existenz des jüdischen Staats, die Beibehaltung der hohen finanziellen Hilfen für Israel – seit Ende der siebziger Jahre 3 Milliarden Dollar jährlich, zwei Drittel davon als Militärhilfe – und Unterstützung für die Politik der jeweiligen israelischen Regierung, selbst wenn diese nicht den Vorstellungen der USA entspricht.

Über das erste Ziel, die Existenz Israels, besteht in der amerikanischen Öffentlichkeit kein Dissens; auch das zweite Ziel, die Finanzhilfe, wird trotz der hohen Kosten von einer breiten Mehrheit mitgetragen. Es ist das dritte Ziel, nämlich die unbedingte Parteinahme für Israel im Konflikt mit den Palästinensern und seinen arabischen Nachbarn, mit der die Israel-Lobby immer wieder auf Widerstand stößt und bei der sie auch gelegentlich Niederlagen erlitten hat.

So zog die Reagan-Regierung 1981 den von ihr heftig bekämpften Verkauf von Awacs-Aufklärungsflugzeugen an Saudi-

Arabien gegen den Widerstand der Israel-Lobby durch. 1991 hielt die Regierung von George Bush sr. 10 Milliarden Dollar an Krediten für Israel zur Integration sowjetischer Einwanderer zurück, um so ihr Missfallen über die israelische Siedlungspolitik zum Ausdruck zu bringen. Präsident Clinton engagierte sich ab 1993 sehr für den Oslo-Friedensprozess, der von wichtigen Vertretern der amerikanischen Israel-Lobby als Ausverkauf an die Palästinenser abgelehnt wurde, und übte später starken Druck auf Premier Benjamin Netanjahu aus, die Verhandlungen fortzuführen. Bis heute lehnt jede US-Regierung die Siedlungspolitik im Westjordanland als illegal und gefährlich ab und setzte durch, dass Israel seit 1993 keine neuen Siedlungen auf palästinensischem Gebiet errichtet hat. Allerdings haben die USA das rasche Wachstum bestehender Siedlungen hingenommen und Israel nie dazu gedrängt, auch nur eine Siedlung im Interesse des Friedens abzubauen.

Die Macht der Israel-Lobby trägt entscheidend dazu bei, dass die USA niemals ihre Milliardenhilfe für Israel zur Disposition gestellt haben und somit auf ihre stärkste Waffe zur Beeinflussung der israelischen Politik verzichten. Amerika handelt sich damit in der arabischen und muslimischen Welt den Ruf ein, im Nahost-Konflikt kein unabhängiger Vermittler, sondern Partei zu sein.

Dieser Eindruck hat sich unter der Bush-Regierung weiter verstärkt, obwohl jüdische Wähler traditionell vor allem die Demokraten unterstützen. »Scheiß auf die Juden, sie wählen uns ohnehin nicht!«, fluchte deshalb James Baker, Außenminister von Bush sr. Gegen den Rat vieler Nahost-Experten unterstützte die jetzige Bush-Regierung den israelischen Premier Ariel Sharon bei der Wiederbesetzung der autonomen Palästinensergebiete, der Zerschlagung der palästinensischen Infrastruktur und dem Versuch, den demokratisch gewählten Palästinenserpräsidenten Yassir Arafat als politische Führungsfigur kaltzustellen. So legten die USA etwa im September 2003 gegen eine moderate UN-Resolution, die Israel aufforderte, Arafat nicht mehr mit Deportation zu drohen, ihr Veto ein. Äußerst fragwürdig ist auch die Haltung der USA, Israels Nuklearwaffenprogramm zu ignorieren, während sie gleichzeitig mit allen Mitteln andere Staaten in der Region davon abzuhalten versucht, in den Besitz von Atomwaffen zu gelangen.

Groß ist die private finanzielle und personelle Unterstützung amerikanischer Juden für Israel: Zahlreiche Schulen, Krankenhäuser und andere soziale und karitative Einrichtungen könnten ohne Hilfe aus den USA nicht überleben. Viele der radikalsten jüdischen Siedler, die sich zum Beispiel in Hebron oder anderswo inmitten palästinensischer Wohngebiete niedergelassen haben und so entscheidend zur Eskalation des Konflikts beitragen, sind direkt aus den USA in die besetzten Gebiete gezogen.

Was die Israel-Lobby so stark macht, ist weniger ihr Geld oder ihre Organisation als die breite Unterstützung, die ihre Anliegen bei amerikanischen Nichtjuden und vor allem bei Entscheidungsträgern in Washington genießen. In der moralistischen Weltsicht vieler Amerikaner vertritt Israel westliche Werte, Israels Feinde stehen für Barbarei. In den vergangenen Jahren fand die Israel-Lobby ihre besten Verbündeten weniger im jüdischen New York als im sogenannten Bibelgürtel von Mississippi und Alabama bei den bis zu 70 Millionen christlichen Fundamentalisten, die auch Bush ins Weiße Haus verholfen hatten. Rechtsextreme religiöse Führer wie Pat Robertson und der 2007 verstorbene Jerry Falwell, voller Ehrfurcht vor dem Alten Testament, sehen Israel als den von Gott gewollten Staat, der die Welt dem Tag des Jüngsten Gerichts näher bringt. Sie unterstützen dabei den Anspruch der israelischen Rechten auf das gesamte Westjordanland und auf Jerusalem als ungeteilte Hauptstadt. Dass diese Leute sonst oft antisemitische und rassistische Tendenzen zeigen, tut vielen liberalen amerikanischen Juden weh, wird aber von den Führern der Israel-Lobby als notwendiges Übel hingenommen.

Die Israel-Lobby hat das Glück, dass Kritik an ihrer Macht lange Zeit aus wenig respektierten Zirkeln kam, beispielsweise von Linksintellektuellen wie Noam Chomsky, die praktisch die gesamte amerikanische Außenpolitik ablehnen, oder von Rechten wie Pat Buchanan, die als antisemitisch gelten. Das änderte sich 2007, als die beiden prominenten Politikwissenschaftler John Mearsheimer und Stephen Walt ein äußerst kritisches Buch über die Israel-Lobby veröffentlichten. Aber auch dieser Angriff blieb wirkungslos. Indem die Autoren ihre Kritik deutlich überzogen und unbewiesene Behauptungen aufstellten, wonach etwa die Israel-Lobby die USA in den Irak-Krieg getrieben hätten, boten sie ihren Gegnern die Möglichkeit, sie als verkappte Antisemiten darzustellen. Mit diesem Buch wurde eine Chance vertan, ernsthaft über die Ausrichtung der US-Außenpolitik zu diskutieren.

Entgegen manchen Spekulationen haben die Terroranschläge vom 11. September 2001 keinen Keil zwischen Amerikas Juden und Christen geschlagen. Im Gegenteil: Viele konservative Christen setzen Sharons Kampf gegen die Palästinenser mit Bushs »Krieg gegen den Terror« gleich und wehren sich gegen jede Einschränkung der israelischen Handlungsfreiheit. Unter ihrem Druck – und nicht etwa wegen des jüdischen Einflusses in seiner Regierung – schreckte Bush stets davor zurück, die Regierung Sharon allzu laut zu kritisieren. Noch nie besaß Israel so viele Fürsprecher in Washington wie unter der Bush-Regierung.

Aber selbst viele Israelis beobachten diesen Einfluss mit gemischten Gefühlen. Sie würden sich wünschen, dass die USA ihren Druck auf Israel erhöhten und nicht den nationalistischen Fraktionen nachgäben, deren Politik nicht nur für die Palästinenser eine Katastrophe ist, sondern durch eine Radikalisierung auf beiden Seiten langfristig die Existenz des Staats Israel gefährdet. Solange die Israel-Lobby die Unterstützung der USA für den jüdischen Staat sichert, hat sie ihren legitimen Platz in der amerikanischen Politik, doch wenn sie verhindert, dass die USA zugunsten einer Friedenslösung im Nahost-Konflikt eingreifen, schadet sie am meisten jenen Menschen, denen sie eigentlich helfen sollte.

35
Unterlassene Hilfeleistung: Amerikas scheinheilige Menschenrechtspolitik

Kein anderes Land der Welt beruft sich in seiner Außenpolitik so oft auf die Menschenrechte. Doch auch nach dem Ende des Kalten Kriegs, als humanitäre Interventionen besonders notwendig waren, blieb die Bilanz enttäuschend. Die Regierung von Bill Clinton schaute beim Völkermord in Ruanda 1994 weg und machte im Jugoslawien-Konflikt gravierende Fehler. Für George W. Bush spielen Menschenrechte nur rhetorisch eine Rolle.

1943 prägte der polnisch-jüdische Völkerrechtsexperte Rafael Lemkin, der zwei Jahre zuvor in die USA flüchten konnte, den Begriff »Genocide« (Völkermord). Er wollte damit nicht nur den Massenmord an den europäischen Juden, dem auch seine Mutter zum Opfer gefallen war, sondern jede Art der Politik beschreiben, welche die Auslöschung einer ethnischen oder nationalen Gruppe zum Ziel hatte. Lemkins jahrelanger Kampf für ein weltweites Abkommen gegen Genozid hatte Erfolg: Am 9. Dezember 1948 verabschiedete die UN-Vollversammlung in New York – auch auf Drängen der USA – die Konvention über die Verhütung und Bestrafung von Völkermord. Doch der amerikanische Senat verweigerte der Regierung von Harry S. Truman die Ratifizierung, weil er darin eine Beeinträchtigung der eigenen Souveränität sah. Erst vierzig Jahre später traten die USA dem Vertrag offiziell bei, der jedes Land dazu verpflichtet, Völkermord zu verhindern.

Auch nach der Ratifizierung blieb die Haltung der USA in Fragen der internationalen Menschenrechte ambivalent und manchmal scheinheilig. Amerika steht damit nicht allein; auch viele europäische Staaten reagieren auf massive Menschenrechtsverletzungen meist mit wertlosen Resolutionen oder gar Desinteresse. Doch kein anderes Land verfügt über so viele Möglichkeiten wie die USA, Verbrechen gegen die Menschlichkeit durch politische oder militärische Mittel zu stoppen; und kein anderes Land gibt zumindest rhetorisch dem Schutz der Menschenrechte so viel Gewicht wie die USA. Während des Kalten Kriegs waren mit Menschenrechtsverstößen immer die Untaten der Kommunisten gemeint; bei den eigenen Verbündeten drückten die USA meist mehr als ein Auge zu. Jimmy Carter war der erste Präsident, der die universellen Menschenrechte zum Hauptziel seiner Außenpolitik erklärte. Doch auch während seiner Präsidentschaft blieben die USA stumm, als die Roten Khmer in Kambodscha Millionen ihrer eigenen Bürger umbrachten. Die Sorge, erneut in einen Konflikt in Südostasien hineingezogen zu werden, verhinderte jeden Versuch, in einem fernen Land Menschenleben zu retten. Als Vietnam 1978 in Kambodscha einmarschierte und das Regime von Pol Pot stürzte, entschied die Carter-Regierung aus realpolitischen Gründen sogar, die Khmer weiterhin als rechtmäßige Regierung anzuerkennen und ihnen Kambodschas UN-Sitz zu belassen. Der wahrscheinlich größte Genozid seit dem Holocaust wurde in Washington einfach hingenommen.

Das Ende des Kalten Kriegs eröffnete den USA neue Möglichkeiten, ihre moralischen Prinzipien in die Tat umzusetzen. Die Zahl ethnischer Konflikte nahm zu, und die nunmehr einzige Supermacht der Welt war immer häufiger gefordert, zum Schutz bedrohter Volksgruppen in entfernten Regionen einzugreifen. Tatsächlich startete die Regierung von Bush sr. im Dezember 1992 in Somalia ihre erste rein humanitäre Militärintervention, beendete die Clinton-Regierung 1995 mit dem Einsatz von Kampfflugzeugen den Krieg in Bosnien und führte 1999 unter dem Dach der NATO einen Bombenkrieg gegen Serbien, der allein das Ziel hatte, den drohenden Völkermord an den Kosovo-Albanern zu verhindern. Dennoch ist die Bilanz seit Beginn der neunziger Jahre negativ: Die USA blieben untätig; wo sie hätten helfen können, griffen sie zu spät oder mit falschen Mitteln ein. Sie machten sich damit selbst angesichts schlimmster Verbrechen der unterlassenen Hilfeleistung schuldig. Unter George W. Bush verkamen die Menschenrechte gar zu einem Vorwand, um die eigenen imperialen Ambitionen zu rechtfertigen.

Seit Anfang der neunziger Jahre wird die amerikanische Politik meist von der öffentlichen Meinung und den Medien getrieben. Diese weist in zwei entgegengesetzte Richtungen: Einerseits sollen die USA gegen offensichtliches Unrecht vorgehen, andererseits lehnt die Bevölkerung militärische Abenteuer ab, wenn dabei das Leben von Amerikanern gefährdet wird. US-Politiker und andere Entscheidungsträger schwanken zwischen dem Primat des nationalen Interesses, das Interventionen aus Menschenrechtsgründen in der Regel ausschließt, der Pflege des eigenen Images und moralischen Ansprüchen an die eigene Politik. Aus diesen Gründen prangerte in den vergangenen Jahren keine amerikanische Regierung die russische Vernichtungspolitik in Tschetschenien oder die anhaltenden Menschenrechtsverletzungen in China an – zu viele politische und wirtschaftliche Interessen stehen in beiden Ländern auf dem Spiel.

Somalia

Somalia war die erste US-Operation, an deren Zustandekommen der Nachrichtensender CNN mit seiner Berichterstattung entscheidend beteiligt war. Die erschreckenden Bilder hungernder Menschen in dem ostafrikanischen Land, in dem politische Anarchie die Versorgung mit Hilfslieferungen verhinderte, setzten George Bush sr. in den letzten Wochen seiner Amtszeit unter starken öffentlichen Druck. Er entsandte im Dezember 1992 25 000 Soldaten als Teil einer UN-Truppe nach Mogadischu, die dort die Lebensmittellieferungen sichern sollten. Gedrängt von UN-Generalsekretär Boutros Boutros-Ghali, ließ sich die Clinton-Regierung später in den Bürgerkrieg hineinziehen und nahm den Kampf gegen den Klanchef Mohammed Farah Aideed auf, nachdem bei einem gescheiterten Angriff auf eine von Aideed kontrollierte Radiostation 25 pakistanische Blauhelm-Soldaten ums Leben gekommen waren. Die Clinton-Regierung erklärte Aideed zum Hauptverantwortlichen für alle Probleme Somalias und begann auf ihn eine Jagd, die fast 3000 Somalis das Leben kostete.

Bei einem ungenügend vorbereiteten Angriff auf eines von Aideeds Quartiere wurden am 3. Oktober 1993 zwei amerikanische Helikopter abgeschossen; 18 Marines starben und einige der Leichen wurden vor einer johlenden Menge durch die Straßen von Mogadischu gezerrt. Genauso wie die Fernsehbilder von der Hungersnot das amerikanische Engagement ausgelöst hatten, führten diese im Fernsehen übertragenen Szenen zum Ende der Aktion. Die Clinton-Regierung konnte ihren Bürgern nicht mehr erklären, was ihre Truppen eigentlich in Somalia machten, und kündigte den raschen Rückzug an.

Somalia wurde zu einer einschneidenden Erfahrung für die Clinton-Regierung. Sie war weiterhin bemüht, ihre Außenpolitik als moralisches Unterfangen zu präsentieren, doch noch wichtiger war es von nun an, einen Einsatz von amerikanischen Bodentruppen unter allen Umständen zu verhindern. Bestärkt wurden Clintons Berater darin von Generalstabschef Colin Powell, der bereits im Golf-Krieg 1991 die These aufgestellt hatte, dass Militäreinsätze nur mit einem klar definierten Ziel, einer Erfolgsgarantie, massiver Überlegenheit und einer sicheren Exit-Strategie vertretbar wären.

Ruanda

Der Massenmord an den Tutsi in Ruanda passte nicht in ein solches Szenario. Das kleine ostafrikanische Land stand seit Jahrzehnten im Zeichen des mörderischen Konflikts zwischen den beiden Volksgruppen der Hutu, mit rund 80 Prozent in der Mehrheit, und der Tutsi, die unter der belgischen Kolonialherrschaft lange privilegiert gewesen waren. Nach der Unterzeichnung eines Friedensabkommens im Jahr 1993 entsandten die UN eine kleine Friedenstruppe in das Land, die hauptsächlich von belgischen Soldaten getragen wurde. Sie sollte das Abkommen umsetzen. Stattdessen musste der kanadische Kommandant Romeo Dallaire erkennen, dass radikale Hutu die systematische Ermordung aller Tutsi sowie moderater Hutu planten. Der Abschuss eines Flugzeugs mit den Präsidenten Ruandas und Burundis an Bord am 6. April 1994 war der Beginn für den Völkermord, dem in nur drei Monaten rund 800 000 Menschen zum Opfer fielen.

Eine Militärintervention zur Rettung der Tutsi kam für die Clinton-Regierung aus innenpolitischen Gründen nicht in Frage, obwohl sie im benachbarten Burundi einige Dutzend Marines stationiert hatte. Sie wollte auf jeden Fall ein zweites Somalia vermeiden und erst gar nicht in Gefahr geraten, einen Einsatz ernsthaft erwägen zu müssen. Deshalb spielten der Präsident und seine außenpolitischen Berater die Dramatik der Situation in Ruanda herunter und weigerten sich lange Zeit, von Genozid zu sprechen. Die USA pochten auf einen Abzug der bestehenden Friedenstruppe, die anfangs viele Menschen schützen konnte. Um nur ja jede Verwicklung in den Konflikt zu vermeiden, verhinderten sie im UN-Sicherheitsrat das Zustandekommen einer neuen Friedensmission und hielten auch andere Staaten von einem humanitären Einsatz ab. Der Abzug der UN signalisierte den Hutu, dass ihnen die Welt beim Morden freie Hand lasse. Als die USA nach drei Monaten endlich einem neuerlichen UN-Einsatz zustimmten, war es schon zu spät: Hunderttausende Menschen waren tot, und die Tutsi-Rebellenarmee von Paul Kagame hatte aus eigener Kraft das Morden gestoppt, indem sie die Macht im Land übernahm.

»Wir haben eine Außenpolitik auf Grundlage amoralischer wirtschaftlicher Interessen. Sie wird von Amateuren betrieben, die für etwas stehen wollen – daher ihre Agonie –, aber unter keinen Umständen Führung ausüben wollen, die etwas kostet«, schrieb ein frustrierter Diplomat in sein Tagebuch. Erst Jahre später erkannten Spitzenbeamte wie Clintons Sicherheitsberater Anthony Lake, der schon 1970 aus Protest gegen die Invasion von Kambodscha die Nixon-Regierung verlassen hatte, das eigene Versagen. Lake entschuldigte sich damit, dass er mit den Krisen in Bosnien und Haiti beschäftigt war und Ruanda deshalb an ihm vorbeigegangen war. Doch das Verhalten der USA war kein Betriebsunfall. Es war die logische Konsequenz einer Politik, die moralische Standards verkündet, sie aber nicht einzuhalten gedenkt.

Bosnien

Der Konflikt in Jugoslawien wurde zu einem beherrschenden Thema für die Clinton-Regierung. Wenn Europäer die amerikanische Außenpolitik kritisieren, wird ihnen immer wieder ihr Verhalten im Bosnien- und Kosovo-Konflikt vorgehalten, in dem ein entschlossenes Vorgehen gegen die serbische Aggression erst mit Hilfe der USA möglich wurde. Eine genauere Betrachtung der amerikanischen Politik auf dem Balkan zeigt aber, dass auch

Amerika viele Entscheidungen falsch oder verspätet traf. Als Führungsmacht der westlichen Welt trugen die USA daran Mitschuld, dass die »ethnischen Säuberungen« und Massenmorde in Bosnien nicht früher beendet wurden. Vor allem das Massaker von Srebrenica im Juli 1995, das schlimmste Einzelverbrechen im gesamten Jugoslawien-Krieg, wäre durch ein entschiedeneres Eingreifen der Amerikaner leicht zu verhindern gewesen.

In den Jahren vor dem Zerfall Jugoslawiens gehörten die USA zu den vehementesten Verfechtern der nationalen Einheit, verwehrten aber gleichzeitig dem letzten jugoslawischen Premierminister und USA-Freund Ante Marković 1991 jene Milliardenhilfe, die dieser benötigt hätte, um die angeschlagene jugoslawische Wirtschaft zu sanieren und damit der Föderation eine letzte Überlebenschance zu geben. Besonders heikel war auch der Besuch des amerikanischen Außenministers James Baker in Belgrad am 21. Juni 1991, nur vier Tage vor der Unabhängigkeitserklärung Sloweniens und Kroatiens. Baker warnte zwar den serbischen Führer Slobodan Milosević vor der Anwendung von Gewalt, verzichtete jedoch auf eine explizite militärische Drohung und forderte von Slowenen und Kroaten, ihre Unabhängigkeitspläne aufzugeben. Damit schien er in den Augen der Serben den Einsatz von Gewalt für den Fall zu tolerieren, dass Slowenen und Kroaten auf ihrem Kurs beharrten.

Enttäuscht über die Unnachgiebigkeit der jugoslawischen Führer, reiste Baker wieder ab und war froh, die ganze Sache den Europäern überlassen zu können. Als der Krieg wenige Tage später ausbrach, die jugoslawische Armee kurz darauf die ostkroatische Stadt Vukovar in Schutt und Asche legte und Dubrovnik beschoss, blieben die USA stumm – ebenso, als der blutige Konflikt im März 1992 auf Bosnien-Herzegowina übergriff, wo die muslimische Mehrheit nicht auf einen Kampf gegen die hochgerüsteten Serben vorbereitet war. Amerika war lediglich bereit, das bestehende Waffenembargo gegen Serbien und Kroatien auf Bosnien auszuweiten. Aber gerade diese Maßnahme benachteiligte hauptsächlich die Moslems, die im Gegensatz zu den Serben kaum über Waffen verfügten.

Die Haltung der Bush-Regierung geriet erst im Sommer 1992 ins Zwielicht, als Bilder von Konzentrationslagern in Nordbosnien um die Welt gingen. Der demokratische Präsidentschaftskandidat Bill Clinton erklärte sich mit den bosnischen Moslems solidarisch und forderte, dass die UN gemeinsam mit den USA »alles unternehmen, um das Gemetzel an Zivilisten zu stoppen. Wir müssen dafür auch militärische Kräfte einsetzen. Ich würde mit Luftschlägen gegen die Serben beginnen.«

Doch einmal im Weißen Haus, verlor Clinton das Interesse an einem Militäreinsatz. Das Desinteresse seiner Regierung trug 1993 zum Scheitern des Friedensplans der beiden Vermittler Cyrus Vance und David Owen bei, der das Land in zehn Kantone geteilt hätte. Dabei hätte der Vance-Owen-Plan der Einheit Bosniens weitaus besser gedient als der Vertrag von Dayton, der zweieinhalb Jahre später von den USA ausgehandelt wurde.

Die USA unterstützten zwar in den UN die Schaffung von Sicherheitszonen in den umkämpften muslimischen Enklaven wie Srebrenica, Gorazde und Zepa, aber sie entsandten anders als die Europäer selbst keine Friedenstruppen. Als Nacht für Nacht Bilder über die Fernsehschirme flimmerten, die den serbischen Beschuss von Sarajevo und die Vertreibung Hunderttausender muslimischer Zivilisten zeigten, sah sich Clinton der gleichen innenpolitischen Kritik wie einst sein Vorgänger George Bush ausgesetzt. Im Senat forderte Mehrheitsführer Robert Dole immer lauter die Aufhebung des Waffenembargos gegen die bosnischen Moslems und Luftschläge gegen die Serben. Doch Clinton und seine Berater wehrten sich sogar dann noch gegen einen Luftwaffeneinsatz, als der Oberbefehlshaber der UN-Friedenstruppen in Bosnien, Rupert Smith, dies forderte.

Als bosnisch-serbische Truppen am 11. Juli 1995 die von Hunger und Krankheit geplagte moslemische Enklave Srebrenica überrannten und die dortigen niederländischen UN-Soldaten sich als hilflos erwiesen, sah die Supermacht tatenlos zu. Innerhalb von zwei Tagen vertrieben die Serben 23 000 Frauen und bis zu 8000 Kinder und brachten 7000 Männer um. Es war das schlimmste Massaker auf europäischem Boden seit dem Ende des Zweiten Weltkriegs.

Srebrenica wurde zum Wendepunkt im Bosnien-Krieg. Der öffentliche Druck nahm zu, die USA und die EU konnten die serbischen Grausamkeiten nicht länger tolerieren. Am 4. August 1995 griff die kroatische Armee mit Zustimmung Washingtons die serbisch besetzte Krajina an und vertrieb innerhalb weniger Tage die gesamte serbische Bevölkerung. Kroatisch-muslimische Truppen drangen weiter in die von den Serben gehaltenen Gebiete in Bosnien vor, während amerikanische Kampfflugzeuge militärische Einrichtungen der Serben bombardierten. Nach wenigen Wochen hatten die Serben so viel Territorium verloren, dass eine Verhandlungslösung in Reichweite schien.

Bei den Verhandlungen auf dem amerikanischen Luftwaffen-stützpunkt Dayton in Ohio wurde im November 1995 unter der Vermittlung des stellvertretenden Außenministers Richard Holbrooke die Teilung Bosniens fixiert, auch wenn pro forma gemeinsame staatliche Einrichtungen geschaffen wurden. Aber weder politisch noch wirtschaftlich konnte die von Holbrooke ge-schaffene Konstruktion später echte Lebensfähigkeit erringen.

Kosovo

Der Vertrag von Dayton enthielt zwei weitere gravierende Feh-ler: Einerseits bedeutete der Vertrag eine massive Aufwertung Milosevićs, der im Namen der bosnischen Serben verhandelte und sich nun als Garant des Friedens präsentierte, andererseits ging er mit kaum einem Wort auf die Lage im Kosovo ein, dessen Autonomie in den späten achtziger Jahren von Milosević auf-gehoben worden war. Unter Führung des moderaten Führers Ibrahim Rugova beschränkten sich die Albaner auf gewaltfreien Widerstand und setzten darauf, dass die Staatengemeinschaft für eine gerechte Lösung sorgen werde. Doch das Versäumnis von Dayton schwächte Rugovas Position gegenüber den radikalen Guerillakämpfern der Kosovo-Befreiungsarmee UCK, die sich nach dem Kollaps der öffentlichen Ordnung im benachbarten Albanien 1997 ausreichend mit Waffen versorgen konnten.

Milosević reagierte auf die Guerillaangriffe der UCK mit im-mer brutaleren ethnischen Säuberungen – genauso wie zuvor in Bosnien: Serbische Truppen griffen albanische Dörfer an und töteten so viele Zivilisten, dass die übrigen Bewohner die Flucht ergriffen. Das Chaos im Kosovo machte die amerikanische Re-gierung nervös: Die Provinz liegt in der Nähe der beiden NATO-Mitglieder Griechenland und Türkei und drohte Amerikas stra-tegische Interessen im östlichen Mittelmeer zu gefährden.

Nach einem grausamen Massaker im Dorf Račak am 15. Januar 1999 riefen die USA alle Parteien zu einer Konferenz im franzö-sischen Rambouillet. Die Serben wurden mit einem Ultimatum konfrontiert: Entweder würde Belgrad eine 28 000 Mann starke bewaffnete Friedenstruppe und eine komplette Autonomie für den Kosovo akzeptieren oder der Westen seine Bomber losschicken. Die negative Antwort überraschte niemanden. Madeleine Albright, inzwischen Clintons Außenministerin, hatte es gar nicht auf eine diplomatische Lösung abgesehen, sondern dachte, Milosević mit einem Militärschlag rasch in die Knie zwingen zu können. Da Russland sich weigerte, die Militäraktion zu unterstützen, kam keine Resolution im UN-Sicherheitsrat zustande. Als Ersatz griffen die USA auf das westliche Verteidigungsbündnis NATO zurück, das auf völkerrechtlich fragwürdige Weise den Militärschlag für legitim erklärte. Am 24. März 1999 begannen NATO-Flugzeuge mit dem Bombardement serbischer Stellungen innerhalb und außerhalb des Kosovo.

Der Kosovo-Krieg, der in der amerikanischen Presse häufig als »Madeleines Krieg« bezeichnet wurde, führte beinahe zu einem Desaster. Die Clinton-Regierung blieb bei ihrer Maxime, dass kein amerikanischer Soldat sein Leben riskieren dürfe. Deshalb kam eine Bodeninvasion, die problemlos von amerikanischen Militärstützpunkten in Mazedonien hätte gestartet werden können, nicht in Frage. Der Krieg wurde ausschließlich aus der Luft geführt: Aus 5000 Metern Höhe wurden militärische Ziele von fragwürdigem Wert angegriffen; wenn die angeblich so smarten Bomben und Raketen ihr Ziel verfehlten und versehentlich Zivilisten töteten, tat NATO-Sprecher Jamie Shea dies als unvermeidbaren »Kollateralschaden« ab.

So wurden am 5. April bei einem Angriff auf ein Wohngebiet in Aleksinac 17 Menschen getötet, am 12. April wurde bei der Bombardierung einer Brücke in Grdelička ein Personenzug getroffen, was 55 Menschen das Leben kostete, am 14. April kamen bei Angriffen auf zwei Flüchtlingskonvois in der Region Djakovica 75 Menschen um, am 1. Mai trafen Bomben einen Bus auf der Brücke in Luzane bei Priština und töteten 47 Menschen, und am 14. Mai wurden bei einem Angriff auf das Dorf Korisa im Kosovo 87 Menschen ums Leben gebracht. Die Mängel dieser Bombentaktik zeigten sich besonders deutlich, als aufgrund veralteter Stadtpläne NATO-Flugzeuge am 8. Mai die chinesische Botschaft in Belgrad bombardierten und dabei drei Menschen töteten.

Die schlimmste Folge der amerikanischen Kriegstaktik, der sich die Europäer nur unwillig fügten, aber war, dass sie ethnische

Säuberungen nicht verhinderten, sondern förderten. Sobald die NATO-Bomben fielen, begann Milosević mit der systematischen Vertreibung der Albaner. 800 000 Menschen flüchteten über die Grenzen nach Mazedonien und Albanien und konnten dort von internationalen Hilfsorganisationen notdürftig versorgt werden, andere suchten in den Bergen Kosovos Zuflucht. Gleichzeitig solidarisierte sich die serbische Bevölkerung – die meisten Milosević-Gegner – mit ihrem Präsidenten.

Aus diesem Grund konnte Milosević viele Wochen lang dem Druck der Angriffe standhalten. Wie sich nach dem Krieg herausstellte, hatten die NATO-Bomber weniger Panzer und schwere Waffen als gedacht zerstört; meist wurden nur einfache serbische Attrappen getroffen. Wahrscheinlich wäre die Front der NATO-Staaten früher zerbrochen als der Widerstandsgeist der Serben, wenn Belgrad nicht doch noch Angst vor einer Bodeninvasion bekommen hätte. Anfang Juni 1999 signalisierte Milosević seine Bereitschaft zum Abzug aus dem Kosovo, am 9. Juni wurde das Übereinkommen unterzeichnet. Rund 1200 serbische und albanische Zivilisten waren durch NATO-Bomben ums Leben gekommen und die serbische Wirtschaft war schwer getroffen. Im Kosovo wurde ähnlich wie in Bosnien ein westliches Protektorat eingerichtet, das der Provinz zwar zu etwas Ruhe, aber zu keiner politischen Lösung verhalf. Acht Jahre später war der Konflikt immer noch explosiv: Die Albaner beharrten auf ihrer völligen Unabhängigkeit, während die Serben darauf bestanden, dass der Kosovo zumindest formal ein Teil Serbiens bleiben müsse. Die offene Parteinahme der US-Regierung für die Kosovo-Albaner erschwerte nach Meinung vieler Beobachter die Suche nach einem Kompromiss.

Menschenrechte unter George W. Bush

Die Menschenrechtspolitik der Clinton-Regierung war zwar zeitweise von guten Vorsätzen geprägt, versäumte es aber, für die Supermacht eine neue weltpolitische Rolle nach dem Kalten Krieg zu definieren. Clinton waren innenpolitische Erfolge stets wichtiger als außenpolitische Visionen. Er wollte die militärische Macht der USA nur einsetzen, solange er dafür keinen politischen Preis zahlen oder menschliche Verluste in Kauf nehmen musste. Das führte dazu, dass Amerika oft zu spät oder überhaupt nicht handelte – Opfer mussten stets andere bringen, im Kosovo-Krieg etwa serbische Zivilisten.

Unter George W. Bush nahmen die USA nur noch dann auf die Menschenrechte Bezug, wenn es politisch und taktisch opportun war. Nach Ansicht von Neokonservativen wie Richard Perle muss die Außenpolitik den eigenen nationalen Interessen dienen und von weltverbessernden Idealen geleitet sein. So taten die USA kaum etwas, um die massiven Menschenrechtsverstöße in der westsudanesischen Provinz Darfur zu beenden. Und Bush rechtfertigte zwar den Krieg gegen den Irak mit den schweren Menschenrechtsverstößen Saddam Husseins – besonders, seitdem sich die irakischen Massenvernichtungswaffen, die er zuvor als Kriegsgrund präsentiert hatte, als nicht existent erwiesen. Er unterschlug aber dabei, dass die schlimmsten Verbrechen des Saddam-Regimes in den achtziger Jahren stattfanden, als der Irak ein Verbündeter der USA war, sowie später nach dem fehlgeschlagenen Aufstand der Schiiten 1991, für den die USA die Hauptverantwortung trugen. Und die schweren Verstöße der USA im Irak und auf Guantánamo gegen alle internationalen Verhaltensregeln nahmen der USA jede Glaubwürdigkeit in Sachen Menschenrechte (→ Kapitel 39).

36
Amerika über alles: Unilateralismus und die Zerstörung der Weltordnung

Die von amerikanischen Regierungen nach 1945 aufgebaute multilaterale Weltordnung mit UN, NATO und zahlreichen internationalen Verträgen wird von den Republikanern nach und nach zerstört. Die USA lehnen mit dem Atomteststoppvertrag, dem Landminenverbot und dem Internationalen Strafgerichtshof jede Einschränkung der eigenen Souveränität ab und lassen sich auch durch den UN-Sicherheitsrat nicht binden.

Seit ihrer Gründung hatten die USA eine widersprüchliche Beziehung zum Rest der Welt. Sollen sie auf jede »ausländische Verstrickung« verzichten, wie George Washington es von seinen Landsleuten forderte, die Rolle des Primus inter Pares in einer großen Weltgemeinschaft spielen, die Woodrow Wilson und Franklin D. Roosevelt vorschwebte, oder mit wirtschaftlicher, politischer und militärischer Macht anderen Ländern ihren Willen aufzwingen? Sollen die USA dem Isolationismus, Internationalismus beziehungsweise Multilateralismus oder dem Unilateralismus folgen? Seit 1945 bestand Amerikas Weltpolitik aus einer Mischung der drei Strömungen, wobei die Feindschaft mit der Sowjetunion die Isolationisten zu einer unbedeutenden Minderheit machten. Roosevelt und sein Nachfolger Harry S. Truman bauten eine multilaterale Weltordnung auf, die aus den UN, der NATO, dem Handelsabkommen GATT, dem Internationalen Währungsfonds IWF und zahlreichen anderen internationalen Organisationen bestand. Überall gaben die USA den Ton an und nutzten diese Institutionen als kostengünstige Instrumente der eigenen Interessenpolitik.

Dieser Internationalismus, der von demokratischen und republikanischen Präsidenten gleichermaßen vertreten wurde, stieß im Kongress allerdings immer wieder auf Widerstand. Senatoren und Abgeordnete hatten keinen Respekt vor dem Völkerrecht und betrachteten Verträge oft als eine Einschränkung der nationalen Souveränität und des demokratischen Willens des amerikanischen Volks, dem laut Verfassung die höchste Autorität im Staatswesen zusteht. Ganz im Geist dieses Isolationismus hatten die Autoren der amerikanischen Verfassung hohe Hürden für die Ratifizierung von internationalen Verträgen errichtet: Diese müssen vom Senat mit einer Zwei-Drittel-Mehrheit verabschiedet werden. An dieser Barriere scheiterten Anfang der fünfziger Jahre nicht nur der erste Vertrag zur Gründung der Welthandelsorganisation, sondern auch zahlreiche Menschenrechtsabkommen, für die sich amerikanische Präsidenten international eingesetzt hatten: die Genozid-Konvention von 1948, die der Senat erst 1986 ratifizierte (→ Kapitel 35), die Konvention über Zwangsarbeit aus dem Jahr 1957, die der Senat 1991 ratifizierte, und die Konvention über Frauenrechte von 1979, die nie ratifiziert worden ist. Die Konvention über Kinderrechte wurde nur von zwei Staaten der Welt nicht ratifiziert: Somalia und den USA.

Name	Jahr	Teilnehmer	USA
Genozid-konvention	1948	135	unterzeichnet, 1986 ratifiziert
Zwangsarbeiter-konvention	1956	118	unterzeichnet, 1991 ratifiziert
ABM-Vertrag mit der Sowjetunion	1972	2	unterzeichnet, 2002 aufgekündigt
Frauenrechts-konvention	1979	147	unterzeichnet, nicht ratifiziert
Kinderrechts-konvention	1989	192	unterzeichnet, nicht ratifiziert
Kyoto-Protokoll zum Klimaschutz	1997	188	paraphiert, später abgelehnt

Name	Jahr	Teilnehmer	USA
Internationaler Strafgerichtshof	1998	92	unterzeichnet, später abgelehnt
Atomteststopp-vertrag	1996	106*	unterzeichnet, vom Senat abgelehnt
Landminenver-botsvertrag	1997	141	nicht unterzeichnet

Völkerrechtliche Abkommen nach dem Zweiten Weltkrieg * formell nicht in Kraft

Vom Internationalismus zum Unilateralismus

Am äußersten rechten Rand der amerikanischen Politik blieben die Vereinten Nationen ein Feindbild. Unter Ronald Reagan gelangten 1981 manche dieser radikalen Unilateralisten an die Schalthebel der Macht. Sie wollten die Sowjetunion bekämpfen und waren deshalb keine Isolationisten, hatten aber für die UN nur Verachtung übrig und belächelten die in die Entspannungspolitik verliebten Europäer: Ab 1985 wurde der Einfluss dieser Gruppe, zu der etwa Verteidigungsminister Caspar Weinberger gehörte, immer geringer, und Reagan erkannte, wie wichtig es war, in der Welt Freunde zu haben. Der neue sowjetische KP-Chef Michail Gorbatschow trug mit dazu bei, dass Reagan auf einen multilateralen Kurs einschwenkte.

Als der Kalte Krieg zwischen 1989 und 1991 zu Ende ging, saß mit George Bush sr. ein überzeugter Internationalist im Weißen Haus. Bush war ein kühler Machtpolitiker, aber er glaubte an die Kraft der Diplomatie, die Bedeutung von Allianzen und grundsätzlich an die internationale Rechtsstaatlichkeit. Er handelte hinter den Kulissen mit François Mitterrand, Margaret Thatcher und Michail Gorbatschow die Bedingungen für die deutsche Wiedervereinigung aus. Er errichtete und pflegte 1990 nach der irakischen Invasion Kuwaits im Rahmen der UN eine mächtige internationale Allianz, die den Krieg gegen Saddam Hussein mittrug. In seiner Rede zur Lage der Nation im Januar 1991 verkündete er »eine neue Weltordnung, in der unterschiedliche Nationen zusammenkommen, um die universellen Ziele der Menschheit zu erreichen: Frieden und Sicherheit, Freiheit und Rechtsstaatlichkeit«. Nach dem siegreichen Irak-Krieg brachte Bush Palästinenser und Israelis auf der Nahost-Konferenz von Madrid erstmals an einen Tisch. Bush glaubte an die Notwendigkeit nuklearer Abrüstung durch Verträge mit Moskau, baute Tausende von Nuklearsprengköpfen ab und stimmte im Herbst 1991 dem Abzug aller taktischen Atomwaffen aus Europa und Südkorea zu. Im Juni 1992 unterschrieb er trotz Bedenken seiner Berater die Protokolle des ersten Weltgipfels in Rio de Janeiro, die den gemeinsamen Kampf gegen den Klimawandel durch Treibhausgase festschrieben. Bush sr. war kein einfacher Partner für die Europäer, aber er war ein Partner.

Seine wichtigsten Berater wie Außenminister James Baker, Sicherheitsberater Brent Scowcroft und der Generalstabschef Colin Powell bestärkten ihn in seiner Weltsicht, nur Verteidigungsminister Richard Cheney folgte einem anderen Kurs. Dieser traute Gorbatschow nicht und sprach sich gegen jede Form der Abrüstungsabkommen aus. Cheney war überzeugt, dass die USA von Feinden umgeben wären und nur auf sich selbst vertrauen könnten. Doch mit seiner Meinung blieb er unter Bush sr. die Ausnahme.

Im Sommer 2000 kehrte Cheney von seinem Ausflug in die Privatwirtschaft, wo er fünf Jahre lang den einflussreichen texanischen Ölausrüstungskonzern Halliburton geführt hatte, in die Politik zurück. George W. Bush nahm den ehemaligen Vertrauten seines Vaters als Vizepräsidentschaftskandidaten und engsten Berater in seine Mannschaft auf. Vor allem bei der Zusammenstellung seines außenpolitischen Teams gewährte Bush nach seinem Wahlsieg dem älteren Freund freie Hand. Cheney sammelte all jene Männer und Frauen um sich, die wie er keine Geduld für Verträge und Verbündete hatten und nur ein Ziel kannten: die USA militärisch so stark zu machen, dass sie jederzeit und überall ihren Willen durchsetzen konnten. Dazu gehörten Verteidigungsminister Donald Rumsfeld, der diesen Posten schon unter Gerald Ford innehatte, sein Stellvertreter Paul Wolfowitz, der Staatssekretär für Verteidigungspolitik Douglas Feith, Verteidigungsberater Richard Perle, der stellvertretende Außenminister für Rüstungskontrolle John Bolton und Sicherheitsberaterin

Condoleezza Rice. Mit Ausnahme von Powell, nunmehr Außenminister, und dessen engsten Vertrauten wurde die Regierung von George W. Bush zur Hochburg der Unilateralisten, die sich sofort nach Amtsantritt daranmachten, die von den USA einst aufgebaute multilaterale Weltordnung zu zertrümmern und die internationale Rechtsstaatlichkeit mit Füßen zu treten. Diese Politik begann lange vor den Terroranschlägen vom 11. September 2001, welche die Unilateralisten bloß in ihrem Kurs bestärkten.

Die neue Philosophie der Bush-Regierung war kein Zufall – sie entsprach dem Denken der meisten Republikaner. Nach ihrem Wahltriumph bei den Kongresswahlen von 1994 zwangen Leute wie Senator Jesse Helms aus North Carolina, der den Vorsitz im außenpolitischen Ausschuss übernahm, dem überzeugten Multilateralisten Bill Clinton eine Politik auf, die diesen in ständigen Konflikt mit den Europäern und den Vereinten Nationen brachte. Jahrelang hielt der Kongress die amerikanischen Mitgliedsbeiträge an die Vereinten Nationen zurück und brachte die Weltorganisation damit an den Rand der Zahlungsunfähigkeit. Er verabschiedete Sanktionen gegen europäische Firmen, die Geschäfte mit Kuba, Iran und Libyen betrieben, er verweigerte dem Klimaschutzabkommen von Kyoto die Zustimmung und lehnte die Ratifizierung des Atomteststoppvertrags ab. Clinton lavierte vorsichtig zwischen den Forderungen der Verbündeten und den Drohungen des Kongresses und verärgerte dabei beide Seiten. Sooft auch die amerikanische Politik die europäischen Partner vor den Kopf stieß, wussten diese doch, dass sie mit Clinton einen Freund im Weißen Haus hatten.

Al Gore, ein Verfechter von Klima- und Umweltschutz, hätte die von Clinton geprägte Politik sicher fortgeführt, doch mit Bush kehrte ein neuer Geist ins Weiße Haus ein. Anders als sein weltgewandter Vater kannte Bush das Ausland kaum, sondern war ein typischer Vertreter jener amerikanischen Weltsicht, die von der Überlegenheit des »American Way of Life« und den in der Verfassung festgeschriebenen Werten überzeugt ist, den Rest der Welt bloß als Spielfeld für amerikanische Machtpolitik oder als Quelle von Bedrohungen betrachtet. Innerhalb weniger Monate verwarf die Bush-Regierung den Vertrag über den Strafgerichtshof, das Kyoto-Protokoll über Klimaschutz, den ABM-Vertrag mit der Sowjetunion über Raketenabwehrsysteme, den Atomteststoppvertrag und zahlreiche andere Rüstungskontrollverträge. In den Augen vieler Kritiker im In- und Ausland wurden die USA so selbst zur »Rogue Nation« – zum »Schurkenstaat«, wie sie ihre eigenen Feinde gerne bezeichneten.

Internationaler Strafgerichtshof

Der amerikanische Widerstand gegen den Internationalen Strafgerichtshof ist ein besonders peinliches Kapitel in der jüngeren amerikanischen Geschichte. Die USA hatten mit den Nürnberger Prozessen das erste internationale Tribunal geschaffen, das Kriegsverbrechen und Verbrechen gegen die Menschlichkeit nach rechtsstaatlichen Normen verfolgte. Washington war die treibende Kraft hinter den Kriegsverbrechertribunalen für Jugoslawien und Ruanda. Doch als die anderen Staaten in den späten neunziger Jahren darangingen, einen ständigen Strafgerichtshof für Kriegsverbrechen und Menschenrechtsverletzungen in Den Haag einzurichten, regte sich in den USA Widerstand. Bill Clinton und seine Außenministerin Madeleine Albright sprachen sich grundsätzlich für den Strafgerichtshof aus, doch ihre Unterhändler brachten ständig neue Einwände ein. Sie wollten einen Gerichtshof, der für alle Länder der Welt zuständig war außer den USA, und warnten vor einem Szenario, in dem antiamerikanische Aktivisten im Ausland stationierte US-Friedenstruppen aufgrund falscher Vorwürfe vor ein internationales Gericht zerren und dort einen Schauprozess veranstalten würden. Andere Experten warnten davor, dass ebenso wie der chilenische Ex-Diktator Augusto Pinochet auch amerikanische Spitzenpolitiker wie Henry Kissinger vor ein ausländisches Gericht gestellt werden könnten.

Die europäischen Partner bemühten sich, auf diese Bedenken einzugehen, um Clinton vor einer Niederlage im Senat zu bewahren. Sie stimmten einer Klausel zu, nach welcher der Gerichtshof nur dann für einen Verdächtigen zuständig ist, wenn sein Heimatland kein funktionierendes Justizwesen vorweisen kann und dort kein fairer Prozess zu erwarten ist. Diese Klausel schloss praktisch alle Bürger westlicher Demokratien von der Strafverfolgung durch das Den Haager Gericht aus. Weiterhin wurden alle US-Soldaten ausgenommen, die unter bilateralen Militärabkommen in anderen Ländern tätig sind. Außerdem fallen auf Wunsch der USA nur »weitverbreitete und systematische« Gräueltaten in die Zuständigkeit des Gerichtshofs – also nicht die als »Kollateralschaden« bezeichneten Bombenangriffe der USA auf zivile Ziele im Kosovo, in Afghanistan oder im Irak. Dennoch waren diese Zugeständnisse der Clinton-Regierung nicht genug; sie wollte eine Garantie dafür, dass kein Amerikaner sich je als Angeklagter wiederfinden würde, und forderte deshalb ein Vetorecht für alle Anklagen. Ein solches Vetorecht hätte aber den Gerichtshof hoffnungslos politisiert, handlungsunfähig und unglaubwürdig gemacht.

Auf einer UN-Konferenz in Rom im Sommer 1998 stimmten 120 Staaten für die Gründung des Gerichtshofs und nur sieben dagegen: China, Irak, Israel, Jemen, Libyen, Katar und die USA. Die Clinton-Regierung versuchte in den folgenden zweieinhalb Jahren erfolglos, die Statuten des Gerichtshofs in ihrem Sinn abzuschwächen. Doch Clinton blieb zumindest der Idee eines internationalen Strafgerichts treu. Wenige Tage vor seinem Abschied unterschrieb er schließlich die Vereinbarung – im Wissen, dass sein Nachfolger George W. Bush sich nicht daran halten würde.

Es kam noch schlimmer als erwartet. Nicht nur, dass Bush den Gerichtshof ablehnte und sich weigerte, den Vertrag dem Senat auch nur vorzulegen, seine Regierung setzte sogar ihre schärfsten diplomatischen Waffen ein, um von den Unterzeichnerstaaten eine uneingeschränkte und immerwährende Immunität für alle Amerikaner zu erpressen. Das hätte die Glaubwürdigkeit der Institution schon vor ihrem Start schwer erschüttert. Als die Europäer nicht einlenkten, drohten die USA im Sommer 2002 im UN-Sicherheitsrat mit einem Veto gegen eine routinemäßige Verlängerung der NATO-Friedensmission in Bosnien. Erst in letzter Minute einigten sich die Sicherheitsratsmitglieder auf eine befristete zwölfmonatige Immunität für amerikanische Soldaten, die vom Rat explizit verlängert werden muss. »Sollte der Gerichtshof je einen Amerikaner festnehmen, dann wäre dies ein illegitimer Akt, der ernste Konsequenzen haben würde«, warnte der amerikanische UN-Botschafter John Negroponte: »Niemand darf unsere Entschlossenheit unterschätzen, unsere Bürger zu schützen.« Tatsächlich steht im American Servicemembers' Protection Act von 2002, dass ein Verfahren eines internationalen Gerichts gegen einen amerikanischen Militärangehörigen einen Kriegsgrund darstellt. Ein Prozess gegen einen Amerikaner vor dem internationalen Strafgerichtshof könnte theoretisch also einen Angriff auf Den Haag zur Folge haben.

Als Nächstes gingen die USA daran, von ihren Verbündeten vertragliche Garantien gegen eine Auslieferung von amerikanischen Staatsbürgern einzufordern. Die EU lehnte dieses Ansinnen geschlossen ab und forderte auch die Beitrittsstaaten in Mittelosteuropa auf, die Interessen Washingtons zurückzuweisen. Das stürzte diese Länder in ein schweres Dilemma, denn sie wollten weder die EU noch die USA vor den Kopf stoßen. Am Ende unterschrieb nur Rumänien das gewünschte Abkommen – und sicherte sich damit einen Platz in der nächsten Erweiterungsrunde der NATO. Weitere 44 nichteuropäische Länder unterwarfen sich dem amerikanischen Diktat; 34 Staaten, die sich wehrten, drohte Washington mit dem Abbruch der US-Militärhilfe. Darunter waren nicht nur zukünftige NATO-Mitglieder wie Bulgarien, Slowenien und die baltischen Republiken, sondern auch Kolumbien. Für die Bush-Regierung war die theoretische Frage der Zuständigkeit des Gerichtshofs sogar wichtiger als der »Krieg gegen Drogen«, in den sie so viel investiert hatte.

Nach dem formellen Start des Gerichtshofs im März 2003 zog die amerikanische Regierung ihre Unterschrift unter den Vertrag formell zurück und verwarf auch die Wiener Konvention über das Recht der völkerrechtlichen Verträge, nach deren Regeln die USA auch ohne Unterzeichnung der Autorität des Strafgerichtshofs unterworfen wären. Beobachter erkennen im Verhalten der USA Zeichen eines pathologischen Verfolgungswahns. Wieder einmal ist der »paranoide Stil« zum Leitmotiv der amerikanischen Außenpolitik geworden. Selbst die ersten Erfolge des Strafgerichtshofs, etwa die Auslieferung und Anklage des gestürzten Diktators von Liberia, Charles Taylor, änderten nichts an der feindlichen Haltung der USA.

Klimaschutz

Die amerikanische Politik zum Klimaschutz weist seit den neunziger Jahren ein ähnliches Muster auf. Die Clinton-Regierung stand der Idee des Klimaschutzes grundsätzlich positiv gegenüber, schließlich war Vizepräsident Gore einer seiner frühesten Verfechter. Doch als Haupterzeuger von Treibhausgasen – 4,6

Prozent der Weltbevölkerung verursachen ein Viertel des weltweiten CO_2-Ausstoßes – hätten die USA auch den höchsten Preis für eine effektive Klimapolitik zu bezahlen. Um diesen Preis zu verringern, forderten die USA bei den Verhandlungen in Kyoto einige sinnvolle Optionen wie etwa den Emissionshandel, aber auch absurde Schlupflöcher wie die Anerkennung von Wäldern und Sümpfen als schadstoffreduzierende »CO_2-Fallen«. Zudem war den USA der auf der Klimakonferenz von Kyoto im Dezember 1997 beschlossene Zeitplan, nach dem bis 2012 der Ausstoß von Treibhausgasen in den Industriestaaten 5,2 Prozent unter dem Niveau von 1990 liegen sollte, viel zu ehrgeizig.

Schon im Juli 1997 hatte der Senat in einer Abstimmung mit 95 zu 0 Stimmen grundsätzlich jeden Klimaschutzvertrag abgelehnt, der von den USA ernsthafte Opfer forderte. Dennoch paraphierte Al Gore das Kyoto-Protokoll in der Hoffnung, es bei weiteren Detailverhandlungen aufweichen zu können. Diese Chance bot sich auf der Konferenz von Den Haag im November 2000. Die amerikanische Regierung forderte eine Ausweitung des Emissionshandels und andere marktorientierte Maßnahmen, um die wirtschaftlichen Folgen der Klimapolitik möglichst gering zu halten. Das war verhandelbar und pragmatisch, denn sonst hätte das Abkommen im Senat nicht die geringste Chance gehabt, ratifiziert zu werden. Die Forderung, dass auch Schwellenländer wie China und Indien einbezogen werden müssten, die in Kyoto zu Recht zu keiner Reduktion des CO_2-Ausstoßes verpflichtet wurden, war hingegen politischer Opportunismus: Entwicklungsländer verursachten zu diesem Zeitpunkt nur einen Bruchteil der Treibhausemissionen der Industriestaaten.

Vor allem nichtstaatliche Organisationen (NGO) verlangten von den USA in Den Haag ein deutliches Bekenntnis zu einem anderen Lebens- und Wirtschaftsstil mit einem geringeren Energieverbrauch. Dazu aber war die Clinton-Regierung nicht bereit. Im Wissen, dass der weitaus weniger umweltfreundliche George W. Bush bald Präsident sein werde, verzichteten Amerikaner und Europäer dennoch auf eine Einigung.

Für Bush hätte das ohnehin keinen Unterschied gemacht, denn sein Widerstand gegen das Kyoto-Protokoll ist ähnlich ausgeprägt wie gegen den Internationalen Strafgerichtshof. Im März 2001 erklärte er das Abkommen für tot: Amerika habe eine Energiekrise in Kalifornien und dürfe nichts unternehmen, was das

Wirtschaftswachstum schwäche; auch sei die Existenz des Treibhauseffekts wissenschaftlich nicht bewiesen. Die vorgebrachten Argumente waren absurd: Die Stromkrise in Kalifornien hatte nichts mit Treibhausgasen zu tun, sondern nur mit einer verfehlten Deregulierungspolitik. Dass Maßnahmen zum Klimaschutz wie etwa eine CO_2-Steuer kurzfristig geringfügige Wachstumseinbußen zur Folge haben, ist unbestritten, doch langfristig sind die Kosten einer Klimakatastrophe weitaus höher. Und selbst Skeptiker haben angesichts der eindeutigen Datenlage inzwischen die Existenz des Treibhauseffekts anerkannt, nur noch über das Ausmaß wird in der Wissenschaft debattiert.

Mehr als der Inhalt schockierte die Europäer der Ton des US-Präsidenten: Anders als Clinton ging es Bush nicht um die Details der Vereinbarung, sondern um das Prinzip an sich. Das vielleicht größte globale Problem der Gegenwart, an dem die Amerikaner mehr Schuld als alle anderen tragen, wurde vom mächtigsten Mann der Welt als irrelevant abgetan. Bush kündigte an, bald eigene Vorschläge für den Klimaschutz vorzulegen, und ließ sich damit fast ein Jahr Zeit. Inzwischen brach er sein Wahlkampfversprechen, den CO_2-Ausstoß im eigenen Land durch strengere Umweltgesetze zu regulieren. Die von Vizepräsident Cheney vorgestellte Energiepolitik schien direkt aus der Feder der Industrielobbyisten zu stammen.

Im Februar 2002 stellten die USA einen eigenen Plan vor, der nur freiwillige Maßnahmen vorsah, um während der folgenden zehn Jahre eine 18-prozentige Reduktion der Treibhausgasintensität zu erreichen. Dieses Ziel war ein schlechter Scherz: Dank technischer Fortschritte sinkt die Intensität des Gasausstoßes pro erwirtschafteten Dollar ohnehin jedes Jahr. Das Problem besteht darin, dass die Wirtschaft schneller wächst und damit auch die Menge an CO_2 in der Atmosphäre.

Ein Jahr später präsentierte Bush einen Plan zur Förderung von Brennstoffzellenmotoren – einer Technologie, die noch viele Jahre von einer wirtschaftlich sinnvollen Umsetzung entfernt ist. Auch in den folgenden Jahren blieb das Weiße Haus seiner Linie treu, alternative Energie zu fördern, aber nichts zu tun, um den Ausstoß von Treibhausgasen zu beschränken. Auch nach der Verleihung des Friedensnobelpreises 2007 an seinen früheren Gegenspieler Al Gore, der seit der Niederlage gegen Bush unermüdlich für eine radikale Klimapolitik eingetreten war, bekräftigte Bush seine für den Rest der Welt so unverständliche Haltung.

Inzwischen hatte aber bereits in der amerikanischen Bevölkerung und der Wirtschaft ein Umdenken eingesetzt. Die verheerenden Auswirkungen des Hurrikans Katrina, den viele als Folge der Klimaerwärmung betrachteten, andere Wetterkapriolen und vor allem Al Gores Oscar-gekrönter Film *Eine unbequeme Wahrheit* machten Klimaschutz auch in den USA zu einem populären Thema. In Kalifornien entschloss sich Gouverneur Arnold Schwarzenegger, unabhängig von der Bundespolitik, zu einer drastischen Eindämmung der Treibhausgase. Er erhielt dafür auch die Unterstützung energiehungriger US-Konzerne wie Ford, Alcoa oder DuPont sowie von großen Kraftwerksbetreibern. Diese befürchten nämlich allesamt, dass die USA früher oder später einer CO_2-Beschränkung zustimmen werden und wollen möglichst früh die Rahmenbedingungen kennen.

Das aufwendigste Klimaschutzprogramm der USA erweist sich inzwischen als klimapolitisches Fiasko. Seit mehreren Jahren wird die Ethanol-Produktion aus Mais mit immer größeren Budgetmitteln subventioniert. 2006 machten die Beihilfen rund 7 Milliarden Dollar aus – 38 Dollar je 100 Liter Ethanol. Davon haben Amerikas Bauern profitiert, deren Lobby sich daher mit allen Mitteln für die Beibehaltung der Subventionen einsetzt. Auch die Auto- und die Ölkonzerne haben gegen die Beimischung von Ethanol in den Treibstoff nichts einzuwenden, und Politiker in Washington betonen, dass sie mit diesen Geldern die Abhängigkeit von Erdöl aus dem instabilen Nahen Osten reduzieren. Doch dem Klimaschutz bringt das amerikanische Ethanolprogramm überhaupt nichts. Nach manchen Studien verursacht die Herstellung eines Liters Ethanol auf amerikanischem Ackerland durch den Einsatz von Traktoren und Düngemitteln mehr CO_2-Ausstoß als die Verbrennung von einem Liter Erdöl. Außerdem treibt der Maisanbau zum Energiegewinnungszweck die Nahrungsmittelpreise weltweit in die Höhe. Viel sinnvoller wäre es, wenn die USA Ethanol aus Brasilien oder anderen Entwicklungsstaaten importieren würden, wo dieser Treibstoff klimaschonend aus Zuckerrohr oder zellulosereichen Gräsern hergestellt werden kann. Doch Ethanol-Einfuhren werden in den USA mit hohen Zöllen belegt, um die eigenen Bauern zu schützen. Eine gefährliche Mischung aus

Lobbyismus und Protektionismus führt dazu, dass selbst Klimaschutz made in the USA dem Rest der Welt zum Verhängnis wird.

Das Problem für andere Staaten ist nicht nur, dass die USA weiterhin ungebremst mehr CO_2 ausstoßen als jede andere Nation – alle globalen Bemühungen zur Eindämmung der Treibhausgase sind zum Scheitern verurteilt, wenn sich der Hauptverantwortliche nicht daran beteiligt. Ohne einen Kurswechsel in den USA hat auch China keinen Grund, dem Kyoto-Protokoll oder vergleichbaren Abkommen beizutreten. Und andere Staaten, die den Klimaschutz eigentlich ernst nehmen, schrecken vor radikalen Schritten zurück, weil sie Wettbewerbsnachteile für ihre Industrie fürchten. In keinem anderen Bereich kann die rücksichtslose Politik der Weltmacht USA weltweit so großen Schaden anrichten wie beim Klimawandel.

Rüstungskontrolle

Der dritte Bereich, in dem sich Bush in kürzester Zeit von allen internationalen Verpflichtungen verabschiedete, war die Rüstungskontrolle. Vor allem sein Drängen für ein amerikanisches Raketenabwehrprogramm stellte einen Bruch mit der US-Politik der vergangenen dreißig Jahre dar und erschreckte den Rest der Welt.

Schon Ronald Reagan hatte von einem Verteidigungssystem geträumt, das die USA vor allen Atomraketen schützen sollte. Enorme technische Probleme und der Zusammenbruch der Sowjetunion nahmen den Amerikanern jedoch die Begeisterung für den »Krieg der Sterne«. Die Forschungsprogramme liefen zwar auf Sparflamme weiter, ohne dass die Regierung ernsthaft an einer Umsetzung arbeitete.

Die Republikaner träumten allerdings weiter von einem solchen Abwehrschild. Die Bedrohung ging in diesen Sandkastenspielen nicht mehr von Russland, sondern von China, Iran oder Nordkorea aus. Als Nordkorea im August 1998 eine dreistufige Rakete testete, die 1600 Kilometer weit über den Pazifik flog, gewannen entsprechende Szenarien plötzlich an Dringlichkeit. Auf Druck des Kongresses unterschrieb Clinton im Juli 1999 den National Missile Defense Act, der die Einrichtung eines Abwehrsystems vorsah, »sobald es technisch möglich wird«. Clintons Beraterstab glaubte weder an die Umsetzbarkeit noch an die Sinnhaftigkeit, wollte aber in dieser Frage nicht den Republikanern das Feld überlassen. Vor allem jedoch war Clinton bemüht, nicht in Konflikt mit dem ABM-Vertrag mit der Sowjetunion zu geraten, der den Bau von Verteidigungssystemen einschränkte.

Der ABM-Vertrag wurde 1972 unterschrieben, als Moskau und Washington erkannten, dass Verteidigungssysteme gegen Atomraketen ihnen keinen absoluten Schutz bieten, aber eine neue Rüstungsspirale auslösen könnten. Denn Raketenabwehr gleich welcher Art zählt zu jenen Waffensystemen, die eigentlich der Verteidigung dienen, vom Gegner aber als Bedrohung angesehen werden. Der Schutz vor einem nuklearen Gegenschlag gibt einem Land die Chance, als Erstes mit Atomwaffen zuzuschlagen – oder zumindest mit einem solchen Angriff glaubwürdig zu drohen. Gleichzeitig aber kann jedes Verteidigungssystem durch eine Erhöhung der Angriffsstärke überwältigt oder durch den Einsatz von Attrappen verwirrt und damit außer Gefecht gesetzt werden. Seine Existenz würde die Gefahr eines nuklearen Erstschlags erhöhen, indem es die Wirksamkeit eines Gegenschlages mit einem dezimierten Atomwaffenarsenal deutlich verringern würde.

Der ABM-Vertrag stammte zwar aus dem Kalten Krieg, doch seine Gründe sprachen vor dreißig Jahren genauso gegen ein Abwehrsystem wie heute. Außerdem war er für Russland zu einem Prestigeobjekt geworden: der erste amerikanisch-sowjetische Vertrag, der immer noch hielt. Von Mitte 1999 bis Ende 2000 fanden im Rahmen des Raketenabwehrprogramms mehrere Tests neuer weltraumgestützter Systeme statt, die entweder fehlschlugen oder kaum verwertbare Ergebnisse brachten. Für eine technisch mehr Erfolg versprechende Testserie hätten die USA eine neue Radaranlage bauen müssen, für die es bereits konkrete Pläne auf einer kleinen Insel vor Alaska gab, was die USA mit dem ABM-Vertrag in Konflikt gebracht hätte. Clinton versuchte mit Moskau eine Änderung des Vertrags auszuhandeln; als er damit scheiterte, verkündete er im September 2000 ein Moratorium für das Raketenabwehrprogramm.

An diese Entscheidung fühlte sich George W. Bush nicht gebunden. Im Mai 2001 drohte er erstmals mit dem Austritt aus dem ABM-Vertrag, der mit einer sechsmonatigen Frist gekündigt werden konnte. Es folgten spannungsgeladene Verhandlungen mit Russlands Präsident Wladimir Putin, der Bush entgegenzukommen versuchte, um den Vertrag zu retten. Das Weiße Haus war jedoch nicht bereit, Einschränkungen für die Forschung, Entwicklung und Tests ihrer neuen High-Tech-Systeme zu akzeptieren.

Die amerikanischen Pläne riefen besonders in China Besorgnis hervor. Das kleine chinesische Nukleararsenal wäre selbst durch einen nur teilweise wirksamen Abwehrschild obsolet geworden. China tat daher genau das, was Theoretiker seit Jahren vorausgesagt hatten: Es verkündete einen Ausbau seiner Atomwaffenarsenale. Dies wiederum stärkte die Atomlobby in Indien, was den gefährlichen Rüstungswettlauf zwischen Indien und Pakistan weiter anzuheizen drohte.

Die Terroranschläge vom 11. September 2001 hätten den Befürwortern eines Raketenabwehrsystems eigentlich den Wind aus den Segeln nehmen sollen. Nicht Langstreckenraketen, sondern kleine Messer in den Taschen von Flugzeugentführern erwiesen sich als die größte Gefahr für die Sicherheit der USA. Doch stattdessen erklärte die Bush-Regierung, sie müsse sich nun vor allen Bedrohungen – und seien sie noch so unwahrscheinlich – wirksamer schützen, und gab grünes Licht für den Ausbau des Raketenschirms. Am 13. Dezember 2001 gab Bush den Austritt aus dem ABM-Vertrag bekannt, der sechs Monate später in Kraft treten sollte. Russland, das sich im Krieg in Afghanistan auf die Seite der USA gestellt hatte, war blamiert und eine wichtige Hürde im atomaren Wettlauf gefallen.

Die Bush-Regierung lehnte jede Art der Sicherheitspolitik ab, die auf internationaler Kooperation beruht. Sie wollte sogar die Gelder kürzen, welche die USA für die sichere Entsorgung alter russischer Atomsprengköpfe ausgab, damit diese nicht in die Hand von anderen Staaten und Terroristen gelangten. Dagegen legte der Kongress Einspruch ein, weil ihm die Wichtigkeit dieses in den neunziger Jahren begonnenen Programms bewusst war.

Die Vorbereitung konkreter Pläne für die Errichtung eines US-Raketenschildes auf europäischem Boden – geplant waren Abschussrampen in Polen und ein Radarsystem in Tschechien – führte 2007 zu einer Verhärtung der russischen Außenpolitik. Putin drohte mit der Kündigung mehrerer Rüstungskontrollabkommen und kündigte den Bau neuer russischer Atomwaffen an. Obwohl inzwischen in Europa die Skepsis gegenüber Putins autoritärem Kurs im Inneren und seiner aggressiven Energiediplomatie gestiegen war, hatte der Kremlchef beim Thema Raketenschild die europäische öffentliche Meinung mehrheitlich auf seiner Seite. Die amerikanischen Pläne trieben einen weiteren Keil in das transatlantische Bündnis.

Bush zerstörte auch jede Hoffnung auf eine amerikanische Beteiligung am Atomteststoppvertrag, den der Senat bereits im Oktober 1999 mit klarer Mehrheit abgelehnt hatte. Der Vertrag hätte nach Meinung von Experten besonders den USA Vorteile geboten, weil sie als führende Atommacht viel weniger auf Tests angewiesen waren als Staaten mit geringer entwickelten Atomarsenalen und weil sie mit Hilfe moderner Computersimulationen die Funktionstüchtigkeit bestehender Arsenale testen konnten. Allein der Entwicklung völlig neuer Systeme wäre ein Riegel vorgeschoben worden, worauf die Bush-Regierung nicht verzichten wollte. Der Atomteststoppvertrag gilt als bestes Mittel gegen die Verbreitung von Atomwaffen, denn diese sind ohne Tests praktisch wertlos. Aber selbst für dieses Ziel war die Bush-Regierung nicht bereit, Einschränkungen in Kauf zu nehmen.

Auch andere Rüstungsabkommen wurden Opfer von Bushs Politik: Dass er weiterhin die Konvention zur Ächtung der Landminen ablehnte, kam für niemanden überraschend; schon unter Clinton hatten sich die Generäle mit ihrer Auffassung durchgesetzt, dass Landminen vor allem zur Verteidigung Südkoreas notwendig seien. Im Juli 2001 verhinderte die Bush-Regierung darüber hinaus auf einer UN-Konferenz über den illegalen Handel mit Kleinwaffen, dass im beschlossenen Aktionsplan bindende Handelsverbote mit nicht-staatlichen Akteuren aufgenommen wurden. Das Argument der USA: Jede Einschränkung des privaten Waffenbesitzes und Waffenhandels könnte auch das heilige Recht der Amerikaner auf ihre eigene Waffe zu Hause in Frage stellen. Dabei leiden besonders Bürgerkriegsregionen unter der massenhaften Verbreitung solcher Waffen.

Selbst die bestehenden Verträge über das Verbot biologischer und chemischer Waffen sind vor den USA nicht sicher. So verwarf Washington beispielsweise ein Inspektionssystem, mit dem die Konvention über biologische Waffen aus dem Jahr 1972 besser durchgesetzt worden wäre. Diesmal war es die Sorge vor Industriespionage in ihren Biotechnologiekonzernen, weswegen die Bush-Regierung eine sinnvolle internationale Initiative ablehnte.

Im April 2002 erzwangen die USA den Rücktritt des Vorsitzenden der Organisation zum Verbot chemischer Waffen, José Bustani. Der Brasilianer hatte das Ansinnen zurückgewiesen, sich die Nationalität der Inspektoren, die Einrichtungen in den USA überprüfen sollten, von Washington diktieren zu lassen. Am meisten aber hatte Bustani die amerikanische Regierung verärgert, indem er den Irak überredete, die Konvention zu unterschreiben und damit Chemiewaffeninspektoren ins Land zu lassen. Dies war nicht im Sinne der USA, die auf den Krieg hinarbeiteten. John Bolton, im Außenministerium für Rüstungskontrollfragen zuständig, eröffnete die Kampagne gegen Bustani und beschuldigte ihn der Misswirtschaft. Als Bustani einen Rücktritt ablehnte, berief der als Hardliner bekannte Bolton eine Sondersitzung ein und stellte die versammelten Staatenvertreter vor die Alternative, entweder Bustani abzuwählen oder in Zukunft auf Amerikas Mitarbeit und Beiträge zu verzichten. Eine der erfolgreichsten Waffenkontrollbehörden wäre damit entscheidend geschwächt worden. 47 Länder stimmten schließlich für die Abberufung und nur sieben dagegen; 43 enthielten sich erzürnt der Stimme. »Hat George Bush je einen Vertrag gesehen, den er mag?«, fragte der amerikafreundliche *Economist* im Juli 2001. Drei Jahre später ist die Antwort klarer denn je: Die Bush-Regierung lehnt das gesamte Prinzip internationaler Zusammenarbeit ab. Sie kennt keine gleichberechtigte Partnerschaft, sondern betrachtet Verbündete als Hilfskräfte für Aufgaben, die sie nicht selbst erfüllen will. Im Krieg gegen Afghanistan im Herbst 2001 suchte und fand Bush zwar zahlreiche internationale Verbündete, aber in den folgenden Monaten wurden sie wieder vor den Kopf gestoßen. Selbst Großbritanniens Premierminister Tony Blair musste erkennen, dass er kein Mitspracherecht bei den wichtigen Entscheidungen besitzt. Der radikale Unilateralismus der Bush-Regierung schlug sich schließlich in einer neuen Verteidigungsdoktrin nieder, die im Streben nach eigener Sicherheit keinerlei Beschränkungen akzeptiert und internationale Normen wie Völkerrecht und die UN-Charta völlig negiert. Die »Rogue Nation« hat damit ihre theoretische Rechtfertigung erhalten (→ Kapitel 38).

37
Mitschuld und Missbrauch:
Der 11. September und der
»Krieg gegen den Terror«

*Die Terroranschläge vom 11. September 2001 waren ein enor-
mer Schock für die USA, zu dem sie selbst durch ihre frühere
Afghanistan-Politik und das Versagen der Geheimdienste beigetragen hatten. Nach den Anschlägen unternahm die Bush-
Regierung einen massiven Angriff auf Völker- und Bürgerrecht:
unrechtmäßige Inhaftierungen von Afghanistan-Kämpfern in
Guantánamo, Einrichtung von Militärtribunalen und Massenverhaftungen unschuldiger Menschen.*

Am Morgen des 11. September 2001 saß George W. Bush in
einem Klassenzimmer in der Booker Elementary School in Sara-
sota in Florida und las den Zweitklässlern eine Geschichte über
Ziegen vor. Bushs Präsidentschaft steckte in einer Krise. Er hatte
als »mitfühlender Konservativer« den Wahlkampf geführt und
nach seinem Zufallssieg im Wahlkrimi von Florida versprochen,
Präsident aller Amerikaner zu sein. Stattdessen besetzte er sein
Kabinett mit Konservativen wie John Ashcroft, der Justizminister wurde. Die ehrgeizigen Steuersenkungen für die Reichsten
Amerikas konnte Bush im Kongress zwar durchsetzen, aber seine
radikale Politik zeigte Folgen. Im Mai 2001 verließ der gemäßigte republikanische Senator aus Vermont, Jim Jeffords, aus Zorn
über Bushs Umweltschutzpolitik seine Partei und verhalf damit
den Demokraten zur Mehrheit im Senat. Bushs Chancen, weitere Gesetzesinitiativen durchzubringen, wurden damit geringer
und seine Beliebtheit in der Bevölkerung sank. Gegenüber der
erlahmenden Wirtschaft erwies sich sein Wirtschaftsteam mit
Finanzminister Paul O'Neill an der Spitze als hilflos. Mit einem

neuen Bildungsgesetz, das er gemeinsam mit dem liberalen Senator Edward Kennedy entwickelte, wollte Bush beweisen, dass seine Regierung immer noch handlungsfähig war.

Kurz nach neun Uhr flüsterte sein Berater Karl Rove Bush ins Ohr: Ein Passagierflugzeug sei in den Nordturm des World Trade Centers hineingerast und explodiert. Bush las weiter. Doch Minuten später kam Rove zurück: »Eine zweite Maschine ist in den Südturm eingeschlagen. Amerika wird angegriffen.« Bush erhob sich, gab kurz darauf in der Eingangshalle der Schule seine erste Presseerklärung ab und setzte sich in sein Flugzeug Air Force One, das den Rest des Tags durch die USA irrte, weil Bushs Berater einen Angriff auf den Präsidenten fürchteten. Tatsächlich flog wenige Minuten später eine Maschine ins Pentagon, während ein viertes Flugzeug in einer unbewohnten Gegend in Pennsylvania abstürzte.

»Das ist Krieg«, war sein erster Gedanke, erzählte Bush später dem Journalisten der *Washington Post,* Bob Woodward, der in seinem Buch *Bush at War* ein schmeichelhaftes Bild des Präsidenten zeichnete. »War« bedeutet im Englischen nicht nur Krieg, sondern auch entschlossener Kampf, und ein solcher Kampf gegen Amerikas Todfeinde war für Bush die einzig vorstellbare Reaktion auf das Ereignis.

Niemand wusste vorerst, wie viele Menschen in den Zwillingstürmen des World Trade Centers begraben waren, getötet durch vollgetankte Passagierflugzeuge, die von gewissenlosen Entführern in gefährliche Waffen verwandelt worden waren. Der New Yorker Bürgermeister Rudolph Giuliani, der in diesen Tagen zum Nationalhelden wurde, brachte es auf den Punkt: »Mehr als wir ertragen können.« 50 000 Menschen hatten ihren Arbeitsplatz in den beiden Türmen, rund 20 000 befanden sich an diesem Morgen in den Gebäuden. Wer oberhalb der Einschlagstellen saß, hatte keine Chance zu entkommen. Dutzende sprangen in ihrer Verzweiflung in die Tiefe. Trotz der völlig chaotischen Situation, einer mangelhaften Koordination zwischen Polizei und Feuerwehr und zahlreichen Fehlentscheidungen, darunter auch des damaligen New Yorker Bürgermeisters, konnten die meisten Menschen aus der Feuerhölle der Türme herausgebracht werden, bevor diese eine Stunde nach den Einschlägen einstürzten. Rund 300 Feuerwehrleute und Polizisten mussten für diese Heldentat ihr Leben lassen. Heute glaubt man, dass am 11. September

2001 – abgesehen von den 19 Entführern der Passagierflugzeuge – 2752 Menschen in New York ums Leben kamen, 184 in Washington und 40 in Pennsylvania. Es war der erste feindliche Angriff auf dem Boden der USA seit der japanischen Attacke auf Pearl Harbor im Dezember 1941.

Die Nation war zutiefst schockiert: Das Bild der kollabierenden Türme wurde zum nationalen Trauma, das Gefühl der Unverwundbarkeit, das die Amerikaner im eigenen Land bis dahin hatten, war dahin. Aus aller Welt trafen Solidaritätsbekundungen ein, besonders aus Europa, wo die NATO erstmals die Beistandspflicht nach Artikel 5 ausrief und damit den Angriff auf die USA zu einem Angriff auf alle erklärte. »Heute sind wir alle Amerikaner«, fasste ein deutscher Spitzenpolitiker ebenso wie die französische *Le Monde* die Stimmung unter Europas Eliten zusammen.

Im eigenen Land, erfasst von einer Welle des trotzigen Patriotismus, erschallte laut der Ruf nach Vergeltung – nicht an den hier lebenden Arabern und Muslimen, die nur vereinzelt Zielscheibe rassistischer Angriffe wurden und für deren Schutz sich der Präsident selbst aussprach, aber an den Feinden von außen, die Amerika mit einem vernichtenden Hass verfolgten. Dieser Feind hatte bald ein Gesicht und einen Namen: Osama bin Laden, der geheimnisvolle saudische Terrorpate, der mit seinem Al-Kaida-Netz die gefährlichste Terrororganisation der Welt aufgebaut hatte. Bin Laden galt als Drahtzieher der tödlichen Selbstmordanschläge auf die amerikanischen Botschaften in Kenia und Tansania im August 1998 mit insgesamt 263 Toten, auf die Präsident Bill Clinton mit halbherzigen und missglückten Raketenangriffen auf Ziele in Afghanistan und im Sudan reagiert hatte, sowie des Anschlags auf das amerikanische Kriegsschiff USS Cole vor Aden im Oktober 2000 mit 17 Toten.

Das Muster der Angriffe, die Intensität der Vorbereitung und Erkenntnisse der Geheimdienste deuteten auf bin Laden, der beim islamisch-fundamentalistischen Taliban-Regime in Afghanistan nicht nur Unterschlupf gefunden hatte, sondern dort an den Schalthebeln der Macht saß. Anders als später im Fall des Irak gelang es den USA hier, eine glaubwürdige Beweiskette zu erstellen. Bis heute sind – abgesehen von einer Reihe abstruser Verschwörungstheorien – keine ernsthaften Zweifel an der These aufgetaucht, dass die Terrorangriffe vom 11. September 2001 das Werk der Al-Kaida waren.

Nach einigen Tagen fand Bush schließlich die Worte, die seine Landsleute von ihm erwarteten. Seine Präsidentschaft hatte endlich einen legitimen Zweck gefunden: den Krieg gegen den Terrorismus. Er würde die Terroristen aufspüren, wo immer sie seien, und auch all jene, die ihnen Unterschlupf boten, sagte Bush in einer Rede an die Nation am 20. September 2001. »Ich werde diese Wunde an unserem Land und jene, die sie uns angetan haben, nie vergessen«, versprach Bush 80 Millionen Zuhörern. »Ich werde nicht nachgeben, ich werde nicht ruhen, ich werde nicht nachlassen in diesem Kampf für die Freiheit und Sicherheit des amerikanischen Volks.« Seinen anfänglichen Fehler, von einem »Kreuzzug« gegen den Terror zu sprechen, was in der muslimischen Welt als Kriegserklärung gegen ihre Religion aufgefasst wurde, wiederholte er nicht. Seit dem Zweiten Weltkrieg war die amerikanische Nation nicht mehr so geschlossen zusammengestanden; nie mehr hatte sie seitdem weltweit so viel Sympathie genossen wie in diesem Augenblick.

Ein »Krieg gegen den Terror« ist eigentlich ein Widerspruch in sich. Denn Terroristen sind keine Gegner, die man mit Streitkräften niederringen und zur Kapitulation zwingen könnte. Sie haben keine Kommandozentrale, die man erobern kann, kein Staatsgebiet, das besetzt werden kann, und keine rechtsfähige Führung, die einen Friedensvertrag oder eine Kapitulationserklärung unterzeichnen kann. Terroristen gleichen organisierten Verbrechern, die nur mit mühsamer Polizeiarbeit aufgespürt und zur Rechenschaft gezogen werden können. Clinton hatte mit wenigen Ausnahmen den Al-Kaida-Terrorismus als Problem der Verbrechensbekämpfung gesehen, doch Bush wollte nicht Polizist sein, sondern Krieger.

Polizei- und Militärstrategien kommen dort zusammen, wo souveräne Staaten den Terrorismus unterstützen. Auch in solchen Fällen erweisen sich militärische Mittel meist als stumpf. Als Ronald Reagan 1986 Libyen bombardieren ließ, um einen Bombenanschlag auf amerikanische Soldaten in Berlin zu rächen, verfehlte er den libyschen Diktator Muammar el Gaddafi; dieser gab daraufhin den Bombenanschlag auf ein Passagierflugzeug der PanAm in Auftrag, das im Dezember 1988 über dem schottischen Lockerbie mit 259 Personen an Bord abstürzte.

Im Fall der Al-Kaida gab es eine gewisse Rechtfertigung für ein militärisches Vorgehen. Das Taliban-Regime in Afghanistan bot den Terroristen eine wichtige Basis, ohne die sie ihre weltweite Logistik des Terrors nicht aufrechterhalten konnten. Deshalb hatten die Bush-Regierung und vor allem ihr Außenminister Colin Powell wenig Schwierigkeiten, ihre NATO-Verbündeten, aber auch Russland, Pakistan sowie zahlreiche arabische Staaten von der Richtigkeit eines Angriffs auf Afghanistan zu überzeugen, sollten die Taliban nicht bin Laden ausliefern und die Al-Kaida-Infrastruktur auflösen. Doch bald zeigte sich, dass die Bush-Regierung mehr am Krieg interessiert war als an der Person bin Laden. Das Ultimatum an Afghanistan war so formuliert, dass es die Taliban ablehnen mussten. Und ihr Gegenangebot, bin Laden in einem Drittland, nämlich Pakistan, vor ein islamisches Gericht zu stellen, wurde in Washington ignoriert.

Fatale Fehler

In einer Atmosphäre von Trauer, sentimentalem Patriotismus und Kriegsbegeisterung wurden in den USA wichtige Fragen nicht gestellt – weder in der Politik noch in den Medien. Nur wenige Autoren beschäftigten sich mit den tieferen Hintergründen der Anschläge. »Why don't they like us?«, fragte der Harvard-Politologe Stanley Hoffmann in einem Artikel des *American Prospect* im November 2001 und verwies darin auf die Dominanz der amerikanischen Kultur, die in vielen Teilen der Welt als Bedrohung gesehen wird, die Armut und ökonomischen Frustrationen, die mit dem von den USA geführten Weltwirtschaftssystem verbunden werden, die Arroganz amerikanischer Machtausübung von Vietnam bis Nicaragua, die Unterstützung korrupter und repressiver Eliten in vielen Staaten sowie die einseitige Parteinahme zugunsten Israels. Doch dies waren Einzelmeinungen; die Mehrheit der Amerikaner war überzeugt, dass die Terroristen die USA für ihre positiven Werte wie Freiheit, Demokratie und Gerechtigkeit hassen und dass es daher geradezu verwerflich sei, die Schuld bei sich selbst zu suchen.

Versäumnisse aus der Vergangenheit, welche die Terroranschläge erst möglich gemacht hatten, kamen nicht zur Sprache. Dabei musste man nur in den Zeitungsarchiven nachschlagen, um zu sehen, wie sehr Osama bin Laden ein Produkt amerikanischer Politik war. Es war der von der CIA unterstützte Gue-

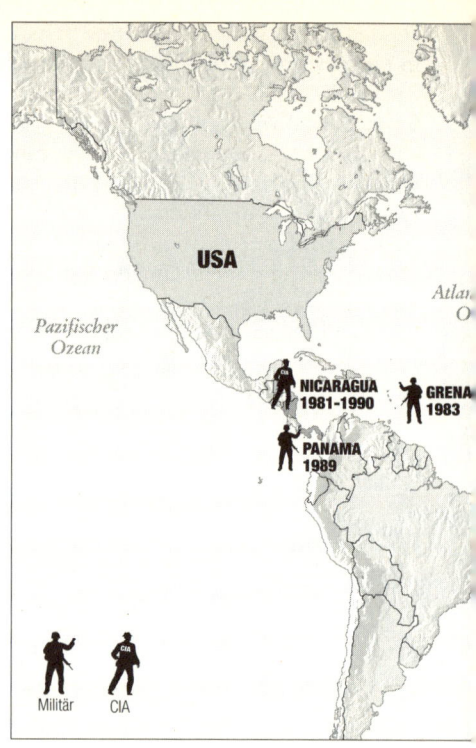

Intervention der US-Streitkräfte und der CIA, 1984–2003

Militär CIA

rillakrieg gegen die sowjetischen Besatzer in Afghanistan, der bin Laden sowie Zehntausende junger Muslime in den achtziger Jahren zu Gotteskriegern gemacht hatte (→ Kapitel 16). Millionen von Dollar und wirkungsvolle Waffen wie die Stinger-Luftabwehrraketen gingen damals nach Pakistan und trugen dazu bei, der Sowjetunion die schlimmste Niederlage ihrer Geschichte zuzufügen. Der erfolgreiche CIA-Krieg in Afghanistan war einer der Gründe für den Kollaps des Kommunismus, aber er hatte einen hohen Preis: die Radikalisierung einer ganzen Generation von Muslimen, die ihren Zorn nach dem Ende der Sowjetunion gegen Amerika richteten.

Bin Laden kehrte nach dem Abzug der Roten Armee aus Afghanistan nach Saudi-Arabien zurück, wo er gegen westliche Einflüsse kämpfte. Als die erste Bush-Regierung nach der ira-

kischen Invasion von Kuwait 1990 amerikanische Soldaten in Saudi-Arabien stationierte und diese nach Kriegsende im Land blieben, fand bin Laden seine neue Mission. Von den Saudis ausgewiesen, ging er zuerst in den Sudan und im Mai 1996 nach Afghanistan, wo die Taliban-Bewegung gerade mit Hilfe des pakistanischen Geheimdiensts den Großteil des Landes unter ihre Kontrolle gebracht hatte.

In den Jahren zuvor hatte Afghanistan ein unvorstellbares Martyrium durchgemacht. Die USA hatten das Interesse an dem völlig verarmten Staat nach dem Abzug der sowjetischen Armee verloren und das Land sich selbst und seinen verfeindeten Rebellenfraktionen überlassen. Die Folgen waren ein jahrelanger Bürgerkrieg, die Zerstörung ganzer Städte, der Zusammenbruch der Ordnung und weitverbreitete Hungersnot. Vielen Afghanen erschienen die Taliban trotz ihres religiösen Fanatismus als Retter der Nation.

Auch die Regierung in Washington zeigte zunächst wenig Interesse an der Unmenschlichkeit der Taliban und an ihrem Bündnis mit Al-Kaida. Die Taliban galten als kleineres Übel gegenüber den Mudschaheddin, die Afghanistan jahrelang ins Chaos gestürzt hatten. Der amerikanische Öl-Konzern Unocal verhandelte mit dem Regime über den Bau einer Pipeline zum Transport kaspischen Erdöls. Erst die Terroranschläge in Kenia und Tansania machten 1998 bin Laden zum Staatsfeind Nummer eins. Am 20. August 1998 ließ Bill Clinton deshalb 66 Marschflugkörper auf ein Al-Kaida-Trainingslager im Osten Afghanistans abschießen, in dem bin Laden vermutet wurde. Dieser hatte den Ort aber wenige Stunden davor verlassen. Als Blamage erwies sich das zweite Ziel, die pharmazeutische Fabrik El Shifa im Sudan, wo nach Geheimdienstangaben Chemiewaffen produziert werden konnten. Stattdessen wurden dort 60 Prozent aller im Sudan verkauften Arzneimittel produziert, die das Land zur Bekämpfung von Krankheiten wie Malaria, Tuberkulose und Cholera dringend benötigte – Spuren von Chemiewaffen fanden sich nicht. Beim Bombardement wurde zwar nur ein Mensch getötet, aber der Ausfall der Fabrik kostete möglicherweise Zehntausende Sudanesen das Leben. Dabei hatte der Sudan nicht nur bin Laden zuvor bereits ausgewiesen, sondern den USA seine Mithilfe im Kampf gegen Al-Kaida angeboten. Die islamistische Regierung wollte auf diese Weise aus der internationalen Isolation ausbrechen und ihren Ruf als »Schurkenstaat« ablegen. Die Offerten wurden in Washington jedoch ignoriert. Das sei »schlimmer als ein Verbrechen« gewesen, sagte Tim Carney, der frühere amerikanische Botschafter im Sudan.

Als die Clinton-Regierung im Januar 2001 die Amtsgeschäfte an Bush übergab, stand Al-Kaida weit oben auf der Liste dringender Angelegenheiten. Auch CIA-Chef George Tenet warnte bei jeder Gelegenheit vor den Aktivitäten des in Afghanistan agierenden Terrornetzes. Doch die Bush-Leute verwarfen praktisch alles, was ihnen das Clinton-Team übergab, einschließlich eines fast fertigen Aktionsplans gegen die Al-Kaida. Wie der damalige Anti-Terror-Berater Richard Clarke in seinem Buch *Against All Enemies* es darstellte, war das Bush-Team schon damals auf Saddam Hussein fixiert und wollte sich durch eine Beschäftigung mit angeblich unbedeutenden Terroristen nicht von seinem Plan, möglichst bald den als viel gefährlicher eingestuften Irak anzugreifen, abbringen lassen.

In der CIA und im FBI häuften sich indessen die Hinweise, dass Al-Kaida eine große Terroraktion in den USA plante. Der Plan, Passagierflugzeuge zu entführen und sie in Gebäude zu steuern, das World Trade Center als zentrales Ziel der Terroristen und sogar einige Namen der späteren Terroristen waren bekannt. Ein FBI-Beamter in Phoenix in Arizona machte auf die hohe Zahl arabischer Männer in Flugschulen aufmerksam, von denen viele nur das Fliegen in der Luft, aber weder das Starten noch das Landen lernen wollten. Und in Minnesota saß Zacarias Moussaoui in Haft, ein Franzose marokkanischer Abstammung, der in einer Flugschule den Verdacht der Behörden erregt hatte. Doch als eine lokale FBI-Agentin die Zentrale in Washington kontaktierte, weil sie seinen Computer beschlagnahmen und überprüfen lassen wollte und eine richterliche Zustimmung benötigte, bekam sie wochenlang keine Antwort. Auf dem Computer hätten sich Hinweise zu den 19 Entführern gefunden; Moussaoui, der fünf Jahre später zu lebenslanger Haft verurteilt wurde, wäre wahrscheinlich der zwanzigste gewesen. Und nach einem Bericht des Justizministeriums hatten die Behörden fünf Gelegenheiten, zwei weitere Attentäter vor dem 11. September festzunehmen, verstreichen lassen.

Niemand in den Sicherheits- und Geheimdienstbehörden, die jedes Jahr mindestens 30 Milliarden Dollar kosten, fühlte sich bemüßigt, all diese Bausteine zu einem kohärenten Bild zusammenzufügen, auf dessen Basis die Anschläge vielleicht hätten verhindert werden können. In der gesamten US-Regierung habe es an »Vorstellungsvermögen, Strategien, Kompetenzen und Management« gefehlt, kritisierte die Untersuchungskommission zu den Terroranschlägen in ihrem im Juli 2004 vorgestellten Bericht. Die Regierung habe die Bedrohung durch Al-Kaida deutlich unterschätzt und sei zu keinem Zeitpunkt vollständig in einer Mission gegen Al-Kaida engagiert gewesen, hieß es weiter. Besonders heftig wurde die fehlende Koordination zwischen dem FBI, der CIA und anderen Geheimdiensten im Antiterrorkampf kritisiert.

Die Bush-Regierung reagierte auf den Bericht mit einer Geheimdienstreform und der Schaffung des neuen Postens eines nationalen Geheimdienstdirektors, der direkt an den Präsidenten berichtet. Doch auch dies änderte nichts daran, dass Amerikas riesige Sicherheitsinstitutionen – vor allem das FBI, die CIA und das Pentagon – in vielen Fällen eher gegeneinander als miteinander arbeiten.

Der Afghanistan-Feldzug

Der Krieg in Afghanistan, der am 7. Oktober 2001 mit einer ersten Welle von Bombardierungen begann, und der bald darauf folgende Sturz des dortigen Taliban-Regimes hätte ein Lichtblick in der trüben Bilanz der amerikanischen Außenpolitik werden können. Der Angriff war angesichts der offenen Kollaboration der Taliban mit Osama bin Laden völkerrechtlich gerechtfertigt, durch eine Resolution des UN-Sicherheitsrates gedeckt und genoss eine breite internationale Unterstützung. Der Krieg stürzte ein besonders unmenschliches Regime, das nicht nur Frauen unterdrückte; sein Ende wurde von der Mehrheit der Afghanen begrüßt. Der von den USA eingesetzte Staatschef Hamid Karzai wurde in einer Wahl, die von unabhängigen Beobachtern als frei und fair eingestuft wurde, im Oktober 2004 von 55 Prozent der Wähler als Präsident bestätigt.

Auch der Krieg selbst wurde von amerikanischer Seite relativ effizient und unblutig geführt. Von Anfang an stützten sich die USA auf die sogenannte Nordallianz, die im äußersten Norden des Landes den Kampf gegen die Taliban führte. Die Nordallianz bestand zwar aus Dutzenden verfeindeten Fraktionen, die das Land in den frühen neunziger Jahren in einen Bürgerkrieg gestürzt hatten, und war daher ein höchst unzuverlässiger Partner, aber sie ersparte den USA die Entsendung von Bodentruppen und verlieh dem Feldzug eine zusätzliche Legitimität.

Aber auch hier war die zivile Opferbilanz höher als notwendig. Wie schon im Kosovo verfehlten viele der angeblich präzisen Bomben ihr Ziel, Dorfbewohner und in einem Fall sogar Dutzende Hochzeitsgäste wurden Opfer der amerikanischen Angriffe. Nach einer seriösen Schätzung des Ökonomen Marc Herald von der University of New Hampshire starben in der Zeit vom 7. Oktober bis zum 7. Dezember 2001, dem Tag des Falls von Kandahar, 3800 bis 5000 Zivilisten. Das waren mehr Opfer als bei den Terroranschlägen in New York und Washington.

Doch die Hoffnung auf eine fähige Zentralregierung, die dem geschundenen Land eine bessere Zukunft sichern sollte, zerschlug sich bald – auch weil sich die USA für den Wiederaufbau und die Entwicklung eines neuen Staatswesens weniger interessierten als für den Krieg. Karzai kontrollierte von Anfang an nur das Gebiet rund um die Hauptstadt Kabul, während in der Provinz wieder die früheren Kriegsherren regierten. Daran konnte auch die NATO, die schrittweise ab 2002 die Führung der internationalen Militäroperationen in Afghanistan von den USA übernahm, nichts ändern. Auch der für den Westen problematische Anbau von Opium, den die Taliban zuletzt eingedämmt hatten, nahm ab dem US-Einmarsch wieder dramatisch zu und erreicht seither Jahr für Jahr neue Rekordstände. Für viele afghanische Bauern ist der Mohnanbau die einzige Chance zum Überleben, denn sie blieben auch unter der neuen Führung bettelarm. Die Enttäuschung vieler Afghanen über die USA und die NATO trug zur Wiederkehr der Taliban bei, die seit 2006 vor allem im Süden des Landes den offenen Aufstand gegen die Zentralregierung proben.

Auch ihr wichtigstes Ziel verfehlten die USA: Sie fassten weder Osama bin Laden noch seinen wichtigsten Vertrauten, Ayman Al-Zawahiri. Im Dezember 2001 gelang es bin Laden in der Schlacht von Tora Bora, den afghanischen Verbündeten der USA über die Grenze nach Pakistan zu entkommen. Schon damals kritisierten Militärexperten, dass bin Laden gefasst hätte werden können, wenn die USA in der unwirtlichen Bergregion ihre eigenen Soldaten eingesetzt hätten. Auch in den folgenden Jahren blieb der Terrorpate unauffindbar. Vermutet wurde er in Nordwestpakistan, von wo er in regelmäßigen Abständen aus seinen Verstecken über Video- und Tonbandaufnahmen zum Heiligen Krieg gegen die USA aufrief. Nach Einschätzung von Experten hat das Terrornetzwerk in den Jahren seit 2001 viel von seiner früheren Stärke zurückgewinnen können und vor allem vom Krieg im Irak profitiert, wo Tausende islamische Extremisten Terrorismus-Erfahrung sammeln konnten.

Al-Kaida-Zellen entstanden in zahlreichen anderen Ländern, wo sie viel schwerer zu fassen waren. Von dort setzte Al-Kaida ihren Bombenterror fort. In einer ersten Welle 2002 und 2003 zielte sie vor allem auf westliche Touristen: Hunderte Menschen starben bei Anschlägen in Tunesien, Saudi-Arabien, Marokko, auf Bali und in der Türkei.

Mit den verheerenden Bombenanschlägen auf Regionalzüge in Madrid am 11. März 2004, bei denen 191 Menschen ums Leben kamen, und den Selbstmordanschlägen vom 7. Juli 2005 auf die Londoner U-Bahn griff der islamistische Terror auf Europas Städte über. Die Attentäter waren Muslime, die in Europa lebten und zum Teil auch hier geboren wurden. Zu ihrem Zorn auf die westlichen Gesellschaften hatte die amerikanische Politik, vor allem der Krieg im Irak, entscheidend beigetragen. Seither haben mehrere nur knapp vereitelte Attentate in Großbritannien und Deutschland deutlich gemacht, wie groß die Gefährdung des Westens trotz aller politischen und militärischen Bemühungen geblieben ist. »Osama bin Laden hat George Bush geschlagen«, schrieb der Al-Kaida-Kenner und Buchautor Peter Bergen im Oktober 2007. Auch wenn die USA seither von Terroranschlägen verschont geblieben sind, hat sich der »Krieg gegen den Terror« als Fehlschlag erwiesen.

Kriegsgefangene

In Afghanistan agierten die USA mit der Legitimation des UN-Sicherheitsrats und im Einklang mit dem Völkerrecht. Bush hätte auf Basis dieser großen internationalen Allianz seinen »Krieg gegen den Terror« als globales Projekt gegen Radikalismus und Gewalt fortsetzen können, das effiziente Polizeiarbeit mit Propaganda und Entwicklungshilfe verbindet. Er hätte so die Sympathien im größten Teil der Welt behalten und wäre dennoch seiner Verantwortung nachgekommen, für die Sicherheit der Amerikaner zu sorgen. Aber zum Jahreswechsel 2001/2002 änderte sich der Ton in Washington: Powell, der einzige überzeugte Multilateralist im Kabinett, wurde zunehmend an den Rand gedrängt, während die Unilateralisten wie Vizepräsident Dick Cheney und Verteidigungsminister Donald Rumsfeld immer mehr den Ton angaben.

Rumsfeld war im Afghanistan-Krieg aufgrund seiner militärischen Erfolge und seines publikumswirksamen Auftretens zur zentralen Figur der Regierung geworden. Er betrachtete den Sieg über die Taliban nicht als Ende, sondern als Anfang einer neuen US-Politik. Unter dem Titel »Krieg gegen den Terror« sollten die USA gegen all ihre Feinde vorgehen und dabei auf lästige

Einschränkungen wie UN-Resolutionen, multilaterale Allianzen oder die Beachtung des Völkerrechts verzichten. In seiner Rede zur Lage der Nation im Januar 2002 überraschte Bush die Welt, als er nicht nur von Al-Kaida als Bedrohung sprach, sondern Irak, Iran und Nordkorea als »Achse des Bösen« bezeichnete, die mit Massenvernichtungswaffen den Weltfrieden bedrohte. Der Kampf gegen Terrorismus war zum unbegrenzten Krieg geworden, dessen Regeln allein die USA bestimmen würden.

Dies wurde deutlich, als die USA ihre Pläne für die Behandlung der in Afghanistan gefangenen Taliban- und Al-Kaida-Kämpfer verkündeten, die eigentlich in der Genfer Konvention über die Behandlung von Kriegsgefangenen und der amerikanischen Verfassung geregelt ist. Bush versuchte sich beiden Regelungen zu entziehen. Dahinter stand die Überlegung, dass im »Krieg gegen den Terror« alles erlaubt sein müsse und die eigene Sicherheit nicht durch Gesetze und Verträge beeinträchtigt werden dürfe.

Am 13. November 2001 verkündete Bush den Plan, verdächtige Terroristen nicht vor zivile Gerichte, sondern vor geheime Militärtribunale zu stellen, wie es die Roosevelt-Regierung mit deutschen Saboteuren während des Zweiten Weltkriegs getan hatte. Als Grund für dieses Vorgehen nannte die amerikanische Regierung den Schutz von Geheimdienstinformationen, die bei einem öffentlichen Gerichtsverfahren den Anwälten der Angeklagten offengelegt werden müssten; dieses Problem lässt sich in der amerikanischen Justizordnung allerdings auch bei regulären Prozessen umgehen.

Militärtribunale bedeuten den Verzicht auf unabhängige Gerichtsbarkeit, denn die Militärrichter sind Untergebene des Verteidigungsministers und damit des Präsidenten. Das Gleiche gilt für Berufungsverfahren – selbst bei Todesurteilen: Sie würden von Militärs entschieden. Die Angeklagten haben kein Recht auf vertrauliche Gespräche mit ihren Verteidigern; die Verfahren können im Geheimen ablaufen, sodass weder Presse noch Menschenrechtsorganisationen in der Lage sind, deren Rechtmäßigkeit zu überprüfen. Die ursprüngliche Absicht Bushs, für Angeklagte die Unschuldsvermutung außer Kraft zu setzen, wurde später revidiert. Dennoch stellen die Militärtribunale nach Einschätzung von Rechtsexperten einen groben Verstoß gegen rechtsstaatliche Prinzipien dar und sind einer Demokratie nicht würdig.

Im Januar 2002 begannen die USA Gefangene aus Afghanistan nach Guantánamo Bay auf Kuba zu verlegen. Guantánamo ist ein Militärstützpunkt, den die USA gegen den Willen der kubanischen Regierung seit einem Jahrhundert unterhalten. Die Wahl des Orts war kein Zufall: Er liegt außerhalb des amerikanischen Staatsgebiets, weshalb dort die US-Verfassung nicht gilt. Zugleich lehnte die Bush-Regierung die Anwendung der Genfer Konvention ab, weil sie die Inhaftierten nicht als Kriegsgefangene betrachtete, sondern als »ungesetzliche feindliche Kämpfer«, die durch keinerlei Gesetze geschützt waren. Sie begründete das damit, dass die Taliban keine Uniformen trugen, aber das taten die verbündeten Krieger der Nordallianz auch nicht. Unter völliger Missachtung aller internationaler Verpflichtungen inhaftierten die USA in Guantánamo 650 Männer und Jugendliche aus 43 verschiedenen Nationen, einige nicht älter als 13 Jahre, unter Umständen, die Amnesty International und das Internationale Komitee des Roten Kreuzes (IKRK) als menschenunwürdig bezeichneten. Vor allem während der ersten Monate wurden die Gefangenen in käfigartigen Zellen gehalten. Die Haftbedingungen wurden zwar später verbessert, die rechtlichen Bedingungen blieben aber skandalös.

Nach der Genfer Konvention muss der Status eines »feindlichen Kämpfers« von einem Tribunal festgestellt werden, doch lehnten die USA mit der Konvention auch dieses Verfahren ab. Ohne Anklage oder richterliche Überprüfung wurden die Gefangenen jahrelang festgehalten, nur weil die Armee oder die Justizbehörden sie für Al-Kaida-Terroristen halten. Ein Großteil wurde nach Jahren wieder freigelassen, weil die Behörden kein schuldhaftes Verhalten beweisen konnten. Darunter war auch der Bremer Murat Kurnaz, der im Herbst 2001 in Pakistan als mutmaßlicher Taliban-Anhänger verhaftet und anschließend nach Guantánamo gebracht wurde. Nach seiner Freilassung im August 2006 schilderte Kurnaz, ein türkischer Staatsbürger, wie er im Lager ebenso wie andere Gefangene misshandelt worden war.

Doch für die USA hat im »Krieg gegen den Terror« das Schicksal eines Einzelnen nur untergeordnete Bedeutung. Da dieser Krieg noch Jahrzehnte dauern kann, ist für die Gefangenen von Guantánamo eine lebenslange Haft möglich – ohne Anspruch auf einen Anwalt, ohne Gerichtsverfahren und ohne die Möglichkeit, mit ihren Angehörigen Kontakt aufzunehmen. Zwar erklärte der Oberste Gerichtshof der USA die Einrichtung von Militärtribunalen für Guantánamo-Gefangene im Juni 2006 für verfassungswidrig, gegen die weitere Existenz des Lagers, das von der *New York Times* als »Konzentrationslager« bezeichnet wurde, hatten die Höchstrichter allerdings nichts einzuwenden. Auch massiver Druck der Menschenrechtsorganisationen, der UNO und der europäischen Verbündeten konnte die Bush-Regierung nicht dazu bewegen, das Lager zu schließen. Ende 2007 waren immer noch 275 Gefangene auf Guantánamo, von denen die Mehrheit wahrscheinlich niemals vor ein ordentliches Gericht gestellt wird.

Die in Guantánamo erworbenen Informationen erwiesen sich für die US-Behörden zum Großteil als wertlos – und das, obwohl oder gerade weil viele der Aussagen mit Foltermethoden erlangt wurden. Verschiedene Organisationen, darunter auch das FBI, haben den Einsatz von Schlafentzug, Schlägen, sexueller Demütigung und immer wieder die Verletzung religiöser Gefühle durch die Schändung von Koranbüchern dokumentiert. Dieses Vorgehen verstößt nicht nur gegen das Völkerrecht, sondern auch gegen die amerikanischen Gesetze. In einem Aufsehen erregenden Memorandum erklärte der damalige Rechtsberater des Präsidenten und spätere Justizminister Alberto Gonzales im Sommer 2002, dass Verhörmethoden wie das gefürchtete »Waterboarding«, bei dem der Kopf von Gefangenen unter Wasser getaucht wird, nicht gegen das Folterverbot verstießen. Kein ernsthafter unabhängiger Jurist schloss sich dieser Meinung an.

Noch brutalere Methoden wurden nach Medienberichten in geheimen CIA-Gefängnissen außerhalb der USA angewandt. So kam das Internationale Komitee vom Roten Kreuz zum Schluss, dass Al-Kaida-Führer Khalid Sheikh Mohammed nach seiner Verhaftung in Pakistan 2003 brutal gefoltert wurde, bevor er ein weitreichendes Geständnis ablegte.

Nicht immer wollten sich die Amerikaner die Hände selbst schmutzig machen. In mehr als 1000 Geheimflügen transportierte die CIA Terrorverdächtige aus Europa nach Ägypten, Syrien, Algerien oder Usbekistan, wo sie den dortigen Behörden ausgeliefert wurden. Einer von ihnen war der deutsche Staatsbürger Khalid al-Masri, der Ende 2003 in Mazedonien festgenommen und nach Afghanistan gebracht wurde. Nach seiner skurrilen Freilassung – er wurde nackt in einem albanischen Wald ausgesetzt – schilderte Al-Masri in mehreren öffentlichen Auftritten, wie er gefoltert wurde. Eine Schadenersatzklage gegen die CIA wiesen US-Gerichte mit dem Hinweis ab, dass ein solcher Prozess amerikanische Staatsgeheimnisse verletzen könnte.

Terrorverdächtige wurden von US-Agenten sogar auf offener Straße in Europa entführt und in Staaten gebracht, wo ihnen Folter drohte. Wie viel die europäischen Regierungen von diesen Praktiken wussten, wurde nicht vollständig geklärt. Nach Einschätzung des Schweizer Europarat-Abgeordneten Dick Marty, der die Vorfälle untersuchte, müssen die Behörden vieler Länder über CIA-Geheimflüge über ihrem Luftraum Bescheid gewusst haben. Der Europarat schloss sich im Februar 2007 Martys Schlussfolgerungen an.

Ausländer und Immigranten

Amerikanische Staatsbürger konnten sich ebenfalls nicht mehr in Sicherheit wiegen: Wer der Verbindung zu Al-Kaida verdächtigt wurde, galt als »feindlicher Kämpfer« und verlor den Schutz der amerikanischen Verfassung. Damit wird »habeas corpus«, das uralte Rechtsprinzip, wonach der Staat die Inhaftierung eines Bürgers begründen muss, außer Kraft gesetzt.

Ein Opfer war Yaser Esam Hamdi, der in Afghanistan festgenommen wurde und sich dann als amerikanischer Staatsbürger entpuppte, weil er als Sohn eines saudischen Ingenieurs in Louisiana geboren wurde. Hamdi wurde prompt aus Guantánamo in die USA verlegt, blieb aber dort weiter in unbefristeter Militärhaft. Erst der Oberste Gerichtshof erzwang im Sommer 2004 seine Freilassung. Hamdi verlor die US-Staatsbürgerschaft und ging nach Saudi-Arabien.

Noch extremer war der Fall des in Brooklyn geborenen José Padilla, der nach dem Übertritt zum Islam seinen Namen in Abdullah al-Muhajir geändert hatte. Der mehrfach vorbestrafte Padilla verbrachte einige Zeit in Ägypten, Saudi-Arabien und Afghanistan, wo er angeblich im Internet die Möglichkeiten zum Bau einer radioaktiven Bombe recherchiert hatte. Er wurde am 8. Mai 2002 am Chicagoer Flughafen verhaftet und zunächst in normale Untersuchungshaft genommen. Einen Monat später deklarierte ihn die Regierung zum »feindlichen Kämpfer« und er wurde auf eine Marinebasis gebracht, wo er weder mit seiner Anwältin noch mit seinen Familienmitgliedern Kontakt aufnehmen durfte. Zum Entsetzen vieler Rechtsexperten wiesen Richter zunächst alle Einsprüche ab, weil sie in Kriegszeiten die Entscheidung der Regierung nicht in Frage stellen wollten. Mit der politisch opportunen Kriegserklärung hatte die Bush-Regierung ein Mittel in die Hand bekommen, um demokratische Grundrechte außer Kraft zu setzen.

Die harte Hand des Unrechtsstaats bekamen auch Hunderte Ausländer zu spüren, die sofort nach dem 11. September 2001 verhaftet und dann aufgrund der Verletzung von Einwanderungsbestimmungen, meist eine Überschreitung der Aufenthaltsfristen, monatelang oder sogar jahrelang wie Schwerverbrecher festgehalten wurden. Rund 1200 Personen verschwanden auf diese Weise hinter Gittern, ohne dass sie einen Anwalt zu Hilfe rufen konnten, ohne dass überhaupt jemand davon erfuhr. Denn aus fadenscheinigen Sicherheitsgründen und aus angeblicher Rücksichtnahme auf die Privatsphäre der Inhaftierten weigerte sich Ashcroft, ihre Namen zu nennen. Unter ihnen befanden sich unschuldige Bürger, die nur das Pech hatten, Araber oder Muslime zu sein. Selbst wenn ihnen kein Gesetzesbruch nachgewiesen werden kann, können Ausländer nach amerikanischem Recht als »unentbehrliche Zeugen« festgehalten werden.

Insgesamt ist es seit dem 11. September 2001 für Ausländer aus nahöstlichen oder muslimischen Ländern schwerer geworden, in die USA einzureisen. Da die amerikanischen Behörden den Vorwurf des Rassismus vermeiden wollen, legen sie auch vielen anderen Ausländern Steine in den Weg. Das betrifft Zehntausende Studenten, die jedes Jahr in die USA kommen, ebenso wie Fachkräfte und Spitzenmanager. Die Londoner *Times* berichtete im Mai 2003 vom IT-Chef einer großen britischen Anwaltskanzlei, der am Flughafen von Los Angeles 16 Stunden lang festgehalten und schließlich deportiert wurde, weil er Muslim war.

Offiziell blieb die Einwanderungspolitik der USA unverändert, nur die Toleranz gegenüber Verletzungen der Bestimmungen nahm stark ab. So ist der neue Geist deutlich feindseliger gegenüber Ausländern und Einwanderern. Bei der Komplexität der amerikanischen Einwanderungsbestimmungen läuft fast jeder

Ausländer heute Gefahr, bereits bei der Passkontrolle oder später im Land angehalten, eingesperrt und deportiert zu werden.

Bürgerrechte in Gefahr

Das Verhältnis zwischen dem Staat und seinen Bürgern hat sich seit dem 11. September 2001 gewandelt. Der im Herbst 2001 rasch durch den Kongress gebrachte Patriot Act schränkte die traditionellen Bürgerrechte ein und gab den Behörden neue Mittel an die Hand, um ohne konkreten Verdacht in die Privatsphäre der Amerikaner einzugreifen, Privathäuser zu durchsuchen und Ausländer bei geringstem Verdacht festzunehmen. Bankgeschäfte, Telefongespräche, Internetdaten oder sogar Bibliotheksausleihungen sind vor dem Zugriff der Behörden nicht mehr sicher. Das bedeutet, dass ein Bürger, der sich in seiner Bibliothek ein als »gefährlich« eingestuftes Buch ausleiht, in die Fänge des FBI geraten und als Terrorverdächtiger mit allen technischen Mitteln überwacht werden kann. Die Definition von Terror war im Patriot Act ungewöhnlich weitreichend: Sie schloss »Handlungen, die dazu dienen, die Politik einer Regierung durch Einschüchterung oder Gewalt zu beeinflussen«, ein. Unter dieser Formel kann jeder unbequeme politische Aktivist als potenzieller Terrorist gebrandmarkt werden. Auch militante Umwelt- und Tierschützer könnten unter die Anti-Terrorgesetze fallen.

Im Patriot Act wurden einfach die bestehenden Bestimmungen des gegen ausländische Spione gerichteten Foreign Intelligence Surveillance Act (FISA) auf amerikanische Staatsbürger und zudem potenzielle kriminelle Handlungen ausgedehnt. Entscheidend ist dabei, dass die bisherige Kontrolle, die unabhängige Gerichte über die Polizei ausübten, stark eingeschränkt wurde. In- und Ausländer wurden dadurch ungeschützt der Willkür der Behörden ausgesetzt. Im Namen des Anti-Terror-Kampfs wurde damit Wirklichkeit, was zuvor unvorstellbar gewesen war.

Ashcroft plante darüber hinaus ein landesweites Schnüffel- und Blockwartsystem, in dem alle Bürger angehalten wären, über ihre Bekannten, Nachbarn oder Kunden Auffälliges zu berichten. Doch das Terrorist Information and Prevention System (TIPS) ging dem Senat zu weit: Er bewilligte dafür keine Gelder. Ebenso stieß das geplante Total Information Awareness Program auf Widerstand, das die Überwachung sämtlicher E-Mails und anderer elektronischer Daten zugelassen hätte. Eine abgespeckte Version, in Terrorism Information Awareness Program umbenannt, wurde hingegen Zug um Zug umgesetzt.

Im Frühjahr 2003 schlug die Bush-Regierung mit dem Patriot Act II ein neues Anti-Terrorgesetz vor, das weitere dramatische Verschärfungen vorsah. Dieser Gesetzesentwurf wurde vom Kongress nie verabschiedet und in den folgenden Jahren wuchs die Kritik an den massiven Einschränkungen der Bürgerrechte in allen politischen Lagern. Dennoch bestätigte im März 2006 der damals noch von den Republikanern dominierte Kongress den ursprünglichen Patriot Act, der ursprünglich auf vier Jahre begrenzt gewesen war. Und selbst nach dem Machtwechsel im Kongress wagten es die Demokraten nicht, nationale Sicherheitsgesetze und selbst illegale Praktiken in Frage zu stellen. Als ein Gericht der Bush-Regierung untersagte, Kommunikationsverbindungen aus dem Ausland in die USA ohne richterlichen Beschluss abzuhören, brachte das Weiße Haus einen Gesetzesentwurf ein, der genau dies ermöglichen sollte. Trotz massiver Kritik fand er eine Mehrheit im Senat.

Hintergrund dieses Verhaltens ist die Sorge vieler Demokraten, die Wähler könnten sie als zu nachgiebig im Kampf gegen den Terror einschätzen. Hemmungslos hatten die Republikaner nach dem 11. September 2001 die Terrorangst der Bürger für ihre eigenen politischen Zwecke eingespannt. Während die Demokraten versuchten, sich in Zeiten der Krise gegenüber dem ungeliebten Präsidenten loyal zu verhalten, attackierte Bush jede noch so verhaltene Kritik an seiner Politik als Landesverrat. Die patriotische Stimmung nutzte er schamlos aus, als er etwa in das Gesetz zur Gründung des neuen Department of Homeland Security, das er lange Zeit abgelehnt hatte, Sonderinteressen wie den Schutz von Pharmafirmen vor Schadenersatzklagen erkrankter Kinder hineinschrieb oder die Gewerkschaftsrechte von Arbeitnehmern einschränkte. Unter dem Vorwand der Bedrohung wurden den Großkonzernen und den Reichen des Landes Milliardengeschenke gemacht (→ Kapitel 24). Wer das zu kritisieren wagte, wurde sofort als Parteigänger von Al-Kaida oder Saddam Hussein verdächtigt. Und als die Bush-Regierung in die Defensive geriet, beispielsweise durch die Enthüllungen über das Versagen der Geheimdienste, wurde einfach das neu geschaffene Sicherheitssystem, das die jeweilige Terrorbedrohung mit den Farben Grün (geringe Gefahr), Blau, Gelb, Orange und Rot (höchste Gefahr) anzeigt, auf eine höhere Stufe geschaltet. Sofort waren die unangenehmen Nachrichten aus den Schlagzeilen verdrängt.

Die Rechnung ging mehrere Jahre tatsächlich auf. Bei den Zwischenwahlen im November 2002 konnten die Republikaner ihre Mehrheit im Kongress ebenso ausbauen wie bei den Präsidentenwahlen 2004, als Bush mit dramatischen Warnungen vor Al-Kaida seinen Herausforderer John Kerry besiegte. Erst das Fiasko der US-Armee im Irak ließ bei vielen Amerikanern Skepsis aufkommen, ob im Kampf gegen den Terror wirklich jedes Mittel recht sein müsse. Bei den Kongresswahlen 2006 zog das Terrorargument der Republikaner nicht mehr: Die Demokraten errangen einen überwältigenden Wahlsieg.

Wohin sich die USA nun entwickeln werden, ist offen. Auch in früheren Jahren traten die USA in Zeiten echter oder vermeintlicher Bedrohung die Bürgerrechte mit Füßen, zum Beispiel während der McCarthy-Ära. Stets setzte eine Gegenbewegung ein, die der Verfassung wieder zur Geltung verhalf. Auch heute gibt es eine breite Allianz von liberalen und konservativen Kräften, die nicht bereit sind, Freiheit und Bürgerrechte im Namen der Sicherheit zu opfern. Wenn sich die USA allerdings weiterhin mit ihrer aggressiven Außenpolitik und militärischen Interventionen weltweit immer neue Feinde schaffen, die zu Mitteln des Terrors greifen, dann droht aus dem einstigen »Land of the Free« ein repressiver Polizei- und Überwachungsstaat zu werden.

38
Visionen der Weltherrschaft:
Bushs Präventivkriegsdoktrin

Ein Jahr nach dem 11. September 2001 präsentierte die Bush-Regierung eine neue Nationale Sicherheitsstrategie, die es den USA ermöglichte, jede angebliche Bedrohung der eigenen Sicherheit durch präventive Angriffe auszuschalten. Die Doktrin ignoriert das Völkerrecht und gefährdet den Weltfrieden. Im Irak-Krieg zeigte sich dann, wie leicht Bedrohungen fingiert werden können.

Es war eines der faszinierendsten, provokantesten und erschreckendsten Dokumente der vergangenen Jahrzehnte, das am 20. September 2002 in Washington veröffentlicht wurde: Die neue »National Security Strategy« bot nicht nur eine Rechtfertigung für einen Angriff auf den Irak, sie markierte auch eine Zäsur in der amerikanischen Außenpolitik. Die USA verabschiedeten sich darin von der Strategie der Abschreckung und der Eindämmung durch multilaterale Allianzen und kollektive Sicherheit, die sie seit 1945 verfolgt hatten. Stattdessen entwickelte die Bush-Regierung eine Doktrin des Präventivkriegs, laut der Amerika jeden potenziellen Gegner militärisch angreifen kann, bevor er eine Gefahr für die USA wird. »Die USA können sich nicht mehr wie in der Vergangenheit ausschließlich auf eine reaktive Haltung verlassen«, hieß es in dem Strategiepapier. »Die Unfähigkeit, potenzielle Angreifer abzuschrecken, die Aktualität der heutigen Bedrohungen und das Ausmaß des potenziellen Schadens, der durch die Wahl der Waffen unserer Feinde verursacht werden kann, verbieten diese Option. Wir dürfen es nicht zulassen, dass unsere Feinde zuerst zuschlagen.«

Zu diesem Zeitpunkt hatten die Vordenker der Bush-Regierung den Kampf gegen Al-Kaida längst hinter sich gelassen.

Osama bin Laden war immer noch flüchtig und die Zahl von islamistischen Terroranschlägen hatte trotz oder gerade wegen des Kriegs gegen Terror zugenommen: Bombenanschläge in Saudi-Arabien, Tunesien, Marokko und Bali forderten Hunderte von Toten. Doch Präsident George W. Bush, Vizepräsident Dick Cheney, Verteidigungsminister Donald Rumsfeld und dessen Stellvertreter Paul Wolfowitz hatten keine Geduld für die mühsame Polizeiarbeit, die die effiziente Bekämpfung und die Prävention von Terrorismus erforderten. Sie wollten die gewaltige militärische Übermacht für ihre Zwecke einsetzen und daher echte Kriege gegen echte Staaten führen. Sie dachten bereits an eine Umgestaltung der Welt nach amerikanischen Vorstellungen – vor allem im Nahen Osten, wo die jüngsten Bedrohungen der USA ihren Ursprung hatten. Dass diese Pläne dem Terrorismus Vorschub leisten und wichtige Ressourcen von der Jagd auf Al-Kaida abziehen würden, spielte dabei keine Rolle.

Das argumentative Bindeglied zwischen den Ereignissen vom 11. September 2001 und der neuen Militärstrategie war die Angst vor einer weltweiten Verbreitung von Massenvernichtungswaffen. Seit dem Kollaps der Sowjetunion fürchteten die USA, dass ehemalige sowjetische Atomwaffen in die Hände von verantwortungslosen Regimen oder radikalen Terrorgruppen fallen könnten. Die Clinton-Regierung gab Milliarden für die Sicherung des sowjetischen Atomarsenals aus und unterstützte internationale Maßnahmen gegen die Verbreitung von Atomwaffen. Das Wettrüsten von Indien und Pakistan in den späten neunziger Jahren und die offensichtlichen nuklearen Ambitionen von Nordkorea und dem Iran bereiteten den USA ebenso wie den Europäern große Sorge. Dazu kam die Gefahr durch biologische Waffen sowie durch chemische Kampfstoffe, wie sie der irakische Diktator Saddam Hussein in den achtziger Jahren im Krieg gegen den Iran und die eigene kurdische Bevölkerung eingesetzt hatte.

Die Gefahr einer Ausbreitung von Atomwaffen erhöht sich dadurch, dass keine der bestehenden Atommächte zur vollständigen Abrüstung bereit ist. Zudem stellt im Nahen Osten Israels kaum zu verhehlendes Atomarsenal eine Provokation anderer Staaten dar. Die Clinton-Regierung hatte die Lösung vor allem in multilateralen Abkommen wie dem Atomsperrvertrag oder dem Atomteststoppvertrag sowie in der Ausweitung von Rüstungskontrollen gesehen. In Lateinamerika, wo Brasilien und Argentinien auf Atomwaffen verzichteten, und in Südafrika erwies sich diese Politik als erfolgreich. Gegenüber Nordkorea, dem gefährlichsten der neuen Atomstaaten, setzten die USA auf wirtschaftliche Anreize: Die Lieferung von Heizöl und der Bau eines neuen Atomkraftwerks sollten das stalinistische Regime in Pjöngjang dazu bewegen, auf die Entwicklung von Atomwaffen zu verzichten.

Für die Republikaner im Kongress war dieser vorsichtige multilaterale Zugang der Clinton-Regierung ein Gräuel. Sie lehnten alle Verträge ab, die den militärischen Spielraum amerikanischer Streitkräfte einschränkten, und sabotierten so etwa die Ratifizierung des Atomteststoppvertrags (→ Kapitel 36). Ihr Plan war, potenzielle Atommächte mit militärischen Drohungen von ihren Plänen abzubringen oder sie gar anzugreifen, bevor deren Atomwaffen einsatzfähig werden. Sie befanden sich im Einklang mit den Veteranen der ersten Bush-Regierung wie Cheney und Wolfowitz, die bereits 1992 vorgeschlagen hatten, die militärische Vorherrschaft der USA durch ein massives Aufrüstungsprogramm abzusichern. Doch George Bush sr. war dieses Thema damals viel zu heikel.

Strategie gegen »Schurkenstaaten«

Während der Clinton-Jahre formierten sich die sogenannten Neokonservativen zu einer einflussreichen Bewegung. Viele von ihnen waren Schüler des konservativen deutsch-amerikanischen Philosophen Leo Strauss, der an der University of Chicago gelehrt hatte. Strauss misstraute der Fähigkeit des Volks, selbständig die richtigen Entscheidungen zu treffen, und strebte daher in der Tradition Platons eine Herrschaft der Eliten an. Denker und Publizisten wie Alan Bloom, Irving und Bill Kristol, William Buckley sowie Norman Podhoretz hatten jahrzehntelang neokonservative Gedanken in Büchern, Zeitschriften wie *Commentary, National Review* und *Weekly Standard* sowie der Kommentarseite des *Wall Street Journal* verbreitet und damit immer mehr an Einfluss gewonnen. In der Innenpolitik forderten sie eine Eindämmung staatlichen Einflusses, in der Außenpolitik die Durchsetzung amerikanischer Werte und freier Marktwirtschaft – notfalls mit militärischen Mitteln. Ganz in der von

Richard Hofstadter beschriebenen Tradition wollten die Neo-konservativen nicht daran glauben, dass mit Diplomatie und internationaler Kooperation die Probleme der Welt zu lösen wären. Sie sahen sich von Feinden umzingelt und suchten den Kampf.

1997 schlossen sich führende Neokonservative im Project for the New American Century (PNAC) und in anderen Initiativen zusammen, die ein massives Aufrüstungsprogramm, den Aufbau eines Raketenabwehrsystems und unilaterale Militärschläge gegen alle Staaten forderten, die den USA gefährlich werden könnten – in erster Linie war damit der Irak gemeint. Im September 2000 gab PNAC die Studie »Rebuilding America's Defenses« heraus – ein Gegenprogramm zur angeblich nachgiebigen Politik der Clinton-Regierung. Kurz darauf saßen die führenden Neokonservativen – Paul Wolfowitz, Richard Perle, Douglas Feith und John Bolton – an den Schalthebeln der Macht.

Sie ergänzten sich gut mit den »nachdrücklichen Nationalisten« wie Cheney und Rumsfeld, die weniger an der Ausbreitung der Demokratie als an der unbeschränkten Ausübung amerikanischer Macht interessiert waren. Beide Strömungen fanden in ihrer Verachtung internationaler Organisationen wie den Vereinten Nationen zueinander; beide einte auch der dringende Wunsch, Saddam Hussein zu stürzen – zur Vernichtung seines militärischen Potenzials, zur Demonstration amerikanischer Stärke und als Startschuss zur Umgestaltung des Nahen und Mittleren Ostens in eine amerikafreundliche Region, in der auch Israel ohne größere Zugeständnisse an die Palästinenser in Frieden leben würde. Die Warnung vor angeblichen Massenvernichtungswaffen war vor allem ein Mittel, um für ihre Ideen breite Unterstützung zu gewinnen.

Der 11. September 2001 schien die Weltsicht der Neokonservativen zu bestätigen, hätte sie aber eigentlich von ihrer Besessenheit hinsichtlich angeblicher Massenvernichtungswaffen abbringen sollen. Die Al-Kaida-Terroristen verfügten weder über Atombomben noch über biologische Kampfstoffe – die Anschläge mit Milzbranderregern während der folgenden Wochen wurden zwar nie aufgeklärt, gingen aber wahrscheinlich auf das Konto radikaler amerikanischer Staatsbürger –, sondern bloß über Teppichmesser, die man für 1 Dollar pro Stück kaufen konnte. Stattdessen entwickelten sie ein Szenario, nach dem »Schurkenstaaten« Atomwaffen entwickeln und diese an Terroristen weitergeben würden. Daraus leiteten sie die Notwendigkeit ab, gegen jene Staaten vorzugehen, die an Atomwaffen Interesse zeigten und den USA feindlich gesinnt waren. Iran, Irak und Nordkorea wurden so in Bushs Rede zur Lage der Nation im Januar 2002 zur »Achse des Bösen« vereint, gegen die man entschlossen vorgehen müsse.

Einen Präventivschlag gegen Nordkorea zog die Bush-Regierung allerdings nie ernsthaft in Erwägung, obwohl es als einziges dieser drei Länder tatsächlich einen atomaren Sprengsatz getestet hat. Zwar führte eine unüberlegte Politik der Bush-Regierung zu einer mehrjährigen Krise in den Beziehungen mit Nordkorea, die im Rückzug Nordkoreas aus dem Atomwaffensperrvertrag und dem nordkoreanischen Atomwaffentest im Oktober 2006 ihren Höhepunkt erreichte. Doch am Ende siegte die Vernunft. Nordkorea sagte im September 2007 die Einstellung seines Atomprogramms bis zum Jahresende zu, dafür gaben die USA ihre feindselige Haltung auf und versprachen die Wiederaufnahme von Hilfslieferungen. Auch gegenüber dem Iran setzten die USA jahrelang auf Diplomatie, selbst als sich der innen- und außenpolitische Kurs des Mullah-Regimes weiter verhärtete.

Diese Chance wurde dem Irak nicht gegeben. Im Frühjahr 2002 reiste Vizepräsident Cheney durch den Nahen Osten und versuchte, eine Allianz für einen Angriff auf den Irak zusammenzustellen. Wo immer er hinkam, stieß er auf Unverständnis und Ablehnung. Das war den Unilateralisten in Washington gerade recht: Sie hatten genug von der Suche nach Verbündeten, die selbst im besten Fall den Entscheidungsspielraum der USA verringern. Für die Vereinten Nationen und deren Sicherheitsrat, seit 1945 das zentrale Organ der kollektiven Sicherheit, hatten sie nur Verachtung übrig.

Im März 2002 veröffentlichte die *New York Times* ein »Nuclear Posture Review«-Papier, in dem die amerikanische Regierung eine neue Strategie für ihre Nuklearwaffen festlegte: Diese seien nun nicht nur gegen die anderen Atommächte Russland und China gerichtet, sondern auch gegen Iran, Irak, Nordkorea, Syrien und Libyen. Außerdem wurde darin die Entwicklung einer neuen Generation von kleinen Atombomben, sogenannter Mini-Nukes, vorgeschlagen, die in einem konventionellen Krieg gegen unterirdische Bunker eingesetzt werden könnten. Diese Mini-Nukes stellen eine höchst gefährliche Entwicklung dar. Entgegen der öffentlichen Darstellung sind es keine kleinen, harmlosen Waffen, sondern Sprengsätze mit der halben Sprengkraft der Hiroshima-Bombe. Wieder war Saddam Hussein, der im Irak Dutzende Bunker gebaut hatte, das Hauptziel solcher Überlegungen.

Den Bush-Strategen war dabei völlig gleichgültig, dass die Entwicklung neuer Atomwaffen allen Anstrengungen zuwiderlief, deren Verbreitung einzudämmen. In ihrem Weltbild war Sicherheit nur eine Frage militärischer Stärke, die möglichst entschlossen gegen alle Feinde eingesetzt werden müsse. »Wir müssen die Schlacht zum Gegner tragen und auf die schlimmsten Bedrohungen antworten, bevor sie auftauchen«, sagte Bush in einer Grundsatzrede am 1. Juni 2002 an der Militärakademie in West Point. »In der neuen Welt, die wir betreten haben, ist der einzige Weg zur Sicherheit der Weg des Handelns. Und diese Nation wird handeln.«

Die »National Security Strategy« präsentierte ein Weltbild, in dem die tugendhaften USA im Interesse der ganzen Menschheit gegen die bösen Kräfte kämpfen, um ihr erfolgreiches Modell von »Freiheit, Demokratie und freiem Unternehmertum« auf der ganzen Welt zu verbreiten. »Die nationale Sicherheitsstrategie der USA wird sich auf einem unverwechselbaren amerikanischen Internationalismus begründen, der die Einheit unserer Werte und nationalen Interessen widerspiegelt. Das Ziel dieser Strategie ist es nicht nur, die Welt sicherer zu machen, sondern sie zu verbessern.« Diese Sprache erinnerte an den globalen Idealismus von Woodrow Wilson, der allerdings keine amerikanische Hegemonie, sondern ein System der kollektiven Sicherheit mit gleichberechtigten Partnern anstrebte. Doch daran haben die Neokonservativen in der Bush-Regierung kein Interesse. Mit ihrer Überzeugung, dass die Amerikaner die Weisheit gepachtet hätten, ignorierten sie die Stimmen der Verbündeten. Die einst so wichtige NATO, in der das Einstimmigkeitsprinzip herrscht, wurde vom neuen Konzept einer »Koalition der Willigen« ersetzt, in der sich die USA jene Verbündeten suchten, die sich ihren Vorstellungen bedingungslos unterwarfen.

Die UN kamen im ganzen Text nur ein einziges Mal vor und die entscheidenden Passagen behandelten das Recht auf Präventivangriffe zur Durchsetzung nationaler Sicherheitsinteressen. Das Dokument bezog sich dabei auf eine sprachliche Feinheit im Völkerrecht: Während ein reiner Vorbeugungskrieg verboten ist, dürfen Staaten akuten militärischen Bedrohungen, wie etwa einem Massenaufmarsch an der Grenze, unter manchen Umständen zuvorkommen. Dieses legalistische Konzept, so das Strategiepapier, müsse an die Existenz von Massenvernichtungswaffen angepasst werden, die vor ihrem Einsatz nicht offen mobilisiert würden: »Wir müssen bereit sein, Schurkenstaaten und ihre terroristischen Klienten zu stoppen, bevor sie in der Lage sind, Massenvernichtungswaffen gegen die USA und unsere Freunde und Verbündete einzusetzen oder damit zu drohen.« Das aber wäre ein Freibrief für einen Präventivkrieg, bei dem eine hypothetische Bedrohung, die nur auf vagen Vermutungen beruht, einen Angriff rechtfertigt.

Präventivkriege sind Sprengstoff für die internationalen Beziehungen, da sie politische Spannungen leicht in unkontrollierbare Konflikte verwandeln können. So trieben 1914 Präventivkriegspläne die Habsburger-Monarchie und das Deutsche Reich in den Ersten Weltkrieg und verleiteten Japan 1941 zum Angriff auf Pearl Harbor. Wenn die amerikanische Präventivkriegsdoktrin Schule machte, könnte zum Beispiel Indien Pakistan angreifen oder China Indien. Um solches zu verhindern, wurde der UN-Sicherheitsrat geschaffen, der allein das Recht hat, legitime Maßnahmen gegen Bedrohungen zu beschließen.

»Es liegt nicht im nationalen Interesse der USA, das militärische Zuvorkommen als universales Prinzip zu etablieren, auf das jedes Land zurückgreifen kann«, warnte im August 2002 sogar Henry Kissinger. Doch so universell meinte es die Bush-Regierung nicht: Präventivangriffe waren nach ihrer Vorstellung allein das Vorrecht der Supermacht USA, die sich damit im Völkerrecht gleichzeitig die Rolle des Richters, der Geschworenen und des Scharfrichters anmaßen. »So tugendhaft sich manche Amerikaner fühlen, wenn sie diese dreifache Rolle ihrem Präsidenten zuschreiben, so sehr werden uns weniger mächtige Staaten dafür hassen«, schrieb der Historiker Arthur Schlesinger in der *New York Review of Books*.

Das war der Bush-Regierung gleichgültig. Sie wollte nicht begreifen, dass andere Menschen die USA nicht als Inbegriff der politischen Tugend sahen und ein tiefes Misstrauen gegenüber der amerikanischen Außenpolitik, ihrem Begriff von Menschenrechten und ihrem Wirtschaftssystem hegten. Ein vom christlichen Glauben beseelter Präsident fühlte sich berufen, die Welt mit allen verfügbaren Mitteln nach seinen Vorstellungen zu ändern. »Er glaubt wirklich, dass ihn der Herr hierher gesetzt hat, um einen göttlichen Plan zu erfüllen«, erzählte ein Bush-Berater Bob Woodward, der den Präsidenten für sein Buch *Bush at War* interviewte.

Die Bush-Regierung nahm die Bedrohung durch den islamistischen Terrorismus zum Anlass, die gültigen internationalen Regeln über Bord zu werfen und eine neue Außenpolitik zu schaffen, in der nur noch der eigene Wille zählt. Das »National Security Strategy«-Papier vom September 2002 war zwischen den Zeilen eine Anleitung zur Erringung der Weltherrschaft. Wie der ehemalige Reagan-Berater Clyde Prestowitz schrieb, verwarf es drei Schüsseldokumente der Neuzeit: den Westfälischen Frieden von 1648, der das Prinzip der nationalen Souveränität und Nicht-Einmischung etablierte, die UN-Charta, die Gewaltanwendung nur zum Zweck der Selbstverteidigung oder unter einem Sicherheitsmandat für zulässig erklärte, und die Urteile der Nürnberger Kriegsverbrechertribunale, die präventive Angriffskriege als Kriegsverbrechen ansahen.

Nach der Lektüre des Dokuments konnte das Vorgehen der USA gegenüber der UNO, den Verbündeten und Saddam Hussein in den folgenden Wochen niemanden mehr überraschen. Das Drehbuch für den Irak-Krieg war geschrieben, der Kriegsausbruch nur noch eine Frage der Zeit.

39
Torheit der Regierenden: Der Krieg gegen den Irak

Jahrelang hatten die USA Saddam Hussein gestützt, und auch nach dem Golf-Krieg 1991 hielten sie ihn als Gegengewicht gegen den Iran an der Macht. Zehn Jahre später zog die Bush-Regierung unter Vorspiegelung falscher Tatsachen und Missachtung des Völkerrechts in einen Krieg, der Saddams Regime zwar zu Fall brachte, aber den Irak in einen blutigen Bürgerkrieg stürzte.

Ein Jahrzehnt lang hatte sich Paul Wolfowitz den Moment herbeigewünscht, an dem er in ein von Saddam Hussein befreites Bagdad reisen und dort die Iraker die Demokratie nach amerikanischem Muster lehren würde. Wolfowitz war während des Golf-Kriegs von 1991 die Nummer drei im Pentagon und trat schon damals für einen Einmarsch in Bagdad ein. Während der Clinton-Ära diente er als Dekan der School of Advanced International Studies (SAIS) an der Johns Hopkins University, wo er wiederholt den Sturz von Saddam Hussein forderte. Als stellvertretender Verteidigungsminister unter George W. Bush war kaum ein Tag vergangen, an dem Wolfowitz nicht den Boden für den Irak-Krieg bereitet hätte.

Doch bei seinem zweiten Besuch in Bagdad seit der amerikanischen Invasion am 26. Oktober 2003 wurde der radikale Schreibtischfalke mit der Realität konfrontiert: Dicht neben seinem Zimmer im strengbewachten Hotel al Rashid schlugen mehrere Raketen ein. Wolfowitz blieb unverletzt, stand aber unter einem schweren Schock. Tags darauf starben bei einer Anschlagserie, darunter einem Angriff auf den Sitz des Roten Kreuzes in Bagdad, 43 Menschen. Nichts war im neuen Irak so, wie Wolfowitz und seine neokonservativen Freunde es sich ausgemalt hatten.

Die amerikanischen Truppen hatten zwar in kurzer Zeit Bagdad erobert, Saddam Hussein von der Macht vertrieben und das Land scheinbar unter ihre Kontrolle gebracht. Aber entgegen ihren Erwartungen wurden sie weder von der breiten Bevölkerung noch von den politischen und geistlichen Führern der unter Saddam unterdrückten Schiiten als Befreier gefeiert. Und das geringe Maß an gutem Wille, das anfangs noch vorhanden war, ging durch Fehler der amerikanischen Besatzungspolitik verloren. Die Amerikaner konnten weder eine verlässliche Stromversorgung noch öffentliche Sicherheit bieten, die Zahl der Anschläge nahm Tag für Tag zu. Die katastrophale Lage in Bagdad und in vielen anderen Städten war allerdings erst der Anfang eines nationalen Leidenswegs, den sich damals kaum jemand ausmalen konnte. Der Sturz in den Abgrund hatte für den Irak erst begonnen.

Zwei Jahrzehnte zuvor hatte die große amerikanische Historikerin Barbara Tuchman in ihrem Buch *The March of Folly* (*Die Torheit der Regierenden*) Beispiele aufgezeigt, in denen Herrscher mit offenen Augen ins Unglück marschiert waren – vom trojanischen Pferd über die Päpste der Renaissance, die mit ihrer Prunksucht die Reformation provozierten, bis zum amerikanischen Engagement in Vietnam. Tuchman starb 1989, aber die Irakpolitik der Bush-Regierung – die Entscheidung zum Einmarsch, die Kriegstaktik und vor allem die Besatzungspolitik – hätten ihr viel Stoff für ein weiteres Kapitel geboten. Selten in der Geschichte hatte eine Weltmacht einen so sinnlosen Krieg aus falschen Gründen mit so unpassenden Methoden geführt.

Der iranisch-irakische Krieg

Die gesamte Geschichte der amerikanisch-irakischen Beziehungen ist geprägt von Irrtümern und Fehlschlägen, die sich auf ein Dilemma der Außenpolitik Washingtons zurückführen lassen: Was ist zu tun, wenn ein Diktator politisch nützlich ist? Die säkular-nationalistische Baath-Partei war 1963 durch einen antikommunistischen Putsch an die Macht gekommen, hinter dem viele Iraker die Handschrift der CIA vermuteten. Bis 1979 galt der Irak als wenig sympathische, aber stabile Diktatur, die gute Beziehungen zu Frankreich und Deutschland pflegte und den USA wenig Probleme bereitete. Aber gerade zu dem Zeitpunkt, als der Vizepräsident und eigentliche Machthaber Saddam Hussein 1979 formell Staatschef wurde, verloren im Iran die USA mit dem Shah ihren wichtigsten regionalen Verbündeten. In den folgenden Jahren betrachtete die amerikanische Regierung deshalb den Irak immer mehr als potenziellen Alliierten im Kampf gegen den radikalen Islam des Ayatollah Khomeini und als Garanten für die Stabilität in der Golfregion.

Als Saddam im Herbst 1980 den Iran angriff, um die ölreiche Provinz Khusistan zu erobern, verhielten sich die USA neutral. Die Militäroperation erwies sich jedoch als Fiasko und wurde rasch von den iranischen Verteidigern gestoppt. Ende Mai 1982 ging Khomeinis Regime zum Gegenangriff über und nun ergriff die Regierung von Ronald Reagan offen Partei für den Irak und gegen den neuen Todfeind Iran. Sie strichen 1983 den Irak von der Liste der Staaten, die den Terror unterstützen, eröffneten 1984 wieder diplomatische Beziehungen zu Bagdad, belieferten den Irak mit Satellitenbildern über die Truppenstellungen bei Basra und gewährten für den Ankauf von amerikanischen Landwirtschaftsprodukten Kredite, die Gelder für Waffenkäufe freimachten. Im Dezember 1983 reiste Donald Rumsfeld als Emissär von Präsident Reagan nach Bagdad und beriet mit Saddam Hussein die weitere Zusammenarbeit. In der Folge verkauften die USA dem Irak zivile Helikopter und Lastwagen, die leicht für den militärischen Einsatz umgerüstet werden konnten, und erteilten ab März 1985 auch Exportlizenzen für Hightech-Produkte, welche die entscheidenden Voraussetzungen für die Produktion von Massenvernichtungswaffen bildeten. Damit trugen die USA wesentlich dazu bei, dass Saddams Regime den Golf-Krieg 1991 überlebte. Saddam bedankte sich für die Zuwendungen in den achtziger Jahren, indem er den USA Erdöl deutlich unter dem Weltmarktpreis verkaufte.

Die Reagan-Regierung ignorierte darüber hinaus Berichte über den Giftgaseinsatz gegen die zahlenmäßig deutlich überlegenen iranischen Truppen und sah weg, als 1988 Saddams Cousin Ali Hassan al-Majid Giftgas gegen kurdische Rebellen einsetzte, die auf Seiten des Irans kämpften. Am 16. März 1988 ließ er mindestens 5000 Zivilisten in der Stadt Halabscha durch Giftgas töten. Als der Irak im April eine großangelegte Bodenoffensive gegen den Iran eröffnete, attackierten die USA gleichzeitig iranische Kriegsschiffe im Golf. Im Juli 1988 kam es zum versehentlichen

Abschuss einer iranischen Passagiermaschine, der die iranischen Mullahs aufschreckte. Einen Monat später stimmten sie einem Waffenstillstand zu.

Der erste Irak-Krieg

Unter Reagans Nachfolger George Bush sr. schwenkten die USA noch stärker auf einen pro-irakischen Kurs ein. Der Realpolitiker Bush sah im Diktator von Bagdad einen pragmatischen und konservativen Herrscher, der dank seiner durch den Krieg deutlich gestärkten Armee den Interessen der USA dienen könnte. Im Oktober 1989 unterzeichnete Bush die Sicherheitsdirektive NSD-26, die festlegte, dass die »Vereinigten Staaten dem Irak wirtschaftliche und politische Anreize geben sollten, um sein Verhalten zu mäßigen und unseren Einfluss zu stärken«. Saddam Hussein interpretierte dies als amerikanische Zustimmung zu seinen Plänen, zur Führungsmacht in der Golfregion aufzusteigen. Zwei Ziele verfolgte er zu diesem Zweck: Er wollte sich als bedeutendster Gegner des in der arabischen Welt verhassten Israels profilieren und durch die Entwicklung von Massenvernichtungswaffen mit dem Atomwaffenarsenal des jüdischen Staats gleichziehen – entgegen seinen Verpflichtungen, die er im Atomsperrvertrag eingegangen war. Auf Warnungen aus Washington reagierte Saddam mit wüsten Drohungen gegen Israel und die USA. Die kurz zuvor noch so vielversprechenden Beziehungen steuerten einem Tiefpunkt entgegen.

Saddam Hussein hatte wirtschaftliche Probleme, denn die hohen Kriegskosten und der niedrige Ölpreis trieben die Inflation in die Höhe und ließen die Iraker verarmen. Schuld daran waren aus seiner Sicht die Vereinigten Arabischen Emirate und das Nachbarland Kuwait. Bagdad hatte die Unabhängigkeit Kuwaits, das einst Teil der gleichen osmanischen Provinz gewesen war, nie anerkannt. Die Eroberung von Kuwait war für Saddam daher nicht nur legitim, sondern auch lebensnotwendig: Der zusätzliche Ölreichtum würde die Wirtschaft stabilisieren und den Irak als stärkste Macht im arabischen Raum positionieren.

Die USA erkannten diese Gefahr nicht und taten die zunehmenden Grenzstreitigkeiten zwischen Irak und Kuwait ab. Die amerikanische Botschafterin in Bagdad, die erfahrene Arabistin April Glaspie, ignorierte bei einem Treffen mit Saddam am 25. Juli 1990 dessen offene Kriegsdrohungen und erklärte die USA für neutral. Als in der Nacht auf den 2. August irakische Truppen in Kuwait einmarschierten und das Emirat besetzten, war die Bush-Regierung trotz aller Vorwarnungen überrascht. Sie fürchtete anfangs einen weiteren irakischen Vormarsch nach Saudi-Arabien, was sich allerdings bald als falscher Alarm herausstellte. Aber allein die Eroberung Kuwaits war aus Sicht Washingtons höchst gefährlich: Sie machte einen unberechenbaren Abenteurer, der die Vernichtung Israels anstrebte, zur Supermacht der arabischen Welt und gab ihm Kontrolle über riesige Erdölreserven, die jenen Saudi-Arabiens gleichkamen. Mit der Militäroperation »Wüstensturm« wollten die USA Saddam Hussein als militärische Bedrohung ausschalten, konnten sich aber nicht entscheiden, ob sie ihn stürzen oder an der Macht behalten wollten. Diese politische Ambivalenz machte aus einem militärischen Sieg ein politisches Fiasko.

Ausgestattet mit einem Mandat des UN-Sicherheitsrats marschierte im Winter 1990/91 eine internationale Streitmacht von 700 000 Soldaten, 3500 Panzern und 1700 Flugzeugen unter Führung der USA an der Grenze zu Kuwait auf. In einem wochenlangen Bombenkrieg wurden die militärische und zivile Infrastruktur Iraks zerstört. Die Behauptung der USA, sie könne dank moderner Technik militärische Ziele präzise treffen und dabei zivile Opfer vermeiden, erwies sich als Illusion. Die meisten Bomben gingen daneben und töteten Tausende irakische Zivilisten.

Kurz vor Beginn der Bodenoffensive am 24. Februar 1991 versuchte Saddam durch ein Verhandlungsangebot, seine Truppen heil aus Kuwait herauszubringen, doch daran waren die USA nicht mehr interessiert. Innerhalb von vier Tagen wurde die irakische Armee in die Flucht geschlagen, Tausende Soldaten kamen auf dem »Highway des Todes« ums Leben. Kuwait war befreit und Saddam Hussein militärisch geschwächt. Viel früher als erwartet stellte sich die Frage nach der Zukunft des Irak. Hierbei zeigte sich, dass die USA Hussein immer noch als stabilisierenden Faktor und Gegengewicht zum revolutionären Iran betrachteten. Die Politik der folgenden Monate war von Fehleinschätzungen und Wankelmütigkeit geprägt, für die das irakische Volk bitter büßen musste.

Mit Berufung auf das UN-Mandat, das ausschließlich die Befreiung Kuwaits vorsah, verzichtete Bush darauf, nach Bagdad zu marschieren und die Herrschaft Saddams zu beenden. Ein Marsch auf Bagdad hätte zwar das Mandat der Vereinten Nationen überschritten und die internationale Koalition entzweit, dennoch war der Verzicht darauf rückblickend eine strategisch falsche Entscheidung. Im Glauben, Saddams Republikanische Garde vernichtet zu haben, stimmte Bush am 28. Februar einem Waffenstillstand zu. Doch die Geheimdienstmeldungen waren falsch: Die Garde war nicht vernichtet, sondern konnte sich mit mehreren hundert Panzern in den Zentralirak retten.

Die verfehlte Überwachungs- und Sanktionspolitik

In der Folgezeit trug die Bush-Regierung aktiv dazu bei, dass Saddam Hussein an der Macht bleiben konnte. Nachdem sie die Schiiten im Süden zum Aufstand ermutigt hatte, sah sie tatenlos zu, als dieser von der Republikanischen Garden blutig niedergeschlagen wurde – mit Hilfe irakischer Militärhelikopter, deren Einsatz die USA den Irakern dezidiert gestattet hatten. Denn für die Bush-Regierung stellte nicht mehr Saddam die größte Gefahr dar, sondern ein mögliches Auseinanderfallen Iraks und die Schaffung einer radikal-islamischen Schiitenrepublik im Süden des Landes. Die USA trugen dadurch Mitverantwortung an der Ermordung Tausender Schiiten, deren Leichen nach der Irak-Invasion 2003 in Massengräbern gefunden wurden.

Als Bilder von Massakern an kurdischen Rebellen um die Welt gingen, sah sich die Bush-Regierung genötigt zu reagieren: Sie richtete im April 1991 gemeinsam mit Großbritannien und Frankreich, aber ohne Autorisierung der UN, eine Flugverbotszone nördlich des 36. Breitengrads ein und erleichterte damit den Kurden die Schaffung einer autonomen Zone im Nordirak. Nach Berichten über das brutale Vorgehen des irakischen Militärs gegen Schiiten im Süden wurde dort 1992 eine zweite Flugverbotszone geschaffen. Der Einsatzbereich der irakischen Luftwaffe war damit auf einen schmalen Streifen im Zentrum des Landes beschränkt, während alliierte Flugzeuge im Norden und Süden immer wieder Stellungen der irakischen Streitkräfte bombardierten.

Gleichzeitig wurde gegen den Irak eines der härtesten Sanktions- und Überwachungsregime der Geschichte verhängt. Der UN-Sicherheitsrat erlaubte zwar im April 1991 die Einfuhr von Medikamenten, Lebensmitteln und Waren zur Deckung der zivilen Grundbedürfnisse, alle anderen nach der Besetzung Kuwaits verhängten Sanktionen blieben hingegen bestehen und wurden an die vollständige Beseitigung aller biologischen, chemischen und nuklearen Waffen, der meisten ballistischen Raketen sowie den Stopp entsprechender Waffenprogramme gebunden. Zur Kontrolle dieser Auflagen wurde die UN-Sonderkommission UNSCOM gegründet, die gemeinsam mit der Wiener Atomenergiebehörde IAEO, die auf die Nuklearinspektionen spezialisiert ist, rasch die Inspektionen aufnahm.

Die folgenden Jahre waren von einer beispiellosen politischen Verwirrung geprägt, die auf dem Rücken des irakischen Volks ausgetragen wurde. Einerseits versuchte Saddam mit allen Mitteln, die UN-Inspektoren daran zu hindern, seine chemischen, biologischen und atomaren Waffenprogramme aufzudecken. Wann immer die Inspektoren dachten, sie hätten ihr Ziel erreicht, mussten sie erkennen, dass sie wieder hinters Licht geführt worden waren. Nach Jahren dieses Katz-und-Maus-Spiels war es nicht verwunderlich, dass niemand mehr den Beschwörungen des irakischen Regimes glauben wollte, wonach alle Massenvernichtungswaffen vernichtet wären.

Problematisch war, dass die USA und Großbritannien ständig zwischen den beiden Zielen schwankten, Saddam Hussein entweder vollständig zu entwaffnen oder zu stürzen. Die UN-Resolutionen, die Sanktionen und die Inspektionen waren auf das erste Ziel gerichtet, doch die Rhetorik und die militärische Taktik der Westmächte auf das zweite. Die amerikanischen Außenminister der neunziger Jahre, James Baker, Warren Christopher und Madeleine Albright, machten immer wieder deutlich, dass die Sanktionen auch dann nicht aufgehoben würden, wenn der Irak alle Auflagen erfülle. Damit wurde Saddam jeder Anreiz genommen, mit den Vereinten Nationen zu kooperieren. Hinzu kam, dass die USA die Inspektoren für Spionagezwecke missbrauchten und dadurch deren Glaubwürdigkeit untergruben.

Die Sanktionen brachten den irakischen Menschen, die bis in die achtziger Jahre einen für die Region vergleichsweise hohen Lebensstandard genossen hatten, großes Elend. Einerseits nahm das Ölembargo dem Land die wichtigste Einnahmequelle, andererseits beraubten die Importverbote für alle Waren, die auch nur im Entferntesten militärischen Zwecken dienen konnten, das Land wichtiger Maschinen, Ersatzteile oder Arzneimittel. Die Infrastruktur verkam, die Lebensmittelversorgung verschlechterte sich und in den Krankenhäusern fehlten bald medizinische Geräte ebenso wie lebenswichtige Arzneimittel. Weit mehr als eine Million Iraker starben nach Schätzungen internationaler Organisationen von 1990 bis 2003 aufgrund der Sanktionen, vor allem Kinder. 1995 stellte die Weltgesundheitsorganisation WHO fest, dass sich die Sterblichkeitsrate von Kindern unter fünf Jahren versechsfacht hatte. Das UN-Kinderhilfswerk UNICEF zählte 500 000 Kinder unter fünf Jahren, die zwischen 1991 und 1998 an den Folgen von Krieg und Sanktionen starben.

Die wirtschaftliche Lage verbesserte sich ab Dezember 1996, als sich die UN und der Irak auf das Programm »Öl gegen Lebensmittel« einigten, das dem Land die Möglichkeit gab, eine begrenzte Menge an Erdöl zu exportieren. Die Einnahmen wurden unter UN-Kontrolle für den Kauf lebensnotwendiger Güter im Irak und im autonomen Kurdengebiet im Nordirak, aber auch für Entschädigungszahlungen an Kuwait verwendet. Allerdings blieb fast die Hälfte der vom Irak bestellten Güter in den Lagern der UN liegen, weil die USA aufgrund möglicher militärischer Anwendungen oftmals Einspruch erhoben hatten. Dazu gehörten auch Medikamente, die nach amerikanischer Lesart für die Herstellung von Biowaffen verwendet werden könnten.

Was hätten die Sanktionen erreichen sollen? Da ihre Aufhebung nie zur Debatte stand, boten sie Saddam Hussein keinen Anreiz, um mit Waffeninspektoren zu kooperieren. Auch schwächten sie sein Regime nicht – im Gegenteil: Mit Hinweis auf die Sanktionen konnte Saddam die Schuld an selbstverschuldeten wirtschaftlichen Problemen auf das Ausland abwälzen. Zudem gaben die Sanktionen dem Regime weit mehr Macht über das Alltagsleben der Bürger, als dies bei offenen Märkten der Fall gewesen wäre: Der Klan rund um den Diktator kontrollierte das lukrative Schmuggelgeschäft und wurde dadurch auf Kosten der Bevölkerung unermesslich reich.

Die USA trugen außerdem zur Stärkung des verhassten Diktators bei, indem sie mehrere ungeschickte Putsch- und Umsturzversuche vorbereiteten, die stets verraten wurden, und die

Aufständischen dann im Stich ließen. Solche Ereignisse boten Saddam Gelegenheit, sich echter und potenzieller Rivalen zu entledigen und seine Herrschaft weiter zu festigen. Für die USA hatte das weitreichende Folgen, als ihre Truppen 2003 im Irak einmarschierten: Der erwartete Aufstand der Bevölkerung gegen das Regime blieb selbst in den Gebieten aus, die Saddam Hussein feindlich gesinnt waren. Die Schiiten im Süden fürchteten, dass die Amerikaner sie wie schon 1991 wieder im Stich lassen würden, schließlich hatte der Diktator bereits so viele Umsturzversuche überlebt, dass er für viele als unverwundbar galt.

Die einzige positive Folge der Sanktionen war, dass sie Saddam an der Entwicklung und am Bau von chemischen, biologischen und nuklearen Waffen hinderte. Somit war der Irak zu Anfang des neuen Jahrtausends ein Beispiel für einen potenziell aggressiven, aber weitgehend »neutralisierten« Staat, der zwar seine Bürger unterdrückte, aber für seine Nachbarn keine Gefahr mehr darstellte. Daher war es kein Wunder, dass Vizepräsident Dick Cheney auf seiner Nahost-Reise im Frühjahr 2002 keine einzige Regierung fand, die einen amerikanischen Angriff auf den Irak befürwortete. Nicht einmal Kuwait zeigte große Begeisterung.

Die Kriegsgründe

Das wirft natürlich die Frage auf, warum die Regierung von George W. Bush den Irak-Krieg überhaupt geführt hat. Dabei stellt sich als problematisch heraus, dass nicht nur alle von den USA vorgebrachten Kriegsgründe verfehlt, falsch oder sogar gefälscht waren, sondern dass auch die meisten der von den Kriegsgegnern behaupteten Gründe sich als irreführend erwiesen.

Zuerst zu den amerikanischen Kriegsgründen: Die Behauptung, Saddam wäre weiterhin im Besitz gefährlicher Massenvernichtungswaffen, erwies sich im Nachhinein als falsch – im gesamten Irak wurde nicht eine einzige Spur solcher Waffen oder Waffenprogramme gefunden. Auch die meisten der vor dem Krieg verfügbaren Beweise deuteten darauf hin, dass der Irak tatsächlich nicht mehr an illegalen Waffen arbeitete. Zwar lässt sich ein solcher waffenfreier Zustand eines Landes nicht mit absoluter Sicherheit feststellen, aber die Berichte der UN-Waffeninspektoren, die zwischen November 2002 und März 2003 den Irak gründlich durchsucht hatten, waren eindeutig. Die eindrucksvolle Rede von Außenminister Colin Powell vor den Vereinten Nationen im Februar 2003, in der er Dutzende Beweise für die irakischen Waffenprogramme vorlegte, um die anderen Sicherheitsratsmitglieder vom Krieg zu überzeugen, hatte einen Schönheitsfehler: Fast alle Informationen erwiesen sich später als falsch.

So entpuppten sich die Aluminiumröhren, die laut USA der Herstellung spaltbaren Materials dienten, als Teil eines legalen Raketenprogramms und angebliche mobile Biowaffen-Labors erwiesen sich als Produktionsstätten für Wetterballons. Besonders peinlich war der Umgang mit Dokumenten, die den versuchten Kauf von angereichertem Uran aus dem Niger belegen sollten und trotz massiver Warnungen der CIA und des Außenministeriums in Bushs Rede zur Lage der Nation im Januar 2003 einflossen. Diese wurden als plumpe Fälschungen enttarnt – ein Fehler, welcher der Bush-Regierung nach dem Krieg noch viel Ärger einbrachte und eine der seltsamsten Affären der jüngeren Geschichte hervorbrachte. Denn ein ehemaliger Diplomat, Joseph Wilson, war im Februar 2002 im Auftrag der CIA nach Niger gereist, um den Vorwürfen gegen den Irak nachzugehen. Sein Bericht machte klar, dass an den Anschuldigungen nichts dran war. Im Juli 2003 verfasste Wilson einen Kommentar in der *Washington Post*, in dem er seine Erfahrungen schilderte und der Bush-Regierung vorwarf, sie hätte Informationen rund um das irakische Atomprogramm verfälscht. Wenige Tage darauf enttarnte ein konservativer Kolumnist Wilsons Frau Valerie Plame als CIA-Geheimagentin und suggerierte, Wilson habe nur dank ihrer Intervention diese Aufgabe übertragen bekommen. Ein solcher Verrat ist nach US-Gesetzen ein Verbrechen, weil er das Leben von Geheimdienstmitarbeitern gefährden kann.

Ein Sonderstaatsanwalt begann mit Untersuchungen, um herauszufinden, welcher Regierungsbeamte dem Kolumnisten die Information gegeben hatte, um möglicherweise Wilson zu diskreditieren. Als Schuldiger stellte sich Jahre später Vizeaußenminister Richard Armitage heraus, der damit gar nichts Böses bezwecken wollte. Armitage blieb unbehelligt. Dafür aber wurde Vizepräsident Cheneys Berater Lewis »Scooter« Libby zu einer Haftstrafe verurteilt, weil er die Untersuchung durch eine falsche Zeugenaussage behindert hatte. Auch Libby musste nicht ins Gefängnis, denn er wurde von Präsident Bush rechtzeitig amnestiert. Hinter Gitter wanderte bloß die *New York Times*-Journalistin Judith Miller, weil sie sich weigerte, ihre Quellen offenzulegen. Miller hatte über die Plame-Affäre gar nichts geschrieben. Aber auch sie war nicht bloß Opfer: Sie hatte durch die wahrheitverzerrenden Artikel über die irakischen Waffenprogramme der Bush-Regierung bei der Vorbereitung des Krieges entscheidend geholfen.

Kenner der amerikanischen Politik behaupten, dass Bush und seine Berater wirklich an die Existenz von Massenvernichtungswaffen geglaubt haben, als wären sie ihrer eigenen Propaganda auf den Leim gegangen. Doch gerade wenn sie diese Bedrohung wirklich ernst genommen hätten, hätten sie die Inspektoren weiterarbeiten lassen müssen, denn in den Wirren eines Kriegs gelangen solche Waffen leicht in die Hände von nicht kontrollierbaren Terrorgruppen. Hätte der Irak tatsächlich all die Waffen besessen, wie die USA ihm unterstellten, wären Amerikaner in aller Welt seither in größter Gefahr.

Eine Präventivkriegsdoktrin, die allein auf Grundlage von vermuteten Bedrohungen einen Angriffskrieg erlaubte (→ Kapitel 38), und ein von einer unehrlichen Regierung vorgetäuschtes Bedrohungsszenario ergaben eine explosive Mischung. Indem sie wider besseres Wissen Behauptungen über angebliche irakische Massenvernichtungswaffen aufstellte und ständig wiederholte, lockte die Bush-Regierung den Kongress und die amerikanische Öffentlichkeit in einen Krieg, den diese sonst nie unterstützt hätten. Wie schon oft in der amerikanischen Geschichte wurde die Wahrheit Opfer einer fanatischen Politik, in der der Zweck jedes Mittel heiligt.

In einem einzigen Punkt sprach Powell in seiner UNO-Rede die Wahrheit: Der Irak hatte mit den UN-Inspektoren nicht uneingeschränkt kooperiert. Selbst Hans Blix, Chef der UN-Waffeninspektoren, war verärgert darüber, dass der Irak die Zerstörung verbotener biologischer Stoffe nicht nachweisen wollte oder konnte. Doch dieses Verhalten entsprach der Natur eines autoritären Regimes und wurde von Saddam wohl auch deshalb an den Tag gelegt, weil er gegenüber der arabischen Welt seinen Ruf als gefährlicher Gegenspieler der USA nicht verlieren wollte.

Stellten die irakischen Massenvernichtungswaffen zumindest eine theoretische Möglichkeit dar, so waren die von den USA behaupteten Querverbindungen zwischen dem Irak und Al-Kaida völlig unglaubwürdig. Tatsächlich hatte Saddam Hussein, der trotz später religiöser Anwandlungen stets ein überzeugter Anti-Islamist war, der Unterstützung von Terrorgruppen gegen den Westen abgeschworen. Selbst die CIA stellte in ihrem Terrorismusbericht aus dem Jahr 2000 fest, dass der Irak nicht zu den Sponsoren des internationalen Terrors gehörte. Dennoch gelang es der Bush-Regierung, durch die ständige Wiederholung von Halb- und Unwahrheiten in der amerikanischen Öffentlichkeit den Eindruck zu vermitteln, als wäre Saddam persönlich in die Anschläge vom 11. September 2001 involviert gewesen: In einer Umfrage der *Washington Post* im September 2003 zeigten sich 69 Prozent der Befragten davon überzeugt.

Auch das Argument der USA, der Irak müsse angegriffen werden, um den Resolutionen des Sicherheitsrats Geltung zu verschaffen, war höchst unglaubwürdig. Schließlich werden viele UN-Resolutionen von anderen Staaten ignoriert, nicht zuletzt von Israel. Und der Irak-Krieg selbst wurde zur eklatantesten Verletzung der UN-Regeln der vergangenen Jahre.

Nach dem Irak-Krieg betonten amerikanische Regierungsvertreter immer stärker das Menschenrechtsargument und verwiesen dabei auf die im Land gefundenen Massengräber. Doch diese Gräber stammten aus der Zeit der Niederschlagung der schiitischen Intifada 1991, für die die USA mitverantwortlich waren. Und die oft zitierten Giftgasangriffe auf irakische Kurden fanden in den Jahren statt, als die USA Saddam im Krieg gegen den Iran unterstützten.

Warum also wurde dieser Krieg geführt? Gewiss nicht für Erdöl, wie viele Kriegsgegner vermuteten. Zwar sind die riesigen irakischen Ölreserven für die USA interessant, aber der Zugang stand ihnen auch ohne Krieg offen. Die Vereinigten Staaten waren in den neunziger Jahren der wichtigste Abnehmer für irakisches Erdöl, und es ist kaum vorstellbar, dass Saddam den Amerikanern die Lieferung von Öl zu Weltmarktpreisen verweigert hätte. Seit der Ölkrise von 1973/74 hat kein erdölproduzierendes Land mehr einen ernsthaften Ölboykott versucht – aus gutem Grund: Die Ölproduzenten sind von den Einnahmen abhängig und wissen, dass andere Staaten gerne einspringen, wenn die Lieferungen versiegen. Erdöl wird am Weltmarkt gehandelt und nicht durch Kriege erobert. Der Krieg gab den USA auch nicht die Möglichkeit, an den irakischen Öleinnahmen zu partizipieren. Das wäre nur bei einer unbefristeten Besatzung des Landes möglich, welche die USA allerdings politisch und finanziell teurer zu stehen kommen würde als der Vorteil, irakisches Öl uneingeschränkt zur Verfügung zu haben.

Ein weiteres Motiv, das George W. Bush unterstellt wurde, war die Rache für seinen Vater. Das mag vielleicht für den Präsidenten selbst eine Rolle gespielt haben, aber kaum für dessen Berater Rumsfeld und Wolfowitz. Zudem stellt sich die Frage: Rache wofür? Schließlich verpasste Bush sr. nicht wegen des Golf-Kriegs die Wiederwahl, sondern wegen seiner verfehlten Wirtschaftspolitik.

Immer wieder wird in der arabischen Welt der Einfluss Israels hinter der amerikanischen Irak-Politik vermutet. Zwar freuten sich die meisten Israelis über das Ende ihres Erzfeinds, der sie während des Golf-Kriegs 1991 grundlos mit Scud-Raketen beschossen hatte. Aber aus strategischer Sicht bereitete der Iran der israelischen Führung mehr Sorgen als der Irak. Zwar ließ Saddam Hussein den Familien von palästinensischen Selbstmordattentätern bis zu 25 000 Dollar auszahlen, aber weitaus gefährlicher sind aus israelischer Sicht die Beziehungen des Iran zu radikal-islamischen Organisationen wie Hisbollah oder Hamas.

Glaubwürdigere Erklärungen für das amerikanische Vorgehen im Irak finden sich in den geopolitischen Überlegungen der Bush-Regierung. So stellte die Verwicklung einiger Saudis in die Terroranschläge vom 11. September 2001 die Verlässlichkeit dieses wichtigen regionalen Partners in Frage. Demnach war der Sturz Saddams ein Versuch, mit dem Irak einen neuen Verbündeten zu schaffen, der es den USA ermöglichen sollte, gegen die von Saudi-Arabien ausgehende islamistische Gefahr vorzugehen. Hinzu kam die Überlegung, den Iran durch eine amerikanische Truppenpräsenz einzukreisen und so die Aggression des Mullah-Regimes einzudämmen, das dabei war, eigene Atomwaffen zu entwickeln.

Die Pläne für einen Irak-Krieg wurden allerdings bereits vor der Zerstörung des World Trade Centers geschmiedet. Die Neokonservativen in der Bush-Regierung hatten schon während der neunziger Jahre in Wort und Schrift auf den Sturz Saddams hingearbeitet und begannen mit den Vorbereitungen hierfür sofort, als sie an die Macht kamen. Schon am 12. September 2001 brachten Rumsfeld und Wolfowitz laut Bob Woodwards Buch *Bush at*

War einen Angriff auf den Irak als erste Maßnahme im »Krieg gegen den Terror« ins Spiel. Die Logik dahinter leuchtete damals den meisten Bush-Beratern nicht ein, in den folgenden Monaten aber ließen sie sich davon überzeugen. Um die Bedrohung aus der islamischen Welt einzudämmen, müssten die USA von ihren Feinden wieder gefürchtet werden. »Der 11. September ist passiert, weil wir unsere Fähigkeit zur Abschreckung verloren haben. 20 Jahre lang haben wir nicht zurückgeschlagen, wenn Amerikaner ermordet wurden«, schrieb etwa Thomas Friedman, Kolumnist der *New York Times*. Für die Bush-Regierung war Husseins Herrschaft eine ständige Erinnerung an die Schwäche der USA und damit eine Ermutigung für ihre Feinde. Der Vorwurf galt vor allem der Clinton-Regierung, die den Irak zwar mehrfach bombardiert hatte, am heftigsten während der Operation »Desert Fox« vom Dezember 1998, aber den Diktator weiter gewähren ließ.

Die Neokonservativen wie Paul Wolfowitz und Richard Perle führten dieses Argument noch weiter: Ein demokratischer, pro-westlicher Irak würde als Vorbild für die ganze Region dienen, dem radikalen antiamerikanischen Islam Einhalt gebieten und der arabischen Welt einen politischen und wirtschaftlichen Modernisierungsschub bringen. Nur so könne die Sicherheit der Amerikaner nach dem Schock vom 11. September 2001 wiederhergestellt werden – und vielleicht sogar die Ablehnungsfront der arabischen Welt gegen Israel zerbrochen werden, ohne dass der jüdische Staat sich aus allen besetzten Gebieten zurückziehen müsste. Das war eine waghalsige These mit äußerst geringen Chancen auf Verwirklichung.

Die Eroberung Bagdads

Wer einen solchen Plan verfolgt, muss sich seiner Erfolgsaussichten sehr sicher sein. Die massive Überlegenheit der amerikanischen Streitkräfte gab der Bush-Regierung diese Sicherheit und verleitete sie dazu, andere Faktoren zu ignorieren. In den Monaten vor dem zweiten Irak-Feldzug unternahmen die USA zwar einige Anstrengungen, Verbündete für ihr Unternehmen zu gewinnen; diese waren aber in erster Linie an die Adresse der eigenen Bürger gerichtet, die ihr Land international nicht isoliert sehen wollten. Die Vereinten Nationen, laut Völkerrecht die einzige Institution, die den Einsatz von Waffengewalt legitimieren kann, wurden zum Hilfssheriff der USA degradiert. Kritiker des amerikanischen Kriegskurses wie Deutschland und Frankreich wurden von Rumsfeld als »altes Europa« angefeindet, potenzielle Verbündete unter Druck gesetzt, unter den europäischen Staaten Zwietracht gesät, die NATO brüskiert und das transatlantische Verhältnis seiner schwersten Belastung seit fünfzig Jahren ausgesetzt. Als sich im März 2003 herausstellte, dass die Mehrheit im UN-Sicherheitsrat nicht bereit war, einen Angriffskrieg zu unterstützen, verzichteten die USA und ihr Verbündeter Großbritannien auf die völkerrechtliche Legitimation und beschlossen, auch ohne UN-Mandat in den Krieg zu ziehen.

Der Krieg begann am 19. März mit dem Versuch, einen »Enthauptungsschlag« gegen Saddam Hussein durchzuführen, und endete am 14. April mit dem Fall von Husseins letzter Bastion Tikrit. Das war deutlich schneller als von Militärexperten erwartet und schien Rumsfeld Recht zu geben. Der Verteidigungsminister wollte beweisen, dass die USA keine riesige, schwerfällige Streitmacht benötigten, sondern dass flexible Einheiten, mit Hightech-Waffen ausgestattet, jeden Gegner bezwingen könnten. Statt mit 350 000 Soldaten wie im letzten Golf-Krieg zogen die USA diesmal mit nur 150 000 Soldaten in die Wüste, und anstatt die Bodenoffensive mit wochenlangen Bombardements vorzubereiten, liefen der Luft- und der Bodenkrieg gleichzeitig ab.

Diese Taktik wurde den USA während der ersten Kriegsphase fast zum Verhängnis: Die Soldaten wurden im Süden nicht als Befreier bejubelt, sondern von den schiitischen Stämmen heftig bekämpft. Ihre Nachschublinien von Kuwait nach Norden, die sich über mehrere hundert Kilometer hinstreckten, waren für Angriffe äußerst verwundbar und ein dreitägiger Sandsturm brachte den Vormarsch nach einer Woche vorübergehend zum Stillstand. Nach dem Sieg warfen zahlreiche Militärexperten, darunter der demokratische Präsidentschaftskandidat General Wesley Clark, Rumsfeld deshalb vor, mit zu wenig Truppen in den Krieg gezogen zu sein und dadurch das Leben amerikanischer Soldaten aufs Spiel gesetzt zu haben. Doch von den vielen Rückschlägen erfuhr die Welt aufgrund der restriktiven Medienarbeit der amerikanischen Streitkräfte zunächst nur wenig.

Erst in den ersten Apriltagen ging das Kalkül der Amerikaner auf. Das Dauerbombardement rieb die Divisionen der Republikanischen Garde auf, der ohnehin geringe Widerstand gegen die Invasoren brach vollends zusammen. Am 7. April rückten die amerikanischen Truppen fast kampflos in Bagdad ein, wenige Tage später kontrollierten sie alle größeren Städte. Am 1. Mai landete Präsident Bush in voller Kampfmontur auf dem Flugzeugträger USS Abraham Lincoln, um dort vor einigen tausend Soldaten das Ende des Kriegs zu verkünden. »Mission Accomplished« (»Auftrag erfüllt«) stand auf einem riesigen Transparent hinter dem triumphierenden Präsidenten.

Nach einer Schätzung des Project for Defense Alternatives starben vom 19. März bis 1. Mai 2003 rund 13 000 Iraker, darunter etwa 4000 Zivilisten, die nicht am Widerstand beteiligt waren – die meisten durch Raketen- und Bombenbeschuss aus der Luft. So kamen am 28. März 50 Iraker ums Leben, als eine Bombe in einer Marktstraße in Bagdad einschlug. Die Zahl der alliierten Verluste blieb zunächst gering, bis zum Ende der Kampfhandlungen verloren die Amerikaner 138 Soldaten.

Der wirkliche Krieg beginnt

Die Meldungen vom großen militärischen Sieg erwiesen sich als voreilig. Die Eroberung von Bagdad war nicht mehr als eine Eröffnungsschlacht eines viel größeren Krieges. Die irakische Armee hatte nämlich bis auf wenige Ausnahmen gar nicht gekämpft, sondern war einfach abgetaucht. Aus Angst, dass chemische Waffen explodieren könnten, hatten die Amerikaner beim Vormarsch darauf verzichtet, die Tausenden vorhandenen Waffendepots der irakischen Streitkräfte zu sprengen. Aber sie ließen sie auch nicht bewachen, weil der US-Armee dafür die Soldaten fehlten. Nach und nach wurden die Depots daher von Aufständischen geleert – geschätzte 250 000 Tonnen an Waffen und Munition gingen so in deren Hände über. Auch milliardenschwere Geldbestände, die in den Tresoren der irakischen Nationalbank lagerten, verschwanden im Untergrund.

Zwei katastrophale Fehlentscheidungen der Besatzungsverwaltung trieben den Aufständischen eine ausreichende Zahl von Rekruten zu: Kurz nach seiner Ankunft in Bagdad entließ der Chef der zivilen Verwaltung, der Diplomat Paul Bremer, am 16. Mai 2003 im Namen einer durchgreifenden »Entbaathisierung« sämtliche Mitglieder von Saddam Husseins Baath-Partei aus öffentlichen Positionen, darunter auch Tausende Lehrer. Eine Woche später ging Bremer noch einen Schritt weiter: Er löste die irakische Armee und die Polizeikräfte auf, obwohl sie von den Amerikanern für die Sicherung der öffentlichen Ordnung dringend benötigt worden wären. Mehr als eine halbe Million Iraker standen unter der US-Besatzung plötzlich ohne Job, ohne Einkommen und ohne Zukunftsperspektive da. Viele von ihnen schlossen sich in rascher Folge dem Aufstand an.

Bis zum Sommer dann waren die sunnitischen Guerillas für den echten Krieg gerüstet. Ihr erster konzertierter Angriff bestand am 7. August aus der Explosion einer Autobombe vor der jordanischen Botschaft, die elf Menschen das Leben kostete. Fortan explodierten fast täglich Bomben in und rund um Bagdad. Die Angriffe richteten sich gegen US-Truppen, aber auch gegen jene Iraker, die für die Besatzer arbeiteten. Zum Zeitpunkt des Besuches des stellvertretenden Verteidigungsministers Paul Wolfowitz war der Aufstand bereits in vollem Gang. Doch die US-Armee und die zivile Verwaltung taten immer noch so, als sei der Krieg vorbei, und weigerten sich, die Existenz eines Guerillaaufstandes anzuerkennen. Und weder auf der militärischen noch der zivilen Seite hatten die Amerikaner einen Plan, wie sie mit dieser unerwarteten Situation umgehen sollten.

16. Juli 1979	Saddam Hussein wird Staatschef und Generalsekretär der Baath-Partei.
22. September 1980	Der Krieg gegen den Iran beginnt.
16. März 1988	Die irakische Armee bombardiert die kurdische Stadt Halabscha mit Giftgas. Mehr als 5000 Einwohner werden getötet.
20. August 1988	Waffenstillstand mit dem Iran.
2. August 1990	Irakische Truppen marschieren in Kuwait ein.

25. August 1990	Die UN autorisieren die Anwendung von Gewalt, um den Irak aus Kuwait zu vertreiben.
17. Januar – 28. Februar 1991	»Operation Wüstensturm« zur Befreiung Kuwaits. Bagdad akzeptiert einen Waffenstillstand.
7. April 1991	Nach der Niederschlagung von Aufständen der Schiiten im Süden und der Kurden im Norden durch die irakische Regierung verhängen die Alliierten des Golf-Kriegs ein Flugverbot über dem Nordirak.
27. August 1992	Auch der Süden des Irak wird Flugverbotszone.
27. Juni 1993	Die USA feuern 23 Marschflugkörper auf die Geheimdienstzentrale in Bagdad ab, um sich für ein mutmaßliches Attentat auf den ehemaligen US-Präsidenten George Bush zu rächen. Sechs Zivilisten werden getötet.
16.–19. Dezember 1998	Bei der »Operation Wüstenfuchs« feuern die USA in drei Nächten 500 Raketen auf den Irak ab.
17. Dezember 1999	Die UN-Resolution 1284 errichtet ein neues Rüstungskontrollregime.
29. Januar 2002	In seiner Rede zur Lage der Nation bezeichnet US-Präsident George W. Bush den Irak zusammen mit Iran und Nordkorea als eine »Achse des Bösen«.
11. Oktober 2002	Der amerikanische Kongress ermächtigt Präsident George W. Bush, einen Militärschlag gegen den Irak zu unternehmen.

8. November 2002	Der UN-Sicherheitsrat verabschiedet die Resolution 1441: Der Irak solle alle Massenvernichtungswaffen ausliefern, sonst drohten ernste Konsequenzen.
27. November 2002	Die UN-Inspektionen werden wieder aufgenommen.
17. März 2003	US-Präsident George W. Bush fordert Saddam Hussein ultimativ auf, binnen 48 Stunden ins Exil zu gehen.
19. März 2003	Erster amerikanischer »Enthauptungsschlag« zur Tötung Saddam Husseins scheitert.
20. März 2003	Die US-geführten Streitkräfte marschieren im Irak ein.
9. April 2003	Die US-Truppen stehen im Zentrum Bagdads.
1. Mai 2003	Präsident Bush erklärt den Irak-Krieg für beendet.
16. Mai 2003	Zivilverwalter Paul Bremer verkündet eine durchgreifende Entbaathisierung.
23. Mai 2003	Paul Bremer löst per Dekret die irakische Armee und die Polizeikräfte auf. Rund eine halbe Million Iraker stehen auf der Straße.

Zeittafel Irak-Konflikt I

40
Hölle auf Erden: Die katastrophale Besatzung des Irak

Die USA kamen in den Irak ohne konkrete Pläne für die Besatzungszeit und begingen vom ersten Moment an gravierende Fehler. Sie versagten im Kampf gegen die Aufständischen ebenso wie beim wirtschaftlichen Wiederaufbau und konnten den Ausbruch von Gewalt zwischen Sunniten und Schiiten nicht verhindern. Das Leben im Irak ist heute schlimmer, als es unter Saddam Hussein je war.

Als die US-Armee am 9. April 2003 die riesige Statue von Saddam Hussein im Zentrum von Bagdad mit Hilfe eines Panzers niederriss, jubelten nicht nur die Zuseher vor den amerikanischen Fernsehschirmen. Auch für Millionen von Irakern war es ein Moment der Freude, denn sie hatten unter Saddams Gewaltherrschaft unsäglich gelitten. In diesen Tagen hatten viele die Hoffnung, dass die USA das Land tatsächlich in eine bessere und friedliche Zukunft führen könnten. Auch wenn der Anblick einer fremden Besatzungstruppe die meisten Bürger in ihrem Stolz verletzte, so waren sie dennoch bereit, die Amerikaner und ihre Verbündeten beim Aufbau einer neuen Ordnung zu unterstützen.

Doch die Gelegenheit des Augenblicks wurde verspielt. Die USA betraten den Irak ohne einen realistischen Plan für eine politische Neuordnung, für den wirtschaftlichen Wiederaufbau und für den Kampf gegen Aufständische, die den Sturz Saddam Husseins und die Besatzung des Landes durch Ungläubige nicht hinnehmen wollten. Vor allem aber waren viel zu wenig Truppen vor Ort, um den Irakern das zu geben, was sie im Augenblick des Umbruchs am meisten benötigten: persönliche Sicherheit.

Fehlentscheidungen

Die ersten Anzeichen der kommenden Fehlentwicklungen tauchten bereits am 10. April 2003 auf. In Bagdad setzten Plünderungen ein. Tausende Männer zogen durch die Straßen und nahmen aus Ministerien, öffentlichen Ämtern und privaten Geschäften alles mit, was irgendeinen Wert hatte. Die US-Soldaten sahen tatenlos zu. In Washington interpretierte Verteidigungsminister Donald Rumsfeld den Raubzug als Zeichen des Jubels. Solche Sachen passierten halt, wenn ein Volk seine Freiheit erhielte, erklärte er hochmütig. In Bagdad brach inzwischen die öffentliche Ordnung ebenso zusammen wie die Versorgung mit Strom, Wasser und Lebensmitteln. Fahrlässigerweise zogen die Amerikaner schon bald ihre Panzer vom irakischen Nationalmuseum ab und ermöglichten damit die ungehinderte Plünderung Tausender unschätzbar wertvoller Kunstschätze und historischer Zeugnisse. Nur das Ölministerium stand ständig unter Bewachung – in der irrigen Annahme, dass damit die irakische Ölproduktion geschützt werden könnte.

Der von den USA eingesetzte Zivilverwalter, der pensionierte General Jay Garner, begann in diesen Tagen mit seiner Arbeit. Garner hatte bei der Organisation des humanitären Einsatzes im nordirakischen Kurdengebiet 1991 wertvolle Erfahrungen gesammelt, besaß eine gute Kenntnis der arabischen Mentalität und verstand es, in schwierigen Situationen zu improvisieren. Aber seine neue Aufgabe war deutlich schwieriger. Garner war erst im Januar 2003 berufen worden und hatte kaum Zeit zur Vorbereitung bekommen. Er hatte zu wenig Mitarbeiter vor Ort und verfügte über zu wenig Ressourcen. Es waren dann vor allem politische Intrigen in Washington, die ihn von Anfang an bei seiner Arbeit behinderten und ihn schließlich zu Fall brachten.

Schnell versuchte Garner, mit den bestehenden Institutionen der Regierung, der Baath-Partei und der irakischen Armee zusammenzuarbeiten, um die öffentliche Ordnung wiederherzustellen und Kontinuität in der irakischen Gesellschaft zu bewahren. Er wollte bereits in 90 Tagen Wahlen abhalten, die Macht an eine neugewählte irakische Übergangsregierung abgeben und der US-Armee damit ermöglichen, sich auf Stützpunkte in der Wüste zurückzuziehen und so aus dem täglichen Leben der Iraker zu verschwinden. Ob Garners Plan tatsächlich aufgegangen wäre, lässt sich rückblickend nicht beurteilen, aber die spätere Entwicklung hat ihm in vielen Punkten Recht gegeben.

Garners Strategie hätte dazu geführt, dass Männer aus der zweiten Ebene der Baath-Partei an der Macht geblieben wären. Dagegen sträubte sich vor allem der einflussreiche Exiliraker Ahmed Chalabi, ein Führungsmitglied des Irakischen Nationalkongresses (INC). Chalabi galt als zwielichtige Figur und hatte unter seinen Landsleuten kaum Freunde, dafür aber beste Beziehungen zu neokonservativen Kreisen in den USA. Er hatte Rumsfeld und Wolfowitz davon überzeugt, dass die Iraker die Amerikaner als Befreier begrüßen würden, und er hatte viele der Falschmeldungen über irakische Massenvernichtungswaffen in den US-Medien lanciert, vor allem in Judith Millers Artikeln in der *New York Times*. Nach seiner Rückkehr nach Bagdad forderte Chalabi die sofortige Entfernung aller Baathisten von den Schaltstellen der Macht; offenbar hoffte er darauf, dass ihm die USA dann die Regierungsgeschäfte übertragen würden. Vom ersten Tag an intrigierte er gegen Garner und betrieb in Washington dessen Ablöse. Bereits am 24. April war es so weit: Rumsfeld rief Garner an und teilte ihm mit, dass der Diplomat Paul Bremer die Führung der Zivilverwaltung »Coalition Provisional Authority« (CPA) übernehmen würde. Bremer traf am 11. Mai in Bagdad ein, wenige Wochen später reiste Garner ab.

Im Nachhinein lässt sich nicht mehr endgültig feststellen, wer Bremer eigentlich ausgesucht hat. Er war ein Vertrauter des früheren US-Außenministers Henry Kissinger und wurde dem Weißen Haus vom Pentagon empfohlen. Aber spätestens, als klar wurde, dass Bremer eine katastrophale Wahl war, tat Rumsfeld so, als hätte er nichts mit dessen Berufung zu tun gehabt; diese sei vom Außenministerium betrieben worden.

Genauso schwer ließ sich nachverfolgen, wer die Auflösung der irakischen Armee am 23. Mai eigentlich angeordnet hatte. Bremer behauptete, der Auftrag sei aus dem Pentagon gekommen, aber Rumsfeld, ohne dessen Wissen in seinem Ministerium nichts Wichtiges geschah, sagte später, er habe erst im Nachhinein von dieser Entscheidung erfahren. Der Verteidigungsminister war berühmt dafür, überall mitzumischen, ohne konkrete Spuren zu hinterlassen, weswegen seine Aussagen mit Vorsicht zu genießen sind.

Die Verwirrung über die Herkunft dieser Entscheidungen

macht deutlich, wie sorglos und chaotisch die ersten Monate der amerikanischen Besetzung abliefen. Rumsfeld war vor allem damit beschäftigt, Außenminister Colin Powell und dessen Mitarbeiter aus den Entscheidungsprozessen rund um die Irak-Politik zu verdrängen und die Forderung der Militärs nach der Entsendung von mehr Truppen abzuwehren. Schließlich ging es ihm darum, zu beweisen, dass die neuen Hightech-Armeen auch mit wenig Personal auskommen können. Für die CPA wurden junge Leute nach Bagdad geschickt, deren einzige Qualifikation aus ihrer Loyalität zur Republikanischen Partei bestand. Als sich die Sicherheitslage verschlechterte, zogen sich die Amerikaner immer mehr in die schwerbewachte »Grüne Zone« im Zentrum von Bagdad zurück und erfuhren immer weniger vom irakischen Alltag.

Bremers Schwächen waren bald offensichtlich. Es fehlte ihm an Führungsqualitäten, er hörte nicht auf den Rat von anderen und mischte sich in zu viele Detailentscheidungen ein. Allerdings ließen ihn auch seine Vorgesetzten in Washington im Stich. Während das Militär jeden Tag Millionen Dollar verbrauchte, fehlte es Bremer an Mitteln und Personal. Er war auf dem Papier allmächtig, konnte aber kaum etwas bewirken. Seine Antwort auf dieses Dilemma war es, noch mehr Macht an sich zu reißen. Bremer ließ die Pläne für baldige Wahlen fallen, schloss die irakischen Stammesführer und Würdenträger, die Garner um sich gesammelt hatte, von allen Entscheidungen aus und ließ verlauten, dass es vorerst keine irakische Regierung geben werde. Der im Juli 2003 gegründete Irakische Regierungsrat hatte keine echten Kompetenzen und diente bloß als Feigenblatt.

Bremer hatte schlechte Beziehungen zu seinen Untergebenen, vernachlässigte die Berichterstattung nach Washington und ließ sich auf bürokratische Fehden mit der US-Armeeführung ein. Sein Verhältnis zum neuen amerikanischen Oberkommandierenden im Irak, General Ricardo Sanchez, war von Anfang an angespannt und verschlechterte sich zusehends. Da die beiden Männer kaum miteinander sprachen, fehlte es auch an Koordination zwischen der zivilen und der militärischen Führung. Doch eine enge Abstimmung zwischen diesen beiden Gewalten war und ist die Grundvoraussetzung für einen erfolgreichen Kampf gegen eine Guerillabewegung.

Versagen im Guerillakrieg

Dass im Irak ein klassischer Guerillakrieg drohte, wurde vielen Beobachtern schon im Frühsommer 2003 klar. Doch die Armeeführung und das Weiße Haus wollten davon nichts wissen. Rumsfeld tat die Warnungen vor einem Guerillaaufstand als Schwarzmalerei ab und sagte ein baldiges Ende der Gewalt im Irak voraus. Stattdessen nahm diese von Tag zu Tag zu und die Angriffe der Aufständischen wurden zunehmend professionell. Immer mehr Bomben explodierten am Straßenrand, wenn amerikanische Konvois vorbeifuhren, und rissen Soldaten und Zivilisten in den Tod. Besonders gefährdet waren Iraker, die sich als Polizeikräfte oder Soldaten meldeten oder auf andere Weise mit den Amerikanern zusammenarbeiten wollten. Der Angriff auf das Bagdader al-Rashid-Hotel, in dem sich gerade US-Vizeverteidigungsminister Paul Wolfowitz aufhielt, markierte den Beginn der sogenannten »Ramadan-Offensive«, der ersten großen Schlacht des irakischen Aufstands.

Ein Guerillakrieg, das wissen Militärexperten seit Jahrhunderten, lässt sich nicht allein militärisch gewinnen. Entscheidend ist es, einen Keil zwischen Aufständische und Bevölkerung zu treiben und zu verhindern, dass immer mehr Menschen den Aufstand unterstützen. Die Guerilla wiederum wird versuchen, durch gezielte Angriffe die Militärmacht zu gewalttätigen Übergriffen gegen die Zivilbevölkerung zu provozieren und auf diese Weise ebendort Unterstützung und neue Rekruten zu sammeln. Eine Armee, die eine Guerilla bekämpft, muss daher möglichst umsichtig vorgehen, möglichst wenig Gewalt gegen Zivilisten einsetzen und stets um eine breite Unterstützung in der Bevölkerung bemüht sein. Die beste Armee mit den modernsten Waffen nutzt nichts, wenn durch ihren Einsatz immer mehr Menschen in die Hände der Aufständischen getrieben werden. Diese Lektionen hatte die US-Armee im Vietnam-Krieg auf mühsame Weise gelernt – und dreißig Jahre später im Irak offenbar völlig vergessen.

Die US-Soldaten taten alles, was man in einem Guerillakrieg eigentlich vermeiden sollte. Sie reagierten auf jede Attacke mit Hausdurchsuchungen, bei denen sie keinerlei Rücksicht auf die Würde und Privatsphäre der irakischen Familien nahmen. Tausende Menschen wurden festgenommen und bei den Einvernahmen psychisch oder physisch misshandelt. US-Einheiten patrouillierten durch die Straßen der Städte, um ihre Präsenz zu demonstrierten, und ließen die Iraker dabei die Erniedrigung einer Besatzung fühlen. Wenn amerikanische Konvois durch die Straßen fuhren, musste jeder auf die Seite springen. Und bei einem Angriff schossen die Soldaten schon mal ziellos auf umstehende Passanten, während die wahren Täter längst untergetaucht waren.

Jedes Mal, wenn ein Iraker auf diese Weise ums Leben kam oder seine Ehre verlor, schwor die ganze Familie Rache. So wuchs von Tag zu Tag die Zahl derer, die mit den Amerikanern eine Rechnung offen hatten. Während Tausende Extremisten aus anderen islamischen Ländern über die ungesicherte Grenze zu Syrien einreisten und sich dem Aufstand anschlossen, entschlossen sich auch im Land selbst immer mehr Bürger, Familien und ganze Stämme, die anfängliche Zusammenarbeit mit den Besatzungen zu beenden und in den Kampf gegen jene einzutreten. Durch die katastrophale Sicherheitslage konnte sich die Wirtschaft nicht erholen; wegen ständiger Angriffe auf Ölförderanlagen und Pipelines konnte nur ein Bruchteil der Produktionskapazitäten ausgeschöpft werden. Die meisten Bürger hatten keine Arbeit, die Stromversorgung brach ständig zusammen und es fehlte an sauberem Wasser und Lebensmitteln.

Der Aufstand war zunächst auf das »sunnitische Dreieck« nördlich und westlich von Bagdad konzentriert, aber auch in und rund um Bagdad wurde das Leben immer gefährlicher. Sunnitische Banden griffen Schiiten an und lösten damit Vergeltungsschläge schiitischer Milizen aus. Die US-Truppen waren meist hilflos. So verschwand das Vertrauen der Bevölkerung in den Schutz durch die US-Armee und damit auch die Autorität der Besatzer. Immer wieder zogen sich amerikanische Truppen aus Städten und Gebieten nach heftigen Kämpfen gegen Aufständische wieder zurück und verloren daher die Kontrolle – so etwa in der Stadt Fallujah westlich von Bagdad, wo ein blutiger Angriff auf die dortigen Hochburgen im März aus politischen Gründen abgebrochen wurde. Fallujah wurde zu einer Art Sicherheitszone für die Guerillas. Erst nach einer zweiten Schlacht im November 2004, in der die Stadt fast zur Gänze zerstört wurde, gewannen die US-Streitkräfte dort die Kontrolle zurück.

Ähnlich wankelmütig gingen die US-Streitkräfte mit dem jungen radikalen Schiitenführer Muktada al-Sadr um, einem radikalen Gegner der USA. Zeitweise verfolgten sie ihn und seine Mahdi-Armee, dann schlossen sie wieder einen Waffenstillstand und suchten sogar die Zusammenarbeit. Dank seines Widerstands gegen die Besatzung stieg al-Sadr zur populärsten Führungspersönlichkeit unter den jungen Schiiten auf und wurde zum entscheidenden Machtfaktor in der irakischen Politik.

Immer mehr wuchs auf der sunnitischen Seite indessen der Einfluss der Al-Kaida, die im Irak vom Jordanier Abu Musab al-Sarkawi angeführt wurde. Sein Aufenthalt im Nordirak im Jahr 2002 – in einem Gebiet, das außerhalb der Kontrolle Bagdads stand – hatte der Bush-Regierung als Beweis für angebliche Verflechtungen zwischen Saddam Hussein und Al-Kaida gedient. Unter der US-Besatzung konnte er sich nun im ganzen Land bewegen und die radikalsten Elemente des Aufstandes organisieren. Al-Kaida spezialisierte sich auf brutale Angriffe auf Schiiten, die von radikalen Sunniten wie al-Sarkawi als Ketzer betrachtet werden, und auf Entführungen westlicher Bürger.

Die Bildung von neuen irakischen Streitkräften und Polizeitruppen, eine der Säulen der amerikanischen Besatzungspolitik, kam indessen nicht vom Fleck. Die Lehrkurse waren so kurz, dass den angeworbenen Soldaten und Polizisten die grundlegenden Qualifikationen für effektive Kampfeinsätze fehlten. Meist versuchte die US-Armee einfach, den Irakern ihre eigenen Verhaltensmuster aufzudrängen, obwohl sich diese im Irak bereits als untauglich erwiesen hatten. Die Aussicht auf etwas Verdienst war angesichts der hohen Arbeitslosigkeit unter den Irakern zwar verlockend, aber gezielte Terrorangriffe auf Rekruten machten einen Beitritt zu den neuen Sicherheitskräften zu einer lebensgefährlichen Entscheidung. Die irakischen Truppen bestanden fast ausschließlich aus Schiiten, was die Spaltung der Gesellschaft weiter verschärfte. Sunnitische Einheiten wie etwa jene, der nach der ersten Schlacht von Fallujah die Kontrolle über die Stadt übergeben wurde, schlossen sich oft in kurzer Zeit dem Aufstand an.

Im November 2003 beschloss die Bush-Regierung, im folgenden Sommer die Macht an eine irakische Übergangsregierung zu übergeben. Die Gefangennahme von Saddam Hussein am 13. Dezember 2003 gab den US-Streitkräften etwas Auftrieb und tatsächlich flaute der Aufstand in den folgenden Wochen ab. Doch im Frühjahr 2004 war die Gewalt im Irak wieder schlimmer denn je.

Der Skandal von Abu Ghraib

Ende April 2004 brachten das amerikanische TV-Magazin *60 Minutes* und die Zeitschrift *The New Yorker* Bilder von irakischen Gefangenen, die von ihren amerikanischen Bewachern misshandelt und gefoltert wurden. Die Bilder stammten aus dem Gefängnis Abu Ghraib, das schon unter Saddam Hussein ein Ort des Schreckens gewesen war und nun von den US-Besatzern verwendet wurde, um aus verdächtigen Irakern Informationen über den Aufstand herauszupressen. Das Gefängnis war mit 7000 Insassen völlig überfüllt, die Wärter waren schlecht ausgebildete US-Soldaten, die mit ihren Gefangenen ohne effektive Aufsicht alleingelassen wurden. Die Bilder von physischen, psychischen und sexuellen Misshandlungen von Inhaftierten durch amerikanische Soldaten und die Berichte des prominenten Journalisten Seymour Hirsh im *New Yorker* sorgten weltweit für Empörung – vor allem aber im Irak selbst. Wer konnte nach dem Anblick dieser Bilder noch glauben, dass die USA den Irakern die Freiheit und die Sicherung der Menschenrechte bringen wollten?

Noch verstörender war die Reaktion der Bush-Regierung: Sie versuchte, die Misshandlungen als Übergriffe weniger schwarzer Schafe abzutun, die ohne Wissen ihrer Vorgesetzten gehandelt hätten. Doch das war schwer zu glauben. Schließlich hatten die USA auch in Guantánamo und anderen Gefängnissen folterartige Verhörmethoden zugelassen und der Druck auf CIA und Militärermittler, Informationen aus Häftlingen herauszupressen, war im Irak eher noch stärker. Auch wenn keine schriftlichen Befehle für Misshandlungen vorlagen, war es offensichtlich, dass die Praktiken von Abu Ghraib weiter oben zumindest geduldet, wenn nicht sogar gefördert wurden.

Dennoch beschränkte sich die Strafverfolgung auf sieben Soldaten vor Ort, darunter Charles Graner und seine damalige Freundin Lynndie England, die auf mehreren der schockierenden Bilder zu sehen war. Gefängniskommandantin Janis Karpinski wurde degradiert, weitere Konsequenzen blieben aber aus. Verteidigungsminister Rumsfeld, der die politische Verantwortung für das Verhalten der US-Streitkräfte im Irak trug, sah sich mit massiven Rücktrittsforderungen konfrontiert, blieb aber weitere zweieinhalb Jahre im Amt.

Bürgerkrieg

Am 28. Juni 2004 übergab Paul Bremer die formale Macht an eine Übergangsregierung und verließ fluchtartig den Irak. Sein Nachfolger John Negroponte trug nur noch den Titel Botschafter der USA, hielt aber weiterhin alle Fäden in der Hand. Sein wichtigstes Ziel war die Abhaltung demokratischer Wahlen und die Schaffung einer legitimen irakischen Regierung, die das Land zusammenhalten könnte.

Die ersten Wahlen für eine Nationalversammlung fanden tatsächlich im Januar 2005 statt, gefolgt von einem Referendum über eine neue Verfassung im Oktober und die Wahl eines nationalen Parlamentes im Dezember desselben Jahres. Dank eines massiven Militäreinsatzes liefen die Urnengänge relativ friedlich ab, die Wahlbeteiligung war in weiten Teilen des Landes beeindruckend hoch. Doch das Ergebnis glich eher einer Volkszählung als einer demokratischen Willensbildung, weil die Wähler ihre Stimmen fast ausschließlich nach ethnisch-religiösen Kriterien abgaben. Da die Schiiten fast zwei Drittel der Bevölkerung stellen, dominierten ihre Parteien das neue Parlament, gefolgt vom Block der kurdischen Parteien. Die Vertreter der Sunniten fanden sich in der Minderheit und sahen ihre Befürchtungen bestätigt, dass ihnen die schiitische Mehrheit jedes politische Mitspracherecht verwehren würde: Tatsächlich ist es der von religiösen Schiiten dominierten Regierung von Premier Nouri al-Maliki seit ihrem Amtsantritt 2006 nicht gelungen, mit den Sunniten zu einer grundlegenden Verständigung über die Zukunft des Landes zu kommen. Statt Kompromisse zu suchen, verfolgten beide Blöcke bloß die Interessen der eigenen Bevölkerungsgruppe. Während die Kurden in ihrer autonomen Region im Nordirak eine Art unabhängigen Staat errichtet haben, tobt zwischen Schiiten und Sunniten nach wie vor ein blutiger Kampf, der nach Meinung mancher Beobachter nur mit einer Teilung beendet werden kann.

Der Auftakt für die blutigste Phase dieses Kampfes war die Zerstörung der al-Askari Moschee in Samarra, einer der heiligsten Städte der Schiiten, am 22. Februar 2006. Der Angriff selbst forderte keine Menschenleben, löste jedoch eine blutige Welle von Vergeltungsakten durch die Mahdi-Armee und andere schiitische Milizen gegen die sunnitische Bevölkerung aus. Der irakische Bürgerkrieg war nunmehr voll entflammt. Millionen von Sunniten und Schiiten, die bis dahin in gemischten Ortschaften oder Stadtvierteln gelebt hatten, wurden aus ihren Häusern vertrieben und mussten in anderen Landesteilen Zuflucht suchen. Viele von ihnen schlossen sich nach ihrer Flucht den jeweiligen Milizverbänden ihrer Religionsgruppe an und beschleunigten auf diese Weise die Spirale der Gewalt.

Mehr als zwei Millionen Iraker flüchteten in die Nachbarländer Syrien und Jordanien, wo sie unter schwierigsten wirtschaftlichen und psychologischen Umständen weiterlebten, andere fanden in anderen arabischen Ländern oder in Europa Zuflucht. Die USA weigerten sich, mehr als eine Handvoll Iraker aufzunehmen. Selbst Personen, deren Leben akut bedroht war, weil sie eng mit der Besatzung kooperiert hatten, wurde die Einreise verweigert.

Bröckelnde Heimatfront

Die Bush-Regierung erlitt auch schwere Rückschläge an der sogenannten Heimatfront. Die wachsende Zahl an gefallenen amerikanischen Soldaten ließ im Laufe des Jahres 2004 die anfängliche breite Zustimmung zum Irak-Krieg schwinden. Zwar konnte Bush im November 2004 seine Wiederwahl für eine weitere vierjährige Amtszeit sichern, doch stellte bereits im Wahlkampf der Irak-Krieg eine ständige Belastung für den Präsidenten dar. Bush profitierte dann nicht zuletzt davon, dass sein demokratischer Herausforderer, Senator John Kerry, im Senat einst für einen Militäreinsatz gegen Saddam Hussein gestimmt hatte und den Wählern nie ganz erklären konnte, warum er nun seine Meinung geändert hatte. Bushs Wahlerfolg war aber auch auf eine starke Wahlbeteiligung religiöser Amerikaner zurückzuführen und auf die damals immer noch weitverbreitete Meinung, dass der »Krieg gegen den Terror« und die Invasion des Irak die USA sicherer gemacht habe.

Doch bereits im Sommer 2005 änderte sich auch in dieser Frage die Stimmung in der US-Bevölkerung, und ein Jahr später zeigten Umfragen, dass inzwischen zwei Drittel der Amerikaner den Irak-Krieg als einen Fehler bezeichneten. Neben dem Versagen der Bundesbehörden während des Hurrikans Katrina und den wachsenden Korruptionsvorwürfen gegen republikanische

Politiker war der Irak-Krieg die wichtigste Ursache für die vernichtende Niederlage der Republikaner bei den Kongresswahlen im November 2006. Erstmals seit 1994 eroberten die Demokraten die Mehrheit in beiden Kammern des US-Parlaments zurück, im Repräsentantenhaus sogar mit einem deutlichen Vorsprung. Das Fiasko im Irak hatte die Hoffnung republikanischer Strategen wie Karl Rove, eine langfristige Mehrheit für seine Partei in der US-Politik zu sichern, platzen lassen. Deutlich mehr Amerikaner sahen sich nun als Demokraten denn als Republikaner.

Noch am Wahlabend zog Bush erste Konsequenzen aus der Niederlage. Der umstrittene Verteidigungsminister Donald Rumsfeld trat zurück und wurde durch den als Pragmatiker bekannten Robert Gates ersetzt. In den folgenden Wochen betonte Bush immer wieder, er werde auf die Empfehlungen achten, die eine hochrangige Beratungsgruppe, die Iraq Study Group, für den US-Einsatz im Irak abgeben werde. Diese hatte im Frühjahr 2006 unter der Leitung des ehemaligen republikanischen Außenministers James Baker und des demokratischen Abgeordneten Lee Hamilton ihre Arbeit aufgenommen. Ihr im Dezember 2006 veröffentlichter Bericht übte massive Kritik an der amerikanischen Irakpolitik und empfahl schrittweise einen Truppenrückzug sowie eine engere Kooperation mit den radikalen Nachbarstaaten Syrien und Iran zur Bekämpfung des Aufstands im Irak, der die ganze Region zu destabilisieren drohe. Die Präsenz amerikanischer Truppen würde die Sicherheit im Irak kaum erhöhen, aber den Rückhalt für die Aufständischen in der Bevölkerung verstärken, so das zentrale Argument der Berater. Außerdem würden die schiitischen und sunnitischen Politiker so lange nicht ernsthaft nach Kompromissen suchen, wie die USA die Verantwortung für die Zukunft des Landes zu tragen schienen.

Doch kaum lag der Bericht auf dem Tisch, wurde er im Weißen Haus verworfen. Statt die Truppen zu reduzieren, ordnete Bush eine Entsendung weiterer US-Soldaten an, vor allem in und rund um Bagdad. »Surge« wurde das neue Programm genannt, das eine Erhöhung der Truppenstärke um 20 000 Mann auf etwa 160 000 Mann vorsah. Damit sollten endlich genügend Soldaten vor Ort sein, um die Gewalt in der Hauptstadt zu begrenzen und der irakischen Regierung eine Chance auf politische Konsolidierung zu geben.

Der wichtigste Vertreter der neuen Regierung war General

David Petraeus, der neue US-Oberkommandierende im Irak. In einer früheren Stationierung in der nordirakischen Stadt Mosul hatte Petraeus durch enge Zusammenarbeit mit der Bevölkerung den Aufstand wirksam bekämpft, allerdings wurden seine Erfahrungen von anderen Kommandanten ignoriert. Nun war er beauftragt, seine Lehren von damals im ganzen Land anzuwenden und so das Ruder im Irak noch einmal herumzureißen. Tatsächlich hatte die US-Armee inzwischen aus ihren frühen Fehlern gelernt und ihren Umgang mit Zivilisten deutlich verbessert. Und trotz einiger besonders blutiger Terroranschläge verbesserte sich die Sicherheitslage in Bagdad im Laufe des Jahres 2007. Auch in der Provinz Anbar, Teil des berüchtigten sunnitischen Dreiecks, verlor der Aufstand an Kraft, nachdem sich einflussreiche Stammesführer gegen die ausländischen Al-Kaida-Kämpfer wandten und eine Zusammenarbeit mit der irakischen Regierung suchten. Die gleichen Milizen, die jahrelang gegen die USA gekämpft hatten, wurden nun als Verbündete von der US-Armee bewaffnet und für die Sicherheit in der Region verantwortlich gemacht.

Vier Jahre zuvor hätten solche Strategien der USA vielleicht den Aufstand im Keim ersticken und dem Irak eine stabile Zukunft bieten können. Aber nun schien vieles zu spät. »Nach mehr als vier Jahren Krieg setzen die USA einen verzweifelten Kampf im Irak fort, ohne sich konsequent um eine Strategie zu bemühen, die einen Sieg in diesem vom Krieg zerrissenen Land oder im größeren Konflikt gegen den Extremismus verspricht.« Diese harten Worte kamen im Oktober 2007 von General Sanchez, der als Oberkommandierender im Irak selbst so viel zum militärischen Fiasko beigetragen hatte.

Vor allem auf politischer Ebene gab es zwischen Schiiten und Sunniten keinerlei Fortschritte in Richtung eines friedlichen Zusammenlebens. Symbolträchtige Maßnahmen wie das Todesurteil gegen Saddam Hussein und seine umstrittene Hinrichtung am 30. Dezember 2006, während ein schiitischer Mob den Namen von Muktada al-Sadr rief, wurden von den Sunniten als weitere Demütigung und schiitische Machtdemonstration gesehen und fachten den ethnisch-religiösen Zwist noch weiter an.

Das einzige Gebiet, in dem ein gewisses Maß an Sicherheit herrschte, war die autonome Region Kurdistan im Nordirak, wo eigene kurdische Truppen die Grenzen kontrollierten und die

Zentralregierung in Bagdad keinen Einfluss hatte. Aber auch Kurdistan war ein Krisenherd, denn der nördliche Nachbar Türkei beobachtete mit großem Unmut die Unabhängigkeitsbestrebungen und ging mit zunehmender Gewalt gegen die Stellungen der türkisch-kurdischen Guerillabewegung PKK vor, die von der unwegsamen Bergregion im äußersten Norden des Irak ihren Terrorkampf gegen die Türkei betrieb.

Auch der »Surge« brachte nicht genügend US-Truppen in den Irak, um flächendeckend für Sicherheit zu sorgen. Hatten anfangs noch mehrere Dutzend Verbündete der USA, etwa Italien, Spanien und Polen, Soldaten für die Besatzung und den Wiederaufbau zur Verfügung gestellt, zogen diese im Laufe der Jahre fast allesamt ihre Truppen ab. Selbst Großbritannien, der engste Alliierte der USA, reduzierte schrittweise seine anfangs starke militärische Präsenz in der südirakischen Provinz Basra – bis zum Frühjahr 2008 auf nur noch 2500 Mann.

In den USA wiederum war eine Aufstockung aus innenpolitischen Gründen kaum möglich, denn der langjährige Krieg hatte die amerikanische Berufsarmee bereits an ihre personellen Kapazitätsgrenzen gebracht. Der Aufenthalt in der Heimat musste für die Einheiten immer weiter gekürzt werden, während sich die Zeit im Kampfgebiet zunehmend verlängerte. Unter den Männern und Frauen im Wehrdienst wuchs der Unmut über den Irak-Einsatz, und neue Soldaten kamen kaum noch hinzu. Der langjährige Krieg hatte das bis dahin in weiten Bevölkerungskreisen hohe Ansehen einer militärischen Laufbahn beschädigt. Veteranen, viele von ihnen körperlich oder psychisch verwundet, klagten über fehlende Hilfe der Behörden und Feindseligkeit in der Bevölkerung. Die Einführung einer allgemeinen Wehrpflicht, die den Streitkräften Hunderttausende zusätzliche Kämpfer zur Verfügung gestellt hätte, war aus politischen Gründen undenkbar. Denn die Bush-Regierung hatte dem Land, vor allem der wirtschaftlichen Oberschicht, nie konkrete Opfer für ihr militärisches Abenteurertum abverlangt. Der Krieg, der den amerikanischen Steuerzahler nach Schätzungen der Demokraten jeden Tag rund 195 Millionen Dollar kostete, wurde nämlich nicht durch höhere Steuern finanziert, sondern durch Schulden und den Abbau sozialer Dienstleistungen. Bis Ende 2007 stiegen die Gesamtkosten auf gut 500 Milliarden Dollar, das Zehnfache der ursprünglichen Schätzung durch das Pentagon. Experten gingen davon aus, dass der Irak-Krieg die USA bis zu einem möglichen Abzug mehr als 1 Billion Dollar kosten würde.

Ein wachsender Teil dieser Gelder floss privaten Unternehmen zu, von denen viele der Republikanischen Partei nahestanden. Unternehmen wie Halliburton und Bechtel profitierten von teuren Wiederaufbauprogrammen, die allerdings durch Sicherheitsprobleme und die grassierende Korruption dem Irak selbst kaum etwas brachten. Selbst militärische Dienstleistungen wurden zunehmend an private Firmen vergeben, wie etwa an den Sicherheitsdienst Blackwater USA, dem die Bewachung sämtlicher US-Diplomaten übertragen wurde. Blackwater agierte immer mehr wie eine Privatarmee, die unter keinerlei politischer Kontrolle stand. Im September 2007 erschossen Blackwater-Mitarbeiter in einer Konfrontation in Bagdad ohne ersichtlichen Grund 17 irakische Zivilisten, worauf die irakische Regierung der umstrittenen Firma die Lizenz entzog. Ihr Versuch, die verantwortlichen Sicherheitsmänner vor ein irakisches Gericht zu stellen, wurde allerdings von den USA hintertrieben.

Geschwächte Weltmacht

Fünf Jahre nach der amerikanischen Invasion war der einst wohlhabende Irak eines der Länder mit den schlimmsten Lebensbedingungen der Welt. Mindestens 88 000 Zivilisten waren nach offiziellen Angaben seit 2003 durch Krieg und Terror ums Leben gekommen, doch die eigentliche Opferzahl wurde auf ein Vielfaches geschätzt. Rund vier Millionen Iraker hatten ihre Häuser verlassen und im eigenen Land oder im Ausland Zuflucht suchen müssen. Es gab kaum Arbeit, die Gesundheitsversorgung war katastrophal und die Kindersterblichkeit blieb genauso hoch wie während der wirtschaftlichen Sanktionen in den neunziger Jahren. So schrecklich auch das Leben unter der Herrschaft Saddam Husseins gewesen sein mag, viele Iraker sehnten sich nach dieser Zeit zurück, als sie zumindest auf die Straßen gehen konnten, ohne Angst um ihr Leben haben zu müssen. In der Rangliste der gescheiterten Staaten (»failed states«), die das US-Magazin *Foreign Policy* jedes Jahr herausgibt, stand der Irak 2007 an zweiter Stelle – hinter dem Sudan, aber immerhin noch vor Somalia.

Auch für die USA wurde der Irak-Krieg zu einer traumatischen Erfahrung. Die Bush-Regierung hatte tatsächlich damit gerechnet, dass der Irak unter der Besatzung friedlich bleiben würde, der Wiederaufbau des Landes durch den Export des eigenen Öls finanziert werden könnte und eine neue irakische Regierung sich als verlässlicher Verbündeter des Westens in einer unruhigen Region erweisen würde. Bis Ende 2003, so die Erwartung, würden die meisten US-Truppen das Land wieder verlassen können. Stattdessen steckte die US-Armee in einem Konflikt fest, der einen Aufstand gegen die Besatzungstruppen und einen religiösen Bürgerkrieg in sich vereinte. Die USA waren nun in einem selbst verschuldeten Dilemma gefangen: Sie konnten sich nicht mehr aus dem Irak zurückziehen, ohne das Land dem Chaos zu überlassen und eine schmähliche Niederlage einzufahren, aber sie konnten das besetzte Land auch nicht befrieden. Der Irak wurde immer mehr zum Sammelplatz für radikale Amerikagegner und Terroristen aus der ganzen islamischen Welt, die von dort aus ihren Kampf gegen den Westen führen konnten. Indem die Bush-Regierung den »Krieg gegen den Terror« in den Irak trug, vergrößerte sie die Terrorgefahr für ihr eigenes Land ebenso wie für ihre Verbündeten.

Der Blutzoll bei den US-Streitkräften blieb beständig hoch. Bis Ende 2007 starben an die 4000 Soldaten im Irak, Zehntausende wurden verletzt, viele von ihnen werden ihr Leben lang schwerbehindert bleiben. Die Todesrate war zwar deutlich niedriger als im Vietnam-Krieg, aber doch viel zu hoch für eine Nation, die das Sterben im Krieg nicht mehr gewohnt ist. Inzwischen gibt es kaum eine amerikanische Ortschaft, die nicht Opfer im Irak zu beklagen hat.

Todesopfer im Irak	US-Soldaten	irakische Zivilisten*
2003 (bis 1.5.)	140	7000
2003 (ab 1.5.)	346	5000
2004	849	10 500
2005	846	14 000
2006	822	27 000
2007*	820	24 000

Todesopfer im Irak (Quellen: icasualties.org, Iraq Body Count)   * offizielle Angaben

Der höchste Preis, den die USA für ihre Fehlentscheidung bezahlen mussten, war geopolitischer Natur. Hatte die Welt 2002 die »Hypermacht« noch mit Furcht und Respekt betrachtet, so galten die USA sechs Jahre später als verwundeter Riese. Die Wirtschaftskraft war durch die Immobilienkrise beeinträchtigt und das Militär hatte sich im Irak gegen einen viel schwächeren Gegner als unterlegen erwiesen. Die Bush-Regierung hatte zudem viele Freunde verloren und konnte auf immer weniger verlässliche Verbündete zählen.

Das Land, das vom Sturz Saddam Husseins und dem Zerfall des Irak am meisten profitiert hat, ist der Iran, für viele möglicherweise der gefährlichste Staat der Welt. Sein größter regionaler Gegenspieler war massiv geschwächt, sein Einfluss im Nachbarland durch die dortige schiitische Mehrheit und deren Führung, die Teheran sehr nahestand, dramatisch gestiegen. Die USA mussten mit ansehen, wie ihre militärischen Optionen gegen das iranische Mullah-Regime durch die Probleme ihrer Armee im Irak zunehmend schwanden.

Die Politik der USA hatte nicht nur zur Stärkung des Iran beigetragen, sondern auch zur Radikalisierung seiner Politik. Acht Jahre lang hatte in Teheran der reformfreudige Mohammad Khatami das Präsidentenamt innegehabt. Sein Spielraum war zwar durch den konservativen Klerus eingeschränkt, aber er hatte einen breiten Rückhalt in der Bevölkerung – auch für seine Bemühungen um eine Entspannung mit den USA. Vor allem in der Zeit nach dem 11. September 2001 zeigte sich die iranische Führung kooperativ; auch sie betrachtete das Taliban-Regime als Gefahr. In dieser Zeit wäre eine echte Annäherung möglich gewesen, die den iranischen Reformkräften auch innenpolitisch mehr Glaubwürdigkeit verliehen hätte. Doch die Bush-Regierung ignorierte alle Avancen aus Teheran und musste dann mit Schrecken zusehen, wie im Juni 2005 der radikale Populist Mahmud Ahmadinejad zum Präsidenten gewählt wurde. Dieser verschärfte den feindseligen Ton gegenüber den USA und Israel, außerdem beschleunigte er das iranische Atomprogramm, das nach Meinung vieler westlicher Experten weniger der Energieproduktion als der Entwicklung von Nuklearwaffen diente. Die USA waren machtlos. Zwar drohte die Bush-Regierung regelmäßig mit militärischen Maßnahmen, um den Iran von der Entwicklung von Atomwaffen abzuhalten, doch diese machten in

Teheran wenig Eindruck. Ein Bombardement aus der Luft, so die Meinung der meisten Experten, würde die iranischen Nuklearanlagen nicht zerstören können und für eine Bodenoffensive fehlten den USA die verfügbaren Truppen. Daher setzte auch Washington auf die diplomatische Karte und schloss sich trotz der düsteren Erfolgsaussichten den von Großbritannien, Frankreich und Deutschland geführten Verhandlungen über eine Aussetzung des iranischen Atomprogramms an.

Selten zuvor hat eine Weltmacht in so kurzer Zeit so viel politisches, militärisches und wirtschaftliches Kapital verspielt wie die USA unter George W. Bush. Selbst seine engsten Berater bereuen inzwischen, diesen unsinnigen Krieg je angezettelt zu haben, denn nicht nur das weltpolitische Ansehen der USA und ihr Einfluss waren dramatisch geschwunden, sondern auch die Popularität der Republikaner. Für die vielen Kritiker des Präsidenten hatte die tragische Entwicklung im Irak daher auch eine positive Seite: Der Hochmut der amerikanischen Rechten war gebrochen und der Weg für einen politischen Neuanfang frei.

13. November 2003	Saddam Hussein wird in der Nähe seiner Geburtsstadt Tikrit gefasst.
16. November 2003	Die USA kündigen nach zahlreichen blutigen Guerillaangriffen an, bis zum Sommer 2004 eine irakische Regierung einzusetzen.
28. April 2004	CBS bringt den ersten Bericht über Folterungen im Gefängnis von Abu Ghraib.
31. Mai 2004	Ein Überfall auf private Sicherheitsleute in Fallujah löst die bis dahin größte Schlacht mit den Aufständischen aus.
28. Juni 2004	Paul Bremer verlässt den Irak und übergibt die Macht an eine Übergangsregierung.
2. November 2004	George W. Bush besiegt John Kerry, einen moderaten Kritiker des Irak-Kriegs, bei den Präsidentschaftswahlen.

31. Januar 2005	Die Iraker wählen einen Nationalrat, der dem Land eine neue Verfassung geben soll.
25. Oktober 2005	Die Verfassung wird in einer Volksabstimmung trotz massiven sunnitischen Widerstands angenommen.
15. Dezember 2005	Die irakischen Parlamentswahlen bringen religiösen schiitischen Parteien eine Mehrheit.
22. Februar 2006	Ein Bombenanschlag zerstört die schiitische al-Askari-Moschee in Samarra und löst eine Gewaltwelle zwischen Schiiten und Sunniten aus.
22. April 2006	Der religiöse Schiit Nuri al-Maliki wird Premierminister des Irak.
6. November 2006	Saddam Hussein wird zum Tod durch den Strang verurteilt.
7. November 2006	Die Enttäuschung der Amerikaner über den Irak-Krieg kostet die Republikaner die Mehrheit in beiden Kammern des Kongresses.
6. Dezember 2006	Die Iraq Study Group veröffentlicht ihren Bericht, in dem sie einen schrittweisen Rückzug der US-Truppen empfiehlt.
30. Dezember 2006	Saddam Hussein wird hingerichtet.
10. Januar 2007	Präsident Bush kündigt die Entsendung zusätzlicher US-Truppen in den Irak an.
17. Oktober 2007	Das türkische Parlament bewilligt im Rahmen des Kampfes gegen die PKK die Entsendung von Truppen in den Nordirak.

Zeittafel Irak-Konflikt II

41
Allein in der Welt:
Der Verlust der moralischen Autorität

Nach acht Jahren Bush-Regierung ist das weltweite Ansehen der USA auf einem Tiefpunkt angelangt. Der Verlust an moralischer Autorität schmälert auch Amerikas Einfluss in der Welt. Das nächste amerikanische Staatsoberhaupt steht dadurch vor gewaltigen Herausforderungen. Eine Verbesserung des transatlantischen Verhältnisses ist dabei mehr als nur eine lästige Frage der Diplomatie: An den Beziehungen zur alten Welt entscheidet sich die Zukunft der Vereinigten Staaten.

Am Ende des 20. Jahrhunderts konnten die Vereinigten Staaten von Amerika eine gemischte, aber insgesamt doch recht positive Bilanz vorweisen. Republikanische und demokratische Präsidenten hatten außenpolitisch zahlreiche Fehler gemacht und die Versprechungen des amerikanischen Traumes gegenüber vielen ihrer eigenen Bürger nicht erfüllt. Auch die amerikanische Demokratie, einst ein Vorbild für die ganze Welt, war ins Zwielicht geraten. Die letzten Jahre der Regierung Bill Clintons waren dominiert vom absurden Spektakel rund um den Versuch des republikanisch dominierten Kongresses, den Präsidenten wegen seiner Affäre mit der Praktikantin Monica Lewinsky seines Amtes zu entheben.

In der Außenpolitik hatten die USA nach dem Fall der Berliner Mauer und dem Ende des Kommunismus zunächst entscheidend zur Stärkung der Vereinten Nationen und zur Schaffung einer neuen Weltordnung beigetragen. Aber in der Mitte der neunziger Jahre ging die Entwicklung immer stärker in Richtung eines destruktiven Unilateralismus. So lehnte der US-Kongress hintereinander das Kyoto-Klimaschutzprotokoll, die Schaffung des Internationalen Strafgerichtshofs und zahlreiche andere multilaterale Initiativen ab.

Immer noch beeindruckten die USA den Rest der Welt mit einer lebendigen Demokratie, einer kreativen Kultur, einer höchst erfolgreichen Wirtschaft, innovativen Unternehmen, großartigen Universitäten und schließlich auch mit einer starken Währung und boomenden Aktienmärkten. Nach dem Ende der Sowjetunion waren die USA die einzige verbliebene Supermacht der Welt. Dank ihrer militärischen Stärke waren sie gefürchtet, aber sie genossen auch Respekt und Ansehen und konnten glaubwürdig die Werte von Freiheit und Rechtstaatlichkeit gegenüber dem Rest der Welt vertreten.

Acht Jahre später schaut die Bilanz ganz anders aus. Unter der Präsidentschaft von George W. Bush haben die USA einen großen Teil ihrer früheren Stärken aufgegeben. Die Wirtschaft steckt in der Krise, die militärische Vormachtstellung ist durch das Fiasko im Irak rasant geschwunden und das Ansehen in der Welt ist dramatisch beschädigt. Selten zuvor in der Geschichte hat eine Nation so rasch an Sympathie und Respekt verloren wie die USA in diesen acht Jahren. Hatten im Jahr 2000 noch 78 Prozent der Deutschen eine positive Meinung über die USA, so waren es 2007 nur noch 30 Prozent. In der Türkei, ein ganz wichtiger Verbündeter der USA im Nahen Ostern, sank die Sympathie von 52 auf 9 Prozent.

Vor allem aber haben die USA ihre moralische Autorität verspielt. Selbst viele Freunde Amerikas haben es nie verstanden, warum dieses Volk, das Menschlichkeit so hoch hält, sich an der Todesstrafe festklammert, den privaten Waffenbesitz nicht eindämmen will und ein solches Maß an sozialer Ungerechtigkeit akzeptiert. Zumindest wurden die grundsätzlichen demokratischen Werte der Amerikaner nicht in Frage gestellt. Aber nach der völkerrechtswidrigen Inhaftierung von Terrorverdächtigen in Guantánamo, der Zulassung von Folter als Verhörmethode durch das Weiße Haus und dem Skandal von Abu Ghraib werden die USA unter Bush von vielen Menschen fast schon auf die gleiche Stufe gestellt wie das autoritäre Russland oder das tyrannische China.

	2000	2002	2004	2006	2007
Großbritannien	83	75	58	56	51
Frankreich	62	63	37	39	39
Deutschland	78	61	38	37	30
Türkei	52	30	30	12	9
Pakistan	23	10	21	27	15
Indonesien	75	61		30	29

Positive Meinung über die USA (Quelle: Pew Global Attitudes Project)

Schwindender Einfluss

Dieser moralische Niedergang ist nicht nur beschämend für all
jene Amerikaner, die immer noch an die moralischen Zielsetzun-
gen ihrer Verfassung glauben, er hat auch ganz reale Konsequenzen. Die Fähigkeit der USA, die Weltpolitik in ihrem Sinne zu
beeinflussen, ist dadurch entscheidend geschwächt worden. Sie
hat jene Überzeugungskraft eingebüßt, die der Harvard-Politologe Joseph Nye als »soft power« bezeichnete. War es in den
neunziger Jahren in fast allen Ländern der Welt noch ein Vorteil
für jeden Politiker, wenn man als Freund der USA galt, so ist
das in den letzten Jahren umgeschlagen. In Lateinamerika gilt
Widerstand und sogar Abneigung gegen alles Amerikanische inzwischen als politisches Erfolgsrezept. In Bolivien, Ecuador und
Argentinien haben jene Kandidaten und Kandidatinnen gewonnen, die mit dem größten Selbstbewusstsein gegen die Vorherrschaft Washingtons aufgetreten sind. Noch deutlicher ist diese
Entwicklung in der islamischen Welt. Als Freund der USA zu
gelten bringt jedem Politiker einen großen Popularitätsverlust
ein. Das galt in den vergangenen Jahren für Pakistans Staatschef Pervez Musharraf und Ägyptens Langzeitpräsidenten Hos-
ni Mubarak ebenso wie für den palästinensischen Präsidenten
Mahmud Abbas oder den gemäßigten libanesischen Minister-
präsidenten Fouad Siniora und dessen Verbündete. Sogar die Regierung in der Türkei musste sich angesichts der Stimmung in
der Bevölkerung immer stärker von den USA distanzieren.
   Die Überlegenheit der USA nach 1945 beruhte nicht nur auf

ihrer militärischen und wirtschaftlichen Stärke, sondern vielfach auf der Anziehungskraft ihrer Kultur und ihres Lebensstils, ihrem hohen Ansehen in anderen Ländern und der Sympathie, die Amerika als Verteidiger der Freiheit zumindest in Europa und Japan entgegenschlug. Etwas von dieser »soft power« ging bereits in den vergangenen Jahrzehnten verloren und noch mehr wurde sie durch den ungehemmten Einsatz der »hard power« der Bush-Regierung konterkariert. Wenn der islamische Terrorismus tatsächlich die größte Bedrohung fur die USA darstellt, dann ist es ihm gelungen, in den vergangenen Jahren diese Gefahr zu vergrößern. Denn der Irak-Krieg hat die Abneigung gegen die USA in der arabischen Welt verstärkt und mit den chaotischen Zuständen im Nachkriegsirak für Al-Kaida und andere Terrorgruppen ein neues Einsatzgebiet geschaffen.

Ohne Mithilfe anderer Staaten sind die USA gegen den Terrorismus machtlos. Das Gleiche gilt für sonstige globale Probleme wie Drogenhandel, Geldwäsche, Infektionskrankheiten oder die Folgen von Umweltverschmutzung und Klimawandel, die von den Entscheidungsträgern in Washington zwar als zweitrangig behandelt werden, aber die USA genauso treffen wie alle anderen Staaten. Und schließlich sind die Vereinigten Staaten Mitgestalter, aber auch Hauptbetroffene der Globalisierung und können ihren hohen Lebensstandard nur durch den regen Austausch von Gütern, Dienstleistungen, Kapital und Menschen mit anderen Ländern aufrechterhalten. Als »Paradox der amerikanischen Macht« hat Joseph Nye in seinem gleichnamigen Buch diese intensive Verflechtung bezeichnet und dieses mit einer klaren These ausgestattet: »Warum die einzige Supermacht der Welt Verbündete braucht.«

Seit dem 11. September 2001 verlieren die USA zunehmend ihre Anziehungskraft auf hochqualifizierte Einwanderer aus aller Welt. Fremde werden mit Misstrauen betrachtet und ihr Eintritt in das Land wird deutlich erschwert. Das geht stark auf Kosten des Zuflusses an ausländischen Talenten, von denen Amerika jahrzehntelang profitierte.

Außenpolitisch haben sich gerade im Irak die Grenzen von Alleingängen gezeigt. Die Bereitschaft der Amerikaner, ihre Söhne und Töchter für die weltpolitischen Ambitionen des Vaterlandes zu opfern, ist zwar ein wenig größer als in Europa, aber auch sie reagieren mit Verzweiflung und Zorn auf die täglichen Berichte von im Irak getöteten Soldaten. Und die Hoffnung der Bush-Regierung, die Last der Besatzung mit einer »Koalition der Willigen« zu teilen, hat sich zerschlagen. Auch die enormen Kosten für den Militäreinsatz im Irak bringen die reichste Nation der Welt an den Rand ihrer Zahlungsfähigkeit – nicht zuletzt, weil die Amerikaner keine Steuererhöhungen akzeptieren wollen.

Die Abhängigkeit der amerikanischen Wirtschaft von ausländischem Kapital hat sich in den vergangenen Jahren dramatisch verstärkt. Das lange Zeit starke Wirtschaftswachstum wurde vom privaten Konsum getragen und dieser wiederum von einer steigenden Verschuldung der privaten Haushalte. 2007 sparte die durchschnittliche amerikanische Familie nur 0,2 Prozent ihres Einkommens – zum Vergleich: In der Eurozone beträgt die Sparquote rund zehn Prozent, in Asien liegt sie sogar noch viel höher. Das Leistungsbilanzdefizit der USA stieg 2006 auf dramatische 6 Prozent des Bruttoinlandsproduktes und wurde nur durch einen massiven Kapitalfluss aus Europa und Asien finanziert. Vor allem die Notenbanken in Ostasien erwarben mit ihren Devisenüberschüssen amerikanische Wertpapiere und verhinderten dadurch einen Kollaps des Dollars. Doch diese Ungleichgewichte können nach einhelliger Meinung der Volkswirte längerfristig nicht aufrechterhalten werden. Deshalb muss der Dollar weiter sinken, und die Amerikaner müssen beginnen, entweder mehr zu exportieren oder weniger ausländische Güter einzuführen.

Der Glaube vieler Amerikaner, sie könnten allein für das Wohl ihrer Nation sorgen und gleichzeitig auch die Welt nach ihren Vorstellungen umgestalten, hat sich als gefährlicher Irrtum erwiesen. Wer immer George W. Bush im Weißen Haus nachfolgt, hat daher eine große Aufgabe: das Ansehen der USA in der Welt wiederherzustellen, die Beziehungen zu den Verbündeten zu reparieren und die Außenpolitik der USA wieder in Richtung eines konstruktiven Multilateralismus zu führen.

Ob dieser Heilungsprozess in der islamisch-arabischen Welt gelingen kann, ist ungewiss. Zu tief sitzt in vielen Ländern und in breiten Bevölkerungsgruppen der Hass auf die USA, als dass ein neues Gesicht in Washington hier viel wird ändern können. Aus dem anfänglichen Anti-Amerikanismus, gepaart mit einer traditionellen Feindschaft zu Israel, ist eine religiös-politische Radikalisierung gewachsen, die sich gegen den Westen an sich richtet. Das bekommen auch die Europäer schmerzhaft zu spüren, da diese Entwicklung auch auf die Millionen Muslime übergreift, die in Europa ihr Zuhause gefunden haben. Paradoxerweise sind muslimische Einwanderer in den USA davon kaum berührt.

Annäherung an Europa

Anders sieht die Lage gegenüber den europäischen Verbündeten aus. In der Welt des 21. Jahrhunderts sitzen Europa und Amerika im gleichen Boot. Wenn Amerika starke und verlässliche Verbündete in der Welt braucht, kann es diese nur in Europa finden. Die emotionalen Bindungen zwischen den USA und der EU mögen früher zwar enger gewesen sein, aber in Wirtschaft und Wissenschaft waren sie noch nie so eng wie heute. Der jährliche Austausch von Gütern und Dienstleistungen zwischen den USA und der EU beträgt an die 700 Milliarden Euro und macht gut 40 Prozent des Welthandels aus. Auch geistig und kulturell stehen die USA dem alten Kontinent näher als Lateinamerika oder Asien. Die Beziehungen Amerikas zu Frankreich, dem traditionell schwierigsten seiner europäischen Partner, sind enger als zu Japan, dem bedeutendsten Verbündeten in Asien. Und weder Brasilien noch Russland oder China werden Europa als wichtigsten Verbündeten der USA ersetzen können. Daran ändert auch die Einwanderung aus außereuropäischen Regionen wenig. In vielerlei Hinsicht ist Arnold Schwarzeneggers Kalifornien, der Bundesstaat mit den meisten Volksgruppen, mit seinen toleranten sozialen Werten und seinem hohen Umweltbewusstsein europäischer als der Süden, dessen weiße Einwohner zu einem großen Teil aus Europa abstammen. Die Reparatur des transatlantischen Verhältnisses wird daher zur entscheidenden Herausforderung für die zukünftige amerikanische Außenpolitik.

Die Bush-Ära war nicht die erste Krise in den Beziehungen der transatlantischen Partner. Der Vietnam-Krieg spaltete Europäer und Amerikaner in den sechziger Jahren ähnlich wie heute der Irak-Konflikt. In den siebziger Jahren dann tauchte im US-Kongress regelmäßig die Forderung auf, dass Washington seine Truppen aus Mitteleuropa abziehen und die Bürde der Verteidigung gegen den Warschauer Pakt den Europäern allein überlassen sollte. In den achtziger Jahren wiederum fühlten sich die meisten Europäer durch Ronald Reagans kriegerische Mentalität vor den Kopf gestoßen, während im Weißen Haus laut über eine Neuorientierung der Supermacht nach Asien nachgedacht wurde. In den neunziger Jahren schließlich lagen die USA und Europa miteinander im Dauerstreit über Bosnien, Kuba und Iran, über Hormonfleisch und Bananen. Nur die Liebe des europhilen Präsidenten Bill Clinton zur alten Welt und seine Beliebtheit unter den Europäern schienen in jenen Jahren das einst starke Bündnis noch zusammenzuhalten.

Viele Politikwissenschaftler prognostizierten bereits ein Ende der transatlantischen Allianz, da ihr mit dem Zerfall der Sowjetunion der gemeinsame Feind abhandengekommen sei. Der in Brüssel lebende neokonservative Politologe Robert Kagan erregte mit seiner Formel »Amerikaner sind vom Mars, Europäer sind von der Venus« weltweite Aufmerksamkeit. Die These des Kissinger-Schülers lautete, dass die USA und Europa aufgrund der ungleichen Machtaufteilung auseinanderdrifteten: Die starken USA tendierten zu Unilateralismus und militärischen Lösungen, während die schwache EU diplomatischen Kompromissen und multilateralen Vereinbarungen zur Eingrenzung nationaler Souveränität den Vorzug gäbe. Auch Kagans Kollege Charles Kupchan prophezeite eine Zunahme transatlantischer Konflikte, führte dies aber anders als Kagan nicht auf die Schwäche, sondern auf die wachsende wirtschaftliche und politische Stärke der Europäischen Union zurück, welche die ein Jahrhundert alte Vorherrschaft der USA bedrohen würde.

Eine dritte Denkschule betonte die demographischen und kulturellen Entwicklungen in Amerika, die dazu führen würden, dass sich das Land mit seinen zentralen Werten und seinem Lebensstil immer weiter von Europa entfernte. In einem Sonderteil über die USA beschrieb der britische *Economist*, wie der 11. September 2001 dem amerikanischen Exzeptionalismus weiteren Auftrieb gegeben habe. Demnach seien die USA nicht nur reicher, individualistischer, patriotischer und religiöser als alle anderen Länder der Welt, sondern würden dank einer im Vergleich zu Europa deutlich höheren Geburtenrate in den kommenden Jahrzehnten noch bevölkerungsreicher und jünger, was die ohnehin schon größere wirtschaftliche Dynamik der USA weiter beflügeln würde. Mit einem Militär, das mehrere Kriege auf verschiedenen Kontinenten gleichzeitig führen könne, mit einer Wirtschaft, deren Wachstumsraten andere Industriestaaten in den Schatten stellten, mit einer Währung, deren Vorherrschaft durch den Euro nicht angetastet werde, mit einer Sprache, die als einzige in der ganzen Welt verstanden und verwendet werde, mit einer wachsenden und selbstbewussten Bevölkerung, die sich zum Teil aus den Eliten anderer Länder rekrutiere – mit all dem würden die USA in Zukunft immer weniger auf Freunde und Verbündete angewiesen sein. Europa möge sich also in Zukunft darin üben, die nationalen Grenzen zu überwinden und auf seinem von so vielen Kriegen heimgesuchten Kontinent eine nachhaltige Friedensordnung zu schaffen. Die Vereinigten Staaten könnten in diesem Umfeld ihre Gesetze zum einzig relevanten Weltstandard erklären und jederzeit ihre weltpolitischen Vorstellungen mit militärischer Gewalt durchsetzen – ein neuer globaler Imperialismus, wie ihn die Welt noch nicht gesehen habe.

Unter George W. Bush schienen diese Prognosen zunächst tatsächlich Wirklichkeit zu werden. Die ersten drei Jahre seiner Präsidentschaft waren geprägt von Nationalismus und einer tiefen Verachtung für alles Europäische, was sich vor allem im Antagonismus gegen Frankreich niederschlug. Als Protest gegen die ablehnende französische Haltung zum Irak-Krieg ließ die republikanische Kongressführung im März 2003, eine Woche vor dem US-Einmarsch, auf der Speisekarte des Parlamentsrestaurants tatsächlich den Begriff »French Fries«, wie Pommes frites in den USA genannt werden, streichen und durch »Freedom Fries« ersetzen.

Doch bald nach seiner Wiederwahl im November 2004 begann Bush die Fühler nach Europa wieder auszustrecken – und nicht nur zu jenen Regierungen, die immer auf Seiten der USA gestanden waren. Die Probleme im Irak hatten den Hochmut im Weißen Haus gedämpft und der demokratische Herausforderer John Kerry hatte im Wahlkampf mit seiner Kritik am schwindenden Ansehen der USA in der Welt ein großes Echo erhalten. Anders als beim Irak setzte die Bush-Regierung beim Umgang mit dem Atomprogramm des Iran auf eine enge Zusammenarbeit mit Großbritannien, Frankreich und Deutschland, die alle der Diplomatie eine Chance geben wollten. Mit Verteidigungsminister Donald Rumsfeld verließ 2006 der größte Europaskeptiker die US-Regierung. Sein Nachfolger Robert Gates genoss in europäischen Sicherheitskreisen ein höheres Ansehen.

Auch die Regierungswechsel in Deutschland und Frankreich

trugen zur transatlantischen Entspannung in der späten Bush-Ära bei. Die deutsche Bundeskanzlerin Angela Merkel und der französische Präsident Nicolas Sarkozy stehen zwar vielen politischen Entscheidungen aus Washington äußerst kritisch gegenüber, legen aber eine amerikafreundlichere Grundhaltung an den Tag als ihre Vorgänger Gerhard Schröder und Jacques Chirac.

Entscheidend für eine weitere Annäherung ist das zunehmend ausgeglichene Kräfteverhältnis zwischen der alten und der neuen Welt. Amerika ist nicht so stark, wie es von sich behauptet, und Europa lange nicht so schwach wie angenommen. Der Höhenflug des Eurokurses gegenüber dem Dollar ist ein Symbol für die wirtschaftliche Kraft Europas, das inzwischen auch in den USA Eindruck macht. Europäische Universitäten machen Boden gegenüber ihren amerikanischen Vorbildern gut und europäische Innovationen dringen immer öfter in den amerikanischen Markt vor. US-Konzerne wie Microsoft müssen sich den Auflagen der EU-Kommission unterwerfen und selbst die von den Amerikanern heftig kritisierten Regeln für die Registrierung und Zulassung chemischer Stoffe werden zunehmend auch von amerikanischen Unternehmen übernommen. In der Finanzwelt hat London in den vergangenen Jahren New York als führender Banken- und Börsenstandort überholt.

In der Außenpolitik hat Europa mit seinen politischen Zugängen zur Stabilisierung von Krisenregionen deutlich mehr Erfolg bewiesen als die USA mit ihren militärischen. Die EU-Erweiterung hat in den postkommunistischen Staaten in Mitteleuropa Demokratie und Wohlstand gefestigt. Die Aussicht auf einen EU-Beitritt stärkt in den Balkanstaaten die gemäßigten Kräfte gegen ihre nationalistischen Widersacher und beschleunigt den demokratischen und wirtschaftlichen Reformkurs der Türkei. Wie anders ist die Bilanz der von den USA angestrebten Demokratisierung in deren Nachbarland Irak.

Die Vereinigten Staaten werden zwar die Führungsmacht des Westens auf absehbare Zeit bleiben, aber die Verabschiedung des Reformvertrags sollte Europa in den kommenden Jahren auch in der Außenpolitik eine größere Rolle als bisher ermöglichen. Mit dem neuen Außenminister, auch wenn er formal anders heißt, hat die EU endlich eine Stimme, mit der sie in internationalen Krisen mitreden kann.

Das Pendel schlägt zurück

Der wichtigste Grund, weshalb Europa und Amerika wieder zueinander finden werden, liegt im inneren Zustand der USA. Die
Nation ist nämlich tief gespalten in zwei Gruppen, die immer
weiter auseinanderdriften: Auf der einen Seite stehen hoch-
gradig religiöse, patriotische und intolerante Konservative mit
ausgeprägten Familienwerten, die vor allem in Kleinstädten und
Dörfern im Süden und Mittleren Westen leben; sie sind die typischen Vertreter jenes am Anfang dieses Buchs beschriebenen
paranoiden Stils, der die USA oft auf gefährliche Abwege führt.
Auf der anderen Seite steht eine meist urbane Bevölkerung, die
mit eher säkularen, toleranten und hedonistischen Werten das
Erbe der sechziger Jahre pflegt. Die Kluft zwischen diesen beiden
Welten ist in den vergangenen Jahren gewachsen, der Ton in der
politischen Auseinandersetzung hat sich deutlich verschärft. Bill
Clinton war ein typischer Vertreter der 68er-Generation, weshalb er von den Konservativen mit besonderem Hass verfolgt
wurde; ähnlich heftig ist die Ablehnung, die George W. Bush von
Anfang an von anderer Seite in weiten Teilen der Bevölkerung
entgegengeschlagen ist.

Dieses andere Amerika blickt sehr wohl nach Europa – nicht
um es zu kopieren, sondern um von ihm zu lernen. Dieses Amerika will nicht unbedingt einen Sozialstaat nach europäischem
Muster mit all seinen Hemmnissen für Unternehmertum und
Wirtschaftswachstum errichten, aber zumindest eine allgemeine
Krankenversicherung für alle Bürger. Es will die Treibstoffsteuern zwar nicht unbedingt auf das europäische Niveau anheben,
nimmt die Warnungen vor einer Klimakatastrophe jedoch ernst
und will auch die amerikanische Umwelt besser schützen. Es
zeigt sich zwar wenig beeindruckt von der schwächlichen europäischen Außenpolitik und befürwortet eine starke Armee, lehnt
aber den aggressiven Militarismus der Bush-Regierung ab und
glaubt vor allem an die zentrale Bedeutung internationaler Organisationen und multilateraler Bündnisse. Es will nicht in den
Zynismus vieler Europäer gegenüber Kirche und Heimatland
verfallen, lehnt aber genauso die demonstrative Religiosität und
den Chauvinismus der meisten Republikaner ab. Es wünscht eine
starke Exekutive und hält sogar die Todesstrafe bei besonders
grausamen Verbrechen für gerechtfertigt, würde aber lieber ganz

auf sie verzichten, als zu tolerieren, dass ein einziger Unschuldiger hingerichtet wird.

Die beiden Bevölkerungsblöcke, welche die konservative Sozialhistorikerin Gertrude Himmelfarb als »eine Nation, zwei Kulturen« beschrieb, hielten sich in den vergangenen zwei Jahrzehnten die Waage. Das wurde bei der Präsidentschaftswahl von 2000 deutlich, als Bush und Gore praktisch gleichauf lagen. In der Folge des 11. September 2001 schien es angesichts von Wahlniederlagen selbst moderater Demokraten, als ob die USA weiter nach rechts rücken würden und die Kirchgänger, Fahnenschwinger, Todesstrafenbefürworter und Abtreibungsgegner endgültig die Mehrheit errungen hätten. Die Niederlage von John Kerry gegen Bush im November 2004 schien die politische Niederlage des »anderen Amerikas« für lange Zeit zu besiegeln.

Doch wie schon oft in der amerikanischen Geschichte ist das Pendel wieder zurückgeschwungen. Der Extremismus der Republikaner in der Außen-, Innen- und Wirtschaftspolitik und die Inkompetenz, die die Bush-Regierung in so vielen Bereichen an den Tag gelegt hat, hat das gesamte neokonservative Projekt diskreditiert. Der Sieg der Demokraten bei den Kongresswahlen im November 2006 hatte alle Anzeichen einer breiten politischen Wende in Richtung einer liberaleren, sozialeren und weniger militaristischen Politik. Unter einer anderen Führung in Washington wird das Bündnis mit Europa wieder an Bedeutung gewinnen, auch weil das europäische Modell den USA bei ihren eigenen Reformen helfen kann: ein etwas abgespeckter, aber effektiver Sozialstaat, eine Wirtschaftspolitik, die nicht nur die Interessen einiger reicher Konzerne verfolgt, und eine Verankerung des Landes in transnationalen Strukturen wie die der EU, in denen auf nationale Souveränität zugunsten gemeinsamer Interessen verzichtet wird. Hinzu kommt, dass die außenpolitische Vorsicht der Europäer infolge des Irak-Kriegs auch in den USA neue Anhänger gewonnen hat. Mit ihrem zerstörerischen Aktivismus im Irak verletzte die Bush-Regierung die Maxime jedes guten Arztes: Was immer du tust, richte keinen Schaden an.

Europa wird freilich weiterhin von den USA einiges lernen können: zum Beispiel über die historische Erfahrung der Umwandlung einer losen Konföderation in einen demokratischen Bundesstaat, in dem verschiedene Kulturen und ethnische Gruppen relativ friedlich miteinander leben, über die Stärkung des

Unternehmertums oder über die Erringung von weltpolitischem Einfluss, der sich nicht im Bezahlen von Wiederaufbauprojekten nach selbst verschuldeten Kriegen erschöpft.

»Was immer passiert, Europa und Amerika sind miteinander verbunden«, schreibt der französische Intellektuelle Pascal Bruckner. »Sie stellen die beiden unterschiedlichen Konzepte der Aufklärung dar, zwei Ergebnisse der Emanzipation des 18. Jahrhunderts. Auf der einen Seite Skepsis und Lebenskunst, auf der anderen Seite Optimismus und Religiosität. Das erste führt zur Handlungsunfähigkeit, das zweite zum Abenteurertum.« Amerika, so Bruckner, drohen Niederlagen in aller Welt, »wenn es nicht seine glanzvolle Selbstgerechtigkeit aufgibt. Es braucht Europa an seiner Seite – ein Europa, das es unterstützt, aber auch kritisiert, das es mit kräftiger und freundlicher Stimme vor den symmetrischen Versuchungen von Rückzug und Hegemonie warnen kann«.

Die Vereinigten Staaten haben in ihrer Geschichte mehrfach eindrucksvoll unter Beweis gestellt, dass sie ohne fremde Hilfe in der Lage sind, sich zu bessern: Sie haben die Sklaverei abgeschafft, den Bürgerkrieg überwunden, die Macht der Räuberbarone gebrochen, die Weltwirtschaftskrise mit dem New Deal überwunden, den politischen Verfolgungen der McCarthy-Ära abgeschworen, die offene Rassendiskriminierung überwunden, Lehren aus dem Vietnam-Krieg gezogen, Richard Nixon zum Rücktritt gezwungen und die Budgetdefizite der Reagan-Ära wieder eingedämmt. Diese Selbstheilungskräfte hat Amerika nicht verloren. Sobald sie wieder deutlicher zum Vorschein kommen, werden manche der schwarzen Seiten der USA in Zukunft weniger dunkel erscheinen.

Literaturhinweise

Allgemein

Zwei ausgezeichnete allgemeine Geschichtsbücher jüngeren Datums sind Robert Divine, *America. Past and Present* (Longman, 2002), und Jacqueline Jones, *Created Equal. A Social and Political History of the United States* (Longman, New York 2002). Eine kritische Geschichtsbetrachtung aus linker Perspektive bietet Howard Zinn, *A People's History of the United States* (Perennial Classic, 2002), oder seine kürzere Variante über das 20. Jahrhundert, *The Twentieth Century* (Perennial, 2003). Aktuelle deutschsprachige Übersichten bieten Jürgen Heidekind, *Geschichte der USA* (UTB, 2003), Horst Dippel, *Geschichte der USA* (Beck, 2003), und Stephan G. Bierling, *Geschichte der amerikanischen Außenpolitik* (Beck, 2003). Etwas älter sind Udo Sautter, *Geschichte der Vereinigten Staaten von Amerika* (Kröner, 1998), und Hellmuth Günther Dahms, *Grundzüge der Geschichte der Vereinigten Staaten* (Wissenschaftliche Buchgesellschaft, 1997). Eine nüchterne Übersicht bieten Nicole Schley und Sabine Busse, *Die Kriege der USA. Chronik einer aggressiven Nation* (Diederichs, 2003). Nützliche Materialien liefert Udo Sautter, *Die Vereinigten Staaten – Daten, Fakten, Dokumente* (UTB, 2000).

Es gibt zahlreiche Internetseiten über amerikanische Geschichte, darunter *http://historynet.com* und *http://american-history.about.com*. Eine knappe Übersicht über die Geschichte der USA aus offizieller Sicht bietet die Seite des amerikanischen Außenministeriums *http://usinfo.state.gov/usa/infousa/facts/history/toc.htm*.

Einleitung

Das klassische frühe Werk über die USA ist Alexis de Tocqueville, *Über die Demokratie in Amerika* (Reclam, 1985). Einen kurzen historischen Abriss des Antiamerikanismus bieten Thomas Fröschl, »Antiamerikanismus in Europa und Lateinamerika. Sieben historische Dimensionen« in der *Wiener Zeitschrift der Geschichte der Neuzeit* (Heft 2/2003), eine ausgewogene politische Betrachtung Konrad Jarausch in *Missverständnis USA. Antiamerikanismus als Projektion* (noch nicht veröffentlicht). Über die Ängste vor dem amerikanischen Kulturimperialismus, siehe Reinhold Wagnleitner und Elaine Tyler May, *Here, There and Everywhere. The Foreign Politics of American Popular Culture* (University Press of New England, 2000). Der Essay von Richard Hofstadter kann im Buch *The Paranoid Style in American Politics* (Harvard University Press, 1996) oder im Internet unter *http://karws.gso.uri.edu/jfk/conspiracy_theory/the_paranoid_mentality/the_paranoid_style.html* nachgelesen werden. Eine aktuelle Betrachtung der Politik der Angst bieten für die Innenpolitik Barry Glassner, *The Culture of Fear* (Basic Books, 1999), und für die Außenpolitik Benjamin Barber in *Imperium der Angst. Die USA und die Neuordnung der Welt* (Beck, 2003).

Kapitel 1

Zusätzlich zu den allgemeinen Geschichtsbüchern bietet Arlene Hirschfelder, *Die Geschichte der Indianer Nordamerikas* (Gerstenberg, 2001) eine ausgezeichnete Übersicht. Russell Thornton, *American Indian Holocaust and Survival. A Population History since 1492* (Red River Books, 1987) beschreibt Ausrottung und Bevölkerungsschwund der Indianer.

Kapitel 2

Es gibt Dutzende englischsprachiger Bücher über die Geschichte der Sklaverei. Eine gute deutschsprachige Übersicht bieten John H. Franklin und Alfred A. Moss jr., *Von der Sklaverei zur Freiheit* (Ullstein, 1999).

Empfehlenswert ist die Internetseite der PBS-Fernsehdokumentation *Africans in America* mit Geschichte, Karten, Dokumenten und Berichten von Zeitzeugen. *www.pbs.org/wgbh/aia/home.html*. Für die Geschichte der Schwarzen nach 1865 siehe auch die Internetseite *www.jimcrowhistory.org*.

Kapitel 3

Die Sozial- und Wirtschaftsgeschichte der USA wird besonders gut in Jones, *Created Equal* (→ Allgemein) abgehandelt. Die literarischen Klassiker über die Ära sind Mark Twain, *The Gilded Age* (Oxford University Press, 1996), und Upton Sinclair, *Der Dschungel* (Rowohlt, 1985).

Kapitel 4

Zu den oben erwähnten Geschichtsbüchern bieten Benjamin Keen und Mark Wassermann, *A Short History of Latin America* (Houghton Mifflin, 1984) eine gute Ergänzung. Die Geschichte von Sandino und Somoza in Nicaragua wird behandelt von Gregorio Selser, *Sandino* (Monthly Review Press, 1982).

Kapitel 5

Ein aktuelles Buch über die Geschichte der Einwanderung ist Duncan Clarke, *A New World. The History of Immigration to the United States* (Thunder Bay Press, 2000). Etwas älter sind Ellis Cose, *A Nation of Strangers. Prejudice, Politics, and the Populating of America.* (Morrow, 1992), und Roger Daniels, *Coming to America. A History of Immigration and Ethnicity in American Life* (Harper Collins, 1990).

Kapitel 6

Der Klassiker über die Zwischenkriegszeit ist E.H. Carr, *The Twenty Years' Crisis 1919–1939. An Introduction to the Study of*

International Relations (Palgrave McMillan, 2001). Die Person von Woodrow Wilson ist Thema von zahlreichen Biographien und Abhandlungen, zuletzt von H.W. Brands, *Woodrow Wilson* (Times Books, 2003). Die Ursachen und Folgen der Weltwirtschaftskrise behandelt Robert S. McElvaine, *The Great Depression. America 1929–1941* (Three Rivers Press, 1993), den Kollaps des internationalen Währungssystems Barry Eichengreen in *Vom Goldstandard zum Euro* (Wagenbach, 2000).

Eine gute Internetseite über die Ursachen der Weltwirtschaftskrise ist *www.amatecon.com/greatdepression. html.*

Kapitel 7

Eine prägnante Geschichte der Internierung der US-Japaner findet sich auf der Internetseite *www.cr.nps.gov/history/online_books/5views/5views4e.htm.* Eine deutschsprachige Arbeit zum Thema von Petra Fröschl ist auf *www.hausarbeiten.de/rd/faecher/hausarbeit/amu/19958.html* zu lesen. Der Bombenkrieg während des Zweiten Weltkriegs wurde zuletzt von Jörg Friedrich, *Der Brand* (Propyläen, 2002), neu aufgearbeitet. Objektive und teilweise kritische anglo-amerikanische Quellen zu diesem Thema bieten John Keegan, *The Second World War* (Penguin, 1989), und Russell F. Weigley, *The American Way of War. A History of United States Military Strategy and Policy* (Indiana University Press, 1977). Informativ ist die Spiegel-Serie vom Januar 2003 *www.spiegel.de/archiv/dossiers/0,1518,246827,00.html.* Die amerikanische Politik gegenüber jüdischen Flüchtlingen und dem Holocaust wurde in der PBS-Serie *America and the Holocaust* abgehandelt, die auf *www.pbs.org/wgbh/amex/holocaust* zu lesen ist. Siehe auch »United States Immigration Policy and Hitler's Holocaust«, *www.crf-usa.org/bria/bria10_2.html.*

Kapitel 8

Die bekannteste kritische Behandlung der amerikanischen Entscheidung für die Atombombenabwürfe ist Gar Alperovitz, *The Decision to Use the Atomic Bomb* (Vintage, 1996). Auf Deutsch ist von Alperovitz und Sanho Tree, *Hiroshima* (Hamburger Edition,

1995), verfügbar. Eine ausgezeichnete Diskussion aus Sicht der politischen Ethik bietet Michael Walzer in *Just and Unjust Wars* (Basic Books, 1977). Eine gute Zusammenfassung der Argumente für und wider die Atombombe von Doug Long »Hiroshima – Was it Necessary?« ist auf *www.doug-long.com* zu lesen. Der »United States Strategic Bombing Survey« vom 1. Juli 1946 ist im Internet auf verschiedenen Internetseiten, darunter etwa *www.anesi.com/ussbs01.htm* verfügbar. Schilderungen von japanischen Überlebenden finden sich auf *www.inicom.com/hibakusha*.

Kapitel 9

Die Gegenüberstellung von Wilson und Lenin stammt ursprünglich vom Historiker Arno J. Mayer *Wilson vs. Lenin. Political Origins of the New Diplomacy 1917–1918* (World Publishing, 1969). Der führende US-Historiker über die Ära des Kalten Kriegs ist John Lewis Gaddis mit seinen Büchern *The United States and the Origins of the Cold War 1941–1947* (Columbia University Press, 1972), *Strategies of Containment. A Critical Apraisal of Postwar American National Security Policy* (Oxford University Press, 1982), *The Long Peace. Inquiries into the History of the Cold War* (Oxford University Press, 1987) und *We Know Now. Rethinking Cold War History* (Oxford University Press, 1997). Eine weniger analytische, aber faktenbezogene Schilderung bietet Walter LeFeber, *America, Russia and the Cold War 1945–1990* (McGraw-Hill, 1991). Eine scharfe Kritik der USA bieten Richard Ned Lebow und Janice Gross Stein, *We All Lost the Cold War* (Princeton University Press, 1994).

Kapitel 10

Das Standardwerk von Ellen Schrecker, *The Age of McCarthyism. A Brief History with Documents* (St. Martin's Press, 1994) ist in Auszügen auch im Internet zugänglich unter *www.english.uiuc.edu/maps/mccarthy/mccarthy.htm*. Eine politische Geschichte der McCarthy-Ära bietet Robert Griffith, *The Politics of Fear. Joseph R. McCarthy and the Senate* (Hayden Book Company, 1970). Die Debatte über die Venona Files hat Jacob Weisberg in

»Cold War Without End«, *New York Times Magazine* (28. November 1999) dokumentiert.

Kapitel 11

Herman Kahn mit seinem Buch *On Thermonuclear War* (Greenwood Publishing, 1978) und anderen Schriften ist eine zentrale Figur in Fred Kaplan, *The Wizards of Armageddon* (Touchstone, 1983), das die Denker hinter der amerikanischen Nuklearstrategie beschreibt. Diese Strategie ist auch Thema von Wigley, *The American Way of War* (→ Kapitel 7), sowie der Bücher von Gaddis (→ Kapitel 9). In seinem *We Know Now* findet sich eine sachlich-kritische Darstellung der Kuba-Krise, die sich von der Heldensaga von Arthur Schlesinger, *A Thousand Days. John F. Kennedy in the White House* (Mariner Books, 2002) deutlich unterscheidet. Etwas differenzierter ist Robert F Kennedy, *Thirteen Days. A Memoir of the Cuban Missile Crisis* (W.W. Norton, 1999). Der amerikanische Entscheidungsprozess in der Kuba-Krise wird von Graham T. Allison, *Essence of Decision. Explaining the Cuban Missile* Crisis (Pearson Longman, 1999), analysiert.

Kapitel 12

Grundsätzliche Überlegungen zur Interventionspolitik finden sich bei William Fulbright, *Wahn der Macht. US-Politik seit 1945* (Kindler, 1989). Eine gute und kritische Übersicht bietet Mark Zepezauer, *The CIA's Greatest Hits* (Odonian Press, 1996). Der Sturz von Mohammed Mossadegh im Iran 1953 ist Thema von Stephen Kinzer, *All the Shahs Men. An American Coup and the Roots of Middle East Terror* (John Wiley, 2003). Die CIA-Intervention in Guatemala wird von Benjamin Keen und Mark Wassermann in *A Short History of Latin America* (→ Kapitel 4) ebenso behandelt wie auf zahlreichen Internetseiten, zum Beispiel *www.thirdworldtraveler.com/us_thirdworld/us_guat.html*. Neue Erkenntnisse der Schweinebucht-Invasion fassen James G. Blight und Peter Kornbluh in *Politics of Illusion. The Bay of Pigs Invasion Reexamined* (Lynne Rienner, 1998) zusammen. Die CIA-Intervention in Chile ist Thema von Christopher Hitchens,

The Trial of Henry Kissinger (Verso, 2001), und von Seymour Hersh, *The Price of Power. Kissinger in the Nixon White House* (Summit Books, 1983).

Im Internet bietet sich etwa Daniel Brandt, »U.S. Responsibility for the Coup in Chile« unter *www.namebase.org/chile.html* an.

Kapitel 13

Aus der Fülle der Bücher und Artikel über den Vietnam-Krieg sind hier nur einige herausgegriffen. Der Weg in den Krieg wird von Philip E. Catton, *Diem's Final Failure. Prelude to America's War in Vietnam* (University Press of Kansas, 2003), beschrieben. David Halberstam, *The Best and the Brightest* (Fawcett Crest, 1969), erzählt auf spannende Weise die Verstrickung der Kennedy- und Johnson-Regierung in Indochina. Neil Sheehan stellt in *A Bright Shining Lie. John Paul Vann and America in Vietnam* (Random House, 1991), die Selbstverblendung der Amerikaner am Beispiel eines Offiziers dar.

Eine gute Internet-Quelle über den Krieg ist *www.spartacus. schoolnet.co.uk/vietnam.html.*

Kapitel 14

Den Weg von den Pentagon Papers zum Watergate-Skandal erzählt Jonathan Schell in *The Time of Illusion* (Vintage Books, 1975). Die Watergate-Aufdecker Carl Bernstein und Bob Woodward haben ihre Erlebnisse im Bestseller *All the President's Men* (Touchstone, 1987) niedergeschrieben. Unter den Nixon-Porträts ist die dreibändige Biographie von Stephen Ambrose (Simon & Schuster, 1989, 1991) hervorzuheben. Als Carter-Biographie empfielt sich Peter G. Bourne, *Jimmy Carter. A Comprehensive Biography from Plains to Post-Presidency* (Scribner, 1997).

Eine kritische Darstellung von Jimmy Carters Präsidentschaft ist »Carter's Less-Known Legacy« von Stephen Zunes *www. commondreams.org/views02/1018-06.htm.*

Kapitel 15

Frühe Kritik an Reagans Wirtschaftspolitik kam von Lester Thurow, »How to Wreck an Economy«, *New York Review of Books* (14. Mai 1981), und Robert Lekachman, *Greed Is Not Enough. Reagonomics* (Pantheon Books, 1982). Wichtig zum Verständnis der Wirtschaftspolitik ist William Greider, *Education of David Stockman* (Dutton/Plume, 1982). Zehn Jahre später wurden die Auswirkungen der Reagan-Politik auf die amerikanische Gesellschaft kritisch behandelt von Kevin Phillips, *The Politics of Rich and Poor. Wealth and the American Electorate in the Reagan Aftermath* (Harper Perennial, 1990) und Donald L. Barlett/James B. Stelle, *America. What Went Wrong?* (Andrews and McMeel, 1992). Eine kritisch-freundliche Biographie von Ronald Reagan ist Lou Cannon, *President Reagan. The Role of a Lifetime* (Public Affairs, 2000). Für die Situation der USA am Anfang der neunziger Jahre siehe Eric Frey, *Clintons Amerika. Präsident einer neuen Generation* (Eichborn, 1993).

Kapitel 16

Ausgezeichnet für ein besseres Verständnis von Reagans Außenpolitik ist Frances FitzGerald, *Way Out There in the Blue. Reagan, Star Wars and the End of the Cold War* (Touchstone, 2000). Eine weniger kritische, aber sehr informative Darstellung vom Ende des Kalten Kriegs bietet Don Oberdorfer, *The Turn. From the Cold War to the New Era* (Touchstone, 1991). Zur Afghanistan-Politik siehe Steve Croll, »Anatomy of a Victory. CIA's Covert Afghan War«, *Washington Post* (19. Juli 2002). Eine scharfe Kritik der Kriegspolitik von Reagan und George Bush sr. bietet Noam Chomsky, *What Uncle Sam Really Wants* (Odonian Press, 1993), die Passage über die Panama-Invasion findet sich unter *www.thirdworldtraveler.com/chomsky/chomodon_panama. html*.

Kapitel 17

Die Bewertung der US-Infrastruktur durch die Amerikanische Ingenieursvereinigung findet sich im Internet unter *www.asce.org/reportcard*. Die beiden Bücher von Juliet Shor, *The Overworked American. The Unexpected Decline of Leisure* (Basic Books, 1992) und *The Overspent American. Why We Want What We Don't Need* (Basic Books, 1998), erforschen die Ursachen und Folgen des exzessiven Konsums. Statistische Analysen und internationale Vergleiche hat die OECD erarbeitet in *Towards Sustainable Household Consumption? Trends and Policies in OECD* (OECD, 2002). Ein Vorbericht der Working Group on the State of the Environment mit ausführlichem statistischen Anhang ist im Internet zugänglich unter *www.olis.oecd.org/olis/1998doc.nsf/linkto/env-epoc-se(98)2-final*.

Kapitel 18

Plastische Beispiele der neuen Armut liefert Barbara Ehrenreich, *Arbeit poor* (Kunstmann, 2001). Dalton Conley, *Wealth and Poverty in America* (Blackwell, 2003) bietet eine Auswahl an Essays und Statistiken zum Thema. Mit der Armut der städtischen Unterschicht beschäftigt sich William Julius Wilson, *When Work Disappears. The World of the New Urban Poor* (Vintage Books, 1996). Für Armutszahlen siehe *Poverty in the United States. 2002* vom U.S. Census Bureau, *www.census.gov/prod/2003pubs/p60-222.pdf*. Einkommenstrends der letzten Jahre werden behandelt von Robert Greenstein und Isaac Shapiro, »The New Definitive CBO Data on Income and Tax Trends«, vom Center on Budget and Policy Priorities, *www.cbpp.org/9-23-03tax.htm* (September 2003). Fakten zur Obdachlosigkeit finden sich unter *www.nationalhomeless.org*. Siehe auch »Would You like Your Class War Shaken or Stirred, Sir?«, *Economist* (4. September 2003).

Kapitel 19

Die Geschichte der Bürgerrechtsbewegung findet sich neben anderen Themen in Godfrey Hodgson, *America in Our Time*

(Vintage Books, 1976). Conley, *Wealth and Poverty*, und Wilson, *When Work Disappears*, behandeln den ökonomischen Rassismus (→ Kapitel 18). Conleys Vermögensanalyse findet sich auch in »40 Acres and a Mule. The Black-White Wealth Gap in America«, *National Forum 80/2* (Frühjahr 2000). Die Probleme schwarzer Häftlinge behandelt Human Rights Watch in »Incarcerated America«, *www.hrw.org/backgrounder/usa/incarceration*. Siehe auch die Dokumentation vom PBS-Programm Frontline, »The Two Nations of Black America«, *www.pbs.org/wgbh/pages/frontline/shows/race*, sowie: »The Dark Side of Zero Tolerance«, *Economist* (1. April 1999), Richard Morin, »Misperceptions Cloud White's View of Blacks«, *Washington Post* (11. Juli 2001), und Marc Fisher, »A Portrait of Injustice in Black and White«, *Washington Post* (29. Juli 2003). Auch Michael Moore, *Stupid White Men* (Piper, 2002), geht auf den Rassismus in der amerikanischen Gesellschaft ein.

Kapitel 20

Eine aktuelle Analyse der Verbrechensbekämpfungspolitik liefert Ted Gest, *Crime and Politics. Big Government's Erratic Campaign for Law and Order* (Oxford University Press, 2001). Eine vernichtende Kritik der Verbrechensbekämpfung bietet Paul Leighton auf seiner Internetseite *www.paulsjusticepage. com*. Aktuelle Zahlen über die Häftlingsbevölkerung finden sich auf der Internetseite des Bureau of Justice Statistics *www.ojp.usdoj.gov/bjs*. Zahlen und Fakten über Waffenbesitz findet man auf der Internetseite der Brady Campaign to Prevent Gun Violence *www.bradycampaign.org* und unter *www.gun-control-network. org*. Siehe auch Martin Killias, »Gun Ownership, Suicide and Homocide. An International Perspective«, United Nations International Crime & Justice Research Institute, *Understanding Crime. Acts of the International Conference*. Im *Economist* findet man zum Thema: »Defeating the Bad Guys« (1. Oktober 1998), »More Than Any Other Democracy« (18. März 1999), »Coming Soon to A Neighborhood Near You« (3. Mai 2001) und »A Stigma That Never Fades« (8. August 2002).

Kapitel 21

Die Geschichte des Simpson-Prozesses von Thomas L. Jones findet sich im Internet unter *www.crimelibrary.com/classics4/oj*. Eine gute Analyse der Schwächen des amerikanischen Justizwesens steht auf der Internetseite von Professor Gary W. Potter von der Eastern Kentucky University, *www.policestudies.eku.edu/potter/Module4.htm*. Zum Three-Strikes-Gesetz in Kalifornien siehe *www.cbsnews.com/stories/2002/10/28/60II/main527248.shtml*. Über die Folgen der Schadenersatzklagen, siehe »Who Pays for Tort Liability Claims? An Economic Analysis of the U.S. Tort Liability System« vom Council of Economic Advisors (April 2002), *www.whitehouse.gov/cea/tortliabilitysystem_apr02.pdf*.

Kapitel 22

Frank Zimrings neues Buch *The Contradictions of American Capital Punishment* (Oxford University Press, 2003) bietet die beste derzeit verfügbare Analyse zum Thema. Empfehlenswert ist auch Hugh Adam Bedau, *The Death Penalty* (Oxfort University Press, 1998). Im *Economist* sind erschienen: »The Cruel and Ever More Unusual Punishment« (13. Mai 1999), »American Death-Penalty Lottery« und »Dead Man Walking Out« (8. Juni 2000), »The American Way« (28. September 2000), »Unplugginh Ol' Sparky« (16. Januar 2003).

Im Internet ist das Death Penalty Information Center, *www.deathpenaltyinfo.org*, die beste Quelle. Die Frage der Hinrichtung Jugendlicher wird von Amnesty International ausführlich erörtert unter *http://web.amnesty.org/library/index/engact500042003*.

Kapitel 23

Ein gutes Dutzend kritischer Bücher gibt es über die Präsidentschaftswahlen 2000 und den Wahlkrimi in Florida, darunter Vincent Bugliosi, *The Betrayal of America* (Thunder's Mouse Press, 2001), Alan Dershowitz, *Supreme Injustice* (Oxford Press, 2002), John Nichols, *Jews for Buchanan* (New Press, 2001), David

Kaplan, *The Accidental* (William Morrow, 2001), Jeffrey Toobin, *Too close to Call* (Random House, 2002). Allein Richard Posner, *Breaking the Deadlock* (Princeton University Press, 2001), befürwortet die Entscheidung des Obersten Gerichtshofs. Ein interessanter Beitrag über die Folgen der Wahl stammt von Mark Danner, »The Road to Illigitimacy«, *New York Review of Books* (22. Februar 2001). Vorschläge zur Wahlrechtsreform finden sich auf *www.stateaction.org/issues/governance/elections/voting-reform.doc*. Zum Missbrauch des Redistricting siehe »How to Rig an Election«, *Economist* (25. April 2002), und »Tom Delay's chef d'oeuvre«, *Economist* (16. Oktober 2003). Informationen über Wahlkampfspenden finden sich in einem Sonderteil der *Washington Post*, *www.washingtonpost.com/wp-srv/politics/special/campfin/intro.htm*, sowie unter *www.publiccampaign.org*, *www.opensecrets.org*, und in »The Money Machine«, *Economist* (28. September 2000).

Kapitel 24

Kritische Analysen von Bushs Wirtschafts- und Umweltpolitik kommen von Paul Krugman, *Der große Ausverkauf. Wie die Bush-Regierung Amerika ruiniert* (Campus, 2004), Paul Begala, *It's Still the Economy, Stupid. George W. Bush. The GOP's CEO* (Simon & Schuster, 2002), Paul Krugman, *The Great Unraveling. Losing Our Way in the New Century* (Norton, 2003), sowie Michael Moore, *Stupid White Men* (→ Kapitel 19). Krugman fasst sein Argument prägnant in »The Tax-Cut Con« im *New York Times Magazine* (14. September 2003) zusammen. In der *New York Review of Books* kamen Elizabeth Drew in »Bush's Weird Tax Cut« (9. August 2001) und Joseph Stiglitz in »Bush's Tax Plan – The Dangers« (13. März 2003) zu ähnlichen Schlüssen.

Kapitel 25

Zwei der zahlreichen Bücher über den Enron-Kollaps stammen von Bethany McLean und Peter Elkind, *Smartest Guys in the Room. The Amazing Rise and Scandalous Fall of Enron* (Portfolio, 2003), sowie Sherron Watkins und Mimi Swartz, *Power*

Failure. The Inside Story of the Collapse of Enron (Doubleday, 2003). WorldCom behandelt Lynne W. Jeter, *Disconnected. Deceit and Betrayal at WorldCom* (John Wiley, 2003). Im *Economist* erschienen ist unter anderem »The Amazing Disintegrating Firm« (6. Dezember 2001), »Badly in Need of Repair« (2. Mai 2002) und »Corporate America's Woes, Continued« (28. November 2002). »Barons of Bancrupty« erschien in der *Financial Times* am 1. August 2002.

Kapitel 26

Mark Dowie, *Losing Ground. American Environmentalism at the Close of the Twentieth Century* (MIT Press, 1996), bietet eine kritische Bilanz der amerikanischen Umweltpolitik. Zum Zustand von Texas siehe »The Lone Smog State«, *Economist* (20. Juli 2000), zur Haltung der Amerikaner zur Umwelt siehe »The Air They Breathe«, *Economist* (28. September 2000). Zahlen über den Treibhausgasausstoß in den USA finden sich unter *www.eia.doe.gov/oiaf/1605/ggrpt*. Nützlich sind auch die Internetseiten des Sierra Clubs, *www.sierraclub.org*, und von Greenpeace USA, *www.greenpeaceusa.org*.

Kapitel 27

Das beste Buch zum Thema Fast Food hat Eric Schlosser veröffentlicht, *Fast Food Nation. The Dark Side of the All-American Meal* (Harper Collins, 2001). Zum Thema Fettsucht ist Greg Critser, *Fat Land. How Americans Became the Fattest People in the World* (Houghton Mifflin, 2003) zu empfehlen. Eine gute Zusammenfassung bietet Collette Bancroft, »The United States of Obesity«, *St. Petersburg Times* (11. Februar 2003). Zum Thema Genfood siehe *www.greenpeaceusa.org*.

Kapitel 28

Rainer Prätorius, *In God We Trust. Religion und Politik in den USA* (C. H. Beck, 2003), bietet eine ausgezeichnete Analyse zum

Thema. Umfrageergebnisse über Religiosität finden sich auf der Internetseite des Pew Forum on Religion & Public Life unter *www.pewforum.org*. Die Skandale rund um die Televangelisten erzählt Martin Gardner, »Giving God a Hand«, *New York Review of Books* (13. August 1987). Zur Entwicklung der Kirchen siehe »The Fight for God«, *Economist* (19. Dezember 2002), zum Stand der Abtreibungsdebatte, »The War that Never Ends«, *Economist* (16. Januar 2003) Zur Buchreihe »Left Behind« siehe *www.left-behind.com*. Eine grundlegende Kritik an der Religion bringt Richard Dawkins in *Der Gotteswahn* (Ullstein, 2007). Über George W. Bush und Religion siehe Cornel Faltin, »Ich bin hier durch die Macht Gottes«, *Hamburger Abendblatt* (13. Februar 2003).

Kapitel 29

Empfehlenswert ist Gret Haller, *Die Grenzen der Solidarität. Europa und die USA mit Staat, Nation und Religion* (Aufbau, 2002). Die Internationale Vergleichsstudie über Patriotismus des National Opinion Research Centers findet sich im Internet unter *www.norc.uchicago.edulnew/patriot.htm*. Zu den Werten der Amerikaner siehe auch »Living With a Superpower«, *Economist* (2. Januar 2003). Michael Moores Buch ist unter dem Titel *Volle Deckung, Mr. Bush* (Piper, 2003) auf Deutsch erschienen. Über den Einfluss der Rüstungslobby siehe die Berichte des World Policy Institute unter *www.worldpolicy.org/projects/arms/reports.html*.

Kapitel 30

Im journalistischen Stil beschreibt Jed Horne, *Breach of Faith. Hurricane Katrina and the Near Death of a Great American City* (Random House, 2006) die Katastrophe. *The Great Deluge: Hurricane Katrina, New Orleans, and the Mississippi Gulf Coast* von Douglas G. Brinkley (Harper Perennial, 2007) nimmt eine größere historische Perspektive ein. Ivor van Heerden und Mike Bryan, *The Storm: What Went Wrong and Why During Hurricane Katrina – The Inside Story from One Louisiana Scientist* (Penguin Books, 2007), kombiniert Wissenschaft mit investigativem Journalismus. In *City Adrift: New Orleans Before and After Katrina* (Louisiana State University Press, 2007) beschreiben sieben Journalisten den Zustand der Stadt vor und nach dem Hurrikan. Vom Grazer Soziologen Manfred Prisching ist auf Deutsch *Good Bye New Orleans. Der Hurrikan Katrina und die amerikanische Gesellschaft* (Leykam, 2006) erschienen.

Kapitel 31

Eine sachliche Kritik der internationalen US-Wirtschaftspolitik bieten die Bücher von Joseph Stiglitz, *Die Schatten der Globalisierung* (Siedler, 2002), und *Die Chancen der Globalisierung* (Siedler, 2006) sowie Dani Rodrik, *Has Globalization Gone Too Far?* (Institute for International Economics, 1997). Das Leistungsbilanzdefizit steht im Mittelpunkt der provokanten Analyse von Emmanuel Todd, *Weltmacht USA. Ein Nachruf* (Piper, 2003). Einen kritisch-sachlichen Ansatz bietet »The price of Profligacy«, *Economist* (18. September 2003), einen wissenschaftlichen Catherine L. Mann, »On the Causes of the US Current Account Deficit«, und das Institute for International Economics, *www.iie.com/publications/papers/mann0899.htm*. Zum amerikanischen Protektionismus siehe »Dangerous Activities«, *Economist* (9. Mai 2002).

Kapitel 32

Die Studie »Ranking the Rich« von Foreign Policy und dem Center for Global Development findet sich im Internet unter *www.cgdev.org/rankingtherich/home.html*. Zahlen zur amerikanischen Entwicklungshilfe bietet das Center on Budget and Policy Priorities unter *www.cbpp.org/4-25-00bud.htm*. Über Waffenexporte informiert das Center for Defense Information, *www.cdi.org*. Für Jeffrey Sachs' Berechnungen siehe »Weapons of Mass Salvation«, *Economist* (24. Oktober 2002) und sein Buch *Das Ende der Armut. Ein ökonomisches Programm für eine gerechtere Welt* (Pantheon, 2006).

Kapitel 33

Zur allgemeinen Drogenpolitik der USA siehe Mike Gray, *Drug Crazy. How We Got into This Mess and How We Can Get Out* (Routledge, 2000), über die internationalen Aspekte amerikanischer Drogenpolitik gibt Ted Galen Carpenter Auskunft, *Bad Neighbor Policy. Washington's Futile War on Drugs in Latin America* (Palgrave MacMillan, 2003). Viel Material über die »Drug Wars« bietet die Internetseite der PBS-Frontline-Dokumentation, *www.pbs.org/wgbh/pages/frontline/shows/drugs.* Siehe auch die Artikel-Übersicht in *The Nation* unter *www. thenation.com/directory/view.mhtml?t=0109,* sowie die Studie »Illegal Drugs« im *Economist* (26. Juli 2001).

Kapitel 34

Den Essay von Yahya Sadawski aus *Le Monde Diplomatique* (11. April 2003) findet man auf Deutsch unter *www.taz.de/ pt/2003/04/11.nf/mondeindex.* Über die Macht der ethnischen Lobbys schreibt Tony Smith, *Foreign Attachments. The Power of Ethnic Groups in the Making of American Foreign Policy* (Harvard University Press, 2000), zur amerikanischen Kuba-Politik empfehlen sich die jeweiligen Essays in den Büchern von Richard Haass, *Economic Sanctions and American Diplomacy* (Council on Foreign Relations, 1998), und *Transatlantic Tensions. The United States, Europe and Problem Countries* (Council on Foreign Relations, 1999). Informativ ist Lisandro Perez, »U.S.-Cuba Relations. Trends and Underlying Forces«, *www.focal.ca/ summary/summary_cuba.htm,* sowie »The Tragedy of Elian«, *Economist* (6. April 2000). Zum Thema Israel bietet das Buch von John Mearsheimer und Stephen Walt, *Die Israel-Lobby* (Campus, 2007) viel Stoff für Diskussionen. Weitaus Israel-freundlicher ist Mitchell Bard, »The Israeli and Arab Lobbies«, *www.us-israel.org/jsource/us-israel/lobby.html,* sowie »America's New Christian Zionists« (7. Mai 2002), *http://news.bbc. co.uk/2/hi/middle_east/1969542.stm.* Zum Thema Nordirland siehe »Clinton. His Role in Northern Ireland«, BBC, *http://news. bbc.co.uk/1/hi/northern_ireland/1065913.stm.*

Kapitel 35

Samantha Powers packende Darstellung der amerikanischen Politik in Ruanda ist unter »Bystanders to Genocide. Why the United States Let the Rwandan Tragedy Happen« im *Atlantic Monthly* (September 2001) erschienen, *www.theatlantic.com/issues/2001/09/power.htm*. Ihr Buch *A Problem from Hell. America and the Age of Genocide* (Basic Books, 2002) legt das Thema breiter an. Zu den Fehlern der USA in Jugoslawien siehe die neunteilige Artikelserie von Mark Danner in der *New York Review of Books*: »Bosnia. The Turning Point« (5. Februar 1997), »The US and the Yugoslav Catastrophe« (20. November 1997), »America and the Bosnian Genocide« (4. Dezember 1997), »Clinton, the UN and the Bosnian Desaster« (18. Dezember 1997), »Bosnia. Breaking the Machine« (19. Februar 1998), »Bosnia. The Great Betrayal« (26. März 1998), »Slouching Towards Dayton« (23. April 1998), »The Killing Fields of Bosnia« (24. September 1998), »Operation Storm« (28. Oktober 1998). Die amerikanische Sicht gibt Richard Holbrooke, *To End a War* (Random House, 1998) wieder. Zum Kosovo siehe auch Mark Danner, »Endgame in Kosovo«, *New York Review of Books* (6. Mai 1999), und »Kosovo. The Meaning of Victory« (15. Juli 1999).

Kapitel 36

Zwei lesenswerte Bücher über die Haltung der USA zur multilateralen Ordnung sind Clyde Prestowitz, *Rogue Nation. American Unilateralism and the Failure of Good Intentions* (Basic Books, 2003), und Michael Hirsh, *At War with Ourselves. Why America is Squandering its Chance to Build a Better World* (Oxford University Press, 2003). Zum Raketenabwehrprogramm siehe Steven Weinberg, »Can Missile Defense Work«, *New York Review of Books* (14. Februar 2002), sowie »Don't Rush into Missile Defences« und »A Shield in Space«, *Economist* (1. Juni 2000), »George Bush's Revolution «, *Economist* (3. Mai 2001), und »Defence Folly«, *Economist*, (6. September 2001). Zu Kyoto siehe »Oh no, Kyoto«, *Economist* (5. April 2001), zum Internationalen Strafgerichtshof siehe »A Challenge to Impunity«, *Economist* (3. Dezember 1998), und »Both Sides Lose«, *Econo-*

mist (18. Juli 2002). Zu anderen multilateralen Abkommen siehe »Stop the World, I Want to Get Off«, *Economist* (26. Juli 2001), und »Bush Hang-ups«, *Economist* (13. Dezember 2001).

Kapitel 37

In den USA ist die Zahl der Bücher über den 11. September 2001 und die Folgen kaum noch zu zählen. Im deutschen Sprachraum bietet das Buch der Spiegel-Autoren Stefan Aust und Cordt Schnibben, *11. September 2001. Geschichte eines Terrorangriffs* (DVA, 2003) umfassende Information. Der Bericht der 9/11-Kommission ist auf Englisch als Taschenbuch erschienen: *The 9/11 Commission Report* (B&T, 2004). Bob Woodwards *Bush at War. Amerika im Krieg* (DVA, 2003) beschreibt den 11. September und den Afghanistan-Feldzug aus der Sicht des Weißen Hauses. Über die Beziehungen zwischen den USA und Osama bin Laden sind Bücher von Peter Bergen, *Heiliger Krieg, Inc.* (BVT, 2003), und von Steve Coll, *Ghost Wars. The Secret History of the CIA, Afghanistan, and Bin Laden* (Penguin Press, 2004), erschienen. Zur Opferbilanz und Bewertung des Afghanistan-Kriegs durch das Project on Defense Alternatives siehe *www.comw. org/pda/0201strangevic.html*. Zum Versagen der Geheimdienste vor dem 11. September 2001 siehe Richard Clarke, *Against all Enemies. Der Insiderbericht über Amerikas Krieg gegen den Terror* (Hoffmann und Campe, 2004). Mit der Einschränkung der Bürgerrechte nach dem 11. September 2001 siehe Richard C. Leone, *The War on Our Freedoms. Civil Liberties in the Age of Terrorism* (Century Foundation, 2003). Auch Al Gore beschäftigt sich in seinem Buch *Angriff auf die Vernunft* (Riemann, 2007) mit diesem Thema.

Kapitel 38

»Rebuilding America's Defenses« ist im Internet verfügbar unter *www.newamericancentury.org/rebuildingamericasdefenses.pdf*, die »National Security Strategy« von 2002 unter *www.white-house.gov/nsc/print/nssall.html*. Kritische Analysen dazu bieten Charles Knight, »Essential Elements Missing in the National

Security Strategy of 2002«, *www.comw.org/qdr/0210knight. html,* »Unprecedented Power, Colliding Ambitions«, *Economist* (26. September 2002), und Arthur Schlesinger jr., »Eyeless in Iraq«, *New York Review of Books* (23. Oktober 2003). Die politisch-intellektuelle Entwicklung des außenpolitischen Beraterstabs von George W. Bush beschreibt James Mann, *Rise of the Vulcans. The History of Bush's War Cabinet* (Viking, 2004). Die radikale Position der Neokonservativen legen David Frum und Richard Perle, *An End to Evil. How to Win the War on Terror* (Ballantine, 2003), dar. Eine breitere Darstellung von Bushs Außenpolitik bieten Ivo H. Daalder und James Lindsay, *America Unbound. The Bush Revolution in Foreign Policy* (Brookings Institution Press, 2003).

Kapitel 39

Die Vorgeschichte zum Irak-Krieg beschreibt Kenneth Pollack, *The Threatening Storm* (Random House, 2002); Auszüge davon sind als Spiegel-Dossier im Internet verfügbar unter *www. spiegel.de/archiv/dossiers/0,1518,246723,00.html*. Zu den Auswirkungen der Sanktionen siehe »Iraq Sanctions. Humanitarian Implications and Options for the Future«, *www.globalpolicy.org/ security/sanction/iraq1/2002/paper.htm* (6. August 2002). Bob Woodward beschreibt in *Der Angriff. Plan of Attack* (DVA, 2004) die Vorbereitung des Krieges. Das Tauziehen um die Waffeninspektionen und die angeblichen Massenvernichtungswaffen schildert Gudrun Harrer, *Kriegs-Gründe* (Mandelbaum, 2003), eine Bewertung der falschen Behauptungen der Amerikaner unternimmt Thomas Powers, »The Vanishing Case for War«, *New York Review of Books* (4. Dezember 2003). Interessant ist auch Ron Suskind, *The One Percent Doctrine: Deep Inside America's Pursuit of Its Enemies Since 9/11* (Simon & Schuster, 2007). Die Plame-Affäre ist Thema der Bücher von Joseph Wilson, *Politik der Wahrheit. Die Lügen, die Bush die Zukunft kosten können* (S. Fischer, 2004), und Valerie Plame, *Fair Game. My Life as a Spy, My Betrayal by the White House* (Simon & Schuster, 2007). Eine Schilderung des Krieges findet sich im Spiegel-Buch, *Irak – Geschichte eines modernen Krieges* (DVA, 2003), und unter *www.spiegel.de/archiv/dossiers/0,1518,264575,00.html*.

Kapitel 40

In den vergangenen zwei Jahren sind vor allem in den USA zahlreiche Bücher über den Irak-Krieg erschienen, einige wurden auch ins Deutsche übersetzt. Bob Woodwards dritter Band der Reihe »Bush at War«, *Die Macht der Verdrängung – George W. Bush, das Weiße Haus und der Irak – State of Denial* (DVA, 2007), beschreibt die Fehlentscheidungen während und nach der Invasion. Peter Galbraith beschäftigt sich in *The End of Iraq* (Simon & Schuster, 2006) vor allem mit dem Kurdenproblem, Thomas Ricks in *Fiasco. The American Military Adventure in Iraq* (B&T, 2007) vor allem mit den Fehlern in den ersten beiden Besatzungsjahren, ebenso Michael Gordon und Bernard Trainor, *Cobra 2. The Inside Story of the Invasion and Occupation of Iraq* (Pantheon Books, 2006).

Kapitel 41

Die Besonderheiten der USA stellt der *Economist* in der Studie »United States« dar (6. November 2003). Robert Kagans Buch ist auf Deutsch als *Macht und Ohnmacht* (Siedler, 2003) erschienen. Der ursprüngliche Artikel »Power and Weakness« in der *Policy Review* (Juni 2002) ist im Internet unter *www.policyreview. org/jun02/kagan.html* zu lesen. Charles Kupchan, *The End of the American Era. U.S. Foreign Policy and the Geopolitics of the Twenty-First Century* (Knopf, 2003), basiert auf »The End of the West«, *Atlantic Monthly* (November 2002, zu lesen unter *www. theatlantic.com/issues/2002/11/kupchan.htm*). Joseph Nye, *Das Paradox der amerikanischen Macht* (Europäische Verlagsanstalt, 2003), wurde in der *New York Review of Books* von Tony Judt besprochen: »Its Own Worst Enemy« (August 2002). Über die Zukunft der USA hat Francis Fukuyama mit *Scheitert Amerika? Supermacht am Scheideweg* (Propyläen, 2006) ein kluges Buch geschrieben. Die Zitate von Pascal Bruckner stammen aus »Europe. Remorse and Exhaustion«, *Dissent* (Frühjahr 2003). Einen optimistischen Ausblick bietet Paul Krugman, *Nach Bush. Das Ende der Neukonservativen und die Stunde der Demokraten* (Campus, 2008).

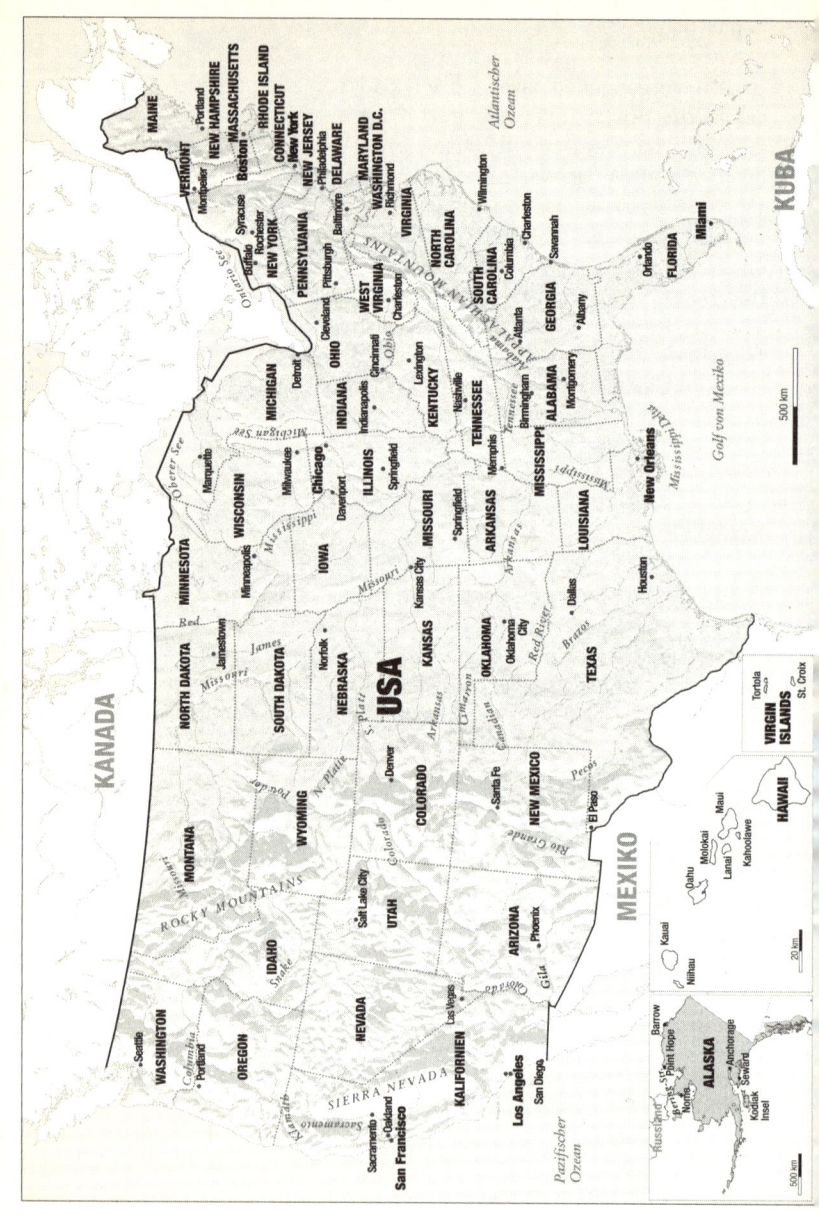

Register

Dan Diner
Versiegelte Zeit

Über den Stillstand in der islamischen Welt
www.list-taschenbuch.de
ISBN 978-3-548-60704-7

Der Stillstand in der islamischen Zivilisation, insbesondere in ihren arabischen Kernländern, zählt zu den
explosivsten Problemen der Gegenwart. Der Historiker
Dan Diner untersucht die ökonomischen, kulturellen
und politischen Ursachen der Stagnation dieses einst
blühenden Kulturraums.

»Ein intelligentes Buch, ein Produkt kluger politischer
Analysen« *Süddeutsche Zeitung*

»Dieses Buch gehört zum Anregendsten, was zum
Thema Islam und Islamismus publiziert worden ist.«
Frankfurter Allgemeine Zeitung

List Taschenbuch

L277

Christian Hacke

Zur Weltmacht verdammt

Die amerikanische Außenpolitik von J. F. Kennedy bis G. W. Bush

ISBN 978-3-548-36722-4
www.ullstein-buchverlage.de

Unbestritten gelten die USA heute als alleinige Weltmacht. Christian Hacke schildert die Höhen und Tiefen,
Kursschwankungen und Konstanten der amerikanischen
Außenpolitik von John F. Kennedy bis heute. Dabei geht
er auch den außenpolitischen Auswirkungen der Terroranschläge vom 11. September 2001 sowie des Irak-
kriegs 2003 nach.

»Ein Standardwerk, an dem niemand vorbeikommt, der
sich ernsthaft mit amerikanischer Außenpolitik auseinan-
dersetzen will.« *n-tv*

»Kenntnisreich, scharfsinnig und überzeugend«
Die Zeit

ullstein

US137

Richard Smith

Against the Law!

Von einem, der auszog, die verrücktesten
Gesetze der USA zu brechen

ISBN 978-3-548-36833-7
www.ullstein-buchverlage.de

In Pittsburgh ist es verboten, in einem Kühlschrank zu
übernachten. In Alabama darf man keine Eistüte in der
Gesäßtasche stecken haben. Und in Atlanta landet man
im Knast, wenn man seine Giraffe an einer Straßenla-
terne anbindet … Alles Humbug? Von wegen: Im Land
der unbegrenzten Möglichkeiten wurden diese und viele
andere skurrile Gesetze einst geschmiedet – und sie
gelten noch heute!

Doch was passiert, wenn man sie brich? Richard Smith
wagte das, was sich vor ihm keiner traute. Zwei Monate
lang reiste der Brite todesmutig durch die USA, um seine
kriminelle Energie auszutoben.

ullstein

Klaus Werner · Hans Weiss

Das neue Schwarzbuch Markenfirmen

Die Machenschaften der Weltkonzerne

ISBN 978-3-548-36847-4
www.ullstein-buchverlage.de

Adidas, Aldi, Bayer, McDonald's, Nike, Siemens ... unsere beliebtesten Marken gründen ihre Profite auf Ausbeutung, Kinderarbeit, Krieg und Umweltzerstörung. *Das neue Schwarzbuch Markenfirmen* deckt die skrupellosen Machenschaften der großen Konzerne auf – und zeigt zugleich, welche Macht jeder Einzelne von uns hat, korrupte Regierungen und Multis zu einer menschenfreundlicheren Politik zu zwingen. Das Standardwerk für kritische Konsumenten!

»Das Buch attackiert die Konzerne an ihrer empfindlichsten Stelle: ihrem Ruf.« *Der Spiegel*

»Ein Sachbuch-Krimi, den man so schnell nicht wieder vergisst.« *Deutschlandradio*

ullstein

US214

Frank Sieren

Der China-Code

Wie das boomende Reich der Mitte Deutschland verändert

ISBN 978-3-548-36856-6
www.ullstein-buchverlage.de

Chinas Aufstieg – bedeutet er Deutschlands Abstieg? Immer klarer zeigt sich: Die Zukunft unseres Landes entscheidet sich im Reich der Mitte. Denn trotz seiner gewaltigen sozialen Probleme erweist sich China als Motor der Globalisierung und ist auf die neuen Herausforderungen der Weltwirtschaft weitaus besser eingestellt als die Bundesrepublik. Eine umfassend recherchierte, provokante Lektüre für alle, die wissen wollen, wie sich die Welt wandelt.

»Ein bemerkenswertes Buch, das Deutschland aufrütteln sollte.« *Handelsblatt*

»Ein Buch, das jeder lesen sollte, dem Deutschlands Zukunft am Herzen liegt.« *Peter Scholl-Latour*

»Mit Schwung geschrieben und durch originelle und streitbare Thesen angetrieben.« *Financial Times Deutschland*

US220

Boris Reitschuster

Putins Demokatur

Wie der Kreml den Westen das Fürchten lehrt

Aktualisierte und erweiterte Ausgabe

ISBN 978-3-548-36971-6

www.ullstein-buchverlage.de

Zwanzig Jahre nach der Perestroika ist die Demokratie in Russland gescheitert. Unter Putin wurden die Medien gleichgeschaltet, die Allmacht des Staatsapparats ausgebaut, Regierungskritiker mundtot gemacht und mit nationalistischen Parolen neue Großmachtansprüche formuliert. Boris Reitschuster lüftet den Propaganda-Vorhang des Kreml. Kenntnisreich und lebendig beschreibt er die schockierende Lebenswirklichkeit in Russland – und welche Auswirkungen die gefährliche Entwicklung auf Deutschland hat.

»Analytisch und spannend wie ein Politkrimi« *WAZ*

»Geradezu atemberaubende Einblicke in das Räderwerk einer ›gelenkten Demokratie‹« *Tagesspiegel*

»Dank Boris Reitschuster wissen wir nun, wie es in Russland wirklich aussieht.« *Jürgen Roth, Bestseller-Autor*

US283

ullstein

Peter Scholl-Latour

Weltmacht im Treibsand

Bush gegen die Ayatollahs

ISBN 978-3-548-36782-8
www.ullstein-buchverlage.de

Was Peter Scholl-Latour vorausgesehen hat, ist eingetroffen: Nicht nur im Irak, sondern im gesamten Nahen und Mittleren Osten entfaltet sich ein historisches Drama, das der Weltmacht USA ihre Grenzen aufzeigt. Aufgrund jüngster Eindrücke in der Konfliktregion und jahrzehntelanger Kenntnis der dort wirkenden politischen und religiösen Kräfte gelingt Scholl-Latour eine beeindruckende Analyse dieses notorischen Brennpunkts der Weltpolitik.

»Das Monumentalgemälde eines politischen
Desasters – spannend wie ein Abenteuerbericht«
Frankfurter Allgemeine Zeitung

»Scharfe Urteile, fundierte Begründungen«
Der Spiegel

ullstein

US185

Peter Scholl-Latour
Koloss auf tönernen Füßen

Amerikas Spagat zwischen Nordkorea und Irak

ISBN 978-3-548-36890-0
www.ullstein-buchverlage.de

Während alle Welt gebannt auf Amerikas Verstrickung im Nahen und Mittleren Osten blickt, bahnen sich in Fernost weltpolitische Konflikte an. Der unaufhaltsame Aufstieg Chinas zur Weltmacht weist die USA schon jetzt in die Schranken. Zugleich droht eine gefährliche Überdehnung amerikanischer Macht durch die gleichzeitige Herausforderung durch den Irak und Nordkorea. Erneut gelingt es Scholl-Latour, persönliche Erfahrung, historisch-kulturelles Verständnis und eindringliche Erzählkraft zu verbinden, um aktuelle Schauplätze der Weltpolitik zu beleuchten.

»Ein Buch mit historischer Tiefenschärfe«
Frankfurter Allgemeine Zeitung

»Scholl-Latour versteht es trefflich, zu beobachten, Ereignisse auf das Wesentliche zu fokussieren und manchmal unbequeme Analysen zu entwickeln.« *Aus der Laudatio zur Verleihung des Henri-Nannen-Preises*

ullstein

US241

Bruno Schirra

Iran – Sprengstoff für Europa

Aktualisierte und erweiterte Ausgabe

ISBN 978-3-548-36978-5
www.ullstein-buchverlage.de

Die Verstrickung in Netzwerke des internationalen Terrors, das umstrittene Nuklearprogramm und die Drohung des Staatspräsidenten Ahmadinejad, Israel zu vernichten: Der Iran hält die Welt in Atem. In einer einzigartigen Mischung aus Reisereportage, investigativem Journalismus und politischer Analyse erklärt Bruno Schirra, wofür die islamistischen Machthaber Teherans stehen und welche Gefahren das für Europa birgt.

»Hinterher wird es wieder heißen, man hätte nichts wissen können, dabei steht hier schon alles.« *Die Welt*

US288

»Umfassender Einblick in all die offenen
und verdeckten Coups d'Etat made in USA.«
Süddeutsche Zeitung

Stephen Kinzer
Putsch!
Zur Geschichte des amerikanischen Imperialismus
564 Seiten · gebunden mit Schlaufe
€ 32,– · sFr 56,– · € 32,90 (A)
ISBN 978-3-8218-4587-6

Immer geht es – angeblich – um die Verbreitung der demokratischen
Idee. Aber meistens geht es schief. Seit dem Jahr 1893, als amerikanische Plantagenbesitzer mit Hilfe der US-Regierung die hawaiianische
Monarchie stürzten, haben die Vereinigten Staaten dreizehn ausländische Regierungen aus ideologischen, wirtschaftlichen oder politischen
Gründen blutig zu Fall gebracht. Geheimdienste, Waffenhändler und
bisweilen auch die US-Streitkräfte waren daran beteiligt, den Macht-
anspruch der Vereinigten Staaten global auszuweiten.

Stephen Kinzer, langjähriger Korrespondent der New York Times,
schildert die bizarren Umstände der offenen und geheimen Coups
d' Etat made in USA. Er zeigt: Wie im Irak, so widersprachen
schon früher die politischen Konsequenzen den Putsch-Hoffnungen
Washingtons im Ausland. Statt der Demokratie siegte zumeist
der Antiamerikanismus.

DIE ANDERE BIBLIOTHEK
im Eichborn Verlag

www.die-andere-bibliothek.de